새로 쓴
동양사

———

동양을 위한 변명

새로 쓴
동양사

동양을 위한 변명

김경환 지음

주류성

일러두기

o 국립국어원의 중국 인지명 표기 원칙은 "1911년 신해혁명 이전의 인명과 지명은 한국 한자음으로 적되 그 이후는 표준중국어 음으로 적는다."이다. 이 기준으로 하자면 신해혁명 당시 살았던 사람들, 예를 들어 손문 (쑨원) 등은 굉장히 애매해진다. 특히 지명의 경우 아직까지 남아 있는 북경이나 상해 등은 표준중국어 발음 으로 적지만 이제는 더 이상 없는 지명은 한국 한자음으로 적어야 되는 괴상한 상황에 놓인다. 그래서인지 국립국어원에서는 인명과 지명 둘 다 신해혁명 이전이든 이후든 모두 한국 한자음으로 적는 것도 인정을 한다. 중국은 우리의 인지명을 한국어 발음으로 표기하지 않고 중국어 발음을 고수하고 있다. 이러한 이유 들로 인해 이 책에서는 인지명을 한국 한자음대로 적는 것을 원칙으로 하되 필요한 경우 괄호 안에 중국어 발음을 넣었다.

o 간체자나 중국에만 있고 우리나라에는 없는 한자라서 우리 식으로 읽을 수 없는 경우 등 몇몇은 한국 한자 음이 아닌 표준중국어 발음으로 적었다. 중국이 아닌 서양 등의 인지명은 필요한 경우가 아니면 그들의 문 자를 쓰지 않았다.

o 이 책에 나오는 인명 앞에는 그 사람의 대표적인 직업이나 지위 등을 넣었으나 워낙 유명하거나 문맥상 안 쓰는 것이 낫겠다는 생각이 든 경우에는 생략했다.

o 방대한 분량의 자료를 오랜 기간 수집하다 보니 출처가 사라진 경우가 있나. 그런 경우 본문과 사진, 그림 등의 출처를 밝히지 못했는데 출처가 밝혀지는 대로 개정판에 반영할 예정이다.

이 책을
박진형 부사장님께
바칩니다

차례

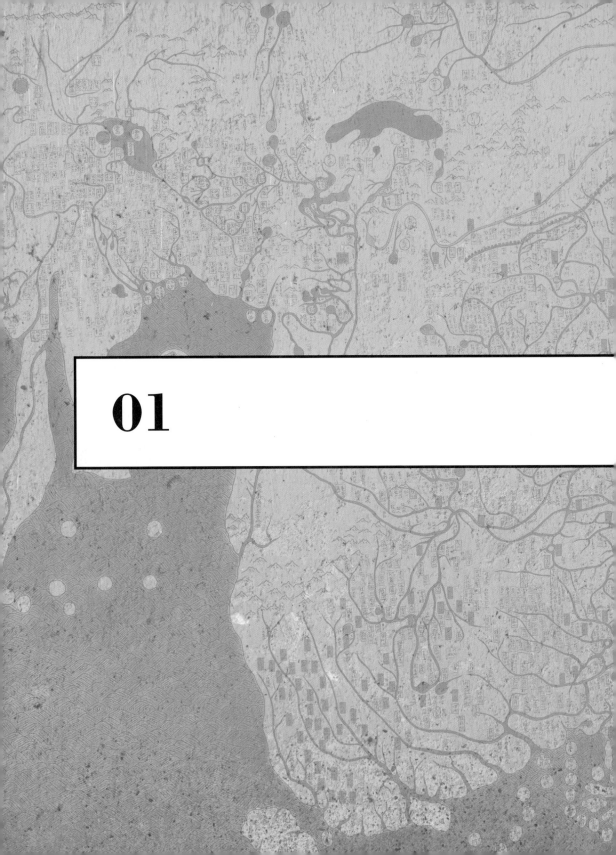

01

개장백

'서브 주연'은 주연의 유형 중 하나로 주인공 다음으로 비중이 높은 주연을 말한다. 더블 주인공 체제인 작품에서 또 다른 주인공(제2주인공)과는 다른 개념이지만 주인공과 비등비등한 비중일 경우 실질적으로 또 하나의 주인공으로도 간주된다. '신스틸러(scene stealer)'는 직역하면 "장면을 훔치는 사람"으로 영화나 드라마 등에서 주연은 아니지만 뛰어난 존재감으로 큰 주목을 받은 역할을 말한다. 연극 영화과 교재도 아닌데 이런 내용으로 시작하는 이유는 이것이 이 책의 성격을 대표적으로 잘 나타내기 때문이다. 이 책은 기존의 역사서들과는 다르게 비유와 예시가 많다. 현시대 사람들에게 이해의 차원을 넘어 역사를 "와닿게" 하기 위해 나는 꽤 많은 비유와 예시를 들었다. 역사를 '딱딱한 사실들의 나열'이라고 생각하는 것은 일종의 선입견이다. 아놀드 토인비는 『역사의 연구』에서 "인간 생활의 여러 현상을 드러내 보이는 방법은 세 가지다. 첫째, 사실을 확인하고 기록하는 역사의 기법이다. 둘째, 사실을 비교 연구해 일반 법칙을 설명하는 과학의 기법이다. 셋째, 사실을 예술적으로 재생산하는 창작의 기법이다. 이 세 가지는 질서 정연하게 구분되어 있지 않다. 역사는 창작적 요소를 완전히 배제할 수 없다. 사실의 선택, 배열, 표현 그 자체가 창작의 영역에 속하는 기술이다. 그러므로 위대한 예술가가 아니고서는 위대한 역사가라고 할 수 없다는 견해는 옳다."라고 했다(굵은 부분은 나의 강조). 보통 과거에 살았던 사람들은 무지하고 편협하며 현재를 살고 있는 우리와는 "틀리다"라고 생각하기 십상이다. 이것은 그야말로 '오만과 편견'이다. 물론 과거에 살았던 사람들이 현재의 우리보다 특정 지식(특히 과학)은 부족하고 비합리적이며 미신적인 면은 분명히 있었다. 그러나 그들 또한 현재를 살아가는 우리와 마찬가지로 자신들의 시대를 충실히 살았던 사람들이다. 나는 이 부분을 강조했는데 이것 또한 이 책이 기존의 역사서들과는 꽤 다른 지점이라고 할 수 있다.

보통 동양사의 '메인 주연'은 중국이고 '서브 주연'은 한국이나 일본이며 이민족들은 칭기즈 칸과 같이 '신스틸러' 정도였다고 생각하기 쉽다.[1] 그러나 근대 이전까지 동양사에서 '메인 주연'은 중국, '서브 주연'은 이민족이었으며 '조연'은 한국, '신스틸러'는 일본이었다.* 이를 구체적으로 동양사의 핵심인 중국사를 살펴보면 더 명확해진다. 전통시대 대략 2천 년 동안 이민족 세력들이 중국을 지배한 기간은 거의 그 절반에 해당했다. 이것은 중국의 역사적 정체성 형성에 이민족들이 직접적인 참여자였다는 것을 의미한다(중국의 역대 왕조 수는 62개였는데 이민족들은 중원에 진출해서 그 절반인 약 30개 왕조를 세웠다). 특히 10세기 이후 중국 대륙에는 송, 금, 요, 원, 명, 청 이렇게 6개의 왕조가 있었는데 그 중 4개가 이민족들이 세운 것이었다(송나라는 지방 정권에 불과했다. 뒤에서 보겠지만 송과 동시대에 서하, 요, 금이 존재했기 때문에 당시를 후삼국시대라고 불러야 한다는 견해도 있다). 그들은 현재 대부분 한

1) '이민족'은 한족을 중심으로 한 표현이므로 적절하지 않을 수 있다. '새외민족'이라는 말도 있지만 잘 쓰지 않는데다 이 또한 중국 중심, 한족 중심 표현이다. 그런데 어쩔 수 없이 이 책에서는 흉노, 말갈, 거란, 여진, 몽골 등 한국, 중국, 일본이 아닌 국가나 민족들을 모두 편의상 일반적으로 많이 쓰이는 이민족으로 통칭했다. 한·중·일이 농경 문명이었던 것에 비해 이민족들은 대부분 비농경(유목, 목축, 수렵, 반농반목 등) 문명이었다. 넓은 의미의 동양사에 인도도 포함이 되지만 이 책에서는 제외했다. 인도는 동양의 수많은 나라들 중에서 유일하게 중국에 버금가는 국가이자 문명이지만 동양사라는 드라마의 '외전(外傳)'이라고 할 수 있기 때문이다.

화(漢化)되었고 국가를 가지고 있지 않다. 그래서 혹자는 "현재 국가를 갖지 못하는 역사 공동체가 무슨 의미가 있는가?"라고 반문하기도 한다. 그러한 의문에 대한 답은 일제 강점기의 한국이 무슨 의미가 있는 존재였는가에 대한 답과 크게 다르지 않다(그리고 뒤에서 자세히 보겠지만 그들이 한국사에 미친 영향을 알게 되면 깜짝 놀랄 수도 있다).

* 임진왜란이 가장 강력했지만 왜구 또한 동양사에서 신스틸러 역할을 톡톡히 했다. 왜구에 의한 피해 때문에 중국은 해안가에 사람들이 살지 못하게 하는 정책을 실시했을 정도였다.

으레 한국인들이 가장 아쉬워하는 것이 신라의 삼국통일이다. 고구려가 아닌 신라가 삼국을 통일하여 만주를 잃었고 사대주의인 신라가 그것을 회복하지 않아서 '역사의 한'으로 남았다는 것이다. 의자왕이 즉위하면서부터 신라에 대한 백제의 공격이 강해졌고 신라는 대야성(경남 합천)을 비롯한 서쪽 성 40여 개를 한꺼번에 잃었다. 이 전투에서 김춘추는 딸과 사위를 잃고 엄청난 충격을 받았다. 위기에 빠진 김춘추는 고구려로 달려가 동맹을 맺자고 요청했다. 신라보다 강한 백제를 적으로 돌릴 이유가 없었던 고구려는 김춘추를 감옥에 가두었다. 고구려를 겨우 탈출한 김춘추는 이번에는 당나라로 가서 동맹을 요청했다. 고구려를 혼자서 처치하지 못하던 당나라가 신라의 요청을 받아들여 나당동맹이 결성되었다. 나당 연합군은 백제와 고구려를 차례차례 멸망시켰고 신라와 당은 나당전쟁에 돌입했다. 그런데 놀랍게도 신라는 당나라 군대를 몰아냈다. 백제조차 혼자서 처치하지 못하던 신라가 당시 동아시아 대제국으로 전성기를 구가하던 당나라를 어떻게 이길 수 있었을까? 당나라를 물리친 신라는 왜 고구려 땅인 만주를 회복하지 않았을까?

1636년(인조 14년), 인조와 왕후 그리고 대신들은 궁에서 맞아야 할 새해 첫날을 남한산성에서 맞았다. 병자호란이 한창이었던 것이다. 이번 전쟁은 정묘호란과 달랐다. 9년 전 정묘호란 당시 3만 명이었던 청군이 이번에는 12만 명이었다. 더구나 이번 병자호란에는 청나라 황제 홍타이지가 직접 군대를 이끌고 왔다. 조선이 청(당시 후금)을 감당할 수 없다는 사실은 이미 정묘호란 때 밝혀졌다. 정묘호란 후 9년, 청나라는 더욱 강해졌고 조선은 그대로였다. 새해를 맞아 인조는 망궐례(望闕禮)를 진행했다. 망궐례는 고려·조선 시대에 설날과 중국 황제의 생일 등에 왕을 비롯한 문무관원들이 중국 궁궐을 향해 드리는 예였다. 홍타이지는 망궐례를 지켜보고 있었다. 홍이포로 무장한 홍타이지의 청군은 마음만 먹으면 얼마든지 남한산성을 깨부술 수 있었다. 그런 상황인데도 인조는 청이 아닌 명을 향해 망궐례를 진행했다. 사실 주전파와 인조도 조선이 청을 이길 수 없고 명이 조선을 도와줄 형편이 못 된다는 것을 잘 알고 있었다(당시 쇠락해가던 명나라는 복건, 호남, 호북, 섬서 등지의 내란도 제압하지 못하던 상황이었다). 홍타이지와 12만 명의 청군을 코앞에 두고 인조와 주전파는 안 두려웠을까?* 정말 우리 선조들은 숭명(崇明)이나 중화(中華)와 같은 '집단 최면' 혹은 '집단 정신병'에라도 걸렸던 것일까?

* '병자호란의 중국 버전'인 정강의 변(1127년)을 당한 송(북송)은 멸망했고 송나라 황제 흠종과 그의 아버지 태상황 휘종은 여진의 금나라에 포로로 끌려가서 비참하게 죽었다. 과거의 전쟁은 지금처럼 패하면 최고지도자가 항복 문서에 사인하고 끝나는 것이 아니었다. 왕(황제)이 포로가 되거나 처형을 당하는 것은 물론이고 자살하는 일도 비일비재했다.

임진왜란이 끝난 어느 시점부터 일본의 동태가 수상했다. 조선은 1637년부터 수차례에 걸쳐 일본에 시절단을 파견했고 그 때마다 사전에 청나라에 사절단 파견의 인원과 관직, 출발 시간 등을 통보했다. 사절단은 귀국 후 예부에 귀환 일자와 일본에서 듣고 본 바를 알렸다. 청나라는 만약 일본이 조선을 침략한다면 반드시 출병할 것이라는 의사를 두 번이나 조선에 전했다. 1649년 인조가 한양에서 청나라 칙사에게 "왜구의 상황이 날로 의심이 더해 가는데 금년은 왕년보다 더욱 더 수상하다. 만일 헤아릴 수 없는 일이 일어난다면 소국(조선)은 이를 감당할 수 없게 된다. 그렇기 때문에 상국(청)에서 원조하여 주기를 주야로 희망한다."라고 말했다. 이에 칙사가 대답하기를 "황제는 영기가 있기 때문에 섭정왕으로서 이미 천하를 평정했습니다. 만약 왜구가 침략한다면 그 어찌 원조를 늦출 것입니까!"라고 답했다. 그러자 인조는 "이제 이 말을 들으니 속이 다 풀리는군."이라고 했다(「인조실록」, 27년 정월 기묘). 불과 10여 년 사이에 청나라를 대하는 인조의 태도는 왜 그렇게 변했을까? 숙종은 임진왜란 때 조선을 도와 준 신종을 제사지내는 대보단을 만들었는데 영조는 대보단에 태조 주원장과 호란 때 원병을 보내려 노력한 의종의 위패를 추가했다. 그런 영조는 1726년 청나라 옹정제에게 올리는 상주문에서 "소국이 대대손손 종속되어 오면서 조심스레 섬기었으며 상국(청나라)도 내부의 신하를 대하듯 잘 대해주었습니다. 그 중에서도 성조 황제부터 점점 우대해 주는 바가 컸고 부탁하는 일이 있으면 반드시 그 청원을 들어 주었고 소원을 다 풀어주었습니다. 신왕(臣王)은 황은을 잊을 수 없어 각골난망하옵니다."라고 썼다. 이와 같은 말은 반복적으로 사용되었고 그것은 진심에서 우러나온 것이었다. 북학파의 대표 인물인 박지원은 "우리는 명나라의 유민이다."라는 내용의 시를 짓기도 했다. 청나라를 배우자는 북학파 대표가 "우리는 명나라의 유민"이라니, 모순된 것 아닐까? 이와 같은 인조, 영조, 박지원의 청나라에 대한 태도를 어떻게 이해해야 할까?

조선 후기 실학자 유득공은 발해사를 재조명해서 최초로 남북국시대라는 용어까지 만들었다. 그는 『발해고』 서문에서

(…) 무릇 김씨(신라)가 망하고 대씨(발해)가 망하자 왕씨가 이를 통합하여 고려라 했다. 남쪽 김씨의 땅은 온전히 차지했지만 북쪽 대씨의 땅은 온전히 소유하지 못하여 여진에 들어가기도 하고 거란에 들어가기도 했다. 이때에 고려를 위한 계책은 마땅히 발해사를 급히 편찬하는 것이었다. 이를 가지고 여진에게 "어찌 우리에게 발해 땅을 돌려주지 않는가? 발해 땅은 바로 고구려의 땅이다."라고 꾸짖으며 장군 한 사람을 보내어 거두었다면 토문강(두만강) 북쪽의 땅을 차지할 수 있었을 것이다. 또 이를 가지고 거란에게 "어찌 우리에게 발해 땅을 돌려주지 않는가? 발해 땅은 바로 고구려의 땅이다."라고 꾸짖으며 장군 한 사람을 보내어 거두었다면 압록강 서쪽의 땅을 차지할 수 있었을 것이다. 그러나 끝내 발해사를 편찬하지 않아 토문강 북쪽과 압록강 서쪽이 누구의 땅인지 알지 못하게 되었으니, 여진을 꾸짖으려 해도 할 말이 없고 거란을 꾸짖으려 해도 할 말이 없었다. 고려가 마침내 약소국이 되고만 것은 발해의 땅을 얻지 못하였기 때문이니 탄식을 금할 수 없구나!

라며 발해사를 쓰지 않은 고려를 비판했다. 고려가 발해사를 안 썼기 때문에 이후 우리가 만주에 대한 권리를 주장할 때 불리해졌다는 것이다. 조선 전기의 관찬 사서에도 발해는 안 나오는데, 그렇다면 고려와 조선은 왜 발해사를 안 썼을까?(뒤에서 자세히 보겠지만 거기에는 어쩌면 지금껏 간과해온 한국사의 핵심이 담겨있다고 할 수 있다).

여진족이나 몽골족 등 이민족들은 끊임없이 중국을 침략했고 원이나 청처럼 중국 대륙을 지배하기도 했다. 역사적으로 이민족 국가의 인구는 중국 한족에 비해 1~3% 밖에 되지 않았다. 그런 그들에게 중국은 왜 여러 번 정복을 당했을까? 인류 4대 문명 발상지 중 하나였으며 인류 3대 발명품을 만들어냈고 17세기까지 세계 최고, 최대의 대제국이었던 중국은 왜 서양에 뒤처지고 반(半)식민지 상태가 되었을까? 근대 이전에는 수백, 수천 년 동안 한족 인구의 1~3% 밖에 안 되는 '동양 오랑캐'에게 정복당하고 근대 이후에는 '서양 오랑캐'의 반식민지 상태가 된 중국, 나당전쟁에서 당을 몰아내고도 만주를 회복하지 않은 신라, 청나라 대한 인조, 영조, 박지원의 모순된 듯 한 태도, 발해사를 편찬하지 않은 고려와 조선. 이러한 것들은 모두 중국사나 한국사 차원에서는 제대로 된 이해가 불가능하다. 그것은 중국과 이민족 그리고 한국이 얽히고설킨 동양사 차원에서 거시적이고 유기적으로 조망해야만 제대로 된 이해가 가능한 일인 것이다.

비유, 예시와 함께 추리도 이 책이 기타의 역사서들과는 다른 특징이다. 나는 역사가는 탐정과 비슷하다고 생각한다. 현장에 남아 있는 몇 안 되는 증거(사료)들을 해석하고 재구성해 내는 것이 임무이기 때문이다. E. H. 카는 『역사란 무엇인가』에서 "역사는 분실된 조각들이 많은 거대한 조각그림 맞추기"라고 했다. 또한 유시민은 『역사의 역사』에서 "역사가는 해부학을 배우는 학생이 아니라 노련한 과학수사대 요원과 법의학자가 시신을 다루는 자세로 역사의 사실을 대면해야 한다. 시신을 해부해서 거기 무엇이 있는지를 기록하는 것만으로는 충분하지 않다. 시신의 상태를 보고 사망 원인과 시간을 알아낼 뿐만 아니라 망자의 직업과 생활 환경, 생전의 건강 상태와 습관까지 추론해 내야하며, 유류품이 담고 있는 정보를 연결해 그 사람의 인생 행로를 추측할 수 있어야 한다."라고 했다.* 이와 같이 역사, 특히 현대사와 달리 만성적인 사료 부족에 시달리는 고대사와 중세사는 어느 정도 추리가 필요하다(앞서 본 고려와 조선이 발해사를 편찬하지 않은 이유도 결국 추리를 할 수 밖에 없는데 이 책의 4장에서 자세히 다룬다). 물론 이 책에서의 추리는 무슨 음모론과 같은 의사 역사학, 재야 사학 또는 막연한 상상이나 이상한 세계관에 기반한 것이 아니라 학계에서 인정받는 이론과 사료에 근거하여 최대한 객관화시킨 것이다.

* 인간 유시민에 대한 호불호나 정치인 유시민에 대한 지지 여부와는 무관하게 그는 우리 시대를 대표하는 지식인 중 한 명이며 여러 권의 역사서를 저술한 역사가라고 할 수 있다(유시민 스스로 밝혔듯 역사학자는 아니고).

이 책을 쓰는 데 꼬박 7년이 걸렸다. 나에게는 지난한 시간의 결과물인 이 책이 독자들에게는 한 편의 재미있는 '추리소설'이 되기를 바라며, 그럼 즐거운 시간되시길.

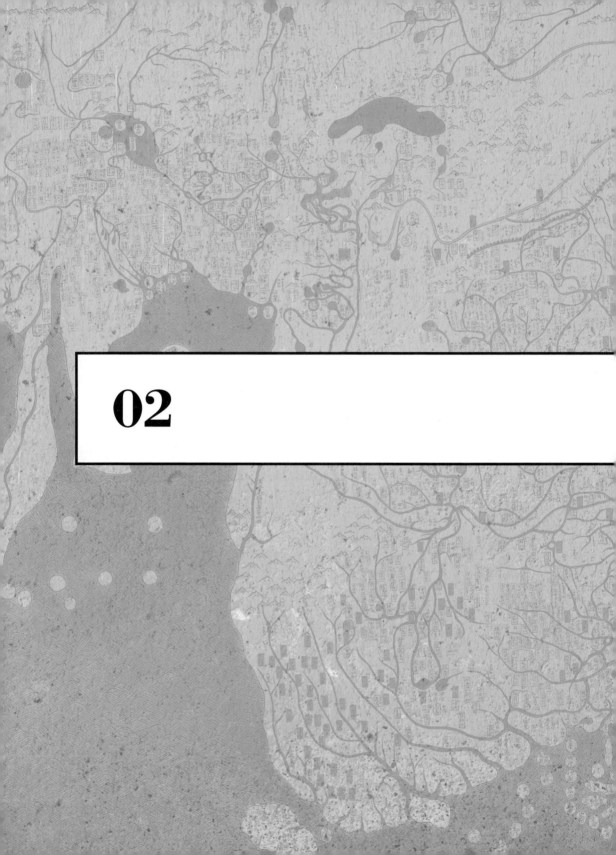

02

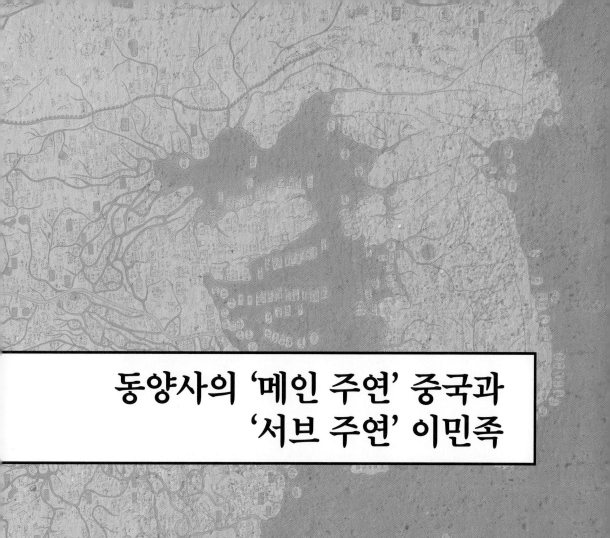

동양사의 '메인 주연' 중국과 '서브 주연' 이민족

1
중국과 사이

동양사의 '메인 주연'은 단연코 중국이다. 그런 중국의 첫 국가들은 하, 상, 주였다. 그 중에서 주나라는 중국인들에게 마음의 고향이자 영원한 이상향으로 불린다. 왜 첫 번째나 두 번째인 하나라와 상나라가 아닌 주나라가 그런 대접을 받을까? 거기에 중국사의 핵심이 담겨있다고 할 수 있다. 전통시대 중국에는 사방에 '오랑캐'들이 있었다. 동이, 서융, 남만, 북적이 그들이다. 춘추전국시대 중원 남쪽 '오랑캐'를 대표하던 초나라가 멸망하고 진나라가 중국 대륙을 통일한 후 남쪽 '오랑캐'들은 중국에 편입되어 중국화·한족화 되었다. 그런데 나머지 동·서·북은 그대로 이민족으로 남았다. 그런 그들은 대부분 유목민이었는데 초원과 사막, 삼림과 산악이 겹겹이 펼쳐진 거친 자연 환경을 극복하고 동양사의 '서브 주연'이 되었다.

1) 사이 또는 이적

전통시대 중국에는 '사이'라는 관념이 존재했다. 사이는 말 그대로 '사방의 오랑캐'라는 뜻이다. 중국 민족 즉 한족(漢族)들은 오래 전부터 스스로를 '중국(中國)' 또는 '중화(中華)'라고 불렀다.[1] 그리고 사방에서 자신들에게 귀순하지 않는 주변 민족들을 '동이(東夷)', '서융(西戎)', '남만(南蠻)', '북적(北狄)'이라고 불렀고 '사이(四夷)' 혹은 '이적(夷狄)'으로 통칭했다. '이융만적'의 사이를 구체적으로 살펴보면 이렇다. 북쪽에는 흉노, 돌궐, 위구르 등, 동쪽(동북쪽)에는 거란, 몽골, 말갈, 여진 등, 서쪽(서북쪽)에는 융, 강, 저 등 그리고 남쪽(남서쪽)에는 만, 묘, 월 등이 있었다. 이들은 중국을 정복하고 지배했거나 중국과 대등한 나라를 건설하는 등 중국사에 크고 작은 영향을 끼쳤다. 그리고 그 영향은 중국과 불가분의 관계이자 자타공인 '소중화'였던 한반도에도 절대적으로 작용했다. 한족들은 이민족들은 왜 '오랑캐'라고 불렀을까? 그들이 문화 수준이 낮은 '야만인'이라면 무시하면 될 것을 왜 그들을 그렇게 혐오하고 두려워하기까지 했을까? 도대체 그들은 누구였을까?

이민족에 대해 알려면 먼저 그들이 살던 지리를 알아야 한다. 북쪽은 몽골고원과 고비사막이 있어 주로 초원과 (반)사막 지대이다.* 동쪽은 과거에 만주로 불렀

---

1) '한족(漢族)'에 대해 정의를 내리기는 생각보다 어렵다. 고대 순수 혈통의 중국인들은 자신들을 '화하족'이라 불렀다. 이 화하족이 사이(四夷)라고 불리는 '이융만적'을 흡수·합병해서 한나라 시대에 새로운 민족을 형성했는데 바로 이들을 왕조의 이름을 따서 '한족'이라고 부른다. 거칠게 말하면 한족은 중국어를 모국어로 하며 한족의 문화와 가치관을 가진 사람들의 집단이다. 이민족이더라도 한족의 전통 문화를 받아들여 동화되면 한족으로 간주되었다. '이민족'은 한족을 중심으로 한 표현이므로 적절하지 않을 수 있다(그들 대부분은 유목민이었는데 모두가 그랬던 것은 아니다). 또한 현재 중국에는 전체 인구의 92%를 차지하는 한족과 나머지 8%에 해당하는 55개 소수민족이 함께 거주하고 있는데 55개 소수민족에는 선비족과 같이 한족화 되어 사라져버린 민족은 포함되지 않는다. '오랑캐'는 야만을 뜻하는데 '지켜야 할 예의를 모르는 자', 좀 더 적나라하게 표현하자면 '짐승 같은 놈' 정도가 될 것이다. 문자를 발명했으며 역사 편찬의 '권리'를 갖고 있었던 중원의 관료와 문인들은 이민족들에게 모욕적인 이름을 붙였는데 예를 들어 '몽고(蒙古)'는 '아둔한 옛 것'이라는 뜻이다.

고 현재 중국의 동북 3성(길림성, 요령성, 흑룡강성)이 있는 곳으로 주로 초원, 삼림, 평원으로 되어 있다. 서쪽은 티베트고원이 있는 고원과 초원, 평원 지대이다. 남쪽은 양자강(楊子江, 양쯔강) 근처와 그 이남으로 습지와 하천이 많고 평원으로 되어 있다(양자강의 공식 명칭은 '長江'인데 편의상 양자강으로 부른다). **이렇게 이민족들이 살던 곳을 지리적으로 분석해 보면 동서남북의 중요한 차이점을 발견할 수 있다.** 북쪽에는 인류 역사상 가장 넓은 영토를 차지했던 몽골 제국의 몽골이 현재까지 존속한다(고비사막 남쪽인 내몽골은 청나라 건국 전에 만주족에 편입되어 중국 영토가 되었고 고비사막 북쪽인 외몽골은 1924년에 몽골인민공화국이 건국되어 독립 국가를 유지하고 있다). 서쪽에는 중국에 강제 병합된 티베트가 있는데 1959년부터 달라이 라마가 인도에서 망명 정부를 이끌고 있다. 동쪽에는 명나라 때 청나라를 세워 중국 대륙을 차지한 만주족 뿐 아니라 거란족의 요, 여진족의 금 등이 꾸준히 존재했다. 그렇다면 남쪽은 어떨까?

 * 중국에서의 사막은 사구(砂丘)가 지표를 덮고 있는 문자 그대로의 모래사막만을 가리키지는 않는다. 풀이 듬성듬성 자라고 모래가 많은 건조 또는 반건조의 사막성 초원(또는 초원성 사막)를 모두 가리키며 돌사막 등도 있는데 모래사막은 오히려 적은 편이다.

 남쪽에서 이민족이 세운 대표적인 나라로는 초, 오, 월 등이 있다. 초는 묘족, 오는 만족, 월은 월족이 세운 나라였다. 남쪽 민족들은 중국의 한족과 언어, 문화, 습속 등이 달랐다.* 중국은 두발을 모두 보전해서 관대를 착용했는데 남방은 머리를 짧게 자르는 단발과 문신을 했다. 전설 시대에 관한 문헌 기록에서도 강남(주로 양자강 이남)과 영남(오령 이남 지방으로 주로 광동성과 복건성)은 중국과는 별개의 독자적 역사 공동체가 존재한 지역으로 묘사되었다. 『춘추공양전』에서는 "남이(南夷)

와 북이(北夷)가 중국을 끊임없이 교침하고 있다. 제 환공이 이적들을 격침하여 중국을 구하였는데 이것은 왕자(王者)의 본분이었다."라고 했다. 춘추시대인 기원전 488년에 노나라와 오나라가 회맹을 했다(노나라는 공자의 고향이다). 오나라가 희생(제사 때 제물로 바치는 산 짐승) 백 마리를 요구하자 계강자가 자공에게 그것은 주례에 어긋난다며 그만두게 했다. 그러자 오나라 왕이 "내 몸에는 문신이 있으니 나에게 예의를 따지지 말라."라고 답했다. 즉 자신을 중원과는 다른 '오랑캐'라고 말한 것이다. 초나라 왕은 "나는 만이(蠻夷, 오랑캐)다."라고 선언했고 중원 국가들도 춘추시대까지 초나라를 오랑캐로 간주했다. 그런데 전국시대가 되면 초나라 사람들 스스로 중국의 일부로 자처했다(초, 오, 월 중에서 전국시대까지 그 세력을 계속해서 유지한 것은 초나라가 유일했다). 또한 초를 포함한 전국7웅의 통일을 '중국'의 통일이라고 할 정도로 전국시대 말에 이르면 초나라는 중국의 일원으로 인정되었다. 왜 같은 이민족인데 동·서·북쪽은 현재까지 남아있거나 20세기까지 존재했던 것에 비해 남쪽은 2200년 전에 사라졌던 것일까? 이러한 차이가 생긴 근본 원인은 무엇일까?

* 사마천은 『사기』에서 "진(秦), 초(楚), 오(吳), 월(越)은 모두 이적(夷狄)인데, 강성한 패주가 되었다."라고 했다. 뒤에서 보겠지만 진시황의 진나라도 그 기원은 이민족이었다.

흔히 '오랑캐'하면 변발을 하고 말을 타는 민족을 떠올리듯 중국 변방의 이민족들은 주로 유목과 목축 그리고 수렵과 채집을 하면서 살았다(따라서 일반적으로 '유목 민족'을 '유목 기마민족'이라고 부른다). 나중에 정착해서 농경민이 되는 경우도 있었지만 대부분 이민족들에게 농업은 부수적이었다. 농경을 하더라도 논농사가 아닌 밭농사 위주거나 조방농업과 같은 저차원적이었다. 오히려 이민족들은 지리적

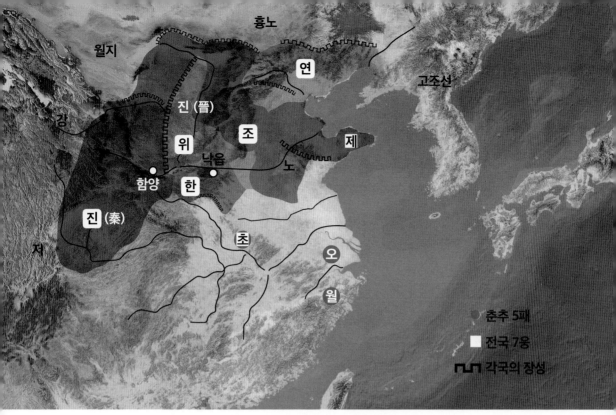

흉노

월지

연

고조선

진 (晉)

강

위

조

제

낙읍

제

노

함양

한

진 (秦)

저

초

오

월

● 춘추 5패

■ 전국 7웅

ꓴꓵ 각국의 장성

춘추5패와 전국7웅. 춘추전국시대에는 모두 100~180개의 국가(제후국)가 있었다.

환경으로 인해 농업보다는 상업을 중시하는 경우가 더 많았다(중국 한족은 철저히
중농억상이었다). 그에 비해 남쪽의 이민족들은 주로 농경에 종사했다. 양자강 주변
은 강수량이 풍부하고 토지가 비옥해서 농사에 최적화된 곳이다. 그리하여 양자
강 일대와 강남 지역은 "富甲天下魚米之鄕"(세상에서 가장 부유하고 물고기와 쌀이 많
은 고장)이라고 불렸다. 산업화를 본격적으로 시작하기 전 중국은 세계 최대의 농
업국가였다. 그렇기 때문에 같은 농경 문화이자 같은 농경 민족인 중원의 한족과
남쪽의 이민족들은 진시황의 통일로 자연스럽게 하나가 될 수 있었다. 그에 비해
나머지 지역의 이민족들은 그렇게 될 수 없었던 것이다.* 생활과 문화의 차이보다
더 큰 차이가 있을까?

02. 동양사의 '메인 주연' 중국과 '서브 주연' 이민족　　**27**

* 서주 이후 수백 년간 분립되어 있었던 중원 지역과 그동안 이민족 취급을 받아왔던 초, 오, 월 등의 지역까지 포함한 천하를 통합하기 위해서는 이들이 모두 같은 혈통이라는 점이 필요했다. 그 래서 전국시대 후기를 즈음 해서 황제(黃帝)를 공통 조상으로 삼는 신화가 만들어졌다.

'한족 vs 비한족', '농경 vs 비농경', '땅 vs 말'

이민족들은 기마민족이었다(물론 이민족들은 많은 부류가 있었고 그들 모두가 말을 타고 다니지는 않았지만 대부분은 기마민족이었다고 할 수 있다). 그들은 말을 타고 주로 유목과 목축 또는 수렵을 했다. 전문적인 나무꾼이 아니지만 농사꾼이 농업만이 아니라 임업(산에서 벌목 등)도 하듯이 이민족들은 유목과 목축, 수렵을 같이 하는 경우가 많았다. 농경 민족인 한족에게 땅이 중요했듯이 기마민족인 이민족에게는 말이 중요했다. 말은 이동과 양떼 관리, 사냥과 전쟁 수행 등을 위해 사용되었다. 매일 말 위에서 살았던 그들은 초원의 목동이자 숙련된 사냥꾼이었으며 동시에 잠재적인 전사였다. 동물에 대한 폭력인 사냥은 인간에 대한 폭력인 전쟁의 연습이었던 것이다. 그리하여 몽골의 "전쟁기계"들은 유라시아 대륙 전체에 걸쳐 용맹을 뽐낸 기마전사의 황금시대를 보여주었다. 모든 농민이 자위능력을 지닌 병사가 되어야 하는 것이 중국의 전통적 이상이었다(병농일치). 그러나 모든 농부가 병사가 된다는 것은 단지 이상에 지나지 않았지만 모든 유목민이 군인이 된다는 것은 쉽게 현실이 될 수 있었다.*

* 중앙아시아인들이나 몽골인들의 언어에는 군인을 따로 가리키는 토착단어가 없다. 즉 그들에게는 사람이 곧 군인인 것이다.

남쪽이 중국에 포함되는 진나라의 통일 이후 중국사는 철저하게 '한족 vs 비한족(주로 유목민), '농경 vs 비농경(주로 유목)'의 구도로 펼쳐졌다. 즉 중국사에 있어 중요한 것들의 대부분을 '한족 vs 비한족', '농경 vs 비농경'의 구도가 결정했다고 해도 과언이 아닐 정도다. 예를 들어 성리학의 탄생과 발전, 과학의 미발달, 콜럼버스보다 수십 년 더 빨리 진행된 정화의 대원정에도 불구하고 중국이 대항해 시대를 열지 못하고 신대륙 발견도 못한 것, 나아가 거의 모든 면에서 앞섰던 동양이 서양에 뒤지게 된 것 등은 모두 '한족 vs 비한족', '농경 vs 비농경' 구도의 결과물이라고 할 수 있다.* 정말 이러한 것들이 모두 '한족 vs 비한족', '농경 vs 비농경'의 구도 때문일까? 그렇다면 '한족 vs 비한족', '농경 vs 비농경'은 중국사에 얼마큼의 영향을 끼친 것일까?

* 동양이 서양에 뒤지게 된 시대는 대략 명나라 때로 본다. 새뮤얼 헌팅턴은 『문명의 충돌』에서 "중국은 당·송·명 시대에, 이슬람은 8세기에서 12세기까지, 비잔틴은 8세기에서 11세기까지 유럽을 훨씬 능가하는 경제력, 영토, 군사력을 가지고 있었으며 예술적·학술적·과학적 성취도 면에서도 유럽과는 비교가 되지 않았다."라고 했다.

동양에서 모든 것의 처음은 아니었던 중국

중국은 인류 4대 문명의 발생지 중 하나이며 현재에도 세계에서 인구가 가장 많고 세 번째로 큰 영토를 가지고 있다.* 때문에 당연히 동양 문화의 거의 모든 것이 중국에서 나왔을 거라고 생각하기 쉽지만 사실은 그렇지 않다. 중국과 유럽 사이에는 유목 민족과 그들이 세운 국가들이 있었으며 유목민 특유의 기동성으로 인해 동서양 모두를 흡수하는 중앙유라시아가 존재했다. 기원전 16~15세기경 초원지대 동쪽 끝에서 청동 제품을 수반한 문화가 출현했다(샤자뎬 하층문화). 여기서 안쪽으로 휜 칼이 나왔는데 이는 중국 역사상 두 번째 나라인 상나라 유적에서도 출토되는 유물이다. 초원 지대와 중국 가운데 어느 쪽이 시기가 빠른가에 대해 이론이 분분하지만 학자들은 대체로 남시베리아에서 몽골고원을 거쳐 중국으로 전해진 것으로 보고 있다. 또 가축화된 말과 전차, 거울도 이 시기에 중국으로 전해졌을 것으로 본다. 전차를 비롯해서 중앙유라시아 문화의 요소들이 중국에 나타난 때는 기원전 12세기 조금 이전이었다. 전차는 북쪽 또는 북서쪽으로부터 상나라로 전래된 이질적인 물건이었다. 그 이전에는 바퀴가 달린 운반 도구가 중국 지역에 없었다는 사실이 지금은 보편적으로 인정되고 있다.

* 러시아와 캐나다는 중국보다 국토 면적이 넓기는 하지만 이들은 몹시 추운 북극 지방에 인접해 있다. 오직 미국만이 중국과 같이 양호한 자연 환경 조건을 갖추고 있으면서도 중국과 비슷한 크기의 국토를 보유하고 있다. 따라서 미국과 중국이 G2인 것은 어쩌면 역사와 지리의 자연스러운 결과물이라고 할 수 있다.

중앙유라시아는 북쪽에서부터 남쪽으로 삼림지대, 초원지대, 사막(오아시스)지대, 농경지대 순으로 되어 있다. 이 동서로 7,000㎞에 이르는 대초원은 말을 타고 하루에 70~80㎞ 정도 이동하는 유목민에게는 3개월 정도면 답파할 수 있는 거리였다. 따라서 그 영역 안에서는 정보와 문화의 전달이 빨랐다. 이동생활을 할 뿐만 아니라 주변 여러 민족들과 교류를 통해 필요한 물자를 조달해야 하는, 중앙유라시아를 횡단하는 유목민들이 중국보다 서방의 문명을 먼저 도입할 수 있었던 것은 결코 놀라운 일이 아니다. 말타기로 인해 가능해진 엄청난 기동력은 서아시아 문명과 동아시아 문명 사이의 교통을 촉진시켰다. 이로 인해 서방의 발명품과 지식들이 빠른 속도로 중국에 유입되어 앞서 존재했던 양자 간의 기술적 간격을 해소시키는 데 큰 도움을 주었다. 중국은 기원전 8세기까지는 기술적으로 서아시아에 뒤떨어져 있었다. 철은 중국보다 서방에서 1,000년 정도 앞서 출현했다. 세계에서 최초의 청동기 출현은 서아시아 즉 중동 지역으로 그 연대는 기원전 3,500년경으로 추정된다. 중국에서 최초의 청동기 출현은 기원전 약 1,600년경으로 추정되는데 이는 다른 문명권에 비하면 꽤 늦은 편이다. 청동기는 무거워서 사람의 힘만으로 들고 다니기 쉽지 않다. 말을 다루는 유목민들은 말 또는 말이 끄는 수레에 청동기를 싣고 쉽게 이동할 수 있었지만 그렇지 않은 농경민들에게 청동기는 버거운 물건이었다. 또한 유목민들은 말을 타고 멀리까지 갈 수 있었기 때문에 정보와 물물교환에 상당히 유리했다. 따라서 처음 청동기가 발명되자 유목민들은 멀리까지 가서 그 기술을 배우고 제품을 얻어올 수 있었던 것이다. 그에 비해 말타기를 하지 않고 땅에 묶여 농사를 짓는 농경민들은 유목민들을 통해 청동기의 기술과 제품이 전파될 때까지 기다릴 수밖에 없었다.

유목민과 중앙유라시아

고대 동양 세계에서는 수많은 역사 공동체들이 공존하고 있었다. 그 중에서도 특히 중국과 북방 초원의 유목민 공동체가 가장 강성했다. 그런데 초원 유목민이 주도했던 중앙유라시아의 국가들과 농경민이 주도했던 정착 국가들 사이에는 근본적인(지리적인) 차이점이 있었다. 바로 초원 유목민의 고향인 중앙유라시아 스텝(Steppe) 지역이 그것이다. 스텝은 광막하고 거대한 대초원이 연속된 지역으로 형가리의 대평원에서 중국의 만리장성까지 이어지며 오직 초류만이 성장하기에 적합하다. 그곳은 말의 고향이었고 유라시아에서 말을 기르기에 가장 적합한 목초지였다. 역사상 수많은 유목민족들의 고향인 스텝은 유라시아 대륙 동서로 길게 띠를 이루며 펼쳐져 있는데 그 길이는 동서로 약 7,000km에 달한다. 스텝 지역은 거의 끊임없이 초원이 이어지며 유목민의 이동을 방해할 만한 자연적 장벽이 존재하지 않는다.* 이러한 초원의 특성으로 인해 흉노와 몽골 등 유목민족들은 동서로 자유롭게 이동할 수 있었다. 대부분의 중앙유라시아 스텝 지역 사람들은 유목이나 반유목을 하는 목축업자들이었다. 농사를 짓기도 하지만 농장은 해마다 장소가 바뀌고 곡식과 동물을 데리고 끊임없이 옮겨 다녔다. **이러한 이유로 인해 거대한 유동성은 정착경제가 아닌 중앙유라시아의 특성이 되었다.**

---

* 스텝은 간단히 말해서 수목(樹木), 즉 살아있는 나무는 없고 풀만 있는 대초원이라고 할 수 있다.

유라시아 대륙의 중앙을 가로지르는 광대한 초원과 그 아래로 넓게 펼쳐진 사막과 반사막. 이미 고대 중국의 한 역사가가 말했듯 걸음마보다 말타기를 먼저 배울 수밖에 없었던 유목민들은 지난 2천년 이상의 세월 동안 자신들에게 주어진 환경에 적응하고 또 인내하며 역사의 부침에 동참했고 인류 문명사에 굵고 분명한 자국을 남겨 놓았다. 보통 '중앙아시아(Central Asia)' 또는 '내륙아시아(Inner Asia)'라고 불리던 이 지역은 과거 유목민들의 주 활동 무대였다. **중앙유라시아는 유구한 역사 과정에서 그 범위가 커지기도 하고 작아지기도 하면서 그 동쪽과 서쪽 그리고 남쪽 세계의 역사에 커다란 영향을 미쳤다.** 따라서 이 지역이 지닌 이러한 역사적 의미에 비추어 보면 '내륙아시아'라는 닫힌 느낌을 주는 용어는 적합하지 않다. 또 근래에 와서는 '중앙아시아'라는 용어가 구 소련에서 독립한 중앙아시아 국가들을 가리키는 말로 사용되기 때문에 이 역시 적절한 용어로 보기는 어렵다. 현재 러시아, 우크라이나, 카자흐스탄, 우즈베키스탄, 키르기스스탄, 투르크메니스탄, 타지키스탄, 아프가니스탄, 파키스탄, 이란, 몽골, 중국과 같은 국가들의 전부 혹은 일부가 이 지역에 속한다("스탄"은 영어의 "state"와 어원이 같고 "나라"라는 뜻이다). 열거한 지명들을 보면 알 수 있듯이 아시아뿐 아니라 유럽 일부 지역도

포함하기 때문에 유라시아의 중앙부라는 의미에서 '중앙유라시아(Central Eurasia)'라는 표현이 가장 적절할 것이다.

중앙유라시아는 유라시아 대륙 중심에 자리 잡은 광대한 지역이다. 그 범위는 대략 동서로는 중국 흥안령(興安嶺, 싱안링) 산맥에서 헝가리 평원까지, 남북으로는 시베리아 바이칼 호수 남변에서 고비사막에 이른다. 이 지역은 바다로부터의 거리와 고도로 인해 극단적인 대륙성 기후를 갖게 되었다. 이곳에 머무는 대륙성 기후는 여름에는 찌는 듯 한 더위와 겨울에는 살을 에는 듯 한 바람이 드세며 기온의 변화는 극단적이다. 예를 들어 몽골 울란바토르 기온은 영상 38℃에서 영하 48℃의 진폭을 나타낸다. 봄과 가을이 거의 생략된 채 4개월의 서늘한 여름과 8개월의 혹독한 겨울만이 반복되면서 모든 생물들을 긴장시킨다. 특히 그 긴 8개월의 겨울은 소꼬리도 자를 만큼 추위가 맹위를 떨친다. 그들은 이러한 거친 자연 환경을 극복하고 동양사의 '서브 주연'이 되었던 것이다.

유목은 목축의 특수한 형태이다. 유목민들은 초원이나 산간 목지에서 양, 산양, 말 등 초식성 동물을 사육하는데 목축을 하더라도 이동에 장애가 되는 돼지, 닭, 오리 같은 것은 기르지 않는다. 그리고 이들을 기본 재산으로 삼아 동물들과 함께 목초지를 찾아 이동한다. 이러한 유목의 특징은 이미 역사상 최초로 유목민에 대한 기록을 남긴 그리스의 헤로도토스나 중국의 사마천이 간파한 바 있다. 그들은 유목민이 "농사를 짓지 않고 도시나 성채를 갖지 않고", "가축과 함께 물과 풀을 따라 이동하며", "모두 말 위에서 활을 쏠 줄 알았다."라고 기록했다. 이는 유목민이 농경민과 구별되는 가장 중요한 특징들 즉, 이동생활, 목축생활, 기마술을 지적한 것이다. 유목민들은 목초지를 계절과 주기에 따라 이동해야 했으니 한정된 지역을 두고 그들끼리 다툼과 전쟁은 필연적이었다. 그래서 옮겨 다니는 사람들인 이 유목민들은 마치 군대처럼 조직되어 있었고 정착농경민인 한족은 그들의 상대

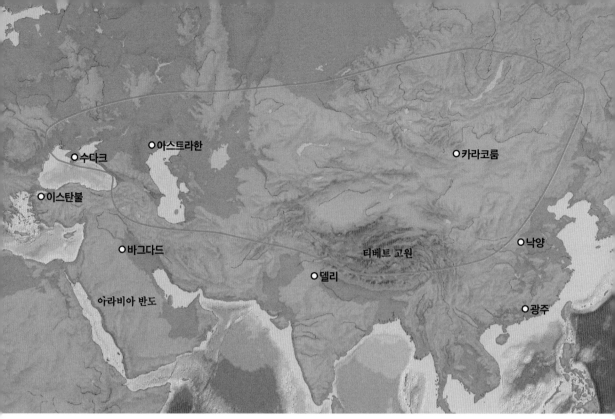

중앙유라시아 지도. 일반적으로 빨간색 부분을 중앙유라시아라고 부른다.

가 안 되었는데, 그것은 중국 역사 내내 그랬다.

2) 중국의 첫 국가들인 하, 상, 주

중국인들만큼 조상과 정치권력의 정통성을 잘 따지는 민족도 없다. 중국의 역대 한족 왕조들은 언제나 개국 초기부터 자신들이 이전 정권의 적통을 이어받았다고 주장했다. 이전 정권이 백성들 원망을 받을 만큼 형편없는 경우에는 몇 다리 건너뛰어 '옛날의 좋았던 때'를 이어받았다고까지 할 정도였다(나중에 보겠지만 중국 역사에서 그 '좋았던 때'는 기원전 10세기 무렵 주나라를 가리킨다). 중국이 이렇게 전통을 강조하는 이유는 무엇일까? 그 이유는 바로 중국이 농경 사회로 시작했기 때문이다. 농경민족은 유목민족처럼 떠돌며 생활하지 않고 한곳에 정착해서 여러 대에 걸쳐 살아간다. 이때 중요한 것이 바로 조상이다. '조상님' 대대로 그 지역에서 농사를 지으며 살아왔다는 말이 한껏 자긍심을 북돋워주기 때문이다. 뿐만 아니라 토지에 대한 배타적 지배권과 전수 받아야 할 농사 기술 등도 조상을 중요하게 여길 수밖에 없게 만든 요인이었다. 중국의 역사를 이해하는 데 있어 농경은 오늘날 중동 지역의 석유라고 할 수 있다. 중동 국가들에게 석유가 단순한 자원이 아니라 국가의 거의 모든 것에 절대적인 영향을 주는 요소이듯, 근대 이전 중국에서 농업은 국가의 거의 모든 것에 절대적인 영향을 주는 기본 요소였다(뒤에서 보겠지만 이것은 중국과 같은 유교-농업 문명인 한반도도 마찬가지였다). 유학이나 황제를 정점으로 한 중앙집권, 이민족들과 뒤엉킴 등 중국의 중요한 거의 모든 특징들이 바로 농경 때문에 파생되고 발전한 것이라고 할 수 있는 것이다.

왕조 말기가 비슷한 하와 상

중국 최초의 나라인 하(夏)는 기원전 2,000년에서 1,500년 무렵까지 약 470년 간 존재했다고 한다. 여러 씨족들과 경쟁하거나 연합하면서 존속했던 하나라는 기원전 1,500년 무렵 마침내 한 강성한 씨족의 손에 의해 멸망했다. 그 씨족이 바로 상족(商族)이다. 상족은 하나라를 멸망시키고 상(商, 기원전 1,600~기원전 1,046년) 나라를 세웠다.* 하나라와 상나라는 왕조 말기 현상이 누군가 표절했다는 의심이 들 정도로 비슷하다. 하나라 마지막 임금 걸왕은 말희라는 미녀에 빠져 나랏일을 돌보지 않았고 상나라 마지막 임금인 주왕은 달기라는 미녀에 탐닉한 폭군이었다. 그러나 왕조 말기의 폭군에 대한 이야기는 대부분 옛 왕조를 무너뜨린 새 왕조가 정통성을 주장하려는 의도에서 지어낸 것일 가능성이 높다. 사실 이전 나라의 마지막 왕을 폭군으로 묘사하는 것은 중국 역대 왕조의 '특기'이기도 하다. 그래야 자신들이 세운 왕조의 정당성을 내세울 수 있기 때문이다(현재까지 발견된 갑골문에는 달기라는 이름을 찾을 수 없으며 주왕은 열심히 제사를 지내는 등 조상신에게 경건한 인물이었다고 한다).

* 은(殷)은 상(商) 왕조의 마지막 수도인데 주(周)에서 상을 비하해서 도시 국가 수준으로 격하시키기 위해 은이라고 부르기도 했다. 따라서 은보다는 상이라고 부르는 것이 맞다.

중국 역대 왕조들의 영원한 고향인 주

주족(周族)은 상나라 말기인 기원전 12세기 무렵에 상의 서쪽에서 세력을 키워 가던 씨족이었다. 주족을 경계한 상나라 왕은 주족의 문왕을 서쪽으로 보내 변방을 지키게 했다. 슬픔 예감은 틀린 적이 없다고 했던가? 기원전 1,121년 문왕의 아들 무왕이 상나라를 멸망시키고 주나라를 세웠다(주나라는 견융의 침입으로 수도를 옮긴 기원전 771년을 기점으로 서주와 동주로 나뉜다. 동주 시대가 그 유명한 춘추전국시대이다). 그렇게 탄생한 주나라는 여러 가지 어려움에 처했다. 우선 상나라를 차지했으니 영토부터 예전과는 비교가 안 될 정도로 광대해졌다. 드넓은 중원에는 수많은 씨족 사회들이 있었고 상나라는 역사에서 사라졌으나 귀족 세력의 상당수는 잔존해 있었다. 더구나 주나라는 상나라를 무력으로 정복했을 뿐 문화적으로는 선진국인 상의 수준을 따를 수 없는 형편이었다(주나라는 농경 민족으로 자처하긴 했으나 유목 생활을 하는 융적과 근접해 있던 관계로 상나라의 문화와는 차이가 있었다). 이런 처지였기 때문에 무왕은 상나라의 옛 지배 집단을 회유하기 위해 상나라 왕자들에게 옛 영토를 다스리게 하고 제사도 그대로 지내도록 했다. 그러고는 자신의 동생들에게 감시 역할을 맡겼는데 이것이 바로 주나라 봉건 제도의 시작이었다.

종법관계로 맺어진 주나라의 봉건제

주나라의 봉건제는 왕과 제후가 혈연에 기초한 종법(宗法) 관계로 맺어져 있었기 때문에 적어도 초기에는 제후에 대한 왕의 권한이 상대적으로 강한 편이었다. 이는 주나라의 봉건제가 서양 중세의 계약적 봉건제와 다른 부분이기도 하다. 한편 왕과 제후 사이에 맺어진 봉건 관계는 제후와 그 아래 경(卿), 경과 대부(大夫), 대부와 사(士) 사이에도 적용되었다. 이처럼 주대는 왕을 정점으로 한 피라미드 형태의 신분 질서 구조, 이른바 봉건 질서를 가지게 되었는데 각 계층은 자신의 신분에 맞는 예악 제도를 사용해야 하는 등 엄격한 등급 제도가 강조되었다(예악은 예의범절과 음악을 뜻한다. 공자에게 있어 예악은 곧 문화의 법칙이었다). 봉건제는 왕이 제후에게 땅과 백성에 대한 통치를 일임하는 대신 제후는 왕에게 경제적 공납과 군사적 보호 의무를 지는 통치 제도였다. 주나라는 자신의 종친들을 수도 가까이에 분봉해서 왕실을 보호하는 울타리 역할을 하도록 한 반면 공신들과 이전 왕조의 후예들은 멀리 옛 상나라 영토 곳곳에 분봉했다. 봉건제는 이념적으로 주나라 왕이 모든 토지와 백성을 소유하고 있다는 이른바 왕토 사상에서 출발했다. 그러나 실질적으로는 분봉된 제후가 해당 지역으로 가서 그곳을 점령한 뒤 점차 세력을 확대해가는 군사적 식민화 과정이었다. 또한 각 제후국은 중심지 도성을 거점으로 가까운 주변에 영향력을 미치는 정도의 성읍 국가(읍제 국가)였으며 후대와 같은 영역 국가가 아니었다.[2] 주나라 시대는 제후가 봉건된 도성을 중심으로 한 성

---

2) 읍이란 거주지만이 아니라 경작지나 산림 지역을 포함하는 지역적인 영역을 의미한다. 따라서 읍은 주민과 주민의 생활기반인 토지 전체를 일컬으며 읍의 규모는 반경이 약 20㎞ 정도였다. 성읍 국가는 성과 마을(읍, 邑)로 구성된 국가를 뜻한다. 초보적인 국가의 모습은 마을(읍)을 중심으로 그 주변에 토성을 쌓고 그 위에 나무 기둥(木柵)을 박아 성(城)을 만든 성읍(城邑) 형태였다. 이곳에서 적게는 수천 명에서 많게는 수만 명이 거주했다. 결국 단순한 마을이

읍 국가의 형태였기 때문에 그 중간에 얼마든지 이민족이 존재할 수 있었다.

상나라는 수백 개의 씨족 국가들 가운데 가장 세력이 강성한 나라였을 뿐 특별히 중심지라고 할 것이 없었다(당시 나라들은 지금과 같이 넓은 영토에 정식 국경이 있는 것이 아닌 일종의 도시 국가, 성읍 국가였다). 또한 주변 약소국들을 무력으로 제압한 뒤 평상시에는 그들에게서 필요한 물자를 약탈하고 전쟁이 일어나면 그들의 군사를 동원했을 뿐 별다른 관계는 맺지 않았다. 그러나 주나라는 공식적으로 중원의 중심지를 자처했으며 주변 나라들을 휘하에 거느리고자 했다. 주나라 왕실은 주변 제후국들에게 작위를 부여하고 그에 따른 영지를 주어 다스리게 했는데 평상시에는 제후국의 내정을 간섭하지 않고 자치에 맡겨두었지만 제후들은 정기적으로 주나라 왕실을 방문해 인사를 드리고 자기 지역 특산물을 바쳐야만 했다. 이것이 바로 조공(朝貢)이다. 이렇게 시작된 조공은 이후 근세에 이르기까지 중국 역대 왕조의 중요한 외교 수단이 된다.

고육지책이었던 주나라의 봉건제

주 왕조는 봉건제를 채택하면서도 그 내부적인 원리로 적장자 상속을 원칙으로 하는 혈연 조직에 바탕을 둔 종법제를 내세웠다. 이처럼 씨족과 혈연에 기반한 종법적 봉건제는 주 왕조가 건국 초기 안정화 되는 데 큰 바탕이었다. 이렇게 보면 주나라의 봉건 제도는 제법 합리적이고 당시로서는 진보적인 제도인 듯 보이겠지만 실상은 그렇지 못한, 일종의 고육책이었다. 상나라가 망한 이유는 주변 나라들을 복속시키지 못했기 때문이었다. 상은 망하기 직전까지도 동쪽 변방에 있는 나라들과 전쟁을 해야 했다. 갑골문에 나와 있는 상나라 국가 행사들은 대부분 이웃

국가의 모습으로 탈바꿈하게 된 것인데 이런 국가가 성읍 국가(읍제 국가)이다.

나라들과의 전쟁이었다. 그만큼 상나라는 끊임없이 전쟁에 시달렸다. 주나라는 상나라가 동쪽 정벌을 위해 움직인 틈을 이용해 군대를 일으켜 성공을 거두었다. 말하자면 빈집을 노린 셈이었다. 상나라의 전철을 밟지 않으려면 주변국들을 확실하게 복속시켜야 했는데 드넓은 중원 지역을 주나라 혼자 힘만으로는 직접 지배할 수 없었다. 각 지역마다 일일이 주나라 군대를 파견할 만한 인력과 돈이 없었던 것이다. 그렇다면 남은 방법은 하나, '외교'밖에 없었는데 그것이 바로 봉건제도였다.

그런데 주나라에서 아무리 애쓴다 해도 이웃 제후국들이 주나라의 권위를 인정해주지 않으면 아무런 소용이 없다(외교가 원래 그런 거 아닌가). 그래서 주나라는 머리를 더 썼는데 제후국들과 혈연적인 관계를 맺는 것이었다. 앞서 무왕이 동생들을 제후국에 파견했듯이 주나라 왕실은 가족 관계와 혼인 관계를 이용해서 인근 나라들과 봉건적 관계를 수립했다. 따라서 주나라 봉건 제도는 본가와 분가의 관계와 같았다. 이렇게 혈연에 기반한 관계를 종법 봉건제도라고 부른다. 서양 중세의 봉건제도는 중국의 그것과는 많이 다르다. 중국은 왕이 신하에게 자기 땅을 내주고 신하는 왕에게 충성하는 체제인 데 비해 서양은 왕과 영주, 기사 간에 계약을 맺는 형태였다. 서양 봉건제도에서 왕은 영주 중 가장 큰 세력에 지나지 않았고 쌍방 간에 맺은 계약은 파기할 수도 있었다. 즉 서양에서는 철저한 계약 관계였고 중국에서는 혈연 관계였던 것이다. 주나라 초기 제후국은 100개가 넘었으며 그 가운데 주나라 왕실 성인 희(姬)씨 제후국이 1/3 이상이었다(제후국이라고 해서 오늘날과 같은 정식 국경을 가진 나라는 아니었고 일종의 도시 국가, 성읍 국가였다).

적장자가 종가를 맡고 집안을 이끄는 제도인 종법제도는 주나라 때 봉건제도와 함께 성립했다. 종가는 대종이라고 하고 분가를 소종이라고 한다. 대종은 제사를 지내고 집안을 이끌며 소종은 대종의 지휘를 받는다. 왕은 적장자에게 상속되고 제후국에 대해서 영원히 종갓집의 위치를 갖는다. 그러한 왕은 종손으로서 종묘를 건립해서 제사를 지내고 제후들은 필요한 지원을 한다. 이렇게 해서 왕의 위치가 정치권력 이전에 인간적 도리, 즉 인륜(人倫)으로 뒷받침된다. 그리고 국가의 기본질서는 법(法)이 아닌 종법질서에 맞는 예(禮)가 된다. 이렇듯 예에는 서열적 특성이 이미 들어있었으며 상당히 중요했다. 대종과 소종 간에 위아래가 분명해야 나라가 안정될 테니까. 천자는 천명을 받아 천하를 다스리는데 직할지를 제외한 땅을 제후들에게 나누어 통치하게 하며 그런 천자와 제후는 혈연으로 맺어진 친척 관계이다. 그런데 만약 제후가 반란을 일으킨다면 정치적 역적 이전에 인륜에 반한 패륜아가 되어버린다. 이런 관계의 질서를 규정한 것이 바로 '예'이며 이것이 주나라 사회체제였다. 이렇게 동양 사회는 출발부터 예가 중요한 요소였기 때문에 예송논쟁 등 예에 관련된 수많은 사건·사고가 존재했던 것이다.

대륙의 중심 중원

주나라 봉건 제도로 인해 중국 역사상 처음으로 대륙의 중심지가 형성되었다. 이에 따라 주나라는 원래 수도만으로는 부족하다고 여기고 동쪽에 새로운 정치·경제·군사의 중심 도시 낙읍(洛邑)을 건설해서 본격적인 중원 시대를 열었다. 중원은 만리장성 이남의 중국 본토를 뜻한다. 구체적으로는 황하 중류의 평원지대를 말하는데 단순히 '가운데'라는 뜻이 아니라 '중심'을 의미한다. 하, 상, 주 등 중국 고대 국가들이 발흥한 곳이 바로 황하 중류의 중원 지역이었다. 춘추전국시대를 거쳐 양자강 이남의 강남이 개발되면서 중국은 중원과 강남이라는 두 개의 지리적 중심을 가지게 된다. 그러나 북방 민족들 역사까지 포함해서 볼 때 중국 역사의 발원지이자 진정한 중심은 중원이었다(보다 정확하게 말하면 정치의 중심은 중원, 경제의 중심은 강남이라고 할 수 있다). 중국에 중심이 생겼다는 것은 단순히 현실의 정

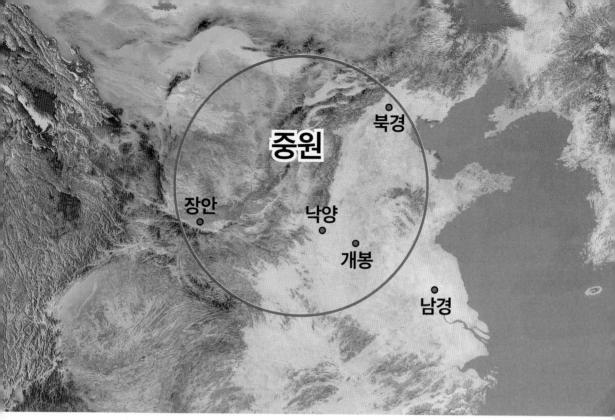

중원과 중국의 역대 주요 수도. 중국의 주요 수도는 남경만 강남이고 나머지는 모두 중원인데 뒤에서 보겠지만 이들은 어떤 까닭으로 인해 서쪽에서 동쪽으로 이동했다.

치적 '사건'에 불과한 것이 아니었다. 주나라 봉건 제도는 정치 이념에 커다란 변화를 가져왔는데 이는 주나라 자체보다 오히려 이후 중국 역사에 크나큰 영향을 미친다(중국의 절대적인 영향을 받은 한국에도 물론).

천, 천명, 천자

주나라는 건국에서부터 하늘의 뜻, 즉 천명(天命)을 강조했다. 아니 강조할 수밖에 없었다. 주나라 무왕이 상나라를 치러 가는 도중 이런 일이 있었다. 갑자기 사내 두 명이 튀어나와 행렬을 막아 세우고는 신하가 왕을 칠 수는 없다며 버티는 것이 아닌가. 병사들이 해치려 했으나 주나라 재상 강태공이 그들은 의인이라며 풀어주었다. 이 두 사람은 산으로 들어가 의리를 저버린 주나라 곡식을 먹을 수 없다고 고사리만 캐먹다가 굶어죽었다. 이들이 바로 후대에 충절의 상징이 된 백이와 숙제다. 백이와 숙제 이야기에도 나오듯이 신하로서 왕을 친 것은 분명 명분이 없었다. 성공한 쿠데타는 처벌하지 않는다지만 그래도 명분은 필요하다. 그런데 그 명분이 없었으니 만들어야 했는데 그것이 바로 천(天)이었다. 그렇다면 주나라가 주장하는 천과 명분은 무엇이었을까? 주나라 최고의 신은 '천(天)'이었다.*
천은 우주 삼라만상을 창조하고 천지자연의 법칙을 운행하며 인간사를 감시하고 규제한다는 절대신(High God)이다. 그리고 천의 아들 곧 천자(天子)는 천명을 받아 천의 원리에 따라 이 세계를 통치해야 한다. 천명은 통치자 개인의 덕(德)에 따라 하늘의 의지가 달라진다는 의미이다. 그렇다면 천명은 어디에 있는가? 바로 민심에 있으니 덕을 잃고 민심을 잃은 상나라는 이미 천명이 다한 것이다. 덕이 있고 백성에게 신망이 있는 주나라 무왕이야말로 천자의 자격이 있고 천명은 상에서 주로 넘어왔다. 천이 주의 무왕에게 포악한 상의 주왕을 타도하고 주나라를 세우라는 천명을 내렸다는 것이 바로 천명사상이다. 따라서 상나라 정벌은 제후가 왕을 무력으로 공격한 하극상이 아니라 천의 의지를 수행한 것이라고 강조해서 주나라는 주 왕조 창업의 정당성을 마련했다.

* '천(天)'은 우리나라 「애국가」에도 나오는 '하느님'을 가리킨다. "하늘도 무심하시지", "하늘이 두렵지 않느냐"처럼 우리 또한 주나라의 천 사상에 많은 영향을 받았다고 할 수 있다.

천명사상으로 무력정벌을 합리화시킨 주의 통치이념은 주 왕실에 새로운 정치사상과 세계관을 형성했다. 우선 주나라 왕은 천명을 받은 군주이기 때문에 천자이고 따라서 천자는 신을 대신해 천하를 지배하는 유일한 존재로 설정된 것이다. 따라서 천자는 화이(華夷) 즉 중화민족과 이민족을 망라한 세계 질서의 주재자가 되어야 했다. 즉 천자는 정치적 존재인 동시에 종교적 존재였던 것이다. 이러한 관념은 주 왕조에 위엄과 권위를 부여했고 이후 중국 역대 황제들에게도 공통되게 나타난다. 화이를 불문하고 천자는 하나일 수밖에 없기 때문에 모든 정치 질서는 천자가 주재해야 했다. 이는 이후 나타나는 분열을 극복하고 통일 제국의 등장을 가능하게 만든 이념적 기반이 되었다. 또한 왕권에 절대적인 권위를 부여해서 전제적인 지배를 가능케 했다. 즉 '천자'는 중국의 최고 통치자들에게 정통성과 신성성을 부여하는 명칭으로 사용된 것이다. 천하를 다스리는 천자, 바로 여기에 봉건 제도를 뒷받침하는 이념이 들어 있다. 천자를 받드는 제후들은 북극성 주변을 따라 하늘을 도는 별자리들처럼 한가운데 있는 천자의 나라를 예(禮)로써 섬겨야 했다. 그것이 곧 법으로 정해진 질서 즉 종법 질서이다.

중국 역대 왕조의 영원한 이상향이자 마음의 고향

중심지에서 멀리 떨어진 곳은 자연히 주변지가 된다. 그래서 주나라라는 천하의 중심지에서 멀리 떨어진 지역, 제후국들의 관할이 미치지 못하는 곳은 모두 '오랑캐' 땅으로 인식되고 불리게 되었다. 이것이 곧 중화사상이며 주나라 왕실을 받들고 오랑캐를 물리친다는 존왕양이(尊王攘夷)라는 중국적 전통의 시작이었다. 이렇게 천자 사상, 오랑캐, 예의 개념, 중화사상이라는 중국적 질서와 유교 사상의 싹은 모두 주나라 봉건 제도에서 비롯된 것이었다. 그리고 소농민을 보호하는 토지 분배제도인 정전제를 실시했다는 전승도 첨가되어 이후 주 왕조는 역대 가장 이상적인 시대로 자리매김하게 된다. 이런 주 왕조에 대한 이상적인 생각 때문에 중국인들은 과거에서 유토피아를 찾는 복고적 또는 상고적 관념을 갖게 되었다.

그리고 주나라는 이후 3천년 동안 중국 역대 왕조의 영원한 이상향이자 마음의 고향으로 자리 잡게 된다. 동아시아 문화의 근간은 이 때 이런 식으로 형성되었던 것이다.

천명의 이동은 통치자의 도덕적 자질, 즉 덕치(德治)에 의해 나라의 운명이 좌우된다는 논리를 만들었다. 이는 자연스럽게 무력보다는 문치(文治) 우위의 통치 이념이 자리 잡게 했다. 천명을 주고받을 때는 불가피하게 무력이 동원된다고 해도 천자로서의 통치는 무력이 아닌 문치여야 한다는 것이다. 또한 주의 천명 사상은 문치를 위한 제도적인 장치로서 중국 관료제 발달에 기여했다. 상나라 관직이 제사, 군정과 관련된 것이 많은 데 비해 주나라(서주) 관직은 다양하고 전문적이었다. 상나라 시대 절대신이었던 상제는 인간의 운명을 지배하고 점복을 통해 그 의지를 알 수 있는 존재로 여겨졌다. 그러나 주나라 시대의 천은 인간의 노력, 즉 덕(德)의 실천에 의해 천명이 좌우된다고 하는 관념으로 발전했다. 이것은 인간이 신들의 지배에서 벗어나 자유를 획득한 것을 의미하는데 다만 그 자유에 일정한 제약을 둔 것이 신의 응보라는 논리이다. 천, 천명, 천자라는 개념은 이때부터 생겨나서 이후 중국을 중심으로 한 동아시아 질서의 사상적 바탕이 되었다.*

* 근대 중국의 최고 지식인 중 한 명인 곽말약(郭沫若, 1892~1978년)은 이런 천에 대해 "천은 주나라 사람들의 일대 발견이다."라고 평하기도 했다.

2
서쪽 이민족이 만든 시대 춘추전국

주나라는 서쪽 이민족인 견융에게 멸망당했다. 주나라 통치에 관심이 없었던 견융이 물러갔지만 주나라는 그들이 다시 침략하지는 않을까 두려움에 떨 수밖에 없었다. 결국 주나라는 수도인 호경을 버리고 동쪽으로 피난해서 동주를 세웠다. 동주가 세워진 때부터가 춘추전국시대이다. 그러니까 그 유명한 춘추전국시대가 열린 것도 이민족 때문이었던 것이다. 그러한 춘추전국시대는 춘추시대와 전국시대로 나뉜다.

1) 흔들리는 주나라와 함께 분열의 시대로 - 춘추전국시대

주나라식 종법 봉건제도는 처음부터 문제의 씨앗을 품고 있었다. 혈연을 바탕으로 한 관계는 가장 믿을 만하지만 생명력이 짧다는 치명적인 결함이 있었던 것이다. 주나라가 성장과 발전을 지속하던 전성기까지는 종법 봉건제도가 별문제 없이 기능했다. 그러나 시간이 흐르면서 점차 왕실 간 촌수는 멀어지고 혈연관계는 희박해질 수밖에 없었다. 부분적으로 일종의 계약을 바탕으로 한 제도로 바뀌면서 종법 질서를 발전적으로 대체하는 경우도 있었지만 주나라 왕실과 관계가 소원해지는 제후국들은 어쩔 수 없이 생겨났다. 게다가 경제와 문화가 발달하면서 이들 제후국들은 점차 국력도 강성해졌다. 그 중에는 막강한 경제력과 군사력을 축적해서 주나라에 맞설 수 있는 제후국들도 생겨났다.

주나라 쇠퇴의 내적·외적 요인

주나라를 뒤흔드는 요소는 바깥에도 있었다. 상나라 때에도 부단히 다툼을 벌였던 이른바 '오랑캐' 나라들의 힘이 점차 강해진 것이다. 주나라는 봉건 제도 덕분에 제후국이라는 방패막이 생겨 상나라처럼 심각한 위협을 받지는 않았지만 무력으로 주변을 확실하게 복속시키지는 못했다(주나라 국가기반이자 통치제도였던 종법 봉건제도 등은 주변 이적들의 침입과 약탈을 제어하기 위한 정치·군사적인 이유로 만들어진 측면도 있었다). 그러던 중 주나라 중기를 넘어서면서 중원 바깥 지역 이민족들이 끊임없이 중원을 넘보며 침략해왔다. 주 왕실의 이적(夷狄) 정벌과 이적의 항쟁 역시 주 왕실의 쇠퇴를 가져오는 경향을 촉진시켰던 것이다. 주나라가 분봉해준 봉국인 읍은 농업을 기반으로 성립했지만 농경지는 한정되어 있었고 그 농경지 주변 가까이에는 이적들이 거주했다. 이들은 주 왕실의 정치적 질서에서 벗어나 생존을 위협하는 존재가 되었지만 주 왕실의 무력만으로 해결될 문제는 아니었다. 이와 같은 내부적 요소(봉건제의 동요)와 외부적 요소(이민족의 침입)가 결합되어 주 왕실은 근본적으로 흔들리게 되었다. 그러던 중 마침내 사건이 터졌다. 주나라 유왕은 하나라 걸왕과 상나라 주왕이 그랬던 것처럼 미녀에 빠져 나랏일을 돌보지 않은 폭군이었다고 한다. 그는 포사라는 미녀에 빠져 그녀 아들을 태자로 삼으려 했다. 그러자 이에 반발하는 세력이 서쪽 이민족인 견융(犬戎)을 끌어들여 주 왕실을 공격하게 했다. 견융은 중원 문화권 가까이에서 유목 혹은 수렵 생활을 하던 날쌔고 사나운 부족이었다(티베트계 또는 터키계로 추정되는데 흉노의 조상이라는 설이 있다). 기원전 771년, 1만 5천여 명의 견융 군대가 호경을 향해 공격을 감행했다. 전쟁에서 승리한 후 견융은 호경을 약탈했는데 이 사건으로 주나라 유왕이 전사하고 수도인 호경이 함락되었다.*

* 호경은 훗날 한나라와 당나라 수도인 장안으로 오늘날의 서안(西安, 시안)이다.

주의 동천, 춘추전국시대의 개막

주나라 지배에 관심이 없었던 견융이 고향으로 돌아가자 제후국들은 새 왕으로 평왕을 옹립했다. 평왕은 견융의 재침입을 두려워해서 이미 불타버린 호경 동쪽 낙읍으로 수도를 옮겼다.* 이것이 기원전 770년 주의 동천(東遷)이다. 동천을 기준으로 그 이전의 원래 주나라를 서주(西周), 그 이후의 주나라를 동주(東周)라고 부른다. 주의 동천이 중요한 이유는 이 사건을 계기로 춘추전국시대가 개막되었기 때문이다. 그 유명한 춘추전국시대의 막을 올린 장본인이 다름 아닌 이민족이었던 것이다. 춘추전국시대는 약 550년간 지속된 중국 역사상 최장의 분열기로 보통 춘추시대와 전국시대로 양분된다. 춘추시대(기원전 770~기원전 403년)는 주의 동천에서부터 당시 가장 강력한 제후국이었던 진(晉)이 분열되는 시기까지를 가리킨다. 전국시대(기원전 403~기원전 221년)는 그때부터 중원 서쪽의 강국인 진(秦)이 중국 대륙을 최초로 통일하는 기원전 221년까지를 가리킨다. 동천 이후로 주나라가 유명무실해지면서 중국 대륙은 열강이 다툼을 벌이는 분열기로 접어들었다. 주나라 시대에는 봉건제가 실시되어 주 왕조 중심의 정치 질서가 형성되었다. 춘추시대에는 유명무실한 주 왕실을 보호해야 한다는 명분을 내걸고 패자가 주 왕을 대신해서 정국을 주도했다. 제 환공이나 진 문공과 같은 춘추시대 초기의 패자들은 주나라 왕의 명목상 권위를 빌리기 위해 이민족의 침입으로부터 주 왕실을 보호한다는 존왕양이(尊王攘夷)를 명분으로 내걸었다. 그에 비해 전국시대에는 약육강식의 시대로 변모했다. 특히 존왕양이의 명분도 '오랑캐'라고 치부하던 남쪽의 초, 오, 월이 패자의 자리에 오르게 되자 점차 사라졌다.

＊낙읍은 장안과 함께 고대 중국의 양대 도시로 오늘날의 낙양(洛陽, 뤄양)이다.

춘추5패

춘추시대 초기 제후가 다스리는 제후국은 100~180여 개가 있었을 것으로 추정된다. 처음에는 주 왕실의 근거지로 중원이라 불리는 황하 유역 제후국들이 앞선 문화를 바탕으로 춘추시대의 중심 국가로 올라섰다. 그러나 이 제후국들에게는 한계가 있었는데 그것은 그들이 좁은 황하 유역에 밀집되어 있다는 점이었다. 결국 그들은 더 이상 발전하지 못한 채 소국(小國)으로 전락했다. 반면 중원 지역에서 멀리 떨어져 있던 제후국들은 중원의 전통과 관습에 얽매이지 않고 독자적인 정책을 추진하면서 황무지 개간 및 이민족 정복과 포섭 등을 통해 지속적인 발전을 할 수 있었다. 춘추전국시대는 초기 국가 단계에서 고대 국가로 변화하는 과정이었다. 즉 작은 규모의 영역과 인구로 구성되어 있던 초기 국가 단계에서 큰 규모의 영역과 인구 그리고 복잡한 국가 기구를 갖춘 고대 국가로 변화하는 과정이었던 것이다. 특히 춘추시대는 100개가 넘는 제후국들이 점차 몇 개의 국가로 통합되어 가는 과정임과 동시에 도시 국가의 형태였던 성읍 국가에서 영역 국가로 이동하는 과정이라고 볼 수 있다.

전국7웅

춘추시대에는 이른바 춘추5패(春秋五霸)로 불리는 강력한 제후국들이 교대로 패권을 잡았다. 춘추시대 패자들이 춘추5패라면 전국시대를 주도한 나라들로는 전국7웅(戰國七雄)이 있었다. 춘추5패가 서로 맞교대 형식으로 패권을 장악했던 반면 전국7웅은 같은 시대에 공존하면서 서로 활발하게 경쟁을 벌이기도 하고 다양한 국제 관계를 맺기도 했다. 그도 그럴 것이 춘추시대에는 그대로 각국이 주 왕실에 충성하는 제후국 면모를 강하게 지니고 있었지만 전국시대 제후국들은 사실상 독립국이었기 때문이다. 전국시대는 남쪽 초(楚)와 서쪽 진(秦) 양 대국 간의 대립을 중심으로 각국이 이합집산 하는 양상을 띠었다. '전국(戰國)'이라는 이름에 걸맞게 이 시대 중국에서는 역사상 그 어느 때보다 가장 치열한 전쟁이 잇달았으며 화려한 외교술도 등장했다. 따라서 전쟁술과 함께 외교술도 발달했는데 술책에 가까운 교묘한 외교술과 권모술수 그리고 수많은 책략가를 낳았다. 결국 국력에서 뿐 아니라 술수에도 강했던 진나라가 최후의 승리를 거두었다. 중국 최초의 황제인 진시황이 오랜 분열의 시대를 끝내고 마침내 통일 시대를 연 것이다.

전국7웅 가운데 가장 후진국이던 변방의 진나라가 중국을 통일하게 된 과정은 사뭇 극적이었다. 춘추시대 남쪽 초나라를 오랑캐로 여겼던 중원 제후국들은 서쪽 진나라 역시 오랑캐로 간주했다. 원래 진나라는 중원에서 멀리 떨어진 서부 변방 지역에 위치하고 있었기 때문에 문화가 가장 뒤떨어졌다. 그러나 경제 발전이 이미 포화 상태에 있었던 중원 지방에 비해 황무지이기는 해도 넓은 땅을 소유한 진나라는 성장 가능성이 높았다. 또 문화적으로 후진성을 면치 못했던 진나라는 기존 전통과 관습의 영향이 적었기 때문에 새로운 제도를 받아들이는 것에 오히려 더 유리했다. 그런 상황 덕분에 진나라는 중원의 다른 제후국들에 비해 좀 더 자유롭고 개방적인 나라가 될 수 있었던 것이다. 그러던 중 진나라는 위나라에서 자기 뜻을 펼치지 못한 책략가 상앙을 받아들여 국정 전반에 과감한 개혁과 쇄신을 단행했다.* 이것을 상앙의 개혁이라고 부른다. 상앙의 개혁은 가족 제도에서 군사, 조세 등에 이르기까지 온갖 제도의 개선은 물론 농업 생산력의 증대, 도량형의 통일 등 사회 전반에 걸친 개혁 조치였다. 진나라는 귀족의 특권을 배제해 군주 중심의 중앙집권체제 확립을 꾀했고 이와 동시에 부국강병책을 실시했다. 그 결과 전체 중국에서 진나라 영토는 3분의 1에 달했고 국부는 2분의 1이 넘었다.

---

* 당시 책략가들은 여러 제후국들을 떠돌면서 자신의 지략을 팔고 다녔는데 공자도 그 중 한 사람이었다. 공자는 춘추시대에 중앙무대 편입을 원했던 지방인물로 당시 귀족들의 주류 문화에 심취했던 "제례 마니아"였다고 할 수 있다.

중원에 편입된 세력과 배제된 세력

춘추전국시대 각 제후들은 자국의 발전을 위해 영토 확장에 주력했기 때문에 중국 역사의 무대가 크게 확장되었다. 황하 유역을 중심으로 한 중원의 한계에서 벗어나 북으로는 요하, 남으로는 양자강 유역까지 그 세력 범위가 확대된 것이다. 여기서 중요한 것 중 하나가 춘추시대 후반기를 통해 초, 오, 월 등 남쪽 국가들이 중원의 질서에 편입되었다는 점이다. 원래 중국 문명은 황하를 중심으로 하는 중원에서 생겨났으며 이는 주나라(서주) 시대까지 이어졌다. 그러다가 춘추시대를 거치면서 '오랑캐'라 치부하던 양자강 이남의 남중국 지역도 자연스럽게 중원 문화권에 포함된 것이다.* 자연히 춘추전국시대 이후에는 '오랑캐'라는 말도 남쪽과는 무관해지고 중국 북·동·서쪽에 자리 잡은 북방 이민족들을 가리키는 뜻으로 사용되었다. 따라서 이후 중국 역사는 중원 문명권과 북방 문명권이 끊임없이 대립하는 구도로 펼쳐지게 된다. 즉 이제부터 중국사는 본격적인 '중원 문명권(한족, 농경, 중화)'과 '북방 문명권(이민족, 유목·수렵·반농반목, 오랑캐)' 간 대결의 역사인 것이다.

* 보통 화북은 황하 유역(양자강 이북)을, 강남은 양자강 이남을 뜻하는데 이 책에서는 북중국과 남중국을 화북과 강남으로 서술했다. 정확히 말하면 화중도 있고 조금 복잡하다. 그러나 흔히 서울을 한강을 기준으로 강남과 강북으로 나누듯이 이 책에서는 북중국과 남중국을 편의상 화북과 강남으로 통칭했다.

3

이민족 때문에
만리장성을 쌓다 망한 진

춘추전국시대의 분열을 극복하고 중국 대륙을 최초로 통일한 진나라. 그런 진나라가 통일 후 처음으로 한 일은 무엇이었을까? 그것은 북방 이민족들을 막기 위해 만리장성을 쌓는 것이었다. 이제 내부의 적들은 사라졌으니 외부의 적들에 본격적으로 대비한 것이다. 그러나 진나라는 만리장성 축조와 같은 무리한 토목사업과 강압적인 정책 때문에 곳곳에서 터진 반란으로 인해 통일을 이룩한 후 불과 15년 만에 멸망했다.

1) '죽 쒀서 개 준' 통일

주나라 시대에는 봉건제가 실시되어 주 왕조 중심의 정치 질서가 형성되었다. 춘추시대에는 주 왕실을 보호해야 한다는 명분을 내걸고 패자가 주나라 왕을 대신해서 정국을 주도했다. 제 환공이나 진 문공과 같은 춘추시대 패자들은 주나라 왕의 명목상 권위를 빌리기 위해 이민족의 침략으로부터 주 왕실을 보호한다는 존주양이(尊周攘夷)를 앞세웠다. 그러나 진나라는 존주양이를 이념으로 하는 전통의 제후국 출신이 아니라 서쪽 변방에서 오로지 힘만으로 중원의 패자가 되었기 때문에 존주의 명분도 양이의 의무도 필요 없었다. 그래서 진시황은 운신의 폭이 넓었고 처음부터 강력한 중앙집권을 실시할 수 있었다. 게다가 복속된 제후들이 언제 반란을 일으킬지 모르기 때문에 그것을 억제하기 위해서라도 중앙집권은 반드시 필요했다.

군현제와 여러 가지 통일

주나라 시대에는 주 왕실이라는 정신적·이념적 중심이 있었는데 이제는 그렇지 않다. 여기서 문제가 생기는데 여전히 '중심'은 필요하다는 것이다. 중국은 이제 '제국'이 되었으니까. 따라서 진시황은 제도적으로 봉건 질서를 대체해야만 했는데 그래서 생긴 것이 군현(郡縣) 제도였다. 군현의 관리는 중앙에서 파견되어 국가로부터 봉록을 받았고 세습이 허락되지 않았으며 그들의 임면권은 황제가 장악했다(군현제=중앙집권제). 각 지방을 독립국처럼 다스리던 제후들이 사라졌으니 그 행정을 담당할 기구를 만들고 황제를 권력의 정점으로 하는 일사불란한 중앙집권적 관료 제도를 완비한 것이다. 이후 군현제는 청나라에 이르기까지 중국의 기본적인 체제가 되었다. 기존 봉건제에서는 나라를 왕 직할지와 제후국으로 나누었다. 그러나 군현제에서는 국토 전체가 황제 직할지이고 중국을 제외한 모든 나라는 제후국이 되었다(이것이 중화사상이며 그렇기에 중국은 외국과의 무역도 조공무역이라고 했던 것이다).

행정 기구를 갖추었다고 해서 통일 제국의 기틀이 확립되는 것은 아니었다. 정치·행정만이 아니라 사회·경제의 통일이 이루어져야 했다. 이를 위해 진시황은 도량형과 화폐를 통일했으며 문자도 그 전부터 진나라가 사용하던 전서체(篆書體)로 통일했다. 중국은 땅이 워낙 넓어서 서로 말이 잘 안 통했기 때문에 통일 문자인 한자를 사용했다.* 문제는 춘추전국시대 각 제후국들의 한자가 서로 달랐다는 점이다. 이것을 진시황이 전서체로 통일시켰다. 진시황의 문자 통일로 비로소 국가에 통일성이 생겼다고도 할 수 있다. 이는 한자가 뜻글자이기에 가능한 일이었다. 또 마차의 폭인 거궤까지 통일시켰다. 춘추전국시대에는 수레바퀴 폭도 지역에 따라서 조금씩 차이가 났다. 당시 도로에는 바큇자국이 깊게 파여서 오목한 선이 레일처럼 뻗어 있었고 수레바퀴를 그 안에 넣어 수레를 달리게 했다. 전차전(戰車戰)을 펼치던 시대였기 때문에 침공을 막는 방법으로 다른 나라 수레가 들어오지 못하도록 바퀴의 폭을 달리했던 것이다. 수레바퀴의 폭을 통일한 것을 동궤(同軌)라고 부르는데 이는 도로의 통일이었다. 같은 수레로 전국 어디든 갈 수 있었으니 동궤는 천하통일에 큰 역할을 했다. 이렇게 국가의 여러 가지를 통일시킴으로써 진시황 이래로 비로소 중국인들에게는 분열이 비정상이라는 의식이 생기기 시작했다.

* 중국 안에서도 얼마나 말이 안 통하는지 모택동이 1949년 중화인민공화국을 세운 뒤 각 지방을 다닐 때 그 지역 방언을 하는 사람이 통역관으로 필요했을 정도였다. 현재에도 중국에는 중국어 방언끼리 통역을 해주는 사투리 통역사가 정식 직업으로 존재한다.

통일 제국의 첫 사업 만리장성

처음으로 통일 제국을 이룩한 진시황. 그가 통일을 이룬 뒤 처음으로 한 국가사업은 무엇이었을까? 그것은 만리장성을 쌓는 일이었다. 내부의 적이 사라졌으니 이제 외부의 적에 대비하는 것이 무엇보다 중요하고 시급한 과제였던 것이다. 전국시대에는 성을 둘러싼 공방전이 치열해서 각각의 나라들은 방비를 위해 많은 성을 쌓았다. 이제 통일이 되었으니 성은 필요하지 않았다. 그래서 진시황은 대부분의 성을 파괴했으나 북방에 자리 잡고 있던 성들은 오히려 보수해서 연결시켰다. 기존 제후국들은 당시 중국 북방 지역과 중앙유라시아를 아우르는 영역을 지배했던 유목민(특히 흉노)의 침략을 막기 위해 성을 쌓았는데 진시황이 이 성들을 연결했던 것이다. 이렇게 해서 생긴 것이 바로 만리장성이다.* 황하문명은 농업 문명이라 같은 농업 지역인 남쪽으로는 계속해서 확장해 나아가지만 유목 문명인 만리장성 북쪽과는 물과 기름처럼 대립했다. 그렇게 만리장성이라는 상징적 경계선을 통해 그 안쪽에서는 '우리'라는 의식이 생긴 것이다. 앞서 말했듯이 춘추시대를 거치면서 '남쪽 오랑캐'인 초, 오, 월 등은 같은 농업 문명이라 중원의 질서 속에 편입될 수 있었다. 이로써 끝까지 '오랑캐'로 남은 것은 북방 이민족들뿐이었다. 북방 이민족들이 배제된 상태에서 중국 통일은 이제부터 중원의 한족 문화권과 북방의 유목민족 문화권 간에 기나긴 투쟁이 벌어질 것을 예고하고 있었고 이에 대한 진시황의 사전 대비가 바로 만리장성이었던 것이다.

* 만리장성은 그 이후에도 계속 연장·개축해서 처음보다 훨씬 길어졌다. 진시황의 만리장성은 흙으로 쌓아서 지금은 흔적만 남아 있고 오늘날 관광 상품이 된 만리장성은 주로 명나라 때 벽돌로 만들어진 것이다. 만리장성에 대해서는 이 책의 3장에서 자세히 서술한다.

쌓여가는 불만과 부작용 그리고 터진 고름

유사 이래 최초로 들어선 새로운 통일 국가의 기틀을 다지겠다는 진시황의 열의는 대단했다. 그러나 그만큼 부작용도 심했다. 진나라로 통일된 후 만리장성과 같은 대규모 토목 사업과 아방궁, 여산릉 등 대규모 건축 사업의 부담은 고스란히 백성들에게 돌아갔다. 아방궁이 진시황이 살아 있을 때를 위한 지상 궁전이라면 여산릉은 진시황이 죽어서 지낼 지하 궁전이었다. 만리장성은 통일 중국의 유지와 미래를 위한 사업이었지만 아방궁과 여산릉은 확실히 황제의 위엄을 과시하려는 사치스러운 측면이 있었다. 특히 문제가 많았던 것은 북방이었고 거기에는 흉노와 만리장성이 있었다. 진시황은 명장 몽염에게 흉노 공격을 명령했다. 몽염은 흉노를 북쪽으로 몰아내기는 했으나 기마병들의 퇴각 속도가 빨라 섬멸하지는 못했다. 그래서 몽염은 만리장성을 쌓는 책임자가 되었다. 진나라는 흉노 공격과 만리장성 축조를 위해 많은 농민들을 동원했고 그렇게 동원한 그들을 막북의 전장에 오랫동안 방치했다.* 그리고 그에 따른 불만과 원한이 통일 15년 만에 진나라가 멸망하는 데 중요한 원인이 되었다.

  * 막북은 사막(특히 고비사막)의 북쪽을 가리키는 말인데 대체로 만리장성의 북쪽 변방을 의미하는 말로 쓰인다.

불만과 원한이 쌓인 것은 농민들뿐만이 아니었다. 전국시대 제후국 후손들도 진나라의 획일적인 군현제 강행과 혹독한 법가 사상으로 종래의 특권을 누릴 수 없었기 때문에 불만과 원한이 깊어 갔다. 수많은 피를 흘리고 통일했으니 백성들을 다독이는 시간이 필요했다. 그리고 정복당한 망국의 귀족들과 유력자들을 위무해야 했다. 그러나 진시황은 전국시대 이상으로 사람들을 내몰았다.* 이런 상황에 대한 불만과 망국의 한이 겹쳐 민심이 끓어오르고 있었지만 진시황이 살아 있었을 때에는 그의 권위와 힘에 눌려 표면화되지는 못했다. 기원전 210년 지방 순례 중이던 진시황이 병으로 급사하고 정권이 갑자기 불안정해지자 곪았던 고름이 터져 나왔다. 진승과 오광은 빈농 출신 하급 장교였는데 흉노를 대비해서 징발된 700여 명을 북방 수비대로 인솔해서 변방을 수비하라는 명령을 받았다. 그들은 도중에 큰 비를 만나 기일을 어기게 되었는데 당시 진나라에서는 기일을 어긴 장교에게 사형이 내려졌다. 이판사판이라고 여긴 진승과 오광은 반란의 기치를 높이 들었다. 진시황이 죽은 지 겨우 1년 만에 발생한 중국 역사상 최초의 농민 반란인 진승·오광의 난이다(기원전 209년). 이들 반란은 뜻밖의 결과를 불러왔다. 반란군에 호응하는 지방과 병력이 순식간에 불어 그 세력이 크게 성장했을 뿐 아니라 그것이 불씨가 되어 전국 곳곳에서 수많은 반란이 일어났던 것이다. 반란은 농민들이 먼저 일으키고 지식인과 권력자들이 뒤를 잇는 식으로 진행되었다. 이때 이래로 중국 왕조들은 농민 봉기에 의해 무너지는 경우가 많았다. 이 무수한 반란 중에서 가장 두각을 나타냈던 인물이 바로 항우와 유방이었다.

* 예를 들어 "소를 경작에 이용해서 소의 허리둘레가 줄어들었을 경우 줄어든 치수 1촌마다 그 책임자에게 매를 10대씩 때린다."라는 법이 있었을 정도로 통일 제국 진나라는 백성들을 내몰았고 법은 가혹했다. 법가 사상을 기반으로 한 진나라는 일종의 경찰국가였다고 할 수 있다.

4

동양사에 충격을 준 흉노와
흉노에 굴복한 한

진나라는 흉노 대비를 위해 모집한 수비대를 이끌던 진승·오광이 촉발한 난으로 무너졌다. 그리고 한나라(기원전 206~기원후 220년)가 진나라를 이어서 중국을 다시 통일했다. 때마침 흉노도 최초의 유목 국가를 세웠다. 농경 세력의 대표 한나라와 유목 세력의 대표 흉노, 둘은 누가 최고인지 결판을 내야 했다. 한 고조 유방이 흉노에 도전했지만 흉노의 일방적인 승리로 끝이 났다. 이후 한나라는 정치·경제적인 피해 뿐 아니라 치욕까지 당하는, 사실상 흉노의 속국이 되었다. 이러한 한-흉노의 관계는 한나라 제7대 황제인 무제가 등극할 때까지 계속 이어졌다.

1) 한 제국과 흉노 제국

유방은 진나라 말기에 하급 관리인 지방의 정장(亭長)이었다. 그런 유방이 처음 거병할 무렵 그의 군대는 농민군이었다. 그에 비해 항우는 명망 있는 초나라 귀족 출신에 그의 군대는 훈련받은 정규군이었다. 항우와 유방은 진나라를 무너뜨릴 때까지는 공동의 이해관계가 있었지만 이미 분열의 시대로 되돌아갈 수는 없는 법, 천하의 패권은 하나였다. 귀족 출신에 역발산 기개를 지닌 항우에게 변방 하급 관리 출신인 '촌놈' 유방은 적수가 되지 못했다. 그러나 6년간의 치열한 격전 끝에 초패왕 항우는 「패왕별희(覇王別姬)」라는 영화 소재를 남긴 채 자살로 삶을 마감했다. 7년간의 분열기를 끝내고 다시 중국을 통일한 유방은 한나라(기원전 206~기원후 220년)를 세우고 부하들의 추대를 받아 한 고조(高祖)로 즉위했다. 만약 항우가 이겼다면 오늘날 중국 민족은 한족(漢族)이 아니라 초족(楚族)이라고 불렸을지도 모른다. 한나라는 왕망의 신나라에 의해 전한(서한)과 후한(동한)으로 나뉜다. 전한은 기원전 206년에서 기원후 9년, 후한은 기원후 25년에서 기원후 220년까지이다.

군현제 대신 군국제

새 세상이 되었으니 제도도 바뀌어야 했으나 워낙 진나라 시황제가 기틀을 잘 잡아놓아서 큰 문제는 없었다. 한나라는 전반적으로 진나라 관료 제도를 그대로 답습했다. 그래도 반드시 손보아야 할 것은 행정 제도, 즉 군현제였다. 수백 년 동안의 분열기를 극복하는 첫 단추는 이미 진나라 군현제가 제시한 바 있었다. 다만 군현제는 너무 급진적이었던 것이 문제였다. 500여 년의 분열기를 겪은 직후에 실시한 강력한 중앙집권제인 군현제는 옛 제후들이나 백성들이 쉽사리 받아들이기 어려웠다. 게다가 평민 출신인 한 고조 유방은 진나라 시황제와 달리 강력한 중앙집권제를 실시할 만한 권위도 부족했다. 그래서 그는 군현제와 옛 봉건제를 병용해서 만든 군국제(君國制)를 시행했다.* 군국제는 수도 장안을 중심으로 한 15개의 군은 황제가 직접 다스리고(중앙집권식) 나머지 지역은 약 100명의 제후들이 통치하게 하는 체제였다(봉건제). 군국제는 이를테면 '느슨한 제국 체제'라고 할 수 있었다(군국제=군현제+봉건제).

* 물론 근대 일본의 군국주의(軍國主義)와는 한자와 내용이 다르다.

이러한 군국제는 급진적인 개혁의 실패로 멸망한 진나라를 거울삼아 내놓은 현실적인 정치 체제라고 평가할 수 있다. 그러나 달리 보면 한 고조의 통치력이 아직 미약했다고도 볼 수 있다. 한나라 초기에 103개의 군국이 존재했는데 그중 한 조정이 직접 장악했던 것은 15개에 지나지 않았고 나머지가 영토의 2/3를 점했다. 한 고조 유방이 봉건제를 다시 활용하기로 한 결심에는 논공행상 문제도 깊숙이 깔려 있었다. 개국에는 공신들이 있게 마련이고 이들을 배려하지 않을 수는 없는 법이다. 그러나 공신들을 마냥 우대하다가는 다시 봉건 시대로 되돌아갈 우려가 컸다. 따라서 유방은 개국 공신들만이 아니라 자신의 성씨인 유씨 일가들도 함께 제후(왕)로 봉했다. 그렇게 하고도 마음이 놓이지 않았던 유방은 재위 기간 동안 여러 가지 구실을 들어 자신을 도왔던 공신 제후들을 하나씩 제거하고 그 자리를 유씨들로 바꿔나갔다.

흉노와 묵특

동방에서 찾아볼 수 있는 유목 국가의 원형은 흉노(匈奴, 기원전 3세기 말~기원후 1세기 말)라고 할 수 있다(서방에서는 스키타이였다). 흉노는 투르크-몽골계였다. 스키타이계 기마문화의 영향으로 몽골초원의 유목 민족이 기마전사로 변했는데 흉노가 바로 그들이었다. 흉노는 중국 역사에서 기원전 9세기에 이미 험윤(獫狁)이라는 이름으로 나타났다. 그들이 역사 무대에 본격적으로 등장한 것은 기원전 4세기 말경으로 중국 전국시대와 때를 같이 했다. 처음에 흉노는 오르도스 지방에서 그럭저럭 살아가던 작은 집단에 불과했다. 흉노 동쪽인 몽골초원 동부에는 큰 집단의 유목민인 동호(東胡)가 있었고 흉노 서쪽인 몽골초원 서부에는 유력한 집단인 월지(또는 월씨, 月氏)가 있었다. 몽골초원 동부에서 서부에 걸쳐 정립하고 있던 동호, 흉노, 월지 가운데 흉노가 다른 두 집단을 제압하고 기타 군소 세력까지 규합해서 역사상 초유의 정치 세력을 수립했다. 지금까지 시도 때도 없이 불던 돌풍 같던 흉노가 갑자기 태풍으로 변한 것이다. 흉노가 중국 대륙을 위협하는 북방 유목세력의 대표로 대두되기 시작하는 전국시대 말기는 진(秦), 조(趙), 연(燕)이 중국 통일을 위한 패권 장악에 나섰던 시기였다.

흉노의 중국 침략 때문에 진시황은 기원전 215년 흉노 정벌과 같은 능동적인 방어책과 만리장성 축조 같은 수동적인 방어책을 동시에 모색했다. 당시 진시황은 몽염에게 흉노 정벌과 만리장성 축조를 모두 맡겼고 몽염은 흉노를 공격해서 패퇴시켰다. 진나라의 공격을 받고 근거지를 상실한 흉노는 큰 타격을 받았다. 그러나 이러한 위기 상황은 오히려 묵특(혹은 묵돌, 冒頓, 재위 기원전 209~174년)이라는 인물의 등장과 그에 의한 흉노 제국의 탄생이라는 역사적 결과를 낳았다. 당시 흉노 선우였던 두만은 서쪽의 월지를 공략해 세력을 넓혔고 두만의 아들 묵특은 동쪽의 만주에 있는 동호를 패망시켰다.＊ 기원전 210년, 묵특은 선우의 자리에 올랐다. 진시황이 죽은 다음 해였다. 농경민의 땅과 마찬가지로 유목민의 땅도 통합과 분열을 반복했다. 특히 유목 사회는 지도자의 역할이 중요했는데 영명한 지도자를 추종하면 생활이 해결되었기 때문이다. 이에 따라 유목 사회는 영명한 지도자가 나오면 급속히 통일되었다가도 그가 죽으면 쉽게 분열되었다.

* '선우(單于)'는 유목민 국가의 군주를 칸 또는 가한(可汗)이라고 부르기 전에 사용한 칭호였다.

유목민들은 한 가구가 평균 200마리의 말과 양 등 가축을 길렀다. 유목민들이 기르는 말과 양 등은 농경민들이 기르는 개와 닭 등과는 먹는 것에서 비교가 되지 않는데, 예를 들어 말은 보통 사람보다 최소 5배 이상을 먹는다. 그러니 유목민들 가구는 자신들이 기르는 가축들의 먹이를 위해 떨어져 있을 수밖에 없었다(평균 10km 이상 떨어져 있었다). 즉 농경민들이 모여 사는 것과는 반대로 유목민들은 떨어져 살아야 생존이 가능했던 것이다. 그렇다면 유목민들이 뭉칠 때는 언제일까? 바로 자신들의 생존을 보장해줄 누군가가 나타날 때였다. 묵특은 걸출한 지도자였다. 그는 주변의 크고 작은 유목집단들을 복속시키고 유목 국가를 건설했다. 묵특의 원정 활동은 서방으로 향했다. 그는 서역(西域)으로 통하는 길목인 하서회랑에서 월지를 추방하고 중앙아시아까지 지배력을 확대해서 실크로드 무역로를 장악했다.[3] 묵특은 진나라가 멸망하고 한나라가 세워지는 혼란을 틈타 중원을 침략했다. 이렇게 해서 진나라가 망한 뒤(기원전 206년) 혼란을 수습하고 이제 막 다시 중국을 통일한(기원전 202년) 중원의 농경국가 한나라와 북방의 유목국가 흉노의 대결은 불가피해졌다.

---

3) 서역은 역사적·지리적·문화적 범주를 한정지어주는 하나의 고유 명칭으로 여러 가지 복합적인 의미를 지니고 있다. 지리적으로 서역은 중국의 서방에 위치한 여러 국가들을 총칭하는 말인데 좁은 의미로는 중앙아시아 타림분지 주변 오아시스 국가를 가리킨다. 넓은 의미로는 페르시아와 아라비아까지를 포함하는 지역을 말한다. 서역이 중국인들에게 얼마나 생소한 곳이었는가는 『서유기』를 보면 알 수 있다. 손오공과 삼장법사가 여행하면서 요괴들을 만나는 곳이 바로 서역이다. 그처럼 고대 중국인들에게 서역은 너무도 멀어 갈 수 없고 알 수 없는, 일종의 판타지 세계였던 것이다.

평성의 수치와 농서 사건

한 고조 유방은 통일의 기세를 몰아 기원전 200년 직접 40만 명의 군대를 이끌고 흉노를 치러 나섰다. 그러나 유방은 백등산에서 흉노에게 포위되어 식량 뿐 아니라 목숨까지 걱정하게 되는 상황에 몰렸다. 묵특이 한나라로부터 뇌물을 받은 부인의 설득에 포위망 한쪽 귀퉁이를 열어주어 유방은 살아서 돌아갈 수 있었다(평성의 수치). 묵특이 그럴 마음만 있었다면 한나라의 '천하'는 하룻밤 꿈으로 사라졌을 것이다. 이후 5년 뒤 유방은 세상을 떠났다. 항우를 꺾고 중원의 패권을 차지했지만 흉노에게 속절없이 패하고 뇌물을 써서 목숨을 구한 유방. 그는 천하의 주인이 되었노라 자신만만해하다가 하늘 끝에서 땅바닥으로 떨어진 것 같은 좌절감을 느끼고 아마 하루도 편히 잘 수 없었을 것이다. '평성의 수치' 이후 이들이 자신들 상대가 아님을 깨달은 유방은 흉노의 침략을 피하기 위해 '화친'이라는 이름으로 조약을 맺었다. 기원전 198년에 체결된 화친협약의 주요 골자는 다음과 같다.

첫째, 한은 흉노의 선우에게 공주를 출가시킨다.*
둘째, 한은 흉노에게 일 년에 수차례에 걸쳐 비단과 술, 음식을 포함하는 조공을 바친다.
셋째, 한은 흉노와 대등한 위치에 있는 형제국이라는 것을 인정해야 한다.
넷째, 이에 대한 대가로 흉노는 한을 침범하지 않는다.

* 이때 황실 집안 여성을 흉노의 선우에게 시집보낸 것이 중국 역사에서 '여자와 평화를 맞바꾸는' 화친정책의 원조였다. 이렇게 이민족 왕조로 시집간 여성을 화번공주(和蕃公主)라고 했다.

'화친'이라고는 하지만 한나라에게 절대적으로 불리한 불평등 조약이었다. 그러나 흉노가 군사적으로 우위에 있었기 때문에 한나라로서는 이를 받아들일 수 밖에 없었다. 이때부터 중국은 가능하면 이들을 건드리지 않고 유화책과 함께 분리·분열 정책을 써나가는 방법을 택하게 되었다. 이것은 이후로 중국의 전통적인 북방정책의 기본 노선이 된다. 한나라는 흉노에게 정치·경제적 피해만 당한 것이 아니었다. 유방이 죽은 뒤 묵특은 여태후에게 편지를 보냈는데 그 내용은 "나는 외로운 군주로서 습한 소택지에서 태어나 소와 말이 가득한 들판에서 자라났소. 여러 차례 변경에 가보았는데 중국에 가서 놀고 싶은 희망이 있었소. 이제 그대도 홀로 되어 외롭게 지내고 있으니 우리 두 사람이 모두 즐겁지 않고 무엇인가 즐길 것이 없는 듯하오. 그러니 각자 갖고 있는 것으로 서로의 없는 것을 메워 봄이 어떻겠소?"라며 과부가 된 여태후를 희롱하는 것이었다. 여태후는 남편 유방을 도와 한나라를 세우는 데 큰 공을 세운 여걸이었다. 그녀는 남편이 죽자 아들(효혜제)을 대신해 사실상 황제 노릇을 했다. 그녀는 기원전 188년에서 180년까지 한나라의 실질적 통치자였던 것이다. 사마천도 『사기』에서 "모든 정치가 안방에서 이뤄졌지만 천하가 태평하고 안락했다. 또 백성들이 농사일에 힘쓰니 의식이 나날이 풍족해졌다."라며 그녀를 황제의 반열에 올려놓았다(사마천은 역대 황제의 전기인 『사기』의 본기에 「여태후 본기」를 추가했다).

안 그래도 성질이 강퍅했던 여태후는 편지를 받고 모욕과 수치심에 펄펄 뛰면서 즉각 흉노와 전쟁을 하려 했다(유방이 죽은 후 한나라는 "여씨"의 나라가 되었다). 여태후가 개최한 어전회의에서 상장(上將) 번쾌가 나섰다. 당시는 무슨 일이나 여씨 일문이 아니고는 꿈쩍도 못하던 때였다. 여씨 일문의 딸을 아내로 맞아 여태후의 총애를 한 몸에 받고 있던 번쾌가 "저에게 10만 병력을 주십시오. 소신이 오랑캐들을 깨끗하게 쓸어버리겠습니다."라고 큰소리쳤다. 그때였다. "번쾌의 목을 자르십시오." '계포일낙'이라는 고사성어까지 생길 정도로 사람들에게 신망이 두터웠던 계포가 나섰던 것이다. 계포는 "고조(유방)께서도 40만 대군을 동원하고도 '평성의 수치'를 당했는데 어떻게 흉노의 한복판을 짓밟는다는 말입니까? 그들에게서 입은 상처는 오늘까지도 아물지 않았거늘 번쾌는 이것도 모르고 아첨하기 위해 천하의 동란을 불러일으키려고 하고 있는 것입니다. 또한 진나라는 흉노를 일로 삼음으로 해서 진승 등이 일어났고 그로 인해 멸망했습니다."라고 일갈했다. 여태후도 백등산에서 당한 '평성의 수치'와 진나라의 멸망 때문에 현실을 직시할 수 밖에 없었다. 그리하여 여태후는 묵특을 달래는 답장을 써서 보냈고 다시는 흉노 정벌을 거론하지 않았다. 여태후를 희롱하는 이 '농서(弄書) 사건'은 중화의 자존심에 크나큰 상처를 냈고 그 치욕은 씻을 수 없는 것이었다.

백등산 전투의 의미

백등산 전투는 통일 농업 국가와 통일 유목 국가간의 싸움이었다. 또한 국가 창시자들끼리의 직접적인 충돌이라는 역사상 보기 드문 전쟁이었다. 그리고 결론은 유목 국가의 일방적인 승리였다. 말타기와 활쏘기에 뛰어난 기마병에게 보병은 비교의 대상이 아니었다. 명장 항우를 물리치고 한나라를 연 한족의 영웅 유방이 흉노의 왕 묵특에게는 상대조차 못 되는 것이 현실이었다. 북방의 유목 민족은 어린 시절부터 말을 타고 사냥을 배웠다. 어릴 때는 말 위에서 초원의 다람쥐나 토끼 등 작은 동물을 향해 활시위를 겨누다가 성장하면서 노리는 사냥감도 커져 간다. 그 일상적인 말타기와 활쏘기가 그대로 군사훈련이 되어 성인 남자는 모두 전사로 싸울 수 있게 되는 것이다. 따라서 유목민 기마병은 그 한 사람 한 사람이 우수한 전투력을 지녔다. 또한 약탈한 것은 자기 소유가 되기 때문에 그들의 사기는 하늘을 찔렀다. 이에 비해 중국의 농경 민족은 대대로 쟁기와 괭이를 들고 생활했다. 군대라고 해도 보병이 중심이고 그것도 평상시에는 농사일에 종사하는 농민병이 대부분이었으니 도저히 기마민족의 공격을 막을 수 없는 형편이었던 것이다.*

* 농경 문화였던 중국과 한국은 전통적으로 병농일치였다. 병사는 농한기에만 훈련하고 병기는 스스로 조달했다. 따라서 농경민(한족, 한민족)과 유목민(이민족)의 군대를 굳이 비유하자면, 주중에는 회사에 나가고 주말에만 야구를 하는 사회인 야구단과 매일 강도 높고 체계적인 훈련을 하는 프로 야구단의 차이였다. 사회인 야구단은 회사 직원 5만 명 중에서 5,000명 쯤 되는 선수를 뽑은 것이고 프로 야구단은 전체 500명에 주전 선수 100명이라고 할 수 있다.

말은 최대의 무기였고 상대편만 그것을 사용할 수 있었으니 이민족 군대가 말의 기동력을 앞세워 민첩하게 유격전과 기동전을 전개하면 중국 군대는 대항할 방법이 없었다. 유격전과 기동전을 병행하는 데 기마는 엄청난 위력을 발휘했다. 또한 기마병끼리 격돌하는 싸움에서도 말 다루는 천부적인 기술과 말 위에서 자유자재로 활을 쏘는 그들은 농경 민족들을 상대로 압도적인 위력을 발휘했다. 이러한 우열 관계는 종족이 바뀌고 시대가 흘러도 기본적으로 변하지 않았다. 여기서 수천 년에 이르는 유목 민족과 농경 민족 간의 싸움에 일정한 구도가 생겨났다. 그러한 구도는 근세에 이를 때까지 민족과 왕조를 바꿔가면서 북방의 이민족 국가와 남쪽의 중국 사이에 이어지게 된다. 뿐만 아니라 백등산 전투는 단순히 흉노와 한나라라는 두 제국의 전쟁에 머무르지 않고 세계사에 획을 긋는 상징적인 의미도 있었다.* 이른바 '유목민의 시대'가 본격적으로 막이 오른 것이다. 그렇게 시작된 '중앙유라시아 시대'는 서양식의 근대 국가에 의한 '총과 탄약의 시대'와 '해양의 시대'가 시작되기 전까지 약 2천년 동안 지속되었다.

＊ 이것을 그저 그 당시의 일회적인 사건으로 간주하는 역사 연구자도 적지 않다. 특히 중국사 연구자들이 그런 경향이 강하다. 이 점을 인정하지 않는 중국의 역사가들이 많지만 달리 설명할 방법이 없다.

계속되는 흉노의 한나라 침략

묵특의 아들 노상 선우는 한나라 공주를 아내로 맞았다. 그럼에도 흉노의 중국 침략은 잦았으며 그들의 기마부대는 중국 영토로 들어가 약탈을 자행했다. 노상 선우는 서쪽으로 세력 확장을 계속해서 일리강 유역에 새로이 정착한 대월지를 다시 평정하고 남쪽으로도 한나라에 압박을 가해 수도 장안을 위협하기에 이르렀다. 기원전 167년에는 장안 서쪽에서 멀지않은 섬서 지역으로 공격해 들어가서 그곳에 있던 회중궁(回中宮)을 불태웠다. 기원전 155년에는 다시 위수의 북장으로 돌아와 장안을 직접 위협했고 기원전 142년에는 대동에서 가까운 산서 북부인 안문 방향으로 장성을 공격했다. 중국 변경은 거의 전 지역에서 위협받고 있었고 대륙 아시아는 흉노의 것이었다. 한나라는 유방 이래 흉노에 대해 소극적인 정책으로 일관했다. 한나라의 화친정책은 흉노의 침략을 완화시키는 역할은 했지만 종결시키지는 못했다. 흉노는 자주 평화를 깨고 북변에 침입해서 한나라의 물자와 인력을 약탈해 갔다. 인구나 물자, 문화 등 거의 모든 면에서 한나라와는 비교할 수 없었던 흉노는 기마병을 위주로 한 가공할 무력을 보유해서 한나라에게 오랫동안 굴욕을 강요할 수 있었다.

그렇다면 흉노는 왜 만리장성 이남의 중국을 반복해서 침략했던 것일까? 가장 중요한 이유는 유목민인 흉노가 초원과 사막이라는 지리적 환경으로 인해 끊임없이 식량 부족에 시달렸기 때문이었다. 또한 당시 흉노는 한나라의 풍부한 산물 특히 견직물에 눈독을 들였다. 견직물은 흉노 자신도 필요한 것이었지만 상당량은 교역품으로 사용했는데 이 견직물을 초원길을 따라 판매해서 그 이익을 재정 기반으로 삼았다. 따라서 흉노는 공납이나 교역을 통한 물자 확보에 만족하지 못하고 다량의 견직물 확보를 위해 한나라를 수시로 위협하고 침략했던 것이다. 이에 대해 『한서(漢書)』는 "천하의 형세가 지금 거꾸로 되어 있다. (…) 지금 흉노는 오만하게 침략하는 등 지극히 불경한 짓을 저질러 천하의 걱정거리가 되고 있는데도 한나라는 매년 금서(金絮)와 채증(采繒)을 바치고 있다. (…) 폐하께서는 어찌 황제의 칭호를 갖고서 융인(戎人)의 제후 노릇을 차마 할 수 있는가."라고 쓰고 있다. 이처럼 한나라는 계속해서 흉노의 침략으로 인한 공포에 시달렸는데 이는 제국의 위엄뿐 아니라 존망과도 직결된 문제였다.

2) 흉노에 반격을 가하는 한나라

한나라의 제5대 황제 문제(재위 기원전 180~기원전 157년)는 고조 유방의 군국제를 계승하고 전조(田租)·인두세(人頭稅)를 대폭 감면해서 사회와 경제를 발전시켰다. 또한 자신이 직접 농업을 장려하는 데 솔선수범하고 검소한 생활을 실천했다. 문제가 죽고 그의 아들 경제(재위 기원전 157~141년)가 즉위해서 선대의 정책을 잘 이어나갔다. 중국사에서는 문제와 경제의 치세를 '문경의 치(또는 문경지치, 文景之治)'라고 부르며 풍요로운 시대를 상징하는 칭호로 사용된다. 한나라는 우여곡절을 겪었지만 문경의 치를 통해 경제 발전과 중앙집권의 확립으로 내정도 안정되었다. 그리고 제7대 황제인 무제(武帝, 기원전 156~기원전 87년)가 등극했다. '백등산 전투'와 '농서 사건'으로 설움을 곱씹던 한나라에 등장한 무제는 흉노에게 당하고만 있을 인물이 아니었다. 무제는 진시황과 더불어 중국의 대표적인 황제로 꼽는다.

두 사람은 군사와 문화 면에서 큰 업적을 남긴 강력한 황제였고 불로장생을 추구하고 태산에 올라 봉선의식을 거행했다는 공통점이 있다. 유방이 한나라의 명패를 올렸다면 무제는 오랜 통치 기간(기원전 140~기원전 87년) 동안 한나라를 명실상부한 제국으로 만들어 놓은 군주였다. 그래서 중국인들은 스스로를 최초의 통일 제국인 진나라의 진족이 아니라 한나라에서 딴 한족이라고 부른다(물론 이것은 진나라가 불과 15년 만에 망하는 바람에 중국의 정체성을 만들지 못했기 때문이기도 하다).*

 * 진나라의 천하 통일은 영토 면에서 하나의 중국 완성이고 한나라의 400년은 문화면에서 하나의 중국 완성이라고 할 수 있다. 그리고 진나라의 통일은 중국이 농업 국가, 한나라의 400년은 중국이 유교 국가가 되었음을 의미했다.

반격의 서막

무제의 등극은 흉노와 한나라 관계에 있어 새로운 전환을 가져온 중요한 계기가 되었다. 패기만만했던 무제가 한나라 황제로 즉위하면서 충실한 국력을 바탕으로 적극적인 대흉노 정책을 펴기 시작한 것이다. 한나라는 오랫동안 신하-종속 관계(물론 한나라 입장에서는 유화정책 또는 평화정책이라고 불렀다)인 고식적인 흉노와의 화친책을 파기했다. 무제는 흉노를 근거지로부터 일소할 계획을 세웠다. 즉위 초 소년왕 무제는 나중에 쿠샨왕조를 세우는 월지와 동맹을 맺으려 했다. 장건이 총대를 메고 당시 중국인들에게는 미지의 땅인 서역으로 향했다. 기원전 138년에 출발한 장건은 도중에 흉노에게 사로잡혀 10여 년간 억류되었다가 탈출했다. 그러나 새로운 영역에 만족하고 있던 월지는 더 이상 흉노에게 관심이 없었다. 장건은 13년의 길고긴 여정 끝에 장안으로 돌아와 서역 사정을 알렸다(이것이 흉노와의 전쟁에서 승기를 잡는 결정적 요인이 되었다). 또 이때부터 서역과 무역길도 열렸으니 이것이 바로 비단길이다. 흉노에 대한 전쟁을 개시한 것은 기원전 133년이었다. 그해 무제는 마읍이라는 변경마을에 30만 명의 군대를 배치하고 흉노의 선우를 유인해서 잡으려 했다가 실패했다. 이로써 흉노와 한나라 간 전쟁은 불가피해졌다. 한나라의 음모에 분노한 흉노가 약탈을 시작하자 무제는 전면전을 개시했다. 그러나 무제의 출병은 성공보다는 실패가 더 많았다. 무제는 기원전 127년과 111년 사이에 감숙 지역에 둔전(屯田)과 군현을 설치해서 흉노의 재침입을 막았다.* 유명한 한 무제의 '서역 경영'은 본래 그 자체가 목적이 아니라 초대 황제인 유방 이래 사실상 속국 상태였던 흉노에 대한 반격 작전의 일환이었다.

* 사람이 거의 살지 않는 점령지는 여건상 병사들이 장기 주둔할 수 없다. 그래서 병사들과 함께 농민들을 이주시켜 국방 경비의 비용과 군량을 자체 조달하도록 했는데 이것이 둔전이다. 농민 없이 병사로만 국방과 농사를 해결하는 경우도 있었다.

실패로 끝난 반격

무제 이전까지는 흉노가 무서워서 그저 그들이 침략하지 못하도록 하는 것이 최선의 방책이었다. 그러나 무제는 흉노 근거지를 직접 공격해서 그 세력을 뿌리 뽑으려 했다. 전쟁은 흉노뿐 아니라 한나라에도 막대한 타격을 안겼다. 직접적으로는 거액의 군사비 지출로 인해 "천하가 소모되어 버리고 호구는 반감했다."라는 지적처럼 한나라 재정은 파탄이 났다. 한나라는 문경의 치를 통해 60년 동안 비축했던 모든 것을 소비했으며 백성들의 부역 또한 30배 가량 늘어났다. 그래서 무제를 기점으로 한나라는 쇠퇴하기 시작했다. 재정의 파탄과 함께 무제가 외정을 멈추고 내치에 힘쓰겠다는 '윤대의 조'를 내림으로써 흉노와의 전쟁은 종식을 고했다. 이로써 화이(華夷) 질서를 바로잡으려던 노력도 수포로 돌아갔다. 그런 면에서 무제의 전쟁은 실패한 전쟁이라고 할 수밖에 없다. 공격을 받은 흉노도 연합 주권의 형태가 크게 흔들렸고 고비사막 이북인 막북으로 밀려났다. 무제가 죽자 그 후계자가 된 소제의 치세에 곧바로 한나라와 흉노의 강화가 이루어졌다. 한나라의 약속 파기에서 시작된 흉노와의 전쟁은 다시 한나라 요청에 의해 종지부를 찍었다. 역사는 선회해 50년 전이었던 '흉노 시대'와 달리 이번에는 두 나라가 대등한 입장에서 화친을 맺었다. 이렇게 해서 흉노와 한나라라는 남북의 두 제국에 평화공존 시대가 찾아왔다.

3) 흉노의 1차 분열

한편 흉노 안에서는 선우의 자리를 놓고 형제지간인 호한야와 질지가 싸웠다. 이렇게 해서 시작된 흉노의 내분은 형인 질지가 동생 호한야를 축출해서 끝나는 듯 했다. 몽골초원에 남아 있을 수 없게 된 호한야는 기원전 52년 추종자들을 이끌고 고비사막을 건너 한나라 황제에게 신하를 칭했다. 흉노 군주의 친조(親朝)라는 전대미문의 상황을 맞은 한나라 조정은 그를 어떻게 맞이할 것인가를 두고 한바탕 논쟁을 벌였다. 결국 그의 지위를 황제보다는 아래이지만 다른 제후 왕들보다는 위에 두고 황제를 배알할 때에도 그의 이름을 직접 부르지 않음으로써 최고 예우를 해주기로 결정했다. 호한야는 입조와 칭신을 행하는 것은 물론이고 공물을 헌납함으로써 중국 황제와 군신관계를 맺게 되었다. 이로써 한과 흉노의 관계도 '화친 관계'가 아니라 '조공 관계'로 바뀌었다. 한나라의 물질적 지원을 받은 호한야는 고비사막을 건너 북방으로 돌아가서 질지를 몰아냈다. 질지는 새로운 땅을 찾아 서쪽으로 향했다. 중국 입장에서 보면 흉노의 동서 분열이었다(흉노의 1차 분열). 몽골초원에 버티고 있던 동흉노는 한나라와 동맹을 유지해서 서쪽으로 이동한 서흉노를 카자흐초원 부근에서 격파했다(그 후 서흉노의 모습은 한문 사료 시각 안에 들어오지 않는다).

4) 왕망의 신나라와 후한

한 무제 이래로 백성들의 삶은 점차 피폐해져갔다. 빈부의 차는 커지고 토지 겸병으로 호족들이 성장한 반면 백성들은 과중한 세금과 호족들 횡포로 유민화되기 시작했다. 자영농이 사라지면서 농업 국가의 근간이 순식간에 흔들렸다.* 한나라는 이미 통제력을 잃고 있었다. 이때 왕망이 유학자들과 손잡고 정권을 탈취해서 유방이 건국한 이래 14명의 황제를 거친 한나라는 214년 만에 일시적으로 멸망했다. 왕망은 기원전 8년 나라 이름을 '신(新)'으로 고치고 '새 나라' 답게 '신나게' 과감한 조치들을 시행했다. 유교의 열렬한 신봉자였던 왕망은 황제에 오르자 주공이 지었다고 하는 『주례(周禮)』를 모범으로 삼고 유교적 이상국가 건립에 나섰다. 그렇게 왕망과 친위세력은 유교근본주의에 입각한 개혁을 실시했다. 왕망은 한나라 제도를 부인하고 주나라(서주)를 이상화해서 대폭으로 관제의 개혁이나 관명과 지명의 명칭 변경을 시행했다. 그러나 이는 행정의 비효율로 이어져 국가 운영에 심각한 혼란을 가져왔다. 특히 경제 방면에서 혼란은 심각했다. 왕망은 신나라 건국을 전후로 총 네 차례에 걸쳐 화폐 개혁을 단행하고 토지 소유를 제한했으며 노비 매매를 금지했다. 동시에 각종 자원과 화폐 등에 대해서도 국가의 직접 통제를 꾀했다. 이러한 시책들은 현실적인 경제생활에 큰 불편을 가져오면서 호족뿐 아니라 소농민도 강한 불만을 드러냈다.

＊근대 이전에 국가 경제의 근간인 농업상 재부는 토지의 산물과 노동력에서 나오는 것이었다. 따라서 귀족이나 토호의 대토지 소유인 겸병이 진행되면 곧바로 정부의 재원과 병력이 고갈되었다. 이처럼 농업 국가였던 중국과 한국은 역사적으로 겸병 때문에 나라가 위기에 빠지거나 망하는 경우가 많았다.

진나라 지배사상은 법가 사상이었고 그에 대한 반발로 한나라 초기 지배사상은 황노 사상이었다(황노 사상은 법가에 도가를 결합시켜 만든 것이었다). 그런데 한 무제는 유교를 국교화했다. 그래서 무력을 통해 왕조를 창업한 진시황이나 유방 때와는 달리 당시 한나라에는 유교적 정치 이념을 신봉하는 사인(士人) 집단이 형성되었다. 왕망은 제위를 찬탈했고 따라서 정통성이 부족했다. 그렇기 때문에 그들에게 잘 보이기 위해 왕망은 유교식 마인드로 철저하게 무장했으며 유교 가치의 수호자를 자처해야 했다. 그래서 『주례』 등 유교 경전에 기초해서 주나라의 정치 제도를 본뜬 이상주의 국가를 실현하고자 했던 것이다. 왕망의 개혁은 전국시대 이후 이상화된 유교 제도를 그대로 적용한 탁고적 성격을 띠었기 때문에 효과를 거두지 못했다. 오히려 시대역행적인 내용 때문에 정치·경제·사회적으로 많은 혼란을 초래했다. 한편 유교의 중화의식에 입각해서 왕망의 신나라는 주변 이민족들을 경시하는 정책을 시행했다. 예를 들어 흉노 선우를 항복(降伏) 선우로, 고구려를 하구려(下句麗)로 바꿔 불렀다. 이는 결국 한 무제 이래로 겨우 안정되었던 주변 국가의 이반을 초래했다. 왕망 정권이 이민족에 대한 처우를 강등했기 때문에 흉노가 격분해 우호관계는 단절되고 중국을 다시 침략하기 시작했다. 왕망은 대규모 군대를 파견해 흉노에 대응했지만 패배해서 대내적인 기반까지 약화되었다. 동흉노는 중국에 신속 상태에 있다가 기원후 9년 왕망의 신이 망하고 중국 대륙이 내전에 휩싸이게 되면서 재강성의 기회를 맞았다.

왕망 정권 몰락에 결정타를 날린 것은 농민 반란이었다. 굶주린 농민들이 들고 일어서자 각지의 호족과 지주들 역시 자위를 위해 무장을 했다. 그중에는 농민군과 협력해 왕망 정권을 타도하기 위해 봉기한 세력도 있었다. 특히 세력이 강력했던 것은 호족으로 한 황실과 관련이 있던 유수였다. 유수는 기원후 25년 후한 (25~220년)을 건국해서 광무제(光武帝, 재위 기원후 25~57년)에 즉위했고 한나라는 재건되었다. 후한 초기에도 중국과 흉노와의 관계는 절대적으로 흉노 측에 유리하게 전개되었다. 특히 호도이시(재위 18~46년)가 선우로 등극하면서 동흉노는 또다시 강성의 기회를 맞았다. 후한 초기의 혼란을 틈타 중국 변경을 지키던 팽총, 노방과 같은 한나라 장수들이 동흉노에 가담하기도 했던 것이 컸다. 이로 인해 후한 광무제는 동흉노에 다량의 선물을 보내며 선린관계를 도모해야만 했다. 당시 동흉노 호도이시와 후한 광무제와 관계를 흉노 전성기의 묵특과 유방의 관계로 비유할 만큼 흉노는 강성해졌다. 결국 큰 틀에서 보면 전한과 후한 총 400여 년에 이르는 한나라 역사는 만리장성 이북의 유목민족 흉노와 치열한 싸움의 연속이었다고 할 수 있다.

5) 흉노의 2차 분열

기원후 48년 흉노는 또다시 내부의 격변을 겪으며 남북으로 분열했다. 기원전 50년 전후의 1차 때는 동서로 갈려서 남았던 동흉노가 이번 2차 때는 남북으로 나뉜 것이다(1차 때 분열된 서흉노는 한나라와 동맹한 동흉노에 의해 격파되어 사라졌다). 2차 분열의 원인은 1차 분열과 마찬가지로 선우 자리를 놓고 벌어진 계승분쟁이었다. 계승분쟁 과정에서 가장 연장자였던 일축왕 비가 중국에 복종하면서 스스로 조부인 호한야 선우를 칭해서 남흉노가 성립되었다. 남흉노는 후한에게 투항해서 번병(番兵, 황제에게 봉사하는 군대)의 역할로 전락했다. 그들은 후한에 의지했고 마침내 종속 관계가 되었다. 흉노-한 역사에 처음으로 흉노가 한나라 품에 완전히 몸을 던진 것이다. 그렇다고 남흉노가 국가의 주권을 상실하고 한나라 행정구역으로 편입되었던 것은 아니었다. 한나라 보호 아래 하나의 국가 조직을 유지하고 있었던 것으로, 각자 본래 습속을 유지하며 복속하던 '후한의 '속국'이라고 할 수 있었다.

흉노는 둘로 갈라졌으나 그 중에 더 강했던 북흉노는 여전히 중앙유라시아를 주도했다. 그들의 영향력은 멀리 소그디아나(현재의 우즈베키스탄)까지 미쳐서 그곳에서는 여전히 흉노를 종주권자로 인정하고 있었다. 북흉노는 남흉노의 분리에도 위축되지 않고 한나라와 계속 대립했다. 그러자 한나라는 북흉노 압력에 적극적으로 대처하기 시작해서 73년과 74년 연이어 그들을 격파했다. 이후 89년에도 북흉노 군대를 대파해서 20만여 명이 한나라에 투항했다. 한나라의 집중 견제 대상이 된 북흉노는 측면 공격에도 시달려야 했다. 공격자는 만주의 오환(烏桓)과 흥안령 부근의 선비(鮮卑)로 둘 다 유목 세력이었다(선비족은 말갈족과 몽골족의 중간이라고 할 수 있다). 북흉노는 더 이상 위협적인 존재가 아니었으며 이제 초원은 새로운 패자를 기다리고 있었다. 남북으로 분열한 흉노는 비단길에 대한 통제력 상실과 경제적 궁핍 그리고 계속되는 패배로 묵특의 건국 이후 300년 동안 지속된 몽골초원에 대한 패권을 상실했다. 마침내 북흉노는 155년 선비족과 연합한 후한에 의해 멸망했고 잔존 세력은 선비로 통합되었다. 선비는 만주 서부 산악지역에서 옮겨와 동부 스텝 지역을 차지했다. 흉노를 대신해 몽골초원의 새로운 패자가 된 선비는 그러나 개인적인 능력과 카리스마를 통해 일시적인 통합을 이루었을 뿐 과거의 흉노처럼 중앙집권적인 국가체제를 만들어내는 데에는 실패했다.

6) 유목 국가의 원형인 흉노

유라시아 초원 지대는 확실히 유목에 적합한 땅이다. 그러나 유목은 생산성이 낮고 기상 조건에 따라 성패가 크게 좌우되기 때문에 생산력을 안정적으로 유지하고 발전시키는 데 한계가 있다. 따라서 유목 국가는 이 불안한 경제 기반을 보완하기 위해 유목 외에도 약탈, 수공업, 농경민과 교역 등 다양한 방법을 써서 생산성을 높이지 않으면 안 되었다. 그리고 농경민과 교역하거나 수공업을 활성화하기 위해서는 부락 또는 교역 거점이라는 정주 사회에서 볼 수 있는 여러 가지 시설이 필요했다. 즉 유목 사회가 하나의 국가로 존립하기 위해서는 유목과 상반된 정주화를 추진해야 한다는 모순에 부딪히는 것이다. 유목 국가 안에서 정주적 생산 활동에 종사한 사람들은 주로 중국인을 비롯한 정주농경사회 출신이었다. 흉노는 수시로 중국 북쪽 변방을 침략하고 약탈을 자행했다. 약탈이라고 하면 흔히 금·은을 비롯한 식량 등 재화를 생각하기 쉽지만 흉노는 주로 인간과 가축을 약탈했다. 예컨대 기원전 181년 흉노는 한나라를 침략해서 2천여 명을 약탈했고 기원전 166년경부터는 거의 해마다 많은 사람과 가축을 약탈했다.

흉노의 인구는 대략 30만 명, 많아야 50~60만 명을 넘지 못했으며 기마 병력도 10만 명을 넘기는 어려웠을 것으로 보인다. 흉노 국가에는 군주인 선우를 중심으로 그 좌우에 24명의 수장들이 있었으며 그들은 각각 10, 100, 1,000처럼 십진법에 따라 피라미드 형태로 조직된 수천 명에서 1만 명 정도를 거느리고 있었다. 이들은 모두 '만기(萬騎)'라고 불렸다. 흉노에서는 일상적인 사회조직이 그대로 정치조직과 군사조직으로 이어져 있었던 것이다. 흉노 제국은 십진법에 기초한 사회·정치·군사 조직을 갖추고 있었으며 군주를 중심으로 24명의 '만기'와 이들에게 복속하는 집단들로 구성된 연합체였다. 십진법에 의한 유목민 사회의 조직화는

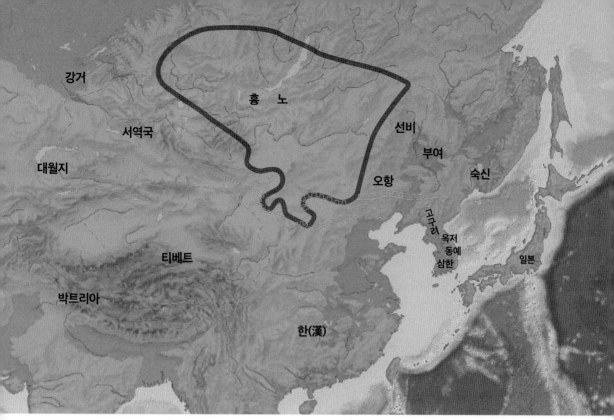

강거

흉　노

서역국

선비

부여

대월지

숙신

오항

고구려
옥저
동예
삼한

티베트

일본

박트리아

한(漢)

흉노와 한나라의 대략적인 영토.

투르크-몽골 유목집단에서는 보편적이었다. 이것과 아울러 중앙과 좌우익 구분에 의한 통치 또한 역사상 상당히 넓게 확인된다. 이 두 가지는 흉노가 독창적으로 개발한 시스템으로 2천 년 간 유목 국가의 원형을 이루었고 이러한 흉노의 국가 체제는 그 후 중앙유라시아 초원을 차지하는 국가들에게 그대로 계승되었다. 몽골초원을 중심으로 중앙유라시아 전역에 세력을 떨쳤던 돌궐과 위구르 그리고 몽골 제국 역시 흉노의 틀을 답습했다.

　흉노가 강성해지자 다른 유목 집단들이 흉노에 복속했는데 그들 유목 집단도 각자 자신을 왕으로 칭하고 십진법에 따른 조직을 보유하면서 흉노 국가의 구성 요소가 되었다. 즉 흉노 국가는 흉노족만의 나라가 아니었던 것이다. 흉노족이 강성해져서 흉노 국가를 건국하면 다른 이민족들도 거기에 참여해서 흉노 국가의 일원이 되었다가 흉노 국가가 약해지거나 멸망하면 흩어졌다. 이것은 다른 유목 국가도 마찬가지였다. 흉노와 돌궐 등이 동일한 혈통 집단 혹은 '민족'에 의해 건립된 국가였는지 확인하기는 쉽지 않다. 유동성이 높은 소수의 사람들이 광대한 초원에서 분산되어 생활한다는 특수한 조건으로 인해 혈통의 계보를 추적한다는 것은 현실적으로 가능한 일도 아니고 꼭 필요하지도 않다. 집약적으로 토지를 이용하는 농경지역 주민들과 달리 초원·삼림지역 주민들이 유목과 사냥을 위해 필요로 하는 토지 면적은 광대했고 이에 따라 그들의 이동거리나 분포 지역도 대단히 넓었다. 초원지대 주민들은 통합보다는 분산이 일반적이었으며 통합하는 것보다는 부족별로 분산하는 것이 필요한 식량을 구하는 등 생존에 유리했기 때문이다. 따라서 흉노, 돌궐 등 유목하는 이민족들은 농경민족들과는 달리 같은 계열의 부족이라 하더라도 여러 곳에 산재해 있었으며 이동 범위도 상당히 넓었다.

5

화북의 이민족과
강남의 한족이 대립한 시대 남북조

한나라가 멸망하고 소설 『삼국지』로 유명한 위, 촉, 오의 삼국시대가 펼쳐졌다. 소설에서는 유비의 촉이 주인공이지만 역사에서는 조조의 위가 주인공이었다. 그러나 주인공이었던 조조가 그 영광까지 차지하지는 못했다. 조조가 죽은 뒤 위나라에서 세력을 키워가던 사마씨 가문의 사마염이 제위를 빼앗아 진(晉)나라를 세우고 삼국을 통일했던 것이다. 여기까지를 위진시대라고 한다. 삼국을 통일한 진나라는 끊이지 않는 제위 다툼과 이민족 침략으로 멸망하고 사마씨 일족은 강남에 동진(東晉)을 세운다. 이민족들은 화북 지방을 차지하고 여러 나라를 세우는 데 이를 5호16국시대라고 한다. 이민족들을 피해 동진이 세워진 강남에 생겨난 왕조를 남조라고 한다. 화북은 선비족이 세운 북위가 통일하는데 이를 북조라고 한다. 그리고 이민족의 화북과 한족의 강남을 합쳐 남북조 시대라고 한다. 위진시대와 5호16국시대 그리고 남북조시대까지를 합쳐서 위진남북조시대라고 한다.

1) 후한과 위촉오의 삼국시대

후한(25~220년)은 이름에서 알 수 있듯이 새로운 국가는 아니었다. 후한의 지배 계급은 전한 시대를 회복하는 것이 목적이었고 새로운 시대를 개척해 나가려 하지는 않았다. 후한은 시기적으로만 전한과 구분될 뿐이었다. 광무제 유수는 한 황실의 후손이라고는 하지만 호족이었다. 따라서 후한 왕조는 성립부터 호족 연합 정권이라는 성격이 강했다. 후한은 국호만을 따른 것이 아니라 전한의 거의 모든 제도와 이념을 그대로 이어받았다. 때문에 토지 소유 문제 등은 전한 말과 마찬가지로 여전히 심각했다. 후한 시대에는 대토지를 소유한 지방 호족들이 많았다. 이들은 농민들에게 땅을 사들여 겸병하기도 하고 황무지를 대규모로 개간하기도 하면서 토지를 더욱 늘려갔다. 이렇게 해서 늘어난 토지는 주로 하호(下戶)들에게 소작을 맡겼다. 말이 소작이지 소작인들은 지주들에게 거의 예속되어 있어서 노비와 별반 다를 것 없는 신분이었다.

황건의 난과 진의 통일

후한 중기부터 사회적 혼란이 극심해짐에 따라 일반 농민들 사이에서는 황노 사상이 만연했다. 일반 농민들 뿐 아니라 삼국시대 이후 지식인들도 도가 쪽으로 기울어졌다. 경직된 유가적 예교 시스템을 지긋지긋하게 여겼기 때문이었다. 황노 사상은 점차 황노 신앙으로 바뀌어 더욱더 종교적 색채를 띠었다. 비슷한 생각을 가진 이들이 서로의 생각을 나누는 과정에서 힘이 폭발적으로 확대되었다. 그리고 그 힘은 그들 자신을 불행하게 한 지배 계급에 대한 저항으로 나타났다. 소위 '황건(黃巾)의 난'이라 불리는 농민 저항 운동이 발생하게 된 것이다. 이번 농민 반란은 진승·오광의 난에 비할 바가 아니었다. 우선 중국 전역에서 36만 명이라는 농민이 일제히 봉기한 것은 규모로 보나 조직력으로 보나 결코 우연한 것이 아니었다. 후한 조정은 들불처럼 일어나는 황건 세력의 활동을 제압할 힘이 부족했다. 그래서 호족들 도움을 받게 되었는데 이것은 후에 더 큰 혼란을 가져왔다. 호족들은 부유한 경제력을 바탕으로 막강한 군대를 확보해서 황건의 난을 평정하기는 했으나 이후 군대를 해산하지 않고 오히려 각 지방에서 나라를 세워 경합을 벌였던 것이다. 그렇게 해서 그 유명한 위, 촉, 오의 삼국시대로 접어들었다.* 소설 속에서는 한 황실의 일족인 유비의 촉나라가 주인공이지만 역사 속에서는 조조의 위나라(220~265년)가 주인공이었다. 410년 역사의 한나라는 위나라에게 선양 형식으로 멸망했다(220년). 이어 위나라는 촉나라를 무너뜨렸으나(263년) 사마염에 의해 진나라로 바뀌었다(265년). 그리고 진나라는 오나라를 무너뜨리고 중국을 잠깐 동안 통일했다(280년).

* 소설 『삼국지』의 정식 명칭은 『삼국지연의』이다. '연의(演義)'는 우리의 '야담'이라는 말과 같다고 보면 된다. 정사는 딱딱하고 정확성을 기하는 것이지만 재미라는 면은 결여되어 있다. 거기에 약간의 윤색을 가해서 알기 쉽고 재미있게 한 것이 연의이다.

2) 삼국을 통일한 진

일찍이 춘추시대 제후국 가운데 서열 1위를 자랑하던 진(晉)이라는 국호를 사용한 데에서 알 수 있듯이 새 왕조의 최대 문제는 바로 정통성 확립이었다. 진의 황제 사마염은 애초에 없는 정통성을 만들기 위해 일가붙이들인 종친들에게 왕(宗王)의 칭호와 함께 군사권을 주며 지방을 분치시켰다. 그러나 이는 신생 제국에게 큰 부담으로 작용했다. 정통성 면에서는 황실과 다를 바 없다고 생각한 종왕들은 영지를 멋대로 운영하며 일찌감치 독립국 행세를 하기 시작한 것이었다. 진나라의 중앙 정치 난맥은 곧바로 종왕들의 정치 개입을 초래했고 사마염이 죽자 제후들이 즉시 들고 일어나 '팔왕의 난(291~306년)'을 일으켰다. 황족인 여덟 명의 종왕들이 정권 쟁탈전을 벌인 것이었다.

'팔왕의 난'에 초대된 북방 이민족

그들이 10년 넘게 아귀 다툼을 벌이는 광경을 흐뭇하게 바라보는 눈이 있었으니, 바로 중원의 맞수인 북방 이민족들이었다. 북방 이민족들을 제외한 나머지를 중화민족으로 규정하고 진나라가 대륙을 통일한 이래로 그들은 '오랑캐'이자 중국의 '영원한 적'이 되었다. 한나라와 남북에서 자웅을 겨루면서 영광의 시대를 보내던 흉노 세력은 한 무제 시대를 기점으로 약화되기 시작했다. 용병과 노예 등으로 화북 지방에 대거 이주해와 있던 흉노, 갈, 저, 선비 등 이민족들은 한족으로부터 많은 차별을 당했다. 그리하여 호한(胡漢)간의 갈등이 점차 첨예화되어 갔다. 한 무제에게 당한 이후 이들은 수백 년 동안 힘을 키워왔다. 4세기 초반 북방 민족 가운데 강성했던 흉노, 선비, 저, 갈, 강의 다섯 민족을 중국 역사서에서는 '다섯 오랑캐'인 5호(五胡)라고 부른다. 비록 삼국시대 60여 년간 위나라에 다소 눌렸으나 이제는 중원이 예전 같지 않으니 이들은 차츰 자신감을 회복하고 호시탐탐 중원을 노렸다. 북방 이민족들의 중원 진출은 엉뚱하게도 '초청' 형식이었다. 팔왕의 난을 일으킨 진나라 종왕 중 하나가 흉노 세력을 이용하기 위해 끌어들인 것이었다.* 황제에게 봉사하는 군대인 번병으로 존재를 이어가던 남흉노는 선비족의 압력을 받아 남쪽으로 더 내려가 한나라가 붕괴할 무렵 만리장성 내 중국 측 영역에 자리 잡았다. 이후 남흉노는 후한 말기의 정치적 혼란 속에서 점차 세력을 키워갔다. 팔왕의 난 중에서 부상한 것이 바로 이 남흉노 후예들이었다. 그들은 중국 본토라고는 하지만 유목 지역에 가까운 산서 일대에 과거 흉노 국가의 구조를 그대로 본뜬 작은 왕국을 건설했다.

* 기원전 770년 '초청'받은 이민족 견융에게 주나라가 멸망당하자 잔존 세력들이 동쪽으로 피난해서 동주를 세우고 춘추전국시대 개막된 적이 있었으니, 두 번째 '초청'이었던 셈이다.

영가의 난

'초청'을 받은 흉노의 지도자 유연(劉淵, 유방의 화친책으로 당시 흉노는 한 황실과 통혼해서 중국식 성인 유씨를 갖게 되었다)은 팔왕의 난 직후인 308년 기다렸다는 듯이 5만 명의 흉노 군대를 이끌고 와서 진나라를 접수했다(서진 멸망). 그리고는 자신이 한나라의 뒤를 이었노라고 선포하고 전조(前趙) 또는 북한(北漢)이라고 불리는 나라를 세웠다. 유연의 아들 유총(재위 310~318년)은 311년 중국 수도인 낙양을 점령해 황궁을 불태우고 황제를 포로로 사로잡았으며 다음 해 장안으로 쇄도해가서 그곳 인구의 절반을 학살했다(영가의 난). 포로가 된 황제는 313년 처형될 때까지 유총의 시종으로 일해야 했다. 흉노가 떠난 이후 중국의 새로운 황제인 민제(재위 312~316년)는 장안에 거처를 정했지만 316년 흉노가 다시 돌아와 성을 봉쇄하고 항복을 강요했다.* 흉노의 선우는 포로가 된 중국 황제로 하여금 "연회에서 술잔을 씻도록" 했고, 318년 그 역시 처형했다. 북중국을 정복한 유총이 318년에 사망하자 정복욕으로 가득 찬 그의 부관 중 하나인 석륵이 자신의 힘으로 국가를 개척했다. 329년에 석륵은 유총의 왕조(전조 또는 북한)를 폐하고 후조(後趙)로 알려진 새로운 흉노 왕조를 세웠다(이는 대략 330년경부터 350년까지 20년 간 지속되었다). 흉노 세력은 끈질기게 이어져 4세기까지 지속되었다. 흉노(남흉노)는 5세기 시작과

함께 나타난 또 다른 북방 민족인 북위(北魏)와 유연(柔然)의 출현으로 비로소 사라
졌다.

　* 서양 역사가들은 서진이 멸망한 316년을 중국 역사상 정치·사회적으로 하나의 분기점으로 이
해한다. 중원이 한족이 아닌 북방 이민족에 의해 점령된 역사적 전환점이 바로 316년이라고 보는
것이다.

3) 5호16국시대

한 무제에게 당한 이후 이민족들은 수백 년 동안 힘을 키워왔다. 팔왕의 용병으
로 활약한 이민족들은 스스로의 힘을 자각하기 시작했고 그동안 한족들에게 당한
설움을 풀기 위해 들고일어났다. 이러한 호한(胡漢)의 모순이 최후로 폭발했던 것
이 영가의 난이었다. 이 사건은 최초로 북방 이민족에게 중원을 내어준 계기가 되
었으나 이는 시작에 불과했다. 흉노를 뒤이어 북방 이민족들이 본격적으로 중원
으로 진출하기 시작한 것이다. 팔왕의 난은 수습되었지만 이 과정에서 제왕들이
앞다투어 북방 이민족들의 무장 병력을 사병으로 끌어들임으로써 이후 진(서진)이
멸망하고 화북을 5호(五胡)가 장악하게 되는 중대한 화근을 남겼다.

5호16국

북방에서 중원으로 이동한 흉노·선비·갈·저·강 등 다섯 유목 민족(五胡)은 팔
왕의 난이 종결될 즈음 각자 독자 정권을 수립하기 시작했다. 304년 산서 지방을
근거로 유연이 대선우를 칭하며 한(전조)을 건국하고 사천에서는 이웅이 성도왕을

칭함으로써 5호16국시대(304~439년)가 열렸다. 이런 형세는 이미 예견된 것이었다. 후한 시대부터 중원 지역으로 들어와 살기 시작한 융적(西戎北狄)은 299년 강통이 「사융론(徙戎論)」이란 글에서 지적하고 있듯이 이미 관중 지역 인구의 과반을 차지하고 있었다. 이들과 한족 사이의 모순은 날로 첨예화되어 갔다. 영가의 난으로 진(서진)은 문명의 땅 중원을 이민족들에게 빼앗기고 강남으로 피난했다. 진나라의 왕공사족은 중원을 5호에게 넘겨주고 남으로 피난을 떠나 강남을 중심으로 새로운 정권인 동진(317~419년)을 세웠던 것이다. 영가의 난은 한족의 역사에서 볼 때는 치욕이었지만 짧게는 동아시아 대제국이었던 당나라의 출현, 길게는 현재의 다민족 국가인 중국을 형성하는 중요한 계기가 되었다.

서진이 멸망한 후 화북에서는 북방에서 중원으로 이동한 이민족들과 한족을 포함한 여섯 민족이 130년간 18개국, 22개의 정권을 건립하는 시대인 5호16국시대가 펼쳐졌다. 5호란 '다섯 오랑캐'(흉노, 선비, 저, 갈, 강족)를, 16국은 16개의 국가를 말한다(정확히 16개국은 아니었다).* '다섯 오랑캐'가 세운 13개와 한족이 세운 3개, 모두 합쳐 16개가 북중국을 지배한 이 시기를 5호16국시대라고 부른다(물론 역사의 기록자가 중화세계였기에 그런 명칭이 붙은 것이다). 5호16국시대는 유연의 한(전조)이 성립한 304년에서 439년 북위가 화북을 통일하기까지 136년간이었다. 이 기간 동안 중원은 각각의 이민족들이 자기가 한나라 황실을 계승했다고 주장하면서 전 시대 한족 왕조 명칭을 따다 나라를 세우고 망하는 일을 반복했다. 5호16국시대가 분열과 통일을 거듭하게 된 배후에는 5호 여러 정권의 구조에 그 필연적 이유가 잠재해 있었다. 5호16국 정치 체제의 특징은 농경민을 통치하는 조직과 유목민을 통치하는 조직을 따로 두는 '호한분치(胡漢分治)'였다. 5호16국 여러 나라에서 실시한 호한분치라는 이중 구조는 문화와 습속이 상이한 호(胡)와 한(漢) 양 계통의 종족이 융합되지 않고 병립하고 있던 당시의 특수한 역사적 현실을 반영하고 있는 것이다. 그리고 이것은 후세 이민족 정권에서 상용되었다. 5호16국시대에 황하 유역에 들어온 유목 민족들 중에서 일부는 한화(漢化)되어 농업으로 전환했으나 대다수는 목축업을 고수했다. 예를 들어 흉노와 선비는 황하 유역에서 전통적인 부락 조직을 유지하면서 목축업에 종사했다.

  * 화북을 중심으로 23개 이상의 단명한 정권이 수립되었고 그 중에 대표적인 16개국을 근거로 해서 이 시대를 5호16국시대라고 부른다. 그러나 5호도, 16국도 숫자로서는 큰 의미가 없다. 이것은 후세에 정한 것일 뿐 그 당시 사료에 의존해 분류한 것이 아니다.

4) 남북조시대

  북쪽 중원에 진출한 이민족들은 유연이 한(漢)을 세운 이후 조(趙), 하(夏), 연(燕), 진(秦), 진(晋) 등 중국 역사에 등장하는 온갖 나라 이름을 그대로 딴 10여 개 나라들을 연달아 세웠다(5호16국). 이러한 분열 시대 끝에 마침내 선비족 척발씨(拓跋氏)가 세운 북위가 화북을 통일했다(439년). 남쪽 강남으로 피난한 동진은 100만 명의 북쪽 군대를 막아내는 등 조금 유지되다가 변란 끝에 420년에 멸망했다. 그 뒤를 송(宋)나라가 이었다.* 동진이 멸망한 후 강남 지역에서는 송, 제, 양, 진 4개 왕조가 잇달아 들어섰는데 모두 오늘날 남경(南京, 난징)인 건강이 수도였으며 화북 왕조들과 대립했다. 이때부터 화북의 북위는 강남의 왕조들과 공존하면서 약 150년에 걸친 남북 시대를 열게 되었다(물론 이 기간 동안 화북에서는 북위, 동위, 서위, 북제, 북주의 다섯 나라, 강남에서는 송, 제, 양, 진의 네 나라가 교대하는 분열을 겪었으나 그 전보다는 안정된 바탕에서 역사가 전개되었고 시대적 성격도 비슷하기 때문에 같은 시대로 묶는 것이다). 남쪽 한족 왕조와 북쪽 이민족 왕조가 대치하며 역사가 전개된 이 시기가 바로 남북조시대(420~589년)였다. 중국 대륙이 남과 북으로 갈린 만큼 이 시대에는 두 개의 역사가 어느 정도 별개로 진행되었다. 대체적으로 북조에서는 사회·경제적인 변화, 남조에서는 문화적인 변화가 역사적 의미를 지닌다.

* 우리에게 익숙한 송나라는 후일 10세기에 건국되는데 이처럼 중국 역사에서는 국호가 반복되는 현상을 많이 볼 수 있다. 조광윤이 세운 송나라와 구별하기 위해 유송이라고도 부른다.

강남 개발과 북강남약

중원이 북방 이민족들의 세상이 되자 317년 강남에 세운 동진으로 중원의 명문 세가와 호족들도 속속들이 모여들었다(당시 상류층의 약 70%가 남하했다). 그때 '양자강을 건넌' 인구는 90만 명 정도로 북방 인구의 1/8, 동진·남조 인구의 1/6 정도로 추산된다. 그들은 남쪽으로 내려가 새 나라 발전에 크게 기여했다. 삼국시대에 오나라는 화북의 위나라에 대항해 강남을 적극적으로 개발했다. 강남은 온난한 기후와 풍부한 수량으로 금방 풍족한 땅이 되었는데 이는 후일 남조가 장기간 화북 이민족 정권에 대항할 수 있는 기반이 되었다.* 동진은 그렇게 오나라가 닦아 놓은 터전을 밑천 삼아 본격적으로 강남 개발을 전개했다. 경제 개발과 함께 중원의 선진 문화가 꽃을 피우면서 강남은 비약적인 발전을 이루어 중원에 필적할 만한 위치에 오르게 되었다. 남조 네 나라(송, 제, 양, 진)는 평균 수명이 40여 년밖에 안 된다는 점에서 알 수 있듯이 한족의 남조는 정치적으로 불안정했고 군사력도 이민족의 북조보다 약했다. 강남에 동진을 세운 한족들은 중원을 회복하고자 몇 차례 북벌을 감행했지만 성과는 별로 없었다. 그 이유는 '북강남약(北强南弱)'이 계속되었기 때문이었다. '북강남약'의 배경에는 군사력 차이가 자리하고 있었고,

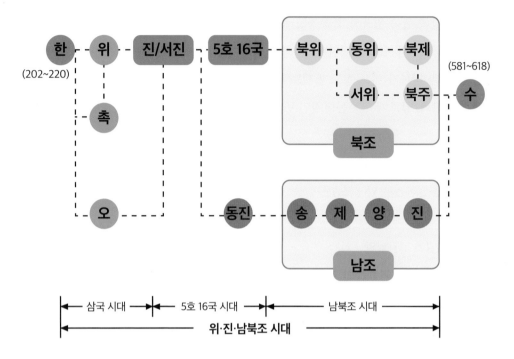

위진남북조시대의 흐름. 5호16국과 북조가 이민족 정권이었고 동진과 남조가 한족 정권이었다.

남북 군사력의 우열은 호한의 전투력 차이에 기초했다. 치밀한 조직, 재빠른 전술과 적절한 척후를 특기로 하는 북방 기마병에게 남방 보병은 언제나 그렇듯 적수가 될 수 없었던 것이다.

*연간 강수량 평균이 황하 유역은 400㎜, 양자강 유역은 1100~1300㎜인 것을 비교하면 중국의 북부와 남부의 차이를 대략 알 수 있다.

중국사에서는 한족 왕조인 서진이 수도를 잃고 남쪽으로 쫓겨간 316년부터 수나라가 통일을 이룩한 581년까지 3세기 동안 남북 분열의 시대가 지속된 것으로 본다. 그러나 바꾸어 생각해보면 흉노나 선비 등이 중국사 속으로 들어온 것이 아니라 이민족들의 활동 무대가 확대된 것이라고 볼 수 있다. 다시 말해 남북조시대는 한족의 영역은 회수(淮水, 화이허 또는 화이수이) 이남으로 축소된 반면 중앙유라시아 유목민들의 무대는 북중국으로까지 넓어진 시대였던 것이다. 북중국으로 이동해서 거주한 이민족 숫자는 엄청났다. 1세기 중반 남하한 남흉노 인구가 약 100만 명으로 추산되는데 후한이 멸망한 뒤 3세기 후반이 되면 200만 명에 달하는 흉노와 선비가 주로 산서 지역에 분포했다. 곽흠이나 강통 같은 진나라 관리들 입에서 이민족들을 강제로라도 내보내야 한다는 사융론(徙戎論)이 나온 것도 이때였다. 한족 왕조가 무너지고 호족(胡族) 천하가 된 뒤 민족 이동의 물결은 더욱 거세어졌다. 4세기 초에 이미 600~700만 명에 달한 이민족 인구는 5호16국시대 전진의 부견(재위 357~385년)이 통치하던 때에는 약 1,000만 명에 이르렀다.

6
돌궐에 칭신하고도 단명한 수

약 400년에 걸친 혼란의 분열기를 다시 통일한 것은 수나라였다. 이때 북방에서는 돌궐이 흉노 이후 유목 세력의 대표가 되었다. 돌궐보다 군사력이 약했던 수나라는 개국 초기 돌궐에 칭신을 해야만 했다. 돌궐과 고구려가 손잡는 것을 두려워한 수나라는 여러 차례 고구려 원정을 단행했지만 모두 실패했다. 결국 무리한 고구려 원정 때문에 일어난 반란으로 인해 수나라는 38년 만에 멸망했다.

1) 400년 만에 중국을 재통일한 수나라

중국 역대 왕조는 망할 무렵에 이르면 거의 대부분 외적 침입이나 농민 반란이라는 말기적 현상을 보인다. 그것은 권력 부패와 대토지 겸병 같은 사회 모순들이 수백 년씩 쌓였다가 터져서 겉으로 드러나는 나타나는 결과물이기도 했다. 후한 멸망 이후 6세기 말에 이르기까지 분열 시대 동안에는 하나의 왕조가 오래 지배하지 못해서 그러한 모순이 쌓일 겨를이 없었다. 그 덕분에 북조 마지막 나라인 북주(北周)의 귀족이었던 양견(楊堅, 541~604년)이 새로운 통일 제국 수(隨, 581~618년)를 세우는 과정은 지극히 순탄하게 진행되었다. 양견은 자기 딸을 황태자비로 만들어 외척 권력을 손에 넣고 반대파를 제거한 뒤 제위를 이양 받아 손쉽게 수나라를 세웠다(이 과정은 중국 역사상 가장 손쉬운 왕조 교체로 평가된다). 그리고 589년에는 남조의 마지막 나라인 진(陳, 남진)을 정복해서 370년 만에, 황건의 난 이후 군웅할거 시대부터 계산하면 약 400년간의 분열에 종지부를 찍고 중국 대륙을 재통일했다.

중앙집권적 관료제를 위해 실시한 과거제

진시황의 진나라와 마찬가지로 오랜만에 대륙을 통일한 수나라도 맨손으로 시작하는 자세로 모든 제도를 재정비하거나 새로 갖추어야 했다. 무엇보다 시급한 것은 통일 제국에 어울리는 행정 제도였다. 한나라 이후 지방 정치를 장악하고 있던 것은 호족(豪族)이었다. 군·현의 장관과 차관만이 중앙에서 임명되고 그 이하 관리는 그 지방 출신이 선발되었다. 이 제도는 위진남북조시대에도 이어졌지만 지방 호족 세력이 계속 강해진 탓에 그들이 지방 행정의 실권을 쥐게 되었고 중앙 정부의 권위는 통하지 않았다. 595년에 수나라는 이것을 고쳐 주·현의 하급관리라 할지라도 모두 중앙에서 파견하고 이들에게도 출신지를 피하는 원칙이 적용되도록 했다. 이렇게 해서 언제 어디서나 통일 제국의 기본이라고 할 수 있는 중앙 집권적 관료제의 절반은 달성했다(수나라 이후 중국 관료제는 중앙집권적 성격이 철저해졌다). 관료제가 정비됨에 따라 다수의 관료 후보자가 필요하게 되었고 그 후보자를 선발하기 위해 등장한 것이 바로 과거제(科擧制)였다. 587년에 처음으로 실시된 과거제는 당나라 시절 꽃을 피웠으며 이후 청나라 말기까지 약 1,500년 동안 중국의 기본적인 관리 임용 제도로 작동했다.

강남과 화북을 연결시킨 대운하

수나라가 진시황의 진나라를 연상시키는 또 한 가지 점은 대운하를 건설한 것이었다. 문제의 뒤를 이은 양제(재위 604~618년)는 진시황처럼 여러 가지 대규모 토목 사업을 벌였다. 그 가운데 진나라 만리장성에 견줄 만한 업적이 있었는데 바로 수나라 대운하였다. 중국 지형은 서고동저형이기 때문에 하천 대부분이 서쪽에서 동쪽으로 흘러 동서의 교통은 쉬우나 남북의 교통은 어려웠다. 이러한 서고동저인 중국 지형에는 서쪽에서 동쪽으로 흘러가는 큰 강이 세 개 있다. 북쪽에서부터 각각 황하(黃河, 황허), 회하(淮河, 화이허 또는 회수), 양자강(楊子江, 양쯔강 또는 장강)이 그것이다. 이 강들을 통해 상류에서 하류까지 선박을 이용한 운송이 동서로는 가능했지만 남북 방향으로는 불가능했다. 이 문제를 해결하려고 만든 것이 대운하였다. 대운하는 폭 30~40m, 총 길이 2,500km로 남북을 잇은 대동맥이었다. 610년에 완공된 대운하 덕분에 항주(杭州, 항저우)에서 북경(北京, 베이징)까지 선박 운송이 가능해졌으며 쌀을 비롯한 강남의 풍부한 물자를 화북으로 운송할 수 있게 되었다. 남북조시대에 각개 발전을 통해 성장했던 강남과 화북이 대운하로 이어졌으니 이때야 비로소 중국은 완전한 통일을 이루었다고도 할 수 있다. 대운하는 물

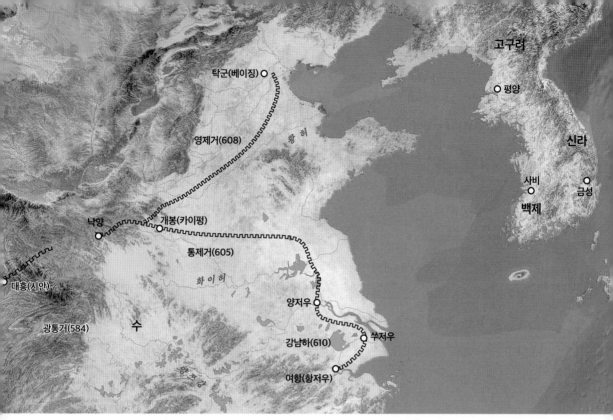

중국의 3대 강인 황하, 회하, 양자강 그리고 대운하. 대운하는 강남의 항주부터 화북의 북경까지 연결되었는데 괄호 안 숫자는 개통된 연도이다.

자 유통을 편리하게 하는 것이어서 다른 문화 유산에 비해 당시에도 비교적 실용성이 있었으나 정작 그 덕을 본 것은 당나라 이후였다. 당나라 이후 대운하는 중국의 대동맥으로서 역할을 충실히 담당했는데 오히려 수나라, 특히 수 양제는 대운하로 인해 비극을 당했다.

수나라의 위협 세력 돌궐과 고구려

양제는 운하를 따라 방이 120개나 있는 4층짜리 용주(龍舟, 황제가 타는 배)를 타고 호사한 유람을 즐겼다. 물론 양제가 사치를 위해서만 운하를 만들었던 것은 아니었다. 608년에 탁군(지금의 북경)에 이르는 영제거를 건설했는데 그것은 전쟁을 대비한 공사였다. 중국을 통일하고 동아시아 패자를 노리던 수나라에는 위협적인 존재가 둘이 있었는데, 바로 돌궐과 고구려였다. 당시 수나라가 가장 경계한 것은 돌궐이었다. 흉노계 족속인 돌궐은 몽골초원을 중심으로 그 세력을 넓혀 가며 수나라 북서 방면을 위협했다. 고구려는 동아시아의 패권을 장악하려는 수나라와 대립해서 독자적인 세력권을 형성하고 있었다. **이런 상황에서 수나라가 가장 두려워 한 것은 돌궐과 고구려가 손을 잡는 일이었다.** 수 문제는 한 차례 고구려 정벌에 나섰다가 실패한 뒤 포기했지만 야심만만한 수 양제는 고구려를 복속시켜 명실상부한 천하의 주인이 되고자 마음먹었다. 그 불타는 야심에 기름을 부어준 것이 바로 대운하였다. 그때까지 고구려 정벌에 있어 최대의 적은 보급이었다. 원래 전쟁은 보급전이기도 하다. 특히 과거로 올라갈수록 그러한 경향이 심했는데 수 문제의 고구려 원정에는 보급부대 숫자가 전투부대보다 두 배 이상 많았다. 중국의 고구려 원정과 같은 대외 정벌에서는 싸우다 죽는 병사보다 굶어서 죽는 병사가 더 많을 때도 있었다. 굶어죽는 것도 문제이지만 배가 고프면 싸울 힘이 없어 전투를 치룰 때마다 패할 확률이 높고 사기도 떨어져 탈영병이 생기는 등 총체적 난국에 빠지게 된다(산업혁명 이전의 전쟁에서는 사망자의 90% 이상이 전투가 아니라 굶주림, 추위, 질병 때문에 죽었다).

고구려 침공에 실패하고 망한 수나라

그런데 대운하가 강남의 풍부한 물자를 배로 빠르게 운송할 수 있게 해서 그러한 문제를 해결해준 것이었다. 611년, 마침내 수 양제는 전투군 113만 명에 함선 300척의 초대규모 병력을 동원해서 고구려 침공에 나섰다. 이는 동아시아 고대 역사상 최대의 국제전이었다. 그러나 보급만 해결하면 이길 줄 알았던 수 양제의 생각과는 달리 전쟁은 고구려의 뛰어난 유격전술로 인해 수나라의 참패로 끝났다. 이후에도 수 양제는 재차 삼차 고구려 원정을 준비했지만 대규모 토목 사업에다 전쟁 준비로 말미암아 민심은 등을 돌렸다. 수 양제가 계속해서 고구려 원정을 준비하자 "고구려 가면 어차피 죽는다."라는 시각이 팽배해 민란이 터졌다.* 615년 양제는 북방전선에서 동돌궐에게 큰 패배를 당했다. 뒤이어 북중국 전체가 무질서 상태가 되어 제국도 붕괴하기 시작했다. 이듬해 양제는 양자강 유역으로 피신했다. 618년, 양제는 그곳에서 자신의 경호병들 손에 살해당했다. 결국 그의 업적인 대운하는 나라의 명과 함께 그 자신의 명까지 재촉하는 결과를 빚었던 것이다. 수나라는 40년도 채 못가서 당나라로 교체되었는데 이는 마치 800년 전의 진·한 교체기를 연상시킨다. 춘추전국시대를 통일한 진나라가 기본질서를 다 잡아놓고 무리한 백성 동원과 가혹한 정치로 망한 것처럼 수나라도 고구려 전쟁과 대운하 건설 등으로 무리하게 백성들을 동원하다가 망한 것이었다. 오랜 분열의 시대를 종식시켰다는 점에서나 뒤를 이은 새 제국들(한과 당)의 예고편 노릇밖에 하지 못했다는 점에서 진나라와 수나라는 상당히 닮은 꼴이었다.

* 당시 수나라에는 "요동 땅에 가서 헛되이 죽지 말자."라는 뜻의 「무향요동낭사가(無向遼東浪死歌)」라는 일종의 '반전가요'가 유행했다.

2) 흉노에 버금가는 유목 국가 돌궐

흉노가 사라진 후 몽골초원을 다시 통일한 것은 돌궐(6세기 중반~8세기 초)이었다. 돌궐은 흉노에 버금가는 강력한 유목 국가였다. 그런 돌궐은 6세기 중반 몽골초원의 지배자가 되어 200여 년에 걸쳐 중앙유라시아에서 군림했다. 돌궐은 건국 후 이른 시기(583년)부터 동돌궐과 서돌궐로 나뉘었다. 동돌궐은 몽골초원을 본거지로 삼아 그 주변을 지배했고 서돌궐은 천산 산중을 근거지로 중앙아시아와 서북유라시아를 지배했다. 그것은 초원 세계의 동쪽과 서쪽이기도 했다. 돌궐(突厥)의 본명은 '투르크(보다 정확한 발음은 튀르크)'였다. 역사적으로 투르크계 민족들이 세운 다른 여러 나라들과 구별하기 위해 6세기 중반 몽골초원에 건설된 이 유목 제국을 '돌궐 제국'이라고 부른다(학자에 따라 '쾩 튀르크 제국' 이라 부르기도 한다). 돌궐 제국의 성립 역시 스텝 제국의 전형적인 형태를 따라 지도력 있는 한 개인을 중심으로 이루어졌다. 돌궐 제국은 부민 혹은 토멘이라고 하는 고대 투르크족 지도자에 의해 기원후 545년경 건설되었다. 돌궐 제국의 영토는 동쪽 홍안령 산맥에서 서쪽 카스피 해에 이르렀다. 과거 흉노의 판도가 서쪽으로 파미르고원을 넘지 않은 점을 감안하면 돌궐의 영토는 서쪽으로 더욱 확대되었음을 알 수 있다. 중앙유라시아를 무대로 한 이 유목 국가의 활동 범위는 중국의 당나라, 유럽의 비잔티움, 페르시아의 사산 왕조에까지 미칠 정도로 광범위했다.

수나라는 중앙아시아와 한반도 북부까지 지배했던 한나라의 위업을 회복하고자 했다. 그러나 제2대 황제 수 양제의 고구려 원정(612~614년)이 수나라 위신을 떨어뜨렸다. 동돌궐 시필 카간(재위 609~619년)은 양제의 실정으로 수나라 국세가 기우는 틈을 놓치지 않았다.* 동돌궐은 제5대 카간이 수 양제에게 신속했는데 제9대 카간인 시필이 반기를 든 것이다. 시필은 수나라가 고구려를 침공하는 사이 중원을 유린했고 양제 부부의 북방 순행을 노려 황제 일행을 포위했다(615년). 그러나 시필은 부인 의안공주가 후방이 어지럽다는 거짓 정보를 보내자 포위를 풀고 물러갔다(의안공주는 양제의 누이였다). 그때 중국에서 일어난 내란은 수나라 붕괴를 가져왔고 이는 돌궐의 과감성을 되살려주었다. 그리고 수 말기 당 초기의 혼란기에는 중국 북부에 할거한 군웅들(후에 당나라를 건국한 이연도 그 중 한 사람이다)의 복속을 받을 정도로 시필 세력은 커졌다. 618년 당나라가 건국될 시점에 동돌궐은 "활을 쏘는 자가 100만 명에 이른다."라고 할 정도로 전성기를 구가했다. 동돌궐은 수 양제의 손자 양정도를 내세워 수나라 재건을 후원하기도 했다. 훗날 당나라를 건국한 이연은 수나라 말기의 다른 군웅들과 마찬가지로 돌궐에 칭신할 수밖에 없었다. 이연과 이세민 부자가 주거지인 산서의 태원에서 수나라 수도 장안으로 들어와 단번에 정권을 구축했을 때 동돌궐 기마 군단이 이들을 지원한 것은 유명한 일이었다.

* '칸' 혹은 '카간'의 중국식 표현이 '가한(可汗)'인데 이 책에서는 '카간'으로 표기했으며 필요한 경우 '가한'으로 쓰기도 했다.

7

중국이 자랑하는 동아시아 제국
당과 당의 구원자 위구르

중국 대륙에는 수나라에 이어 당나라가 들어섰다. 개국 초기 당나라도 수나라와 마찬가지로 다시 강성해진 돌궐에 칭신을 해야 했다. 돌궐은 당을 얕잡아보고 매년 침략해서 당나라는 한때 수도를 남쪽으로 천도하려고까지 했다. 국력을 기른 당나라는 수나라가 실패한 고구려 정벌에 성공하는 등 중국이 자랑하는 동아시아 제국이 되었다. 그렇게 잘나가던 당나라는 안록산의 난으로 황제가 수도를 버리고 피난을 가는 지경에 이르렀고 안록산에 이은 사사명의 난으로 위기는 계속되었다. 두 번에 걸친 절체절명의 위기에서 당나라를 구해준 구원자는 위구르였다. 이후 당나라는 마치 한나라가 흉노에 그랬던 것처럼 사실상 위구르의 속국 상태가 되었다.

1) 동아시아 대제국이 된 당

각지의 반란으로 혼란스러운 와중에 지방 경비를 담당하던 이연(李淵, 566~635년)이 수나라 수도인 장안을 점령하고 당나라(618~907년)를 세웠다. 건국 후 당면 과제는 흐트러진 국가 체제를 정비해서 이완되어 있는 중국 전역을 완전하게 통일하는 것이었다. 그래서 고조 이연과 태종 이세민은 앞선 시대의 제도를 면밀히 살펴 가장 뛰어난 것들을 당나라의 운영 원리로 삼고자 했다(당나라 시조는 이연이었지만 실질적 창업주는 아들 이세민이었다). 방대한 관료 제도와 국가 조직의 원활한 운영을 위해서는 전반적이고 세부적인 시행 지침들이 필요했다. 수천 년 동안 수많은 국가가 만들었던 법과 제도들을 집대성해서 방대한 법전을 만들었으니 이것이 율령격식(律令格式)이다. 당나라가 만든 이 율령 체제는 동아시아 각국에 전파되어 고대 국가 완성에 큰 영향을 주었을 뿐 아니라 이후 여러 왕조들에게 전달되어 새 왕조의 기본법으로 사용되었다.*

* 수·당 시대는 진·한 시대와 비슷한 맥락을 지니지만 성격은 크게 다르다. 오늘날과 같은 의미를 지니는 국가 성립은 수·당에 이르러서였다고 할 수 있다. 진·한 제국은 다분히 봉건적 질서가 잔존했던 반면 수·당 제국은 처음으로 율령에 의한 통치가 이루어졌기 때문이다.

당나라의 대외 원정

당 태종 이세민(599~649년)은 중국 역사상 손꼽히는 걸출한 군주였다. 그의 재위 23년간은 '정관의 치'로 불리는 당나라 번영기였다. 당 태종은 대외적으로도 당나라 영토를 크게 넓혔다. 수·당을 걸쳐 중국을 가장 위협했던 세력은 돌궐과 고구려였다. 수나라는 수차례 고구려 원정을 감행했으나 번번이 실패했다. 그래서 당 고조 이연 시절에는 수나라의 고구려 원정 실패를 거울삼아 고구려 및 여러 나라와 친선 관계를 유지하며 내치에 주력했다. 그러나 2대 황제로 즉위한 태종 시절에 들어서는 상황이 바뀌었다. 태종에게는 그동안 이룩한 안정을 더욱 공고히 하고 확대하기 위해서 밖의 위협 세력들을 제거해야 하는 작업이 꼭 필요했다. 게다가 성장하는 당나라를 견제하려는 고구려가 돌궐과 손을 잡기까지 했으니 대외 원정은 반드시 해결해야 할 과제였다. 당나라는 우선 당면한 위협 요소인 북쪽 돌궐을 복속시켰다.

나아가 중앙아시아 파미르고원 일대까지 진출해서 오늘날의 파키스탄까지 당나라 세력을 크게 넓히게 되는데 이 정복 사업의 부산물이 바로 서역 교류였다. 일찍이 한 무제 시절 서역에 파견된 장건에 의해 중국에 알려진 비단길은 당나라 때 본격적으로 사용되면서 동서 문화 교류에 이용되었다. 이때 인도와 페르시아 문화가 많이 유입되어 당나라 문화 발전에 크게 기여했다. 그러나 당나라는 서역에 새롭게 등장한 이슬람 세력과의 일전에서 패배해서 서역으로 통하는 교역로인 비단길을 잃었다. 당 태종도 수나라 때부터 숙제로 남은 고구려 정복을 이루지 못했다. 그는 644년 고구려 원정에서 안시성 양만춘의 완강한 저항에 부딪혀 물러나다가 화살을 맞아 한쪽 눈이 실명하는 비극까지 당했다. 이 원한은 태종의 아들 고종(재위 649~683년)이 풀었다. 당 고종은 신라와 손을 잡아 백제부터 멸망시킨 뒤 고구려 정복에 성공했다. 중국의 동아시아 제패를 끝까지 사수한 '최종 스위퍼'였던 고구려가 무너짐으로써 당나라는 명실상부한 동아시아의 패자가 되었다. 당나라는 동서남북으로 그 세력을 더욱 확대하고 이전 시대에 비길 수 없는 넓은 영역을 지배하게 되었다.[4]

---

4) 일본은 중국 문화권의 일부라고 할 수 있으나 친일본 세력인 백제가 멸망한 뒤 중국과 어느 정도 거리를 두었다. 이때부터 일본은 나름의 독자적인 역사를 전개했다. 새뮤얼 헌팅턴은 『문명의 충돌』에서 "일부 학자들은 중국과 일

2) 돌궐 1제국과 2제국

사실 당나라 건국은 동돌궐 통치자 시필 카간(혹은 시피 카간, 재위 609~619년)과 당 고조 이연이 맺은 동맹에 힘입은 것이었다. 시필은 이연이 수나라 군과 싸울 때 말과 500명의 투르크 전사를 지원해 주었다. 힐리 카간(혹은 실리 카간, 재위 621~630년) 재위 초기에도 동돌궐은 신생 제국 당에 가장 큰 위협 세력으로 정치·군사적 압력을 가했다. 이로 인해 양국 관계는 동돌궐에 절대적으로 우세하게 전개되었고 당나라는 돌궐에 칭신을 했다. 당나라는 다시 강력해진 동돌궐의 속국이라고 해도 무방했다. 당나라 개국 황제인 이연은 늘 돌궐을 두려워했다. 돌궐은 당나라 초기에 수차례 중국 내지에 침입해 약탈을 자행했고 때문에 이연은 장안을 불태우고 수도를 다른 곳으로 옮기려는 계획까지 세웠다. 그러나 이세민의 반대와 적절한 반격 작전으로 돌궐이 병력을 후퇴해서 장안은 당나라 수도로 회복되었다. 626년 이세민이 형과 아우를 죽이고 태자가 된 '현무문의 변' 때 힐리가 10만 명의 군대를 이끌고 남하했다. 돌궐 군대는 장안에서 20㎞ 떨어진 위수까지 왔다. 그 당시 당나라 군사력은 돌궐에 대항할 정도가 아니었기 때문에 방법은 외교술을 발휘하는 것뿐이었다. 쌍방은 위수에 설치한 임시 다리 위에서 백마를 죽여 맹약을 맺었다. 당은 돌궐에 황금과 비단을 주기로 했고 돌궐은 군대를 거두어 돌아갔다(위수의 맹약 또는 위수지맹).

본 문화를 동아시아 문명이라는 하나의 이름 아래 묶는다. 그러나 대부분의 학자들은 여기에 동의하지 않으며 기원후 100년에서 400년 사이에 중국 문명의 영향을 받아 출현한 일본 문명을 독자적으로 인정한다."라고 했다. 그에 비해 베트남은 수천 년 동안 침략과 지배 등을 통해 중국의 세력권 안에 있었고 1세기경부터 유교의 영향을 받았다. 그래서 '유교의 꽃'인 과거제가 일본에는 없었고 베트남에는 있었다. 따라서 동아시아에서 중국의 영향은 '한국 >>>>> 베트남 >> 일본'이라고 할 수 있다.

주도권을 주고받은 당과 돌궐

중국이 전통적으로 견지했던 영토 밖 이민족 정책은 '분열시키고, 주도하고, 파괴하는 것'이었다. 당 태종 이세민도 이러한 정책을 사용하며 돌궐에 적극적으로 대응하기 시작했다. 태종의 정책은 효과를 발휘했다. 내몽골에 있던 근거지를 급습당한 힐리는 당나라에 항복했다(630년). 힐리는 포로가 되었고 동돌궐은 50년 넘게(630~682년) 중국에 복속하게 되었다(이에 이제까지의 돌궐을 뒤에 서술할 부흥 후 돌궐과 구별하기 위해 돌궐 제1제국이라 부른다). 이후 당나라는 서쪽까지 공격해서 657년에 서돌궐을 복속시키고 도독부를 설치하여 중앙유라시아 초원지대를 장악하는 데도 성공했다. 힐리가 당에 항복한 후 당나라는 돌궐의 여러 부족들을 부족 구조는 그대로 두고 족장을 감독하는 방식으로 통제했다. 이것을 기미(羈縻) 지배라고 하는데 마치 말이나 소를 붙잡아 매두고 조종하는 것 같은 지배 방식이다. 돌궐은 처음에는 기미 지배를 받아들였으나 시간이 지나면서 서서히 반당(反唐)의 움직임을 보이기 시작했다.

682년, 쿠틀룩(재위 682~691년)이 카간을 칭해서 돌궐은 부흥했다(돌궐 제2제국). 쿠틀룩은 독립 후 10년 만에 전통적 핵심지역인 동부 스텝을 장악하고 제국으로서 위상을 확고히 했다. 당나라는 쿠틀룩에게 산서 북부를 공격당했고 규주 지역은 폐허가 되었다. 그 후 산서와 하북의 변경은 해마다 약탈에 시달려야 했다. 부흥한 동돌궐은 과거만큼은 아니지만 나름대로 위세를 회복했고 판도가 줄어든 당나라와 남북에서 길항했다. 이 구조는 몽골초원에 사는 유목 국가와 중국 본토를 지배하는 중화 왕조라는 도식에서 볼 때 흉노-한과 같았다. 한편 중국 대륙에서는 당 고종의 죽음(683년)으로 측천무후(무측천)가 정권을 장악했다. 황제에 오른 측천무후는 나라 이름을 주(周)라고 바꾸었다(원래 주나라와 구별하기 위해 무주라고 한다). 그녀는 정권 장악에는 성공했지만 산서와 하북의 변경을 거의 매년 약탈하던 쿠틀룩의 동돌궐에 대해서는 그러지 못했다. 691년에 쿠틀룩이 죽었는데 그의 계승자는 아들이 아니라 동생인 묵철이었다. 그는 동돌궐 최고 전성기를 이끈 군주로서 카파간 카간(재위 691~716년)이라 불렸다.

무후는 자기 조카와 카파간의 딸 간에 혼인을 제안함으로써 나름대로 그와 화해하려고 노력했다. 하지만 무후의 조카가 방문하자 카파간은 경멸하듯이 그를 물리쳤다. 그는 자신의 딸을 무후의 조카가 아니라 무후에게 쫓겨난 황제에게 주어야 마땅하다고 선언했다. 카파간은 이미 그 전에 만약 무후가 당나라 황족을 폐위시킨다면 휘하의 모든 유목민을 이끌고 당을 공격할 것이라고 선언한 바 있었다. 그는 만만찮은 여제를 상대로 중국을 수호하는 척하면서 중국에 대한 약탈을 계속했다. 그러는 와중에도 카파간은 중국과 일시적인 연맹을 결성해 요서와 열하에 있던 거란을 공격했다. 거란의 칸 이진충이 당나라 군대를 격파하자 카파간은 거란에 대한 연합작전으로 당과 손을 잡았던 것이다. 이는 물론 당나라로부터 비단, 쌀, 무기 등 대가를 받는 조건이었다. 카파간과 당의 공격을 받은 거란은 결국 붕괴되었다(696~697년). 무후는 카파간이 자신을 영속적으로 지지할 것으로 믿었고 도움을 준 것에 대해 감사를 표했다. 이에 대한 '응답'으로 카파간은 약탈을 재개했다. 702년에 그는 산서 북부에 있는 대주 지역을 황폐화시켰고 706년에는 현재 영하 근처인 영주의 변경이었던 군진을 약탈했다. 중국 영토에 대한 이런 약탈이 있을 때마다 카파간은 수많은 포로와 전리품을 챙겨 돌아갔다. 침략은 단순히 약탈 수준에 그치는 것도 있었지만 지방관을 죽이거나 지역을 황폐화시키기도 했다. 그러나 카파간도 늙어갔고 투르크인들은 그의 잔인성과 독재에 싫증을 내기 시작했다. 많은 수령들이 중국에 충성을 바치며 반란을 일으켰고 카파간은 살해당했다(716년).

3) 돌궐 제국과 당 제국

양귀비와 로맨스로 유명한 현종(재위 712~755년)이 이제 막 당나라 황제가 되었다. 그는 '위대한 태종'과 같은 개인적인 용기는 부족하고 궁정생활에서 벗어나고자 하는 생각도 거의 하지 않았다(이 시기는 당나라 황금기로 장안과 비교될 것이 없었다). 그럼에도 불구하고 새로운 천자는 영광을 희구했고 중앙유라시아에 대한 중국 지배를 복구하고자 했다. 빌게 카간(재위 716~743년)은 자신의 치세를 중국을 공격하려는 것으로 시작하려 했지만 당과 돌궐의 상황에 대해 잘 알고 있던 톤유쿡이 그를 막았다. 톤유쿡의 조언으로 빌게는 당나라와 평화관계를 맺고자 했다(718년). 그러나 현종은 그의 제안을 거절하고 공격을 명했고 거란은 당과 연합해서 돌궐에 대한 측면공격을 준비했다. 현종은 빌게 정권을 적대시해서 주변의 여러 부족들과 함께 공격하려 했다(720년). 이에 빌게는 기선을 제압하고 공격의 싹을 잘랐다. 이 사건을 제외하면 빌게는 중국을 침략하지 않았는데 이는 과거 유목 국가에서는 볼 수 없는 특징이었다. 그렇다고 빌게가 친당(親唐)이었던 것은 아니었다. 그는 이전 유목 군주들의 약탈주의에서 벗어나 교역주의로 정책을 바꾸었을 뿐이었다. 결국 휴전이 이루어졌고 돌궐과 당나라 사이에 우호관계가 성립되었다. 그러나 스텝 지역의 반복되는 역사에서 보여지 듯 돌궐의 통치 영역은 얼마 되지 않아 각종 유목 부족들의 세력 쟁탈장으로 변해 극심한 혼란에 빠졌다. 734년에 빌게가 부하에게 독살 당하자 지속적인 분란이 일어났고 궁극적으로 돌궐 제국의 붕괴를 초래했다(745년).

돌궐의 대외관계는 과거 스텝 제국들이 그러했듯이 주로 충돌과 전쟁의 관계였다고 할 수 있다. 이러한 전쟁들은 대개 경제적 이해관계가 얽혀있는 비단길에 대한 지배와 관련이 있었다. 돌궐 제국과 당과의 무역은 돌궐이 당나라에게 말을 주

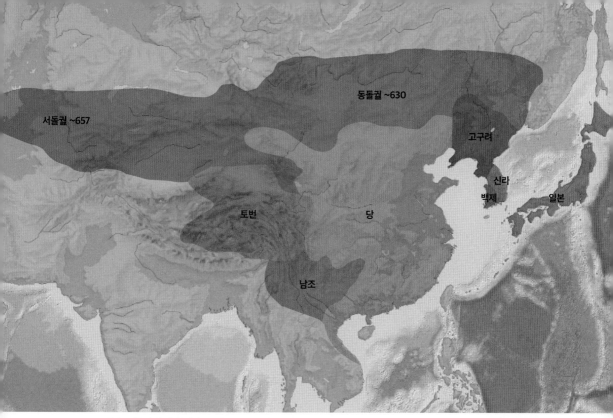

7세기 초 돌궐과 당의 영역. 토번은 현재의 티베트인데 이 책의 6장인 '닫으며'에 나온다.

고 비단을 가져오는 경우가 대부분이었다. 그러나 이러한 무역에서 당나라는 거의 이익을 보지 못했다. 돌궐이 자신들의 물건을 강제로 떠맡기는 식의 무역이 많이 이루어졌고 돌궐과 충돌을 원치 않던 당은 대부분 그 요구에 응했기 때문이었다. 또한 당나라는 자신들이 대국이라는 의식 속에서 돌궐이 가져온 물건을 조공으로 여겨 후하게 대접했다. 물량이 많은 당은 돌궐이 가져오는 무역품들이 비록 하찮은 것이었지만 조공으로 여겨 답례하는 형식으로 무역을 행했고 돌궐은 경제적 목적을 가진 무역으로 생각하고 있었던 것이다. 이처럼 비단길을 장악한 '유통의 돌궐'과 '생산의 당'은 무역에 대해 나름 심각한 개념 차이가 있었다. 이러한 개념 차이에다 돌궐이 당나라에 더욱더 불균등한 무역을 강요하자 양국의 충돌은 피할 수 없었던 것이다.

4) 동아시아 제국 당의 몰락

언제나 그렇듯, 당나라가 붕괴하는 계기는 대토지 소유가 늘어나면서 농민들이 몰락하는 것부터 시작했다. 원래 새 나라가 출범할 무렵에는 토지가 흘러넘치게 마련이다. 왕조 말기에는 혼란기여서 인구는 줄어든 상태에다 이전 토지 소유를 무효화하고 모든 토지를 국유화해서 새로 분급하기 때문이다. 그러다가 중기쯤 되면 차츰차츰 대토지 겸병자들이 등장하고 인구는 늘어 땅이 모자라게 된다. 미개간지를 개간하는 데에는 한계가 있는데 인구는 자꾸만 늘어나고 나라 살림은 커진다. 그 결과 먹고 살기 힘들어진 농민들은 토지를 팔아넘기거나 빼앗기고 농노나 유민이 된다. 부패한 지방 관리나 대토지 소유자들은 농민의 토지를 사들이거나 빼앗아 겸병해서 더 많은 땅을 소유하게 된다. 과거는 농업 시대였기 때문에 농민 문제가 곧 경제 문제이자 국력 문제였다. 농민은 국가의 세금원이자 국방 자원이었는데 농민이 대토지 소유자들의 농노가 되거나 유민이 되면 정부는 약해지고 대토지 소유자들은 강해진다. 배고픈 농민들은 민란을 일으키고 군벌들은 할거한다. 중국 역사의 전형적인 패턴이 당나라에도 그대로 나타난 것이다.

절도사와 안사의 난

당나라 때에는 변경 지역에 기병 전술이 뛰어난 유목민들이 자주 출몰했다. 이들의 기병 전술을 따라갈 수 없었던 당나라는 귀순한 유목민들을 변경 지역 지휘관으로 삼았다. 변경의 군사적 요충지를 군진(軍陣)이라고 불렀는데 처음 군진은 소규모 전투 부대에 불과했다. 그러나 변경 지역에 거주하는 이민족들의 규모가 커져 수시로 중국 영토에 침입하자 기존의 작은 군진으로는 막아낼 수 없게 되었다. 그래서 여러 군진을 합쳐 병력 규모를 키우고 작전 수행 능력도 향상시킨 부대를 만들었다. 이렇게 규모와 능력 면에서 확대된 부대 주둔지를 번진(藩鎭)이라고 했고 번진 최고지휘자가 절도사(節度使)였다. 당시 변경에 주둔하는 부대의 비용은 인근 지역에서 세금을 직접 걷어서 해결했다. 그러니 절도사는 군사권뿐 아니라 행정권과 재정권도 가지고 있어 그 지방에서는 왕이나 다름없었다. 문제는 절도사의 권력을 제어할 메커니즘이 없다는 점이었다. 절도사들은 중앙 정부의 통제만 약해지면 언제든 독립할 수 있는 능력을 가지고 있었던 것이다.

이러한 상황이다 보니 절도사 중에 정치적으로 성장하며 권력을 키우고 싶은 자들이 나타났다. 그 대표가 안록산과 사사명이었다. 사사명은 안록산의 부하 장수였는데 안록산이 암살당하자 뒤를 이어 반란을 주도했다. 그래서 이들의 성을 따서 '안사의 난(755~763년)'이라고 한다. 당시 안록산 휘하 병력이 당나라 전체 병력의 37%에 달할 정도였다. 20만 명에 달했던 안록산의 반란군은 한때 당나라 수도인 장안을 함락하고 현종이 사천 지방으로 도망가게 만들기도 했다. 안록산이 금세 장안을 함락시킬 수 있었던 것도 국가(황제)가 아닌 자신에게 충성을 하는 잘 훈련된 사병 조직을 거느린 절도사였기 때문이었다. 병사와 절도사 사이에는 수양 아버지와 수양 아들을 맺는 가부자(假父子)라는 사적인 관계가 성행했다. 더구나 안사의 난을 계기로 반란에 더욱 예민해진 당나라 조정은 변방에 두었던 절도사를 국내 요지에 두루 배치했다. 그러자 이들 절도사들은 점차 군벌로 성장했다(후일 당나라는 이들 번진 절도사에게 나라를 내주게 된다). 안사의 난은 다른 절도사들과 위구르족 원병을 통해 진압되기는 했지만 당나라 권위는 크게 떨어졌다.

번진체제

8년을 끌었던 난은 평정되었지만 안사의 난을 계기로 당나라는 새로운 국면을 맞이했다. 번진들이 여기저기서 발호하기 시작했던 것이다. 번진 최고 지휘자인 절도사들은 이 시기 들어 중앙의 통제력을 무시하고 자신들의 주둔지 및 인근 지역에서 모든 권한을 장악하여 세력을 확대해 나갔다. 그들은 자신의 지휘 아래 있는 병력들을 사병으로 만들어 쇠약해진 당나라에 노골적인 적대 행위를 했다. 이런 과정에서 절도사들은 번진을 중심으로 반(半)독립 상태로 할거하면서 중앙 정부로부터 이탈해갔다. 절도사들은 절도사직을 세습하면서 조세를 중앙에 보내지 않았고 관내 관리의 임면을 자의적으로 행사하는 등 독립(혹은 반독립) 상태를 당나라 말기까지 유지했다. 이러한 번진체제는 안사의 난 이후 당나라 멸망까지 약 140년간 존속했다. 번진이 많은 수의 군대를 유지할 수 있었던 것은 율령체제의 붕괴와 안사의 난으로 인해 수많은 몰락 농민이 등장했고 이들이 번진의 예비 병력을 형성하는 기초가 되었기 때문이었다. 그러나 번진 체제는 당나라를 부정하는 단계로까지 나아가지는 않았다. 또한 번진 사이의 대립과 세력 균형 및 번진 내부의 권력 구조 불안정 역시 당나라가 정권을 유지하는 데 도움이 되었다.*

* 번진 내부는 자신들 뜻에 부합하지 않으면 절도사를 폐립하고 새 절도사를 옹립하거나 야심이 있는 자가 스스로 절도사 지위를 강탈하는 등 하극상 세계였다. 안록산은 둘째 아들인 안경서에게 살해당했고 사사명은 그런 안경서를 처형하고 반란군 총수가 되었으나 큰아들 사조의에게 살해당했다.

황소의 난과 당나라 멸망

동아시아 제국 당은 그렇게 쇠락해갔다. 안사의 난 이후 농민들이 고향을 등지고 떠나는 사태는 더욱 늘어났다.* 이렇게 농민들의 도피가 늘어날 수밖에 없었던 것은 안사의 난 이후 토지 사유화 정도가 더욱 심해졌기 때문이었다. 당나라 조정은 어떻게든 재정을 늘려야 한다는 일념에 지극히 단기적인 처방을 내세웠다. 그것은 소금 전매를 강화하는 조치였다. 그러자 소금 장수들이 들고 일어났는데 그중에 대표가 황소(黃巢)였다. 황소는 농민들 지지를 받으며 순식간에 세력을 키워 장안으로 '황소'처럼 밀고 들어갔다. 일단 당나라를 접수한 황소는 국호와 연호를 정하고 스스로 황제라 칭했다. 874년에 시작되어 약 10년간 사천을 제외한 중국 전역을 휩쓴 황소의 난은 당나라를 회생불능 상태에 빠뜨렸다. 그러자 힘이라면 누구에게도 뒤질 것이 없던 절도사들이 가만있을 리 없었다. 난리를 피해 달아난 황제가 도움을 청하자 절도사였던 이극용은 군대를 몰고 와 황소 세력을 진압했다. 이때 공을 세운 사람 중 하나가 주전충이었는데 그는 황소 휘하에 있다가 투항한 인물이었다. 이극용이 커질 것을 두려워한 당나라 조정은 주전충을 절도사로 임용해서 이극용을 견제하기 시작했다. 예상한 대로 이들 신구 절도사들은 맞대결을 벌였고 그 결과 주전충이 승리했다. 주전충은 내친 김에 황궁으로 들어가 환관들을 모조리 도륙했다. 환관들까지 모두 죽자 허수아비 황제는 주전충에게 황위를 선양했고 907년 당나라는 멸망했다(주전충이라는 이름은 당나라 조정에서 하사한 것으로 '全忠' 즉 '전적으로 충성하라'는 뜻이었다. 그런 주전충에게 당나라가 멸망했으니 역사의 아이러니라고 할까?).

* 안사의 난이 일어났을 때부터 5년 동안 당나라 인구는 5,288만 명에서 1,699만 명으로 줄었다. 줄어든 인구는 당연히 모두 죽은 것은 아니었고 상당수가 유민이 되었겠지만 정부 입장에서는 세금도 못 걷고 병력으로 차출할 수 없으니 죽은 거나 진배없었다.

5) 중국 역사상 최후의 분열기인 5대10국시대

　이렇게 해서 중국은 다시 한 번 혼란의 소용돌이에 빠져들게 되었다. 당이 주전충에게 망한 다음 송이 건국되어 재통일 할 때까지 54년(907~960년) 동안을 중국 역사상 최후의 분열기인 5대10국시대라고 한다. 5대10국(五代十國)이란 북중국을 순차적으로 점거했던 5개의 중앙 왕조와 같은 시기 남중국에 건립되었던 10개의 지방 정권을 가리킨다. 5대는 나름 정통성이 있다고 본 황하 유역의 5개 나라를 가리킨다(후량, 후진, 후당, 후한, 후주).* 10국은 대체로 당 말기 절도사와 황소의 난을 일으켰던 집단에서 분리되어 나온 자들에 의해 건국되었기에 북방의 5대보다 한 등급 낮게 본다(전촉, 오, 오월, 민, 초, 남한, 형남, 후촉, 남당, 북한). 불과 50여 년 동안 수많은 나라들이 난립한 데에서 알 수 있듯이 5대10국시대 나라들은 거의 대부분 정식 국가라기보다는 당 말기의 번진, 즉 군벌에 가까웠다. 무력을 중시하는 세계에서는 아무래도 힘이 제일이다. 따라서 분열기가 한참 지속되자 점차 가장 힘이 센 세력 밑으로 작은 군벌들이 모여들면서 통일의 기운이 무르익게 되었다. 조광윤(趙匡胤, 926~976년)은 후주의 황제가 거란의 요를 정벌하러 가는 도중 병사하고 그의 어린 아들이 즉위하자 여러 장수들의 추대에 의해 황제가 되었다. 황제로 즉위한 조광윤은 국호를 송(宋)으로 바꾸고 개봉(開封, 카이펑)을 수도로 정했다.

＊5대의 다섯 왕조를 창건한 다섯 명의 장군들 가운데서 세 명이 이민족 출신이었다.

6) 당을 두 번이나 구해준 위구르

755년 반란을 일으킨 안록산은 두 개의 수도 낙양과 장안을 점령했고 현종은 사천으로 피난했다(피난 과정에서 현종은 수행 군대의 강요에 의해 양귀비를 처형했다). 두 개의 수도를 모두 잃은 당나라가 망하는 것은 시간 문제로 보였다. 그런데 당나라는 안사의 난을 진압했고 이후로 150년을 더 버티었다. 당시 당나라는 빈 껍데기였는데 어떻게 그게 가능했을까? 그것은 당나라 스스로의 힘이 아닌 위구르의 힘이었다. 안록산의 난으로 풍전등화의 위기에 처한 당나라는 주변에게 지원을 요청했다. 757년 위구르 기마 군대와 당나라 연합군은 반란군을 향해 진격해서 10만 명을 죽이고 장안을 수복했다. 장안을 수복한 위구르 군단은 낙양도 수복해달라는 요청을 받고 그것을 실행했다. 이렇게 위구르는 구원군을 보내 장안과 낙양 탈환을 주도해서 당나라 수명을 연장시켜 주었던 것이다. 위구르의 지원 덕분에 위기에서 벗어난 당나라 황제와 장군들은 그들의 환심을 사기 위해 성대한 연회를 베풀었지만 약탈을 막지는 못했다. 그리고 당나라 조정은 감사의 표시로 매년 비단 2만 필을 주기로 했을 뿐 아니라 숙종(재위 756~762년)의 어린 딸까지 카간에게 시집보내야 했다. 국경까지 배웅을 나간 숙종에게 공주가 울면서 "국가의 일이 중요하니 죽어도 한이 없다."라고 말하자 숙종 역시 눈물을 흘리며 돌아왔다. 759년에 카간이 죽자 공주는 투르크 풍습에 따라 칼로 얼굴을 그으면서 피눈물을 흘려야 했다.*

＊ 당나라 황제가 친딸을 카간에게 출가시킨 것은 그만큼 당과 위구르 관계의 특수성을 잘 보여주는 것이다. 보통 중국에서 외국에 시집보내는 공주는 황제의 친딸이 아니라 종친의 딸을 공주로 삼아 보낸 것이었기 때문이다.

아버지 안록산을 살해한 안경서와 안록산의 부하 사사명이 연합했고 이후 사사명은 아들 사조의에게 피살당했다. 이제 반란군의 기수를 잡은 것은 사조의였다. 762년 당나라는 위구르에게 또 한 번 구원을 요청했다. 이에 위구르는 4,000명을 파병했고 위구르 기병은 당군과 연합해서 사조의를 격퇴시키고 낙양을 탈환했다 (그리고 위구르는 1만 명을 죽이고 낙양성을 불태웠는데 불길은 몇 달 동안 꺼지지 않았다. 세상에 이름났던 낙양은 폐허가 되었고 이후 백년 동안 회복되지 않았다). 위구르 모우 카간은 친정을 감행했고 당나라는 8년에 걸쳐 지속되던 안사의 난을 평정할 수 있었다. 이에 대한 대가로 모우는 당나라로부터 막대한 양의 공물을 받을 수 있었다. 또한 당과 위구르 사이의 견마교역(絹馬交易)은 위구르 측에 절대적으로 유리하게 전개되었다. 당시 위구르와 당과의 교역은 호시(互市)를 통해 이루어졌는데 안사의 난 이후 말 1필이 비단 40필과 교환되었다. 위구르에서 오는 말의 숫자가 수 만필이었다는 점을 감안하면 그 당시 교역 규모가 상당했음을 짐작할 수 있다. 그런데 위구르인들이 가져오는 말들은 대부분 사용할 수 없는 것이었기 때문에 견마교역을 통한 무역 역조 현상은 당나라로서는 큰 부담거리였다.

돌궐을 대신한 위구르 제국

745년에 빌게 카간의 독살로 붕괴된 돌궐 이후 제국을 차지한 것은 위구르였다. 위구르의 쿠틀룩 빌게는 카간이 되었고 그의 등극은 당나라로부터 인정받았다. 이렇게 해서 위구르 제국은 동돌궐 제국을 대체해서 약 1세기 동안 지속되었다(744~840년). 사실상 일어난 일이라고는 몽골초원의 패권이 한 투르크 집단에서 그와 긴밀하게 연관된 다른 집단으로 바뀐 정도였다. 그러나 위구르는 늘 중국의 위험한 이웃이었던 돌궐과는 대조적이었다. 위구르는 당나라에게 있어 처음에는 상당히 충성스러운 추종자였고 그 뒤에는 유용한 동맹자였으며 마지막에는 귀중

한 보호자였던 것이다(때로 부담스럽긴 했지만). 위구르(회흘 또는 회골)라는 집단이 역사상 두각을 나타내기 시작한 것은 7세기 이후였지만 그 존재는 전부터 이미 알려져 있었다. 605년 서돌궐 지배 아래 있던 위구르 조상들은 세력이 커지자 서돌궐의 급습을 받았다. 이 공격으로 원래 거주지를 버리고 동북방 셀렝게강 유역으로 이주한 뒤 위구르는 군사집단으로 변모해서 성장해갔다. 그 뒤 위구르는 당과 연합해서 돌궐 제국을 무너뜨리는 데 큰 역할을 하면서 막북의 새로운 강자로 부상했다.

괄목할 만한 성장을 했지만 아직 몽골초원 유목민들을 지배할 정도는 아니었던 위구르에게 초원의 패자로 부상할 기회가 찾아왔다. 740년에 돌궐 제2제국 내부에 혼란 상황이 벌어지자 이 기회를 틈타 돌궐 제2제국을 구성했던 부족 중 위구르, 바스밀, 카를룩족이 연합해서 반란을 일으켜 돌궐 제국을 멸망시켰다. 그리고 745년을 기점으로 해서 몽골 오르콘강 유역을 중심으로 새로운 유목 국가인 위구르 제국이 성립했다. 하향세로 들어선 당 제국과는 반대로 당나라와 압바스 왕조까지 영향력을 뻗친 위구르 제국은 단숨에 동방 세계의 최강자로 군림하게 되었다. 제10대 카간인 알프 빌게는 직접 군대를 이끌고 당나라 북변에 위협을 가했다. 그러자 당 조정은 그의 요구를 거절하지 못하고 821년에 목종의 누이를 보낼 수밖에 없었다. 그렇게 군사적 우위를 바탕으로 주변 여러 유목 부족들을 압도하고 중국과의 관계에서도 주도권을 쥐고 있던 위구르 제국은 한순간에 무너졌다. 알프 빌게가 사망한 뒤 위구르 제국은 혼란에 빠졌고 그 와중에 카간과 대립하던 한 수령이 키르기스인들을 불러들였다.* 840년에 키르기스 군대는 아무런 저항도 받지 않고 들어와 카간을 살해하고 제국의 수도를 점령한 뒤 약탈을 자행했다. 이로써 1세기에 걸쳐 초원을 호령하던 위구르 제국은 일거에 무너졌다(때마침 닥친 자연재해도 제국의 붕괴를 가속화시키는 요인이었다).

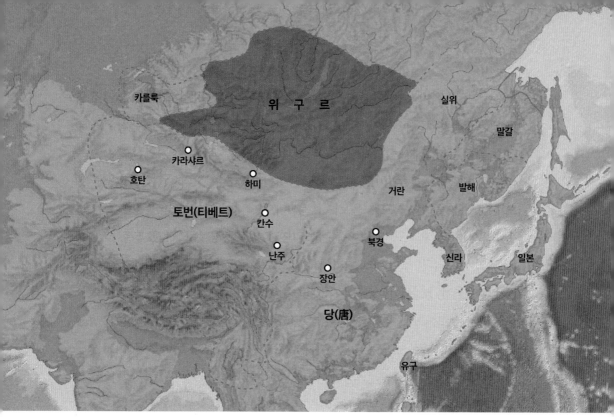

9세기 초 위구르와 당나라의 영토.

 * 키르기스족은 시베리아 남부에서 몽골초원 북서부에 걸쳐 살았던 수렵·유목민족이었다. 그
후손들이 현재의 중앙아시아 키르기스스탄(정식 명칭은 키르기스공화국)으로 이어지고 있다.

   중국의 대(對)중앙유라시아 민족교섭사에서 유목 민족의 배경을 가진 위구르
와 당나라가 우호관계를 유지했다는 것은 상당히 독특했다. 두 제국이 우호 관계
를 가지게 된 근본적인 이유는 서로 이해관계가 맞았기 때문이었다. 위구르는 경
제적인 면에서 당나라에 의존해야 했고 당으로서는 위구르의 군사력이 필요했다.
위구르는 사실상 휘하에 두고 있던 당과 화친 관계를 맺었다. 위구르는 당나라에
게 군사력과 안전 보장을 제공했고 당은 그 대가로 위구르에게 경제적 지원을 했

다. 위구르 제국은 안사의 난에 개입하는 등 당나라 시기 중국과 깊은 관계를 맺었고 중앙유라시아에서 동서 교역을 통제하는 중심국이었다. 위구르가 언제든 당나라를 정복할 수 있었는데도 그렇게 하지 않은 이유는 중국을 영토적으로 지배하는 것보다는 화친이나 교역을 통해서 필요한 물자를 확보하는 것이 더 낫다고 판단했기 때문이었다.

8

송과 중국 대륙을
'공동 명의'로 한 요와 금 그리고 원

당나라 말기에 절도사들이 난립했고 5대10국이라는 중국 최후의 분열기가 펼쳐졌다. 절도사 중 한 명이었던 조광윤이 송나라(960~1279년)를 건국해서 분열을 어느 정도 통합했다. 거란은 요나라(916~1125년)를 세우고 송나라가 건국되기 전부터 지금의 북경을 포함하는 북중국 일대인 연운 16주를 지배하고 있었다. 이에 송나라는 연운 16주를 되찾기 위해 거란과 일전을 벌였지만 패했다. 이후 여진의 금(1115~1234년)이 나타나 거란의 요를 멸망시켰다. 금이 송까지 멸망시키자 남은 무리들이 강남으로 내려가 남송을 세웠다. 북쪽에는 요와 금, 남쪽에는 송이 중국 대륙을 '공동 소유'한 시대가 이어졌던 것이다. 그리고 몽골 제국은 금과 남송을 모두 멸망시키고 중국 대륙을 '단독 소유'했다.

1) 온갖 '오랑캐들'에게 시달린 송

거대 제국 당이 쓰러지면서 중국은 남북조시대 이래 400년 만에 다시 분열기를 맞았다. 당이 멸망한 후 당나라 절도사 출신 군벌들이 할거해서 50여 년간 15개 나라가 명멸하는 혼란기인 5대10국시대(907~960년)가 이어졌다. 조광윤(趙匡胤, 926~976년)은 5대10국 중 하나인 후주 황제가 요나라를 정벌하러 가는 도중 병사하고 그의 어린 아들이 즉위하자 여러 장수들의 추대에 의해 황제가 되었다. 황제로 즉위한 조광윤은 국호를 송(宋, 960~1279년)으로 바꾸고 개봉을 수도로 정했다. 조광윤이 송을 세우고 대륙 통일을 이룰 수 있었던 것은 송나라보다 먼저 건국되어 잘나가던 요나라(916~1125년)가 내부 권력다툼으로 잠시 주춤했기 때문이었다.

송의 문치주의

송나라를 세운 태조 조광윤은 절도사 출신이었다. 조광윤은 "사방팔방에 절도사들이 있으니 나라에 망조가 든다."라고 생각했다. 그에 따라 가장 먼저 당나라 말기 절도사들의 할거 이래 황제의 손에서 떠난 병권과 재정권에 대한 회수에 나섰다. 특히 병권이 더 중요했다. 태조와 동생 태종은 내정 개혁에 착수했는데 기본 방향은 중앙집권의 강화였다. 5대10국의 흥망을 체험한 그들은 황제권 강화를 추진했던 것이다. 조광윤은 당나라 중엽 이래 무인 발호의 기반이었던 절도사 세력을 약화시켜 중앙 정부의 통제 아래 두었고 관료 체제를 정비했다. 그는 신하들에게 병권을 주지 않기 위해 주로 군사적 능력이 없는 자들을 관리로 등용했고 군사 업무를 담당하는 중앙 부서인 중추원조차 문신을 뽑았다. 이렇게 송나라 관료 제도는 철저히 문치주의를 지향했다. 신하들에게 권력이 넘어가는 것을 방지하기 위한 조치였는데 이에 따라 중앙과 지방 할 것 없이 문신 중심으로 구성된 방대한 관료 제도는 엄청난 인력을 필요로 했다.

이전에는 관료를 공급하는 계층이 문벌귀족이었다. 그런데 문벌귀족들은 당나라 말기 혼란기와 5대10국을 거치면서 사라졌다. 군벌들이 세력 강화를 위해 문벌귀족들의 재산을 빼앗거나 아예 그들을 몰살했던 것이다. 문벌귀족이 사라지자 중소지주층 지식인들, 이른바 사대부들이 황제의 편이 되어주었다. 원래 사대부란 봉건 제도인 주나라 시절 공(公, 제후), 경(卿) 아래의 지위인 대부(大夫)와 사(士)에서 나온 말이다(공과 경은 귀족의 의미였고 대부와 사는 관료의 의미였다). 그런데 후대에 오면서 그 의미가 달라졌다. 송나라 시대 사대부는 한나라 이후 수백 년 동안 세력을 떨쳐온 전통의 문벌 귀족들이 사라지면서 생겨난 중소지주 계층 출신의 관료 집단이었다. 이렇게 당과 송은 50여 년 차이밖에 안 나지만 정치와 사회면에서는 그 성격이 판이하게 달랐다. 당나라는 귀족 지배 체제였고 송나라는 관료제 사회였던 것이다. 과거제를 통해 관료로 임용된 이들 신흥 지배 세력을 신진사대부라고 한다.

송에서 꽃핀 과거제

이렇게 송나라는 황제권을 강화하면서 행정 기구를 대대적으로 개편했는데 새로이 정비된 관료 제도에서는 실무자 급 전문 관료들이 대량으로 필요했다. 옛날처럼 문벌 귀족이 공급하는 인력은 필요하지도 않거니와 이제는 그런 집단이 존재하지도 않는다. 그럼 어떻게 필요한 인력을 수급해야 할까? 그 답이 바로 과거제였다. 과거제는 당나라 시절에도 성행했지만 당과 송 두 나라의 과거제는 상당히 달랐다. 당나라 때는 과거의 정치적 비중이 적었고 과거에 합격했다 하더라도 문벌귀족 출신 정부 부서장들이 관장하는 별도의 구술 시험을 치러야 했다. 태조와 태종은 개혁을 통해 과거제의 위상을 대폭 제고시켰다. 송나라 과거제는 각 지방 예선을 거쳐 온 합격자들을 대상으로 황제가 직접 관장하는 전시(殿試)를 치러 여기서 최종 합격자를 선발하는 방식이었다. 송나라 시대 과거 제도는 그 종류와 시험 횟수, 선발 인원 등이 다른 시대에 비해 월등히 확대되고 발전했다. 그래서 전시 합격자들을 '천자의 문생(門生, 문하생)'이라고 부를 정도였다.* 과거제를 통해 선발된 인력들이 사대부 세력을 형성해서 역사상 최초로 '문민정부'를 표방한 송나라 정치에 결정적인 기여를 했다. 그렇게 해서 송나라는 철저히 문치주의로 나아갔다. 송나라 시대에 들어서 완성된 황제 중심의 독재체제는 명·청대를 거치면서 더욱 발전했다. 이상과 같은 황제 중심의 집권 체제를 일반적으로 '황제독재체제'라고 한다. 이 경우 '독재체제'의 의미는 국가의 모든 최종 결정이 황제의 재가를 통해 이루어지는 것을 말한다. 전국적인 행정은 중앙에서 파견된 문신 관료에 의해 통일적으로 운용되었고 쿠데타 가능성을 우려해 병권 역시 예외는 아니었다.

---

* 그러나 관직은 한정되어 있고 선발 인원은 누적되다 보니 과거 합격자 대부분에게 관직으로 나아가는 길은 막혀 있었다. 이러한 상황에서 지역 지도자를 필요로 하는 농촌공동체가 성장하게 되자 사대부들은 고향으로 관심을 돌렸다. 그리하여 사대부들은 관직 취임보다는 지방에서의 부와 권력, 명성에 점점 더 의존했다.

찬란한 문화를 꽃피운 송나라

문치주의를 실시한 탓에 송나라는 중국 역사상 가장 찬란한 문화를 꽃피울 수 있었다. 문화의 꽃이라 할 수 있는 예술은 그 이후까지 포함해서 중국 역사상 송나라 시대에 가장 번성했다. 그러나 뭐니 뭐니 해도 송나라 문치주의에 가장 어울리는 문화 현상은 학문 발달이었다. 송나라 때는 특히 유학이 크게 발달해서 오늘날까지도 그 시대 유학을 송학(宋學)이라 부르며 유학 사상의 핵심으로 삼고 있다. 송나라는 학문과 예술만 발달한 것이 아니었다. 도시와 상업의 발달로 인해 서민들 생활수준도 높아졌고 서민 문화가 화려하게 꽃을 피웠다. 그런가 하면 조선업과 제철업, 군수 산업 등 국가 기간산업도 세계적인 수준이었다. 과학 기술 분야에서도 송나라의 업적은 화려하기 그지없었다. 송나라 시대 발명품은 거의 모두 세계 최초의 것들이었다. 인류 3대 발명품이라는 화약, 나침반, 인쇄술이 그렇고 지폐 사용도 송나라가 세계 최초였다.*

* 당시 지폐 사용은 말 그대로 혁신이었는데 마르코 폴로가 원나라 지폐를 들고 고향에 갔더니 모두 놀랐다고 한다. 아마 그들에게 지폐는 삼성페이 같은 것이 처음 등장했을 때 우리나라에서 가장 시골인 장터 할머니에게 그것으로 결제하는 느낌이었을 것이다.

2) 송나라 시대 이민족1 - 거란의 요

당이 멸망하고 송이 세워진 10세기 초중반에는 당나라 붕괴로 인해 동아시아에 새로운 국제관계가 형성되었다. 한족의 '영원한 라이벌' 북방 이민족들의 힘이 더욱 커졌던 것이다. 수·당 시대의 적극적인 대외정책과는 달리 소극적인 문치주의를 펼친 송나라는 북방 이민족들에게 군사적으로 열세에 놓였다. 조광윤은 송나라를 960년에 건국하고 태조가 되었지만 중국을 통일하지는 못해서 5대10국의 혼란은 송이 건국되고도 19년이 흐른 뒤에야 종식되었다. 5대10국시대를 통일한 것은 태조의 동생이자 송나라 두 번째 황제인 태종이었다. 송나라는 중국은 통일했지만 더욱 강해진 북방 이민족들까지는 어쩌지 못했다. 송나라 개국 당시 북방 이민족 판도는 거란족이 세운 북쪽의 요와 티베트 계통의 탕구트족이 세운 서북쪽의 서하가 세력을 양분하고 있었다.

요나라를 건국한 거란

거란은 405년부터 중국 연대기에 기록되어 있다. 한자로는 '契丹'이라 표기되어 우리 한자음으로는 '계단'이라고 읽는 것이 맞겠지만 오랜 세월에 걸쳐 글단, 글안, 거란으로 변해 왔다. 이는 거란족이 스스로를 부르던 이름인 키탄, 키타이를 음차한 말이다. 거란은 몽골-퉁구스계로 그 조상이 고대 말기 선비족 연맹체에서 갈라져 나왔다. 이들은 당나라 초기부터 중국 북동부 지역을 주도하기 시작했다. 696년에 산해관을 통해서 하북의 영평을 약탈하고 북경 평원까지 진출하자 당나라 측천무후는 당시 최고 전성기를 구가하던 동돌궐 카파간 카간과 연합해서 그들을 측면에서 공격했다.* 697년에 치명적인 패배를 당한 거란은 3세기 동안 팽창이 정지되었다. 이에 거란족은 고구려와 발해 영역에 거주하며 그들의 지배를 받으며 살았다. 9세기 말에 들어 발해의 지배력이 약화되자 거란족 사이에는 상호 유대관계가 강해져 이내 부족 통합이 이루어졌다. 야율아보기(재위 906/916~926년)는 중국인들을 받아들여 제도를 정비하고 요(遼, 916~1125년)를 세웠다. 그는 924년에 몽골초원으로 진출해서 막북 원정을 마치고 925~926년에 발해 원정을 단행했다. 무혈입성해서 항복을 받은 야율아보기는 발해 땅에 동단국(東丹國)을 건설하고 장자를 왕으로 앉힌 뒤 귀환하던 도중 병사했다. 그 뒤를 이은 것은 차자인 야율덕광(태종)이었다.

* 산해관(山海關)은 만리장성 동쪽 끝에 자리한 군사 요충지이다. 만주에서 중국 본토로 들어가는 것을 산해관을 통과한다는 뜻에서 입관(入關)이라고 불렀다.

연운 16주를 획득한 거란

거란의 새로운 칸인 야율덕광에게 곧 중국 내정에 개입할 수 있는 기회가 찾아왔다. 5대10국시대(907~979년) 북중국에서 후당(後唐)의 하동 절도사 석경당이 반란을 일으키고 거란에 지원을 요청했다(936년). 그러자 거란은 5만 명의 군대를 거느리고 내려가 석경당이 조정 군대를 격파하고 후진(後晉)의 제위에 오르는 것을 도와주었다. 이렇게 거란의 도움으로 황제가 된 석경당은 그 대가로 북경과 만리장성 사이 지역인 연운 16주를 거란에게 할양했다. 당시 중국은 5대10국의 혼란기였기 때문에 거란을 막을 강력한 세력은 없었다. 거란은 5대 왕조 중 하나인 후진 건국에 도움을 준 후 인구 밀집 지역이면서 농경이 발달한 연운 16주를 확보하여 크게 성장할 수 있었다. 연운 16주 영유는 유목 민족 역사에 중대한 전기를 이루는 것이었다. 오늘날 북경 부근을 중심으로 한 연주와 운주를 포함한 16개 주를 일컬어 연운 16주라고 부른다. 송나라의 약 300개 주 가운데 일부에 불과했지만 연운 16주는 만리장성 이남에 위치했기 때문에 거란의 영역이 되자 한족들은 자존심에 큰 상처를 입었다.* 이전까지 만리장성 북쪽에 건립된 유목 국가가 농경 민족 거주지인 만리장성 이남 지역을 지배한 적은 없었다. 그런데 이때 유목 국가인 요나라가 최초로 농경 지역을 지배하기에 이른 것이다. 이러한 유목 국가의 농경 지역 지배는 이후 금, 원, 청으로 이어지게 된다. 거란은 장성 이남의 연운 16주를 할양받고 후진과 군신관계를 맺으며 매년 금백(金帛) 30만 냥을 세폐로 받아 재원을 확보함으로써 제국 발전의 기틀을 마련했다. 연운 16주를 얻음으로써 거란은 만리장성 이내에 자리 잡고 중요 지역을 직접 지배하면서 중국을 관찰할 수 있게 되었다.

---

* 936년 이전에도 거란이 산서 지방 북부를 침략했다는 기록이 여러 곳에서 나온다. 거란의 요

나라가 화북으로 진출하는 것은 이미 시간 문제였지 꼭 석경당 때문만은 아니었던 것이다. 한족은 연운 16주 지역을 주원장 때인 1368년에 이르러서야 석경당이 거란에 할양해준 지 432년 만에 되찾았다.

전연의 맹

중국 통일을 달성한 태종 시기에 송과 요는 거의 매년 교전 상태에 있었다. 당시 송나라 국정 최고 과제는 연운 16주의 회복이었다. 연운 16주는 단순히 고토 회복 대상에 그치는 것이 아니었다. 전략적 차원에서 볼 때 연운 16주는 유목 민족이 만리장성을 넘어 화북 지역을 장악할 수 있는 거점이 되기 때문에 중국에 큰 위협 요소였던 것이다. 송나라는 979년과 986년 두 차례에 걸쳐 대군을 이끌고 요나라에 도전했지만 일방적인 패배를 당했다. 태종은 첫 번째 전쟁에서 포로가 될 뻔했고 두 번째 전쟁에서는 친히 진두지휘를 하다가 화살을 맞기도 했다. 특히 986년에는 요군이 송군을 추격해서 많은 수를 죽였지만 송나라로서는 다행스럽게 요나라가 더 이상 남쪽으로 밀고 내려오지는 않았다. 요나라는 994년 고려를 굴복시켜 배후를 다진 후 1004년에 대거 남진했다. 1004년 요나라 군대가 파죽지세로 수도인 개봉 부근까지 쳐들어오자 송나라는 실지 회복은커녕 수도 사수에 사력을 다해야 했고 겨우 평화조약을 성립시켰다(전연의 맹 또는 전연의 맹약). 맹약의 주요 내용은 다음 두 가지였다. 첫째, 거란이 지배하고 있는 북중국은 거란에 귀속된다. 둘째, 송은 거란에 매년 은 10만 냥, 비단 20만 필을 지불한다. 조약의 결과로 송은 요의 형님 나라라는 명분을 얻었다. 조약에서 송이 얻은 것은 그뿐이었다. 말이 형님이지 송은 요에게 매년 막대한 세폐를 바치는 '조공 국가'로 전락해 버린 것이었다. 송으로서는 굴욕도 굴욕이지만 요가 금에 망할 때까지 100년 이상 공물을 바쳐야했기 때문에 그로 인한 재정적 피해가 컸다. 일방적으로 요나라 측에 유리한 내용을 담고 있는 불평등조약인 전연의 맹을 통해 요와 송 양국 간은 불안정하지만 평화 상태가 되었다. 이 불안정한 평화는 1125년에 요나라가 금나라에 의해 멸망될 때까지 지속되었다. 이후 송은 북송 말에 이르도록 북중국에 대한 수복의 꿈을 접고 거란의 지배를 인정하는 수밖에 없었다. 이렇게 송나라를 굴복시킴으로써 거란의 요나라는 몽골, 만주, 중국의 연운 16주를 석권하고 고려까지 그 영향력에 포함시킨 동아시아 대제국으로 성장했다.

동아시아 대제국이 된 거란의 요

원래 거란은 유목과 수렵, 어렵 등을 겸하면서 살았는데 요나라를 건국하기 전에는 농경과 정착 단계에 진입했다. 이처럼 거란은 흉노나 돌궐과는 달리 유목에만 종사하지 않고 농업과 광업, 임업 등 다양한 산업을 운영할 능력을 갖추고 있었기 때문에 입관(入關) 전에 이미 만리장성 이남의 중국에 들어가 정착할 수 있는 준비가 되어 있었던 것이다. 거란의 영토는 광대했다. 요하 유역을 중심으로 만주와 남북몽골 및 북중국 일부를 포함했기 때문에 거란의 영토는 자연 환경과 풍토도 다양했다. 즉 요나라는 유목과 농경이라는 상이한 경제생활을 영위하는 주민들을 모두 통치해야 했던 것이다. 부족 단위로 생활하는 유목민은 거란인 75만 명을 포함해서 100만 명, 농경민은 한족 240만 명과 발해인 45만 명 등으로 300만 명 정도였다. 이렇게 광대한 대제국을 건설한 요나라는 통치 제도를 새롭게 마련했다. 특히 만리장성을 중심으로 이남은 농경 지역, 이북은 초원 지역이기 때문에 지역 특성에 따라 통치 방법을 달리했다. 이것은 유목 민족의 강건한 상무 정신과 우수한 무력을 보전하고 육성시켜 농경 지역에 대한 지배력을 강화하려는 의도였다. 요나라는 거란이라는 유목 민족이 중국을 최초로 정복해서 건설한 왕조였기 때문에 유목민을 주축으로 많은 농경민을 포함하는 다민족 국가였다. 이로 인해 요나라 국가 구조는 거란족의 전통적 요소와 중국적 요소가 결합된 형태로 존재했으며 이질적인 두 집단을 효과적으로 통치하기 위해 각각의 특성에 맞는 통치기구를 채택하지 않으면 안 되었다. 요나라는 유목민은 부락체제로 통치하고 한족과 발해인 등 정주민은 중국식 주현제로 통치하는 이중 체제를 만들었다. 중앙통치기구도 유목민을 통치하기 위한 북면관과 농경민을 통치하기 위한 남면관을 별도로 설치했다. 이 이중 체제는 거란의 독자성을 살리면서 중국 체제를 흡수한 형태였다.

거란 덕분에 번영을 이룬 군사 국가 송

1004년 송(북송)과 요는 전연의 맹이라는 평화조약을 맺었다. 송나라가 5대10국의 각 왕조처럼 단명으로 끝나지 않은 것은 이 평화조약 덕분이었다. 송(북송)이 다스리는 화북 본토의 경제와 문화의 번영, 정치 정세의 안정 모두 북쪽 요나라가 송을 보호하는 형태를 취했기 때문에 가능했다고 할 수 있는 것이다. 문치주의를 추구했기 때문에 송나라는 군사보다 문화에 경도된 평화 국가였던 것처럼 이해하기 쉽다. 그러나 사실 송나라는 150만 명에 이르는 엄청난 군대를 보유하고 있는 군사 국가였다. 다만 막대한 군사비를 투입하고 대군을 보유했음에도 불구하고 군사력에 있어 요와 금, 서하와 몽골에 밀렸다. 따라서 그러한 송나라를 중국인들이 문치주의에 입각한 평화 국가였던 것처럼 포장했다고 할 수 있는 것이다.

3) 송나라 시대 이민족2 - 탕구트의 서하

동북방의 요와 함께 송을 핍박한 것은 서북방의 오르도스 지역과 감숙성을 장악한 탕구트족의 서하(西夏)였다. 당항(黨項) 또는 당올(唐兀)로 불리는 탕구트는 티베트 계통 부족으로 원래 모피로 옷을 해입고 목축을 생업으로 하는 유목 민족이었다.* 탕구트는 사천성 서북부에 거주했으나 돌궐과 토번에 복속하면서 동북방으로 이동했다. 탕구트 민족주의자인 이원호(1003~1048년)는 1032년에 부족을 통합하고 주변 지역을 정복해서 대하(大夏, 1032~1227년)를 건국했다(이를 중국에서는 서쪽에 있어서 서하라고 불렀다). 그리고 송나라에 대한 조공도 끊고 스스로 황제국이라 칭했다. 이러한 서하에 대해 송나라는 무력을 통한 전면적인 응징 방침을 취했다. 송나라는 서하에 100만 명에 가까운 군대를 투입했으나 열세를 면치 못했다. 1040년부터 1041년까지 양측 사이에 연이어 주요 전투가 벌어졌고 송나라는 참패를 거듭했다. 특히 1040년 초에 있었던 삼천구 전투에서 송군은 총지휘자가 포로로 잡히고 장병 대부분이 사상당하는 궤멸적 타격을 입었다. 교착 상태에서 장기적인 소모전이 계속되자 송나라에서는 막대한 군사비와 이 틈을 노린 요나라의 침략에 대한 우려가 생겼다. 서하도 전비 부담과 송의 경제봉쇄에 따른 물자 부족이 문제가 되었다. 그리하여 송과 서하는 1044년에 평화조약을 체결했다.

* 서쪽 이민족인 '융'이라는 호칭은 더 이상 존재하지 않았는데 그것을 대신한 것이 바로 '강'이었다. 강인은 유목을 하는 동시에 농경도 가능했다. 많은 강인들이 서북 지역에서 서남 방향으로 이주해서 서하를 세운 당항강(黨項羌)이 되었다.

조약 내용은 전연의 맹약에서처럼 송나라가 상국(上國)의 명분을 얻는 대신 송은 거란에게 했던 것처럼 매년 막대한 물자(비단 13만 필, 은 5만 냥, 차 2만 근)를 서하에 지급한다는 것이었다. 결국 송은 요와 마찬가지로 서하에게도 많은 보상을 함으로써 침략을 겨우 막은 것이었다. 이 평화 조약에 의해 서하 문제는 수습되었지만 장기간에 걸친 전쟁으로 인해 재정이 극도로 고갈되었으며 소국인 서하를 제압할 수 없을 정도로 취약했던 송나라 군사력이 여지없이 노출되었다. 뿐만 아니라 송과 서하의 관계는 송과 요의 관계와는 달리 불안정해서 기회가 있을 때마다 서하는 송을 침략했다. 이러한 긴장관계는 이후에도 계속되어 송나라로서는 재정·군사적 부담이 상당했다. 송나라는 거란의 요나 탕구트의 서하에 대해 힘이 아닌 금전 보상을 통해 위기를 모면할 수밖에 없었고 그에 따라 재정 상태는 급격히 악화되어 위기 상황에 처했다. 이렇듯 명분을 얻고 실리를 내주는 비정상적인 대외 관계는 문치주의로 인해 군사력이 뒤처지는 송나라 성격에 기인한 측면도 있었다. 그러나 근본적인 원인은 군사적으로 농경민은 유목민에게 열세라는 점이었다. 더구나 그렇게 해서 얻은 약간의 명분조차도 사실은 이민족의 힘에 굴복한 결과였으니 굴욕감과 더불어 막대한 재정적 피해가 누적되면서 내치에도 위협 요소가 되었다. 이에 따라 송나라 내에서는 점차 자성의 소리가 높아갔다.

이원호는 고대 중국의 하(夏)를 계승해서 국호를 '대하'라고 했는데 역사서에서는 송나라 서쪽에 있다고 해서 '서하'라고 했다. 서하를 건국한 이원호는 제도 개혁을 단행해서 중앙집권화를 도모했으며 과거제를 실시하고 문자도 만들었다. 서하는 지리적 이점을 활용해서 비단길을 통한 동서교역을 매개하는 한편 신강 지역으로까지 세력을 넓혔다. 요나라의 후원을 배경으로 한 서하는 송나라 및 토번과 자주 싸워 영토를 넓혀 나갔다. 요나라가 서하를 지원한 것은 송나라와의 전쟁 때문이었다. 이에 따라 송은 서하에게 측면을 공격당할까봐 몹시 불안해했다. 서하는 송나라, 요나라와 함께, 또 한때는 송나라, 금나라와 함께 '송대 삼국'으로 불리면서 190년 동안 중국 서북 지역을 지배했다. 몽골과 연합해서 금나라를 공격하기도 했던 서하는 금나라와의 오랜 전쟁으로 국력이 쇠퇴했고 1227년 칭기즈 칸이 지휘하는 몽골군에게 점령되어 멸망했다.＊

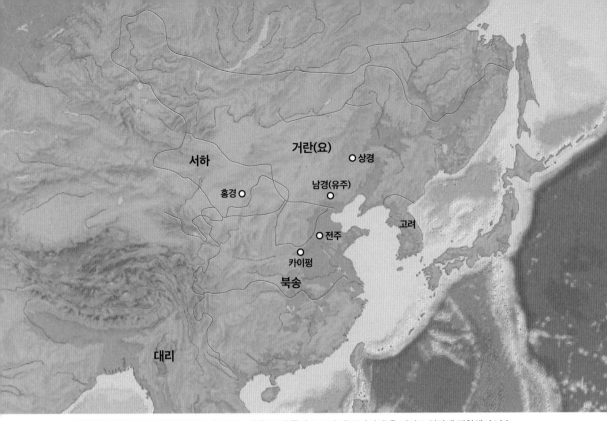

거란(요)과 서하 그리고 북송의 영토. 송나라는 여진(금)에 쫓겨 수도인 개봉(카이펑)을 버리고 임안에 정착해서 남송이 되었다.

　＊ 영하회족자치구(寧夏回族自治區, 닝샤후이족자치구)는 중국의 5개 소수민족 자치구 중 하나이다. 이 명칭은 원나라가 서하(西夏)를 정복한 다음 이곳을 평안하게 하겠다는 의미로 영하부로(寧夏府路)를 설치하면서부터 사용되었다. 영하는 춘추전국시대 전까지 서융 또는 북적의 활동무대였다.

4) 송나라 시대 이민족3 - 여진의 금

송을 핍박하던 거란의 요에게도 강적이 출현했다. 여진이 힘을 얻기 시작한 것이다. 여진은 만주에서 반농반목(半農半牧) 생활을 하던 민족이었다(정확히는 수렵, 목축, 농업 세 가지를 주로 했다). 12세기 초반 요나라의 국력이 약해진 틈을 타서 여진은 부족을 통일하고 금(金, 1115~1234년)을 세웠다. 100년이 넘도록 요에게 세폐를 바치고 있던 송은 금의 등장을 반겼다. 어차피 제 힘으로 적을 물리칠 수는 없는 형편이니 송나라는 역대 한족 왕조의 전통 수법인 이이제이(以夷制夷)로 요나라의 손아귀에서 벗어날 생각을 한 것이다.

정강의 변

송나라 휘종이 여진과 성급하게 맺은 동맹 조약에는 거란의 영역을 분할할 때 북경을 송에게 돌려주기로 명시되어 있었다. 그러나 송은 그 도시를 함락시킬 능력이 없음이 판명되었고 여진은 그곳을 점령한 뒤 깔보는 듯 한 태도로 넘겨주었다(1123년). 금과 송이 1123년에 협약한 바에 따르면 금은 송이 요나라 땅 일부를 차지하도록 허용하는 대신 송은 그 대가로 금에게 매년 은 20만 냥과 비단 30만 필을 지불해야 했다. 승리가 절정에 달했을 때 금나라 통치자 아골타가 죽었다. 아골타의 동생 오걸매(태종, 1123~1135년)가 제위를 계승했는데 그는 형보다 더 야심에 찬 인물이었다. 송 조정은 북경이 있는 몇몇 변경 성읍들에 대한 영유권 문제로 금과 다툼을 벌였고 심지어 금에 대해 반란을 일으킨 세력을 비밀리에 지원하기도 했다. 이것은 곧 전쟁으로 이어졌다. 몇 달 만에 금은 송으로부터 북경과 하북을 빼앗았다(1125년). 금나라 군대가 송나라 수도 개봉에 나타나자 그곳을 방어하던 흠종과 상황(上皇) 휘종은 항복할 수밖에 없었다. 이 두 명의 황제와 황족, 후궁 등 3,000여 명이 포로가 되어 금나라 수도로 잡혀갔다(1127년, 정강의 변). 정강의 변으로 송나라는 일단 멸망했다. 이후 휘종의 아들 한 명과 대신들이 강남으로 도피해서 지금의 항주(杭州, 항저우)인 임안을 수도로 삼고 송을 재차 건국했다. 이때부터를 남송, 그 이전까지를 북송이라고 부른다. 남송은 영토와 인구에 있어 북송의 3/5 정도로 축소되었지만 비옥한 강남 지역 개발에 주력해서 생산력은 오히려 북송 시기를 능가했다. 군사적으로 열세임에도 불구하고 북송의 문화적 전통과 경제적 풍요를 이어받은 남송은 북송의 168년과 거의 비슷하게 150년을 지속하면서 송나라 체제와 전통을 그대로 유지했다.

동아시아 최대 국가가 된 여진의 금

여진의 금은 송을 회하(회수) 이남으로 몰아내고 북중국 일대와 연해주, 만주 등을 지배하는 동아시아 최대 국가로 발돋움했다. 그리하여 몽골이 남송을 정복하는 13세기 후반까지 중국 대륙에는 회하를 경계로 북쪽은 여진의 금, 남쪽은 한족의 남송이 대치하는 형국의 역사가 전개되었다. 남송은 금의 위협을 계속 받았고 중원 회복의 열망에도 불구하고 군사력이 열세였기 때문에 군사비 지출은 해마다 늘어 재정 압박이 심했다. 이미 남송은 영토뿐 아니라 사직까지 빼앗긴 처지였으나 아직 한족 왕조의 수난은 끝나지 않았다. 비록 안방은 내주었지만 한족으로서 자존심까지는 내줄 수 없었던 남송은 두 차례에 걸쳐 실지를 회복하려고 금나라와 일전을 벌였다. 그러나 전력의 열세는 어쩔 수 없어서 두 번 다 대패하고 화의 조약을 맺었다(1142년). 새로운 협약 내용으로 국경은 회하로 하며 남송은 매년 25만 냥의 은과 비단 25만 필을 금나라에 바쳐야 했다. 이는 1005년에 북송이 거란과 맺었던 '전연의 맹약'보다 더 가혹한 것이었다. 더욱이 남송은 그나마 유지했던 명분마저 잃었다. 금나라는 남송에게 경제적 이득을 취하는 것에 만족하지 않고 신하의 예를 취할 것까지 요구했다. 남송은 '오랑캐'에게 조공을 바치는 것에서 더 나아가 '오랑캐'를 상국으로 받들어야 하는 치욕까지 겪어야 했던 것이다. 이로써 정강의 변이 있은 후 17년 만에 굴욕적이기는 했으나 평화가 달성되었다 (중국 왕조가 주변 이민족에게 신하의 예를 취한 것은 상당히 이례적이었다).

개희 북벌

1195년에 영종이 황제로 즉위할 때 큰 역할을 한 한탁주는 그 보답으로 13년간 재상을 지냈다. 한탁주는 1206년 정권 강화를 위해 금나라와 전쟁을 벌였으나 남송은 개전 초기 참패를 당했다. 그 결과 남송에서는 주화파가 득세해서 한탁주를 참수했다. 금은 송이 매년 보내는 비단과 은을 증액하는 조건으로 영토의 '현상유지'를 화의로 받아들였었다. 남송의 영토는 북송보다 3/5 정도로 줄어들어 역대 어느 한족 왕조보다도 작았지만 한족의 자부심은 그보다 더 작아질 수밖에 없었다. 북송과 남송 전체에 걸쳐 한족 왕조는 이민족과의 싸움에서 제대로 승리한 적이 거의 없었다. 전쟁의 패배는 이전과 마찬가지로 엄청난 재정 부담을 가져왔다. 남송은 금나라의 침략을 막기 위해 막대한 세폐를 바쳐야 했고 이로 인한 재정 부담으로 빠르게 쇠퇴했다.

금나라의 특징

12세기 초에 이르러 거란은 점차 쇠퇴했지만 그 역사적 역할은 여진에 의해 계승되었다. 여진은 만주 동부 삼림 지역에서 일어나 요동을 통일하고 만리장성 이남의 중국으로 들어가 요를 이어 다시 통합 국가를 수립했던 것이다. 금 역시도 요와 마찬가지로 농경 지역과 유목 지역을 함께 지배하는 국가였다. 때문에 각 지역을 각기 다른 방법으로 통치했다. 이 역시 여진족 고유의 전통과 관습을 유지해

금나라의 영토. 송은 금에게 멸망당하고 남송이 되었다. 남송은 수도를 변경(카이펑)에서 임안(항저우)으로 옮겼다.

서 금의 중국 통치 기반이 되는 우수한 무력을 확보하려는 노력의 일환이었다. 금은 요를 멸하고 북중국을 점령한 후 요나라의 이중 지배체제를 모방, 적용했다. 화북 지방을 차지하고 한족에 대한 지배가 장기화되자 여진족 역시도 한화(漢化)되는 것을 막을 수 없었다. 제한된 영토 내에서 막대한 경제력을 필요로 하는 국가운영은 이동을 하며 검소한 생활을 하는 유목 민족과는 맞지 않는 일이었다. 결국 국가를 운영하기 위해서는 유목 민족 역시도 정착해야 했고 경제적 안정을 위해 농경 민족화해야 했다. 그런데 농경 민족화는 유목 민족 특유의 모습을 잃어버리는 것으로 여진족의 중국 통치에 근간이 되는 군사력 상실을 의미했다. 한편 송나라로부터 들어오는 막대한 세폐는 여진족에게 오히려 독이 되었다. 금나라는 이 세폐로 인해 흥청거리며 사치와 안일에 빠지게 되었고 그리하여 더욱 빨리 쇠퇴의 길을 걷기 시작했던 것이다. 이러한 상황 속에서 요가 금에게 멸망한 것처럼 금나라도 금 말기에 성장한 몽골 세력과 송의 연합군에 의해 멸망했다(1234년).

5) 송나라 시대 이민족4 - 몽골의 원

요와 금 양국의 쇠퇴는 동아시아 정세를 변화시켰다. 바로 칭기즈 칸이라는 '이민족의 슈퍼스타'와 함께 몽골이 새로운 패자로 등장한 것이다. 12세기 말 이러한 상황이 전개됨에 따라 금나라는 수시로 몽골초원에 군대를 보냈다. 남송의 명분론과 공명심에 사로잡힌 위정자들은 새로이 등장한 몽골과 연합해 금을 공략한다는 군사적 모험을 감행했다. 결국 금은 몽골과 남송의 연합 작전에 의해 멸망했다(1234년). 그러나 북송 말에 금이 대두하면서 금과 연합해 요를 공격하다가 오히려 북송이 멸망한 역사를 남송은 그대로 답습했다. 이후 남송은 금이라는 완충역을 상실해서 몽골의 군사적 위협에 직면하게 되었고 결국 몽골에 정복되었다(1279년). 송나라는 요와 금으로 이어지는 북방 이민족 국가들에게 계속해서 무릎을 꿇어야만 했고 그들을 달래기 위해 막대한 세폐를 바쳐야만 했기 때문에 국가 재정은 바닥을 드러냈고, 결국 몽골에게 멸망했던 것이다.

한족의 송을 강남으로 밀어내고 화북을 지배한 거란의 요나 여진의 금은 이전 유목 국가들과는 달랐다. 이전 유목 국가들은 힘이 강성해지면 중국을 공격하고 약탈하는 데 그쳤지만 요와 금은 아예 황하 이북을 지배하면서 중국 대륙을 '공동 명의'로 하고자 나섰던 것이다. 일찍이 한족들은 춘추전국시대에 양자강 이남인 강남 지방이 한족 문화권에 포함되고 나서부터 중원 북부, 만주, 몽골, 중앙유라시아 초원 지대에 사는 이민족들에게 '오랑캐'라는 낙인을 찍고 자신들과 구분지었다. 오랑캐라는 낙인이야 옳은 표현일 수 없겠지만 그 구분 자체는 어느 정도 타당한 것이었다. 강남 지역은 원래부터 중원 문화권은 아니었지만 중원의 오리지널 한족처럼 농경 생활을 영위한 데 비해 북방 지역은 유목(수렵과 반농반목 포함) 생활을 하는 민족들이 사는 곳이었기 때문이다. 생활 방식의 차이는 삶의 거의 모든 것의 차이를 만들어낸다.

실위, 몽올실위

9세기 중반 키르기스의 침공으로 위구르 제국이 붕괴해서 위구르 유목민들은 초원을 떠나 남쪽과 서쪽으로 이주했다. 그렇지만 정작 키르기스인들은 초원에 국가를 건설하지 못하고 자신들이 살던 곳으로 돌아갔다. 이로 인해 힘의 공백이 생겨나자 새로운 주민들이 대거 몽골초원으로 유입되기 시작했다. 특히 위구르 제국 동북부 변경지역에 살던 타타르 부족을 비롯한 몽골계 집단들이 다양한 시차를 두고 풍부한 초원을 찾아 이주해왔다. 이 몽골계 집단들은 당대 한문 기록에 '실위(室韋)'라는 이름으로 알려졌고 그 가운데 '몽올실위(蒙兀室韋)'라고 불린 집단도 포함되어 있었다. 이는 '몽골'이라는 이름이 역사상 최초로 알려진 사례인데 이처럼 처음에는 조그마한 집단에 불과했던 몽골에서 칭기즈 칸이 출현했고 이후 그곳 유목민들은 스스로를 몽골이라고 불렀다. 몽골초원은 예로부터 중앙유라시아에서 유목 국가의 대표적인 근거지였다. 그러나 840년경 위구르 제국이 무너진 후 360여 년 동안 몽골초원에는 통일 정권이 수립되지 못했고 권력의 공백이 이어졌다. 그 이유는 고비사막 남쪽을 지배하고 있던 거란의 요와 여진의 금이 몽골초원에 강력한 정권이 출현하지 못하게 막았기 때문이었다. 이것을 모두 이겨내고 1206년 칭기즈 칸은 대몽골국인 '예케 몽골 울루스'(울루스는 몽골어로 '나라'라는 뜻이다)의 칸이 되었다.

칭기즈 칸의 후계자들

칭기즈 칸의 금나라 원정은 1211년에 시작되어 짧은 휴지기가 있었을 뿐 그가 죽을 때까지 계속되었으며 후계자인 오고타이 시대에 이르러서야 결말이 났다 (1234년). 칭기즈 칸의 사망 후 제국은 형식적으로 네 명의 아들들에게 나누어졌다. 큰아들 주치(당시 주치는 이미 사망한 후라 그 자리는 주치의 아들 바투가 대신했다)는 킵차크 초원과 러시아 공국을 받았다. 둘째 차가타이는 투르키스탄 서부 지역 대부분을, 셋째 오고타이는 준가리아와 알타이 남부 지방을, 그리고 막내 툴루이는 몽골 관습에 따라 아버지의 영토를 물려받았다. 그러나 최고 정치 권한은 여전히 한 사람의 칸에게 집중되어 있었다. 대칸은 제국의 이익을 위해서 외국과 관계를 유지할 수 있는 독점적 권한을 가졌다. 지방 칸이나 장수들은 대칸에게 알리지 않거나 대칸의 승인 없이는 그러한 관계를 시도하거나 유지할 수 없었다.

칭기즈 칸은 셋째 아들인 오고타이(또는 우거데이)를 후계자로 지목했다. 막내 툴루이(또는 톨로이)를 권좌에 세우려는 세력이 있었으나 1229년 오고타이(재위 1229~1246년)는 정식으로 대몽골 제국 칸으로 선출되었다. 툴루이는 패배를 받아들였다. 후계자들은 대몽골 제국을 엄청난 규모로 확장시켰다. 13세기 말엽에는 중국 전체와 중앙아시아, 이란, 이라크, 러시아의 광대한 지역이 몽골 지배하에 있었다. 한편 총독 분할 통치제도에 의해 4개 칸국으로 분리된 지역들은 각각 계속적인 정복과 함께 통치권을 확고히 해나갔다. 칭기즈 칸의 뒤를 이은 오고타이 칸역시 '그 아버지에 그 아들'이었다. 다시 대외 정복에 나선 오고타이는 먼저 고려를 복속시키고 간신히 숨을 이어가던 금나라를 완전히 멸망시켜 아버지의 숙원을 이루었다(1234년). 이때 몽골의 요청으로 남송 군대가 협력했는데 남송으로서는 지긋지긋한 금을 멸망시켰으니 일단은 좋았다.

　대부분의 북방 유목민들은 중국 본토를 차지하기 위해 최선을 다했다. 그러나 몽골은 금을 정복한 후 남송을 그대로 놔둔 채 막대한 세폐만을 받고 서쪽으로 그 방향을 바꿨다. 몽골인들이 차지한 곳은 내륙 교통로가 지나는 길, 즉 비단길이 있는 지역이었다. 이를 통해 몽골인들이 국가 운영자금을 농경 민족을 지배하는 방법보다는 동서 무역로를 장악해서 충족하려 했다는 것을 알 수 있다. 오고타이가 사망하자 그의 큰아들 구유크(또는 귀위크)가 제3대 황제에 올랐으나 3년 만에 사망했다. 그리고 칭기즈 칸의 손자이자 구유크의 사촌인 몽케(또는 뭉케)가 칸에 올랐다. 처음에 몽골은 중국을 직접 지배하려고 하지 않았다. 중국을 서방 지역 원정에 필요한 물자를 마련하기 위한 창고로 이용했을 뿐이었다. 그러나 몽케 칸 시대에 들어서서 상황이 바뀌었다. 각 지역 칸국들이 중앙의 지배를 받지 않으려는 독립적인 움직임이 나타났으며 몽케의 종주권도 인정하지 않으려는 경향이 생긴 것이다. 칸국에게서 조공을 안정적으로 받을 수 없게 되자 몽케도 독자적인 지배 영역이 필요했다. 이에 몽케는 영토도 넓고 인구도 많으며 물자도 풍부한 중국으로 자연스럽게 눈길을 돌렸다.

원 세조 쿠빌라이

　1259년에 몽케가 죽자 후계 다툼이 일어났다. 가족 간 경쟁을 종결짓고 형 몽케에 이어 쿠빌라이(재위 1260~1294년)가 제5대 황제가 되었다. 쿠빌라이는 칸 자리에 오른 후 수도를 몽골 내륙 카라코룸에서 대도(大都, 지금의 북경)로 옮기고 국호를 원(元)이라고 했다(1271년). 그리고 곧이어 남송을 정복하고 중국 전역을 직접 지배했다(1279년). 쿠빌라이가 수도를 옮긴 이유는 크게 세 가지였다. 첫째, 그는 유목과 농경의 장단점을 파악한 후 몽골 제국 수도로 생산성이 뛰어난 농경지대가 더

낮다고 판단했다. 둘째, 그는 정착 지역 내부에서 확고한 지배력을 갖지 못하면 유목 제국이 아무리 강성해도 오래 지속할 수 없다고 생각했다. **마지막으로 쿠빌라이는 몽골이라는 이름으로 세계를 하나로 묶으려고 했는데 그 중심지가 바로 자신이 건설한 대도였다.** 현재 중국의 수도 북경이 중국 대륙 동북쪽 귀퉁이에 자리를 잡고 있는 것은 북쪽의 몽골초원을 시야에 포함시키지 않았기 때문이다. 몽골 초원부터 중국까지 포함해서 보면 북경은 그 중심에 자리 잡고 있다. 이렇게 해서 중국사에서 말하는 원(元, 1271~1368년)이 성립되었다. 그리고 그때부터 약 1세기 동안 중국사는 중앙유라시아사의 일부로 전개되었다. 원 세조가 된 쿠빌라이는 몽골 제국을 중국식 제국으로 바꾸고 한화 정책을 추진했다. 유목 제국으로서는 처음으로 중국식인 중앙집권적 관료제를 기본 통치 구조로 삼은 것이다. 그러나 쿠빌라이는 중앙 정치조직은 중국식을 따르면서도 지방 행정조직은 몽골식을 그대로 취했다.

쿠빌라이의 한화 정책은 35년의 긴 재위 기간 꾸준히 실천되었다. 하지만 대부분 중국식을 모방하는 데 그쳤을 뿐 독창적인 요소는 별로 없었다. 겉으로 보기에는 중국식 관료 제도를 충실히 따랐지만 중요 부서의 최고 책임자는 몽골인이거나 친몽골적인 한족들만 중용했기 때문에 내실 있는 관료 제도가 될 수 없었다. 1315년에 부활한 과거제도 합리적으로 운영된 것이 아니라 철저하게 신분 차별을 바탕으로 하고 있었다(원나라 시절 과거는 친한족 세력이 득세했을 때만 실시되었다. 그에 비해 청나라는 북경에 입성한 바로 다음 해부터 1905년 폐지될 때까지 과거제를 꾸준히 실시했다). 출제된 시험 문제는 몽골인과 색목인에게 유리했고 한족들은 과거에 합격해도 승진할 수 있는 한계가 정해져 있었다. 원나라는 전 국민을 네 계층으로 나누었다. 첫째가 몽골인, 둘째는 색목인, 셋째는 한인 그리고 마지막으로 넷째는 남인이었다. 색목인이란 몽골인을 제외한 초원지대 유목민과 서아시아의 이슬람인 그리고 서방계 사람들을 말한다.* 한인은 화북에 거주하는 중국인이었는데 여진인이나 거란인, 고려인 등도 화북 사람들과 마찬가지로 한인에 속했다. 마지막 계층인 남인은 남송에 있던 중국인들이었다. 이들을 굳이 한인과 구별했던 것은 몽골에 마지막까지 저항했기 때문이었다. 당시 인구 분포를 보면 대략 몽골인 1.5%(100만 명), 색목인 1.5%(100만 명), 한인 14%(1000만 명) 그리고 남인 83%(6000만 명) 정도였다.

* 색목인은 제색목인(諸色目人)의 약자로 특정 인종이 아닌 몽골 제국의 모든 사람들을 지칭했다는 견해가 최근 들어 나오고 있다.

쿠빌라이와 4개 칸국

칭기즈 칸의 손자 쿠빌라이는 탁월하고 특이한 인물이었다. 칭기즈 칸을 이은 오고타이, 구유크, 몽케는 칭기즈 칸과 다름없는 유목 군주였으나 쿠빌라이는 아니었다. 쿠빌라이는 제국의 창업자 칭기즈 칸과는 또 다른 창업자였다. 그는 할아버지의 정복지 관리 시스템을 전면 수정했다. 쿠빌라이는 금과 남송을 몰아낸 중원 대륙에 원을 세웠다. 원나라는 몽골 제국 자체가 아니라 몽골 제국의 중앙 정부였다. 쿠빌라이는 몽골 제국을 한화시킨 첫 번째 인물이라는 점에서 할아버지 칭기즈 칸의 실망을 사기에 충분한 손자였다. 반대로 할아버지의 제국을 더 크게 완성시켰다는 점에서 얼마든지 칭찬받을 만했다. 칭기즈 칸이 뿌리이자 씨앗이었다면 오고타이와 몽케는 줄기였고 쿠빌라이는 열매였다. 쿠빌라이가 남송을 멸망시키고 몽골 제국의 국가 기반을 농경지대인 중국으로 옮겼지만 이 상황은 역으로 칭기즈 칸에 의해 창설된 몽골 유목제국의 분열을 가져왔다. 오고타이 칸국의 카이두 칸이 차가타이 칸과 결탁해 쿠빌라이 칸의 몽골제국 종주권에 도전했던 것이다. 이 항쟁은 약 40년간 이어졌다. 그 결과 하나의 통일제국이 4개의 지역 정권, 즉 '칸국'으로 분열했고 원 제국 내에서 중국 비중이 한층 강화되었다. 쿠빌라이는 칸으로 즉위한 다음 중국 지역 통치에만 전념하다 1271년 국호마저도 원으로 바꾸었다. 이후 원나라와 4칸국 사이 교류도 점차 소원해져갔다.

몽골 황실의 한계

인류 역사상 가장 넓은 영토를 차지했지만 몽골족에게는 많은 한계가 있었다. 피지배 계급인 한족들은 몽골족보다 문화적·경제적으로 우수했고 인구도 훨씬 많았다. 그럼에도 불구하고 한족들을 지배할 수 있었던 것은 강력한 군사력과 단결력 덕분이었다. 그런데 이러한 몽골족의 단결력이 얼마가지 않아 금가기 시작했다. 그 발단은 제위 계승 문제로 발생한 다툼이었다. 대규모 정복 활동을 벌이며 드넓은 전선을 일사불란하게 감독하기는 거의 불가능한 일이었다. 따라서 몽골은 칭기즈 칸 때부터 전선에 파견된 군 지휘관들의 독자적인 작전권을 인정했다. 이 지휘관들은 언제 어느 방면으로 진격하라는 등 기본 전략은 중앙의 지시를 받지만 전투 지역에서는 자기 마음대로 작전을 수립하고 실행할 수 있었다. 이는 몽골 특유의 기동력을 더욱 활성화하는 장점이 있었지만 정복이 끝나고 정치와 행정이 이루어질 때는 오히려 통합을 저해하는 요인으로 변했다. 칭기즈 칸이 죽은 뒤 원나라가 몰락할 때까지 내내 이어졌던 치열한 권력 다툼과 분열은 여기에서 기인한 바가 컸다. 더구나 일찍부터 제위 세습제가 발달한 한족 국가들과는 달리 몽골 관습에는 칸위 계승을 위한 고정된 제도가 없어서 74년 동안 10명이나 되는 황제가 교체되는 등 다툼이 더욱 심했다.

게다가 경제에 어두웠던 몽골 황실은 국가 재정을 제대로 운영하지 못하고 사치를 일삼았다. 원 황실 종교는 티베트 불교였다.* 티베트 불교는 기복적 성격이 강하고 제사와 재물을 중시한다. 또 정치와 종교가 일치되어 있기 때문에 종교 행사는 국가적 단위로 시행된다. 이렇다 보니 원 황실은 종교를 위해 많은 재정을 소모했다. 사치와 종교로 인한 재정난을 해결하기 위해 원 말기에는 지폐를 남발했으며 전매 상품인 소금 값을 올리는 등 여러 조치를 취했다. 그러나 물가는 계속 불안정했고 농민들 생활만 궁핍해졌을 뿐 근본적인 해결에는 도움이 되지 못했다. 이러한 경제 및 재정 정책 실패의 부담은 고스란히 농민에게 돌아갔고 농민들 불만은 높아만 갔다.

* 티베트 불교는 과거 '라마교'라고 통칭되었고 현재에도 간간히 그렇게 불리나 라마교는 비하적인 표현이다. 라마교라는 단어는 인도 불교와 티베트 불교 사이 연관성을 부정하는 것으로 잘못 비쳐질 수 있기 때문에 서양 및 한국 학계에서도 라마교라는 용어 대신 티베트 불교로 고치고 있다.

한족의 반발

이것이 원나라 상부가 약화되는 주요 원인이었다면 원 제국을 몰락시키는 주요 동력이 된 것은 하부의 동요였다. 바로 한족들이 들고 일어난 것이다. 비록 쿠빌라이의 한화 정책으로 완화되었다고는 하지만 몽골의 한족 지배는 몽골 지상주의에서 크게 벗어나지 못했다. 중국의 농업생산성은 세계 최고였고 따라서 인구도 세계 최고였다. 그에 비해 북방 민족은 훨씬 수가 적어서 곧잘 한족에 동화되었다. 몽골은 수십 배 많은 한족과 동화되는 것을 막기 위해 한족을 철저히 차별했고 이러한 차별정책은 수적으로 절대 다수였던 한족의 반발을 초래할 수밖에 없었다. 원나라에서 벼슬을 한 마르코 폴로는 쿠빌라이에게 "칸의 제국에는 어디서고 모반을 일으키려는 불충불의한 무리가 결코 적지 않다."라고 말한 적이 있다. 그 이유에 대해서는 "모든 중국인들은 칸의 조정을 미워하고 있다. 그가 파견한 지방정부의 수장들은 대부분 타타르 사람이거나 색목인으로서 한족을 노예처럼 대하기 때문에 이를 참을 수 없는 것이다."라고 했다. 오랫동안 지속된 민족 차별에 불만이 커진 한족들은 원나라 통치가 느슨해진 틈을 타서 각지에서 들고일어나기 시작했다. 봉기는 '반은 애국자이고 반은 도적'인 수많은 우두머리들이 이끌었다. 그중에서도 중국 남방을 중심으로 일어난 백련교 세력의 홍건군은 금세 반원(反元) 항쟁의 핵심으로 성장했다. 백련교는 현세를 부정하고 새로운 세상의 개창을 주장하며 한족 민족의식을 자극해서 농민들의 항몽의식을 고취시켰다.* 백련교 우두머리였던 주원장은 한족 생활의 중심지였던 강남에서 명나라를 건국했다. 명에 의해 대도가 함락되면서 몽골족은 약 백년 간의 중국 지배를 끝내고 고향인 몽골초원으로 달아났다(주원장은 몽골족이 지배하는 원을 타도하고 새 왕조를 건설했기 때문에 중국 역사학계에서는 그를 '민족해방투쟁'의 영웅으로 평가하는 견해가 강하다). 원나라의 몰락과 더불어 몽골이 러시아에 세운 킵차크 칸국, 중앙아시아에 세운 차가타이 칸국, 이란에 세운 일 칸국도 점점 쇠망해 갔다.

---

* 백련교는 송과 원 그리고 명나라 시대에 걸쳐 성행한 종교였다. 중국 민란은 이렇게 종교와 연관된 경우가 많았다. 현재 중국 공산당 정부가 파룬궁을 탄압하는 것은 이러한 역사적 배경이 있기 때문이다. 파룬궁 신도들이 '홍군건'이 되지 말란 법은 없으니까.

6) 몽골이 만든 '팍스 몽골리카' 시대

칭기즈 칸 사후에도 몽골의 세계 정복은 부단히 추진되었는데 그 방식이 특이했다. 정복전이 한 국가를 멸망시키고 그에 인접한 다음 국가로 넘어가는 방식이 아니라 여러 지역에 대한 동시다발적인 공략이었던 것이다. 금나라와 전쟁을 하면서 원정군을 유럽으로 보냈으며 동시에 서아시아와 고려를 공격했다. 1276년에 몽골군은 남송 수도 항주에 입성함으로써 몽골의 세계정복전은 끝이 났고 몽골은 역사상 가장 넓은 육상제국이 되었다. 몽골 제국은 서쪽으로 중앙아시아와 서아시아, 동쪽으로는 북중국, 만주, 몽골에 이르는 방대한 영토를 차지했다. 그 면적은 약 2,400만㎢에 달했으니 오늘날 중국이나 미국의 거의 3배 규모였다.

몽골 군대와 국가의 특징

100만 명도 안 되던 몽골인들이 어떻게 이러한 성취를 이룰 수 있었을까? 무엇보다도 기동성이 뛰어난 기마군대의 탁월함을 꼽을 수 있다. 또한 그들은 과거의 유목 군대와는 달리 엄격한 규율과 절대적인 충성으로 무장된 일사불란한 정예군단을 보유하고 있었다. 몽골 전술은 참모 회의에서 생겨난 엄청나게 천재적인 개념들로 보이지만 실상은 흉노와 돌궐이 사용하던 옛날 방법의 개선된 형태였다. 그것은 농경 지역 변방에 대한 지속적인 습격과 초원의 대규모 몰이사냥에서 발전한, 유목민들에게 있어 영원불변의 전술이었다. 칭기즈 칸은 "낮에는 늙은 늑대의 경계심으로, 밤에는 갈가마귀의 눈으로 지켜보아라. 전투에서는 적을 매처럼 덮쳐라."라고 말했다. 유목민들은 이 고도의 기동력 있는 기병을 이용해서 작전이 개시되기 전부터 이미 적을 당황케 하는 기습과 편재의 효과를 거둘 수 있었다. 만약 적이 한 걸음도 물러서지 않으면 몽골군은 그들의 거점을 공격하지 않았다. 몽골군은 초원의 모든 약탈자들처럼 흩어져 사라졌다가 중국군 창수나 기병이 경계심을 늦추면 다시 돌아올 준비가 되어 있었다. 몽골 기병들의 거짓 후퇴를 추격하는 적군에게는 재앙이 따를 뿐이었다. 그 이유는 그들이 적을 길에서 벗어나 기지에서 멀리 떨어진 험한 지형의 함정으로 유인했기 때문이다. 전위와 양익에 배치된 몽골 경기병들은 화살을 날려 적을 쉴 새 없이 공격했고 이것은 적의 대오에 엄청난 혼란을 가져왔다.

몽골인들은 어린 시절부터 말을 타고 활을 쏘는 기마궁수였는데 절대로 빗나가는 법이 없었다. 그들의 화살은 200m나 400m, 심지어 그 이상 멀리 떨어져 있는 사람도 쏘아맞힐 수 있었다. 폴란드 침공 때 나팔수가 몽골군이 오는 것을 보고 경고나팔을 불다가 화살이 날아와 목에 꽂혀 마지막까지 불 수 없었다(현대 몽골인들은 시력이 5.0으로 500m 거리의 A4 용지에 있는 숫자를 읽어낸다). 몽골군은 따라잡기 어려운 기동력에다가 당시로서는 유일한 전술상 우위까지 차지했다. 자신들 강점에 대해 자신감을 갖고 있던 몽골 전위부대는 대형별로 자주 교체되면서 일제히 사격을 퍼붓고는 빠져나갔다. 적이 어느 정도 앞으로 유인되고 원거리 사격으로 기동력을 잃게 되면 중무장한 기병대를 중심으로 군도를 빼들고 돌진해서 적을 동강내었다. 이 모든 작전에서 몽골인들은 그들의 체격, 추한 모습, 악취 등으로 인해 상대방이 갖게 되는 공포심을 백분 활용했다.* 그런 모습으로 그들은 갑자기 악마와 같은 비명과 고함을 내지르며 돌진했다.

* 마실 물도 부족했기 때문에 몽골인들은 보통 목욕을 태어나서 딱 한 번 하고 일생동안 하지 않았다.

몽골인들과 그들의 말은 마치 그들이 영양과 늑대를 사냥하듯 중국인·페르시아인·러시아인·헝가리인 등을 사냥했던 것이다. 긴급할 때 몽골인들은 밥도 먹지 않은 채 쉬지 않고 열흘간이나 달렸고 말 위에서 잠을 잤다. 그때는 말 등에 칼집을 내서 피가 솟구치게 한 후 배부를 때까지 마시고 다시 지혈을 하는 식으로 아무 것도 먹고 마시지 않고 오로지 말의 피만으로 허기를 달랬다(몽골인들은 보통 한 사람 당 다섯 마리의 말을 끌고 다녔다). 따라서 식수와 식량 보급에서도 농경 부대와는 비교할 수 없는 우위를 갖고 있었던 것이다. 전쟁은 보급전이며 이러한 경향은 옛날로 갈수록 심했다. 보통 원정에서 가장 큰 문제는 식수와 식량 보급이었고 이 때문에 전쟁을 망치는 경우가 많았다. 수나라는 고구려 원정에 113만 명의 원정군을 편성했는데 보급 부대는 그 두 배였다. 그만큼 전쟁, 특히 원정에서 보급은 어렵고 중요한 일이었다. 몽골군은 급하게 이동할 때에는 하루에 160㎞ 이상을 달렸는데 이것은 당시로는 상상도 못할 일이었다(2차 세계대전 때에도 보통 군대는 하루에 30~50㎞ 정도 이동했다).

원나라 제도는 외형상 중국적인 통치체제인 듯 했지만 실제로는 중국 왕조의 관료제와 달랐다. 원나라에서 중앙과 지방 행정의 중추를 담당했던 것은 유목 귀족층이었는데 이들은 칭기즈 칸 정복사업을 뒷받침한 군사력의 원천이기도 했다. 군사제도는 천호·백호제였고 이는 몽골 부락제를 10진법적인 군사 및 행정의 조직으로 편제한 것이었다. 천호와 백호의 장에는 충성을 서약한 장령이 임명되었고 이들의 지위는 세습되어 칭기즈 칸 일족과 함께 유목 귀족층을 형성했다. 이들 외에 정권에 참여할 수 있었던 것은 색목인과 한인세후(漢人世候)였다. 한인세후는 금나라 말기 혼란을 틈타 성장한 한족 출신의 군벌이었다. 색목인과 한인세후는 정복 과정에서 몽골 정권과 특수한 관계를 맺은 연유로 발탁되었고 일반 중국인들은 정권에서 배제되었다. 과거제는 1315년 이후 가끔 시행되었지만 합격자 수를 민족별로 똑같이 분배함으로써 수가 적은 몽골족과 색목인에게 압도적으로 유리했다.

'팍스 몽골리카'와 대여행 시대
'팍스 몽골리카(Pax Mongolica)'는 몽골의 정복에 의해 유라시아 대륙 대부분 지역이 단일한 제국 영역 안에 편입되고 이에 따라 정치·경제·문화적인 교류가 광범위하고 긴밀하게 일어난 역사적 현상을 지칭한다. 몽골 제국이 출현한 13세기 초부터 개별 울루스들이 붕괴하는 14세기 중반에 이르기까지 유라시아를 무대로 한 거대한 교류는 그 어느 때보다도 광범위했다. 팍스 몽골리카 시대에 인간과 물자의 광역적인 교류를 가능케 했던 것은 역참 제도였다. 오늘날 역(驛)을 뜻하는 중국어 '잔 '의 기원이 된 몽골어 '잠(또는 얌, jam)'은 초원을 지나다가 쉬어갈 수 있는 숙사를 뜻한다. 이 '잠'이 제국의 교통 네트워크로 체계적인 모습을 갖추게 된 것이다(당시 몽골인들이 운영했던 이 역참 제도에 대해 마르코 폴로는 경탄하며 자세하게 묘사했다). 이러한 몽골 제국의 역참 네트워크는 유라시아를 관통하는 내륙 교통 활성화에 크게 기여했다. 그리고 중앙아시아에서 전쟁이 격화된 1280년대 말부터 10여 년을 제외하고는 대체로 원활하게 운영되었다. 또한 울루스 간 외교가 활발하게 이루어져 사신 왕래는 물론이고 군인, 종교인, 학자, 기술자들의 교류도 가능해졌다. 유라시아 대륙을 아우르는 몽골 제국의 대통합과 그로 인해 형성된 팍스 몽골리카는 일찍이 경험하지 못했던 '대여행 시대'를 열었다. 물론 이전에도 사신, 승려, 군인 등 대륙을 가로지르며 여행한 사람이 없었던 것은 아니었다. 그러나 이동의 거리나 빈도에서 팍스 몽골리카 시대와는 비교가 되지 않았다. **대여행을 통한 지리적 지식의 확충은 세계관 변화를 가져왔고, 그것은 다시 15~16세기 '대항해 시대'를 열었다. 그런 의미에서 13~14세기 '대여행 시대'는 인류 역사에서 '대항해 시대' 못지않게 중요한 의미가 있는 것이다.**

먼저 유럽 선교사들이 몽골초원과 중국을 방문하기 시작했다. 교황은 1245년에 프랑스 리옹에서 열린 공의회에서 4개 사절단을 몽골초원과 서아시아로 파견하기로 결정했고 뒤이어 윌리엄 루브룩은 프랑스 국왕 친서를 휴대하고 방문했다. 그 후 몬테코르비노는 1294년부터 1328년 사망할 때까지 중국에 머무르며 본격적인 선교활동을 했고 마리뇰리가 이끄는 30명 이상의 선교사절단은 1342년부터 대도에서 3년 간 체류하다 돌아갔다. 동방을 찾은 유럽인은 종교인과 외교사절만이 아니었다. 수많은 상인들이 몽골 제국 각지에서 활동했고 서방에서 동방으로, 동방에서 서방으로 여행한 사람들도 있었다. 내몽골 부족민으로 기독교도였던 마르코스와 랍반 사우마는 예루살렘으로 성지순례를 다녀왔다. 특히 랍반 사우마는 유럽과 정치·군사적 연맹을 추진하던 칸의 지시로 1287년부터 이듬해까지 유럽 각지를 순방했다. 오도릭은 1316년 동방 여행을 시작해서 인도, 중국, 티베트, 중앙아시아, 이란을 거쳐 1330년 고국으로 돌아갔고 이븐 바투타는 30년 동안 아시아, 아프리카, 유럽 3대륙에 걸쳐 12만㎞의 대장정을 마치고 『여행기(Rihla)』라는 대기록을 남겼다. 아불 가지는 "칭기즈 칸 치세 아래 이란과 투란 사이에 있는 모든 나라들은 누구도 누구한테 어떠한 폭행도 당하지 않은 채 황금 쟁반을 자기 머리에 이고 해가 뜨는 땅에서 해가 지는 땅까지 여행할 수 있을 만큼 평화를 누렸다."라고 기록했다.

세계사의 탄생

13~14세기 팍스 몽골리카의 '대여행 시대'를 배경으로 이루어진 공전의 문화 대교류는 이제까지 자기가 사는 지역과 문명의 범위를 벗어나지 못하던 인류에게 '세계'에 대한 새로운 인식을 가져다주었다. 그리고 그것은 세계지도의 출현, 세계지리와 세계사에 관한 서적의 저술로 표현되었다. 이란 출신 라시드 앗 딘은 칸의 명령에 따라 역사지리서를 편찬했다. 1부와 2부는 역사였는데 1부는 당연히 몽골사였고 2부는 아랍, 인도, 중국, 프랑크, 투르크 등의 역사였다. 3부는 각 지역의 지리적 특징과 도시 및 산천의 기록이었다. 이 책은 이제까지 볼 수 없었던 스케일의 장대한 세계민족사라는 점에서 큰 의미가 있다. 몽골 제국의 출현과 더불어

사상 최초로 유라시아 대륙 동서가 서로 긴밀히 얽히는 '세계사'가 탄생했던 것이다. 13세기에서 16세기에 이르는 시기는 중앙유라시아사를 움직이는 두 가지 요소, 즉 유목민의 군사·정치력과 오아시스 정주민의 경제력이 가장 효과적으로 결합되어 중앙유라시아 세계의 에너지가 최대로 발휘된 시대였다. 특히 전반기는 중앙유라시아 세계가 몽골 제국이라는 하나의 정권 아래에서 통합되고 그 힘이 다시 주변으로 확대되어 인류 역사상 최대 제국이 건설된 시기이기도 했다. 유라시아 대륙은 그때까지 서로 밀접한 관계를 유지하면서도 각 지역 역사는 개별적으로 전개되었다. 그러나 이들이 몽골에 의해 통합되면서 북아프리카를 포함하는 유라시아 역사가 한 방향으로 움직이게 된 것이다.*

* 아프리카는 유라시아 대륙과 떨어져 있지만 일반적으로 사하라 사막 이북의 북아프리카는 유라시아 문화권으로 간주된다. 실제로 이집트를 비롯한 북아프리카 나라들은 중동처럼 이슬람 국가들이 많다.

9

명과 북원 그리고 동서 몽골

    중국 대륙에는 오랜만에 한족이 세운 왕조인 명나라(1368~1644년)가 들어섰다. 그렇다고 몽골의 원나라가 아예 사라진 것은 아니었다. 그들은 자신들의 고향인 초원으로 돌아가 북원(北元)이 되었다. 흔히 몽골 제국 멸망과 함께 이민족들은 만주족의 청나라가 중원을 차지할 때까지 더 이상 역사적으로 의미 있는 역할을 하지 못했을 거라고 생각한다. 그러나 15세기 이후 사태 전개 과정은 이러한 통념이 사실과 다르다는 것을 분명히 보여준다. 초원으로 후퇴한 몽골족들은 한동안 명나라 공세와 내부 분열로 인해 소강상태에 접어들었다. 그러다가 15세기 들어서 서몽골(오이라트) 주도로 중국과 중앙아시아를 강하게 압박하기 시작했고 뒤이어 동몽골에 의해 통합을 이루었다. 명나라는 송나라만큼은 아니었지만 유목 세력인 북원과 오이라트에 많이 시달렸다. 이전 시대 몽골의 악몽은 명나라 시대에도 계속되었던 것이다.

1) 복고적이고 폐쇄적이었던 명

명나라 건국 과정에는 한족 민족주의가 이용되었다. 때문에 명나라 정치·사회·문화의 운영 원리는 과거 한족이 지배하던 시절로 되돌아가야 한다는 복고주의였다. 그래서 명나라는 원나라 시절 운영 체제에 대한 전면적인 개혁에 착수했는데 이 개혁 과정에서 성리학이 다시 국가 이념으로 자리를 잡게 되었다. 탁발승에 반란군 무장 출신이라는 건국자 신분 외에 남쪽에서 흥기했다는 점에서도 명나라는 여느 왕조와는 달랐다. 역대 중국의 통일 왕조들은 중원을 중심으로 세력을 키워 남쪽으로 확장하는 것이 일종의 공식이었다. 그러나 주원장(朱元璋, 1328~1398년)은 강남에서 시작해서 나중에 중원을 정복했다는 점에서 그 반대였다(남경을 수도로 한 통일 왕조는 명나라가 유일하다). 이는 당시 중원이 아직 몽골 손아귀에 있어 강남에 근거지를 틀 수 밖에 없었기 때문이었다. 물론 명나라 건국자인 주원장이 강남 출신인 것도 한몫했다.

황제 독재체제

나중에 반란군 무장이 되었지만 주원장은 젊은 시절 걸식승이었을 정도로 출신이 형편없었다(그는 중국 역사상 최고의 인생 역전 주인공으로 꼽힌다). 1344년 고향에 가뭄과 기근이 들자 불과 몇 주일 사이에 주원장의 부모와 맏형이 죽었다. 관을 마련할 돈도 없었던 주원장과 그의 또 다른 형은 손으로 직접 시신을 묻고 서둘러 고향을 떠났다. 그의 나이 열여섯 살이었다. 그 후 주원장은 탁발승이 되어 떠돌며 걸식했고 3년여에 걸친 탁발행각 와중에 백련교에 가입했다. 그렇게 '빽' 하나 없는 출신이 마음에 걸리기도 했고 또 송나라 시절 취약한 황제권이 어떤 결과를 가져왔는지를 명 태조 주원장은 잘 알고 있었다. 그는 무엇보다 황제 중심의 강력한 독재체제가 신생 제국의 안정을 위해 가장 시급하다고 판단했다. 그래서 황제권에 대한 견제 역할을 하던 승상직을 없애고 주요 기관들을 모두 황제 직속으로 만들었다. 그렇게 행정, 사법, 군정을 모두 황제 개인이 장악했다. 예부터 중국 황제는 천자의 절대적 지위를 누렸지만 항상 그에 걸맞은 현실 권력을 가졌던 것은 아니었다. 명나라 시대에 이르러서야 비로소 명실상부한 황제 절대 권력이 확립된 것이었다.

나아가 주원장은 중앙 관제만이 아니라 지방 행정까지도 황제 독재를 관철했다. 그래서 만든 것이 이장이 마을 행정을 담당하고 통제하는 이갑제(里甲制)였다. 한 지역의 일반 농가 100호와 부유한 농가 10호를 묶어 1리(里)로 한다. 일반 농가 100호는 10갑으로 나누고 10갑의 대표(갑수)를 한 명씩 둔다. 부유한 농가의 10명이 매년 번갈아 가며 이장을 맡는다. 한 명의 이장은 각 갑의 대표인 10명의 갑수들을 통해 100호 마을의 행정을 담당한다(일반 농가를 갑수호, 부유 농가를 이장호라고 부른다). 이처럼 마을 단위로 치안을 유지하는 제도는 예전에도 있었지만 이갑제의 이장은 권농, 교화, 재판은 물론 조세 징수까지 담당했기 때문에 중앙 정부와의 관계가 밀접했다. 겉으로는 일종의 지방 자치제처럼 보이는 이갑제는 실제로는 국가(황제)가 농촌 지주들과 결탁해서 일반 농민들에게까지 지배력을 관철시키는 제도였던 것이다. 명나라는 이갑제를 통해 향촌을 안정시키고 지배력을 구석구석까지 미칠 수 있었다.

'근본 없는 신생국' 명을 제국 반열에 올린 주원장

미천한 신분 출신이었지만 주원장은 여러 방면에서 뛰어난 정치 감각과 행정 솜씨를 보인 인물이었다. 더구나 여러 제도를 창조적으로 완비한 그의 능력은 '근본 없는 신생국' 명나라를 일찌감치 제국 반열에 올려놓는 데 결정적인 기여를 했다. 중기 이후 무능한 황제들이 속출했는데도 명나라가 그런대로 존속할 수 있었던 것은 개국 초에 그가 다져놓은 각종 제도 덕이 컸다. 걸출한 군주인 명 태조 주원장은 사후에 대한 배려도 아끼지 않았다. 나라를 처음 세운 창업주가 죽으면 후계를 둘러싸고 치열한 다툼이 벌어지게 마련이다. 이를 예방하기 위해 주원장은 26명에 이르는 아들들을 모두 중앙에서 멀리 내쫓아 변방 요지를 지키는 번왕(藩王)으로 만들었다. 이는 황위 계승 분쟁의 씨앗을 억제하는 한편 국경을 수비하고 변방 반란을 제어하는 일석삼조의 효과를 기대한 것이었다. 그러나 주원장의 주도면밀한 배려에도 불구하고 그 돌은 두 마리 새밖에 잡지 못했다.

중국판 '왕자의 난'

번왕들은 국경 수비를 담당했기 때문에 언제든 부릴 수 있는 군사력이 있었는데 그것은 시한폭탄이나 다름없었다. 주원장은 태자가 일찍 죽자 태세자인 혜제(건문제)를 후계자로 삼았다. 후계 문제를 나름 잘 대비해놓은 주원장이 죽고 혜제가 즉위했다. 열여섯 살에 불과한 황태손 혜제가 황제가 되었고 그에게는 능력 있고 욕심 많은 삼촌들이 스무 명도 넘게 있었으니 왠지 불안했다. 그 중에서도 가장 야심만만한 삼촌은 연경의 번왕(연왕)이었다. 북평(지금의 북경)에 근거를 둔 연왕은 빼어난 무공과 지도력을 지녀서 혜제에게는 벅찬 상대였다. 연왕은 곧 군대를 몰고 남경으로 쳐들어가 중국판 '왕자의 난'을 일으켰다(정난의 변). 정난의 변은 단순히 제위를 둘러싼 쿠데타를 넘어 당시의 시대 상황과 분위기를 읽을 수 있는 역사적 사건이었다. 당시 연왕 집단은 농경 민족인 한족뿐 아니라 몽골인, 여진인, 서역인 출신 '역전의 용사들'로 구성된 강력한 군사 집단이었다. 이에 비해 남경 혜제 정권은 한족 중심의 유가적 이상 세계를 꿈꾸던 지식인들이 정국을 주도했기 때문에 북경 연왕 세력에게 유대감을 갖기 어려웠다. 정치적 색채가 판이한

두 세력의 충돌은 어쩌면 필연적이었다.

또한 정난의 변은 군사의 중심지인 북방이 경제와 문화의 중심지인 남방을 제압한 사건이었다. 혜제 주변은 주원장이 무장들을 제거한 이래 문치주의를 지향하는 분위기가 짙게 드리웠다. 반면 연왕 집단은 상무적 기풍이 강했는데 이는 사회 저변에 깔린 원 말 이래 역동적 분위기 때문에 가능했다(아마 문치주의 전통이 뿌리내린 뒤였다면 상황이 많이 달랐을 것이다). 결국 싸움에서 이긴 연왕이 황제로 즉위하니 그가 바로 성조 영락제(재위 1402~1424년)였다. 영락제가 즉위하자마자 한 일은 수도를 남쪽 남경에서 북쪽 연경으로 옮기는 것이었다.* 이것은 여러 가지 의도가 담긴 결정이었다. 우선 남경은 이전 황제들이 있던 곳이어서 영락제에게는 아무래도 부담스러웠다. 또한 군사적으로도 몽골초원의 유목민들에게 효과적으로 대응하기 위해서는 남쪽 남경보다는 북쪽 연경이 더 나았다. 이런 생각은 명 태조 주원장도 마찬가지였다. "북평(북경)에 도성을 건설하면 오랑캐들을 통제할 수 있을 텐데, 남경에 비해서 어떻다고 생각하오?"라고 신하들에게 의견을 구할 정도로 주원장 또한 남경보다 북경이 이민족 방비에 낫다고 여겼다. 인재 면에서나 경제 면에서나 명 초기 정권은 남방에 치우치는 위험성을 안고 있었다. 화북이 정권 기반에서 소외되어 몽골 등 북방 세력에 대한 위력을 충분히 행사할 수 없는 위험성이 존재했던 것이다. 잘못하면 명나라 또한 남송과 같이 양자강 유역을 중심으로 한 지방 정권으로 수축될 가능성도 있었다. 따라서 북경으로 수도를 옮기는 것은 어쩌면 당연한 조치였다.

* 자금성이 완성되고 연경이 수도가 되자 그때부터 북경(北京)이라고 불렸다(이전까지는 편의상 북경이라고 부른 것이다). 자금성이라는 이름은 북극성과 그 주변의 별들을 가리키는 자미원이라는 말에서 나왔는데 천자를 북극성에 비유한 중화사상에 따른 것이다.

영락제의 원정과 감합무역

이제 막 개국을 해서 내치에 주력했던 주원장과는 달리 영락제는 적극적인 북방 정책을 폈다. 일찍이 송 태조 조광윤은 전대(당나라)의 어지러움에 환멸을 느끼고 국내 안정을 위해 북방을 포기하면서까지 문치주의의 기틀을 세웠다. 그러나 영락제는 북방을 평정하는 것만이 국가 안정을 꾀하는 길이라고 생각했다. 영락제 생각은 실제로 옳았다. 당시 몽골초원에서는 오이라트(서몽골)가 힘을 키워 호시탐탐 중국 북방을 노리고 있었기 때문에 불과 50년 전까지 지속되던 몽골 치하가 생각나지 않을 수 없었다. 지금 아니면 영영 기회가 없을지도 모른다고 생각한 영락제는 1410년부터 15년에 걸쳐 직접 50만 명의 군대를 이끌고 다섯 차례 출정해서 북방을 평정했다.* 영락제는 안정을 위해 그리고 명 제국 성립의 명분을 위해 몽골족에 대한 토벌을 단행했다. 또한 그는 몽골족에 대한 토벌인 북방 원정만이 아니라 남방 원정에도 주력했다. 남으로는 인도차이나 방면으로 세력을 넓혀 베트남 지역을 복속시켰으나 육로로는 더 이상 진출이 불가능했다. 그래서 명 제국 성립과 성장을 세상에 알리기 위해 정화의 남해 원정이 필요했던 것이다. 그는 정화(鄭和, 1371~1433년)에게 군대와 함선을 주어 역사적인 대원정을 명했다. 1405년에 시작된 정화의 원정은 이후 1433년까지 일곱 차례 진행되었는데 남지나해는 물론 멀리 인도양과 아프리카 동부 해안까지 진출했다.

* 영락제는 다섯 번째 원정에서 돌아오는 길에 내몽골 유목천이라는 곳에서 병사했다. 그의 나이 64세였다.

명나라는 원나라의 정책을 모두 버리고 한족 지배 질서를 다시 확립하려고 했다. 한족 지배 질서는 농업 사회를 기반으로 한 성리학 사회 건설이었다. 때문에 명나라는 농업 제국을 건설하는 것이 중요했고 이 과정에서 동서를 통합하는 제국 체계를 버리고 명 중심의 고립적인 제국을 건설했다. 결국 민간의 대외 교역은 철저히 금지되고 정부가 교역을 장악해서 운영하는 방법인 감합무역 형태를 취하게 되었던 것이다. 감합이란 짝패를 말한다. 명나라는 조공무역을 원칙으로 대외 교역을 했는데 중국과 교역을 하는 각국은 물품과 물량을 적은 쪽지를 받게 되었다. 이를 찢어 중국과 한 짝씩 나누어 가지고 있다가 교역을 할 때 그 짝을 맞추어 본 후 맞으면 교역을 했다.

내각과 환관

황제의 전제적 권력은 주원장과 영락제에 의해 기반이 잡혔는데 그것을 보좌하는 명나라 특유의 존재로 내각과 환관이 있었다. 내각은 명대에 출현해 청대까지 지속된 정치기관이다. 황제의 자문에 대해 의견을 진술하는 데 불과했던 내각은 점차 권한이 커져 6부를 능가하게 되었다. 내각과 환관은 영락제 이후 황제 권력을 등에 업고 서로 각축을 벌이며 국정을 좌우했다. 영락제는 한 무제와 당 태종에 맞먹는 탁월한 군주라고 할 수 있지만 장차 제국의 운명을 위태롭게 할 씨앗을 하나 뿌려놓았는데 바로 환관이었다. 주원장은 환관의 정치 개입을 우려해 그들에게 문자를 가르치지 못하도록 했다. 그러나 환관들이 영락제의 제위 찬탈에 도움을 준 후 그들의 비중은 커졌다. "삼촌이 조카를 몰아냈으니 명분도 안 서고 선비들도 따르질 않겠구나. 정권을 안정시키고 황제 중심의 강력한 통치를 하려면 환관밖에 믿을 수 없다." 이렇게 생각한 영락제는 환관이 모든 관료와 군대를 감시하는 특무 정치를 실시했다. 이 시기 환관은 황제의 시중을 드는 내시 같은 존재가 아니라 황제의 명령을 바로 수행하는 측근으로서 강력한 권한을 가지고 있었다. 당시 명나라는 통상적 업무는 정통 유교 관료들이 맡아서 했지만 중요한 특별 프로젝트는 황제 곁에서 보좌하는 환관들을 통해 수행했다(그 대표적 사례가 바로 정화의 대원정이었고 정화도 환관이었다).

환관은 영락제의 정보기관인 동창까지 맡아 전국에 파견되었다. 전국적으로 군대 감독, 조세 징수, 관민 감찰 등을 하면서 지방 정사에까지 환관이 간여했다. 중대 이후 어리고 무능한 황제들이 출현하면서 이러한 환관 정치는 더욱 판을 쳤다. 명나라는 역대 어느 왕조보다도 환관이 날뛰던 시대였는데 명 중기 환관 숫자는 10만 명에 달했다. 왕진, 유근, 위충현 등 역대 '환관 스타' 상당수가 명나라 시대에 나온 것은 어쩌면 당연한 현상이었다. 영락제 자신이야 절대 군주였고 당시 환관들은 충심으로 그를 받들었으니 별 염려가 없었다. 그러나 그는 환관들이 무조건 황제에게 충성할 거라고 믿었던 듯 하다. 영락제 이후 환관을 중용하는 것은 이제 황실 전통으로 자리 잡았다. 영락제 때 1만여 명, 명 말기에 7만여 명(지방에 분산된 사람까지 합하면 10만 여명)에 이르렀다는 환관은 정규 관리보다 더 많았던 것으로 추정된다. 무엇보다도 출세를 위해 스스로 거세하고 환관이 된 사람들이 많았던 만큼 그들의 발호는 부패정치를 낳을 가능성이 컸다.

토목의 변과 농민 반란

1435년 일곱 살 어린 황제 영종이 즉위하자 즉각 문제가 터져 나왔다. 태자 시절부터 영종의 시종을 들던 환관 왕진은 곧 권력을 장악하고 주원장이 세운 환관을 경계하는 철패마저 부숴버렸다. 브레이크가 고장 난 자동차처럼 기고만장하게 내달리던 왕진은 마침내 전복 사고를 빚고 말았다. 1449년에 몽골초원의 오이라트(서몽골)가 다시 홍기하자 왕진은 무관들의 반대에도 불구하과 영종이 직접 군사를 이끌고 출정해야 한다고 고집을 부렸다. 영종의 친정은 비극으로 끝났다. 명군은 북경 교외 토목보에서 4만 명의 오이라트 기병에게 포위당했다. 결국 명나라는 군인은 10만 명 넘게 학살당하고 황제는 포로가 되는 치욕을 당했다(토목보의 변 또는 토목의 변).* 환관을 멀리하고 모든 기관을 황제 직속으로 해서 황제의 절대 권력을 유지하려 했던 주원장의 국가 운영 지침은 환관을 중용한 영락제 이후 명 초기부터 여지없이 깨졌다. 주원장의 꿈이 너무 이상에 치우친 것이었을까? 이렇게 해서 명나라는 너무나도 일찍 쇠락의 길을 걷게 되었다. 명나라는 건국한 지 채 백 년도 안 되어 농민반란이 터지기 시작했다.

* 토목의 변 이후 몽골인들은 두 번 다시 명의 군사 행동을 겁내지 않게 되었고 명나라는 대규모 장성 건설에 돌입했다.

명나라 시대 제국 통치의 근간은 이갑제였다. 이갑제의 주요한 취지는 원래 향촌 사회의 질서를 이용해서 조세 징수와 요역 부담을 제대로 처리하려는 데 있었다. 그런데 모든 마을에 균등하게 조세와 요역을 부담시켜서 문제가 발생했다. 같은 110호 마을이라 해도 마을마다 경제 사정이 다른 것은 당연한데 이를 무시했던 것이다. 조세까지는 그런대로 견딘다 해도 요역은 큰 문제였다. 가뜩이나 농민들 부담이 큰 데다 향사(鄕士)라고 불리는 관료, 생원 등 마을 지식인층은 요역이 면제되었다. 유력 지주들도 갖가지 방법을 동원해서 요역을 면제받는 경우가 많아졌다. 이렇게 해서 생긴 요역의 공백은 일반 농민들이 대신 메워야 했다. 예부터 요역은 조세보다 무서웠다. 가혹한 부담을 견디지 못하고 도망치는 농민들이 늘어만 갔다. 남은 농민들은 도망친 농민들의 요역 분에 향촌 지배층의 면제된 요역 분까지 부담해야 했다.

무너지는 '우물 안 개구리' 명나라

명나라 지배층은 국내적·세계사적 변화에 대해 눈을 감고 있었다. 이들은 환관 정치와 복고로만 일관했을 뿐 대내외적 변화를 정치에 반영하기는커녕 제대로 인식하지도 못했다. 이른바 '서세동점(西勢東漸) 시대'를 맞아 중국으로 밀려오는 서구 열강이 어떤 의도를 가지고 있는지, 서양 선교사들이 왜 그리스도교를 포교하기 전에 중국 습속부터 먼저 익히는지 알지 못했다. 원나라 시대에 싹튼 주체적 대외 교류의 움직임은 완전히 단절된 데다 중화사상의 오만으로 명나라 지배층은 스스로 '우물 안 개구리'를 선택했다. 어쩌면 그것은 그들이 주체적으로 내릴 수 있었던 마지막 선택이었고 그 선택은 그들이 지배하는 나라를 마지막 한족 왕조로 만들었다. 주원장이 설계한 이상향은 농업 위주의 자급자족 색채가 강한 사회였다. 복고주의를 국가 운영의 기본 이념으로 택한 명나라 정책은 경제에도 영향을 미쳐 명의 경제 정책은 농업을 중시하고 상업을 억제하는 중농억상이었다. 즉 농업 사회를 다시 만들어서 한족 지배 질서를 구축하겠다는 것이었다.

명나라는 중기 이후 많은 외부 세력의 위협을 받게 되었다. 몽골이 동몽골을 중심으로 일어나 북변을 끊임없이 침략했고 동북 방면으로는 여진족이 위협했다. 1616년에 금을 부흥시킨다는 의미로 후금까지 건설한 여진족은 명에 대해 공격적인 입장을 취했다. 명나라는 이를 막기 위해 또다시 막대한 군사비를 지출해야 했고 이것은 농민들에게 부담을 가중시키는 결과를 초래했다. 또 남쪽 방면으로는 왜구들이 끊임없이 약탈을 자행해서 그 피해가 막대했다. 이들은 명과의 무역을 통해 생필품을 얻으려 했지만 명나라가 이를 허락하지 않자 약탈을 일삼았다. 명나라는 이들의 침입을 막기 위한 전비가 지속적으로 필요했고 이것은 재정적으로 큰 압박 요인이 되었다.

역대 중국 통일 왕조가 그렇듯 명나라도 결국 외부 침략이 아니라 내부에서 자멸하는 식으로 멸망했다. 중기인 영종 시절 토목의 변으로 명나라 기틀이 밖으로 부터 위협받고 있던 때 등무칠의 난(1448~1449년)으로 안정된 향촌 질서에 동요가 시작되었다. 등무칠의 난은 지주소작제가 발달해 있던 복건에서 소작인들이 지나친 부담을 경감시켜 달라는 요구에서 출발해 농민 반란으로 발전했다. 이들에 호응해서 각지 농민들이 봉기해 수십만 명이 반란에 가담했고 주동자 등무칠이 죽은 뒤에도 잔당이 오래도록 저항을 계속했다. 이후 명나라 말기에 이르기까지 떠돌이 유민으로 국법을 어기고 입산금지 지역에 들어간 개척농민의 난(형양의 난), 악정에 시달리던 유육·유칠 형제의 난, 소작인 폭동, 환관의 세금 징수에 대항한 폭동 등 밑으로부터 크고 작은 반란이 계속되었다.* 명나라 중기 이래 농민을 주축으로 한 이들 반란은 농민들의 궁핍한 생활이 근본 원인이었고 환관의 부패와 가혹한 조세수탈이 그것을 더욱 가속화시켰던 것이다.

* 유육·유칠의 난(1510~1512년)은 환관의 뇌물 요구를 거부해 억울하게 도적 누명을 쓰고 토벌 대상이 된 유씨 형제가 일으킨 반란이었다. 이 난은 환관의 횡포와 부패를 잘 보여 주는데 이를 진압하느라 국고와 관련 지방의 재정이 고갈될 정도였다.

명나라 마지막 황제인 의종(재위 1628~1644년)이 즉위하던 해부터 시작된 농민 반란은 점차 전국으로 번지고 세력도 커졌다. 중앙 정계가 혼미를 거듭하고 있을 때 각지에서는 기아에 내몰린 농민들 중에서 무리를 지어 부자들 곡식을 약탈하는 유구(流寇) 집단이 생겨났다. 군계(群鷄)의 수가 많으면 그 중에서 일학(一鶴)도 나오는 법, 이자성이 바로 그 학이었다. 1641년에 이자성은 대민 정책을 선전하면서 반란 세력의 중심으로 떠올랐다. 이자성이 다른 반란군들을 누르고 중심 세력이 될 수 있었던 것은 균등한 토지 소유, 조세 경감 등 농민들의 절박한 요구에 부응하는 대민정책을 썼기 때문이었다. 그는 농민 반란군을 규합해서 1643년에 대순(大順)이라는 새로운 왕조를 세웠다. 이자성이 북경을 공략해서 손에 넣고 의종이 목을 매어 자살하니 277년간 지속된 명나라 사직은 그것으로 끝났다. 그런데 알다시피 명 다음 중국 대륙의 주인은 순이 아니었다. 왜일까? 북경을 차지한 이자성은 새 왕조 체제를 정비하고자 했으나 권력이 취약한 데다 직접적인 지배 영역도 제한되어 있었다. 이자성은 명나라 장군 오삼계와 결탁한 청군과의 전투에서 패하자 북경을 버리고 달아났다. 떠돌이 농민반란군 신세로 전락해 퇴각을 거듭한 이자성은 이듬 해 자살했다.

이로써 명나라 말기 농민반란군은 명을 멸망시키는 것까지는 성공했으나 자신들의 새 왕조를 유지하지는 못했다. 이자성은 북경을 점령한 후 부호와 신사를 구금, 고문하고 재산을 빼앗는 등 지지 세력을 확보하는 데 실패했다. 이자성 집단은 살인, 약탈 등 유구적 형태를 벗어나지도 못했다(그러나 분명한 민심 수습책을 제시하고 농민들 지지를 얻으려 한 시도는 이전 농민 반란에서 찾아볼 수 없던 획기적인 움직임이었다). 이자성이 대순을 세우고 황제가 된 것은 그저 운이 좋았기 때문이었다. 당시 명나라 주력 부대가 만주에 있었기 때문에 이자성 군대를 막지 못했을 뿐이었다. 만약 명나라 주력 부대와 직접 대결했다면 농민군에 불과한 이자성 군대는 쉽게 무너졌을 것이다. 그렇다면 명나라 주력 부대는 왜 만주에 있었을까? 그때까지 중국 역대 통일 왕조들 가운데 만주를 직접 지배한 것은 몽골의 원나라가 유일했다. 영락제가 몽골초원까지 원정을 간 적이 있었듯이 중국이 중원 북변은 지배한 적이 있었지만 만주는 아니었다. 사실 수·당 시대 이래 중국은 만주를 정복하려는 시도를 한 적이 없었다. 14세기에 원나라가 멸망하자 만주는 다시 중국의 직접 지배권에서 벗어났다. 명나라에게 만주는 '변방'에도 포함되지 않는 그 바깥이었고 정복과 지배의 대상이 아니라 복속의 대상일 뿐이었던 것이다.

2) 몽골 제국의 계승 세력 - 북원과 동·서몽골

1368년 주원장이 북경을 함락하자 중국 대륙의 주인은 몽골족의 원나라에서 한족의 명나라로 바뀌었다. 북경을 빼앗기고 중국 대륙을 잃은 몽골족들은 초원으로 돌아갔다. 과거에는 1368년을 기점으로 원나라가 멸망했다고도 했으나 원은 그때 멸망하지 않았으며 몽골 제국 세력들은 18세기까지 존속했다. 이 시대에 나타난 두드러진 현상은 크게 두 가지로 칭기즈 일족의 권위 약화와 동·서몽골의 대립이라고 할 수 있다. 동·서 몽골은 중국과 때로는 대립했고 때로는 협력했다. 그러다가 청나라가 건국되자 동몽골은 그 일원이 되었고 서몽골은 준가르 제국이되어 18세기까지 중국과 대립했다.

명나라와 길항한 북원

1368년 원나라 황제 토곤 테무르는 대도(大都)를 버리고 만리장성 북쪽 상도(上都)로 패주했고 중국 대륙 주인은 한족의 명이 되었다. 이를 주원장 입장에서는 한족 땅을 수복한 것이었지만 몽골 입장에서는 영업이 안 되는 다국적 기업이 현지 경영을 일시 중단했다고 할 수 있었다. 원나라는 수도를 버리고 도망간 후에도 요와 금과는 달리 왕조 자체가 사라지지는 않았다. 그들은 점령지 중원에서 물러나 고향이자 출발지였던 카라코롬으로 철수했을 뿐이었다. 그들이 왔던 곳, 양을 치고 말을 기르던 그 땅으로 돌아간 것이다. 그 후 약 20년 동안 북쪽의 원나라인 북원과 남쪽의 명나라가 화북을 사이에 두고 대치하는 상황이 전개되었다. 고비사막 북쪽인 막북으로 패주한 그들은 얼마가지 않아 야성을 회복해서 다시 명나라의 강적으로 등장했다. 몽골인들은 명나라가 들어선 후에도 여러 차례 만리장성을 넘나들며 명을 괴롭혔다. 1372년에 명 태조 주원장은 15만 명의 군대를 출병시켰으나 톨라 강변에서 몽골군의 공격을 받아 수만 명이 죽는 참패를 당했다.

북경에서 쫓겨났던 쿠빌라이 후손 토곤 테무르는 1370년 엄청난 파국을 슬퍼하면서 사망했다. 장남 아유시리다라가 황제에 올랐으나 8년 만에 죽었다. 이번에는 토곤 테무르 4남인 투구스 테무르(또는 토구스 테무르)가 황제에 올랐다. 1388년 10만 명의 명나라 군대가 몽골로 들어가 투구스 테무르 군대를 격파했다. 투구스 테무르는 이 같은 재난을 당한 뒤 자신의 일족에게 피살되었다. 이로써 쿠빌라이 직계 왕통이 단절되었다(따라서 원을 굳이 쿠빌라이 왕조라고 한다면 원나라는 이때 멸망했다고 할 수도 있다).* 이처럼 거듭되는 권위 하락으로 쿠빌라이 가문의 명성은 땅에 떨어졌고 대부분 몽골 부족들은 다시 독립을 주장하고 나섰다(앞에서 서술했듯이 유목 국가는 기본적으로 여러 부족들의 연합체였다). 몰락한 쿠빌라이 가문에 대해 반란을 일으킨 대표적인 부족 수령은 우게치였다. 영락제는 쿠빌라이 가문이 몰락하고 몽골 내분이 격화된 것에 만족해서 우게치를 인정했다. 우게치는 그 뒤에 반란을 일으킨 부족들의 두 수령, 즉 아수드 부족의 아룩타이와 오이라트 부족(서몽골)의 마흐무드에게 패했다.

---

* 일반적으로 명나라에 쫓겨 북경을 버리고 몽골로 돌아갈 당시 원나라 황제 토곤 테무르를 북원 제1대 황제로 취급한다.

동몽골과 서몽골

1403~1404년 칭기즈 칸 가문 부흥은 울제이 테무르(또는 올제이 테무르, 불교식 호칭 푼야스리)라는 인물에 의해 실현되었다. 아룩타이는 즉시 정통성을 지닌 이 인물 편에 섰다. 명나라는 쿠빌라이 가문의 재출현에 당황할 수밖에 없었다. 몽골이 동서로 대립하던 1403년에 영락제가 정난의 변을 일으켜 제위에 올랐다. 영락제는

울제이 테무르로부터 신속을 표시하는 조치를 받아내려 했으나 거부당했다. 북변에 동몽골의 위협이 커지는 것을 우려한 영락제는 서몽골(오이라트)과 연합을 모색했다. 1409년 영락제는 서몽골 수령들에게 각각 왕호를 내려주고 군사 연맹을 맺었다. 1410년 영락제는 50만 명의 군대를 직접 이끌고 몽골초원으로 원정을 감행했고 이후 네 차례(1414, 1421~22, 1423, 1424년) 더 친정에 나섰다. 그의 거듭된 원정으로 몽골 제국 후예를 자처하던 동몽골은 크게 위축되었다. 그 대신 이들과 대립하던 서몽골 세력이 발호했고 오이라트 수령 마흐무드는 울제이 테무르를 공격해서 주도권을 장악했다(1412년경). 울제이 테무르를 패배시킬 때까지 마흐무드는 영락제와 우호 관계를 유지했다. 오이라트로서는 쿠빌라이 가문이나 동몽골의 다른 수령들에게 대항하기 위해서 명나라의 지원이 필요했기 때문이었다.

자신감이 생긴 마흐무드는 몽골의 모든 부족과 왕족들에게 지배권을 강요할 수 있을 거라고 판단해서 영락제와의 관계를 단절했다. 영락제는 고비사막을 건너 진격했지만 마흐무드는 명나라 군대에 막대한 피해를 입힌 뒤 사정권에서 벗어났다(1414~1415년). 그러나 명나라 군대가 몽골초원으로 들어오지 못하도록 하는 데 실패했기 때문에 마흐무드의 권위는 일시적으로 손상을 입었다. 이때 아룩타이가 다시 등장했고 울제이 테무르는 또 한번 대칸에 올랐다. 아룩타이는 영하에 이르기까지 감숙 변경지대를 쑥대밭으로 만들었다. 영락제가 급히 응징하러 왔지만 그들이 이미 고비사막을 건너 북방으로 물러가서 잡을 수 없었다. 그 직후 아룩타이는 울제이 테무르를 살해하고 자신을 대칸으로 선포했다. 영락제는 다시 한 번 원정에 나섰다. 때마침 마흐무드의 아들 토곤이 반란을 일으켜 아룩타이를 패배시켰지만 영락제의 원정은 성공을 거두지 못했다. 명나라의 '위대한 황제' 영락제가 추구했던 정책, 즉 성장하기 시작하는 신생 오이라트 세력(서몽골)을 도와 쿠빌라이 가문(동몽골)을 몰락시키려 했던 정책은 그가 죽은 뒤에야 성공을 거두었다.

1434년에서 1438년 사이에 마흐무드의 아들이자 후계자인 오이라트 수령 토곤이 몽골 부족들에 대한 주도권을 장악하게 되었던 것이다. 사실상 몽골 제국은 오이라트(서몽골) 수중으로 넘어갔다.

서몽골과 토목의 변

칭기즈 칸의 정복과 제국은 위대했지만 모든 몽골인들이 그 주인공은 아니었다. 주인공은 동몽골이었다. 서몽골은 칭기즈 칸의 '위대한 드라마'에 동맹자로 참여했지만 종속적인 역할밖에 하지 못했다. 따라서 삼림 지역에서 나온 서몽골 부족들인 오이라트는 초원 지역 부족들인 동몽골인들에 비해 칭기즈 칸이 정복한 과실을 상대적으로 적게 맛보았다. 때문에 그들은 천성적인 활력을 더 유지하고 있었다. 오이라트는 칭기즈 칸 제국 시대에 바이칼 호 서부 연안에 살던 강력한 삼림 몽골인들이었다(그들 스스로는 오이라트 연합, 주변에서는 칼묵 또는 칼믹이라고 불렀다). 그들은 일찍이 칭기즈 칸에게 복속했고 혼인을 통해 부마들을 배출했다. 17세기 이후로 오이라트는 4개 부족으로 구성되었다. 얼마 전까지도 중국식 생활의 편안함으로 인해 약화되고 느슨해졌던 서몽골 오이라트 유목민들은 옛날의 강인함을 되찾았다. 북원이 붕괴하고 동몽골에서 칭기즈 일족이 몰락하자 서몽골 오이라트는 흥기의 기회를 잡았다. 영락제가 동몽골을 치기 위해 서몽골의 세 수령에게 왕작을 준 것도 오이라트의 세력 강화에 도움이 되었다. 마흐무드의 뒤를 이은 아들 토곤은 다른 두 수령의 부민들을 병합해서 내적 통일을 이룩했다. 그리고 토곤은 1434년 동몽골 아룩타이를 공격해서 죽이고 동서 몽골 전체 통합을 이루었다. 그는 칭기즈 칸 후손 가운데 한 명을 명목상 칸으로 세우고 자신은 타이시(太師)로서 전권을 장악했다.

토곤의 뒤를 이은 아들 에센(?~1455년)에 이르러 오이라트 영역은 최대 판도를 구가했다(1439~1455년). 에센은 동쪽으로 세력을 뻗쳐 내몽골과 만주 방면에 있던 여진 등을 복속시키고 만리장성 이북을 모두 장악했다. 에센은 칭기즈 가문과 혼인을 통해 권력을 더욱 강화함과 동시에 동서 양방향으로 세력을 확대했다. 또 명나라와 조공 무역 및 호시(互市)를 통해 필요한 물자를 확보하고 경제적 이익을 얻고자 했다. 그러나 명나라는 조공과 호시에 세밀한 규정을 만들어 사신 숫자와 시기 및 경로를 지정해서 엄격히 통제하려 했다. 오이라트는 다른 서역 도시들의 조공사절단에 상인들을 위장해서 포함시켰으나 이 역시 명나라 측 제재를 받기 일쑤였고 결국 군사적 방법에 호소할 수밖에 없었다. 에센은 1445년에 중국 일부였던 올량합, 즉 후일 열하에 해당되는 지역을 수중에 넣었으며 명나라 공주도 요구했다. 명나라 조정은 그러기로 약속했지만 이행하지 않았고 에센은 중국 변경 지대를 폐허로 만들었다. 이에 명나라 황제 영종과 환관 왕진은 그를 상대하기 위해 출격했는데 충돌은 하북성 서북부 토목보에서 벌어졌다. 에센은 대승을 거두고 영종을 포로로 잡아 몽골로 돌아갔다(1449년, 토목의 변).

3개월 뒤 에센은 다시 돌아와 북경까지 진격했으나 공격은 성공하지 못해서 퇴각했고 그 후 영종을 조건 없이 석방했다. 영종 석방 등 토목의 변에 대한 에센의 처리 방식은 오이라트인들에게 큰 실망감을 안겨주었다. 결국 그는 내부 쿠데타에 의해 살해되었다.* 이러한 내적인 혼란에도 불구하고 오이라트는 정기적인 약탈을 통해 오랫동안 명나라 주변, 특히 서남방을 괴롭혔다. 에센이 죽자 토곤 이래 이어져온 오이라트 서몽골의 패권은 무너졌고 칭기즈 칸 일족 주도하에 동몽골이 다시 흥기하기 시작했다. 오이라트는 에센이 죽은 뒤(1455년) 동몽골의 칭기즈 칸 일족과 겨루어야 했던 동쪽에서는 쇠퇴했다. 그러나 일리 강과 카스피 해 사이 초원 지역인 서쪽에서 오이라트는 여전히 위협적인 존재였다.

＊에센이 내부 쿠데타에 의해 살해당한 이유는 토목의 변 처리 방식 때문이기도 했지만 그가 대칸을 칭한 것도 컸다. 오이라트 지도자가 실권을 장악했음에도 칸 지위에 오르지 못하는 이유는 오이라트는 칭기즈 칸 후손이 아니었기 때문이었다. 설령 이들이 칸이라는 호칭을 사용한다 해도 몽골 유목민들이 그를 칸으로 인정해주지 않았는데 이를 '칭기즈 칸의 통치원리'라고 했다.

동몽골과 경술지변

서몽골 쇠퇴가 동몽골 칭기즈 칸 일족에게 즉각적으로 도움이 된 것은 아니었다. 그 당시 동몽골은 종족 내부의 치열한 다툼으로 서로를 죽이고 있었다. 한때 그렇게 많던 쿠빌라이 일족들 가운데 남은 사람은 다섯 살밖에 안된 다얀 뿐이었다. 그는 "모든 사람에 의해 버려졌고, 심지어 재혼한 그의 어머니도 그를 돌보지 않았다."라고 한다. 그런 다얀을 젊은 과부 하나가 데리고 와 보호하며 칸으로 선포했다. 전승에 의하면 그녀가 서몽골의 우위를 무너뜨리고 동몽골의 주도권을 재확립한 장본인이라고 한다. 1481년 그녀는 젊은 다얀과 혼인했다. 다얀은 처음에는 여후의 섭정을 통해 그리고 후에는 자기 자신의 용맹함을 통해 긴 치세를 누렸다(재위 1487~1524년). 칸으로 즉위한 다얀 칸(바투 몽케)은 약화된 동몽골을 통합해서 일으켜 세웠다. 다얀은 즉위 즉후부터 중국 북변을 약탈하며 군사적 압력을 가하기 시작했다. 그는 1500~07년 명나라 서북변에 대한 전면적인 약탈전을 전개했다. 그렇게 에센이 죽은 뒤 정치적 공백기를 지나 칭기즈 가문의 복권은 다얀이 완수했다. 다얀은 약화된 동몽골을 통합해서 일으켜 세운 뒤 모두 6개의 만호로 나누어 자식들에게 분봉했다. 그 뒤 몽골을 지배한 칭기즈 일족은 모두 다얀의 6만호를 지배했던 후손들이었다. 그런 의미에서 그는 칭기즈 일족 역사에서 중시조라고 할 수 있다. 또한 '다얀'이라는 명칭은 대원(大元)을 음역한 것으로 몽골 제국(대원)의 정통을 계승하겠다는 정치적 선언도 내포하고 있었다.

다얀 후손들 가운데 가장 유명한 것은 알탄 칸(1507~1582년)이다. 그는 다얀의 셋째 아들의 둘째 아들로 태어났다. 알탄의 치세는 1543년에서 1582년이지만 그는 조부인 다얀의 치세 중에 전쟁터에서 이름을 날렸다. 특히 명나라와의 전투에서 그러했다. 알탄은 1529년 산서성 북부의 대동 지방을 겁략하고 1530년에는 감숙의 영하를 약탈한 뒤 북경 서북방의 선화를 공격했다. 1543년 알탄은 명나라에 조공 사신단을 보내겠다고 제안했으나 거절당했다. 명 조정이 계속해서 강경 입장을 고수하자 1542년에 그는 만리장성 지역에 대한 대대적인 약탈과 파괴를 감행했다. 그가 이끄는 몽골군은 20만 명의 포로와 200만 두의 가축을 빼앗았으며 건물 8만 채를 불사르고 전답 수십만 경을 짓밟았다. 1550년에는 알탄과 몽골군이 북경으로 내려와 도성을 포위하는 사건이 벌어졌다(경술지변).* 이렇게 거의 매년 대동이나 선화를 거쳐 중국 영토를 침입함으로써 그는 칭기즈 칸 일족의 오랜 '전통'을 부활시켰다.

* 경술지변이 있은 뒤 명나라는 엄청난 인력과 경비를 투입해서 북경 북부의 가장 험준한 산지 5.4km 구간에 사마대 장성을 세웠다. 이는 당시 명나라의 몽골에 대한 공포가 어느 정도였는지를 잘 보여주는 사례이다.

알탄은 군사적 위협과 외교적 협상을 통해 변경시장과 조공무역을 명나라에 강력하게 요구했다. 한편 그는 유목사회가 필요로 하는 물자를 자체적으로 공급하기 위해 농경민들을 초원 지역 안에 정착시켜 촌락을 만들기 시작했다. 이들은 주로 약탈로 끌려오거나 자발적으로 투항해온 한족들이었다. 그 중에는 명나라에서 반란을 일으키고 도주한 백련교도도 다수 포함되어 있었다. 1571년 마침내 명나라와 몽골은 화의를 맺었다. 알탄은 '순의왕(順義王)'이라는 봉작을 부여받고 그 부장들 역시 천호·백호 등 직함을 받았다. 동시에 조공은 연 1회로 한정하며 변경의 호시도 연 1회 개설하기로 했다. 1571년 명몽 협약을 명에 대한 몽골의 칭신내속에 따른 결과로 보기는 어렵다. 그것은 중국이 요구하는 조공이라는 정치적 관계를 인정하되 자신들이 필요로 하는 물자를 확보하는 실리를 추구하는 흉노 이래 유목민들의 전형적인 전략이었던 것이다.

각기 다른 길을 간 동몽골과 서몽골

1487년 칸으로 즉위한 다얀 칸은 약화된 동몽골을 통합해서 일으켜 세운 뒤 모두 6개의 만호로 나누어 자식들에게 분봉했다. 그 뒤 몽골을 지배한 칭기즈 일족은 모두 다얀의 6만호를 지배했던 후손들이었다. 그러나 다얀 일족의 몽골 제국 혹은 칭기즈 칸 제국 가운데 일부 국한된 지역에서 재흥은 선조들과 마찬가지로 족내 분규로 인해 쇠퇴했다. 이렇게 해서 동몽골은 다얀이 등장하기 전과 같이 다시 혼란스런 상황으로 돌아갔다. 동몽골 차하르 부족 칸이었던 링단(또는 릭단, 재위 1604~1634년)은 1604년 대칸 자리에 올랐다. 그는 원나라 부흥을 위해 온힘을 쏟았으나 후금을 세운 누르하치가 그를 가로막았다. 링단은 원정 도중 사망했다. 링단의 아들이자 마지막 대칸인 에제이는 대대로 전해오던 원나라 황제 옥새인 전국새(傳國璽)를 누르하치의 아들 홍타이지에게 헌상했다.* 동몽골(보다 정확하게 말하면 내몽골)은 만주 왕조인 청나라가 북경을 장악하기 9년 전인 1635년 그들을 지원해줌으로써 만주족 승리에 기여했고 만주족화 되었다(역사적으로 몽골과 여진은 인접해 있어서 끊임없이 전쟁과 장사를 하는 사이였다).

* 전국새를 손에 넣은 홍타이지(청 태종)는 만몽(滿蒙) 대표로서 황제이자 대칸이었다. 당 태종은 돌궐 등 유목 세력에게 "하늘에서 내려온 칸"이라는 뜻의 천가한(天可汗, 텡그리 칸)이라고 불

렸다. 즉 당 태종은 중국 한족에게는 황제였고 유목 세력에게는 칸으로 두 세계 모두에게 인정받았던 것이다. 이것은 당과 청이 유목 출신이었기 때문에 가능한 일이었다.

만주인들의 중원 제국에 대한 꿈을 위협하는 것은 가까운 곳이 아니라 먼 곳에 있었다. 그것은 이제 쇠락해서 더 이상 두려움의 대상이 아닌 가까이 있는 동몽골이 아니라 그 쇠락으로 칭기즈 칸 제국을 다시 부흥하려는 멀리 있는 서몽골이었다. 1434년부터 1552년까지 몽골 전역을 지배했던 그들은 알탄이 주도하는 동몽골에게 패배해서 홉도 지역으로 밀려났다. 그들은 거기서도 쫓겨나 더 서쪽으로 물러났다. 1455년에는 그들의 칸이었던 에센이 사망한 뒤로 오이라트 연맹체는 와해되었다. 그렇게 오랫동안 서몽골 칸국을 형성했던 4부 연맹체 주민들은 각각 독립했다. 그러나 4부 연맹체 중 하나였던 준가르는 '최후의 유목국가' 준가르 제국(1634-1758년)이 되어 청나라와 격렬히 대치했다.* 사실 영락제의 몽골 원정은 동몽골과 서몽골 모두를 포함한 넓은 의미의 몽골족 전체와 명나라와의 대립이라기보다는 몽골초원 패권을 둘러싼 동몽골 대 서몽골의 싸움에 명이 개입한 성격이 짙었다.

* 서몽골은 스스로는 오이라트 연맹, 주변에서는 칼묵 또는 칼믹이라고 불렀다. 러시아 서부, 카스피 해 북서 연안에는 칼미크 자치공화국이 있다. 주 산업은 목축, 어업, 농산물 가공업 등이고 인구는 약 32만 명인데 그 중 약 절반이 오이라트 후예들이다. 그들은 러시아 영토에 남아 있는 몽골족 후손으로 유럽 내에서 유일하게 동양 문화의 전통을 유지하며 살고 있다.

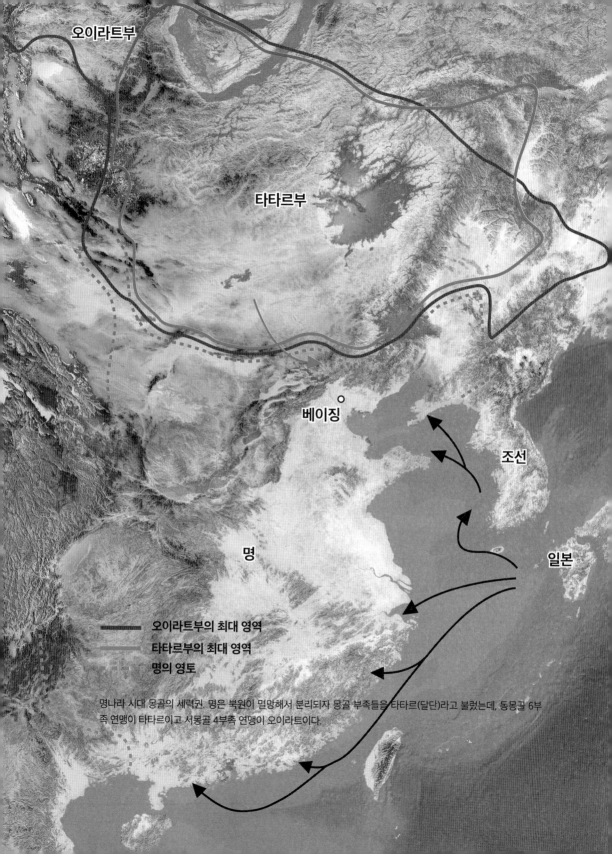

오이라트부

타타르부

베이징

조선

명

일본

오이라트부의 최대 영역
타타르부의 최대 영역
명의 영토

명나라 시대 몽골의 세력권. 명은 북원이 멸망해서 분리되자 몽골 부족들을 타타르(달단)라고 불렀는데, 동몽골 6부족 연맹이 타타르이고 서몽골 4부족 연맹이 오이라트이다.

10
청과 최후의 유목국가 준가르

자신들 선조가 세운 나라인 금(1115~1234년)을 잇는다는 의미로 후금을 세운 여진족은 나라 이름을 청(1616~1912년)으로, 종족 이름을 만주족으로 고쳤다. 북경에 입성한 만주족의 청은 초기에는 오삼계의 반란 등으로 인해 중국 전역을 확실히 지배하지 못했다. 결국 중국 전역을 장악한 청나라는 몽골 제국과는 달리 그들의 관심과 역량을 대부분 중국 대륙에 집중시켰다. 그러는 사이 중앙유라시아에는 유목국가 준가르(1634-1758년)가 들어섰다. 입관 전에 동몽골을 포섭한 청나라는 만몽(滿蒙) 연합정권이었고 서몽골의 준가르는 최후의 유목국가였다.

1) 만몽 연합 정권인 청

명나라 시대 만주의 실력자는 여진족(훗날 만주족)이었다. 명은 이들에게 관직도 주고 조공 무역도 허락하는 등 북변을 침략하지 않도록 무마하는 정책으로 일관했다. 그 정책이 계속 약효를 지니려면 명나라 국력이 강해야 했다. 그러나 밖으로는 몽골과 왜구의 침입, 안으로는 환관의 전횡 등으로 명나라의 국력은 약화되기 시작했고 그때 만주 일대에서는 부족 단위로 살고 있던 여진족들이 부족 통합을 완성했다. 그렇게 중국 내부 혼란기를 틈타 외부 만주에서는 영웅의 출현을 예고하고 있었다. 1588년 '여진족의 칭기즈 칸'인 누르하치(1559~1626년)는 만주 일대를 통일하고 세력을 확장하다가 황제(후금 태조)를 자처했다(1616년). 그는 300여 년 전 조상들이 세웠던 강국 금나라를 다시 세우겠다는 의미로 국호를 후금(後金)이라고 했다. 후금이 요서(遼西, 랴오시)까지 진출하자 쇠락해가던 명나라도 더 이상 두고 볼 수는 없었다. 이자성이 북경을 점령한 것은 명나라 주력군이 후금 방비를 위해 만주 쪽으로 이동해 있던 시기였다.

금이 아니라 원을 계승한 청

누르하치가 제국 기틀을 세웠다면 그 다음 황제인 홍타이지(태종, 재위 1626~1643년)는 '재야 세력'인 후금을 본격적인 '수권 정당'으로 탈바꿈시킨 인물이었다. 홍타이지 재위 무렵 원 황실 직계이자 북원 제22대 대칸인 링단(또는 릭단, 1592~1634년)이 동몽골 전체의 대칸 칭호를 가지고 몽골을 재통합하려 했다. 몽골 전체 맹주를 꿈꾸던 링단과 홍타이지의 대결은 피할 수 없었다. 1632년 링단은 홍타이지에게 패했고 티베트 원정 도중 사망했다. 링단의 어린 아들이자 북원 마지막 대칸인 에제이는 후금에 항복했고 이때 홍타이지는 대원전국새, 즉 몽골 제국 시대에 사용되던 전국새를 손에 넣었다. 이것은 몽골 제국 황제권(중국과 중앙유라시아 세계에 대한 지배권)이 몽골족인 칭기즈 칸 후손에서 만주족인 홍타이지에게 위임되었음을 보여주는 상징적인 의미가 있었다. 이에 홍타이지는 자신의 제국이 금이 아니라 대원의 적통임을 과시했다. 1636년 홍타이지는 휘하의 만주족, 몽골족, 한족에 의해 황제로 추대되었고 나라 이름을 대청(大淸)이라고 개칭했다.*

 * 1643년에 민족 이름도 만주족(滿洲族)으로 바꾸었는데 이는 지혜의 보살인 만주쉬리(문수보살)에서 따온 것으로 추정된다. 만주인들은 원래 열렬한 불교도였다.

　실제로 청나라는 문화적으로도 몽골의 영향을 많이 받았다. 만주와 몽골 관계는 홍타이지 시대에 주요한 골격이 갖추어졌다. 두 집단 모두 청나라 군주의 지배를 받으며 동등한 지위를 누렸다. 몽골인들은 팔기제에 편성되고 왕공들은 혼인과 맹약을 통해 만주 황실과 긴밀한 관계를 맺었다. 이는 만주인들이 중국을 정복하기 전에 형성되어 1911년 청나라가 무너질 때까지 유지되었다. 이상이 청나라 건국 과정인데 건국할 때 이러한 사정은 약 270년 동안 지속된 청조의 성격을 결정했다. 청나라의 몽골 지배는 중국 내지에 대한 지배 방식과는 근본적으로 성격이 달랐다. 그것은 통상적인 지배와 종속 혹은 군주와 신민의 관계라기보다는 연맹과 협력에 기초한 동반자적 관계에 가까웠다. 청나라 입장에서 볼 때 몽골의 존재는 양면적이었다. 즉 몽골은 청이 한족을 지배할 때 수적 열세를 보충하고 기마 군대를 조달해주는 강력한 동맹 세력이지만 뛰어난 리더에 의해 통합되면 가공할 유목 세력으로 변신해서 청나라를 위협하는 존재일 수 있었던 것이다. 따라서 청나라는 몽골에 대해 회유와 통제라는 양면책을 동시에 작동시켜야 했다. 회유는 주로 혼인을 통해 이루어졌는데 만주 황실은 몽골 왕공들과 통혼을 통해 그들에게 제국 지배집단의 일원이라는 의식을 심어주었다. 청나라는 몽골 유목사회를 세분화해서 그 통합력을 제거하는 동시에 대신과 군인을 파견해서 관할하게 하는 등 통제책도 사용했다.

너무 쉽게 중국의 주인이 된 청

명나라에 충성하던 군대의 마지막 하나인 오삼계 부대는 산해관 지역에서 만주 족과 싸우고 있었다. 오삼계는 이자성을 응징하려는 마음에 만주인들과 합의해 그들 군대의 지원을 받아 북경에 가서 찬탈자 이자성을 몰아냈다. 만주의 지원군 에게 감사를 표시한 오삼계는 그들에게 정중히 물러가줄 것을 요청했다. 그런데 북경에 들어온 만주인들은 주인 행세를 하기 시작했다(만주인들과 동조자가 될 수밖 에 없게 된 오삼계는 처음에는 섬서 지방에 봉읍을 받았다가 뒤에 더 먼 사천과 운남에 영지를 받았고 결국 반란을 일으켰다). 이렇게 해서 만주인들은 정복이라고 할 것도 없이 너 무 쉽게 북중국의 주인이 되었다. 남중국을 복속시키는 데는 긴 시간이 걸렸지만 몽골인들이 남송으로부터 받았던 반세기에 가까웠던 강력한 저항은 없었다. 명나 라 황족 한 명이 남경에서 황제를 선포했지만 만주족에 의해 남경이 함락되자 물 에 투신했다(1645년). 또 다른 세 명의 명나라 황족들이 더 남쪽으로 내려가 항전 을 준비했지만 만주군에 쫓겨서 운남으로 도망갔다(1651년).*

* 엄밀히 말해 명조는 만주인들의 공격에 굴복한 것이 아니라 자살을 행한 셈이었다. 명나라 마 지막 황제는 이자성이 1644년 4월 북경을 손에 넣자 그에게 붙잡히지 않기 위해 스스로 목을 맸 다. 명나라 말기 중국은 너무도 피폐해 있어서 어느 누구라도 그것을 빼앗을 수 있었을 것이다.

청이 북경에 들어와 명을 계승해 중국을 통치하겠다고 포고하자 각지에서 농민

반란군과 한족들이 저항했다. 이에 청은 대표적 농민반란군인 이자성과 장헌충 무리를 추격해 궤멸시켰고 중국 본토 안의 조직적인 저항세력들을 제거했다. 여전히 남아 있던 비조직적이며 자위적 성격이 강한 신사(紳士)를 중심으로 한 한족의 저항에 대해서는 회유책을 써서 무마했다. 청조는 지역 사회에 대한 지배력을 강화할 필요가 있었고 신사는 동란기에 자신들의 이익을 보호해 줄 강력한 국가권력을 필요로 했던 상황이어서 청조와 신사의 결합이 가능했다. 신사층은 명 중기 이후부터 청 말기까지 국가 지배를 보조하는 중간 지배계층이었다. 이들은 크게 두 가지였는데, 첫째는 휴직 또는 퇴직한 관리였다. 둘째는 관리가 되지는 못했으나 과거 등을 통해 일정한 학위를 소지한 생원 등으로 관위를 지망하는 사람들이었다. 그런 신사의 수가 늘어나면 늘어날수록, 그들이 사리사욕을 추구하면 할수록 그들의 특권이나 영향력은 상대적으로 농민의 부담으로 전가되고 한편으로 향촌사회의 분해를 조장하는 등 부정적 기능도 컸다. 신사들의 공적 기능이 갖는 긍정적 측면과 사리 추구 활동에서 비롯되는 부정적 측면이라는 양면성은 명·청전 시대를 통해 공존하고 있었다. 명 말과 청 초의 동란기에 자위를 위해 무장했던 신사층은 강력해 보이는 청나라 권력이 자신들의 사회적 특권을 그대로 보장해 주리라는 전망이 보이자 청조에 투항해 향촌사회에서 국가권력을 보좌하는 기능을 수행했다(신사는 쉽게 말해서 조선의 양반과 비슷하다고 할 수 있다).

무너지는 청나라

청나라는 처음부터 적극적인 한화 정책을 실시했다. 그러한 청나라의 한화 정책은 청을 여느 한족 제국과 별 다를 바 없이 만들었다. 한족의 선진 문화를 본받은 것까지는 좋은데 나쁜 점도 닮는다는 데 문제가 있었다. 그 중 하나가 전성기 직후 곧바로 쇠락기가 시작되는 역대 한족 왕조의 패턴이었다. 청나라는 18세기 중반부터 쇠퇴 기미를 보이고 있었다. 그것은 위에서부터 시작되었다. 청나라 정치 조직은 황제가 모든 결정을 했다. 따라서 황제가 능력이 있으면 나라가 잘 운영될 수 있지만 그렇지 않으면 제 기능을 발휘하기 힘든 체제였다. 청나라의 평화 시절은 장기화되었고 국력이 크게 신장되자 황제들은 서서히 나태해지기 시작했다. 평화 시절 황제였던 건륭제(재위 1736~1796년) 말엽부터 이러한 현상이 나타났다. 중국 역사상 최대 영토를 건설한 건륭제도 마침내 기나긴 재위에 싫증을 느끼기 시작했다. 황제가 정치에 관심을 잃으면 부패가 따르기 마련이다. 역대 북방 민족 제국들은 한족 제국들과는 달리 환관 정치에 휘말리지 않았는데 청나라 또한 마찬가지였던 것이 그나마 다행이었다. 나태한 황제들은 충성스러운 신하를 멀리했고 아부하는 인물들만 가까이 했다. 이런 상황은 특정 신하에게 권력이 독점되는 현상을 초래했고 그는 권력을 이용해서 재물을 모으는 데 온 힘을 기울였다. 대표적인 예가 건륭제 후반의 화곤이었다. 화곤은 건륭제의 신임을 받아 20년 동안 정치를 했는데 그가 모은 재산이 약 8억 냥이었다. 이는 당시 일 년치 국가 세입의 10배에 달하는 액수였다. 이렇게 관료 사회의 기강 해이로 부정부패가 공공연히 자행되었고 이로 인한 피해는 백성들에게 돌아갔다.

그러나 문제는 황제가 누구냐 뿐 아니라 사회 기강이 전체적으로 해이해졌다는 데 있었다. 관리들은 각지에서 탐학을 일삼았고 백성들은 탐관오리 등쌀에다 기하급수적으로 늘어나는 인구 증가의 영향으로 토지를 잃고 유랑민이 되기 일쑤였다. 급기야 청나라가 자랑하는, 청의 중국 지배에 있어 근간인 팔기군도 점차 힘을 잃고 무력해졌다. 오로지 군인 본연 임무에만 충실하라는 뜻에서 녹봉에다 경비 조로 기지(旗地)라는 토지까지 받는 특혜를 누렸던 팔기군은 오랜 평화와 번영기를 거치면서 초기 모습을 점점 잃고 군대인지 아닌지 모를 정도로 사기가 저하되었다. 할 일이 사라진 군인들은 사치와 방탕에 빠져들기 쉽다. 더구나 한족들이 만만하게 여기고 농간을 부리는 바람에 팔기군은 점차 생활이 궁핍해졌고 심지어 기지까지 팔아먹는 자들도 생겨났다. 각 부대 지휘관들은 사병 숫자를 허위로 보고해서 군량을 착복하는 등 부정을 일삼았고 일반 군인들은 훈련은 하지 않고 장사를 하러 나서거나 무기를 팔아 배를 채우기도 했다. 팔기제는 청나라를 지켜낼 만한 군사 제도로서 제 역할을 할 수 없는 지경에 이르렀다.

약 300년에 걸친 청의 중국 지배 기간 중 17세기 중반부터 18세기 말까지는 강건성세(康健盛世)라고 하여 청나라뿐 아니라 중국 역사상 최대 황금기 중 하나로 불린다. 훌륭하면서 건강한 황제 한 명 나오기는 복권 맞을 확률인데 만주족은 특이하게 강희·옹정·건륭으로 이어지는 장수한 명군을 세 명 연속 배출했다. 그들의 통치 기간은 130년이 넘었다(보통 중국 황제들은 열에 여덟아홉은 바보거나 일찍 죽었다). 이 장기간 번영으로 가뜩이나 불어나는 추세에 있던 중국 인구는 봇물 터진 듯 늘어났다. 당시 기록에 따르면 청나라 시대인 1700년에 7,000만 명이던 인구가 50년 뒤에는 1억 8,000만 명(여기에는 정복된 지역 인구도 포함되었을 것이다)으로 늘었고 1800년에는 3억 명, 1850년에는 4억 명이 넘을 정도였다. 이제 인구 증가는 제국 근간을 위협하는 요소로 자라났다. 그 많은 인구가 먹고 살 수 있었던 것은 농업과 산업 생산량이 크게 증대한 덕분이었다. 그러나 인구 증가가 농업 생산력에 도움이 되는 것에는 한계가 있을 수밖에 없다. 급속한 인구 증가는 여러 가지 문제를 야기했다. 초기에는 청나라 영토에 비해 인구가 부족했기 때문에 그간의 인구 증가는 생산력 향상에 도움이 되었지만 18세기 말에 들어서는 토지 면적이 인구 증가를 따라가지 못했다. 따라서 농민들의 1인당 경지 면적은 날로 줄어들었고 19세기 중반에 들어서는 대부분 농촌 지역이 기아 또는 반기아 상태에 놓이게 되어 청 조정에 대한 농촌 사회의 불만은 점점 높아만 갔다.

민족 간 감정 대립도 다시 표면화되기 시작했다. 청나라는 소수의 만주족이 다수의 한족, 그것도 문화가 앞선 이들을 지배하는 것이었기 때문에 민족 대립은 어쩌면 필연적이었다(정복 당시 만주족이 약 100만 명, 한족은 약 6,000만 명이었다). 청의 지배력이 강력할 때는 잠잠했지만 18세기에 들어 청조의 실정에 대한 불만이 강해지자 곳곳에서 반청의 봉기가 일어났다. 백련교 신도들은 주로 빈민이었는데 관료들의 수탈을 견디지 못해 산악지대에서 난을 일으켰다. 당시 청나라 군대는 이 난을 진압할 능력이 없었다. 그래서 청 조정에서는 각 지역의 신사층이 무장하는 것을 허락해서 그들이 구성한 향용(鄉勇)을 통해 간신히 난을 진압했다. 결국 청나라 쇠퇴는 빈번한 반란으로 드러났다.

청나라의 특징

청나라는 중국 최후의 전성기였는데 특히 강희·옹정·건륭제에 이르는 3대에 걸친 130여 년간(1661~1796년)은 그 중에서도 최고 시대였다. 이 시기에 청나라는 만주, 중국, 대만, 몽골, 티베트, 신장성을 차지해서 역대 최대 영토를 확보했고 만주족, 한족, 몽골족, 위구르족, 티베트족 등 다섯 민족을 지배했다. 청나라 이전 북방 이민족이 세운 국가들은 대개 정복에는 능했어도 통치에는 서툴렀다. 남북조시대 화북을 지배했던 북조 나라들이나 10세기 거란의 요, 12세기 여진의 금, 13세기 몽골의 원 등은 모두 군사력에서는 뛰어났지만 통치나 문화에서는 한족 왕조에 미치지 못했다. 중국에 북방 이민족 제국이 들어설 때는 언제나 지배 민족이 소수였고 피지배 민족이 다수였다. 따라서 소수의 이민족은 다수의 한족을 지배하기 위해 주로 차별과 억압의 방법을 사용했다. 그러나 힘만 세다고 해서 후진 문화가 선진 문화를, 소수가 다수를 오래도록 지배할 수는 없다. 더구나 힘이 언제까지나 강할 수만도 없는 법이다. 차별과 억압을 통한 지배는 지배하는 측의 힘이 약해지만 금세 밑천이 드러나고 만다. 그렇기 때문에 북방 이민족 국가들이 중국을 지배한 기간은 한족 왕조에 비해 훨씬 짧았다. 그에 비해 청나라는 300년 가까이 중국 대륙을 지배했으니 여느 한족 통일 제국 못지 않은 수를 누린 셈이다. 당시 중국 전체 인구에 2% 정도밖에 되지 않았던 만주족이 압도적 다수의 한족을 그토록 오랫동안 지배할 수 있었던 비결은 무엇이었을까?

청나라의 장수 비결

첫째, 제4대 황제 강희제(재위 1661~1722년)부터 시작된 적극적인 한화 정책이 컸다. 강희제는 한족 문화를 활발하게 수용했을 뿐 아니라 제도적인 면에서도 한족에게 차별을 두지 않았다. 원나라는 소수 지배층인 몽골족과 색목인을 우대했고 국가 기구의 주요 부서장으로는 반드시 몽골인을 임명하는 등 철저한 차별 정책으로 일관했다. 과거 시험도 원나라가 건국된 이후 중단되었고 잠시 실시되다가 다시 중단되었다. 더구나 관직에 나가는 사람은 과거 합격자가 아니라 몽골의 유력자와 그 외에 위구르 출신 등이었다. 고급 관료가 된 사람들은 몽골과 위구르의 유력자 집안 출신자 중 실력을 인정받은 사람이 많았다. 그러나 강희제는 정복 국가의 이미지를 탈피하기 위해 오히려 한족들을 적극 기용했다. 또 승진에 제한을 두었던 원과는 달리 청에서는 한족 관료들도 얼마든지 고위직으로 승진할 수 있었다. 정부 주요 부서에서 일하는 관리들은 가급적 만주족과 한족을 동수로 구성했다.* 이와 같은 강희제의 한화 정책은 강도와 비중은 달라졌어도 그 이후에 계속 이어졌다.

* 한족 숫자가 훨씬 많았으니 실은 차별이었으나 어쨌든 '평등을 가장한 차별'이었다. 이는 민족 간 차별을 두지 않고 형평을 맞추려는 것이었지만 다른 한편으로는 한족 관료들에 대한 감시와 견제를 늦추지 않으려는 의도도 있었다.

둘째, 청나라 시대에는 그 이전 한족 왕조에게서 볼 수 없는 창의적이고 개방적인 제도들이 있었다. 강희제가 주로 한화 정책으로 인심을 얻는 데 주력했다면 그 다음 황제인 옹정제(재위 1722~1735년)는 다시금 지배를 강화해서 균형을 바로잡는 데 치중했다. 이를 위해 옹정제는 무엇보다 강력한 중앙집권을 이루어냈다(청나라에서 중국식 황제 전제 정치는 옹정제 때부터 정식으로 시작된 것이라 할 수 있다). 중앙집권이 이루어졌으면 그 다음 과제는 관료제를 완비하는 것이다. 중앙집권과 관료제는 제국 체제의 골간이기 때문이다. 옹정제는 강력한 황제권을 이용해서 관료들에 대한 통제와 감시를 강화하기로 했다. 민생이 안정되려면 우선 관료들의 부패가 없어야 하며 부패가 없으려면 관료들이 봉급으로 먹고 살 수 있어야 했다. 이를 위해 실시한 것이 양렴은제(養廉銀制)였다. 명나라 때부터 은(銀)납제가 시행되었지만 토지세는 주로 현물로 납부했다. 그런데 곡물을 중앙으로 수송하는 과정에서는 손실분이 생기게 마련이다. 그래서 지방관들은 미리 손실분을 감안해서 재량껏 세금을 더 받았는데 이는 사실상 관료들이 챙기는 몫이 되기 일쑤여서 부패의 온상이 되었다. 양렴은제는 이를 방지하기 위해 아예 관료들 봉급을 그만큼 올려주는 제도로 일종의 수당을 지급한 것이었다. 이렇게 양렴은 즉 '청렴을 배양하는 돈'이라 불렀으니 아무리 배짱 좋은 관료라도 황제에게 양렴은을 받으면서까지 착복하기는 어려웠을 것이다.

또한 청나라에는 중국 역사상 전무후무한 '황태자 밀건법'이라는 후계 제도가 존재했다. 어느 나라 어느 시대나 후계는 가장 중요한 문제이기도 한 동시에 분쟁의 근원이기도 했다. 가뜩이나 소수의 만주족이 다수의 한족을 지배하는 상황에서 계승 문제를 확실히 하지 못하면 제국의 안정은 보장되기 힘들었다. 그래서 동서고금을 통틀어 전혀 볼 수 없었던 독창적인 황위 계승 제도인 '황태자 밀건법'이 등장했다. 재위 시에 미리 황태자를 책봉하지 않고 그 대신 평소에 자질을 눈

여겨보아둔 황태자 이름을 써서 상자에 밀봉해두었다가 황제가 죽고 난 뒤에 개봉하는 것이다. 서양식 유언 비슷한데 동양식 전제군주인 황제가 남긴 유언을 어길 세력은 없었다. 어느 나라에나 있었던 '왕자의 난'이라는 홍역을 청나라가 치르지 않을 수 있었던 것은 전적으로 황태자 밀건법 덕분이었다. 왕자의 난은 거의 모든 나라에서 일어나는 일종의 개국 초기 증후군인데 사실 청나라에서도 옹정제까지는 그런 현상이 약간 있었다. 그러나 옹정제가 만든 황태자 밀건법 덕분에 다음 황제인 건륭제가 즉위할 때는 황위 계승을 둘러싼 투쟁을 끝낼 수 있었다. 비록 건륭제가 오래 재위한 탓에 실제 효력은 건륭제로 끝났지만 동서양 어느 역사에서든 재위 계승이 문제였던 점을 고려한다면 그 의미가 크다고 할 수 있다. 더구나 황태자 밀건법은 자질이 우수한 황제를 제도적으로 배출할 수 있게 해준다는 의미도 있었다. 예전처럼 어릴 때 황태자가 책봉된다면 나중에 자라서 어떤 황제가 될지 예측하기가 어려울 수밖에 없다. 그러나 황태자 밀건법에서는 오랜 기간에 걸쳐 인물됨을 보고 나서 황제를 고를 수 있었기 때문에 상당히 합리적인 황위 계승이 이루어질 수 있었다(황제 아들들만을 후보로 하는 제한적 선택이기는 하지만). 비록 한 번 실시하고 끝났지만 이런 제도를 만들 정도로 청나라는 어느 한족 왕조보다 창의적이고 개방적이었다.

셋째, 만주족은 몽골족처럼 과도하게 영토 욕심을 부리지 않았다. 당시 소유하고 있던 삼림이거나 약간의 화전이 있던 자신들 고향 만주를 제외한다면 만주족의 관심거리는 중원 제국이 유일했다. 그들이 쿠빌라이 가문에 비해 정신적인 고유성을 훨씬 덜 가졌고 보다 철저하게 중국화된 까닭도 거기에 있었다. 만주족과 한족의 결합은 급속도로 이루어져서 나중에는 완전히 통합되었고 이것은 강력한 만-한 융합 국가를 만들어냈다. 실제로 만주족들은 쿠빌라이 가문처럼 중국에서 쫓겨나지 않고 동화되었다. 그들은 종족적인 순수성을 보존하기 위한 칙령을 내렸지만 1912년 청나라가 무너졌을 때 이미 만주족 정복자들은 다수의 한족 속으로 흡수된 지 오래였다. 중앙아시아인들의 영토는 대체로 청나라 지방으로 편입되지 않았지만 만주족은 그들과의 관계를 공고히 하기 위해 왕조 간 혼인, 제후들 간 개인적 맹세, 종교적 관계 등을 잘 활용했다.* 즉 직접 지배하지 않는 지역에 대해서는 간접적인 지배 수준을 적절하게 유지했던 것이다.

* 나중에 신강(新疆, 신장)이 된 동투르키스탄은 예외적인 경우였다.

넷째, 이제 중국 전역의 주인이 된 만주족은 중국적인 환경에 철저하게 적응했다. 그들의 지도자들 — 순치제, 강희제, 옹정제, 건륭제 — 은 모두 중국적인 전통에 충실한 천자로 행동했다. 그들이 이러한 역할을 쿠빌라이와 그의 자손들보다 더 잘 수행했음은 두말할 나위가 없었다. 또한 그들은 어떻게 하면 중국을 더 잘 통치할 수 있을지를 배우고자 했다. 몽골, 투르크, 티베트는 대부분 중국 문화를 거부했던 반면 여진족과 만주족은 받아들였다. 그 이유는 그들 생활 터전이 스텝 지역이 아니라 중앙유라시아 문화권 동쪽 변경 지대였기 때문이었다. 몽골 초원 지대가 아니라 만주 변경에서 성장해서 만주족은 유목지대와 농경지대 사이의 엄청난 문화적인 격차를 극복할 필요성이 적었다. 다른 이민족들이 주로 유목과 수렵을 했던 것에 비해 만주족은 농경의 비중이 컸다. 따라서 만주족은 농경 문화인 한족과 중국에 대해 다른 이민족들보다 더 잘 이해하고 적응할 수 있었던 것이다. 누르하치는 통일 전쟁으로 노획한 다수의 중국인과 조선인을 노비로 삼아 농업 생산을 비약적으로 발전시켰다. 「선조실록」에는 1595년 어느 조선인 관리가 여진의 경내로 들어가서 본 다음과 같은 내용을 기록하고 있다. "가는 곳 가운데 경작하지 않은 들판은 보이지 않았고 산 위조차도 많이 개간되어 있었으며 집집마다 모두 닭과 돼지, 거위, 오리, 양 등의 가축을 길렀다."

물론 만주족은 기본적으로 유목·수렵 세력이었다. 그들은 "10살부터 활쏘기와 말타기를 익혀서 매일 말 달려 사냥하는 것을 일로 삼았고", "나이가 많고 적음을 떠나서 모두 전투에 나서고 사냥에 나가는 것을 좋아했다.". 누르하치는 수렵 활동의 조직과 생산 단위를 군사 조직으로 전환시켜 이른 바 팔기 제도를 정립했다. 이처럼 사회 조직과 군사 조직이 합일되고 농(農)과 병(兵)이 일치된 여진 고유의 팔기 제도는 여진 사회 통일뿐만 아니라 요동 통일 나아가서는 요동과 중국 통합까지 가능하게 한 원동력이 되었다. 청조는 한족이 만주로 이동하는 것을 금지했는데 가장 큰 이유는 한족의 요동 유입이 만주인 고유의 "말타고 활쏘는 본습(本習)"에 영향을 미칠까 염려해서였다. 청나라 황제가 유목민에게는 칸이라고 불렸다는 사실에서 알 수 있듯이 당시 만주인 사회에는 유목민의 전통이 계승되고 있었다. 청나라 황제는 대대로 여름에는 열하 근처에 있던 목란위장(황실 사냥터)에서 사냥하는 것이 전통이었는데 중앙유라시아의 유목민 지도자들을 초대해서 함께 즐겼다. 아무리 학문이 뛰어나도 말을 타지 못하거나 사냥을 하지 못하는 것은 칸의 불명예였기 때문에 청 황제는 무인으로도 충분한 실력이 있음을 목란위장에서 널리 보여주었던 것이다. 이러한 행사는 단순한 놀이일 뿐만 아니라 군사 훈련이었으며 조직과 무력을 중시하는 북방 민족의 전통을 확인하는 의례이기도 했다 (청 황실은 이러한 의례를 가법으로 대략 19세기 초까지 이어갔다).

마지막, 어쩌면 가장 중요한 것으로 북방 이민족이 중국을 지배한다는 사실 자체가 이미 청나라에게는 "반은 먹고 들어간다."라고 할 만큼 절대적으로 유리했다. 바로 자신들이 북방 출신이어서 한족 왕조들처럼 북방 수비를 염려하지 않아도 되었기 때문이다. 한, 송, 명 등 중국의 역대 왕조들은 만주와 서북변 이민족들에게 내내 시달려 국력이 많이 약화될 수 밖에 없었다. 그런데 청나라는 만주 출신이었으므로 당연히 만주 쪽 국방은 신경 쓰지 않아도 되었다. 그리고 처음부터 끌어들인 동몽골 덕분에 몽골초원 동쪽은 안정적이었고 이를 바탕으로 몽골초원 서쪽 준가르까지 정복할 수 있었다(뒤에서 보겠지만 청이 150년 숙적이었던 준가르를 정복하는 데에는 상당한 병력과 경비가 들어가기는 했다). 따라서 청나라는 기존의 한족 왕조에 비해 이민족에 대한 병력과 재정에서 상당한 이점이 있었던 것이다. 그리고 그것은 곧 국내 정치의 안정과 국력 유지에 큰 도움이 되었다.[5]

(2) 최후의 유목 국가인 준가르

준가르족 추장 카라 쿨라 칸(사망 1634년)은 서몽골을 잠시 통일한 적이 있었던 에센(재위 1443~1454년)의 후손이었다. 그는 1608년부터 새로운 오이라트 연맹을 결성하여 자신의 지위와 권력을 만들기 시작했다. 1628년에 오이라트족은 준가리

---

5) 중국 역사를 둘로 나눈다면 역사학자들 대부분은 아편전쟁이 발발한 1840년을 기준으로 할 것이다. 아편전쟁이 일어나기 전까지 동아시아 민족이 생각하는 천하는 만리장성 이북의 '야만 세계'와 그 이남의 '문명 세계'가 전부였다. '북방 오랑캐'와 대륙 패권을 주고받던 중국사는 아편전쟁 이후 '서양 오랑캐'에게 반(半)식민지가 되는 역사라고 할 수 있다. 그러던 1912년 손문(孫文, 쑨원)을 임시 대총통으로 하는 중화민국이 세워졌다. 신해혁명으로 공화 정부가 들어섰고 이로써 청나라는 297년 사직을 끝으로 멸망했다. 동시에 진시황 이래 2,132년 동안 존재했던 '황제'도 역사 저편으로 사라졌다. 영화 「마지막 황제」로 유명한 선통제 부의(溥儀, 푸이)는 1906년 황제의 조카로 태어났다. 그는 1908년 서태후의 유언에 따라 세 살도 되지 않은 나이에 황제가 되었다. 즉위식장에서 지루함을 견디지 못한 부의가 그만 울음을 터뜨려 성대하고 신성해야 할 황제 즉위식은 엉망이 되어 버렸다. 그렇다고 울지 말라고 황제가 된 그의 볼기짝을 칠 수는 없는 법, 부의의 아버지 순친왕은 "울지 말고 고정하십시오. 이제 곧 끝납니다. 금방 끝날 거라고요."라며 황제 아들을 달랬다. 그 말처럼 부의의 '황제 놀이'는 4년도 못 가고 막을 내렸다. 이후 부의는 괴뢰국인 만주국 황제가 되는 등 일제와 중국 군벌에 의해 '황제 놀이'를 두 번 더해서 일생 동안 총 세 차례나 황제로 즉위했다. 1945년 8월 전쟁이 끝난 뒤 소련군 포로가 된 부의는 중화인민공화국 성립 이후 10년 동안 만주 전범 수용소에서 사상 개조 교육을 받았다. 부의는 중국 공직자 이력서를 작성할 때 "전(前) 황제 3년, 만주국 황제 12년"이라고 썼다. 1967년, 북경의 식물원 정원사로 일하던 '마지막 황제'는 그 파란만장한 삶을 그야말로 '10억 인민' 중 한 사람으로 평범하게 마감했다. 그의 유해는 1995년 청나라 황릉으로 이장되었다.

아와 동투르키스탄에서 그들 영토를 다시 한 번 되찾았다. 그리고 마침내 오이라트족은 준가르(또는 중가르, 준까얼, 1634~1758년) 제국 건설에 성공했다.

준가르 제국의 갈단

갈단(1649~1697년)은 서몽골 준가르부 수령의 넷째 아들로 태어났다. 그는 1660년경 라싸로 보내져 승려 수업을 받고 있었는데 1670년 친형이 이복 형제들에게 살해되는 사건이 발생했다. 그러자 갈단은 1676년 귀국해서 이복형제들을 살해하고 준가르 수령이 되었다. 그는 이후 서몽골 전체 패권을 장악했다. 1679년에 이르러 갈단은 동투르키스탄 정복을 마무리하고 동쪽으로 코코노르 경계까지 진출했다. 그는 청나라에 "나는 그곳(코코노르 지역)을 돌려받아야겠소."라고 편지를 보냈다. 만주족은 준가르가 위협이 된다고 생각하지는 않았다. 그러나 그 편지는 청나라 황제와 갈단이 동등하다는 선언으로 들렸다. 동부 스텝 지역에서 오래도록 지속된 몽골 내부 분쟁과 관련되어 갈단의 동생이 동몽골 할하족에 의해 살해되는 사건이 벌어졌다(1687년). 그에 대한 복수로 갈단은 준가르 군대를 이끌고 몽골 지역 깊숙이 쳐들어가 할하족 군대를 쓸어버렸다. 할하족은 흩어져 사방으로 도주했다. 청나라와 러시아로 가기도 했고 준가르 영토로 달아나기도 했다. 갈단은 몽골 지역에서 할하족에게 계속 승리를 거두었고 동부 몽골을 정복했다(1688년). 갈단은 청나라를 위협할 의도를 내보이지 않았고 계속해서 평화로운 이웃으로 행동했다. 그러나 그가 열하를 향해 동남쪽으로 진군했을 때 이제는 북경을 공격할지도 모른다는 말이 나왔다.

강희제는 신속하게 군대를 조직해서 준가르를 향해 세 방면으로 원정을 보냈고 스스로도 북쪽으로 향하는 군대를 이끌었다. 그러나 원정은 성공적이지 못했다. 청나라는 8월에 준가르에게 패했으며 뒤이어 9월에도 전투에서 승부를 내지 못했다. 이때 강희제는 북경으로 돌아갔으나 상당 규모의 청나라 군대는 여전히 갈단과 대치했다. 그러던 중 갈단은 청나라 국경으로부터 멀리 떠나겠노라고 맹세했다. 강희제는 공식적으로 이를 받아들였지만 개인적으로는 여전히 갈단의 체포를 원했다. 갈단은 그들의 손길이 미칠 수 없는 곳으로 이동했고 너무 먼 거리까지 나가서 보급조차 어려웠던 청나라 군대에게 강희제는 철수 명령을 내렸다. 휴전 기간 동안 청나라는 준가르를 다시 한 번 공격할 힘을 비축할 수 있었다. 1696년 청나라는 갈단에 대한 총력전을 치를 준비를 마쳤고 다시 한 번 황제가 직접 군대를 이끌고 북쪽으로 진군했다. 1696년 7월 우르가(현재 울란바토르) 근처에서 양쪽 군대가 마주쳤다. 청나라가 준가르를 물리쳤고 갈단의 아내도 살해되었다. 갈단은 소수의 패잔병들과 함께 가까스로 도망쳤다. 청나라 군대는 그를 따라 서쪽으로 진군하며 쉬지 않고 추격했다. 계속되는 압박 속에 갈단을 따르던 병사들은 더욱 줄어들었고 1697년 4월 갈단은 죽음을 맞이했다(갈단은 병사했거나 부하에게 독살되었을 가능성이 컸지만 강희제는 자신의 승리가 천명에 의한 것임을 강조하기 위해 그가 자살했다고 발표했다).

중앙유라시아의 거대 세력 준가르 제국

갈단이 죽은 후에도 유목 제국 준가르는 무너지지 않았다. 청나라가 갈단을 물리쳤음에도 준가르는 여전히 중앙유라시아에서 거대 세력으로 남아 있었다. 갈단이 죽은 후 그의 조카 체왕 랍탄(재위 1697~1727년)이 뒤를 이어 준가르의 전성기를 이끌어 카자흐스탄에서 티베트에 이르는 넓은 지역에 영향력을 행사했던 것이다. 1727년에 체왕 랍탄이 죽자 그의 아들 갈단 체렌(혹은 갈단 체렝, 재위 1727~1745년)이 후계자가 되었다. 그는 제국을 다시 조직하고 처음부터 중국에 대해 적대감을 드러냈다. 명장군 악비의 17대손인 악종기는 준가르 쪽 변방에 30만 명의 군대를 투입해야 한다고 16차례나 건의했으나 옹정제는 너무 많다며 망설였다. 결국 옹정제는 악종기의 의견을 받아들여 20만 명을 파견했다. 그러나 청나라 군대는 준가르의 유인 전술에 넘어가 장수들이 자살하고 병사들은 5만 명이 사망하는 큰 패배를 당했다(1729~1731년). 기가 꺾인 옹정제는 철군을 명령했다. 청나라와 평화 협정을 맺는 갈단 체렌은 카자흐를 공격했고 준가르는 중앙아시아 서부 깊숙이 세력을 뻗어 나갔다.

무너지는 준가르

1745년 갈단 체렌이 죽자 준가르 제국은 순식간에 분열되어 혼란에 빠져들었다. 준가르는 전염병인 천연두 확산과 자연 재해 때문에 큰 피해를 입었다. 마침내 준가르의 한 파벌 지도자인 아무르사나가 청나라 황제를 찾아가 자신을 준가르 지도자로 인정해 주면 복속하겠다고 제안했다. 청나라는 이 기회를 놓치지 않았다. 청나라 군대가 도착했을 때 준가르는 분열되어 있었다. 청군은 손쉽게 준가르군을 격파하고 준가르 지역을 점령했다(1755년). 청나라가 준가르 땅을 4명의 대등한 칸을 세워 분할통치를 하려고하자 아무르사나가 반발해 반란을 일으켰다. 아무르사나는 남아 있는 준가르 세력을 이끌고 청나라에 대항했고 청군은 2년 동안 전력을 다해 뒤쫓았지만 잡지 못했다. 건륭제(재위 1735~1796년)는 분노와 절망감으로 거의 미칠 지경이었다. 1756년 겨울, 건륭제는 준가르인들을 몰살시키라는 명령을 내렸다. 청군은 준가르인을 절반 가까이를 학살했다. 살아남은 사람들도 대부분 천연두나 굶주림으로 죽어갔고 준가르인의 10%만이 살아남았다. 아무르사나는 지치고 힘없는 준가르인들만으로는 부족해서 러시아에 지원을 요청하던 중 천연두에 걸려 사망했다. 그렇게 중앙유라시아 최후의 유목국가 준가르는 역사의 무대에서 사라졌다(1757년).

준가르 제국의 특징과 그 이후

준가르 제국은 몽골어계 종족으로 청나라 서북부 신장-위구르 지역과 카스피해 그리고 외몽골과 티베트까지 영향력을 행사했던 '최후의 유목제국'이자 '유목민족 최후의 불꽃'이었다. 준가르는 유목국가였지만 기병에 의존하지 않고 자체적으로 화약과 무기를 생산하며 농업을 시작할 정도로 시대에 적응하는 모습을 보이기도 했다. 그러나 국력, 인구, 농업 생산력 등에서 청과 러시아에 비해 너무 미약했다. 당시 준가르 위세를 잘 알 수 있는 사건이 하나 있다. 러시아는 16세기 후반 모피를 구하기 위해 시베리아로 진출하기 시작해서 17세기 전반 태평양 연안에 이르렀고 결국 흑룡강에 닿았다. 1650년대부터 흑룡강 연안에서 청과 러시아 사이에 소규모 전투가 시작되었는데 1685년부터는 전투 양상이 심각해져 알바진 등 흑룡강 연안 거점을 둘러싸고 공방전이 반복되었다. 그런 청과 러시아가 1689년 네르친스크 조약을 체결했다. 청과 러시아가 관계 수복을 꾀한 이유는 당시 급속도록 세력을 키우던 준가르 때문이었다. 준가르는 18세기 전반까지 중앙유라시아의 거대 세력으로 청나라 뿐 아니라 러시아와도 대립했다. 청러관계가 개선된 배경에는 쌍방 모두 준가르를 견제해야 한다는 커다란 공통 과제가 있었던 것이다.

17세기 전반 청나라의 출현은 중국과 동아시아뿐만 아니라 중앙유라시아 세계 전체에도 심대한 변화를 가져왔다. 청나라를 건설한 만주인들은 처음에는 몽골인들과 친밀한 관계를 맺었으나 자신들의 세력이 커짐에 따라 오히려 그들을 차례로 복속시켰다. 나아가 몽골과 정치·종교적으로 불가분 관계에 있던 티베트를 장악하고 마지막으로 서몽골 준가르를 붕괴시킴으로써 천산 남북의 동투르키스탄까지 정복했다. 그런 의미에서 청나라의 흥기는 중앙유라시아 여러 민족의 운명을 바꾸어놓은 역사적 사건의 시작이었다. 유목 세력이 무너지면서 중앙유라시아

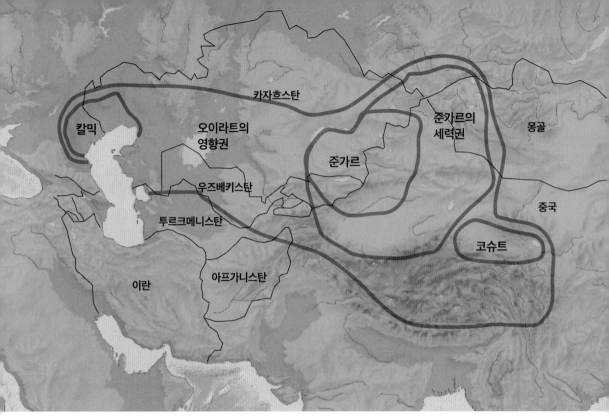

준가르 제국(1634-1758년)과 중앙유라시아.

는 중국과 러시아가 나누어가졌다. 청은 '최후의 유목 제국' 준가르를 무너뜨리고 그들 영토를 차지했고, 러시아는 그 나머지인 중앙유라시아 대부분을 점령하고 식민지화했다.

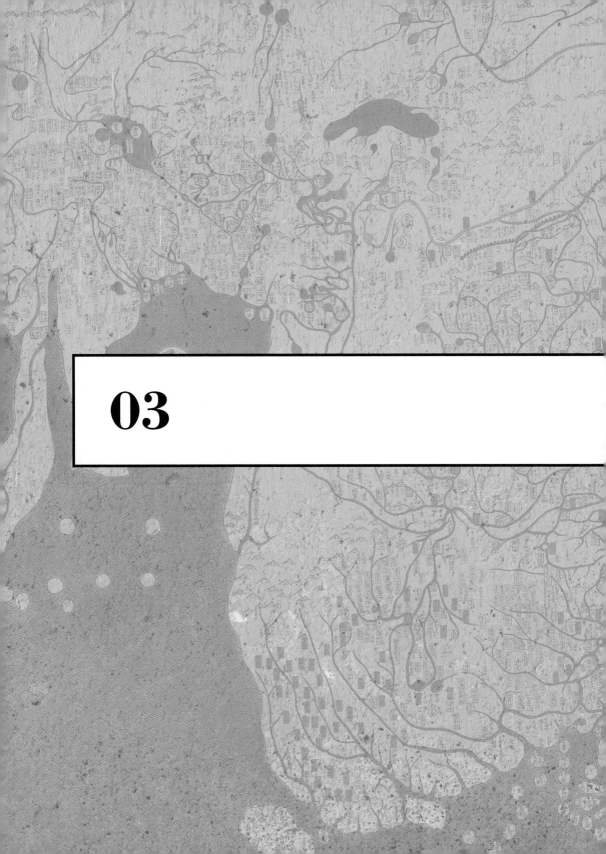

03

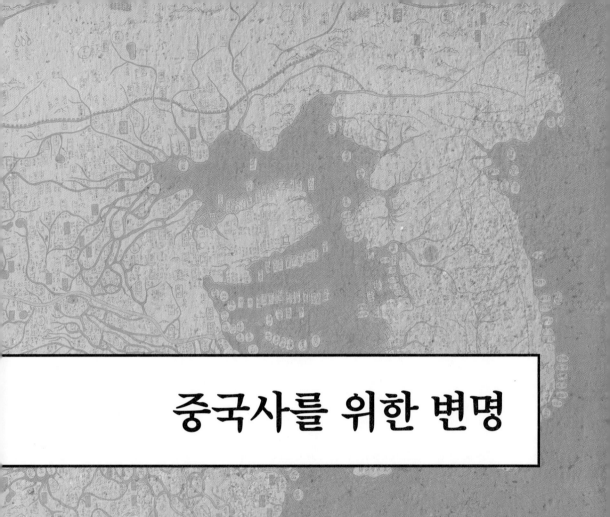

중국사를 위한 변명

1. 중국사의 '2대 주주' 한족과 이민족

이민족 ↕ :대립, 전쟁 ↓ :후손, 계승 중국왕조	견융·동호	서융	흉노	5호	북조(선비·유연)	선비	토욕혼·토번	돌궐	위구르	돌궐(사타)	요(거란)·서하(탕구트)	금(여진)	몽골	후금(만주)
(대립·전쟁 / 후손·계승)	↕	↓	↕	↕	↕	↓	↕	↕	↕	↕	↕	↕	몽골 ↓ 몽골제국·원 / ↕	↓
중국왕조	주·춘추전국시대	진	한·삼국시대	진·5호16국시대	남조	수·당	당	당	당	5대10국	송	송	명	청

표 1. 이민족과 중국 왕조

1. 토욕혼(또는 토곡혼)은 선비족이 세운 나라로 티베트의 토번에게 멸망했다(663년).

2. 토번은 티베트고원 중앙에 설립된 고대 왕국으로 약 2세기 동안 전성기를 구가하다 붕괴했다(846년).

시기	국가명			특이 사항
미상	삼황오제			신화시대
기원전 2070~1600년	하(夏)			중국 최초의 국가
기원전 1600~1046년	상(商)			은(殷)이라고도 부름
기원전 1046~221년	주(周)	서주(西周, 기원전 1046~771년)		서쪽 이민족 견융(융족의 한 갈래)이 호경을 함락시켜 주나라가 수도를 동쪽 낙양으로 옮긴 사건을 기준으로 이전을 서주, 이후를 동주라고 함. 동주 시대가 곧 춘추전국시대임.
		동주 (東周, 춘추전국시대)	춘추시대 (기원전 770~403년)	
			전국시대 (기원전 403~221년)	
기원전 221~06년	진(秦)			지배민족 : 융(서융)
기원전 202~ 기원후 220년	한(漢)	전한(서한, 기원전 202~ 기원후 8년)		지배민족 : 한족
		신(新, 기원후 8~23년)		
		후한(동한, 기원후 25~220년)		
기원후 220~ 280년	삼국시대	위(魏)		소설 『삼국지』의 시대 배경
		촉(蜀)		
		오(吳)		

기원후 220~589년	위진 남북조 시대 (魏晉 南北朝 時代)	진(晉, 서진, 265~316년)		위진남북조의 위는 삼국시대의 위나라이며 그 위나라를 이은 것이 진나라이기 때문에 위진시대임. 진은 처음에 낙양에 도읍했는데(서진) 5호 때문에 중원을 잃고 지금의 남경에 도읍하여 동진이 됨.	
		동진(東晉, 317~420년)			
		5호16국시대 (304~439년)		5호로 불리는 흉노, 갈, 선비, 저, 강이 주도한 시기임. 16국 중 한족이 세운 왕조는 3개이며 나머지를 5호가 세움.	
		남북조 시대 420~589 년	남조 (南朝, 420~589년)	남조에서는 동진이 송, 제, 양, 진으로 이어짐	지배민족 : 한족
			북조 (北朝, 439~581년)	북조에서는 5호16국을 통일한 선비족의 북위가 동위와 서위로 갈라지고 동위는 북제, 서위는 북주로 이어짐.	지배민족 : 선비족
기원후 581~618년	수(隋)			지배민족 : 선비족(또는 한족과 혼혈)	
기원후 618~907년	당(唐)			지배민족 : 선비족(또는 한족과 혼혈)	
기원후 907~960년	5대10국시대			황소의 부장 주전충이 당 애제로부터 선양 형식으로 후량을 세운 후 중원에 후당, 후진, 후한, 후주 5개 왕조가 이어지고 그 이외 지역에 10국이 할거함. 돌궐(사타족)이 5대 중 후당, 후진, 후한을 세움	지배민족 : 한족, 돌궐
기원후 916~1125년	요(遼)			지배민족 : 거란족	

기원후 960~1279년	송(宋)	북송(960~1127년)	지배민족 : 한족
		남송(1127~1279년)	
기원후 1038~1227년	서하(西夏)	지배민족 : 탕구트(티베트계)	
기원후 1115~1234년	금(金)	지배민족 : 여진족	
기원후 1189~1635년	몽골제국·원(元)·동서몽골	몽골제국은 칭기즈 칸의 칸 즉위 이후 1189년부터 1635년까지 존속했으나 중국에서는 5칸국 중에서 중국 대륙을 기반으로 5번째로 성립한 원(1271~1368년)을 인정함	지배민족 : 몽골
기원후 1368~1644년	명(明)	지배민족 : 한족	
기원후 1616~1912년	청(淸)	지배민족 : 만주족	

표 2. 중국 역대 왕조와 시대

조선 팔도의 이름을 보면 당시 지역 사정을 알 수 있다. 강원도는 강릉과 원주, 충청도는 충주와 청주, 전라도는 전주와 나주, 경상도는 경주와 상주 앞 글자를 딴 것으로 이들이 당시 그 지방에서 중심이었다. 그렇다면 경기도는 무슨 의미일까? 경기(京畿)란 서울을 중심으로 하는 주위 지역을 뜻한다. 원래 '경'은 '천자(天子)가 도읍한 경사(京師)'를 뜻하고, '기'는 '천자 거주지인 왕성(王城)을 중심으로 사방 500리 이내 땅'을 의미했으나 점차 '왕도 외곽지역'이라는 일반적 개념으로 사용되었다. 중국에도 우리나라 경기도에 해당하는 곳이 있다. 수도 북경을 포함하는 하북성(河北, 허베이)이 바로 그곳이다. 한국의 서울을 경기도가 둘러싸고 있듯이 중국의 북경을 둘러싸고 있는 것이 하북성이다(하북성과 경기도는 실제로 자매결연을 맺은 사이다). 그런 하북 사람들을 비하하는 표현으로 '라오탄얼(老坦兒)'이라는 말이 있다. 우리는 경기도를 비하하는 표현도, 비하할 이유도 딱히 없는데 중국인들은 왜 하북 사람들을 비하하는 것일까?

'라오탄얼'은 하북 사람들이 북방 이민족과 혼혈로 생긴 후예라는 점을 비하해서 표현한 말이다. 하북성의 '하'(河)는 황하를 의미하므로 하북은 황하 북부 지역이란 뜻이다(같은 맥락으로 하남성이 있다). 예로부터 하북성은 북방 유목민족이 활동하던 몽골초원과 맞닿아 있던 지역이다. 따라서 하북 지역은 일찍부터 북방 이민족의 침범이 끊이지 않았다. 춘추시대는 융적이 이 지역을 침략했고 한나라 때에는 흉노, 선비, 갈 등이 하북 북부를 점유했다. 5호16국시대에는 갈족의 후조, 선비족의 전연과 후연, 저족의 전진 등 북방 이민족 정권들이 이 지역에서 명멸했고 이후 다시 선비계의 북위와 동위, 북제 등이 차례로 하북 일대를 지배했다. 5대10국에서 북송 때까지는 거란족의 요나라가 이 곳을 다스렸고 금나라 때에는 여진족이, 원나라 때에는 몽골족이 차례로 이 지역을 차지했다. 명·청시대에도 이 지역은 한족과 만주족, 몽골족 등이 뒤섞여 살아가는 혼융의 공간이었다. '중국의 경기도'인 하북성 특징처럼 그리고 표1과 표2에서 보듯이 기원전 770년 주나라를 멸망시킨 융족부터 시작해서 마지막 제국인 청나라까지 중국사는 한족과 이민족이 함께 만든 역사였던 것이다.

융족과 진나라

주나라(서주)를 멸망시킨 것은 북방 이민족 중 하나로 주로 서쪽에 웅거하던 융족이었다. 서주의 유왕(재위 기원전 782~771년)은 폭정과 향락에 빠져 민심을 잃은 상태에서 왕비와 태자를 폐하고 애첩인 포사와 그녀의 아들을 왕비와 태자로 책봉했다. 이에 폐비의 아버지가 대초원 서쪽에 웅거하던 융족의 한 갈래인 견융을 끌어들여서 수도 호경이 함락되고 주나라는 멸망했다. 서주가 멸망한 이듬해 폐위되었던 태자가 복위해 주 평왕이 되었다(기원전 770년). 그 뒤로도 견융이 호경에 눌러앉아 약탈을 벌이자 주 평왕은 수도를 동쪽 낙양으로 옮겼다. 동주시대, 즉 춘추전국시대는 이렇게 열렸던 것이다. 주 왕실은 다시 나라를 세웠지만 직접 다스리는 영토래야 사방 50~100리에 지나지 않았다. 춘추시대를 지나 전국시대 중반에 이르러 진(秦)이 부국강병에 성공하면서 전국7웅 중 가장 강력한 나라가 되었다. 그런 진나라의 독주를 막으려고 주 난왕이 몰래 다른 제후국들과 합종해서 진을 공격하기 위한 계획을 진행했다. 이를 알게 된 진나라는 주나라에 대해 대대적인 공격을 감행했다(기원전 256년). 결국 주 난왕이 그나마 남아 있던 인구 3만 명의 작은 영지를 진나라에 바치고 항복하면서 허울뿐이지만 그래도 명맥을 이어가던 주나라는 멸망했다. 그렇게 동주를 멸망시킨 진나라도 원래 북방 세력의 한 갈래인 융족(서융)이 세운 나라였다.

주(기원전 1046~256년, 서주 기원전 1046~771년, 동주 기원전 770~256년)는 중국 역사상 가장 확실한 기록을 가진 실질적인 최초 왕조이자 가장 오래 존속한 국가였다. 주나라는 서주(西周) 12대, 동주(東周) 26대에 걸쳐 총 38대 790년 동안 존속하며 중국의 원형과 정신세계 그리고 국가·사회 질서의 기초를 확립했다. 그렇게 서주와 동주를 멸망시킨 것은 모두 융족이었으며 춘추전국시대를 마감하고 중국 대륙을 최초로 통일한 진시황은 융족의 후손이었다.* 주나라 유왕이 여산 기슭에서 살해당했을 때 진나라 양공은 군대를 이끌고 달려왔다. 평왕을 포함한 주나라 왕실 일행이 낙양까지 도망갈 수 있었던 것은 진나라 군대의 원조가 있었기 때문이었다. 이렇게 중요한 직무를 맡고 있으면서도 진나라는 주나라에 의해 제후에 봉해지지 않았다. 그 이유는 진나라가 융적의 성격을 농후하게 지니던 부족이었다는 점 때문으로 보인다. 진나라는 중국 서쪽에서 목축을 하던 서융 일족이 세운 나라였다. "서융은 머리를 풀어 헤치고 가죽옷을 입으며 알곡을 먹지 않는 자가 있다."라고 한 것은 서융의 경제생활이 목축과 수렵 중심이었음을 보여준다. 융족 계열이 대다수였던 진나라는 서방의 다른 이민족들을 흡수하며 성장했고 그것을 바탕으로 춘추전국시대를 통일했다. 사마천은 『사기』에서 "당시 진나라는 융적의 풍속이 뒤섞여 포악함을 앞세우고 인의를 뒤로 하여 번신의 지위에 있으면서도 교제를 행하니 군자들이 두려워한 것이다. (…) 진나라는 처음에 작은 나라이고 편벽되고 멀리 떨어져서 제하(중원의 제후국)들이 진나라를 배척하여 융적과 동등하게 대하였는데 헌공 이후에 이르러 늘 제후국들 가운데에서 우두머리 노릇을 하였다."라고 했다. 진나라가 변법에 성공한 이유도 원래 서융의 기초를 가지고 출발해서 중원의 관습에 얽매이지 않고 전국7웅 가운데 가장 큰 폭으로, 가장 깊이 있게 개혁을 할 수 있었기 때문이었다.

* 진 황실이 융족의 직접적인 후손은 아니라는 견해도 있으나 진나라의 주민 상당수가 융족 계열이었던 것은 맞다. 사마천은 『사기』에서 "진(秦), 초(楚), 오(吳), 월(越)은 모두 이적(夷狄)인데,

강성한 패주가 되었다."라고 했다.

위진남북조시대와 '북강남약'

후한이 멸망해서 한나라 시대가 끝나고 삼국시대로 접어들었다. 위, 촉, 오 중에 가장 강성했던 위를 이은 진(晉)이 삼국을 통일하고 잠깐 동안이나마 분열 시대를 마감했다. 흉노족의 유총은 311년 낙양을 점령해서 진나라 황제인 회제와 왕공사민 10만여 명을 죽이고 궁궐을 불태웠다(영가의 난). 유총에 의해 회제가 처형당하자 조카인 민제가 황제에 올랐으나 318년에 민제 또한 처형당했다. 이렇게 제3, 4대 황제 모두 흉노에 의해 처형당하고 서진의 역사는 막을 내렸다. 팔왕의 난으로 중원을 잃고 강남으로 피난해서 건강(建康, 지금의 남경)에 도읍을 한 동진(東晉)의 역사가 시작되면서 5호16국시대를 포함하는 위진남북조시대가 펼쳐졌다. 서진이 멸망한 후 화북에서는 북방에서 중원으로 이동한 이민족들과 한족을 포함해 여섯 민족이 130년간 전후 18개국, 22개의 정권을 건립하는 시대가 펼쳐졌다(5호16국시대).

5호16국시대는 유연의 한(전조)이 성립한 304년에서 439년 북위가 화북을 통일하기까지 136년간이다. 위진남북조시대 중 하나인 5호16국시대의 16국 중 한족이 세운 왕조는 3개이며 나머지는 5호가 세웠다. 위진남북조시대 중 남북조시대 (420~589년)에서 북조는 선비족, 남조는 강남으로 피난해서 동진을 세운 한족이 이끌었다. 439년에 선비족의 척발씨(拓跋氏)가 세운 북위가 화북을 통일했다. 남조 네 나라(송, 제, 양, 진)는 평균 수명이 40여 년밖에 안 된다는 점에서 알 수 있듯이 정치적으로 불안정했고 군사력도 화북 이민족들보다 약했다. 강남에 동진을 세운 한족들은 중원을 회복하고자 몇 차례 북벌을 감행했지만 성과는 크지 않았다. 그 이유는 '북강남약'의 국세가 계속 전개되었기 때문이다. '북강남약'의 배경에는 군사력 차이가 자리하고 있었고 남북 군사력 우열은 호·한의 전투력 차이에 기초하고 있었다(남북조 시대에 대체로 북조 왕조에서는 지배층이 이민족, 피지배층이 중국인이었고 남조 왕조에서는 지배층이 중국인, 피지배층이 중국인 및 이민족이었다). 5호16국시대 역시 북중국에서 유목 민족들이 합세해서 어우러진 혼란기였던 점을 주목한다면 304년부터 534년 사이 230여 년은 유목 민족들이 중국의 핵심지역인 북중국에서 헤게모니를 다투거나 장악한 시기였다.

선비족 출신인 수 황실

두 번째 한나라인 후한 때 일어난 황건의 난 이래로 위진남북조시대까지 약 400년간 분열해있던 중국을 재통일한 인물은 양견이었다. 양견의 아버지 양충은 선비족 군벌인 독고신의 부하였다. 양견이 17세가 되던 557년, 독고신과 양충은 우문각의 쿠데타를 도와 북주(北周)를 성립시켰다. 그 공로로 양충은 수국공(隨國公)에 봉해졌고 얼마 후 북주의 최고 실권자 중 하나로 떠올랐다. 양견도 아버지 후광 덕분에 스무 살도 안 된 나이에 군대를 이끄는 장군의 하나인 표기장군 지위에 올랐으며 독고신의 딸인 독고가라(후일의 독고황후)와 혼인했다. 양견의 딸이 북주 황실에 시집가고 사위가 황제로 즉위하면서 북주 왕조에서 양견의 입지는 더욱 굳어졌다. 577년에는 인맥과 혼맥이 아니라 양견 스스로 공으로 명성을 날리기도 했다. 화북 지방을 반분하고 있던 북제(北齊)를 공격해서 멸망시킨 것이다. 이로써 중국 북부는 북주가 통일했다. 양견은 자기 딸을 황태자비로 만들어 외척 권력을 손에 넣고 반대파를 제거한 뒤 황위를 이양 받아 581년에 수나라를 세웠다. 그는 589년에 남조 마지막 나라인 진(陳)을 함락시켜 370년 만에, 황건의 난 후 군웅할거 시대부터 계산하면 약 400년간의 분열에 종지부를 찍고 중국 대륙을 재통일했다(중간에 서진의 통일도 있었으나 서진이 사실상 통일된 중국을 통치한 기간은 삼국 통일 직후인 280년부터 팔왕의 난이 격화되는 300년까지로 고작 20여 년이었다).

　수나라를 연 양견의 혈통에 대해서는 설이 분분하다. 선비족이라는 설과 한족이라는 설, 한화된 선비족이라는 설과 선비족화된 한족이라는 설 그리고 선비족과 한족의 혼혈이라는 설이 그것이다. 관롱집단(關隴集團, 또는 무천집단)은 남북조 시대 서위와 북주에서 수와 당에 이르는 기간 동안 관중과 농서 지역에 본적을 둔 문벌세족을 가리킨다('관중'의 '관'과 '농서'의 '농'을 따서 '관롱'이라는 명칭이 붙었고 무천은 현재 내몽골 자치구에 해당한다). 관롱집단은 선비족 지배계층으로 문무합일(文武合一)의 특징을 가지고 있었고 당시 지배층을 구성했다. 황실도 관롱집단에서 나왔다. 양견이 북주의 우문부와 인척인 것으로 보아 수나라 황실은 한화된 선비족으로 보는 견해가 유력하다. 관롱집단의 거주 지역은 한족(한나라) 영토에 포함된 적이 없었던, 북위 시절부터 선비족 군벌이 배출된 몽골 지방이었다. 이런 이유로 수나라 황실은 선비족 출신인 것이 분명해 보인다. 북주를 세운 우문태(宇文泰, 505~556년)는 543년 동위와의 낙양 북망산 전투에서 패배한 후 동위에 비해 턱없이 부족한 선비족 병력을 보충하기 위해서는 한족 장정들을 징집할 수 밖에 없다고 판단했다.* 부병제는 선비족 출신 고급 장교들이 한족 출신 병사들을 지휘하는 체계였는데 시간이 지나면서 다수인 한족 출신 병사들의 영향력이 커져갔다. 그러면서 대야호의 손자인 당 고조 이연이나 보륙여충의 아들인 수 문제 양견도 한족 출신 병사들의 환심을 사기 위해 선비족 출신임을 부인하게 된 것으로 보인다(수나라를 건국한 양견의 원래 성씨는 보륙여, 당나라를 건국한 이연의 원래 성씨는 대야였다. 양견의 원래 이름은 보륙여견이었는데 '보륙여'는 선비어로 버들이라는 뜻이다).

* 동위(東魏, 534~550년)는 북위가 내란으로 동서로 분리되었을 때 하북을 중심으로 한 왕조인데 이름을 북제로 바꾸고 577년까지 존속했다.

전국시대에는 흉노를 호(胡)라고 불렀다. 그래서 흉노 동쪽에 거주하는 이민족들을 '동호(東胡)'라고 했다. 동호의 대표가 바로 선비족이었는데 그들은 흑룡강성 눈강 유역 일대에서 유목과 수렵 및 원시 농업을 영위하던 부족이었다(선비족은 만주족과 몽골족 중간이라고 할 수 있다).* 남북으로 분열된 흉노는 비단길에 대한 통제력 상실과 경제적 궁핍 그리고 계속되는 패배로 묵특의 건국 이후 300년 동안 지속된 몽골초원에 대한 패권을 상실했다. 마침내 북흉노는 기원 후 155년 선비족과 연합한 후한에 의해 멸망했고 잔존 세력은 선비로 통합되었다. 선비는 만주 서부 산악지역에서 옮겨와 흉노 대신 동부 스텝 지역을 차지했다. 흉노를 대신해서 몽골초원의 새로운 패자가 된 선비는 그러나 개인적인 능력과 카리스마를 통해 일시적인 통합을 이루었을 뿐 과거의 흉노처럼 중앙집권적인 국가체제를 만들어내는 데에는 실패했다. 그랬던 선비가 5호16국시대에 주역으로 다시 등장했다. 이민족들이 등장해 천하를 호령하던 5호16국시대에 선비족이 건립한 나라가 9개로 가장 많았는데 대표적으로 탁발씨가 북위, 우문씨가 북주를 세웠다. 439년에 선비의 북위가 북조의 통일을 이루었고 북위의 혈통을 이은 수나라가 남조를 무너뜨려 589년에 중국을 재통일했다. 북위가 여타 5호 국가들과 달랐던 점은 호족 국가의 최대 약점이었던 호한 갈등을 해소시키는 데 주력했다는 것과 유목민 특유의 부족적 질서를 배제하고 중국식 국가체제를 지향했다는 것이었다. 이를 위해 그들은 선비족 대대로 지켜오던 부락조직을 포기하기까지 했다. 또한 한족이라도 능력만 있다면 차별 없이 발탁해 관료의 길을 열어주었다. 그런 선비의 북위(396~534년)는 148년간 적극적인 한화 정책으로 한족 사회에 흡수되었다. 그렇다고 선비가 한족에 흡수되어 의미 없이 사라져 버린 것은 아니었다. 그들은 호탕하고 자유분방한 호인(胡人)의 피를 온순하고 우아한 한족의 핏줄 속에 주입시켰다. 이렇게 해서 개방적이고 국제적인 수·당의 시대가 열릴 수 있었던 것이다.

* 보통 선비와 거란, 몽골을 동호 계통이라고 말하며 목축과 수렵을 위주로 한 부여도 동호 중 하나였다. 그런데 동호의 생산 형태에 대해서는 보통 유목이라고는 하지만 동호의 활동 지역이 워낙 넓었기 때문에 유목 뿐 아니라 수렵, 산림채집, 농경을 모두 했다고 봐야 한다는 견해가 우세하다.

선비족 출신인 당 황실

일반적으로 북위를 건국한 선비족은 한족의 남조를 점령하고 통일하면서 지배 집단으로 수나라까지 이어졌다고 본다. 수나라는 불과 27년 만에 멸망해서 황실에 대해 많은 것을 알기는 어려운 편이다. 그에 비해 수나라를 이은 당나라는 선비족 출신임이 명백한 증거들이 있다. 당(唐, 618~906년)은 618년에 고조 이연(재위 618~626년)이 세웠는데 그는 수나라의 태원(현재 산서성 북부) 지역 주둔군 사령관이었다. 이씨 가문은 북방 출신으로 북주 왕족과 수나라 황족 모두와 친척 관계였고 북위 왕조의 탁발선비(타그바치) 귀족과도 혼인관계가 있었다. 당 황실의 혈통에 대해서는 수와 마찬가지로 선비족이라는 설과 한족이라는 설, 한화된 선비족이라는 설과 선비족화된 한족이라는 설 그리고 선비족과 한족의 혼혈이라는 설이 있다. 당 고조 이연은 수 양제의 이종사촌으로 그 또한 선비족 혈통이었을 것으로 추정된다. 수 양제는 어머니가 선비족이었고 천막에서 살면서 양고기를 먹고 초원의 마유주를 마시며 좋아했다. 당 고조 이연은 어머니가 선비족이었는데 부인도 선비족 출신을 얻어 그 사이에서 태종 이세민을 낳았다(그렇기 때문에 당나라 황실이 선비족 출신이라고 해도 틀린 말은 아닐 것이고 일부 학자들은 당나라를 아예 '탁발 국가'라고 규정하고 있다). 선비족 왕조인 북위는 효문제 이래로 적극적인 한화 정책을 펼쳤으나 북주 때는 오히려 선비화 정책에 힘을 싣기도 했다. 한족과 동화에 맞서 선비족의 순수성을 지키자는 시도가 실패로 돌아가기는 했지만 당나라 초기까지 황실에는 북방 유목민족의 풍습이 많이 남아 있었다.

그랬기에 '세기의 로맨스'가 나올 수 있었던 것이다. 원래 양귀비는 현종의 18번째 아들인 수왕 이모(李瑁)의 부인이었다. 6년이나 이모와 혼인 생활을 이어가던 그녀는 '아들의 부인'에서 '아버지의 부인'으로 변신했다. 이것은 한족 윤리관으로는 상상도 할 수 없는 일이었지만 북방 이민족 풍습은 한족과는 달랐다(당연히 이모는 이에 대해 어떠한 문제도 일으키지 않았다). 현종과 양귀비뿐만 아니라 당 태종과 측천무후도 마찬가지였다. 측천무후는 태종 이세민의 후궁에서 이세민 사후에 그 뒤를 이은 고종의 황후가 되었다. 즉 아들이 아버지의 첩을 정실 부인으로 맞은 것이다. 이러한 당나라 지배층의 윤리는 한족 기준으로 보면 문란한 것이었지만 북방 출신인 당 황실은 유목 민족 풍습에 익숙했기에 가능한 일이었다. 수나라 또한 마찬가지였다. 수 양제는 아버지 문제(양견)의 후비를 자기 여자로 삼았다. 이렇듯 부자나 형제 간에 여자를 주고받는 것은 유목 민족 사이에서는 일종의 풍습이었으며 천년 후에도 마찬가지였다. 도르곤(1612~1650년, 혹은 다이곤)은 청 태조 누르하치의 14번째 아들이었는데 형인 홍타이지가 사망하고 순치제가 어린 나이에 즉위하자 황제를 보필하며 국사를 맡아보는 보정왕(輔政王)에 봉해졌다. 그리고 홍타이지의 아내이자 자신에게는 형수인 효장문황태후를 아내로 맞아들였다. 앞서 본 것처럼 선비족 성씨였던 대야와 보륙여를 한족 성씨인 양과 이로 바꾸는 것은 얼마든지 가능한 일이다(유목민들이 한나라 성씨인 유씨를 하사받거나 사칭하는 경우도 많았다). 그러나 아버지의 여자나 아들의 여자, 형제의 여자를 부인으로 취하는 풍습은 그런 차원이 아니다. 그것은 동서고금을 막론하고 그런 문화권에서만 가능한 일인 것이다.*

---

* 이에 대해 사마천은 『사기』「흉노 열전」에서 중항열의 입을 빌려 전쟁으로 먹고 사는 종족이다

보니 집안 계통이 끊어지는 것을 막기 위한 선택이라고 설명한다. 그러나 당시의 유목 사회는 여자를 가축과 같은 일종의 '재산'으로 취급하는 남성 중심이었기 때문에 부자·형제 간 상속 내지 양도가 가능하다고 인식했다는 견해도 있다.

유교를 국교화한 한족들은 당나라 훨씬 이전부터 정절을 중시했다. 그러니 주희는 당나라에 대해 "당 황실은 오랑캐다."라고 강하게 비난했던 것이다. 주희의 고향이자 성리학의 본산이라고 할 수 있는 복건성에는 주희가 살아 있을 당시 탑대(搭臺)라는 풍습이 있었다. 탑대는 자신이 언제 자살할 것이라고 사람들에게 예고해놓고 그것을 실행하는 것이었다. 그런데 자살을 왜 미리 사람들에게 예고하고 했을까? 그리고 사람들은 왜 자살을 막지 않았을까? 탑대는 약혼자가 죽은 처녀나 남편이 죽은 부인이 자살 결심을 널리 알린 뒤 특정한 날짜에 정해진 공간에 세워진 단에 상복이나 대례복을 입고 올라가 자살 의식을 구경하러 온 친지들의 절을 받은 뒤 곡식을 뿌리고 사람들의 격려를 받으며 목을 매달아 죽는 것이다. 그리고 구경꾼들은 죽은 여성을 칭찬하고 시체를 옮길 때는 풍악까지 울리며 거리를 행진했다. 이러한 풍습에 익숙했던 주희에게 아버지가 아들의 부인을, 아들이 아버지의 부인을 취하는 당나라 황실은 그야말로 '오랑캐' 그 자체였던 것이다 (주희는 개, 소, 말, 양 등에게도 윤상 예교가 있다고 선전했는데 그 이유는 사람이 동물만도 못해서는 안 된다고 느끼게 하기 위한 것이었다).

한족에게 정절은 충효 못지않게 중요한 덕목이었다. 명나라를 세운 뒤 주원장은 몽골 풍습을 일소하기 위해 몽골식 변발과 의복 착용 등을 금지시켰다. 주원장이 특히 혐오한 몽골 풍습은 형이 죽은 뒤 동생이 형수를 처로 삼거나 남편 사후에 계모가 의붓아들과 결혼하는 것이었다. 그래서 주원장은 정절을 지킨 여성에 대한 표창에 특히 신경을 썼고 그가 죽은 뒤 그를 모시던 궁인 40명 중에서 38명이 자결했다. 주원장 아들 영락제가 죽은 뒤에도 후궁 30명 이상이 자결했는데 자발적인 것이 아니라 강제로 끌려가서 목을 매달았다. 수와 당은 흔히 한족 왕조로 알려져 있으나 이는 사실과 거리가 멀다. 앞서 본 당 황실의 풍습 뿐 아니라 이연의 딸 평양공주가 호인들 지원을 받아 지주들을 규합해서 당나라 건국에 앞장선 것이나 측천무후의 제위 찬탈 등 '여풍(女風)'은 중국 역사상 한족 왕조에서는 없던 일이었다. 당나라 제3대 황제 고종 때까지 수·당의 지배집단은 한족이 아니라 관롱집단으로 알려진 선비족(또는 혼혈 귀족집단)이었다. 8세기 초반 측천무후가 집권해서 기존 관롱집단을 제거한 후 산동 출신들을 적극 기용하고 과거 출신들이 정계로 진출하여 주도적인 역할을 함으로써 한족은 당나라의 주도권을 잡을 수 있었다.[1]

한, 송, 명을 통해 드러나는 한족과 이민족의 역사

대표적인 한족 왕조로 어느 나라를 들 수 있을까? 너무 단명했거나 아주 오래 전 왕조를 제외하면 한과 송 그리고 명을 들 수 있을 것이다. 그런데 역설적이게도 한, 송, 명을 보면 한족과 이민족으로 구성된 중국 역사를 정확히 파악할 수 있다. 한과 송은 둘로 나뉜다(한은 전한과 후한, 송은 북송과 남송). 한은 같은 한족인 왕

---

1) 중국 한족에 의해 편찬된 기록이나 한국 사료를 보면 모두 당나라를 이민족보다는 한족 또는 한족화된 선비족 정권으로 간주하고 있다. 수와 당 황실의 혈통이 선비족이라는 점을 강조하는 견해에 대한 비판도 존재한다. 수와 당 황실이 한족이 아니므로 원이나 청과 유사한 이민족 왕조에 불과하다는 식으로 중국 혹은 한족을 깎아내리려는 의도가 있다는 것이다. 몽골족의 원이나 만주족의 청은 유목 사회와 중국 두 세계 모두를 통치했고 통치자는 유목 사회에서는 "칸", 중국에서는 "황제"라는 두 가지 명칭을 가지고 있었다. 당 태종의 명칭도 두 가지였는데 유목 사회에서는 천상의 가한(칸)이라는 뜻의 "천가한(天可汗)"이었고 중국에서는 "황제"였다. 630년 돌궐을 비롯한 서북부의 여러 이민족 수장들은 기미정책을 받아들이고 당 태종을 천가한으로 불렀는데 그들이 한족 황제를 그렇게 부른 적은 그 이전에나 그 이후에나 없었다. 당 황실은 선비족 출신(또는 혼혈)의 바탕이 있었기 때문에 자연스럽게 돌궐 등으로부터 천가한이라는 칭호를 들을 수 있었던 것이다. '천가한'은 투르크-몽골어로 '텡그리 카간'이었는데 후세 청나라도 그랬지만 비한족 왕조에서만 가능한 호칭이었다.

망에 의해, 송은 이민족인 여진에 의해 둘로 나뉘었다. 전한과 후한은 시기만 다를 뿐 영토는 거의 같다. 그러나 북송과 남송은 시기뿐 아니라 영토도 다르다. 한족의 송나라는 이민족에 의해 남쪽으로 쫓겨 가서 남송이 된 것이다. 한과 송 사이에 이민족들은 5호16국시대나 남북조시대에 중국 대륙으로 많이 진출했다. 그리하여 송나라 시대에 이르면 중국 대륙 북쪽인 화북을 이민족들이 차지하게 되었다. 거란의 요와 여진의 금을 이은 몽골의 원은 중국 북쪽 뿐 아니라 중국 전체를 지배했다. 원에 이어 등장한 이민족 왕조 청은 한족 왕조 명보다 중국을 더 넓게 만들었다. 거시적으로 보자면 이민족들은 처음에는 중국을 침략하는 수준이었다가 나중에는 중국 북쪽을 점령했고 종국에는 중국 전체를 지배했던 것이다.

이렇게 중국사의 '2대 주주'였던 이민족들은 역사에 묻혀 사라진 것이 아니라 현재에도 중국의 한 부분을 구성하고 있다. 중국 행정 구역은 우리의 도(道)에 해당하는 22개 성(省)과 5개 자치구로 되어 있다. 자치구는 소수민족이 자치를 시행하는 행정구역을 말하며 그 지역에서 인구가 가장 많은 소수민족을 따서 이름 짓는다.* 자치구에는 내몽골 자치구, 영하 회족 자치구, 신강 위구르족 자치구, 광서 장족 자치구, 서장 장족 자치구 이렇게 총 5개가 있다. 중국에서 소수민족은 한족 이외 다른 민족 집단을 뜻하는데 그 숫자는 1억 643만 명이다. 인구만 놓고 볼 때 중국 소수민족은 우리나라 인구의 두 배이고 세계 인구 순위 11위인 일본과 비슷하다. 한족보다 적을 뿐 수치상으로는 결코 적은 인구가 아닌 것이다. 중국 소수민족은 총 인구의 약 8%이지만 그들이 살고 있는 면적은 중국 전체의 약 60%에 해당한다. 예를 들어 신강 위구르족 자치구는 중국 영토의 1/6을 차지할 정도로 중국 내 모든 성과 자치구를 통틀어 가장 넓은 면적이다(소수민족 거주지는 지역 면적이 넓고 고원 및 삼림 지대라서 석유·석탄 등 지하자원 매장량이 풍부하다). 이렇듯 소수민족은 현재 중국에서도 중요한 구성요소이기 때문에 중국 헌법 제4조에는 "중화인민공화국 각 민족은 모두 평등하다."라고 명기하고 있는 것이다(중국에는 진나라 때부터 귀화한 소수민족을 주로 관리하는 전객이라는 관직이 존재했다).

 * 물론 그 지역에 그 소수민족만 사는 것은 아니고 오히려 한족이 더 많은 경우가 대부분이다. 5개 자치구는 자치구에 거주하는 소수민족들이 어느 정도 자치권을 행사할 수 있으나 실권은 중앙정부에서 파견한 당 위원회가 가지고 있다.

2. '샴쌍둥이'인 유교와 중화사상

서양을 알려면 헬레니즘과 헤브라이즘을 알아야 한다고 한다. 이 두 가지가 서양 정신을 만든 뿌리이기 때문이다. 그렇다면 중국을 만든 핵심 정신은 무엇일까? 가장 먼저 유교가 떠오르겠지만 그에 못지않은 것이 바로 중화사상(中華思想, Sinocentrism)이다. 현재 '중국'이라는 나라는 두 개가 존재한다. 그냥 중국이라고 부르는 공산화된 중화인민공화국(中華人民共和國, People's Republic of Chin)과 흔히 자유중국이라고 부르던 대만(臺灣, Chinese Taipei). 그런데 대만의 정식 명칭이 '중화민국(中華民國)'이다. 이렇게 '중화(中華)'는 공산주의든 자유민주주의든 중국과 중국인들에게 있어 그 어떤 이념보다 중요하며, 그들 DNA에 깊숙이 박혀있다고 할 수 있다(중화사상은 한 마디로 정의하기는 어렵지만 중국인들이 마음속에 종교처럼 간직하고 있는 것이다).

중원과 화하

예부터 중국인들은 중국이 세상의 중심이고(中) 문화적으로 꽃을 만개한 곳(華)이라 생각했다. 중화사상은 중국 민족이 스스로를 중화(中華)라 존중하고 주변 이민족들을 이적(夷狄)으로 여겨 천시하고 배척하는 사상이다. 중국을 세상에서 가장 우월한 국가로 이해하고 다른 나라들은 중국을 섬겨야 한다는 중국 중심의 민족 사상이 바로 중화사상인 것이다. 이러한 중화사상은 세계를 중화 국가와 그 외부 이적으로 구분하기 때문에 화이사상(華夷思想)이라고도 한다. '중'은 중앙이나 중심, '화'는 문화라는 뜻으로 중국을 지칭하는 것이며 '이'는 주변 여러 민족을 가리킨다. 중화사상은 자신들이 천하의 중심이면서 가장 발달한 문화를 가지고 있다는 선민의식이 담겨있는 한족 중심주의, 문화 우월주의라고 할 수 있다. 전통적으로 중국인들을 지배해온 사상적 토대는 중화사상이며 그 본질은 중국과 중국인이 세계 중심이라는 것이다. 이 중화사상은 이후 역사 전개 과정에서 역대 통일 중국 군주들의 제왕 사상과 통치 사상에서 이념화되고 정형화되었다. 그리고 중국의 전통과 윤리에 깊이 파고들어 지식인 계층이었던 사대부들의 독선적·배타적 사고 방식과 중국 중심의 편협한 세계관 형성에 결정적 역할을 했다.

1911년, 손문(孫文, 쑨원, 1866~1925년)이 주도한 신해혁명으로 청나라가 무너지고 중화민국이라는 새로운 국가가 탄생했다. 중화민국이 탄생하기 전까지 중국은 하, 상, 주, 진, 한, 수, 당, 송, 원, 명, 청에 이르는 독자적인 왕조 명칭을 가지고 있었다. 이처럼 왕조 이름으로 국호 또는 민족을 대신해 사용하면서도 중국인들은 의식적으로 '세계 중심'이란 의미의 '중국(中國)', '중화(中華)', '화하(華夏)' 등의 명칭도 함께 사용해 왔다. 명나라 때 주원장은 원을 몰아내는 과정에서 "오랑캐를 멸하고 화하를 회복하자."라는 구호를 사용했고 신해혁명을 이끈 손문 역시 "오랑캐를 몰아내고 중화를 회복하자."라는 강령을 바탕으로 투쟁을 전개했다. 청나라 말기 개혁사상가 양계초(梁啓超, 량치차오)는 1901년 『음빙실문집6』의 「중국사서론」에서 "(…) 우리 역사를 진단이나 지나 등으로 부르는 것도 이름은 주인에 따른다는 공리(公理)에 반한다. 중국, 중화라는 명칭은 자만한 경향이 있어 비판을 받을지도 모른다. (…) 이 세 가지는 모두 결점이 있으므로 할 수 없이 우리가 보통 사용하는 말을 채용해서 '중국사'라고 부르고 싶다. 이것은 조금 교만한 표현일지도 모르지만 민족이 각자의 국가를 존중하는 것은 현재 세계에서 통용되는 도리이니 우리 동포가 명과 실의 관계를 깊이 통찰한다면 그것도 정신을 수양하는 하나의 길일 것이다."라며 중국과 중화가 "자만"과 "교만"이라는 것을 인정하고 있다(굵은 부분은 나의 강조).[2)]

---

2) 현재의 중국 젊은 세대들이 하는 말을 들어보면 "중국이 세계 중심이고 최고"라는 중화주의에 나이든 세대보다 더 심하게 물들어 있는 것을 발견할 수 있다. 극단적인 예를 들자면 이런 식이다. 자신들이 영어를 배우는 것에 대해 "철학적이고 심오한 한자를 수준 낮은 서양인들이 이해할 수 없기 때문에 대신 우리가 영어를 배운다."라는 식이다. 1986년 5월 17일부터 천안문 광장에는 민주화를 요구하는 100만 명의 시위 인파가 몰렸다. 그런데 인민해방군은 그들이 '해방'시키겠다던 '인민'에게 무차별 발포를 했다. 천안문 사태 이후 중국 공산당은 더 이상 마르크스·레닌주의로 상징되는 사회주의 사상이 대중들을 고무시키지 못함을 깨닫고 중화와 민족주의, 즉 중화사상과 중화민족을 강조하는 방향으로 나아가기 시작했다. 따라서 천안문 사태 이후에 태어나고 학교 교육을 받은 세대들은 앞 세대에 비해 중화주의에 더 심하게 물들어 있을 수 밖에 없는 것이다. 중국공산당 정부가 부추기는 중화주의는 한족 민족주의라고 할 수 있다. 중국 인구의 약 92%를 차지하는 한족 민족주의인 중화주의를 강화해서 중국 공산당은 다음과 같은 몇 가지 효과를 기대할 수 있다. 한족 내부의 빈부 격차에 따른 불만과 민주화 요구 억제 그리고 국가에 대한 충성, 중국 내 비한족 문제(독립, 인권 탄압 등)가 발생했을 때 한족과 비한족 간의 갈등을 유발하여 소수인 비한족에 대한 억압 등이다. 과거의 중화주의는 "천하는 모든 종족에게 열려 있으므로 오랑캐도 왕자(王者)의 덕을 체화하면 오랑캐 상태를 벗어날 수 있다."라고 하여 자기 우월주의와 보편주의를 모두 가졌다. 그러나 현재의 중화주의는 한족 중심주의로 변질되었다고 할 수 있다.

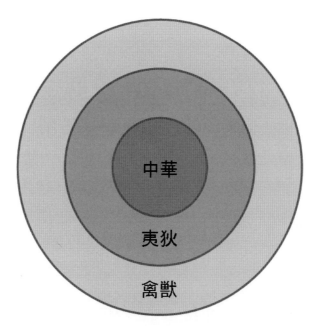

중화주의의 화이질서. 가운데는 '중화'이고 그 주변은 '이적', 그 밖은 '금수'이다.

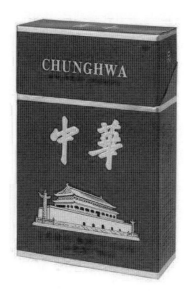

'중화'라는 담배가 있을 정도로 중화는 중국의 시그니처이다.

중화사상과 천자

중화사상은 주나라 때 형성되기 시작해서 유가 사상이 국가 통치 철학으로 자리 잡은 한나라 때에 이르러 체계화 되었다. 중화사상 역시 이민족 때문에 나온 것이라고 할 수 있다. 중화사상 속에는 중국인들의 자만심 혹은 우월감이 내재되어 있는데, 이는 오랜 기간 동안 이민족과의 교류에서 기인한 바가 크기 때문이다. 하버드대 중국사 교수였던 페어뱅크 또한 『신중국사』에서 "중화사상의 초기 내용은 중국의 문(文, 문화와 문명)의 측면에서 우월성이 불가피하게 내륙 아시아 부족의 단순한 군사력(武)을 지배하게 된다는 것이었다. 이것은 비한족 부족의 군장들이 황제 앞에서 절을 하도록 해서 중국의 우월성을 인정하도록 요구함으로써 완성되었다."라고 중화사상의 기원을 설명했다. 천명사상으로 상나라에 대한 무력 정벌을 합리화한 주나라의 통치이념은 주 왕실에 새로운 정치사상과 세계관을 형성케 했다. 우선 주나라 왕은 천명을 받은 군주이기 때문에 천자이고 따라서 천자는 천을 대신해 천하를 지배하는 유일한 존재로 설정된 것이다. 그러므로 자연스럽게 천자는 화이(華夷) 즉 중화민족과 이민족을 망라한 세계 질서의 주재자가 되어야 했다. 이러한 관념은 주 왕조에 위엄과 권위를 주었고 이후 중국 역대 왕조 황제들에게도 공통되게 나타났다. 화이를 불문하고 천자는 하나일 수밖에 없기 때문에 모든 정치질서는 천자가 주재해야 했다.

또한 왕권에 절대적인 권위를 부여해 전제적인 지배를 가능케 했다. 즉 '천자'는 중국 최고 통치자들에게 정통성과 신성성을 부여하는 명칭으로 사용된 것이다. 천하를 다스리는 천자, 바로 여기에 봉건 제도를 뒷받침하는 이념이 들어 있다. 천자를 받드는 제후들은 북극성 주변을 따라 하늘을 도는 별자리들처럼 한가운데 있는 천자의 나라를 예(禮)로 섬겨야 한다. 그것이 곧 법으로 정해진 질서 즉 종법 질서이다. 적장자가 종가를 맡고 집안을 이끄는 제도인 종법제도는 주나라 때 봉건제도와 함께 성립했다. 천자는 천명을 받아 천하를 다스리는데 직할지를 제외한 땅을 제후들에게 나누어 통치하게 하며 천자와 제후는 혈연으로 맺어진 친척관계이고 만약 제후가 반란을 일으킨다면 정치적 역적 이전에 인륜을 배반한 패륜아가 된다. 주나라 봉건제도는 후에 중화사상의 세계관으로 연결된다. 이렇게 해서 천명을 받은 천자가 온 세상 황제라는 것이 중화사상인 것이다.[3]

존왕양이와 유학

중심지에서 멀리 떨어진 곳은 자연히 주변지가 된다. 그래서 주나라라는 천하의 중심지에서 멀리 떨어진 지역, 제후국들의 관할이 미치지 못하는 곳은 모두 '오랑캐' 땅으로 인식되고 불리게 되었다. 이것이 곧 중화사상이며 주나라 왕실을 받들고 오랑캐를 물리친다는 존왕양이(尊王攘夷)라는 중국적 전통의 시작인 것이다. 주나라는 상나라 때도 부단히 다툼을 벌였던 이른바 오랑캐들의 힘이 점차 강해져서 바깥에서부터 흔들렸다. '오랑캐' 견융의 침입을 받은 주나라는 일단 멸망했다. 주나라 통치에 관심이 없던 견융은 물러갔고 제후국들은 새 왕으로 평왕을 옹립했다. 견융의 재침입을 두려워한 평왕은 수도를 동쪽 낙읍으로 옮겼는데, 이

---

3) 세계 역사의 대표적인 황제라면 고대 로마제국 황제와 중국 황제를 꼽을 수 있다. 그러나 같은 황제라도 두 제국의 황제는 위상이 사뭇 달랐다. 아마 고대의 로마 황제가 중국 황제를 알았더라면 동양의 '동업자'를 무척 부러워했을 것이다. 영어의 황제 즉 엠페러(emperor)의 어원인 로마의 임페라토르(impetator)는 원래 군사령관에 불과했다. 그에 비해 중국 황제인 천자(天子)는 말 그대로 하늘의 아들, 즉 천하의 주인이었다. 로마 황제는 제국 최고 권력자이자 최고 부자일지언정 제국 '오너'는 아니었던 것이다. 지금으로 치면 '로마 기업'의 오너기보다는 CEO에 가까웠다. 로마 황제가 사재를 털어가면서 스포츠나 검투 경기를 연 것도 로마 오너가 아닌 탓에 로마 시민들의 '인기'를 유지해야 했기 때문이었다. 그에 비해 중국 황제는 제국의 절대 권력자이자 단독 오너였으므로 백성들의 인기를 끄는 짓 따위는 하지 않았다. 서양 역사를 보면 교회는 국가와는 별개로 존재한 적이 많았다. 교회와 국가, 종교적 권능과 세속적 권능은 서양 문화를 관통하는 이원론이었다. 사실 서양만큼 종교와 정치가 명확히 분리된 예는 별로 없다. 이슬람에서 신은 곧 왕이고 동방 정교에서 신은 왕의 손아래 벗이며 중국과 일본에서 왕(황제와 천황)은 곧 신이었다. 서양 문명에서 나타나는 교회와 국가의 분리와 계속되는 양자의 충돌은 다른 문명에서는 거의 존재하지 않았다. 이와 같은 권능의 분리는 서양에서 자유가 신장하는 데 큰 기여를 했다.

것이 기원전 770년 주의 동천(東遷)이다. 동천을 기준으로 그 이전 원래 주나라를 서주(西周), 그 이후를 동주(東周)라고 부른다. 주의 동천이 중요한 이유는 이 사건을 계기로 그 유명한 춘추전국시대가 개막되었기 때문이다. 이민족의 침입이 주의 동천을 불러 춘추전국시대 막을 올렸다면 강성해진 제후국들은 이렇게 마련된 무대에서 주인공으로 활약하게 된다. 춘추전국시대에는 제후국들이 천자인 주왕을 존경하고 보필하면서 이민족들을 물리쳐 중원의 평화와 질서를 수호하겠다는 존왕양이라는 이념을 따랐다. 예를 들어 제 환공이나 진 문공과 같은 춘추시대 패자들은 주나라 왕의 명목상 권위를 빌리기 위해 이민족의 침입으로부터 주 왕실을 보호한다는 존왕양이를 명분으로 내걸었다. 존왕양이라는 시대의 과제에 대한 응답으로 나온 유학의 주요 관심사는 중국의 정치적 통일이었다. 유학의 이런 중화주의는 결코 우연적인 특성이 아니었다. 특히 『주례』는 통일된 나라의 관료 기구표까지 제시하고 있다. 유학은 존왕양이라는 정치적 과제에 이념적·문화적 색채를 덧칠해 놓은 것이었다. 정신사적으로 보면 중국 한족 제국들의 역사는 곧 유학 이념의 발달사와 일치하는데, 유학은 중화사상을 체계화하고 발전시킨 것이라고 할 수 있다.

연호와 역법

한나라는 고조 유방이 백등산 전투에서 묵특에게 패해 사실상 흉노의 속국이 되었다. 이러한 우여곡절을 겪은 한나라는 문경의 치를 통해 경제가 튼실해 지고 중앙집권의 확립으로 내정도 안정되었다. 한나라 황제의 통치권이 확립된 것은 제7대 황제인 무제 때였다. 한 무제는 즉위하자마자 연호를 제정하는 작업부터 시행했다. 무제가 정한 자신의 연호는 역사상 첫 연호답게 "기원을 만든다."라는 뜻인 건원(建元)이었다. 그 전까지는 각 제후국들마다 각기 나름대로 해를 셈해서 혼란이 많았는데 이제 연대 계산이 편리하게 되었다(중국 역사서에서 흔히 보는 만력 3년, 건륭 5년 하는 식의 연호는 바로 이때부터 시작된 것이다). 그러나 무제의 의도는 그보다 더 깊은 데 있었다. 연호는 단일한 중국 문화권에 대한 상징이었으며 다른 문화권을 용인하지 않겠다는 중화적 자부심의 발로였던 것이다. 그는 나중에 주변국들을 차례차례 복속시키면서 중국의 연호를 쓰도록 했다. 이 연호를 중국의 종주권을 인정하는 주변 국가에서도 사용하게 해서 중국의 연호는 동아시아에서 공동 연대 기준이 되었고 이후 동양문화권 형성에 큰 공헌을 했다. 연호는 군주의 즉위년을 기준으로 해를 헤아리기 위해 사용한 명칭이다. 결국 군주, 즉 중국 황제는 시간의 중심에 존재하게 되고 이는 세상의 중심을 의미하는 것이기도 했던 것이다. 연호가 통일되고 나니 자연히 역법(曆法)도 통일될 수밖에 없었다. 무제는 태음력과 태양력을 합쳐 태초력(太初曆)을 만들었다. 원래 역법은 농경 사회에서 필수이므로 어느 나라에나 있었지만 무제는 역법 또한 연호와 같이 주변 복속국들에게 중국의 것을 쓰도록 했다. 무제 이후로 역대 중국 황제들은 매년 달력을 만들어 주변국들에게 하사했다. 중화사상에 따르면 하늘의 뜻을 아는 천자는 중국 황제 한 명뿐이므로 달력은 아무나 함부로 만들 수 없는 것이었다. 연호와 마찬가지로 역법도 중국 황제의 종주권을 의미하는 상징적인 조치였으며 중화사상에 따른 것이었다.

사상의 통일

한 무제가 유명한 것은 앞에서 말한 것들에 더해 사상의 통일을 이루었기 때문이다. 진시황은 법가로 통일을 시도했으나 실패했는데 무제는 유학을 통치 이념으로 확립했다. 한나라가 탄생하고 60여 년이라는 시간이 지났음에도 새로운 국가에 걸맞은 사상은 아직 뿌리내리지 못한 상태였다. 사회 전반으로는 법가에 도가 사상을 결합시켜 만든 황노 사상이 팽배해 있었다. 진나라에서 보듯이 법가 사상이 중앙집권화된 대제국을 건설하는 데 큰 도움이 되었던 것은 사실이다. 그러나 법가는 지나치게 독선적이어서 사회를 운영하는 데 문제가 많았다. 자동차는 시동은 배터리의 힘이지만 달릴 때는 휘발유의 힘이다. 시작할 때는 순간적인 에너지 집중 때문에 법가가 좋았지만 막상 새 왕조가 출범한 뒤 진행할 때는 법가처럼 무시무시하고 인위적인 제도보다는 뭔가 아름답고 몸에 맞는 자연스러운 것이 필요했다. 이 점에서 군주를 정점으로 한 가부장적 사회 질서의 수립과 충효·삼강오륜을 통해 수직적 사회 질서를 윤리적으로 강조하는 유가 사상은 한나라가 절실히 필요로 하던 것이었다. 이 시기에 들어 한나라는 사회가 안정되고 그에 따라 경제도 발달했다. 그런데 이로 인해 사치와 방종이 팽배해졌고 때문에 한나라로서는 백성들을 교화시킬 사회 지도이념이 요구되었다. 또 군현제 실시와 중앙 관제 정비로 방대한 관료 계층이 형성되자 이를 이끌 새로운 정치 이념과 황제의 권위를 높여 줄 사상도 필요했다. 이 점에서 군주를 정점으로 한 가부장적 사회 질서의 수립과 수직적 사회 질서를 윤리적으로 강조하는 유학은 한나라가 절실히 필요로 하는 사상이었던 것이다.

유학이라면 예나 지금이나 기본 이념이 충효 아닌가? 주나라 시대 전통을 계승하고 황제를 정점으로 하는 수직적 사회 질서를 대변하는 신흥 학문, 바로 유학이 새 질서를 만들어줄 수 있는 사상적 무기였던 것이다. 그래서 한 무제는 당대 대유학자인 동중서(董仲舒, 기원전 176?~104년)의 건의를 받아들여 유학을 한나라의 지도 이념으로 채택했다. 무제는 유학 경전을 중앙과 지방에서 대대적으로 가르치고 관리 임용의 시험 과목으로 지정해 유학의 윤리, 도덕 및 관습을 사회에 침투시켰다. 한나라는 유학으로 사상을 통일하고 이외의 사상은 배척해서 유학이 동아시아에 전파되어 유교 문화권의 기반을 마련한 것이다. 이때부터 유학은 2천년 동안 동아시아 질서의 이념적 뿌리 역할을 하게 된다. 그리고 연호와 역법을 제정하고 유학을 통치 이념으로 승인한 한 무제 시대부터 우리에게 '익숙한 중국'이 완성되었다. 이렇듯 한 무제는 유학을 통치 이념으로 확립했고 중화사상에 따라 역법도 새로 만들어 통일시켰다. 그런데 한 무제가 누구인가? 신생 제국 한나라를 속국으로 만든 흉노와 전쟁을 벌여 마침내 '오랑캐'를 멀리 쫓아낸 인물 아닌가. 이전까지는 흉노가 무서워 그저 그들이 침략하지 못하도록 하는 것이 최선의 방책이었지만 무제는 흉노의 근거지를 직접 공격해서 그 세력을 뿌리 뽑으려 했다. 이것은 변경 지역 침범을 막는 적극적인 수비 책략이라고 할 수 있지만 흉노를 복속시켜 천하를 지배하려는 무제의 야심과도 무관하지 않았다. 한 무제가 중화사상에 입각해서 역법을 새로 만들어 통일시키고 유학을 통치 이념으로 확립한 것과 흉노 정벌은 모두 이러한 역사적 맥락이 있었던 것이다.

중화사상과 성리학

앞서 말했듯이 유학은 원리부터 현실 참여적인 사상이었다. 그렇지만 춘추전국 시대에 유학의 기본 골격이 형성된 이래 당나라 때까지 유학은 명실상부한 국가 통치이념으로 자리 잡지는 못했다. 사실 충효를 강조하고 존왕양이라는 수직적 상하 질서의 세계관을 기본으로 삼는 유학은 중국 황제라면 누구라도 끌리지 않을 수 없었다. 그래서 한나라 이래 중국 역대 황제들은 유학을 지도 사상으로 중용하려 애썼다.* 그러나 그때마다 유학은 황제의 '짝사랑'으로 만족해야 했던 '불우한' 학문이었다. 일찍이 한나라 시절 유학을 국학으로 받아들였지만 유학은 환관 정치에 도전했다가 패배의 쓴잔을 마셨고 당나라 시절에는 도교와 불교에 밀려 오히려 퇴보하기까지 했다. 그런데 당 말기에 성행한 도교와 불교의 철학적 탐구 방식은 수백 년 동안 훈고학적 학풍에만 젖어 있던 유학을 크게 각성시키는 계기가 되기도 했다. 송나라 시대에는 금나라와 대립하면서 중국의 민족적 우월성을 강조하는 중화 의식이 높아졌다. 주희(朱熹, 1130~1200년)는 수도를 빼앗기고 두 황제가 포로가 된 '정강의 변(1127년)'을 당해 남쪽으로 쫓겨 간 후에도 여진과 몽골에게 시달리던 남송 시절 태어났다. 그런 주희는 자신의 사상 체계에 당시 정치적·시대적 상황을 반영하는 화이사상을 철저하게 집어넣었다. 우주 본체를 태극으로 보고 음양설과 오행설을 세운 주돈이를 비롯해 소옹, 장재, 정호, 정이는 후대에 북송 5자(北宋五子)로 불렸다. 그리고 이들이 정초한 유학 이론은 남송의 주희에 와서 완성되었다. 당시 유학은 탄생한 지 1,500년이 넘었고 국가 통치 이념으로 채택된 지 1,000년이 넘었다. 그런데 그 기간 동안에 달라진 내용보다 주희가 손 본 내용이 훨씬 많았다. 오늘날까지 유학의 기본 교과서로 알려진 사서(四書)도 주희가 만들었다.

* 태조 주원장은 탁발승 출신으로 유교와는 거리가 먼 환경에서 성장했지만 명나라의 정통성을 강화하고 통치 체제를 안정시킬 목적으로 유교 문화와 유교 윤리를 강화시켰다. 청나라 강희제는 신유학이 이민족을 오랑캐라고 멸시하는 중화사상에 기반 했지만 사회 안정을 유지하는 데 적합하다는 것을 간파하고 그것을 관학으로 수용했다. 이렇듯 유교는 개혁보다는 질서 유지의 사상인 것이다.

결국 유학은 생겨나서 체계화될 때까지 1,500년이나 걸렸던 셈인데 그 결과는 눈부신 것이었다. 허약한 제국인 송나라를 유지하는 정신적 기틀이 된 것은 물론 곧 이어 한반도에 도입되면서 오늘날까지도 한반도 남부를 세계 최대의 성리학 본산으로 만들었으니까. 주희는 기존의 유학 이론을 종합해 태극을 '이'(理, 불변의 원리)로, 음양과 오행을 '기'(氣, 가변적인 요소)로 보는 이기론(理氣論)과 일종의 수양

론인 성리론(性理論)으로 집대성했다(이것이 성리학 또는 주자학이라 불리는 송학의 완성판이다).* 여기까지는 철학으로서 유학이지만 주희는 이것을 하나의 이데올로기로 변형시켰다. 불변의 '이'를 한족, 가변의 '기'를 이민족으로 대입시킨 것이다. 주희는 불변의 원리인 이(理)를 중화(송)에, 가변적 변화 요인인 기(氣)를 북방 이민족(금과 원)에 대비해서 불변의 원리인 이는 엄존하되 가변적 변화 요인인 기의 작용에 따라 일시적으로 변화한다는 이기론(理氣論)을 주장했다. 이는 일시적이며 가변적인 기(氣)의 작용으로 이민족의 침략을 받고 있지만 불변의 원리로서의 이(理)인 중화 문화는 결코 꺾이지 않는다는 중국의 우월성을 강조한 것이다. 즉 한족은 세계 중심이고 이민족은 모두 오랑캐이며 지금은 비록 오랑캐 힘에 눌려 있지만 결국 모든 것이 한족 중심의 중화로 돌아오는 것이 이치라는 것이다. 그리고 그것이 바로 중화사상이다.

* 중국에서는 주로 이학(理學)이라고 불리며 한국과 일본에서는 주자학이라고 불리는 주희의 사상에 대한 철학적 평가는 다양하게 존재한다. 그 중에서 가장 냉혹한 것으로는 "윤리와 과학을 혼란스럽도록 뒤섞어놓은 사상"과 "불완전한 우주론적 에세이"를 들 수 있다.

분리할 수 없는 유학과 중화사상

앞에서 본 것처럼 송나라 시대에는 거란과 여진, 서하와 몽골 등 이민족들에게 많은 굴복을 당한 탓에 민족적 자각의 일환으로 존왕양이를 앞세우는 유학이 자연스럽게 힘을 얻었다. 이처럼 유학과 중화사상은 일종의 '샴쌍둥이'라고 할 수 있는 것이다. 유학은 중화사상에 뿌리를 두고 있었으며 중화사상을 통치이념에 반영시켰다(알고 보면 성리학도 중화사상에 철학의 옷을 입혀 세련되게 포장했을 뿐 전통적인 유학 이념에서 크게 벗어난 것이 없다). 유학 경전 속에 묘사되어 있는 봉건제도를 보면 중국 천자를 정점으로 해서 중국의 제후국을 중앙에 그리고 이적·만이의 제후국을 변방에 상정한 천하일국의 봉건적 세계구도가 선명하게 설정되어 있다. 이것은 유가들의 사회에 대한 차별·차등적 관념뿐 아니라 이민족에 대한 차별·차등적 관념을 단적으로 보여준다. 중원 왕조에서는 주변 국가에 유학 경전을 수출할 때마다 "만방에 교화를 널리 펴다."라는 유학의 이상을 실천하는 것으로 보았다. 유가주의자들은 이적 즉 비중국을 문화가 존재하지 않는 곳으로 이해했으며 인(仁)이라는 차등애 개념을 기초로 중국과 비중국을 구별하려고 했다. 이런 점에서 볼 때 유학의 정치사상이야말로 바로 중화사상의 본질이었다고 할 수 있는 것이다.* 화약, 나침반, 인쇄술 등 중국에서 탄생한 수많은 것들이 서역과 유럽 등 세계로 퍼져나갔다. 그러나 유교와 같은 중국 고유의 사상과 종교는 그렇지 않았다. 왜 그랬을까? 여기서 유교의 '민족주의적' 성격이 드러난다. 유교는 중국 이외의 민족을 모두 오랑캐로 보는 중화사상과 결합되어 있었기 때문에 보편성을 갖기 어려웠던 것이다. 반면에 세계 3대 종교인 불교, 기독교, 이슬람교는 국가와 민족을 넘어 하층 민중의 깊은 공감을 자아내는 평등사상을 지니고 있었기 때문에 세계로 퍼져나갈 수 있었다.[4] 현재 중국에는 '외마내유(外馬內儒)'라는 말이 널리 퍼져있다. 중국공산당의 방향은 겉으로는 마르크스주의이지만 속으로는 유교라는 의미인데 여기서의 유교는 중화사상과 결합된, 중국 중심의 정치사상이라고 할 수 있다.

---

4) 삶의 개별적·실존적 현상보다는 그 현상 이면의 보편적 이치를 성찰하고 깨닫는 데 주안점을 두었던 성리학은 태생부터 귀족적인 학문이었다. 이치를 깊게 통달한 자들, 즉 현학적 태도로 만물의 이치를 논하는 자들이 세상을 경영할 수 있다고 주장했기 때문이다. 당시 그 정도로 학문에 심취할 수 있었던 이들은 거의 대부분 부유한 관료, 지주, 토호가문 출신의 유학자들 뿐이었다. 성리학을 숭상하던 이들은 불교를 천박하고 위험한 사상으로 분류했다. 불교가 근본적으로 인간 평등사상을 담고 있기 때문이었다. 신분과 출신에 관계없이 누구나 부처가 될 수 있다는 불교의 주장은 고정된 신분질서를 옹호하던 성리학 추종자들에게 경멸과 증오를 불러 일으켰다.

＊ 그렇기 때문에 일본 국민작가로 불리며 "일본 역사소설을 완성시킨 소설가"라는 평을 듣는 시바 료타로는 "중화의 '화(華)'는 곧 유교다."라고 말하기도 했다.

3. 중국사를 대표하는 상징물

미국을 대표하는 상징물은 무엇일까? 백악관이나 엠파이어 스테이트 빌딩 등
도 떠오르겠지만 아마 자유의 여신상일 것이다. 자유의 여신상은 미국을 대표하
는 이념인 자유를 상징하고 미국을 대표하는 도시인 뉴욕에 있기 때문이다. 미국
영화를 보면 외계인 침공, 기후 변화 등에 의해 미국이 위기에 처하거나 몰락했을
때 자유의 여신상이 파괴되는 장면이 많이 나오는 것도 그런 이유에서라고 볼 수
있다.* 그렇다면 중국을 대표하는 상징물은 무엇일까? 보통 자금성과 진시황릉,
병개용갱을 많이 떠올린다. 자금성은 명과 청의 황궁이어서 중국의 유구한 역사
를 대표하기에는 부족한 면이 있다. 진시황릉과 병마용갱 역시 웅장하기는 하지
만 진나라가 15년 만에 멸망한 왕조라서 좀 그렇다(굳이 중국을 대표하는 왕조를 꼽으
라면 한이나 당일 것이다). 그렇다면 뭐가 있을까? 중국의 상징물을 하나만 꼽으라면
뭐니 뭐니 해도 만리장성이라고 할 수 있다(만리장성은 역사적으로 "장성", "변경", "성
벽", "성" 등 여러 이름으로 불렸다. 이 중에서 가장 흔한 것은 "장성"이었고 "만리장성"이라고
는 잘 불리지 않았다).

---

* 소련이 붕괴하자 중국에서는 많은 지식인들이 전면적 서구화를 주장하고 나섰다. 그런 움직

임의 하나로 천안문 광장에 자유의 여신상 모조품이 세워지기도 했다.

만리장성은 달(우주)에서도 보인다?

'인류 최대의 토목공사'라는 수식을 가진 만리장성은 유네스코 세계문화유산에 등재되어 있으며 '세계 7대 불가사의'로 불린다. 웅장하면서도 역사성까지 갖춘 만리장성은 연간 관광객이 중국인을 포함해서 1억 명이 넘고 인류 최대의 건축물이자 달(또는 우주)에서도 보이는 유일한 인공 건축물이라고 해서 중국인들의 자부심이 대단하다. 그러나 만리장성은 달은커녕 위성에서도 보이지 않는다. 아무리 길어도 폭이 넓지 않기 때문에 멀리서는 보이지 않는 것이다. 로켓 과학 시대가 시작되기 몇 십 년 전인 1932년에 만화가인 로버트 리플리가 "만리장성은 달에서도 보이는 유일한 인공건조물"이라는 근거 없는 주장을 했고 이러한 말들이 마치 전설처럼 마구 퍼져나갔다(중국은 그것을 교과서에 싣지도 했었는데 최근에는 삭제했다).* "만리장성은 달에서도 보인다."라는 말을 그만큼 중국인들은 중국의 힘과 위대함의 상징으로 삼고 싶어 하는 것이다.

* 2003년 중국 최초 유인 우주선 선저우 5호의 우주비행사 양리웨이가 지구 귀환 후 "우주비행 중 만리장성을 보았는가?"라는 중국 기자의 질문에 "보지 못했다."라고 답했다. 중국 최고 과학 연구기관 중 하나인 중국과학원의 연구팀은 "우주에서 육안으로 만리장성을 볼 수는 없고 일정한 공간분해기능을 가진 위성의 원격탐지기에 의해서만 만리장성의 영상을 얻을 수 있다."라고 결론을 내렸다.

사실 중국인들은 만리장성에 대해 상당히 오랫동안 무관심했다. 만리장성 동쪽 끝인 산해관을 통해 들어온 만주족의 청나라에게 한족은 중국 대륙을 내주어야 했기 때문에 명나라 이후 중국인들은 만리장성에 무관심했던 것이다. 그랬던 중국인들이 만리장성에 조금씩 관심을 보이고 열광까지 하기 시작한 것은 약 100년 전 부터였다. 그리고 그것은 근대 중국에서 명확하게 인식된 어떤 요구를 채우기 위한, 도구적 관점 때문이었다. 중국은 실패한 혁명, 내전, 외침, 빈곤 등 20세기의 힘든 시절을 견뎌내고 민족적 자부심을 간직하기 위해 과거에서 역사적 위대함의 상징을 찾아야만 했다. 그러던 중 지난 100년 동안 거의 내내 폭력적인 정치 소요와 외침 위협을 받아온 중국인들은 북중국에 있는 만리장성이라는 강력한 상징물을 '재발견'했다. 만리장성을 고대 중국이 선진 문명을 가졌다는 귀중한 자각의 화신과 확고부동한 국경을 쌓아 외세의 침략으로부터 그 문명을 보호하고 규정하고자 하는 영속적이고도 꺾을 수 없는 의지의 화신으로 보게 되었던 것이다. 그렇게 만리장성 재발견 작업을 한 최초의 인물은 손문(孫文, 쑨원 1866~1925년)이었다.

'재발견'되어야만 했던 만리장성

손문은 대만 국민당 정부와 중화인민공화국 양편에서 '근대 중국 민족의 아버지'로 추앙받는다. 중국의 문을 활짝 열고 근대 서구의 기술과 투자를 받아들이자고 제안하면서도 손문은 중국인들의 상처받은 민족적 자존심을 달래주어야 한다는 점을 잊지 않았다. 손문은 민족적 자존심을 충분히 진작할 수 있도록 3차원적인 상징물을 찾았다. "중국에서 땅에 바탕을 둔 공학의 가장 유명한 업적은 만리장성이다. (…) 역사적으로 유일한 하나의 기적이다. (…) 노동력은 오늘날만큼 풍부하지 않았으며 물리학과 공학 지식 역시 오늘날의 수준 근처에도 오지 못했다. 그런데도 어찌 이렇게 대단한 구조물을 지을 수 있었는가? (…) 만리장성이 보호하지 않았다면 중국은 송나라나 명나라가 들어서기 훨씬 이전인 한나라 시대에 이미 북방 이민족들에게 정복당했을 것이며(…)". 라고 손문은 만리장성을 띄웠다(굵은 글씨는 나의 강조). 그에게 만리장성은 "우리도 해낼 수 있다."라는 중국의 고대 정신이 거둔 승리를 상징했다. 만리장성은 기술적인 난관이나 보급의 어려움에도 굴하지 않고 하나의 기획에 노동력과 자원을 전심전력으로 투입할 수 있는 결단력의 승리였던 것이다. 만리장성에 대한 손문의 찬사는 분명 하나의 상징 또는 철학을 찾으려는 노력이었다. 중국이 하나의 민족으로 경쟁할 수 있고 제국주의자들의 위협을 물리치는 데 필요한 자신감을 끌어낼 수 있는 구심점을 찾으려 했던 것이다. 손문 이후로 만리장성은 대중들 상상 속에서 민족적 힘과 인내의 상징으로 부각되기 시작했다. 그리하여 만리장성은 1930년대에는 10위안짜리, 1980년대에는 1위안짜리 지폐에 실렸다.

1930년대 10위안 짜리(위)와 1980년대 1위안 짜리(아래)에 들어가 있는 만리장성.

그런 만리장성은 침략자를 막아주는 성벽이 아니라 중국인들 마음속에 깊게 뿌리내린 강대한 정신적 힘으로 변신했다. 대장정 기간 모택동(毛澤東, 마오쩌둥)이 "장성에 오르지 않으면 사나이가 아니다!"라고 한 말은 강인함과 웅혼함의 상징이 되었다.[5] 그리고 중국 국가인 「의용군 행진곡」에는 "우리의 피와 살로 새로운 장성을 쌓자!"라는 구절이 있는데 이는 국가가 어려움에 처했을 때 외침이었다. 개혁·개방이 시작되고 얼마 안 된 1984년 9월 1일, 등소평(鄧小平, 덩샤오핑)은 "우리 중화를 사랑하고, 우리 장성을 지키자!"라는 글씨를 써서 '장성'과 '중화'를 동일시했다. 그리고 곧 '만리장성=중국(중화)=애국'이 되었다(이후 만리장성 동쪽 기점이라고 여겨졌던 산해관부터 장성 보호와 수리 운동이 시작되었다). 중국인에게 만리장성은 웅대하고 장엄한 서사시이다. 그것은 절대 무너지지 않는 강인한 투쟁이며 또한 영원히 사라지지 않고 이어지는 중화민족 토템인 것이다. 나아가 만리장성은 중국인들의 도덕을 상징하기 까지 했다. 일반적으로 성벽은 원정 전략이나 습

---

5) "장성에 오르지 않으면 사나이가 아니다!"는 모택동이 지은 시에 등장하는 구절인데 "남자라면 만리장성에 꼭 가봐야 한다."라는 뜻으로 관광 홍보 문구처럼 쓰인다. 그러나 정작 모택동은 그런 의미로 지은 것이 아니었다. 전문은 아래와 같다.

天高云淡 望断南飞雁。
하늘 높고 구름 맑은데, 멀리 보니 기러기는 남쪽으로 가네
不到长城非好汉 , 屈指行程二万。
만리장성에 닿지 못한다면 우리는 진정한 남자가 아니지.
우리는 여기까지 2만 리 넘게 행군해 왔는데
六盘山上高峰 , 红旗漫卷西风。
육반산 높은 봉우리 붉은 기는 서풍에 펄럭이고
今日长缨在手 , 何时缚住苍龙 ?
오늘은 긴 끈 손에 쥐고 있으니, 어느 때에 흉악한 악귀를 묶어 꿇으랴?

이것은 모택동이 1935년 대장정이 마무리되어 가는 시점에 만리장성까지 도달해서 중국 전역을 혁명의 붉은 깃발로 뒤덮고 악한 무리를 물리치겠다는 내용으로 지은 시다. 즉 남쪽에서 출발한 대장정을 북쪽 끝인 만리장성까지 도달해서 마무리 짓겠다는 의지를 피력한 것이다.

격 등 외향적·공격적인 것과는 대비되는 내향적·보호적 수단으로 간주된다. 그래서 만리장성은 근본적으로 평화를 사랑하고 비제국주의적이고 탐욕스럽지 않은 중국인들의 본성을 표현한다는 것이다. 그리하여 중국인들은 군사적 전략으로 볼 때 만리장성이 원래 공격이 아니라 보호를 위해 세워진 것이므로 자신들은 도덕적으로 우월하다는 상당한 자부심까지 가지게 되었다(물론 중국인들은 수비 뿐 아니라 공격을 위해서도 만리장성을 쌓기도 했다).*

* 어떤 중국인 학자는 "중국인들은 기질적으로 평화로운 사람들이기 때문에 수천 년 동안 여러 왕조가 만리장성이라는 기적을 계속해서 세상에 내놓을 수 있었다."라고 말하기도 했다.

이제 만리장성은 중국의 문화적 위대함, 기술적 천재성, 또 그것을 짓는 데 필요했던 불굴의 인내심과 도덕적 우월까지 상징하게 되었다. 그렇게 '재발견'된 만리장성을 중국은 세계에 자랑하기 시작했다. 냉전이 한창이던 1972년 미국 대통령 닉슨은 전격적으로 중국을 방문했다. 8일간의 중국 방문 동안 닉슨의 가장 중요한 두 가지 일정은 모택동과의 회담과 만리장성 관광이었다. 중국은 매섭게 추운 2월의 북방 날씨에도 불구하고 중국의 상징물을 자랑하기 위해 닉슨을 만리장성으로 안내했다. 현실 정치와 교역으로 얻을 이익을 위해 닉슨은 중국 지도부가 국가적 마스코트인 만리장성에 대해 듣고 싶어 하는 것들을 말해주었다. 그때 그는 모피 옷깃을 치켜세우면서 공산당 기자들 앞에서 "이것은 위대한 성벽이며, 이것을 쌓은 민족은 위대한 사람들이다."라며 감탄했고 닉슨이 한 중국 여행의 거의 모든 순간은 카메라에 잡혀 미국 TV로 방영되었다. 이제 만리장성은 중국 제1의 관광중심지이자 마스코트가 되었다. 1989년 당시 소련 서기장 고르바초프가 중국을 방문하자 등소평 역시 그를 만리장성으로 안내했다. 1997년에 북경에서 기획

된 홍콩 반환 축제에서는 중국인들이 쌓아 올린 반짝이는 '인간 만리장성'이 극장 무대 위에서 재현되었다. 그렇게 만리장성은 중국인들에게 웅대하고 장엄한 서사시이자 중화민족의 토템이 되었기 때문에 1987년 9월 20일 한 중국인 컴퓨터공학 교수가 중국 최초의 이메일을 보냈을 때 "만리장성을 넘어, 세계로 행진하라."라는 구호를 담았던 것이다.

만리장성의 시작

만리장성은 중국의 주요 군사 시설로 춘추시대에 기나라에서 방성을 쌓은 데서 시작되었다. 전국시대에 이르러 북방 유목 민족들과 북쪽 국경을 마주하고 있던 연나라, 조나라, 진나라 등은 유목 민족 기마병의 침략을 막기 위해 장성을 쌓았다. 내몽골부터 황하에 이르는 지역은 자연방어선으로 쓸 만한 산맥이 없고 평지로 이루어져 있다 보니 인위적인 방어선이라도 필요했기 때문이었다. 앞서 보았듯이 진시황이 통일 제국을 위해 한 첫 번째 사업이 바로 만리장성 축조였다. 전국시대에는 성을 둘러싼 공성전이 치열해서 각국은 방비를 위해 많은 성을 쌓았다. 이제 통일이 되었으니 제후국들 간의 공성전을 위한 성은 필요치 않아서 진시황은 대부분을 파괴했으나 북방에 자리 잡고 있던 성들은 보수하고 연결시켰는데 이것이 만리장성이 되었던 것이다. 당시 하나로 통합된 흉노는 막강한 무력을 배경으로 중국 북변을 수시로 침략했다. 진시황은 만리장성과 아방궁 등으로 농민들에게 무거운 요역 부담을 주고 백성들을 가혹하게 다룬 폭군이라는 인식이 강하다. 실제로 진나라 다음인 한나라 건국자 유방도 공사장에 백성들을 이끌고 가다 반란을 일으켰다. 그러나 당시 흉노는 최강의 군사력을 지녔기 때문에 그들의 침략 방지와 제국의 안정을 위해서는 만리장성을 쌓아야만 했던 것이다.

1972년 2월, 매섭게 추운 북방 날씨에 만리장성에 오른 닉슨 대통령 부부.

경술지변과 사마대 장성

진나라에 이은 한나라는 오르도스 부근의 장성을 수축하고 서쪽으로 판도를 넓혀 새로운 만리장성을 증축했다. 고고학자들은 진나라가 쌓은 성벽은 5,000km인데 비해 한나라는 성벽을 1만km 이상 건설하거나 복원했던 것으로 파악하고 있다. 만리장성은 이중, 삼중으로 몇 겹씩 겹쳐 쌓은 곳이 많고 가지를 친 곳이나 무너진 곳도 많아서 그 정확한 길이를 파악하기는 사실상 불가능하다. 진·한 시대에 만들어진 만리장성은 대부분 흔적만 남아 있고 오늘날 관광 상품이 된 만리장성은 명나라 때 만든 것이다. 동몽골의 알탄 칸(1507~1582년)은 1530년 무렵부터 10여 년에 걸쳐 거의 해마다 명나라 북쪽을 침략했다. 1542년에는 남녀 20여만 명을 살육하고 가축 200여만 두를 빼앗았으며 건물 8만 채를 불사르고 전답 수십만 경을 짓밟았다. 1550년 알탄이 이끄는 몽골군이 급기야 만리장성을 넘어 북경을 포위하고 교외에 불을 지르는 '경술의 변(또는 경술지변)'을 일으켰다. 알탄의 북경 공격이 있은 뒤 명나라에서는 엄청난 인력과 경비를 투입해서 사마대 장성(司馬臺長成, 쓰마타이 창청)을 세웠다. 사마대 장성은 북경 북부 인근의 가장 험준한 산지 5.4km 구간에 건축된 장성이다. 중국 장성연구학자 뤄저원은 "사마대 장성은 만리장성 중에서도 으뜸이다."라고 평했다. 만리장성 중에서도 사마대 장성이 가장 험준한 지역에 가장 견고하게 만들어진 것이기 때문이다. 이는 당시 명나라가 몽골에 대해 얼마나 큰 공포를 느꼈는지를 보여주는 대표적인 사례라고 할 수 있다. 이렇게 계속되는 침략을 겪으면서 명나라는 15~16세기에 걸쳐 북경을 보호하고 몽골의 침략을 막기 위해 대대적인 만리장성의 축조 및 개보수 사업을 벌였다. 그리하여 만리장성을 최종적으로 완성했는데 오늘날 관광지로 가는 만리장성이 바로 그것이다. 명나라는 몽골에 대한 공포로 벌벌 떨면서 변방 곳곳에 토벽을 쌓아올리고 하나의 틈도 없이 성곽을 쌓았던 것이다.

15인치 등우선과 '의식의 벽'

만리장성은 기원전 7세기 경 춘추전국시대에 이민족의 침략에 대비해서 처음 축조되기 시작해서 명나라 때 몽골의 침략을 대비하여 증개축 되었으니 그 역사가 2천년이 넘는다. 그런데 만리장성은 대충 이민족이 출몰한 또는 출몰할 만한 지역에 쌓은 것이 아니었다. 만리장성은 15인치 등우선(等雨線)과 거의 일치한다. 1년 강우량이 15인치 이하는 농사 불가능 지역이고 15인치 이상이면 농사 가능 지역이다(15인치는 약 400㎜이다). 1년 강우량이 15인치 이하인데다 바다로 흘러가는 강도 하나 없는 중앙유라시아 초원 지대는 너무 건조해서 농업이 불가능한 것이다. 진시황은 만리장성을 걷거나 말을 타고 갈 수 없는 험준한 산의 능선까지 쌓았다. 왜 그랬을까? 거기에는 중요한 상징적 의미가 담겨 있었다. 만리장성을 쌓음으로써 중화민족(농경민)과 오랑캐(이민족) 사이에 벽을 세운 것이었고 그것은 중국문명권의 경계선을 그은 것이었다. 그 경계선은 대체로 15인치 등우선과 일치하는, 당시 세계에서 가장 긴 국경선이었다고 할 수 있다. 황하문명은 농업 문명이라 농사를 지을 수 있는 남쪽으로는 계속해서 영역을 확장해 나아갔지만 만리장성 북쪽인 유목 문명과는 물과 기름처럼 대립했다.* 만리장성이라는 상징적 경계선을 통해 그 안쪽에는 '우리'라는 의식이 생기게 된 것이다. 몽골초원과 화북은 서로 이어져 있기 때문에 자칫 '중화'인 중국과 '오랑캐' 이민족이 공간상으로 구분이 안 될 수도 있다. 그렇기 때문에 진·한 제국 이래로 '중국'은 자신들의 지배 범위를 대지에 각인시키는 방법으로 인공적인 경계선을 계속 그어야만 했다. 만리장성은 자국의 안전을 위해 순수한 방어 목적에만 머무는 것이 아니었다. '한족 중국'과 '이민족 오랑캐'와의 차이를 드러내는 '의식의 벽'이었고, 중화라는 문명 현상의 산물이기도 했던 것이다.

＊ 만리장성 이북은 유목 경제권이고 황하 유역의 중원 지역은 기장이나 조를 주로 생산하는 농업 지역이며 회하 이남의 양자강 유역은 벼농사 중심의 농업 지역이라고 할 수 있다.

만리장성 무용론

이러한 만리장성에 대해서는 끊임없이 무용론이 있어왔다. 이민족에 대한 실질적인 방어 효과는 없고 한족에게 심리적 위안밖에 안 되었다는 주장이다. 즉 불안심리 때문에 만리장성을 쌓았지만 방어 효과는 없었다는 것이다. 무용론자들은 어차피 이민족들의 침략을 막을 수도 없었다고 여기는 만리장성의 어마어마하게 복잡하고 거대한 모습을 볼 때마다 이집트의 피라미드와 같은 무용지물을 보는 것 같아 한숨을 내뱉는다. 그러나 그것은 기마민족의 침략이 어떤 것인지 잘 모르는, 무지에서 비롯된 발상이다. 역사적으로 중국은 워낙 많이 이민족들에게 침략과 정복을 당해서 일견 무용론자들의 주장이 타당한 것처럼 보인다. 그러나 만리장성은 심리적 뿐 아니라 실질적으로도 상당한 효과가 있었다. 이민족들이 만리장성을 넘어 침략을 많이 했기 때문에 효과가 없었다는 무용론은 만리장성 축조의 목적을 잘 모르기 때문에 나오는 주장인 것이다. 만리장성의 주 목적은 이민족들이 못 넘어오게 하는 것이 아니라 넘어오는 시간을 지연시키는 것이었다(만리장성은 이민족들이 넘어올 것을 어느 정도 각오하고 혹은 그것을 전제로 쌓았다). 이민족들은 말을 타고 오는데 말은 습성상 넓은 곳은 잘 달리지만 장애물 앞에서는 멈춘다. 그리고 만리장성은 말이 뛰어서 넘을 수 있는 높이가 아니었기 때문에 이민족들은 빈틈을 찾거나 약한 부분을 무너뜨린 후 말을 끌고서 갈 수 밖에 없었다. 이민족 침략자들이 그러는 동안 한족들은 공격이나 수비를 할 수 있는 시간을 벌었던 것이다.

또한 이민족들은 기본적으로 유목민이었기 때문에 한족에 비해 병사 숫자는 적었으나 말을 타서 기동력이 좋았다. 따라서 그들은 만리장성을 넘어서 기습 공격을 하고 후퇴하는 전법을 주로 사용했다. 그런 이민족 침략자들이 후퇴할 때 만리장성은 큰 장애물이 되었다. 만리장성의 특정 구간들은 이중, 삼중으로 축조되었다. 그 구간으로 후퇴하던 이민족 침략자들은 자신들의 특기인 기동력을 상실해서 압도적으로 많은 한족 병사들에게 '독 안에 든 쥐'가 되었던 것이다. 이를 위해 만리장성의 약 70%는 외장성과 내장성 두 겹으로 만들어졌다. 이와 같이 이중으로 된 장성일수록 이민족 침략자들을 독 안에 든 쥐로 만들 수 있는 가능성이 컸던 것이다. 설령 독 안에 든 쥐가 되지 않는다고 하더라도 그럴 위험이 어느 정도는 있기 때문에 이민족들에게 만리장성은 쉽사리 넘기 힘든 심리적 부담으로 작용했다. 이런 이유들로 인해 만리장성이 길어지고 높아질수록 이민족들이 중국을 침략하기는 점점 어려워졌다. 그런데도 만리장성 무용론이 나온 이유는 역사서에는 이민족들이 만리장성을 뚫고 침략한 기록만 남아있기 때문이다. 다시 말해 만리장성 때문에 이민족들이 침략을 못(안) 했던 대부분의 시간에 대해서는 기록하지 않고 이민족들이 만리장성을 뚫고 침략했던 사건에 대해서는 길고 자세하게 기록했기 때문에 그 기록만 읽을 뿐 한족과 이민족의 얽히고설킨 동양사를 거시적 차원으로 보지 못하는 사람들이 그런 생각을 하게 된 것이다.

중국의 역사는 만리장성의 역사

중국의 역사는 바로 만리장성의 역사다. 춘추전국시대 흉노를 막기 위해 흙으로 쌓기 시작해서 명나라 때 몽골에 대한 방어와 공포 때문에 돌로 쌓은 현재의 것까지, 중국은 만리장성을 쌓고 지키며 재발견까지 했던 역사인 것이다(한나라 때는 무제가 황하 연안의 만리장성을 정비했고 서쪽으로 2,000여 리를 연장했는데 이를 한 장성이라 부른다. 송나라 때는 요와 금 그리고 서하 등이 중국 오지까지 깊숙이 자주 쳐들어와서 장성을 쌓을 형편이 아니었다). 만리장성은 고대에 대초원 북방 이민족으로부터 중국 대륙을 분리시켜 폐쇄적 안정을 꾀하면서 중국 세계를 지키기 위한 방어벽으로 축조되었고 농경지대와 유목지대의 생태분계선이었다. 그리고 중국 한족은 이 생태분계선을 사이에 두고 이민족과 역사 내내 대립했다. 만리장성은 2천여 년에 걸쳐 지속된 농경민(한족)과 비농경민(이민족) 사이에서 벌어진 치열한 대결의 상징물인 것이다. 겹겹이 쌓인 산봉우리를 따라 굽이굽이 달려 북방 이민족 저편으로 뻗어 간 만리장성은 면면이 이어져 내려오는 중국사의 흐름이며 화이를 구분하는 폐쇄성과 중화라는 독선의 상징이기도 하다. 『장성, 중국사를 말하다』의 저자 줄리아 로벨은 "장성은 중국을 읽는 거대한 은유"라고 했다. 교역이나 외교를 포기한 채 만리장성에서 위안을 삼고 지금은 그것을 미화하고 있는 중국인들의 세계관이 만리장성의 역사에 그대로 담겨 있다는 것이다.＊

＊ 여담인데 『열하일기』에는 "만리장성 아래에 말을 세우고 그 높이를 헤아려 보니 가히 십여 길은 됨직했다. 나는 붓과 벼루를 꺼내 술을 부어 먹을 갈아 만리장성을 어루만지며 글자를 썼다. '건륭 45년(1780년) 경자년 8월 7일 밤 삼경, 조선의 박지원 여기를 지나가다.'"라는 내용이 나온다. 농담 삼아 나는 만리장성에 갈 일(학술이든 관광이든)이 있는 사람에게 저 글귀가 아직 남아있는지 한 번 찾아보라고 말하곤 한다.

4. 중화제국이 미국이 못된 이유

 세계에서 미래가 가장 암울한, 발전가능성이 없는 나라는 어디일까? 보통 아프리카 최빈국들이 떠오르겠지만 전문가들은 몽골을 꼽는다. 몽골은 인구 약 310만 명(세계 132위), 명목GDP 약 111억 달러(세계 126위), 1인당 명목GDP 3,704달러(세계 115위), GDP 성장률 0.04%(세계 167위)이다.[6] 여러 지표들이 모두 안 좋지만 정작 중요한 것은 따로 있다. 사실 이런 지표들은 끌어올리는 것이 가능하다. 우리나라 같은 경우 한국전쟁 직후인 1953년 1인당 명목GDP는 66달러로 세계 최하위 수준이었는데 2020년 현재 33,000달러로 약 500배 가량 성장했다. 그런데 몽골은 그럴 가능성이 낮은 정도가 아니라 거의 없다고 봐야 한다. 몽골의 수출품은 82%가 석탄, 구리 등 광물로 비교적 값싼 원자재들이다. 몽골의 근본적인 문제는 수출품의 가격이 싼 것보다 바다가 없다는 것이다. 내륙 국가라서 항만이 없다보니 그것들을 수출하기가 쉽지 않다. 바다가 없으니 철도나 도로로 수송을 해야 하는데

---

6) 몽골족은 원나라 멸망과 함께 다시 초원으로 돌아갔지만 청나라 강희제 때 내몽골과 외몽골로 나뉘어서 내몽골은 청, 외몽골은 제정러시아의 영향권 아래로 각각 들어갔다. 1921년 외몽골 지역에 몽골 인민혁명정부가 출범했다. 중국은 외몽골이 독립을 선포하고 몽골국을 세웠다는 소식이 전해지자 외몽골 독립을 인정하지 않는다는 성명을 냈다. 그러나 1945년 얄타회담에서 중국은 외몽골의 독립과 몽골인민공화국을 인정한다는 조약을 맺었다. 몽골 독립을 몽골 스스로 힘보다는 러시아에 의한 연출로 보는 것이 중국 학자들의 일반적인 시각이다. 현재 전 세계 1,000만 명의 몽골인 중 320만 명이 몽골에 거주하고 80만 명이 러시아에 있으며 나머지 600만 명이 중국에 살고 있다.

이웃인 중국과 러시아가 몽골의 수출입을 자유롭게 허용할 나라들이 아니다(중국이나 러시아 같이 힘 쎄고 제멋대로인 강대국이 아니라도 쉽게 허용하지 않는다. 그것은 EU처럼 통합된 국가들 사이가 아니면 마찬가지다). 몽골이 수출을 하려면 중국이나 러시아에게 비싼 수송료·통행료를 지불해야한다. 아니면 아예 수출품을 그들에게 헐값에 넘길 수밖에 없다. 바다가 있으면 수송료·통행료를 지불하지 않아도 되고 그런 걱정을 할 필요도 없다. 몽골 영토는 1억 5,641만 2천ha(세계17위)로 남한의 약 15배에 이른다. 그러나 바다가 없어서 수출입을 자유롭게 못하니 영토가 넓어도 의미가 별로 없다. '산업의 피'라 불리는 석유를 수입하는 것도 쉽지 않아서 산업 발전을 기대하기 힘들다. 남한 영토는 세계 107위로 작은 편이지만 삼면이 바다로 둘러싸여 있기 때문에 수출입에 전혀 문제가 없다. 우리나라가 세계 10위의 경제 대국이 될 수 있었던 것은 수출입이 자유롭기 때문인데, 그것은 삼면이 바다로 둘러싸인 지리 덕분에 가능했다고 할 수 있다. 이렇듯 바다는 생각보다 중요하다.*

* 만약 우리나라가 삼면이 바다가 아니라고 가정해 보자. 자동차를 잘 만들어도 어떻게 수출할 수 있을까? 비행기로는 불가능하니 아예 울산에 자동차 공장을 세울 생각 자체를 안 했을 가능성도 크다.

해군력과 해양력

해양력(海洋力, Sea Power)이란 개념이 있다. 해군력이 아니고 해양력? 일반인들에게는 좀 낯설 것이다. 해양력이란 목표를 달성하고 정책을 수행하기 위해 해양을 통제하고 사용할 수 있는 국가 역량을 말한다. 해양력은 당연히 해군력 이상의 것으로, 국가의 정치력·경제력·군사력으로 전환되는 국력의 일부분이다. 이 개념은 미국 해군 제독이자 전쟁사학자였던 알프레드 사이어 머핸(Alfred Thayer

Mahan, 1840~1914년)이 처음으로 주창했다.* 머핸은 자신의 저서인 『해양력이 역사에 미치는 영향』에서 해군이 강력한 나라가 세계 전역으로 뻗어나가 군사 전쟁 뿐 아니라 경제 전쟁에서도 우위를 차지해서 강대국이 될 수 있다며 '해양력' 개념을 고안했다. 머핸의 이러한 사상은 제국주의 시대 열강들의 정책에 지대한 영향을 주었다. 이 사상은 당대에는 해군 군비 경쟁을 정당화하는 데 사용되어 1차 세계 대전의 원인 중 하나를 제공했으며 지금도 세계 각국의 해군과 군사 전략 전반에 큰 영향을 미치고 있다. 인류 역사는 '육지의 시대'에서 '바다의 시대'를 거쳐 '하늘의 시대'가 되었다. 세계사적으로 보면 15세기까지는 '육지의 시대'였다가 16세기 이후에는 '바다의 시대'로, 20세기 중엽에는 항공기의 극적인 진보로 인해 '하늘의 시대'가 시작되었다. 그런 식으로 16세기 몽골은 육군력으로, 18세기 영국은 해군력으로, 20세기 미국은 공군력으로 세계를 제패했다.

* 머핸은 '19세기 미군의 전략에서 가장 중요한 인물'로 꼽힌다. 그는 중동 지역의 특수성과 중요성을 간파하여 그 지역에 처음으로 'Middle East'라는 명칭을 붙였다.

그러나 21세기인 오늘날에도 '바다의 시대'는 계속되고 있다고 할 수 있다. 기차나 트럭은 부피 제약이 있고 항공 운송은 비용이 너무 커서 아직은 효율성이 떨어진다. 전 세계 물동량의 90% 이상이 바다를 통해 움직이고 있는 것이 현실이다. 또한 바다는 더 이상 교통로만이 아니다. 지구의 70%는 바다이고 바다 속에는 엄청난 지하자원이 숨어 있다. 예전에는 기술이 없어서 자원을 캐내지 못했지만 지금은 아니다. 세계 각 국의 지도자들이 바다를 육지처럼 보는 까닭이 바로 거기에 있다. 바다가 영토가 되어 가고 있는 것이다. 100여 년 전만 해도 영해(領海)를 가리는 논란은 그다지 많지 않았지만 현재는 영토 논란보다 영해 논란이 더 많다.

이제 바다는 콜럼버스의 '대항해 시대'를 넘어 '대영해 시대'로 향해 가고 있는 것이다.

육지에 대한 해안의 승리

지표 대부분은 바다다. 태평양, 특히 남태평양이 얼마나 큰 지 세계지도를 바다 위주로 보면 놀라게 된다. 그 큰 호주조차 섬처럼 보인다. 육지는 지표의 29%에 불과한데 그것도 아프로-유라시아와 남북아메리카가 대부분을 차지한다. 전체를 잘 보면 육지는 북반구에 편중되어 있고 남반구는 '수(水)반구'라고 불러야 할 만큼 바다가 대부분이다. 즉 지구를 덮고 있는 육지 대부분은 아프로-유라시아이며 그것도 적도 북쪽에 몰려 있는 것이다. 그렇기 때문에 유라시아와 북아프리카라는 땅덩어리의 동과 서에는 태평양과 대서양이라는 드넓은 바다가 오랫동안 인간의 이동을 막아왔다. 예기치 못한 표류나 소소한 규모의 항해라면 몰라도 대규모 이동은 불가능했다. 그러니 인간의 역사에서 대양을 항해할 수 있는 함선이 출현했다는 것은 큰 의미를 가질 수밖에 없는 것이다. 물론 글로벌한 '세계사'는 그 후의 일이다. 그때까지 해양 세계는 육지와 그리 멀지 않은 해역과 내해(內海)에 국한되어 있었다. 이렇게 오랜 세월 동안 일본 열도는 극동이었고 브리튼 섬(Great Britain)과 그 주변은 극서에 머물러 있을 수밖에 없었다. 그런 시기는 꽤 오래 지속되었다.

그러다가 밀레니엄 한가운데 시점에서 거대한 전 세계적 차원의 혁명이 시작되었다. 즉 유럽인들이 유라시아 대륙 해안을 장악하고 이를 기반으로 유라시아 대륙 전체를 장악해나간 것이다. 스페인의 레콘키스타, 즉 국토수복운동으로 1492년에 무슬림 수도 그라나다가 함락되면서 스페인에서 아랍 통치의 잔재가 무너졌다. 이는 거대한 중앙유라시아의 움직임이 소규모 버전으로 나타난 것으로도 볼 수 있다. 그라나다는 내륙일 뿐만 아니라 산으로 둘러싸여 있었다. 통치자의 궁전이었던 알람브라(또는 알함브라, Alhambra)는 높은 언덕 꼭대기에 자리 잡은 요새였고 그곳에서는 주변 계곡을 한눈에 내려다볼 수 있었다. 스페인의 승리는 육지에 대한 해안의 승리였다. 기독교인들은 육지에서도 훌륭한 전사였지만 동시에 숙련된 뱃사람이기도 했다. 이후 유럽의 식민지 탐험과 제국 수립의 역사를 보면 주요 대서양 연안 국가들 즉 스페인, 포르투갈, 네덜란드, 영국, 프랑스 등이 다른 경쟁자들을 물리쳤다. 스웨덴 식민지, 독일 식민지, 오스트리아 식민지, 이탈리아 식민지 같은 것은 존재하지 않았다.* 그들도 항해를 할 수 있는 나라들이었지만 그들은 주로 대륙 세력이었고 대륙에 남아 있었다. 반면 해안 세력들은 계속 팽창해나갔다. 처음에는 바다를 건너 팽창했지만 그 다음에는 대륙의 이웃 세력을 향해 팽창을 계속했다.

* 몇몇 예외들도 있었다. 17세기 초 인도 동남부 해안 트란퀘바에 세워진 덴마크 식민지나 아메리카 및 아프리카 대륙에서 짧은 기간에 존재했던 여러 식민지들이 그러한 경우였다.

몽골 제국은 유라시아 대륙 중앙의 모든 국경을 없애버렸다. 이는 동아시아와 유럽 사이에 고속도로를 개통한 셈이었다. 이 길을 통해서 인쇄술, 화약, 나침반 같은 중국의 선진 문물들이 본격적으로 유럽에 수입되기 시작했다(그 전에도 전해졌지만 이때 본격적으로 건너갔다). 인쇄술이 전해지자 유럽은 성경을 인쇄했다. 지식 독점은 곧 권력 독점이다. 유럽에서 성경은 필사본으로나 구할 수 있는 귀한 것이었다. 성경이 대량 인쇄되어 보급되자 종교개혁의 불길은 더욱 확산되었다. 성경뿐만 아니라 인문 서적도 대량 생산되어 르네상스와 근대 문명의 초석이 되었고 종교개혁으로 이어졌다. 중국 역사로 치면 명나라에 해당하는 시기에 유럽은 대항해 시대로 세계 '발견'의 문을 열고 르네상스와 종교개혁으로 정신 무장을 새로이 한 다음 그 성과를 산업혁명이라는 결실로 맺어가고 있었다. 유럽에서 위축된 가톨릭은 적극적인 세계 포교전략을 펼치기 시작했다. 유럽인들은 선진 문명인 동양에 가기 위해 동양의 나침반과 조선술, 원양해양술에 의지해 대항해 시대를 맞았고 급기야는 화약을 이용한 신무기를 들고 동양으로 진출하기에 이르렀다.

정화의 원정과 유목민

명나라 시절 정화(鄭和, 1371~1433년)의 원정은 유럽의 대항해보다 모든 면에서 앞섰다. 1405년에 시작된 정화의 원정은 이후 1433년까지 일곱 차례나 행해졌는데 원정대는 남지나해는 물론 멀리 인도양과 아프리카 동부 해안까지 진출했다. 정화의 원정대는 1405년 2,000톤의 대형 범선을 포함한 63척의 큰 배와 255척의 작은 배, 27,000명의 병사들과 의사, 통역관, 목수, 사무원까지 약 3만 명을 거느렸다. 그에 비해 1492년 콜럼버스의 1차 항해는 3척의 250톤 함선에 승무원이 120명이었고 1498년 바스코 다가마의 원정은 4척의 120톤 범선에 승무원이 170명이었다.* 정화의 원정은 유럽이 본격적인 대항해 시대를 여는 것보다 시기와 규모 면에서 압도적으로 앞섰기 때문에 그대로 지속되었다면 이후 중국사와 세계사 물줄기는 크게 바뀌었을 것이다. 그러나 정화의 원정은 단발성에 그쳤으며 활발한 대륙 진출 및 무역 등 대외 활동으로 이어지지 못했다. 서세동점의 시대 명나라는 정화의 원정대를 아프리카까지 보낼 정도였음에도 왜 신대륙에 보내지 않았고 외국과 적극적인 교류 및 무역을 하지 않았을까? 여러 가지 이유가 있겠지만 가장 큰 이유 중 하나는 바로 이민족인 유목민 때문이었다. 공군과 비행기가 본격적으로 활약하는 2차 대전 이전까지 해외 진출은 전적으로 해양력에 달려 있었다. 서세동점 시대에 중국의 해군력은 형편없었다. 만약 중국 즉, 명이나 청의 해군력이 어느 정도 뒷받침 되었다면 적어도 열강들에게 그렇게까지 패배하고 착취당하지는 않았을 것이다. 명나라 시절까지는 중국의 국력이 유럽보다 강했는데 중국의 해군력은 왜 그렇게 형편없었을까?

* 콜럼버스의 선단 전체는 정화 함대의 배 한 척에 싣고도 남았다. 유발 하라리는 『사피엔스』에서 "1492년 콜럼버스의 선단은 정화의 용 떼에 비하면 모기 세 마리에 지나지 않았다."라고 했다.

조금만 생각해 보면 금방 답이 나온다. 역사적으로 중국의 군사력은 대부분 북방 이민족인 유목민들을 대비한 것이었다. 그런데 유목민들이 타는 것은 말이지 배가 아니다. 그러니 중국은 말을 타고 다니는 유목민을 대비하기 만리장성을 쌓을 수 밖에 없었던 것이다. 유목민들은 평생 바다를 본 적조차 없어서 세계 최대 영토를 개척한 몽골은 한반도에서도 작은 섬인 강화도를 정복하지 못했다. 또 몽골은 일본을 정벌하기 위해 고려의 선박기술자들을 징용할 수밖에 없었고 그들 자신이 바다와 배를 잘 몰랐기 때문에 일본 정벌은 여러 번 실패했다(역사적인 관점으로 볼 때 몽골의 실패는 근대 과학기술이 발달하기 이전 세계에서 육상 강국이 동시에 해상 강국이 되는 것은 극히 어려운 일이었다는 사실을 증명해준다).* 만주족의 청나라도 몽골족의 원나라와 별반 다르지 않았다. 청의 중국 지배에 마지막까지 저항한 인물은 중국 최남단인 복건성에서도 남동부에 위치한 하문(廈門, 샤먼)을 본거지로 하는 무역상 정지룡이었다. 정지룡은 일본에서 동남아시아에 이르는 광대한 해역을 상업권으로 삼고 있었는데 그가 죽고 아들 정성공이 뒤를 이었다. 정성공은 1661년에 대만 남부를 새로운 거점으로 삼아 동아시아 해역의 패권을 장악했다. 그는 그 이듬해 사망했지만 대만의 정씨 정권은 1683년까지 존속해서 많은 복건성 주민들이 대만으로 이주했다. 바다에 익숙하지 못할 뿐 아니라 공포까지 느꼈던 청나라 지배층은 대만을 직접 공격하지 못했다. 그들이 한 것은 1661년 이후 해안 지역에 사는 주민을 강제로 내륙 지역으로 이주시킴으로써 정씨 정권을 고립시키려고 한 조치가 고작이었다. 대만은 정씨 정권이 멸망한 후에야 비로소 청나라 영토로 편입되었다.

세계 역사상 가장 넓은 영토를 개척한 몽골 제국이 점령하지 못한 곳이 섬(강화도와 일본)이었듯이 중국 역사상 가장 넓은 영토를 개척한 청 제국이 점령하지 못한 곳도 섬(대만)이었다. 유목민이 바다를 두려워했던 것에 비해 중국은 유목민들 때문에 바다로 나아갈 수 없었고, 바다에 관심을 갖기 어려웠으며, 군사력 대부분을 육군에 투자할 수 밖에 없었다. 좀더 구체적으로 당시 상황을 살펴보면 이렇다. 명나라 북쪽과 서쪽 그리고 동쪽은 모두 유목민들이었다. 특히 동몽골과 서몽골(오이라트)은 명나라를 수시로 위협하고 침략했다. 그러던 중 명나라는 결국 동쪽 만주족에게 중국 대륙을 넘겨주었다. 그 강력한 만주 팔기군과 몽골 기병대로 무장한 청나라도 150년 숙적인 준가르를 겨우 정복했다. 그리고 청나라는 준가르를 정복하고 그곳을 관리하는 데 상당한 국력을 소모했다. 그런데 청나라보다 국력이 약했던 명나라가 바다 건너 다른 세계에 신경 쓸 여력이 있었을까? 정화의 마지막 대원정이 끝난 1433년 이후 중국은 말하자면 바다를 버렸다. 중국 정부는 해금 정책을 펴서 자국민들이 허락 없이 바다로 나갔다가 잡히면 사형에 처한다는 엄명을 내렸다. 그 많던 배들을 파괴하고 그 많던 해군들을 육군이나 노무자로 돌렸다. 당시 북방 이민족들의 위협이 커졌기 때문이었다. 이런 상황에서는 한편으로는 유목민을 막으면서 동시에 바다로 팽창하는 일은 부담스러웠다. 두 방향 모두는 어려우니 국력을 북쪽으로 집중해서 이민족의 침략에 대비하고 더 나아가 그곳으로 팽창하자는 식으로 정리를 한 것이다.*

* 가장 결정적인 것은 1449년 명나라 황제 영종이 생포된 토목의 변이라고 할 수 있다. 이 사건으로 명나라가 국력을 기울여 신경 써야할 곳은 바다가 아니라 내륙이라는 것에 어느 누구도 이의를 제기할 수 없게 되었다. 그리고 그런 상황에서 정화의 원정 등과 같은 프로젝트는 중단될 수밖에 없었다.

반대로 유럽은 활발하게 해외로 진출해서 세계의 바다를 지배해 나갔고 더 나아가 산업혁명기에 이르러 증기력을 이용한 기계혁명을 이루어 폭발적인 경제 발전을 성취했다.* 그렇게 중국의 해상 후퇴, 유럽의 해상 팽창이라는 역사적 상황이 펼쳐졌던 것이다. 그리고 그것은 근대 세계사에서 가장 중요한 전환점이라고 할 수 있다. 유럽은 해양 지향적이었던 반면 아시아 여러 나라들은 내륙 지향적이었다. 그것은 국가의 존망을 결정지을 기회와 위협이 어디에 있었는가에 달려 있었다. 그렇기에 유럽의 해양으로의 진출은 경제적 이익을 추구하려는 목표를 갖고 추진되었던 반면 명·청 제국의 내륙으로의 팽창은 군사적 안전 확보라는 목표를 가지고 이루어졌던 것이다. 동양과 서양, 그 운명의 향배가 갈리는 거대한 역사적 변곡점에 바다가 있었다. 바닷길에 대한 지배권이 세계 패권을 장악하는 데 결정적인 동력이 되었던 것이다. 그렇다고 해서 그때부터 모든 중국인들이 아예 바깥으로 나가지 않았던 것은 아니었다. 민간인들은 계속 바다로 나갔다. 다만 한번 나가면 도착한 곳에 그냥 주저앉는 경우가 많았다. 허가 없이 바다로 나갔다 잡혀 사형을 당할 수도 있었기 때문이었다. 그래서 이 시기부터 아시아 각지에 중국인 마을이 형성되었다. 문제는 중국 정부가 바다를 버렸다는 사실이다. 그러니 해외로 나간 민간인들과 본국과의 관계가 끊어져버림으로써 그들이 세계 각국의 사정을 중국에 알리거나 중국을 위해 할 수 있는 일은 거의 없었다.

* "바다를 지배하는 자가 무역을 지배하고, 세계의 무역을 지배하는 자가 세계의 부를 지배하고, 결국 세계 자체를 지배한다."라고 한 탐험가 월터 롤리는 17세기 초에 바다의 중요성을 깨달았다. 그리고 그는 처녀(virgin)인 여왕 엘리자베스를 위해 북아메리카 땅에 '버지니아'라는 이름을 붙였다.

양무운동의 실패와 해양력의 실패

스마트폰 시대에는 스마트폰과 친한 세대나 국가는 흥기하고 그렇지 않은 세대나 국가는 퇴보하는 것처럼, '물과 친한 민족'이 세계를 지배하는 바닷길 시대에는 '물과 친하지 않은 민족'이 퇴보하는 것은 자연스러운 역사적 현상이었다. 대항해 시대 이후는 바다를 장악한 유럽인에게 물과 친하지 않은 농경민(중국과 한국 등)과 유목민(만주족과 몽골족 등)이 패배하고 반(半)식민지가 되는 역사였다고 할 수 있다. 1839년 11월 청나라와 영국 간 첫 번째 해전이 발생했다. 신경질적인 '서양 챔피언'과 점잖은 '동양 챔피언'의 대결인 아편전쟁이었다. 그러나 그것은 전쟁이라고 할 것도 없었다. 중국은 증기선, 대구경 대포, 로켓, 신속발사 소총 같은 영국의 신무기에 상대가 되지 않았다. 인도에 주둔하던 극동 함대를 주축으로 한 영국 원정군은 순식간에 황해를 누비며 중국 전 해안을 휩쓸었다. 영국의 함포 사격으로 청나라 군함은 처참하게 침몰했다. 영국 전함에 불을 붙이기 위해 청군이 띄워 보낸 화약선은 표적에서 한참 떨어진 채로 적의 공격을 받아 불더미로 변했다. 청나라 해군에는 기동공격의 개념이 없어서 서양 해군과 맞설 수 없었다. 아편전쟁에서 강력한 영국 해군에 굴복한 청나라는 홍콩을 할양하는 등 굴욕적인 남경 조약을 체결했다(홍콩은 빅토리아 여왕의 생일 선물이 되었다). 그렇게 서양 해군의 위력을 절감한 청나라 조정은 유럽식 군사제도와 무기 제조 기술에 대한 필요성을 뼈저리게 느꼈다. 이후 중국의 국방을 위한 주요 노력은 해군을 키우는 것이었다. 1862년 이후 각지에 군수 물자와 무기를 제조하는 공장이 세워지고 근대적 해군과 군항 설립 등이 추진되었다(양무운동). 드디어 그렇게 열심히 키운 해군력을 시험할 기회가 왔다. 1894년 조선에서 청일전쟁이 발발한 것이다. 그러나 청나라 해군은 다섯 시간 만에 전멸하는 등 청은 일본에 대패했다.

이것은 짧게는 '양무운동의 실패'였지만 길게는 유목민이었기 때문에, 유목민인 이민족 때문에 바다에 관심과 역량을 기울이기 어려웠던 중국사에 있어 '해양력의 실패'였던 것이다. 청일전쟁 당시 압록강 부근 황해 해전에서 이홍장이 직접 30년간 조련한 북양함대는 기병 출신 사령관이 지휘했다. 그는 기마부대 돌격처럼 함대를 횡진으로 포진시켰고 일본 함대는 2열 종대 포진으로 이들을 포위해서 공격했다. 여전히 중국은 해군에 대한 개념조차 부족했고 기마부대에 의존했던 것이다. 만주족의 청나라가 들어설 무렵이면 육로를 통한 외국과의 교섭 문제는 대체로 통제할 수 있는 상황이었지만 해양, 연해 상업, 해군에 대한 방어 문제는 그렇지 못한 상태였다. 정크 무역선이 1,000톤을 운반할 수 있었던 시기에 중국 해군의 함선은 여전히 소형(약 300톤)이었다. 그것은 19세기 서양 및 일본의 해군에 대응해서 중국을 방어하기에는 적당하지 않았다. 정화의 원정 이후 중국은 19세기에 이르기까지 이렇다 할 해군력이 없었고 중국 수군(水軍)은 '물 위에 떠 있는 경찰'과 같았다.

'중국사의 3대 치욕 사건'

중국에는 '중국사의 3대 치욕 사건'이 있다. 흉노의 유연은 난을 일으켜 전조를 세우고 낙양을 함락한 후 진나라 황제인 회제를 포로로 끌고 갔다. 회제는 하인 복장을 입고 연회에서 술잔을 따르는 일을 해야 했고, 이후 처형당했다(영가의 난). 여진의 금은 송나라 수도 개봉을 함락하고 흠종과 그의 아버지인 태상황 휘종 두 황제를 포로로 잡아가서 휘종에게는 '덕을 망친 공작'이란 뜻의 '혼덕공', 아들 흠종에게는 '덕을 거듭 망친 후작'이란 뜻의 '중혼후'란 작위를 수여하고 조롱했다(정강의 변). 명나라 영종은 50만 명의 군대를 이끌고 직접 출정했으나 서몽골(오이라트)의 에센에게 토목보 전투에서 포로로 잡혔다(토목의 변). '중국사의 3대 치욕'을 보자면 병자호란 당시 인조가 당한 삼전도 굴욕은 사실 '애교' 정도로 느껴진다. 삼전도 굴욕은 잘 알려져 있지만 중국사의 3대 치욕은 그렇지 않다. 그 이유는 최대한 감추기 때문이다. 천자인 황제가 '오랑캐'에게 포로가 되어 치욕을 당하고 심지어 처형까지 당하다니. 그것도 한 번도 아니고, 어찌 감추고 싶지 않겠는가? 한반도 역시 '오랑캐'라 불린 거란, 몽골, 여진 등에게 많은 침략을 당했고 항복한 적도 있었지만 왕이 그들에게 처형까지 당한 적은 없었다. 그에 비해 중국은 '오랑캐'에게 황제가 포로가 되거나 살해당한 적이 여러 번 있었던 것이다.[7]

---

7) 중국사의 3대 치욕 중 하나는 아니지만 백등산 전투도 중국인들이 최대한 감추려고 하는 치욕이다. 이에 대해 『열하일기』에는 박지원이 중국에서 한족 사대부들과 나눈 대화가 다음과 같이 실려 있다.

내(박지원)가 "한 고조가 백등산에서 내었다고 하는 기이한 계책이란 어떤 것이었습니까?" 하니 곡정이 "그 계책은 세상에 비밀로 되어 있어서 전해 오는 것이 없습니다." 하기에 내가 "기이한 계책이란 필시 성이 함락되자 무릎을 꿇고 항복한 일일 터이니 부끄러운 일이 아니라면 무엇 때문에 비밀로 하겠습니까?" 하니 형산이 크게 웃으며 "앞 시대 사람들이 미처 하지 못한 말을 하십니다그려." 하기에 내가 "그때에 흉노의 우두머리 묵특은 항복한 사람이 입에 구슬을 물고 관을 등에 지는 것과 같은 항복하는 여러 절차를 모르고 있었겠지요?" 하니 곡정은 "자고로 중국은 변방 오랑캐 문제를 속 시원하게 해결한 적이 없었습니다. 흉노족인 강거가 제 발로 투항을 한 것이라든지 돌궐족의 추장인 힐리가 당 태종에게 잡혀 와 궁중에서 춤을 춘 일 등은 '울고 싶어 하자 때려 준다'는 격으로 절묘하게 때가 맞아떨어진 것이지요."

돈 먹는 '블랙홀'

중국 역사에서 주나라(서주)가 '오랑캐' 견융에게 멸망한 것을 시작으로 왕조로서 마지막인 청나라는 만주족의 나라였다. 그런데 이민족에 의한 중국의 피해는 침략과 정복만이 아니었다. 중국은 이민족 때문에 전시 뿐 아니라 평시에도 엄청난 비용을 소모했다. 한나라는 고조 유방 이래로 사실상 흉노의 속국이었고 돈으로 평화를 샀다(이에 대해 한나라 측 기록을 보면 "뇌물로 화친을 맺었다."라고 되어있다). 흉노 안에서 선우 자리를 놓고 형제지간인 호한야와 질지가 싸웠다. 형인 질지에게 축출당해 몽골초원에 남아 있을 수 없게 된 호한야는 기원전 52년 추종자들을 이끌고 고비사막을 건너 한나라 황제에게 신하를 칭했다. 호한야는 기원전 51년에도 입조해서 황제를 배알했다. 황제는 그에게 각종 의전용 고급품 이외에 황금 20근, 현금 20만 전, 비단 8천필, 명주솜 6천근을 하사했다. 이로써 호한야는 조공이 후한 경제적 보상으로 이어진다는 것을 깨달았다. 그는 기원전 50년과 이듬 해 다시 입조했고 한나라 조정은 전과 같은 의전적 예우와 사여에 의복 110벌, 비단 9천필, 명주솜 8천근을 더 보태주었다. 한나라의 이러한 물질적 지원에 힘입은 호한야는 북방으로 돌아가서 질지에 승리했다. 질지는 새로운 땅을 찾아 서쪽으로 향했다. 중국 입장에서 보면 흉노의 동서 분열이었다(흉노의 1차 분열). 몽골초원에 버티고 있던 동흉노는 한나라와 동맹해서 서쪽으로 이동한 서흉노를 카자흐초원 부근에서 격파했다. 경쟁자가 사라진 몽골초원에서 호한야는 유일한 군주가 되었다. 그는 기원전 33년에 또다시 입조해서 지난 번의 두 배를 받아갔다.[8]

---

8) 한나라의 도움으로 초원으로 돌아가 흉노를 통합한 호한야가 기원전 33년에 다시 입조하자 한나라 황제는 궁녀 왕소군을 그에게 시집보냈다. 중국 고대 4대 미녀 중 한 명이라 불리는 그녀가 흉노에게 시집간 것을 두고 많은 문인들이 상상력을 발휘해서 기막힌 스토리들을 만들어냈다. 왕소군은 "거대한 지네나 뱀 같은 괴물을 달래기 위해 시집이란 명목으로 바쳐진 착하고 예쁜 처녀"라는 설화의 실화 버전인 셈이었다. 그리고 정치적으로는 한나라가 평화를 '구매'하는 데 쓰인 희생물이었다.

기원전 3년에는 호한야의 아들이 다시 입조를 청했는데 조정 대신들의 격렬한 반대로 거절당했다. 이것은 조공체제의 허실을 잘 보여주는 사례였다. 즉 흉노는 한나라에 대해 명분에 불과한 정치적 복속을 표방하는 대신 막대한 물질적 보상을 받아냈고, 이는 하나의 전략이었던 것이다. 이를 '내부변경정책'이라고 하고 흉노가 한나라의 변경을 침략하여 군사적 위협을 가하고 그 대가로 물자를 받아내는 것을 '외부변경정책'이라고 한다. 내부변경정책에 적절히 대응하기 위해 중국은 막대한 재정을 쓸 수밖에 없었다. 그래도 침략 → 위기 → 물자 지급이라는 종래 방식보다는 정치·사회적 안정과 비용이라는 면에서는 훨씬 나았다. 또한 흉노가 군신관계를 받아들이자 중국은 황제를 정점으로 하는 정치적 질서, 즉 중화 질서를 표방할 수 있게 되었다. 흉노에 대한 한 무제의 반격은 너무 많은 비용이 들었다. 문경의 치를 통해 60년 동안 비축했던 모든 것을 소비했으며 백성들의 부역은 30배 가량 늘어났다. 그랬기에 한 무제의 반격은 사실상 실패한 정책이었고 한나라는 그때부터 쇠락의 길을 걷기 시작했다.

중국이 자랑하는 동아시아 제국 당 또한 마찬가지였다. 당나라는 개국 전후로 돌궐에 칭신을 해야 했다. 돌궐의 대외 관계는 과거 스텝 제국들이 그러했듯이 주로 충돌과 전쟁의 관계였다. 이러한 전쟁들은 대개 경제적 이해관계가 얽혀있는 비단길에 대한 지배와 관련이 있었다. 돌궐 제국과 당과의 무역은 돌궐이 당나라에게 말을 주고 비단을 가져오는 경우가 대부분이었다. 이러한 무역에서 당나라는 거의 이익을 보지 못했다. 대부분 돌궐이 자신들 물건을 강제로 떠맡기는 식의 무역이 많이 이루어졌고 돌궐과 충돌을 원치 않았던 당나라는 그 요구에 응했기 때문이었다. 또한 당나라는 자신들이 대국이라는 의식 속에서 돌궐이 가져온 물건을 조공으로 여겨 후하게 대접했다. 물량이 많은 당나라는 돌궐이 가져오는 무역품들이 비록 하찮은 것이었지만 조공으로 여겨 답례하는 형식으로 무역을 행했고 돌궐은 경제적 목적을 가진 무역으로 생각하고 있었던 것이다. 비단길을 장악한 '유통의 돌궐'과 '생산의 당'은 무역에 대해 나름 심각한 개념 차이가 있었다.

당나라는 안록산이 피살된 후 지휘권이 사사명으로 이어져 다시 전란에 휩싸이자 762년에 위구르에게 또 한 번 구원을 요청했다. 이에 4,000명의 기병이 남하해서 당군과 연합하여 낙양을 탈환했다. 이때 위구르의 모우 카간은 친정을 감행해서 당나라는 8년에 걸친 안사의 난을 평정할 수 있었다. 이에 대한 대가로 모우는 당나라로부터 막대한 양의 공물을 받을 수 있었다. 또한 당과 위구르 사이의 견마교역(絹馬交易)은 위구르 측에 절대적으로 유리하게 전개되었다. 당시 위구르와 당과 교역은 호시(互市)를 통해 이루어졌는데 안사의 난 이후 말 1필이 비단 10필 이상과 교환되었다. 위구르에서 오는 말의 숫자가 수 만 필이었다는 점을 감안하면 그 당시 교역 규모가 상당했음을 알 수 있다. 그런데 위구르인들이 가져오는 말들은 대부분 사용할 수 없는 것이어서 견마교역에서 무역 역조 현상은 당나라로서는 큰 부담거리였다. 이에 대해 『신당서』에는 "위구르가 매년 말 10만 필을 보내면 당은 그 대가로 비단 100여만 필을 주었다. (…) 당은 재력의 고갈을 감수하면서 매년 말 값을 부담했다."라고 기록되어 있다. 그럼에도 당나라는 자신들을 두 번이나 구해준 '구원자' 위구르와 울며 겨자 먹기 식으로 무역을 계속할 수밖에 없었다.

미국인 동양학자 폴 J. 스미스(Paul J. Smith)는 『천부에 과세를 해서』(하버드대학 출판국, 1992년, 국내 미번역)라는 책을 펴냈다. 그는 이 책에서 송나라 때 말을 필사적으로 구입해야 했던 이유를 주제로 그에 투입된 재정과 경제적 부담을 사료를 통해 분석하고 종합했다. 이 책은 1126년에 발생한 다음과 같은 사건을 사례로 들고 있다. 금나라 사신단 17명이 송나라와 화평 교섭을 하고 본국으로 돌아가고 있었다. 이때 이간이란 장군이 이 사신단 앞을 2,000명의 보병으로 막아섰다. 그러자 금나라 사신단은 도망이 아니라 돌격을 선택했다. 17명으로 구성된 금나라 사신단인 기마부대는 좌 5, 중 7, 우 5로 진형을 짜고 돌격해서 송나라 보병 2,000명 중 절반인 1,000명을 죽였다. 그러고는 그대로 금나라로 귀환했다. 이것은 금나라 사서가 아닌 송나라 사서(『三朝北盟會編』)에 실려 있는 실화였다(사실은 더 많았는데 2,000명으로 줄인 것으로 의심하는 학자들도 있다). 말을 탄 기마부대 17명에게 중국 보병 2,000명이 상대조차 못 된 것이었다. 말을 탄 기마병들은 빠르고 강한 공격이 가능한데 그만큼 보병들은 그들을 공격하기 어렵기 때문에 탁 트인 곳에서 둘은 상대조차 안 되었다. 이것을 통해 한족 인구에 비해 1~3%밖에 안 되던 이민족들에게 중국이 왜 그렇게 당했는지, 이민족들은 그 적은 인구로 어떻게 중국을 정복할 수 있었는지 실감할 수 있을 것이다. 그렇기 때문에 중국은 얼마를 주고서라도 유목민의 '말' 아니면 '평화'를 구매해야 했다.

그럼에도 송나라는 거란의 요와 여진의 금 그리고 탕구트의 서하에게 막대한 세폐를 바치며 겨우 연명했다. 전연의 맹(1005년)을 통해 송은 거란에 매년 은 10만 냥, 비단 20만 필을 지불했다. 요가 금에 망할 때까지 100년 이상 공물을 바쳐야했기에 그로 인한 재정적 피해는 컸다. 1126년 여진의 금이 수도 개봉을 공격하자 송나라는 180년 동안 세폐에 해당하는 전쟁 배상금을 금에게 지불해야 했다. 정강의 변을 통해 송은 "200년 동안 축적한 것들과 창고가 모조리 텅 비게" 되었고 세계적인 대도시였던 개봉은 이때부터 빛을 잃었다. 중원 회복의 열망으로 송은 여진의 금에게 두 번 도전했다가 모두 대패하고 화의 조약을 맺었다(1142년). 새로운 협약 내용으로 국경은 회하로 하며 남송은 매년 은 25만 냥과 비단 25만 필을 금에게 바쳐야 했다. 이는 북송이 거란의 요와 맺었던 전연의 맹보다 훨씬 더 가혹한 것이었다. 송나라는 거란의 요와 여진의 금 뿐 아니라 소국인 탕구트의 서하도 이기지 못했다. 송나라는 서하와의 전쟁에서 100만 명에 가까운 군대를 투입했는데 이에 소요되는 경비만 국가 총예산의 약 60%에 달할 정도였다. 그러고도 패한 송은 서하에게 매년 막대한 물자(비단 13만 필, 은 5만 냥, 차 2만 근)를 세폐로 보내야 했다.

거란과 서하 등 주변 국가들의 흥기로 송나라 영토는 급격하게 축소되어 갔다. 송의 영토는 당의 전성기에 비해 1/2로 줄어들었다. 북송은 막대한 조공을 바치고도 거란과의 북부전선 및 서하와의 서부전선에 수비병 수십만 명을 주둔시켜야 했다. 그래도 북송은 거란이나 탕구트에게 안방인 중원을 내주지는 않았지만 남송은 여진에게 중원을 잃었다. 따라서 남송에게는 적군에 맞서 싸워 나라를 지키는 것이 가장 중요한 일이었고 남송은 북송보다 군사 예산을 훨씬 더 많이 집행해야 했다. 남송은 여진의 침략을 막기 위해 막대한 세폐를 바쳐야 했고 군사 예산도 북송보다 많이 들어서 이로 인한 재정 부담으로 빠르게 쇠퇴했다. 그러다가 몽골의 세계 정복 사업의 '돈줄'로 전락한 남송은 결국 원에게 멸망했다. 송나라 초기 이래 흑자를 기록하던 국가수지는 11세기 중반 이후 적자로 돌아섰고 회복 기미는 보이지 않았다. 그래서 나온 것이 왕안석의 신법이었다. 신법의 주된 목적은 국가의 재정적, 군사적 위기를 극복하는 데 있었다. 신법에서 소농민을 보호하는 등의 문제는 관심 밖 일이었다. 따라서 신법에 의해 국가 재정은 나아진 반면 농촌사회에서는 불만이 쌓여 갔고 결국 두 개의 대반란이 일어났다. 그 중 하나가 송강을 필두로 36인의 지도자에 의해 영도되는 집단이 산동의 양산박을 근거로 일대를 횡행한 것이었다(이 반란을 소재로 한 것이 『수호전』이다).

그렇다면 송나라가 이민족들에게 바쳐야했던 세폐는 재정의 어느 정도였을까? 세폐 총량은 비단과 은으로 150만 단위에 이르렀지만 이것은 당시 송나라 정부 1년 예산의 2%에 미치지 못하는 것이었다. 이보다 훨씬 더 심각한 소모는 군사적 지출이었다. 송나라는 이민족들의 침략에 너무 시달려서 어쩔 수 없이 병농일치를 포기하고 직업군인제를 택했다(송나라는 중국사에서 유일하게 모병제로 군사를 조달한 한족 왕조였다). 말(馬)이 제대로 갖추어지지 않았고 대부분 빈민들 가운데 군인을 충당했기 때문에 송나라 군대는 이민족들의 기병에 대적할 수 없었다. 따라서 군대 규모를 확대하는 것이 유일한 해결책이어서 1041년에는 군인 숫자가 125만 9,000명을 헤아리게 되었다. 그리고 그 유지 비용은 정부 예산의 약 80%를 차지했다. 그랬으니 송나라가 재정적으로 어려움을 겪는 것은 당연했고 심지어 관리들에게 봉급을 지급하지 못할 지경이었다. 이는 관리의 사기를 저하시키고 관권의 오용을 조장했으며 송나라 시대 나머지 시기를 괴롭히게 된 관료들의 당파 싸움이 커나가도록 자극했다.

1550년 알탄 칸은 북경까지 이르러 8일 간에 걸쳐 성을 포위했다(경술지변). 북경 수비군은 성안에 틀어박혀 알탄 칸 군대의 약탈과 방화에 수수방관할 수밖에 없었다. 이 시기 명나라는 몽골의 침략에 거의 대책이 없는 상태였다. 이와 같은 상태에서 북방 군사비는 증대되었고 그것은 무거운 부담이 되어 사람들을 짓눌렀다. 1571년 알탄 칸은 순의왕(順義王, 순종하는 의로운 제후)으로 봉해졌다. 알탄은 이렇게 선언했다. "들으라, 중국의 80만 기병대와 북방 야만인의 40만 기병대여. 앞으로 우리는 중국 국경을 다시는 어지럽히지 않을 것이다." 이에 대해 『명사(明史)』는 다음과 같이 기록했다. "그 후 변방지역은 고통에서 놓여났다. 동쪽에서 서쪽까지, 수천 리 국경을 따라 배치된 일곱 개 요새 지역의 병사와 평민은 모두 행복한 시간을 누렸다. 무기를 쓸 일이 없었고 군사비 지출이 7할이나 줄었다."

명나라는 중기 이후 많은 외부 세력의 위협을 받았다. 몽골이 동몽골을 중심으로 일어나 명나라 북변을 끊임없이 침략했고 동북 방면으로는 여진족이 명을 위협했다. 1616년에 금을 부흥시킨다며 후금까지 건설한 여진족은 명나라에 대해 공격적인 입장을 취했다. 명나라는 만주족의 공세에 대항해서 군사력 증강을 꾀했는데 이를 위해서는 추가 군자금이 필요했다. 이는 결국 증세로 이어져 농민들에게 부담을 가중시키는 결과를 초래했다. 명나라는 원을 몽골초원으로 몰아내기는 했으나 몽골족에게 계속해서 위협과 침략을 당했다. 그래서 만리장성을 개보수하고 새로 축조했는데 그 비용 또한 천문학적이었다. 명나라는 만리장성을 약 200여 년 간 18번 재건축했는데 지금 남아 있는 만리장성 대부분은 명나라 때 만든 것이다. 200여 년이 걸려 명나라는 성 자체뿐만 아니라 수많은 망루, 봉화대, 성문까지 만들었다. 1576년 만리장성의 추가 보강 작업에 은 330만 냥이 필요할 것으로 예상되었다. 이는 16세기 후반 명나라 조정 연 수입의 3/4을 넘는 액수였다(이러한 계획에 대해 중국 조정이 언제나 비용을 충분히 지급한 것은 아니었다).

명나라보다 강력해서 동몽골을 포섭하고 서몽골을 정복한 청나라 또한 엄청난 평화 유지 비용을 지불해야 했다. 청나라는 동몽골과는 연합했으나 서몽골인 준가르와는 계속 전쟁을 했다. 결국 청나라가 준가르를 정복하기는 했으나 그것으로 끝이 아니었다. 청나라는 서몽골의 준가르를 무너뜨리고 천산 남북을 제국의 신영토로 편입한 뒤 '새로운 영토'라는 뜻의 신강(新疆, 신장)이라는 이름을 붙였다. 청나라는 이 방대한 지역을 통치하기 위해 상당한 규모의 군대를 주둔시켜야만 했는데 이는 청에게 재정적으로 큰 부담이 되었다. 1760년대 청나라에서 파악한 신강위구르인의 숫자는 약 40만 명이었는데 청의 주둔군은 3만 명에 이르렀다. 신강에서 거두는 세금 수입으로 필요한 경비를 충당하려 했으나 인구와 경작지가 충분치 못한 신강에서 이를 실현하기는 어려웠다. 따라서 청나라는 내지 각 성(省)에 신강으로 보낼 지원금 액수를 할당해서 매년 총 150만 냥(혹은 300만 냥)을 송금했다. 준가르 지배 시기나 청 정복 초기에 신강 지역 부세 총액이 7만 냥 이었다는 점을 고려하면 수지의 불균형이 얼마나 컸었는가를 짐작 할 수 있다. 아편 전쟁(1840~1842년) 결과 청나라 국력은 점점 쇠퇴했다. 그 동안 내지 각 성의 세수에서 보낸 것으로 지탱되던 신강 주둔 경비는 1850년대에는 완전히 끊어져 의복조차 마련하지 못한 병사들이 훈련을 할 수 없는 지경까지 되었다. 주둔군의 이러한 비참한 보고에 대해 청나라 조정은 현지에서 어떻게든 조치하라는 답장밖에 보내지 못했다. 이렇게 인구와 경작지가 적어서 수지타산이 안 맞아 재정적으로 큰 손해를 보는데도 불구하고 왜 청나라는 계속 신강을 지배했던 것일까? 그것은 그들을 지배하지 않으면 유목 민족 특성상 언제 또 칭기즈 칸 같은 강력한 리더가 나타나 부족을 통합하고 무시무시한 적이 될지 모르기 때문이었다. 신강이 되는 준가르 제국과 청나라의 전쟁은 강희·옹정·건륭 3대에 걸쳐 70년 동안 지속되었다. 그러니 중앙유라시아의 준가르·신강은 청나라로서는 점령 이전이나 이후에나 엄청난 군사력과 재정을 쏟아야 하는, 그야말로 '블랙홀'이었던 것이다.*

* 청 황실은 열하에 여름 별장을 지어 제2의 수도로 만들었다. 그 목적은 열하의 지세가 천하의 두뇌와 같아서 "두뇌를 누르고 앉아 몽골의 목구멍을 틀어막자."라는 것이었다. 박지원이 열하에 있던 건륭제의 70세 생일 축하연에 참석하러 가며 쓴 기행문이 『열하일기』다.

'대항해 시대' 중국은 무엇을 하고 있었을까

근대 세계사에서 가장 중요한 현상은 무엇일까? 역사가마다 다르게 이야기할 수 있겠지만 유력한 후보 중 하나는 '유럽의 세계 팽창'일 것이다. 생각해 보라. 중국이나 한국이 배를 타고 항해해서 신대륙을 '발견'했다든지, 아메리카 인디언들이 유럽을 정복하고 대량 살상을 했다든지 따위의 일들은 일어나지 않았다. 그와 반대로 유럽과 그 후계자인 미국이 전 세계로 뻗어나가 군사·정치·경제·문화적으로 온 지구를 지배한 것이 15~16세기 이후 세계사의 전개 과정이었다. 대항해 시대의 도래는 유럽에 커다란 변화를 가져왔는데 그 하나는 상업혁명이었다. 이는 종래의 지중해가 무대인 제한된 시장권이 대서양을 거쳐 아시아와 신대륙을 포함하는 글로벌한 시장권으로 변화하는 것을 가리킨다. 신대륙을 '제2의 유럽'으로 바꾸면서부터 유럽은 번영의 시대를 맞이했다. 그렇게 된 직접적인 원인은 바로 신대륙에서 산출된 막대한 양의 은이었다.

16세기 이후 백 수십 년 동안 약 16,000톤의 은이 볼리비아와 멕시코에서 스페인으로 운반되었다(참고로 유럽 최대 은 산지인 남독일의 산출량은 연간 30톤 정도였다). 특히 1546년에 발견된 멕시코 은광은 19세기 말까지 전 세계에서 채굴되는 은의 20%를 차지했다. 신대륙의 은 가운데 40%는 스페인 왕실 수입으로, 나머지는 탐험 자금을 공급했던 제노바 상인들에게 흘러 들어갔다. 즉 방대한 양의 은이 유럽 각지에서 돌아다닌 것이다. 어떤 사회든 금과 은은 그 자체로 내재 가치를 가진 화폐 역할을 한다. 당시에 은은 지금의 달러와 같았다. 유럽인들은 저렴한 은을 이용해 아시아 각지에서 유리한 교역활동을 전개할 수 있었다. 지중해 연안에서 대서양 연안으로 상업 중심지가 이동했고 무역량이 확대되었는데 이러한 경제 변동을 상업혁명이라고 한다. 프랑스 역사가 브로델은 1670년부터 약 100년 후인 프랑스 혁명 전야까지 프랑스 통화량이 약 17배 증가했다고 지적했다. 엄청난 경제 팽창이 일어났던 것이다. 아메리카의 은은 활발한 해상활동과 상업 자본주의의 활동무대를 제공했다. 산업혁명은 이렇게 대항해 시대 이후 환대서양 해역에서 진행된 대규모 무역과 상품시장 성장으로 시작되었던 것이다.

중국사는 이민족 때문에 정치·경제·사회적으로 플러스보다는 마이너스가 많은 역사라고 할 수 있다. 중국은 수천 년 동안 이민족을 대비하고, 이민족과 싸우며, 이민족에게 침략당하고, 이민족에게 지배당했다. 그러느라 많은 시간과 자원을 소모했고 따라서 다른 세계에 관심을 가지기 힘들었다. 물론 중국은 전형적인 농업 국가이자 대륙 국가였기 때문에 유럽처럼 대항해 시대나 지리상 발견은 어려웠을 것이다. 그러나 명나라 때 정화의 원정을 보면 그런 가능성이 아예 없었던 것도 아니었다. 대항해 시대는 유럽인들의 신항로 개척이나 신대륙 발견이 활발하던, 대략 15세기에서 16세기에 걸친 시기였다. 중국 역사로 치면 명나라에 해당하는 이 시기에 유럽은 세계 '발견'의 문을 열고 르네상스와 종교개혁으로 정신무장을 새로이 한 다음 그 성과를 산업혁명이라는 결실로 맺어가고 있었다. 그때 중국에서는 무슨 일이 있었을까? 1372년 명 태조 주원장은 15만 명의 군대를 출병시켰으나 톨라 강변에서 몽골군의 공격을 받아 수만 명이 죽는 참패를 당했다. 서몽골이 힘을 키워 호시탐탐 중국 북방을 노리자 영락제는 1410년부터 15년에 걸쳐 직접 50만 명의 군대를 이끌고 고비사막을 넘어 다섯 차례나 북방을 평정해야 했다.

명나라 초기에는 대동(지금의 산서성)과 동승, 개평(지금의 내몽골 자치구) 등지에 둔전을 개척하고 위소(衛所)를 설치했다. 그러나 영락(1403~1424년)~선덕(1426~1435년)년간 이후에는 유목민들이 점차 이 일대를 점령했다. 그러자 명나라는 이 일대의 위소를 철수시키고 만리장성의 위치를 남쪽으로 옮겼다. 명나라 때 만리장성을 북쪽에서 남쪽으로 옮긴 거리는 평균 100㎞ 정도였다. 옮긴 거리보다는 강우량으로 파악하는 편이 이해가 빠르다. 연평균 강우량이 200㎜ 선에서 대략 500㎜ 선으로 옮긴 것이다. 명나라 때 만리장성은 산 능선을 따라 쌓은 것이 많은데 이는 지형적으로 보다 험준한 곳을 고른 탓이다. 그러다가 남쪽으로 옮겨 쌓았는데 그 이유는 강우량이나 토질 면에서 둔전 경작이 조금이라도 더 유리한 장소를 택했기 때문이었다. 명나라는 평지에서 '둔팔수이(屯八守二)'를 주둔군 방침으로 삼았다. 군사 열 명 중에서 여덟은 둔전을 경작하고 나머지 둘이 성벽 경비를 맡는 것을 둔전의 제1조건으로 삼았다는 뜻이다. 농작물을 기르는 데는 연평균 강수량이 최소 500㎜ 정도는 필요하기 때문에 만리장성이 500㎜ 선으로 후퇴하게 된 것이었다.

1449년 서몽골의 에센이 공격하자 명나라 황제 영종은 직접 50만 명의 군대를 이끌고 나섰다. 그러나 영종 자신은 토목보에서 포로가 되었고 10만 명 이상의 명나라 군인들이 살해당했다. 1550년 동몽골의 알탄 칸이 북경을 포위한 경술지변이 있었다. 그러자 명나라 조정은 북경을 방어하기 위해 만리장성 중에서 가장 험준한 지역에 5.4km에 이르는 사마대 장성을 쌓고 기존 장성들을 증개축해서 오늘날의 만리장성을 완성했다. 최초의 만리장성은 2천년도 훨씬 전에 만들어졌는데 그 뒤 많은 왕조들이 장성을 보수, 개축 혹은 증축했다. 그러한 만리장성은 명나라 때 이르러 거의 오늘날과 같은 형태가 완성되었는데 거기에 들인 세월과 노력 그리고 비용은 상상을 초월하는 것이었다. 대항해시대 정화의 배에 비하면 유럽의 배들은 장난감이나 마찬가지였다. 중국인들은 눈을 빤히 뜬 채로 일곱 개의 바다를 정복할 수 있는 기회를 스스로 놓아 버렸는데 그 가장 중요한 이유는 '만리장성의 멍에'라고 할 수 있다. 명나라는 북방 이민족에 대처하지 않으면 안 되었다. 당시 가장 선진국이자 강대국이었던 중국이라도 바다와 육지 두 방향에서 동시에 집중하고 작전을 진행할 수는 없었다(경제사학자들은 당시 중국이 전 세계 GDP의 약 60% 정도를 차지했을 것으로 추정한다). 만리장성 건설에 아무리 예산을 쏟아 부어도 중국의 영토가 단 한 치도 늘어나는 것은 아니다. 만리장성을 지키기 위한 보병 부대의 유지비는 막대했다. 그러나 보병의 밥값에 군사비를 쏟아 부어도 거기에서 나오는 것은 대량의 '인분'뿐이었다.*

* 험준한 지형, 춥고 건조한 기후, 고된 노동, 식량과 식수 부족 등 때문에 만리장성을 축조하면서 무수히 많은 사람들이 죽었다. 그렇게 죽은 사람들은 따로 매장하지 않고 만리장성 축조를 위해 기반으로 파놓은 웅덩이에 그냥 묻어버렸다. 그래서 만리장성은 '인류 최대의 공동 묘지'라고 불리기도 한다.

앞에서 본 것처럼 명나라는 내부지향적이었다. 시대 흐름을 거스르는 척외 정책으로 외국과의 교류를 닫으려 했다. 명나라는 북방에 만리장성을 쌓아 유목민과의 경계를 분명히 했을 뿐만 아니라 바닷길에 있어서도 조공 무역 원칙을 엄격히 집행했다. 이로 인해 항해술과 조선술은 위축될 수밖에 없었다. 일찍이 화약과 나침반을 가장 먼저 발명한 것은 중국이었다. 그러나 중국이 만든 화약과 나침반을 개량해서 세계를 제패한 것은 '만리장성의 멍에'를 지지 않은 서양이었다. 미국은 장대한 국경을 따라 요새를 쌓을 필요도, 그곳에 방대한 보병을 붙여 둘 필요도 없다. 미국 본토가 외부의 위협에 처했던 것은 일본의 풍선 폭탄과 멕시코 판초 비야의 침공, 9·11 테러 등 손가락에 꼽을 정도밖에 안 된다.* 미국은 그 방대한 군사비를 보병의 '인분' 제조에 투입하지 않고 병기 산업의 충실화에 돌릴수 있었다. 항공 산업과 전자산업, 컴퓨터와 인터넷 등 미국이 자신 있는 분야는 모두 군사 기술을 전용한 것이다. 명나라가 그러한 인력과 자원을 정화의 원정과 같은 대항해에 계속 투자하고 바다와 외부 세계에 관심을 가졌다면 어땠을까? 그렇지 못했던 이유가 바로 이민족인 유목민 때문이라는 것이 중국사를 '한족 vs 비한족', '농경 vs 비농경'의 관점에 따른 자연스러운 결론인 것이다.

* 풍선 폭탄은 2차 대전 말기에 일본군이 미국 본토 공격을 목적으로 만든 폭격 무기였다. 일본은 풍선 폭탄 9천 개를 1944년 11월 3일부터 날려 보냈고 그중 미국 근처에는 약 10%가 도달했다. 풍선 폭탄으로 인한 사망자는 6명으로 효과는 거의 없었다. 사망도 아이들이 풍선 폭탄을 가지고 놀다가 발생한 사고였다.

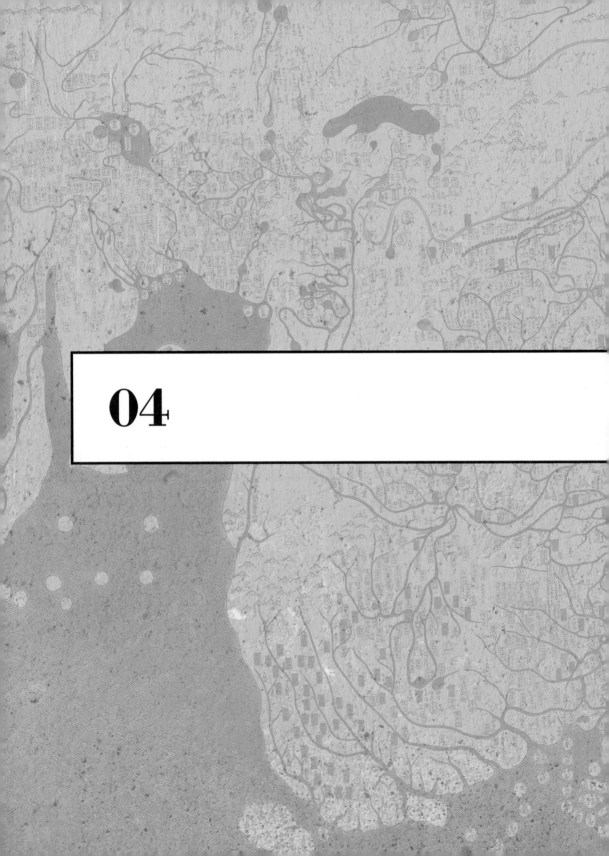

04

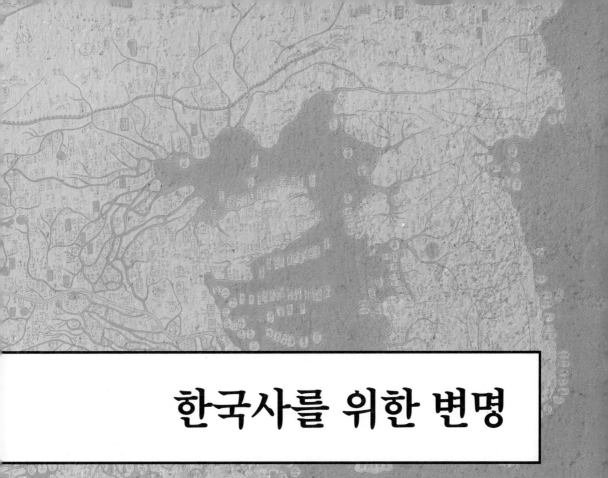

한국사를 위한 변명

1

한국사의 '북쪽' 나라들과 '남쪽' 나라들

한국사는 크게 '북쪽' 나라들과 '남쪽' 나라들의 역사로 나눌 수 있다. 아니 나누어야 한다. 1945년 해방 후 남북으로 분단된 현대사도 아닌데 '북쪽'과 '남쪽'의 역사라니?' 해방 후 남북으로 분단된 현대사만큼이나 고대사도 남북이 달랐다. 그런 관점과 동양사 차원에서 한국사를 보면 안 보이던 것들도 보이고 풀리지 않던 의문들도 풀리게 될 것이다.

1) 홍타이지를 코앞에 두고 명나라 황제에게 망궐례를 한 인조

1636년(인조 14년), 인조와 왕후 그리고 대신들은 궁에서 맞아야 할 새해 첫날을 남한산성에서 맞았다. 병자호란이 한창이었던 것이다. 이번 전쟁은 정묘호란과 달랐다. 9년 전 정묘호란 당시 3만 명이었던 청군이 이번에는 12만 명이었다(여기에는 청나라에 포섭된 몽골족 3만 명이 포함되었다). 더구나 이번 병자호란에는 청나라 황제 홍타이지가 직접 군대를 이끌고 왔다. 조선이 청(당시 후금)을 감당할 수 없다는 사실은 이미 정묘호란 때 밝혀졌다. 정묘호란 후 9년, 청나라는 더욱 강해졌고 조선은 그대로였다. 새해를 맞아 인조는 망궐례(望闕禮)를 진행했다. 망궐례는 고려와 조선 시대에 설날이나 중국 황제의 생일 등에 왕을 비롯한 문무관원들이 중국 궁궐을 향해 드리는 예였다. 홍타이지는 망궐례를 지켜보고 있었다. 홍이포로 무장한 홍타이지의 청군은 마음만 먹으면 남한산성을 깨부술 수 있었다. 그런 상황인데도 인조는 청이 아닌 명을 향해 망궐례를 진행했다. 사실 주전파와 인조도 조선이 청을 이길 수 없고 명이 조선을 도와줄 형편이 못 된다는 것을 잘 알고 있었다. 홍타이지와 12만 명의 청군을 코앞에 두고 인조와 주전파는 안 두려웠을까?* 그들은 대체 무슨 생각이었을까? 병자호란까지는 그래도 명나라가 아직 망하기 전이니까 그렇다 쳐도 명이 망한 뒤 대보단과 만동묘는 대체 무엇일까? 대보단은 명나라의 태조, 신종, 의종을 제사 지낸 사당으로 1704년에 창덕궁 후원에 설치했다. 만동묘는 임진왜란 때 도와 준 보답으로 명나라의 신종을 제사지내기 위해 충북 괴산에 1717년에 지은 사당이다. 후금은 1616년 건국해서 1635년 청으로 개칭했고 명나라는 1644년 멸망했다. 정말 우리 선조들은 숭명(崇明)이나 중화(中華)와 같은 '집단 최면' 혹은 '집단 정신병'이라도 걸렸던 것일까?

＊ 정강의 변(1126~1127년)을 당한 송(북송)은 멸망했고 흠종과 그의 아버지 태상황 휘종은 여진의 금에게 포로로 끌려가서 비참한 죽음을 맞이했다. 과거의 전쟁은 지금처럼 패하면 최고지도자가 항복 문서에 사인하고 끝나는 것이 아니었다. 왕(황제)이 포로가 되거나 처형을 당하는 것은 물론 자살하는 일도 비일비재했다.

예맥족과 한족

교토대학 인문과학연구소 교수 야기 다케시는 『한국사의 계보』에서

> 예라든가 맥으로 불리는 민족(소위 예맥족)은 원래는 중국 동북부(옛 만주)로부터 한반도 북부에 걸쳐 넓게 산재되어 있었고 후에 강성해진 부여와 고구려도 본래는 이 예맥족의 하나에 지나지 않았다. (…) **예맥계의 나라인 부여, 고구려와 삼한에서 발전했던 백제, 신라는 그 민족 구성이 명확하게 달랐다. 남북의 다른 민족(예맥족과 한족)은 이른바 해동삼국의 삼파전(상호간의 적대와 교류)을 통해서 조금씩 융화되었을 것으로 추정된다.** 그리고 그 추세를 결정지었던 사건이 신라에 의한 '삼한'의 통일이었고 고구려 유민, 백제 유민에 대한 지배와 동화였다.

라고 했다(굵은 부분은 나의 강조). 즉, 현재의 우리는 북쪽의 예맥족(부여, 고구려 등)과 남쪽의 한족(백제, 신라 등)이 신라의 삼국 통일로 합쳐져서 생긴 민족이라는 것이다. 우리 민족을 '단일 민족'이라고 믿는 사람들은 어리둥절할 수도 있겠지만 역사적으로나 과학적으로나 증명된 사실이다. 보통 단군신화를 통해 "우리는 단군으로부터 내려온 하나의 혈통"이라고 배웠다. 이 단군신화는 현재까지도 우리를 하나로 묶어주는 역할을 한다. 그러나 단군신화의 내용을 한 발만 더 들어가 보면 우리 역사가 단일한 집단이 아닌 서로 다른 여러 집단이 뒤섞이며 이어져 왔

다는 사실을 알 수 있다. 환웅이 오기 전 이미 태백산 밑에는 사람들이 살고 있었다. 환웅은 다른 곳에서 온 외부인이었고 원래 살고 있던 토착민이 있었던 것이다. 중국에서는 동쪽의 민족들을 동이족 또는 예맥족이라고 불렀다. 그들은 원시시대부터 북방에서 흘러들어온 이주민이었고 이 지역에 사는 말갈족(뒤에 여진족)과 같은 혈연으로 인식되어왔다. 이는 오늘날 DNA 조사에서도 입증되고 있다.

현재 한국인의 유전자를 분석해 보면 북방계와 남방계 유전자가 섞여 있다. 여기서 북방계는 시베리아나 몽골 등 북방 지역 사람들을, 남방계는 동남아시아 등 남방 지역 사람들을 의미한다. 한반도 중남부는 중국 중원과 기후조건이 비슷하고 심층농경사회가 빠르게 발전하는 데 유리했다. 반면에 한반도 북부는 상당부분 유목, 목축, 수렵, 농경을 병행하는 혼합경제 성격이 강했다. 턱의 모습을 보면 북방계는 다소 넓고 모가 진 반면 남방계는 하관이 빠르다. 이것은 육식을 주로 하던 북방계(주로 수렵·유목 민족)와 채식을 주로 하던 남방계(주로 농경 민족)의 악골 진화 형태가 다르기 때문이다. 우리나라의 민족 형성에 대해서는 다양한 학설이 존재하기 때문에 명백하게 한 가지로 설명하기는 어렵다. 대체로 고조선시대에 만주와 한반도 북부에는 예맥족이, 한반도 중부와 남부에는 한족(韓族)이 살고 있다가 고조선 후기에 북쪽 사람들이 남하하는 것을 시작으로 예맥족과 한족이 서로 섞이기 시작했다고 본다. 예맥족은 예(濊)와 맥(貊)으로 나누어 파악하기도 한다. 예맥 내부의 여러 집단 중에서 우세한 집단이 등장해서 주변 세력을 병합하며 점차 세력을 키워나갔다. 예맥은 고조선을 구성하는 종족집단이 되었고 한반도 중남부에 거주하던 한족과 더불어 한민족 형성의 근간을 이루었다. 예맥족과 한족을 합쳐서 한예맥이라고 하며 신라는 한반도 최초의 한예맥 통일왕국이었다.

한국사의 북쪽과 남쪽

지금이야 한반도에 사는 모두를 한민족이라고 하지만 예맥족과 한족이 구분되는 것에는 커다란 의미가 있다. 중국 기록에 "성질이 흉악하고 급해서 노략질하기를 좋아한다."라고 어떤 나라 사람들에 대한 묘사가 남아있다.* 어떤 나라 사람들일까? 흉노와 같은 '오랑캐'를 떠올리겠지만, 바로 고구려이다. 예맥계를 중심으로 말갈계, 선비계, 거란계 일부를 통합한 고구려는 요하 유역 장악을 끝낸 427년 평양으로 천도해서 점차 농경국가로 변해갔다. 즉 고구려는 처음에는 수렵을 중심으로 했던 삼림민족의 국가였던 것이다. 예맥족은 고대 한반도 북부와 만주 중남부에 거주하던 반농반목의 수렵 민족이었다. 우리 민족의 주류는 수렵·삼림민족에서 농경민족화한 예맥계 부여족으로 알려져 있다(고구려는 부여에서 나왔다). 이와 같이 한국사의 '북쪽' 나라들은 수렵과 반농반목이 기본이었기 때문에 농경을 하는 '남쪽' 나라들과는 그 기질과 문화가 상당히 달랐다. 한국사의 '북쪽' 나라들은 만주와 한반도 북부에, 한국사의 '남쪽' 나라들은 한반도 중부와 남부에 위치해 있었다.

* 『후한서』「고구려전」에는 "그 나라 사람들은 성질이 흉악하고 급하며 힘이 세고 전투를 잘하고 노략질을 좋아하여 옥저와 동예를 모두 복속시켰다."라고 되어있다.

현재 남북한 영토는 한반도와 그 부속도서로 되어 있다. 그러나 기원 후 10세기 이전 한국인들은 한반도뿐 아니라 중국 동북지방인 만주에서도 근 3천년 간 국가를 건설해서 유지했었다. 한반도와 중국 동북지방(만주)의 자연환경은 차이가 꽤 크다. 한반도에서는 기원전부터 벼농사가 시작되었으나 한반도 북부에 위치한 만주 지역은 20세기 초까지도 밭농사가 중심이었고 벼농사는 거의 없었다. 만주 주민들은 원래 수렵과 유목적인 요소가 강해서 말타기에 능하고 기동력이 좋았으나 한반도 주민들은 일찍부터 비옥한 농토를 이용한 농업정착생활에 익숙했다. 그리고 한반도는 남북으로 길게 펼쳐져 있는 탓에 지역별로 다양한 기후를 보인다. 중부와 남부는 사계절이 뚜렷한 온대에, 북부와 중북부는 서늘한 냉대에 속한다. 한국사는 북쪽의 삼림·수렵민과 남쪽의 농업민이 서로 정치적으로 경쟁하고 문화적으로 융합하면서 발전해 오다가 하나의 국가로 통일되었다. 흔히 우리는 역사를 대할 때 시간의 흐름이라는 측면만 보는 경향이 강하다. 그러나 역사는 공간의 확장과 축소라는 과정이기도 하다. 시간의 측면이 아니라 공간의 측면에서 우리 역사를 보면 국가들은 먼저 만주와 한반도 북부에서 시작되었고 한반도 중남부 이하에는 나중에 생겨났다. 단군과 고조선을 우리 선조로 볼 때, 우리 역사는 지리적으로 크게 둘로 나뉜다. '북쪽'인 한반도 북부와 중국 동북방(주로 만주 지역), '남쪽'인 한반도 중부와 남부가 그것이다.* 한국사의 '북쪽' 나라로는 고조선과 부여, 고구려, 발해 등이 있었고 한국사의 '남쪽' 나라로는 통일신라를 포함하는 신라, 백제, 고려, 조선 등이 있었다. 그리고 이 두 지역에 존재했던 나라들의 문화와 성격은 상당히 달랐다.

---

* 함경도 등 이북 지방을 생각해보면 한반도 북부는 그 기후가 중부와 남부보다는 만주와 더 비슷하다는 것을 알 수 있다. 따라서 한반도 북부는 농경 문화보다는 수렵·유목 문화에 더 가까웠다. 통일신라시대에 한반도 북부는 우리 영토가 아니었다. 따라서 고려와 조선의 역사를 공간의 측면에서 보자면 '한반도 북부 개척사'라고 할 수 있다.

2) 한국사의 '북쪽' 나라들

한국사의 '북쪽' 나라들은 고조선에서 시작해서 부여, 고구려, 발해로 이어지며 그 역동성을 발휘하고 사라졌다. 흔히 말하는 대륙의 기상은 대표적인 한국사의 '북쪽' 나라인 고구려의 역사와 문화에서 그 면면을 볼 수 있다. 고구려 문화에서 풍기는 역사의 향기는 백제나 신라와는 달리 힘이 넘치는 투쟁력과 야성미를 지니고 있다. 그것은 백제와 신라의 문화 유적과 고구려의 그것을 대비하면 차이점이 명확하게 드러난다. 신채호는 "고구려 역사를 알려면 『삼국사기』를 백번 읽는 것보다 고구려의 유적·유물을 직접 보는 것이 이해의 첩경"이라고 말하기도 했다. 이는 고구려 나아가 한국사의 '북쪽' 나라들의 문화와 성격이 '남쪽' 나라들과는 상당히 다름을 지적한 것이라고 할 수 있다. 한국사의 '북쪽' 나라들은 '남쪽' 나라들과 비교할 수 없을 정도로 대륙 세력과 많은 교류를 해왔다. 특히 '남쪽' 나라들이 주로 한족과 교류한 것에 비해 '북쪽' 나라들은 한족 못지않게, 때로는 더 활발하게 이민족들과 교류했다. 그리고 그 교류는 대립 혹은 협력이었으며 지배 혹은 복속이었다. 고조선은 흉노와 연계했고 고구려는 선비, 돌궐 등과 교류했으며 발해는 거란, 여진, 몽골 등과 관계를 맺었다. 한국사의 '북쪽' 나라들에게 이민족들은 '오랑캐'로 치부되어 혜택을 베푸는 대상이 되거나 중원 왕조를 견제하는 수단으로 이용되었다. 예를 들어 한국사의 '북쪽' 나라 중 대표라고 할 수 있는 고구려는 그 어느 '북쪽' 나라보다 이민족 세력과 활발한 교류를 했다. 유목민들은 농경지대로부터 곡물과 채소를 공급받아야 생존이 가능했다. 그들은 교역을 통해서 그 조달이 여의치 않으면 약탈을 하거나 전쟁을 일으켰다. 중국의 여러 왕조들은 북방 유목국가를 제압하려고 할 때 군사적 압박과 함께 농산물 공급을 차단했다. 이때 고구려가 중국 왕조의 압박을 견제하기 위해 유목국가들에게 농산물 조달을 가능케 하는 동시에 그들과 군사동맹을 맺으면서 서역 문물을 수용하기도 했다. 5~6세기에는 유연, 7세기에는 돌궐이 고구려의 상대였다.*

---

* 연연(蠕蠕)이라고도 불린 유연(柔然)은 몽골 지방에 자리 잡고 살던 유목 민족이었다. 선비에 예속되었던 유연은 5세기 초에 그 옛 땅을 차지하기도 했으나 555년에 돌궐에 멸망했다.

만주의 역사적 의미

고조선과 고구려 등이 활동했던 만주는 우리 역사가 5천년이라고 한다면 대략 80%에 해당하는 4천년 동안 우리 민족이 활동한 지역이다. 그런 만주가 한국사에서 탈락했는데 이는 영토 상실이라는 것 외에도 특별한 의미가 있다. 즉, 이것은 5천년 우리 역사가 만주를 잃기 전후로 앞의 4천년과 뒤의 1천년이 다르게 전개되었다는 것을 뜻한다. 앞에서 봤듯이 중국 역사에서 이민족들은 '서브 주연'이라는 중요한 역할을 했다. 마찬가지로 우리 역사 또한 수렵·유목 지역인 만주가 탈락되기 전후로 확실히 달라진다.[1] 우리 민족이 소위 말하는 단일 민족이 아니기 때문에 우리 역사는 단일 민족 신화와는 다른 시각을 통해서만 제대로 알 수 있다. 그리고 이를 위해 우선 알아야 하는 것이 바로 만주와 말갈이다. 만주는 동북아시아 압록강 북쪽의 광활한 지역을 일컫는다. 보통 오늘날 중국의 동북 지방, 좀 더 구체적으로 말하면 현재 중국의 행정구역을 기준으로 동북3성(요령성, 길림성, 흑룡강성) 지역에 해당한다.

---

1) 『요동사』를 쓴 서강대 사학과 교수 김한규는 요동 귀속을 중심으로 한중관계사의 시기를 다음과 같이 크게 셋으로 나누었다(일반적으로 요동은 만주 중에서도 남만주 지역을 가리키지만 김한규의 요동 개념은 만주 전체를 가리킨다).

제1기 : 요동이 한국과 통합되어 미분화된 시기(고조선, 한군현, 고구려, 발해)
제2기 : 요동이 한국과 분리되어 중국과 통합된 시기(송, 요, 금, 원, 금, 청)
제3기 : 요동과 중국이 하나의 역사공동체로 통합된 시기(1910년대~1940년대)

만주의 총면적은 113만㎢로 한반도의 약 5배, 남한의 약 11배이다(예전에는 155만 ㎢였는데 1858년 아이훈 조약과 1860년 북경 조약으로 줄어든 것이다). 만주는 요하(遼河, 랴 오허)를 중심으로 요동(遼東, 랴오둥)과 요서(遼西, 랴오시)로 나뉜다. 만주에서 압록강 과 두만강 인근 지역을 일컬어 간도라고 한다.* 만주는 지리적으로 서부의 초원지 대, 동북부의 삼림지대 그리고 남부의 농경지대로 구분된다(서부 초원지대에는 거란 등 몽골계 유목민들이 주를 이루었고 동북부 삼림지대에는 부여, 말갈 등 퉁구스계 수렵민들 이 주로 살았다). 이처럼 만주는 수렵·유목과 농경이 혼합된 지역이자 제철과 석탄 의 산지였다. 그러다 보니 막강한 기마 전사와 뛰어난 국가 운영자원이 융합될 수 있어서 10세기 이후에 중국을 정복한 금과 청이 나올 수 있었던 것이다. 역사적으 로 만주 지역에서는 말갈, 선비, 거란, 여진, 몽골족 등이 삶의 터전을 이루면서 성 장하고 소멸해 갔다. 그 중에서도 우리 역사에서 가장 중요한 것은 말갈이라고 할 수 있다.

* 섬도 아닌 만주가 '간도(間島)'라고 불린 이유는 무엇일까? 그것은 청나라가 이 지역에 대해 봉금 정책으로 조선인과 중국인 등의 출입을 불허하는 공간으로 만들어 중국과 조선 사이에 놓인 '섬과 같은 땅'이라는 데서 유래했기 때문으로 보인다.

한국사의 '비중 있는 조연' 말갈

사역원은 외교에 필요한 통역관을 길러내기 위해 고려 때부터 있었던 일종의 국립학교이자 관청이었다. 그러한 사역원은 조선에서도 이어졌다. 중국어(한학), 일본어(왜학), 만주어(여진학), 몽골어(몽학)를 가르쳤던 사역원은 『경국대전』에 의 하면 정원이 236명이었다. 4개 국어 전공자 정원이 똑같지는 않았는데, 각각 어 땠을까? 한학 125명, 여진학 60명, 왜학 41명, 몽학 10명 이었다. 정원이 중국어가

현재의 만주. 과거에는 지도에 보이는 몽골 부분과 연해주까지 모두 만주였다.

1위인 것은 당연했겠지만 여진어는 몽골어와 일본어를 합친 것보다도 많은 2위였다. 지금으로 비유하면 당시 '중국어=영어'이고 '여진어=중국어' 쯤 된다고 할까? 그만큼 말갈은 한국사의 이웃나라 중에서 '비중 있는 조연'이었던 것이다. 보통 근대 이전 우리의 이웃나라 중에서 중요도와 교류 횟수 1위는 당연히 중국이고 2위는 일본이라고 생각하겠지만 실제로는 일본이 아닌 여진이었다. 사실 일본은 구한 말과 일제 강점기 때문에 우리 역사에서 큰 비중을 차지하는 것처럼 느껴질 뿐이며 백제가 멸망한 후 일본과 한반도는 교류가 거의 없다시피 했다. 그러나 여진은 우리나라 역사에 떼려야 뗄 수 없을 정도로 끊임없이 우리와 엮였고, 심지어 같이 나라를 세우기도 했다(발해 주민의 80~90%는 말갈인이었다). 다만 현재 여진은 없어지다시피 한 것에 비해 과거사 문제 등 일본과는 해결할 문제와 교류가 많기 때문에 그렇게 느껴질 뿐인 것이다.

중국 한족이 붙인 이름들이지만 말갈(靺鞨)은 숙신(肅愼), 읍루(挹婁), 물길(勿吉)이라고 불리다가 7세기에 이르러서는 말갈로 불렸다. 이들은 뒤에 여진(女眞)이라고 불렸으며 금과 청은 곧 이 민족이 세운 왕조였다. 그들의 최종 명칭인 만주(滿洲)는 청나라 홍타이지(태종) 때 자신들 스스로 만든 것이다.* 이들은 일찍부터 만주 동북부의 송화강(쑹화강) 연안에 널리 퍼져 살면서 목축과 농업에 종사했다. 인종적으로는 몽골 계통의 남방 퉁구스족으로 알려져 있지만 여러 부족으로 구성되어 있어 정치적 동향은 부족마다 달랐다. 부족의 갈래로는 예맥 계통으로 농업을 주로 했던 속말과 백산, 순수 퉁구스계로 수렵에 의존했던 백돌, 불녈, 호실, 안거골, 흑수 등 총 7개가 있었다(백산은 백두산, 흑수는 흑룡강을 뜻한다). 말갈 중에서 동쪽의 속말과 백산 등은 고구려 군사력의 일부가 되기도 했다. 『삼국사기』에는 "주필산의 전투에서 고구려와 말갈이 합친 군대가 40리에 걸쳐 뻗치어 있었는데 당 태종이 이를 바라보고 두려워하는 빛이 있었다."라는 내용이 나오기도 한다.

* 여진족이 말갈족의 후손이고 만주족이 여진족의 후손이지만 꼭 같은 것은 아니라는 견해도 있다. 그러나 대체로 같다고 보기 때문에 이 책에서도 그렇게 썼다. 10세기 이전은 말갈족, 10세기부터 17세기까지는 여진족, 17세기 이후는 만주족이라고 표기했다.

삼국을 통일한 신라는 693년에 수도를 방비하는 9서당(誓幢)을 완성했다. 9서당은 신라가 통일을 하고 어느 정도 시간이 지나서 백제인과 고구려인까지 포함시켰다. 여기서 주목할 점이 하나 있는데 말갈인도 9서당에 들어간 것이다. 고구려가 멸망하고 대조영이 세운 발해 주민의 80~90%는 말갈인이었다. 발해의 지배

아래 있던 말갈(여진)은 발해가 멸망하자 고려와 거란을 상국(上國)으로 섬겼다. 그들은 고려를 '부모의 나라'라고 부르면서 고려로부터 식량, 포목, 철제 농기구, 철제 무기 등 경제·문화적 수요를 충족시켰다. 여진인들 가운데에는 고려에 의탁하는 향화인(向化人)이 많았고 고려로 이주하는 투화인(投化人)도 적지 않았다(12세기 초에 귀화해 온 여진인이 4,700여 호나 된 적도 있었다). 또 고려의 왕건은 여진인에게 말 1만 필을 지원받아 후백제를 평정했다고 한다. 이는 남송(1127~1279년) 정대창이 5대10국의 하나인 남당(937~975년) 장요가 쓴 『해외행정기』에서 인용한 것이다. 이 책에는 다음과 같은 내용도 나온다. "장요가 고려에 사신을 갔을 때 여진인이 고려에 말을 헌납하러 왔다. 그 수는 약 100명쯤이었고 시장에서 물품을 사고팔았는데 가격이 마음에 맞지 않자 함부로 활을 힘껏 당겨 사람을 향하게 하였다. (고려의) 사람들은 감히 덤벼들 수 없었다고 한다. 이처럼 여진인이 흉하고 사나운 것은 이전부터 그래서 고려는 이를 꾸짖을 수 없었다." 여진이 고려에 말을 공납했고 고려의 시장에서 횡포를 부린 점, 또 고려가 여진으로부터 말 1만 필을 지원받아 후백제를 평정했다는 설이 전해지고 있었던 점 등은 모두 당시 고려의 군사력이 여진의 군마 '공납'(사실은 교역)에 의지하고 있었다는 것을 보여준다고 할 수 있다. 요컨대 고려가 삼한 통일을 추진하는 데에는 군사력의 뒷받침으로 여진의 군마를 수입할 필요가 있었던 것이다.

조선 또한 여진과 관련이 깊었다. 이성계와 의형제를 맺은 조선 개국 1등 공신 퉁두란도 여진족이었다. 그는 당대 활솜씨 1인자인 이성계와 활로 실력을 다툴 정도였다. 퉁두란은 조선 개국 전 전쟁터에서 이성계의 목숨을 구해준 일이 있었는데 이 일을 계기로 이성계가 이씨 성을 하사해 이지란이 되었다. 이지란은 조선 개국 후에는 태종의 편에서 그의 목숨을 구해주기도 했다. 이지란 사촌의 6대 후손이 후금을 건국한 누르하치였다. 이성계의 이씨 가문 특히 이성계의 군사 기반은 여진인이었다. 이성계의 아버지 이자춘은 무인으로 원나라 직할령이었던 함경도 지역 쌍성총관부에서 근무했다. 이 지역에는 여진인들이 많이 살고 있었고 이성계가 무신으로 성공하는 데에도 그 휘하 여진인의 힘이 크게 작용했다(여진인들은 이성계의 충성스런 군대였는데 이성계의 조상이 여진족이라는 설도 있다). 조선시대 함경도 등 북쪽은 여진 세력의 복속과 동화의 역사이기도 했다. 본래 함경도 방면은 말갈과 여진의 영역이었지만 조선인들은 그곳을 고구려 옛 땅으로 간주했고 또한 고려시대에 윤관이 개척했던 9성의 영역으로 취급해서 여진 세력으로부터 '회수'했던 것이다.

누르하치는 후금을 건국하기 전에 여진 땅을 조선 영토로 편입하고 자신에게 그 지역을 다스리는 조선의 관직을 내려 달라고 부탁한 적이 있었다. 조선은 그 요청을 묵살했는데 여진 땅은 농사가 잘 되지 않고 척박해서 거두어들일 세금이 별로 없었기 때문이었다. 노상추(盧尙樞, 1746~1829년)는 조선 후기 무관이었다. 그는 1762년부터 사망할 때까지 68년 동안 쓴 『노상추일기』를 남겼다. 『노상추일기』에는 당대 조선의 생활상과 시대적 변화상을 엿볼 수 있는 기록들이 많이 남아 있다. 1787년 함경도 갑산진관의 진동변장에 임명되어 2년을 보낸 노상추는 처음 이 지역의 풍습을 보고 놀라움을 금치 못했다. 조상의 제사를 지낼 때 고조부 기일에 아버지, 조부, 증조부 제사를 한꺼번에 몰아서 지내는 모습이 모두 따로따로 지내는 남쪽 상황과 너무도 달랐던 것이다. 또한 이 시기 남쪽은 양반 과부들이 재가를 안(못) 할 뿐 아니라 열녀에 목숨을 걸었던 것과는 대조적으로 이 지역은 관직자의 과부도 성적으로 문란했다. 노상추는 이 모든 것이 호풍(胡風), 즉 오랑캐 풍습이라고 결론지었다. 이렇듯 한국사의 북쪽은 유목 세력의 영향을 많이 받았기 때문에 남쪽과는 여러 모로 달랐던 것이다.

예맥족이 세운 고조선

고조선은 예맥족이 세운 나라였다. 고조선은 어디에 있던 어떤 나라였을까? 너무 오래된 나라이고 기록이 적다보니 고조선의 위치와 세력 범위 등에 대해서는 다양한 견해가 존재한다. 고조선이 맨 처음 기록에 등장하는 것은 기원전 7세기로 이 무렵에 쓰인 『관자(管子)』에 제나라와 교역한 사실이다. 또한 중국 춘추전국시대 기록인 『산해경(山海經)』에는 고조선이 연나라의 동쪽, 바다의 북쪽에 있다고 쓰여 있다. 이들 기록에 나타난 고조선은 대체로 특정한 국가를 지칭한다기보다는 요동에서 한반도 서북지방에 걸쳐 성장한 여러 지역 집단을 통칭한 것으로 본다. 당시 이 일대에는 비파형 동검 문화를 공동 기반으로 하는 여러 지역 집단이 존재했는데 이들이 큰 세력으로 통합되면서 고조선이라는 고대 국가가 성립된 것으로 보는 것이 일반적 견해이다. 고조선을 대표하는 유물들로는 비파형 동검과 미송리식 토기, 북방식 고인돌이 있다. 대다수 학자들은 이 세 가지 유물이 동시에 발견되는 지역을 고조선 영역으로 추정하고 있다.

그중에서도 한반도 북부에서 중국 요녕 지방까지는 비파를 닮은 비파형 청동검과 네 벽과 천장을 평평한 돌로 막고 그 내부의 땅 위에 시신을 두는 방식인 북방식 고인돌이 발견된다(북방식 고인돌은 생긴 것이 탁자와 비슷해서 '탁자식'이라고도 한다). 그에 비해 한반도 중부와 남부 지방에는 가늘고 짧은 세형 청동검(세형 청동검은 주로 한반도에서만 발견되어 '한국식 동검'이라고도 부른다)과 직사각형 모양의 큰 돌덩이를 올려놓고 시신은 그 지하에 매장하는 방식인 남방식 고인돌이 주로 발견된다. 이를 통해 고조선은 한반도 중남부와는 다른 세력과 문화임을 알 수 있다. 즉 한반도 북부와 만주 지역의 고조선에는 예맥족이, 한반도 중부와 남부에는 한족(韓族)이 서로 다른 문화를 영유하며 살았던 것이다. 또한 비파형 동검은 요녕 지역에서 주로 출토되어 요녕식 동검이라고도 하는데 비슷한 시기에 중국에서 만들어진 청동검과는 생김새가 많이 다르다. 이 비파형 동검은 산융, 숙신 등도 사용했다.* 이를 통해 고조선은 북방 유목민족과 같은 계열이라고 보고 있다. 실제로 한반도는 청동기시대까지는 시베리아와 만주 같은 북방 계열과 문화적 동질성을 띠고 있었고 철기시대에 이르러서야 본격적으로 중국의 영향을 받기 시작했다.

* 산융(山戎)은 흑룡강성 북부에서 짐승 가죽 등을 거래하며 살던 고대 부족이다. 한때 강대해진 산융은 그 세력 범위가 전국시대 연, 조, 제의 사이에 있었다. 기원전 679년 제 환공이 제후들 사이에서 패권을 잡았고 산융이 중원에 끼치는 소란을 해결하려고 산융을 정복했다(기원전 660년).

재해석 되어야 할 단군 신화

여기서 다시 봐야할 것이 바로 단군 신화이다. 신화는 정치 의식의 고대적인 표현이다. 신화의 표현들은 후대 기준으로는 납득하기 어려운 점이 많아 후세 역사가들이 "황탄하다"고 믿지 않으려는 경향이 있었다. 그러나 역사학에서는 신화의 신빙성보다는 내용이 무엇을 말하려고 하는가를 파악하는 것이 더 중요하다. 신화에서 건국자가 원래 그 지역의 부모로부터 태어나지 않고 신비롭게 탄생했다거나 외부에서 탄생해서 그 지역으로 온다는 내용은 외부 세력이 등장하여 지배자가 된 것으로 해석한다. 『삼국유사』 등에 인용된 『단군고기』에 따르면 단군왕검의 아버지 환웅은 하늘에서 천부인(天符印)이라는 옥새를 받은 뒤 지상에 강림해서 단군왕검을 낳음으로써 고조선 건국의 단서를 마련했다. 건국 주역이 하늘에서 강림했다는 것은 이들이 천손족임을 의미한다. 정말로 하늘에서 내려오지는 않았을 테고, 그렇다면 천손족은 어디에서 온 사람들일까? 하늘에서 내려왔다는 것은 북쪽에서 내려왔다는 방향성을 뜻한다. 환웅은 북쪽에서 선진 문물을 가지고 온 집단이었다. 앞에서 봤듯이 선진 문물인 청동기는 중국 농경민족보다 북방 유목민족이 훨씬 빨랐고 고조선은 청동기 국가였다. 즉 환웅으로 대표되는 천손족은 북방 세력으로 초원길을 통해 몽골초원을 거쳐 남하해서 만주에 정착한 집단이었던 것이다. 그것을 고조선인들은 자신들의 시조가 하늘에서 강림했다고 인식했다고 볼 수 있다.

단군 신화는 환웅의 관점에서 우리 민족의 형성을 기록한 것이지 곰이나 호랑이의 관점에서 기록한 것은 아니다. 환웅 부족은 외래인 집단이지만 곰과 호랑이 부족은 오래 전부터 이 땅에서 살았을 것이다. 혈통적으로 보면 환웅에 비해 곰과 호랑이 부족이 우리 민족과 더 가까울 수 있다. 그런데 환웅이라는 외래 종족이 출현해서 새로운 문화를 강요했다. 이같은 외부 충격을 곰 부족은 수용했고 호랑이 부족은 수용 못했다. 곰 부족은 환웅의 통치 이념과 신앙을 받아들인데 비해 호랑이 부족은 그러지 못했던(또는 않았던) 것이다. 환웅이 거느리고 온 풍백, 우사, 운사 중에서 풍백은 바람을, 우사는 비를, 운사는 구름을 주관하는 신이다. 지금까지는 이것들을 통해서 단군 신화가 농경 사회의 산물이라고 해석했다. 그렇다면 비, 바람, 구름을 거느릴 정도인 환웅이 농사에서 바람과 구름보다 더 중요한 해는 왜 뺐을까?(농업에 결정적 영향을 주는 4가지는 기온, 강수량, 일조량, 일장이다).[2] 만약 단군 신화가 농경을 상징한다면 이것을 도저히 설명할 수 없다. 따라서 다르게 해석

---

2) 이제 동지(冬至)는 그저 액땜을 위해 팥죽을 먹는 날로 의미가 퇴색했지만 100년 전만 해도 상당히 큰 축제일이자 기념일이었다. 조선이 중국에 보내는 사절에는 크게 정기 사절과 임시 사절이 있었다. 정기 사절은 중국 황제 부부의 생일을 축하하는 성절사와 황태자의 생일을 축하하는 천추사 그리고 새해를 맞아서 보내는 정조사와 동지에 보내는 동지사가 있었다. 그만큼 동지는 중요한 날이었던 것이다. 왜 그렇게 동지가 중요했을까? 동지는 1년 중 해가 가장 짧은 날로 그전까지 짧아져 가던 해가 동지를 기점으로 다시 길어진다. 농업에 결정적 영향을 주는 4대 요소는 기온, 강수량, 일조량 그리고 일장(日長)이다. 일장은 햇빛이 내리쬐는 시간을 말하는데 해가 내리쬐는 양인 일조량만큼 시간인 일장도 중요하다. 농사의 4대 요소 중에서 일조량과 일장은 해와 직접적으로, 기온은 간접적으로 관련이 있다. 그만큼 농사에서 해가 차지하는 비중은 절대적이다. 농업국가에서 해는 농사와 직결되는 것이어서 해가 길어지는 동지는 그 의미가 남달랐기 때문에 중국에 사절을 보내는 큰 기념일이었던 것이다.

되어야 한다.

환웅이 거느리고 온 풍백, 우사, 운사는 농경을 상징하기 보다는 신비화의 요소라고 봐야 한다. 아니면 이렇게 볼 수도 있다. 단군 신화는 고려시대에 구전으로 내려오던 것을 채록한 것이다. 고려는 고구려와는 달리 만주 지역이 탈락해서 수렵과 반농반목의 색채는 사라지고 완벽한 농경국가가 되었고 중국에 사대를 했다. 따라서 단군 신화를 채록하는 과정에서 농경의 요소인 비와 구름은 집어넣었지만 차마 태양은 넣을 수 없었을 것이다(단군 신화는 북쪽 지방에서 널리 퍼져있었는데 남쪽 신라의 기록에는 단군 이야기가 등장하지 않는다). 태양은 절대자를 상징하고 이는 곧 중국 황제를 의미하기 때문이다.[3] 일연은 승려였지만 고려시대에 한반도는 유교화가 상당히 진행되어 그가 쓴 『삼국유사』에는 유교의 영향도 보인다. 예를 들어 환인의 아들로 인간 세상에 뜻을 둔 환웅을 서자로 처리한 것은 장자는 하늘 세계의 계승자가 되었을 것이라는 유교적 적서(嫡庶) 관념의 반영이다. 또한 일연은 연대 표기에 꼬박꼬박 중국 연호를 사용했다. 단군 신화는 이민족들의 압박을 받았던 고려인들이 민족의 자존의식을 극단적으로까지 고양시켜 가는 중에 기록되었다. 따라서 자신들이 환웅의 후손이라는 것은 일종의 선민의식이며 풍백, 우사, 운사는 그러한 선민의식을 강화하는 장치로 볼 수 있는 것이다.

유목민과 천손족

고조선이 세워진 해가 실제로 기원전 2,333년인지는 실증할 수는 없다. 다만 한

---

3) 황제의 '황(皇)'의 원래 뜻은 "지상에서 찬란히 떠오르고 있는 태양"이다. 『신당서』에는 "중국과 이적(夷狄)은 마치 태양과 그 주변의 별들과 같은 것"이라고 했다. 『영조실록』에는 영조가 "일식을 관찰하는 데 도움이 되겠지만 해를 직접 바라보는 것 자체가 아름다운 일이 아니다. (…) 이제 규일(窺日, 몰래 해를 엿보는 것)이라 이름 했지만 이는 불령한 무리가 해를 본 것이라 이미 명하여 천리경을 부숴버리라 했네."라고 기록되어 있다. 즉 태양은 황제를 상징하기 때문에 직접 보는 행위가 "아름다운 일이 아니"라는 것이다.

가지 확실한 사실은 상고 시대 동아시아에서 천손족임을 자처하며 북에서 남하한 세력은 유목민족 밖에 없다는 것이다. 대표적 농경민족인 중국 한족은 저 남쪽 황하 유역에서 세력권을 형성하고 있었다.* 앞에서 봤듯이 중국이 유목민족에 맞설 만한 힘을 갖게 된 것은 진시황(재위 기원전 246~210년) 때부터였다. 그렇기 때문에 고조선 건국 시기에는 남방의 농경민족이 만주로 북상해서 나라를 세우는 것은 상상할 수 없는 일이었다. 이 시대에는 북방 유목민족이 남하하여 각지의 현지인들과 융합해서 국가를 건설하는 것이 일반적 패턴이었다. 이런 패턴이 '하늘로부터 환웅의 강림'이라고 이미지화해서 신화로 표현된 것이 단군 신화였고, 환웅으로 대표되는 북방의 수렵·유목 세력이 만주 등 고조선 영역에 정착한 것이다. 단군 신화에는 동물을 인간의 조상으로 여기는 수조 신화(獸祖神話) 요소가 보이는데 수조 신화 요소는 수렵문화와 밀접한 관련이 있다. 수조 신화는 동북아시아 여러 민족의 시조 신화에서도 자주 등장하며 특히 퉁구스족 사이에는 곰이 조상이라는 신화가 널리 퍼져 있다. 중국 고대 기록인 『관자』의 「규도」 편에는 제 환공이 관중에게 "해내(海內)의 귀중한 물건 일곱 가지"를 묻자 관중이 "그 중 하나가 고조선의 호랑이 가죽"이라고 대답한 내용이 있다. 같은 책의 「경중갑」 편에는 호랑이 가죽과 털옷이 고조선의 특산물이라고 나온다. 호랑이 가죽이나 털옷 등은 모두 수렵·유목 민족의 특산품이다. 고조선 건국에는 초원길을 통한 유목민의 유입이 밑바탕에 깔려 있었다. 초원길이 고조선 성립에 영향을 주었던 것이다. 이런 패턴은 유목민이 주도하는 초원길 시대가 끝나고 중국이 주도하는 비단길 시대가 시작된 이후에도 비슷하게 작용했다. 비단길 시대가 시작된 뒤에도 만주와 한반도(특히 북부)에는 수렵·유목 문화의 성격이 많이 남아 있었던 것이다.

---

* 황하의 위도는 35~40°인데 고대 중국의 수도였던 서안(34°16′), 낙양(34°40′), 개봉(34°

47′)은 평양 (39°03′)은 물론 서울(37°33′)보다도 더 남쪽에 위치해 있다.

한국의 고대 왕국들은 외래 세력과 토착 세력의 협력 아래 건국되었다. 이 과정에서 주도권을 잡은 쪽은 외래 세력이었다. 대부분 신화의 주인공이 이주민 집단을 이끌고 있던 인물인 이유가 바로 그 때문이다. 그리고 그들은 결혼을 통해 다른 집단과의 결속력을 끈끈히 하려 했다. 환웅이 웅녀와 결혼했듯이 그들은 결혼을 통해 낯선 땅의 사람들과 결합함으로써 자신들이 세운 나라를 안정시켰다. 단군 신화는 이주민 집단과 토착민 집단 간의 결합을 통해 국가가 탄생했고 이주민 집단이 건국에 있어 주도적 역할을 했다는 것을 알려준다. 한반도 지역에서 나타나는 여러 신화들의 주인공들은 대부분 하늘에서 내려오거나 하늘의 후손으로 그려지며 알에서 태어나기도 한다. 하늘에서 주인공이 내려오거나 주인공이 하늘의 후손으로 표현되는 신화를 천손 신화, 주인공이 알에서 태어나는 신화를 난생 신화라고 한다. 전자는 한반도 북쪽에 위치한 몽골과 만주 지역에서, 후자는 남쪽에 위치한 남방계 국가들에서 주로 나타난다. 한반도에 이 두 가지 형태가 혼합된 신화가 존재한다는 것은 한반도에서 서로 다른 문화가 만나 융합되었다는 것을 보여준다. 그리고 몽골과 만주 등 수렵·유목 문화의 영향을 받았음을 보여주는 대표가 바로 단군 신화인 것이다.

철기 문화와 고조선

고조선은 청동기 문화를 바탕으로 중국 전국7웅 중 하나인 연나라와 맞설 정도로 성장했다. 두 나라는 국경을 맞대고 서로 힘을 겨루던 중 기원전 4세기경 전쟁을 하게 되었는데 고조선이 패배해서 서쪽 땅 상당 부분을 잃었다. 고조선이 패배한 이유는 무기에 있었다. 청동제 무기를 주로 사용하던 고조선 군대와는 달리 연나라 군대는 더욱 단단하고 날카로운 철제 무기를 주로 사용했던 것이다. 이 전쟁을 계기로 고조선은 연나라의 철기 문화를 수용하기 시작했다. 기원전 4~3세기 무렵 중국은 전국시대인 까닭에 많은 중국인들이 난리가 없는 땅을 찾아 떠돌았다. 먼저 철기 문화를 일구었던 중국인들 중 일부가 중국 동북지방 일대에도 흘러들어왔다. 고조선 사람들이 이들의 문화를 보고 들으면서 고조선 지역에서도 철기 문화가 발달하게 되었다. 이렇게 고조선은 청동기 문화에서 철기 문화 단계로 들어가고 이를 바탕으로 연맹국가 단계를 벗어나 한층 강력한 왕국을 건설했다.*

* 국가의 발전 과정은 청동기시대의 군장 국가, 철기시대의 연맹 왕국 그리고 고대 국가 순이다. 인류학에서 사회 발달 진화 이론으로 '엘만 서비스(E. Service)의 모델'이 있는데 이는 사회 발달 단계를 군집 사회, 부족 사회, 족장 사회, 국가로 설정했다.

기원전 221년에 진(秦)이 중국을 통일하고 기원전 214년에 만리장성을 건설하자 고조선의 부왕은 진나라에 복속했다. 그러나 직접 조회(朝會)는 거부한 것으로 보아 표면적인 복속이었던 것으로 보인다. 부왕의 뒤를 이은 준왕 때에는 진나라에 내란이 발생하고 뒤이어 유방과 항우가 전쟁을 벌이는 등 중국이 혼란에 빠지자 중국 유민들이 대거 고조선으로 이주했다. 고조선이 더욱 확실하게 중국 측 기록에 등장하는 것은 기원전 3세기 한나라 이후부터이다. 『사기』와 『한서』 등에는 상나라가 주나라에 의해 멸망하자 상나라 귀족이던 기자가 5천 명의 지식인과 기술자를 데리고 조선으로 와서 왕이 된 다음에 시서예악(詩書禮樂)을 발전시키고 정전제와 8조교(八條敎)를 실시했다고 한다. 이때 기자가 스스로 도망해 왔다고도 하고 주나라 무왕이 기자를 조선왕으로 봉했다고도 해서 기록에 따라 차이는 있다. 기원전 2세기경까지 왕위를 세습했는데 연나라에서 망명해 온 위만이 왕위를 찬탈하는 사건이 발생하자 기자의 후손들은 한반도 남쪽으로 내려가 마한을 건국했다고도 하고 한왕(韓王)이 되었다고도 한다.

전성기를 구가한 위만조선

기원전 3세기 중엽에 중국이 진(秦)과 한(漢)에 의해 통일되는 과정에서 고조선과 가까이 있던 연, 제, 초 등의 나라에서 수만 명의 동이계 지배층이 고조선으로 망명해 왔다. 이러한 망명자들 중에는 기원전 2세기 초 연나라 사람 위만이 이끌고 온 1천여 명의 무리도 있었다. 그들은 고조선 사람들과 똑같은 상투를 틀고 이복(夷服), 즉 고조선 옷을 입고 있었다고 한다. 따라서 위만은 국적은 연나라이지만 동이족에 속하는 실력자였던 것으로 보인다. 위만이 살고 있던 곳은 한때 고조선 세력권이었다가 연나라의 침략으로 빼앗긴 지역으로 그곳에 살던 많은 사람들은 원래 고조선 주민일 가능성이 높았다. 고조선 준왕은 위만을 서쪽 국경을 지키는 수비대장으로 임명했다. 준왕은 위만을 환대했고 위만의 성공에 자극받은 연나라 하급 관리와 유민들이 잇달아 짐을 꾸려 고조선으로 오는 바람에 이주민의 수가 급증했다. 망명객들의 세력이 커지자 위만은 기원전 194년에 마음을 바꿔 군대를 이끌고 수도 왕검성으로 쳐들어가 준왕을 축출하고 스스로 왕이 되었다. 고조선의 지배자가 된 위만은 국외 출정뿐 아니라 나라 안을 다스리는 정비에도 힘을 써 왕위 세습권이 확립되었고 토착민 회유에도 성공했던 것으로 보인다.

위만 집권 초기에 한나라는 건국 직후라서 국가적인 체제가 견고하지 못했으며 흉노를 대비하기에 급급해서 고조선에 대한 정책은 소극적이었다. 정권을 차지한 위만은 중국에서 온 망명자, 특히 연나라(하북)와 제나라(산동) 지역 출신자를 적극적으로 수용했다. 이는 중국인이 가진 우수한 군사력이나 기술력을 받아들이기 위해서였다. 위만조선은 한반도 남부에서 생겨난 여러 작은 나라들이 한나라와 교역하는 것을 통제하면서 중간에서 중계 무역으로 많은 이익을 챙겼다. 위만조선 남쪽의 진번과 한족(韓族)의 왕국인 진국(辰國)은 한나라와 직접 통교 관계를 맺었다. 그런데 그 중간에 위치한 위만조선이 길을 막아 사절 왕래를 허락하지 않았다. 진번과 진국이 한나라와 직접 통교를 하면 위만조선 입장에서는 그 만큼 중계무역의 이익을 잃기 때문이었다. 위만조선은 더욱 강력해진 힘을 바탕으로 이웃한 임둔과 진번 같은 부족 집단을 정복하고 사방 수천 리에 이르는 영토를 가진 정복 국가가 되었다.* 위만조선이 되면서 고조선은 전성기를 맞이했던 것이다.[4]

* 당시에는 고조선 뿐 아니라 한반도 북부와 만주 지역에 여러 나라(혹은 세력)들이 있었는데 진번은 황해도 일대, 임둔은 함경남도 일대에 위치했다.

흉노와 손잡아 한나라를 불안케 한 고조선

전성기를 구가하던 고조선은 북방의 흉노와 손을 잡고 중국의 영향력에서 벗어나 독자적 세력권을 형성하려 했다. 위만조선이 이렇게 동방의 강국으로 성장하는 것이 한나라로서는 내키지 않았다. 특히 한나라는 몽골초원으로부터 만주로 뻗어 오는 흉노가 위만조선과 동맹을 맺어 협공하지 않을까 두려워했다. 위만이 죽고 손자 우거가 왕이 되었다. 우거왕은 한나라 망명인들을 포섭하고 세력을 양

---

4) 오늘날 역사학자들은 단군조선이나 기자조선, 위만조선이라는 용어를 잘 쓰지 않고 그냥 고조선이라고만 하는 것이 보통이다. 그 이유는 지배집단만 교체되었을 뿐 고조선의 기본 성격과 체제는 크게 달라지지 않았다고 보기 때문이다. 또한 기자조선이나 위만조선이 중국계였으므로 민족적 자존심에 거슬리기 때문일 수도 있고 오늘날 국내 역사학계가 기자조선의 존재를 축소하거나 아예 부인하는 경향도 있기 때문일 수도 있다. 그러나 그렇게 아무 구분도 하지 않을 경우 단군조선-기자조선-위만조선으로 진행하면서 고조선과 중국의 연계가 더욱 밀접해지는 추세를 파악하기 어렵게 된다. 기자조선 시대에는 지배집단만 이주민이었으나 위만조선 때부터는 관리들과 백성들 상당수가 중국 출신이었다. 단군조선, 기자조선, 위만조선을 거치면서 고조선은 중국 문명권에 더 가까워졌던 것이다(물론 지리적으로 가까워졌다는 것이 아니라 중국 문명권과 많은 접촉이 있었다는 의미이다).

성해서 한에 대항하며 입조하지 않았다. 뿐만 아니라 남쪽의 진국이 한나라에 입조하려는 것을 막고 통하지 못하게 했다. 한나라는 그러한 고조선이 못마땅했지만 흉노를 견제하기 위해 고조선과 타협을 시도했다. 한 무제는 한나라를 괴롭히던 흉노가 고조선과 손을 잡고 한에 위협을 가할 것을 미리 차단하기 위해 고조선을 외교적으로 회유하려고 사신으로 섭하를 보냈다. 고조선은 한나라 뜻을 따르지 않겠다고 했다. 성과 없이 귀국 길에 오른 섭하는 배웅 나온 고조선 장수를 살해하고 패수(고조선과 한의 경계를 이루었다는 강으로 청천강이 유력)를 넘어 도망쳤다. 무제는 그런 섭하에게 '요동군 동부도위'라는 벼슬을 내렸다. 고조선을 마주보는 요동 땅의 군사 책임자 자리였다. 이에 분노한 우거왕은 군사를 보내 섭하를 살해했다. 섭하 사건을 계기로 한나라와 고조선의 관계는 극도로 악화되었다. 사방으로 영토를 넓히면서 대제국을 건설하고 있던 한 무제는 5만 명의 육군과 7천 명의 수군을 보내 고조선을 공격했다. 고조선은 험한 곳에 군사를 배치해 첫 전투에서 대승을 거두었다. 전황이 불리해지자 한 무제는 협상을 시도했다. 전선이 오랫동안 교착 상태에 빠지자 한나라는 한편으로 정면 대결을 하고 다른 한편으로는 고조선 지배층을 매수·분열시키는 방법을 썼다. 결국 우거왕이 살해당하자 왕자는 투항했고 왕검성이 함락되어 위만조선은 3대 86년 만에 종말을 고했다. 기원전 108년 여름의 일이었다.

흉노의 '오른팔'이었던 고조선

여기서 위만이 고조선으로 망명하게 된 경위를 자세히 살펴볼 필요가 있다. 군현제였던 진나라와 달리 한나라 때에는 봉건제와 군현제를 병용한 군국제를 시행했다. 한 고조 유방은 다시 중국을 통일한 뒤 주위 여러 나라에 공신을 봉하고 제후로 삼았다. 이때 노관은 연왕(燕王)으로 지금의 북경 지역인 연나라 땅을 다스리게 되었다. 그런데 얼마 후 한나라는 주위 제후들을 제거하기 시작했고 연왕 노관은 미연에 화를 면하려 흉노로 도망쳤다.* 노관의 부관이던 위만은 자기 상관이 하루아침에 흉노로 망명하자 진로를 놓고 고민했다. 그렇게 위만은 연나라 동쪽에 있는 고조선 변방으로 가서 준왕의 신하가 되었던 것이다. 위만은 중국에서 온 망명자, 특히 연나라(하북)와 제나라(산동) 지역 출신자를 적극적으로 수용했다. 그중 다수는 중국 본토의 정쟁에서 패한 패배자나 범죄자(말하자면 반정부분자)였으므로 그것을 방치해 두는 것은 한나라로서는 통일 제국의 위상에 타격을 입을 수 있었다. 연나라 왕이었던 노관이 흉노로 망명했는데 노관의 부하였던 위만이 고조선 왕이 되어 연나라 출신들을 적극적으로 받아들인다? 이것만으로도 한나라로서는 고조선과 흉노가 밀착하지 않을까 의심하고 두려워할 수 밖에 없었다. 실제로 위만조선은 흉노와 긴밀하게 연락하고 있었을 뿐만 아니라 흉노와 손잡고 중국의 영향력에서 벗어나 독자적 세력권을 형성하려 노력했다. 그런데 흉노가 누구인가? 한 고조 유방이 포로로 잡힐 뻔한 '백등산 전투'부터 시작해서 여태후를 희롱하는 편지인 '농서 사건'까지, 한나라로서는 온갖 치욕을 안겨준 불구대천의 원수였다. 치욕뿐 아니라 한나라는 정치적 핍박과 경제적 착취를 당하는 사실상 흉노의 속국이었다. 그러다가 한 무제에 이르러 겨우 흉노에 대항할 수 있게 되었다. 그런데 고조선이 흉노와 친하게 지낼 뿐 아니라 동맹을 맺고 자신들에게 대항할 기미가 보이자 한나라로서는 더 이상 가만히 있을 수 없었던 것이다.

* 당시는 유방이 제후들을 제거하는 시기였기 때문에 제후들은 보통 잡혀 죽거나 핍박을 받고 도망치거나 둘 중 하나였다. 유방은 한나라를 세우는 데 일등 공신이었던 한신도 제거했는데 한신은 죽으면서 '토사구팽'이라는 유명한 고사성어를 남겼다.

한나라가 고조선을 침략한 직접적인 계기는 한이 고조선에게 흉노와 관계를 끊기를 요구했으나 고조선이 이를 거부했기 때문이었다. 위만 시대에 고조선이 전성기를 구가할 수 있었던 것은 당시 중앙유라시아에 강대한 제국을 형성했던 흉노와 긴밀한 관계가 그 배경이었다고 보는 견해도 있다. 이러한 맥락에서 볼 때 고조선과 한나라의 전쟁은 한 무제가 벌인 흉노 전쟁(또는 흉노 정책)의 일환으로 행해졌다고 할 수 있다. 고조선이 멸망한 기원전 108년은 한나라와 흉노의 전쟁이 발발한 지 20년 정도밖에 지나지 않은 때였다. 초기 치열했던 전투가 한 차례 지난 다음 전쟁은 소강상태에 빠졌다. 다만 이 전쟁이 50년에 이르는 장기전이었다는 점에서 보면 아직 절반 정도밖에 지나지 않은 상태였다. 즉, 훗날 당나라가 최종 목표인 고구려를 바로 정벌하지 못하자 당시 고구려와 여제 동맹을 맺고 있던 백제를 먼저 멸망시킨 것처럼, 한나라 역시 최종 목표인 흉노와의 전쟁에서 승리를 위해 '약한 고리'인 고조선을 먼저 친 것으로 볼 수 있는 것이다. 실제로 한 무제는 고조선을 정벌할 때 "흉노의 오른팔을 자르기 위해서"라고 했다(당시 흉노 제국의 오른팔은 고조선, 왼팔은 서역이었고 한 무제는 둘 다 정벌했다). 그리고 흉노가 강성했을 때 고조선은 한나라의 압박을 받지 않았다. 이러한 점들을 모두 고려할 때 한나라가 고조선을 정벌한 것은 당나라가 백제를 정벌한 것과 같은 역사적 맥락으로 볼 수 있는 것이다.

수렵과 목축의 문화가 많았던 부여

고조선 말기에 만주와 한반도 지역에는 부여, 고구려, 옥저, 동예, 삼한 등이 세워졌다. 고조선이 무너진 뒤 예맥족 가운데에는 부여(夫餘, 기원전 4세기~기원후 494년)가 두각을 나타냈다. '부여'라는 이름이 기원전 3세기 이전 지리 기사를 실은 『산해경』과 『사기』에 나오는 것으로 보아 대체로 부여는 기원전 4세기경에 건국

된 것으로 추정된다(기원전 2세기경으로 보기도 한다). 부여를 세운 종족은 예맥족으로 그 일파가 뒤에 고구려를 세웠으므로 부여가 한국사에서 차지하는 비중은 상당히 크다고 할 수 있다(중국 문헌에서는 부여를 예, 고구려를 맥이라고 부르는 경우가 많았다). 부여는 494년 고구려에 의해 병합될 때까지 그 역사가 약 천년이었고 위치는 송화강 유역을 중심으로 한 만주 일대였다. 전성기인 기원 전후에는 영토가 북쪽으로는 흑룡강 이남, 남쪽으로는 백두산에서 요하 상류에 이르고 동쪽으로는 연해주까지 미치는 광대한 국가였다. 기원후 3세기경 부여는 국력이 쇠퇴해서 영토는 사방 2천리에 인구는 8만 호였다고 한다. 부여는 송화강 유역의 넓은 만주평야 지대에 있었기 때문에 먹을 것이 풍부했다. 그러나 농사에만 의지할 수는 없었는데 기후가 몹시 추웠기 때문이다. 따라서 비상시를 대비해 가축들을 키웠고 논농사보다 밭농사를 중시했다. 반농반목 경제인 부여의 특산물은 말, 주옥, 모피였다. 목축을 해서 기마술에도 능했던 부여는 한때 북방의 패자로 자리매김하기도 했으며 중국에 말을 수출했다.

부여에는 세습왕이 있었고 그 아래에 마가(馬加), 우가(牛加), 저가(豬加), 구가(狗加) 등 관리를 두어 중앙을 직접 다스렸다. '가(加)'는 한(韓), 간(干), 가한(可汗, 汗)과 같이 만주 및 몽골 계열의 언어에서 귀인 또는 대인을 나타내는 칭호로 부족장을 의미한다. 이러한 '가'에 가축 이름이 결합된 것은 부여의 고유한 특색으로 목축 경제 사회에서 족장의 칭호가 그대로 이어진 것으로 보인다. 부여는 관리들의 이름을 가축에서 따온 것에서 목축이 중요한 국가산업이었음을 알 수 있다(농경-유교 국가에서는 한갓 미물인 동물의 이름으로 주요 관직명을 짓는 것은 상상도 못하는 일이다). 당시에는 하늘에 제사를 올리는 제천행사가 있었다. 그런데 다른 나라의 제천행사는 그 시기가 10월인데 부여의 영고는 12월에 거행되었다. 그 이유는 부여의 영고에는 유목 민족의 수렵제 성격이 남아 있었기 때문이었다. 또한 부여에는 부사취모와 형사취수의 전통이 있었다. 아버지가 죽으면 아버지 부인 중 자신의 생모를 제외한 나머지를 아들이 취하는 부사취모와 형이 죽으면 동생이 형수를 취하는 형사취수는 흉노, 선비 등 전형적인 수렵·유목민의 문화였다.* 이렇듯 부여는 반농반목 경제에 수렵제 성격의 영고 그리고 부사취모·형사취수까지 수렵과 유목의 문화가 상당히 많은 나라였다.

* 조선 전기에 조선으로 귀화한 외국인들을 향화인이라고 불렀다. 향화인의 대부분은 여진족이었는데 조선에서는 이들에게 관직을 주거나 경제적으로 보상하는 등 잘 대우해주었다. 그러나 여진족의 형사취수 등의 풍습은 유교 윤리에 어긋나고 야만적이라 해서 엄금했다.

부여의 '별종' 고구려

『삼국사기』에는 부여에서 내려온 주몽이 기원전 37년에 고구려를 건국했다고 되어 있다. 그러나 한사군이 설치될 당시 현도군 내에 고구려현(高句麗縣)이 있던 것으로 보아 이미 기원전 2세기 이전에 고구려라는 작은 나라가 존재했었다. 그러면 주몽의 기원전 37년 고구려 건국은 무엇을 말하는 것일까? 이는 고구려의 제2 건국을 의미한다. 처음 고구려는 압록강 중류 지역에 거주하던 맥족에 의해 건국되었다. 위만조선이 멸망한 후 이 지역에 한사군의 하나인 현도군이 설치되었으나 곧 맥족의 저항을 받아 기원전 75년에 요동 지역으로 쫓겨났다. 이후 맥족의 여러 지역 집단이 소노 집단의 장을 왕으로 연맹체를 구성한 것이 바로 고구려였다. 그러다가 기원전 37년에 북쪽에서 부여족 일파인 주몽이 남하해서 옛 고구려를 정복하고 새로운 고구려를 건설한 것이라고 할 수 있다. 기원전 2세기 이전에 성읍국가로 출발한 고구려는 기원전 37년에 부여에서 내려온 기마민족 주몽 일파에 의해 한층 규모가 큰 연맹왕국으로 발전했다.* 고구려의 환경은 부여에 비해 열악했다고 기록되어 있다. 그래서 "농사지을 땅이 적어 힘껏 농사를 지어도 부족하기 때문에 음식을 아껴 먹는 풍습이 있다."라고 했다. 주몽이 도읍한 졸본(환인)은 압록강 유역으로 평지가 거의 없고 대부분 큰 산과 험준한 골짜기였다. 기록에는 "큰 산과 골짜기가 많고 평지와 연못이 없다. 사람들은 계곡을 따라 살며 골짜기 물을 식수로 마셨다. 좋은 밭이 없어서 힘들게 농사를 지어도 배를 채우기는 부족했다."라고 되어 있다.

* 학자들은 주몽의 건국 신화를 부여에서 내려온 집단이 기성 토착세력 집단을 대신해서 고구려 연맹왕국의 주도권을 장악한 사실을 설화한 것으로 해석한다.

주몽은 왜 그렇게 험하기 짝이 없는 땅을 선택했을까? 그것은 주몽이 부동산을 보는 안목이 없어서가 아니라 부여에서 쫓겨난(패배한) 집단이었기 때문이었다.*고구려는 초기에는 산간 지역에 꽉 막혀 있었을 만큼 같은 종족인 부여보다 약소했다. 식량이 충분치 않은 산간 지역에서 성장한 국가였기 때문에 고구려 백성들은 기질이 호협하고 싸움을 잘했다. 산악 지대에서 단련해 날래고 용감해서 "힘이 세고 전투에 능하다.", "흉악하고 급하며 노략질을 좋아한다."라고 했다. 절을 할 때도 한쪽 다리를 꿇고 다른 쪽 다리는 펴서 언제든 일어나 싸울 태세가 되어 있었고 적에게 항복하거나 패한 자는 사형에 처했다. 평야가 적은 산악지대에 있었기 때문에 고구려는 농업이나 목축을 통한 자급자족이 불가능했다. 따라서 주로 군사적 기동력을 이용한 전투를 통해 전리품을 획득하지 않으면 안 되었다. 기본적으로 약탈경제체제였던 고구려는 집집마다 약탈한 것을 넣어두는 창고인 부경이 있었다. 고구려는 주변의 옥저와 동예를 주로 약탈했는데 고구려 바로 밑에 있던 옥저가 특히 많이 당했다. 고구려는 기마 전사들이 귀족 사회를 유지하면서 생계의 일부를 주변 농경민족으로부터 획득하는 공물과 약탈품에 의존했던 것이다.

> **＊** 위나라 관구검이 고구려를 침공해서 국내성까지 쳐들어간 적이 있었다. 관구검은 그곳이 한 나라의 수도로서는 너무 초라하고 토지도 척박한 것을 보고 "대체 이런 곳에서도 사람이 산단 말인가"하고 놀랐다는 이야기가 전해진다.

대륙과 고구려

주몽은 왕위에 오르자마자 인접 부족인 말갈을 공격했다. 고구려가 이처럼 처음부터 개척 국가의 면모를 강하게 드러낸 것은 산악지대라 일찌감치 정복활동에 나설 수밖에 없었기 때문이었다. 고구려는 국가 체계를 갖춘 후 주변 유목 부족과 연맹체를 잇따라 침략해서 옥저와 졸본, 국내성 주변 지역을 흡수했다. 가까운 평야 지대를 차지하기 위해 고구려는 부여 및 한족 세력과 대결했다. 부여와 고구려의 대결은 부여 서쪽에 자리 잡은 유목민족과 동쪽으로 세력을 확장하려던 한족까지 뒤얽혀 복잡한 양상을 띠었다. 고구려는 평야 지대를 차지하고자 부여, 한나라와 자주 충돌했다. 만주에 위치한 고구려는 역대 한반도 어느 나라보다 한족뿐 아니라 유목민족과도 접촉·충돌이 많았다. 중국 삼국시대에 위, 촉, 오는 서로를 견제하고자 고구려를 이용하려고 했다. 236년에 오나라 손권이 고구려에 사신을 파견해 화친을 청해 왔다. 고구려는 국경을 맞대고 있던 위나라와 우호 관계를 원해서 오나라 사신을 죽여 위에 보냈다. 그러나 244년에 위나라 장군 관구검이 남 흉노와 선비족 병력을 이끌고 고구려를 공격했다. 고구려는 환도성에서 농성하며 싸웠으나 결국 함락되어 동천왕이 옥저로 피난을 가는 지경에 이르렀다. 그 후 위나라는 진나라로 바뀌었다가 분열 시대인 5호16국시대로 이어졌다. 중화 왕조와 처음 벌인 전쟁으로 절대절명의 위기에 처했던 고구려는 중원이 분열되고 북방 이민족의 대단위 침략으로 인해 중국 대륙이 혼돈에 빠지자 위기에서 벗어날 수 있었던 것이다.

이후 고구려는 나라를 재정비하고 중국의 분열을 이용했다. 한나라 때 세워진 한사군은 한이 망하고도 사라지지 않고 이어졌다. 중국이 위, 촉, 오 삼국으로 분열되어 갈등하던 시기 동북쪽의 위나라가 한반도에 있던 낙랑군과 대방군을 지배하고 있었던 것이다. 삼국을 통일한 위에 이은 진(晉)은 영가의 난(311년)이 일어나 멸망했고 화북에서는 5호16국으로 통칭되는 이민족 정권이 난립했다. 이 혼란한 틈을 타 요서 지방에서는 선비족의 한 갈래인 모용부 정권이 들어섰다. 모용부가 요서회랑을 장악하게 되자 한반도에 있던 낙랑군과 중국 본토의 연락이 끊어졌다. 낙랑군의 중국인 세력은 주변 이민족의 군사적 위협을 피해 요동과 요서 방면으로 철수했다. 고구려는 그 사이를 틈타 낙랑군을 접수해서 421년간(기원전 108~기원후 313년) 지속된 중국의 식민통치를 끝낼 수 있었다. 339년에는 5호16국 중 선비족이 세운 전연(前燕)이 쳐들어왔는데 고국원왕이 동맹을 청하자 물러났다. 이때 맺은 동맹 관계에 따라 이듬해 고구려는 전연에 조회하기도 했다. 5호16국시대에 이리저리 찢긴 중국 대륙은 남북조시대가 되면서 분열 국면을 수습하고 통일을 향해 나아가기 시작했다. 북중국이 단일한 왕조(북위)에 의해 통합되자 삼국 중에서 고구려가 가장 먼저, 가장 큰 영향을 받게 되었다. 5호16국시대만 해도 고구려의 대외전략은 서진 정책이었다. 서쪽에 있는 몽골초원과 서남쪽에 있는 중국을 공략하는 것이 고구려 대외 전략의 핵심이었던 것이다. 이런 전략을 성공시킨 왕이 바로 광개토대왕(재위 391~412년)이었다. 그런데 선비족 출신 국가인 북위(386~534년)가 북중국을 통합하면서 사정이 달라졌다. 고구려는 더 이상 서진 정책을 추진하기 힘들어진 것이다. 이런 변화를 가장 절실하게 느낀 왕이 광개토대왕의 아들 장수왕(재위 412~491년)이었다.

장수왕은 서진을 포기하고 남진을 추진했다. 남진은 다른 곳이 아니라 바로 한 반도 쪽으로 영토를 확장하는 것이었다(그러한 고구려의 남진을 저지하려고 신라와 백제는 나제동맹을 결성했다). 장수왕이 427년에 만주의 국내성에서 한반도의 평양성으로 수도를 옮긴 것은 앞으로는 중국 대륙이 아닌 한반도로 진출하겠다는 의지의 표현이었다. 이제 북중국의 통일로 고구려는 서쪽이 아니라 남쪽을 바라보는 나라가 되었다. 이렇듯 고구려의 흥망은 중원의 흥망과 철저하게 반비례했다. 광개토대왕의 정복 활동으로 다양한 민족이 고구려 백성이 되기도 했다. 당시 중국은 남북조로 나뉘어 대립하고 있었다. 이에 전란을 피해 고구려로 들어온 사람들이 많았다. 장수왕 때는 멸망한 북연의 임금과 백성이 고구려로 망명해 왔는데 그 행렬이 80리였다고 한다. 이렇게 고구려로 흘러들어 온 사람들 중에는 한족, 선비족, 거란족, 말갈족은 물론 서역인도 있었다. 훗날 고구려 유민과 함께 발해를 세운 말갈인이나 통일 신라의 중앙군인 9서당에 편입된 말갈인도 원래는 고구려 영토에 들어와 살던 백성으로 짐작된다. 이처럼 삼국시대는 다양한 족속들이 한국사에 편입되던 시기였다(역사에 미처 기록되지 못한 이주와 교류의 사례는 훨씬 더 많았을 것이다).

돌궐과 연합해 수나라를 불안케 한 고구려

581년, 중국에 수나라가 등장함에 따라 동아시아 국제 정세는 근본적으로 새로운 국면을 맞았다. 수나라는 중국을 통일하자마자 주위로 세력을 뻗어 중국 중심의 일원적 세계질서를 구축하려 했다. 먼저 수나라는 당시 북방에서 세력을 떨치며 중원을 압박하던 돌궐을 여러 차례 정벌하고 또 이간책을 써서 동돌궐과 서돌궐로 분열시켰다. 돌궐의 힘이 약해지자 수나라는 동아시아 강대국인 고구려까지 휘하에 두려고 했다. 이에 고구려는 598년에 전략상 요지인 수나라의 요서 지방을 공격해서 기선제압에 나섰다. 고구려는 돌궐과 동맹을 맺고 말갈족과 손을 잡아 수나라를 공격했다. 기록에는 이때 동원된 말갈군이 1만 명이었다고 한다. 고구려의 선제 공격에 당한 수 문제는 30만 명의 군대를 육지와 바다로 보냈다. 그러나 수나라 군사들은 요하를 채 건너지도 못하고 질병과 기근에 시달리다 돌아가야 했다. 이후 수 양제는 113만 명의 군대를 동원해서 다시 고구려를 공격했지만 을지문덕에게 패했다. 수나라 역사를 기록한 『수서(隋書)』에서는 이때 살아 돌아간 자가 2,700명에 지나지 않았다고 한다. 그 뒤로도 고구려 정복 야욕을 버리지 못한 수 양제는 여러 차례 정벌을 시도했고 오랜 전쟁에 시달리던 농민들의 봉기로 결국 수나라는 2대 38년 만에 역사의 무대에서 사라졌다. 수나라가 고구려를 침략한 근본 원인은 한나라가 고조선을 침략한 것과 같았다. 당시 수나라가 가장 경계한 것은 고구려와 돌궐, 특히 그 중에서도 돌궐이었다. 그런데 고구려가 수나라를 견제하기 위해 돌궐과 연합하자 이에 수나라가 크게 불안을 느꼈던 것이다. 실제로 607년에 고구려 사신이 돌궐 추장 계민 카간을 방문해서 수나라 공격을 논의했고 고구려의 이런 움직임은 수 양제에게 포착되었다. 이에 고구려 정벌의 필요성을 느끼게 된 수 양제는 612년에 국력을 총동원하다시피 해서 113만 명의 군대를 직접 이끌고 나섰던 것이다.

돌궐과 연합해 당나라를 불안케 한 고구려

수나라가 멸망하고 당나라가 들어서자 동아시아에는 잠시 평화가 찾아왔다. 수와의 전쟁에 지친 고구려는 잠시 쉴 틈을 얻기 위해 당과 친선을 도모했다. 수나라의 무참한 패배를 지켜본 당나라로서도 섣부르게 고구려를 넘볼 수 없었다. 그러나 당 태종(재위 627~649년)이 즉위하면서 두 나라 사이에는 다시 전운이 감돌았다. 태종에게는 그동안 이룩한 안정을 더욱 공고히 하고 확대하기 위해 밖의 위협 세력을 제거해야 하는 작업이 필요했다. 게다가 성장하는 당나라를 견제하려는 고구려가 돌궐과 손을 잡고 위협하기까지 했으니 대외 원정은 반드시 해결해야할 과제였다. 고구려와의 전쟁을 선포한 당 태종은 오랫동안 준비한 대규모 군대를 요동으로 출발시켰다(645년). 요하 일대 성들을 차례로 함락시키며 기세를 올린 당군은 수 양제의 발목을 묶었던 요동성마저 함락시켰다. 그러나 고구려의 작은 성인 안시성에 가로막혀 패배의 눈물을 삼키며 돌아서야 했다. 돌궐도 정복했던 당 태종 일생에 유일한 참패가 바로 고구려 원정이었다. 당나라는 한 번의 패배로 물러서지 않고 그 뒤에도 끊임없이 군사를 보내 고구려를 공격했다. 645년, 고구려 연개소문은 당 태종이 쳐들어오자 터키계 유목 민족인 설연타에 사절을 보내 동맹을 모색했다. 그해 설연타는 당나라 후방인 오르도스 지역을 공격해서 고구려를 지원했다(설연타는 627년 이후 돌궐을 무너뜨리고 몽골초원을 지배했으나 646년 당나라 군대의 토벌로 멸망했다). 혼자 힘으로 고구려를 정벌할 수 없음을 깨달은 당나라는 결국 신라와 손을 잡는 쪽으로 전략을 바꾸게 되었다. 신라와 당의 군사 동맹으로 남북 양쪽에서 적을 맞게 된 고구려는 연개소문의 사망과 이에 따른 내분으로 멸망의 길로 접어들었다.

수렵과 목축의 문화가 많았던 고구려

고구려는 부여와 비슷했는데 고구려를 세운 주몽이 부여의 유이민 세력이었기 때문이다. 『삼국지』「고구려전」에는 "(고구려는) 부여의 별종으로 언어 따위도 부여와 같은 것이 많다."라고 기록되어 있다. 고구려는 부여의 영향을 많이 받았다. 부여와 같은 것으로는 대표적으로 부사취모와 형사취수를 들 수 있다. 『삼국유사』와 『삼국사기』 등에 나오는 고구려와 부여 건국설화의 골자를 정리하면 다음과 같다. 천제의 아들 모수가 지상으로 내려와 나라를 세운 뒤 국호를 북부여, 성을 해라고 했다. 해모수의 아들 부루는 동부여로 수도를 옮겼다. 이후 금와를 낳은 뒤 그를 태자로 삼았다. 이때 부루가 아버지의 부인인 유화와의 사이에서 주몽을 낳았다. 금와가 동부여를 잇자 서자인 주몽이 남하해서 졸본부여를 세우고 성을 고라고 했다. 고구려에 부사취모와 형사취수가 있었다는 것은 고구려도 흉노, 선비, 부여와 같이 수렵·유목의 나라였다는 것을 말해준다(고구려의 이러한 전통은 3세기 이후 왕실에서부터 점차 사라져 갔다). 앞서 본 당나라 황실처럼 아들이 자신의 생모를 제외하고 죽은 아버지의 부인을 아내로 맞이하거나 형이 죽으면 동생이 형수와 결혼하는 풍습은 유목 문화권에서만 행해지는 것이었다. 그랬기에 고구려는 앞에서 본 것처럼 유목 세력들과 끈끈한 관계를 유지할 수 있었다. 이와 같이 유목 세력과의 끈끈한 관계는 고구려가 멸망한 뒤에도 계속되었다. 동돌궐이 멸망(630년)하고 약 50년 뒤 돌궐 아쉬나 부족장 쿠틀룩(재위 682~691)이 부장 톤유쿡과 함께 돌궐을 재건했다. 이때 고구려 유민 약 10만 명도 돌궐에 합류했다.

3세기 중엽 오나라 손권은 고구려의 실력을 높이 평가해서 동천왕을 유목민 국가의 군주를 의미하는 선우(單于)에 봉하기도 했다. 이는 오나라가 고구려를 유목 국가로 간주해서 생긴 일이었다. 이러한 고구려는 472년 평양 천도 이후 수렵과 반농반목에서 농경 위주의 국가로 바뀌기 시작했다. 고구려는 남의 가축을 죽인 자를 노비로 삼았는데 부여와 마찬가지로 그만큼 가축을 중시했기 때문이었다. '주몽'은 "활 잘 쏘는 사람"이라는 뜻인데 고구려는 시조부터 수렵민족의 기상이 잘 드러난다. 그런 고구려의 특산물은 맥궁이라는 활이었다. 고구려 제천행사는 동맹으로 싸우러 나가서 먹을 것을 챙겨오고 이를 기념하는 행사였다. 중국 길림성에 있는 고분 무용총에는 당시 고구려 생활상을 그린 그림들이 있다. 그 중에서도 수렵도에는 사슴과 호랑이를 사냥하는 장면 및 말, 사냥개 등 질주하는 동물의 순간적인 동작이 잘 표현되어 있다. 수렵생활에 익숙했던 고구려인들의 한 측

무용총 수렵도. 사냥 대상이 사슴뿐 아니라 호랑이도 있고 말을 타고 뒤로 돌아 활을 쏘는 모습 등을 통해 고구려인들의 기마술과 사냥술이 대단했음을 짐작할 수 있다.

면을 드러낸 이 그림은 수렵과 유목의 발랄한 원시감각을 잘 살린 작품이다. 이러한 것들을 통해 고구려가 비농경 문화였다는 사실과 고구려인이 수렵민족으로서 기상이 높았음을 알 수 있다.*

* 대조영의 아들로 발해 제2대 왕인 무왕(재위 719~737년)은 발해의 기틀을 다진 왕이다. 무왕이 일본 성무왕에게 보낸 국서를 보면 "(발해는) 고구려의 옛터를 회복하고 부여가 남긴 풍속을 가졌다."라는 구절이 있다. 이처럼 발해 또한 고구려와 부여처럼 한국사의 '북쪽' 나라였다.

2) 한국사의 '남쪽' 나라들

만주와 한반도 북부에 위치했던 한국사의 '북쪽' 나라들은 대륙(한족과 이민족)과 협력·대립하면서 탄생, 발전, 멸망했다. 그에 비해 한반도 중부와 남부에 위치했던 한국사의 '남쪽' 나라들은 아무래도 남쪽에 있다 보니 '북쪽' 나라들 보다는 대륙과 협력·대립은 적었다. 대신 자기들끼리 경쟁이 치열했다. 남한 지방에 세워진 최초의 연맹국가는 기원전 4세기경 토착 세력으로 이루어진 진국(辰國)이다. 진국의 중심지는 경기도와 충청도, 전라도 서해안 지역이었다. 진국은 고조선 멸망 후에 삼한으로 발전했다. 삼한은 마한, 진한, 변한을 통칭하는 말이지만 실제로는 이 지역에 3개가 아니라 수십 개의 나라들이 있었다. 모두 54개국으로 이루어진 마한에서는 백제가, 각각 12개국으로 이루어진 진한과 변한에서는 사로와 구야가 두각을 나타냈다. 이들이 훗날 고대사의 주역이 되는 백제와 신라 그리고 가야였다. 마한과 진한의 여러 소국들은 각각 백제와 신라에 병합되었다. 변한의 소국들은 가야 연맹을 계속 발전시켜 나갔지만 중앙집권적인 고대 왕국을 이루지 못하고 결국 신라에 흡수되었다. 삼한의 지리적 위치에 대해서는 여러 가지 설이 있으나 일반적으로 마한은 경기·충청·전라도 지역에, 진한과 변한은 경상도 지역에 비정된다.

삼한은 따뜻한 남쪽에 위치하고 토지가 비옥해서 벼농사를 짓고 오곡을 재배하는 토착 농경사회였다. 이에 대해 『후한서』 「동이전」은 "마한인은 농사를 지을 줄 알았으며 (…) 소와 말을 탈 줄도 몰랐다."라고 기록하고 있다. 한족(韓族)의 삼한 북쪽에는 한사군이 존재했다. 한사군과 삼한의 경계는 명확하지는 않지만 대체로 한강 물줄기였을 것으로 보인다. 이 한강 이남의 삼한에 대해서는 한나라의 지배가 직접적으로 미치지 못했으나 인접한 한사군의 진번군(임진강과 한강 하류 지역)과

임둔군(강릉 방면)을 통해 둘은 다소나마 접촉이 있었을 것이다. 진번군과 임둔군은 기원전 82년에 폐지되었고 그 영역은 낙랑군 관할로 편입되었다. 그 지역은 너무 멀고 중국인의 식민지 진출이 거의 진행되지 않았기 때문에 사실상 경영을 포기한 것이었다. 따라서 한강 이남의 한족(韓族) 지역인 삼한은 한사군 설치에 따른 군사적 위협 혹은 경제적 자극을 직접적으로 받을 일이 드물었다. 이 때문에 남쪽 한족(韓族)의 고대 국가 형성은 북쪽 예맥족에 비해 다소 늦었다.

외교적 실수로 멸망한 백제

백제는 마한 지역의 소국 가운데 하나로 시작했다. 나라를 세운 뒤 백제는 주변 소국들을 아우르면서 마한 전 지역으로 세력을 넓혀 나갔다. 백제 사람들은 기원 전후 쇠로 만든 농기구를 이용하여 한강 유역에서 벼농사를 지으면서 곡물 생산을 늘려 나갔다. 이에 힘입어 백제는 먼저 마한의 예속에서 벗어나기 위해 싸웠고 마한의 중심인 목지국을 정복했다. 1세기 후반에 다시 마한 지역으로 진출한 백제는 동북 방면에 있던 말갈과 북쪽 낙랑 세력의 계속되는 침략을 막아내면서 세력을 넓혀 갔다. 뿐만 아니라 고구려·신라와도 겨루면서 2세기 무렵에는 상당히 강성한 나라가 되었다. 고이왕 때인 246년에는 대방군 태수가 전사하는 큰 충돌이 있었는데 이를 계기로 이후 중국 군현과의 대결에서 백제 측이 우세를 차지했다. 이 같은 사정에는 중국 왕조 자체가 쇠락하고 있었던 것이 컸다. 이처럼 백제가 국가로 성장하는 데에는 중국 군현과의 세력 관계와 마한의 영향력에서 벗어나는 것이 중요했다. 백제는 4세기 근초고왕 때 국력이 크게 성장해서 전성기를 맞이했다. 이것은 고구려와 백제 사이에 있던 낙랑군과 대방군이 고구려에 의해 사라지게 된 것과 관련이 깊었다. 낙랑군과 대방군 사람들은 고구려의 공격을 피해 남쪽 백제로 많이 내려갔다. 특히 낙랑군과 대방군의 멸망 이후에는 굳이 고구려로 갈 이유가 없어서 낙랑군과 대방군 사람들이 백제로 많이 흡수되었다. 이 과정에서 중국의 선진 문물을 받아들인 백제는 국력이 크게 성장했고 주변국, 특히 왜에게 그것을 전파하는 중계 역할을 담당하며 주도권을 쥐게 되었던 것이다. 근초고왕은 이러한 국력 상승 기운을 타고 고구려를 공격해서 평양 남쪽에서 고국원왕을 전사시키기도 했다(371년). 그 다음 해에는 분열되어 있던 중국 남조인 동진과 정식으로 외교관계를 수립했다. 이에 따라 4세기 후반에 동진으로부터 백제로 불교가 들어왔다. 고구려는 남북조 및 북방 이민족들과 교류하면서 외교 관계를 형성했고 백제는 남중국 및 왜와 교역을 활발하게 했다(백제는 중국 북조와는 외교관계를 맺지 않았다).

북중국 통일로 더 이상 서진 정책을 추진할 수 없게 되자 장수왕은 남진 정책으로 바꾸었다. 백제는 그런 고구려에게 한강 유역을 빼앗겼다. 고구려의 남진 정책으로 백제는 많은 압박을 받았으나 제26대 성왕(재위 523~554년)이 동성왕과 무령왕의 토대 위에서 백제 중흥을 이루었다. 성왕은 신라 진흥왕과 함께 100여 년 만에 한강을 되찾았다. 그러나 진흥왕이 배신을 했다. 애초 분할 약속과는 달리 신라가 한강 유역을 독차지한 것이다. 나제동맹은 깨졌고 이에 성왕은 반격을 준비했다. 성왕은 백제군이 장악한 관산성으로 가다가 매복한 신라 군인에게 사로잡혀 죽었다. 이후 100년 동안 백제와 신라는 크고 작은 전쟁을 벌였다(고구려는 한반도보다는 중국과 돌궐 등 대륙에 더 신경을 쓸 수밖에 없었다). 백제 멸망은 외교적 실수에서 비롯된 것이라고도 할 수 있다. 백제는 근초고왕 시기부터 중국, 가야, 왜 그리고 신라 등과 다양한 방식으로 외교 관계를 맺어 왔다. 그리고 그것은 백제가 발전할 수 있었던 큰 원동력이었다.

그런데 의자왕 시기에 백제는 당나라와 관계를 소홀히 하면서 고구려와 동맹을 맺었다(643년). 이는 신라가 빼앗은 한강 유역을 되찾아 신라를 고립시키기 위한 선택이었는데 그 때문에 신라와 당의 관계가 더욱 강화되었다. 당나라는 고구려를 멸망시키는 것이 가장 중요했는데 백제와 사이가 벌어진 상황에서 신라의 거듭되는 요구를 받아들여 백제를 먼저 무너뜨리기로 한 것이었다. 이것은 백제가 외교에서 국제 정세를 정확히 읽지 못한 실수라고 할 수 있다. 신라의 주적은 백제였다. 고구려도 신라를 위협했지만 고구려는 몽골초원이나 중국 대륙에 더 신경을 써야 했다. 신라는 처음에 고구려와 동맹을 추진했다. 고구려도 믿을 수 없었지만 당장 백제를 막는 것이 더 급했기 때문이었다. 연개소문이 통치하는 고구려를 찾아간 김춘추는 백제를 견제할 목적으로 동맹을 맺자고 제안했다. 고구려는 신라가 뚜렷한 반대급부를 제공해 줄 수 없는 상황에서 신라보다 강한 백제를 적으로 돌릴 이유가 없었다. 연개소문은 김춘추를 감금했고 겨우 탈출한 김춘추가 당나라를 찾아가 동맹을 맺었던 것이다.

이주민과 토착세력이 연합해 세운 신라

신라는 한반도 동남부 경주 평야를 중심으로 발전한 진한 12개 소국 중 하나인 사로국에서 시작되었다. 박·석·김 3성의 시조 설화에서 알 수 있듯이 신라는 여러 세력 집단이 연합해서 이루어진 나라였다. 건국 설화에 따르면 신라는 고구려나 백제와는 달리 사로국에 살던 6촌 우두머리들이 하늘에서 내려온 박혁거세를 왕으로 받들었다고 한다. 이것은 박혁거세와 6촌 촌장들이 서로 연합해서 나라를 세운 사실을 말해준다. 실제로 고조선이 멸망한 뒤 이주민이 크게 무리지어 이 지역으로 옮겨왔다. 철제 도구를 사용할 줄 알았던 이들은 토착 세력에게 상당한 영향을 주었다. 따라서 우수한 철기를 가진 이주민(박혁거세 세력)이 경주 토착 세력(6촌 집단)을 지배하면서 국가를 형성한 것으로 보인다. 신라는 한반도 동남쪽 구석진 곳에 자리 잡아 산업이나 교통 등이 안 좋았고 넉넉하지 못했다. 태백산맥에

가로막혀 있던 신라는 외교적으로 고립된 땅에 세워졌다. 북쪽에는 고구려, 서쪽에는 백제가 버티고 있었고 또 백제와 친밀한 왜가 동쪽 바다를 가로막고 있어서 중국 문물을 접할 길이 없었다. 신라 초기에 유독 발전이 늦었던 것은 이 탓이 컸다. 당시 국제 정세를 살펴봐도 신라에게 가장 긴급한 과제는 어떻게 해서든 선진국이자 강대국인 중국과 직접 외교 관계를 맺고 문물을 받아들이는 것이었다. 이를 위해 한강을 차지하는 것이 중요했는데 이러한 신라의 오랜 숙원을 해결한 사람이 바로 진흥왕이었다. 한반도 가운데 위치한 한강은 농사짓기에 유리하며 황해와 인접해 있어 중국과 교류하기 좋은 곳이다. 육로로 중국과 통하는 고구려는 해당 사항이 없지만 신라와 백제에게 한강 확보는 국가의 미래가 달린 일이었다. 한강 유역을 점령해서 황해를 통한 중국과의 교통로를 확보한 신라는 564년 이래 거의 매년 중국 남조의 진(陳)과 북조의 북제(北齊) 등에 사신을 파견해 외교 관계를 다져 나갔다. 신라는 한강 유역을 확보하기 이전에는 고구려와 백제를 통해 중국과 교역을 했으나 진흥왕 때 중국과 직교역이 가능해졌고, 이것은 신라 역사에서 가장 중요한 분기점이었다.*

* 신라가 중국에 사신을 보냈던 초창기에는 중국어를 할 줄 아는 관료가 없어서 백제가 대신 통역을 해주었다. 그만큼 신라는 고립되어 있었고 발전이 느렸다.

신라에게 유리해진 대륙의 정세

6세기 중엽부터 시작된 삼국 간 쟁패에서 한강 유역을 점령한 신라가 가장 유리한 위치를 차지했다. 신라가 한강 유역을 차지할 무렵 국제 정세는 신라에게 더욱 유리하게 전개되었다. 중국이 남북조의 분열시대를 청산하고 수나라에 의해 통일된 것이다(589년). 중국의 통일은 중국과 국경을 접하고 있던 고구려에게 가장 불리할 수밖에 없었다. 고구려는 수나라 문제의 30만, 양제의 113만 명의 군대를 물리쳤다. 수나라는 그 후에도 두 차례나 고구려를 침략했으나 실패했다. 수나라에 이은 당나라도 645, 647, 648년 고구려에 원정군을 보냈으나 번번이 패퇴했다. 이들을 물리치기는 했지만 고구려 역시 강대국들과 연이은 전쟁을 치르며 국력이 많이 소모될 수 밖에 없었다. 신라와 당의 대표단은 수차례 회의 끝에 "신라와 당이 동맹군을 편성해서 백제와 고구려를 차례로 무너뜨린 뒤 백제는 신라가, 고구려는 당이 차지한다."라고 결론을 맺었다. 신라는 당나라 문물을 적극 받아들일 것도 약속했다. 신라가 오랜 기간 동안 당에 구원을 요청했던 이유는 스스로 힘으로는 고구려·백제 두 나라의 압력을 이겨 낼 수 없었기 때문이었다. 당시 신라를 주로 압박한 나라는 백제였다. 신라는 서라벌 바로 근처까지 쳐들어온 백제와 격렬하게 싸웠을 뿐 아니라 김춘추의 딸이 백제군에 의해 죽음을 당하는 일도 있었다(642년).* 백제 멸망 5년 전까지도 백제가 신라를 제압하고 있었는데 백제 마지막 군주인 의자왕은 재위 기간 동안 거의 100여 개의 신라 성을 함락시켰다. 그렇게 백제가 신라를 압박할 수 있었던 이유는 고구려 때문이었다. 당시 고구려는 수·당의 침략에 시달리고 있어서 백제는 고구려의 압박을 피해 갈 수 있었던 것이다. 고구려의 압박이 없자 백제는 주로 신라를 공격했다. 백제에 시달리던 신라, 고구려를 혼자서 정복하지 못하는 당. 그러니 신라의 주적인 백제는 정벌 후 신라가 갖고 당나라의 주적인 고구려는 정벌 후 당이 갖는다는 나당동맹이 성립할 수 있었던 것이다.

---

* 대야성 전투 당시 성주 김품석 부인이 김춘추 장녀 고타소였는데 백제군에 의해 살해되었다. 이 증오가 얼마나 깊었는지 훗날 백제가 신라에 항복하는 자리에서 신라 태자 김법민(훗날의 문무왕)이 백제 왕자 부여융에게 매섭게 채찍질하고 침을 뱉기까지 했다.

다시 봐야할 신라의 삼국통일

　신라의 삼국통일에는 크게 두 가지 견해가 존재한다. 외세를 끌어들이고 고구려 영토 대부분을 잃은 불완전하고 잘못된 통일이라는 견해와 삼국시대는 일종의 제로섬 게임 시대였는데 계속되는 전쟁을 끝내고 평화를 이룩했다는 견해가 바로 그것이다. 보통 앞의 견해가 더 많은 지지를 얻는 것 같다. 그러나 이러한 것들보다는 거시적으로 볼 때 신라의 삼국통일로 한반도 북부와 만주가 한국사에서 탈락했고 이후 한국사의 성격이 크게 바뀐다는 사실이 더 중요하다고 할 수 있다. 농경과 비농경이라는 관점에서 신라의 삼국통일을 바라보면 꽤 다르게 보인다는 것이다. 당나라에게는 돌궐과 고구려가 숙적이었다. 그런 당나라에게 고구려가 돌궐과 손을 잡는 것은 큰 위협이어서 당은 어떻게든 고구려를 제거해야 했다(그것은 수나라도 마찬가지였다. 수나라도 당나라와 마찬가지로 건국 초기에 돌궐에 칭신을 한 적이 있었다).

　신라는 고구려 땅은 관심이 없었고 백제 땅만 필요했다. 신라 입장에서는 삼국 중 가장 비옥한 백제 땅은 탐이 났지만 척박하고 기후도 추워서 농사에 적합하지 않은 고구려 땅은 그렇지 않았던 것이다. 뿐만 아니라 고구려 땅에는 말갈 등 수렵과 유목을 하는 이민족들이 많이 살았다(만주는 예부터 사나운 민족들이 득실거리는 곳이었다). 그나마 고구려는 수렵의 기질이 강해서 이민족들을 제압하고 이용하기도 했지만 백제도 혼자 처치하지 못하는 신라에게 그것은 무리였다. 즉 신라는 농경에 적합하지 않고 이민족들이 많은 고구려 땅은 필요하지도, 생각하지도 않았던 것이다. 그랬기에 신라는 백제 땅만 차지했고 대동강 이북으로의 진출은 고려하지 않았다.[5] 신라가 백제와의 전쟁에서는 백성들을 총동원하다시피 했지만 백

---

5) 신라는 황해도의 대동강 유역까지만 진출했는데 그 이유는 그나마 이북에서 농사가 잘 되는 곳이 경기도와 붙어 있는 황해도였기 때문이다(황해도는 황해에 접해 있어서가 아니라 황주와 해주의 이름을 딴 것이다). 황해도는 산지

제 멸망 후 고구려와의 전쟁에는 소극적으로 나선 것도 그 때문이었다(고구려를 멸망시킨 직접적인 주체는 당나라였다). 백제 멸망 후 백제 유민들은 신라 통치에 격렬히 저항했고 그 대가로 대우가 훨씬 박해졌지만 고구려 유민들은 오히려 신라와 연합해서 당의 안동도호부와 전쟁을 했다. 백제와 신라는 서로 원수지간이었기 때문에 신라는 백제 정벌 후 어떻게 하면 백제 땅과 사람들을 잘 지배할 수 있을지에 집중해야 했다. 그렇기 때문에 신라는 백제보다 몇 배 더 넓고 사나운 이민족들이 득실거리는 고구려까지 욕심을 낼 이유도, 여유도 없었던 것이다.*

* 지금 우리에게 만주는 너무도 아깝지만 당시 신라는 전혀 그렇지 않았다. 신라는 자신들의 최대 위협 세력을 제거했을 뿐 아니라 한반도 최고 곡창지대도 얻었으니 충분히 만족했던 것이다. 이처럼 역사를 해석할 때 가장 저지르기 쉬운 잘못은 오늘날의 관점에서 과거 역사를 일방적으로 바라보는 태도라고 할 수 있다.

신라가 고구려 땅에는 관심이 없었고 백제 땅만 노렸다는 것은 고대 국가들이 전쟁을 많이 한 이유를 보면 더 잘 알 수 있다. 예를 들어 고구려는 북중국에 강자(북위)가 들어섰으면 더 이상 전쟁을 안 하면 될 텐데 왜 남쪽으로 창칼을 돌린 남진 정책을 펼쳤던 것일까? 그 이유는 바로 노동력 확보 때문이었다. 고대 국가들이 전쟁을 벌인 일차적 동기는 영토 확장이 아니었다. 고대 사회는 농업이 상대적으로 덜 발달해서 토지 생산력이 낮았다. 당시에는 농기구나 농업 기술이 빈약한

가 많은 북한 지역 중에서 유일하게 한반도에서 크기로 두 번째인 재령평야와 세 번째인 연백평야가 있을 정도로 평야지대가 많다. 그런 황해도는 해방 당시 경지율이 34%로 전국 최고였으며 현재에도 북한 전체 쌀 생산량의 70% 이상을 차지한다. 그에 비해 함경도 지역은 강수량이 적고 기온이 낮아 추운 탓에 농업이 발달하기 어려웠다. 그래서 함경도는 현재에도 쌀보다는 주로 콩, 옥수수, 감자 등을 심으며 개마고원 일대는 목축이 발달해서 양, 염소 등을 많이 키운다. 평안도 또한 평양 부근을 비롯한 일부 지역에만 평야지대가 있고 전반적으로 산세가 험한 편이라 농사에 그리 알맞지는 않다.

상태였기 때문에 사람들 힘, 즉 노동력의 많고 적음이 농사의 성패를 좌우했던 것이다. 농사를 지으려면 물 관리와 개간 등에 일손이 많이 필요했고 당시에는 기술 수준이 낮아 사람의 힘에 주로 의지해야 했기 때문에 인력 확보가 곧 국력이었다. 삼국시대까지만 해도 토지 생산성이 낮아서 부의 크기는 소유한 토지 면적보다는 농사를 지을 수 있는 노동력에 따라 좌우되었다. 따라서 국가 경영에는 토지보다 인력 확보가 더 중요했다. 그래서 고대 국가들은 인력을 빼앗기 위해 자주 전쟁을 벌였다(더 정확히는 노동력을 빼앗기 위해). 물론 영토를 빼앗기 위해 전쟁을 벌인 경우도 있었지만 인력을 빼앗기 위해 전쟁을 벌이는 것이 더 일반적인 모습이었다. 인력을 빼앗기 위해 전쟁을 벌이는 과정에서 부차적으로 영토를 획득했던 것이다.

예컨대 백제 윤충은 신라 대야성을 함락시킨 뒤 주민 1천여 명을 사비성(충남 부여) 서쪽으로 옮겼다. 고구려 미천왕은 군대 3만 명을 이끌고 현도군을 침공해서 8천 명을 포획하여 평양으로 옮겼다. 점령지 주민들을 사비성 서쪽과 평양성으로 옮긴 것은 해당 지역의 농경지를 경작하기 위해서였다. 사비성 인근과 평양성의 노동력 부족 사태를 해소하는 것이 전쟁의 목적이었던 것이다. 처음부터 영토(농경지) 확보를 목표로 전쟁을 벌였다면 점령지 주민들의 주거지를 그대로 인정했겠지만 노동력 확보가 목표였기 때문에 주민들을 자국 영토 안으로 옮긴 것이다. 삼국시대에는 전쟁을 통해 백성들이 많이 이동을 했고 또 흉년 등으로 인해 주민들이 국경을 넘어 이주하는 일도 자주 있었다. 그렇게 섞여 살다보니 처음에는 상당히 달랐던 삼국은 문화적인 격차가 줄어들고 일종의 민족의식 같은 것도 생기는 현상이 나타났던 것이다. 영토가 아니라 노동력 확보를 위해 전쟁을 벌였던 것은 당연히 한반도만이 아니었다. 중국 삼국시대 오나라는 영토에 비해 인구가 지나치게 적었다. 손권은 인구 문제를 해결하기 위해 대만과 베트남, 유구(오키나와) 등으로 군대를 보내 사람을 잡아오게 할 정도였다. 그런 손권의 '인간 사냥'은 실패로 끝이 났다. 잡아온 원주민 수보다 더 많은 병사들이 그 지역 풍토병으로 목숨을 잃었기 때문이었다.

화북의 위, 사천의 촉, 강남의 오는 국력 측면에서 대강 10:2:3 정도 비율로 큰 차이가 났다. 이것은 조조, 유비, 손권의 능력 차이 때문만은 아니었다. 당시 중국은 화북만이 제대로 개발된 상태였다. 이에 따라 인구와 농경지 확보에서 월등히 앞선 화북의 거의 전부를 장악한 위나라가 절대적으로 유리했던 것이다. 물론 전쟁의 목표가 노동력 확보냐 농경지 확보냐는 그때그때 사정에 따라 달랐다. 농경지가 부족한 경우에는 적국 영토를 점령한 뒤 그곳 주민들에게 경작권을 인정했다. 노동력이 부족한 경우에는 적지를 빼앗은 뒤 그곳 주민들만 빼왔다. 두 가지 경우 중에서 인구 밀도가 낮은 경우에는 영토를 빼앗는 것보다는 노동력을 빼앗아 자국 농토에 배치하는 것이 훨씬 유리했다. 오늘날 공업 사회나 서비스 사회와는 달리 고대 농업 사회에서는 국가마다 기술력 차이가 크지 않았다. 따라서 A국 노동력을 B국 토지에 투입한다고 해도 별 문제가 없었다. 장수왕의 남진은 한반도 쪽에서 더 많은 노동력을 확보하기 위한 정책이었다. 장수왕은 북중국이 강력해지면서 더 이상 그쪽에서 노동력을 빼내오기 힘들어지자 그런 선택을 했던 것이다. 예를 들어 재위 63년에 장수왕은 3만 명의 군대를 이끌고 백제 수도인 한성을 함락시켜 개로왕을 죽인 다음 남녀 8,000명을 사로잡아 돌아왔다.

고조선과 고구려가 멸망한 이유

고조선과 고구려가 중국 제국들과 누차에 걸친 대규모 전쟁을 포함한 군사적·정치적 갈등 관계에 놓이게 된 원인은 무엇이었을까? 크게 두 가지 상호 연관된 원인을 들 수 있다. 하나는 만주를 둘러싼 지정학적 경쟁이고 다른 하나는 고조선과 고구려가 중화제국의 권위를 받아들이지 않았다는 사실이다(물론 이 둘은 동전의 양면이다). 중앙유라시아권과 중국 사이의 부단한 군사적·정치적 갈등은 중국이 다른 사회에 부과하고자 했던 위계적 질서를 유목민족들이 근본적으로 동의하지 않았다는 데 있었다. 농경문화에서 강조되는 정치적·문화적 이상과 정통성 관념은 유목사회에서는 통하지 않았다. 유교를 중심으로 한 중화주의적 세계관의 우월성을 유목사회는 인정하지 않았던 것이다. 그들에게 있어 중국과의 관계는 기본적으로 힘의 관계였다. 분열기를 마감하고 새롭게 등장한 제국인 수와 당은 주변국들에게 중국 중심의 수직적 국제질서를 강요했다. 그리고 수렵과 유목의 기질이 강했던 고구려는 이를 받아들이지 않았다.

그에 비해 신라는 수와 당이 요구하는 중국 중심의 일원적 조공책봉 관계나 국제질서를 받아들였다(한때 고구려도 중국의 조공체제를 받아들인 적이 있었으나 고구려가 수용한 조공체제는 중국 패권에 대한 복속이라기보다는 대등한 평화적 교린관계로써 성격이 강했다). 신라가 당나라와 동맹을 맺은 목적은 삼국통일이 아니라 자국 생존이었다. 또한 삼국시대 총면적 52만㎢는 신라 통일 이후에는 13만㎢로 줄어들었는데 이는 삼국 전체 영토 중에서 75%를 잃은 셈이었다. 그러므로 신라의 삼국통일은 미시적으로는 신라의 백제 통합이었고, 거시적으로는 한국사의 '남쪽' 나라가 중국 세력과 연합해서 한국사의 '북쪽' 나라를 붕괴시킨 것이었다.* 따라서 이후 한국사(통일신라, 고려, 조선)는 수렵·유목의 기질·문화와는 멀어지고 대신 유교화·농경화 즉 중국화의 길을 따르는 방향으로 전개된다. 다시 말해 '친중국 반유목'의 노선이 철저해 지는 것이다.

---

* 이에 대해 전쟁과 평화라는 관점으로 동아시아 역사를 서술한 『동아시아의 전쟁과 평화1』에서 한림대 정치외교학과 교수 이삼성은 "신라에 의한 삼국통일은 한반도 중남부 세력이 중국과

연합하여 한반도 북부의 내륙 아시아적 정체성을 가진 세력을 몰아낸 것을 의미했다."라고 평가했다.

고구려가 아닌 신라를 계승한 고려

이와 같이 신라의 삼국통일을 농경과 비농경의 관점에서 바라보면 신라를 계승한 고려도 이해할 수 있다. 고려는 처음에 고구려를 계승했다고 주장했지만 실제로는 신라를 계승했다. 고려가 고구려를 계승했다고 주장한 것은 후삼국시대 상황 때문이었다. 옛 고구려 영토에 세워진 고려는 고구려에 대한 향수와 반신라 정서를 자극해야 지지를 얻을 수 있었기 때문에 고구려를 계승했다고 주장한 것이다. 고려는 11세기 초 현종 때 신라의 설총과 최치원을 각각 홍유후(弘儒侯)와 문창후(文昌侯)로 추봉하고 문묘에 제사를 지내게 해서 신라의 유교 전통을 계승하겠다는 뜻을 분명히 밝혔다. 또한 김부식이 쓴 『삼국사기』에는 신라 계승의식이 명확히 나타난다. 『삼국사기』「열전」은 김유신 한 사람의 전기가 을지문덕 이하 수십 명의 전기보다 훨씬 더 길다. 고려가 고구려를 계승했다면 반대로 을지문덕 등 고구려 장수들의 전기가 김유신의 전기보다 더 길었을 것이다. 『삼국사기』에서 김부식은 고려를 신라의 계승자로 간주함으로써 고려의 역사적 정통성을 강화하려고 했다. 김부식이 내물왕 후손으로 경주 김씨였기 때문에 『삼국사기』에서 신라를 중심에 놓고 통일신라를 계승한 것이 고려라고 했다는 시각도 있다. 『삼국사기』는 인종의 명에 따라 김부식 주도하에 11인의 편사관에 의해서 편찬되었다. 왕명을 받고 쓴 책을 자기 뜻대로만 쓸 수는 없다. 『삼국사기』에 담긴 역사 의식이 당시 고려 조정의 생각과 같았던 것이다. 심지어 거란과 전쟁에서 소손녕이 "너희 고려는 신라를 계승한 나라이고 우리는 고구려의 계승자다."라고 하자 서희는 "우리의 국호가 무엇인가? 고려다."라고 했을 뿐이었다. 즉 고구려 옛 땅을 대부분 차지했던 거란의 요가 자신들이 고구려를 계승했다고 주장할 정도로 국제 사회에서도 고려는 고구려가 아닌 신라를 계승한 나라로 인식되고 있었다고 할 수 있는 것이다.

고려 왕조 입장에서 고구려 계승의식을 강조하는 것에는 장단점이 있었다. 장점은 고려를 건국할 명분이 있다는 것이다. 그러나 시간이 지나고 상황이 달라지면 장단점도 바뀌게 마련이다. 이미 신라가 삼국을 통일을 하고 몇 백 년이 흐른 상황이었다. 고구려는 한때 강국이었지만 결국 통일도 못하고 사라진 나라다. 그렇게 통일도 못하고 망한 왕조를 계승했다는 주장이 꼭 좋은 것만은 아니다. 또한 고려도 발해를 흡수하지 못하고 한국사의 '북쪽'을 잃은 불완전한 통일 왕조였기 때문에 마찬가지 입장인 신라를 계승했다고 해야 오히려 신라에서 고려로 이어지는 정통성을 주장할 수 있었다. 더구나 고려시대는 북방 이민족인 거란, 여진, 몽골에게 많은 침략을 당하던 시기였다. 그런데 계속 고구려를 계승했다고 하면 "그러면 왜 고구려 영토인 북쪽은 수복하지 않느냐"라는 주장에 대응하기 어렵다. 즉 고려는 통일신라가 자신과 같은 한국사의 '남쪽' 나라이기 때문에 자연스럽게 통일신라와 같은 입장일 수밖에 없었고 나아가 계승 의식까지 생겼던 것이다. 한국사의 '남쪽' 나라인 고려는 한국사의 '북쪽' 나라인 고구려를 계승하고 싶어도 할 수 없었다.* 그러니 고려는 신라가 정통성이 있다고 강조할 수밖에 없었던 것이다.

* 북한의 공식 명칭은 조선민주주의인민공화국이다. 그렇다고 공산 국가인 북한이 유교 국가인 조선을 계승한 나라라고 할 수는 없다. 고려와 고구려도 마찬가지라고 할 수 있다. 국호나 구호만으로 후대 국가가 선대 국가를 계승했다고 할 수는 없다. 건국 이념과 통치 철학, 경제 구조와 사회 분위기 등이 중요한 것이다.

그리고 그것은 고려의 유교화가 진행됨에 따라 더욱 심화되었다. 왜냐하면 유교화는 곧 중국화이고 중국화의 선구자는 삼국 중 단연 신라였기 때문이다(앞서 본 것처럼 고구려는 전반적으로 반중국 친유목이었다).[6] 고려 현종이 신라의 설총과 최치원을 문묘에 모신 것은 그러한 맥락에서였다(뒤에서 보겠지만 고려는 '불교의 나라'로 시작해서 '유교의 나라'로 끝났다). 고려 뿐 아니라 조선도 같은 '남쪽' 나라인 신라를 계승했다. 세종은 1427년 예조에 명해서 단군과 기자의 묘제를 다시 의논하고 신라, 고구려, 백제 시조에게 묘를 세워 치제(致祭)하는 일을 모두 옛날 제도를 상고해서 상세하게 보고하도록 명했다. 그러자 이조판서 허조가 "제사지내는 것은 공(功)을 보답하는 것입니다. 우리 왕조의 전장(典章)과 문물(文物)은 신라의 제도를 증감(增減)하였으니 다만 신라 시조에게 제사 지내는 것이 어떻겠습니까?"라고 보고했다. 조선은 신라를 계승한 나라이니 신라 시조에게만 제사를 지내자는 것이다. 『열하일기』에는 "기려천이 『소대총서』라는 책을 꺼내어 그 부분을 짚어서 서로 보게 한다. (…) 내(박지원)가 "주석에 '조선이 신라를 멸망시켰다'는 말은 더더욱 잘못되었습니다. 우리 조선은 고려를 계승했고 고려는 신라를 계승했으니 어떻게 조선이 오백 년 앞의 신라를 직접 멸망시킬 수 있겠습니까?""라는 내용이 나온다. 이렇듯 조선 전기든 후기든 지배층과 지식인층에게 조선은 고려를 계승한 나라였고 고려는 신라를 계승한 나라였던 것이다. 한국사의 '남쪽' 나라들은 그렇게 (통일)신라→고려→조선으로 이어졌다. 그리고 그렇게 된 근본적인 원인은 한

---

6) 이에 대해 박지원은 『열하일기』에서 "고구려는 본래 무력을 숭상하고 노략질하기를 좋아했으므로 설령 남긴 경전이 있다 하더라도 존중하고 숭상할 줄 몰랐을 겁니다.(…) 우리나라가 삼국시대에는 신라가 당나라를 가장 사모하여 바다 뱃길로 중국과 통하면서 의관과 문물이 모두 중국의 제도를 본받았으니 가히 오랑캐가 변하여 중국이 되었다고 평가할 만 했습니다."라고 썼다. 이것은 박지원 또는 실학자들만이 아니라 조선시대 집권층과 사대부들이 공유하고 있던 생각이었다고 할 수 있다. 실학자들 역시 유학자였다(실학이라는 용어 자체가 유학 내에서 보편적으로 쓰이는 단어였다). 즉 실학은 조선 후기에 성리학을 보완한 것이지 대체한 것이 아니었다. 그랬기에 대표적인 실학자라고 할 수 있는 정약용이 『논어고금주』 같은 책을 썼던 것이다.

국사의 '남쪽' 나라들이 꾸준하게 추진한 중국화(구체적으로는 농업화와 유교화)에 있었다.*

* 20세기까지 신라의 삼국통일은 한국 주류 역사학계에서 정통성의 지표로 간주되었다. 그것은 이후 왕조들이 그 뿌리를 신라의 삼국통일에서 찾았기 때문이었다. 2010년에 국사편찬위원회가 출간한 고등학교 국사 교과서에는 "고려는 건국 초부터 고구려 계승 의식을 뚜렷하게 표방하였으나, 중기에 이르러 신라 계승 의식이 강화되었는데, 『삼국사기』에는 신라 계승 의식이 더 많이 반영된 것으로 여겨지고 있다."라고 쓰여 있다.

2
한국사가 걸어온 두 개의 길

해방 후 20세기까지 우리나라가 걸어온 길을 딱 두 가지로 표현한다면 그것은 산업화와 민주화일 것이다. 마찬가지로 일제강점기 이전까지 한국사가 걸어온 길은 농업화와 유교화라고 할 수 있다. 신라의 삼국통일로 인해 수렵과 유목의 기질이 강한 만주 지역이 한국사에서 탈락해서 한국사의 농업화와 유교화는 더욱 가속화·본격화 되었다. 따라서 이후 한국사는 농업화와 유교화의 역사라고 할 수 있다. 그것은 곧 농경-유교 문명의 원조인 중국을 따르는 중국화의 역사라고 할 수 있는 것이었다.

1) 한국사가 걸어온 길 1 - 농업화

조선시대 농업 인구는 전체의 90% 이상을 차지했다. 일제강점기에도 농업 인구가 전체의 80%를 넘었으며 농업이 주산업이었다. 1960년 우리나라 경제활동 인구(취업자) 중에서 농업(임업과 낙농 등 포함)이 약 65%를 차지했다. 이렇듯 산업화가 본격적으로 이루어지기 이전까지 국민 대다수가 농민일 정도로 우리나라는 전형적인 농업 국가였다. 그렇다면 우리나라는 언제 어떻게 농업 국가가 되었으며 그것은 한국사에 있어 어떤 의미가 있는 것일까?

이동생활을 했던 구석기시대

인류의 먼 조상이 지구에 나타난 것은 지금으로부터 약 450만 년 전이다. 한반도에서는 약 70만 년 전부터 사람이 살기 시작했던 것으로 보인다(물론 이들이 현재 한국인의 직접 조상은 아니다). 구석기는 인간 역사의 대부분을 차지하는 아주 긴 시대였다. 구석기인들은 어떻게 먹고 살았을까? 답은 채집과 수렵, 어로였다. 과일을 따먹고 사냥을 다니며 물고기를 잡아먹고 살았던 것이다. 다른 동물들에 비해 신체적으로 뛰어나지 못한 구석기인들에게 사냥이나 어로는 쉽지 않았기 때문에 채집이 주였다(그래서 구석기시대 경제를 채집경제라고 부른다). 주변에 먹을 것들을 다 따먹어서 더 이상 없으면 구석기인들은 어떻게 했을까? 새로운 곳을 찾아 떠나는 방법 밖에 없었다. 즉 구석기시대에는 한 지역에 정착하지 않고 이동생활을 했던 것이다. 구석기인들은 아무 동굴에 들어가서 자거나 나뭇가지를 긁어모아 막집을 세우고 살았다. '막 만든 집'인 막집은 어차피 이동생활을 해야 했기 때문에 비바람을 막아줄 정도만 되면 상관없었다.

'신석기 혁명' 또는 '농업 혁명'

지금으로부터 약 1만 년 전, 즉 기원전 약 8000년경 한반도에 신석기시대가 열렸다. 신석기시대를 전기, 중기, 후기로 나누었을 때 전기와 중기까지는 어로나 수렵 등으로 생계를 유지했다. 그러다가 후기에 와서 비로소 농사를 지어 곡식을 얻게 되었다. 원시농경은 우거진 나무나 풀을 잘라 내고 불을 질러 농사지을 땅을 마련한 다음 나무막대기 등으로 땅을 파고 씨앗이나 뿌리를 심어 가꾸는 것이었다. 농경은 시작되었지만 농사기술이 발달하지 않아서 신석기시대에는 논농사 즉 벼농사는 못 짓고 밭농사를 통해 조나 피를 재배했다. 그러나 알곡이 시원치 않고 수확물이 넉넉한 것이 아니어서 여전히 수렵과 어로, 채집이 주였다. 그럼에도 인류 문명의 판도를 바꾼 위대한 변화라며 '신석기 혁명' 또는 '농업 혁명'이라고 부른다. 그 이유는 무엇일까? 구석기시대 인간은 상당히 수동적인 존재였다. 자연이 주는 대로 받아먹을 수밖에 없었던 것이다. 먹을 것이 없으면 이동을 했다. 그런데 신석기시대에는 자연을 개발하는 방법을 찾아내어 농경이 시작되었고 구석기시대의 이동생활에서 벗어나 비로소 정착생활을 하게 되었다. 전체 먹을거리 해결에서는 여전히 채집과 사냥이 큰 비중을 차지했지만 농경의 시작은 먹을 것을 찾아 여기저기 떠돌아다니던 인류의 유목민적 삶을 획기적으로 바꾸어 놓았던 것이다. 그 이전까지는 산이나 들에 있는 식물을 뜯어먹기만 했다. 그러나 그 이후부터는 직접 밭을 갈고 씨를 뿌려 수확해서 밥을 해먹을 수 있게 되어 밥상이 풍성해졌다. 또한 신석기시대에는 사고방식에도 큰 변화가 생겼다. 구석기시대 사람들은 자연현상에 별 관심이 없었다. 그저 "지금 비 오니까 내일 이동해야겠다." 정도였다. 신석기시대에는 농사를 지었다. 그러다보니 계절 별로 해가 뜨고 지는 시간, 장마의 시작과 끝 등 자연현상에 대해 많은 관심을 가지게 되었고 그러다가 자연물을 숭배하게 되어 애니미즘이 등장하고 조상을 숭배하는 모습도 나타났던 것이다.

사냥은 상당히 위험한 작업이다. 아무리 좋은 사냥 장비가 있어도 사나운 야생 동물을 만나면 큰 부상을 입을 수 있고 죽을 수도 있다. 사냥감을 찾으러 종일 돌아다녀도 한 마리도 잡지 못하고 빈손으로 돌아 올 때도 많다. 그런 경우 가족들은 굶어야 했다. 농사는 그럴 필요가 없다. 열심히 일하다 보면 때가 되어 수확을 하게 된다. 추운 겨울에는 저장해 둔 곡식만 먹고 살 수 있다. 또한 정착생활을 통해 집에서 키우는 가축은 '살아있는 통조림' 역할을 한다. 인류의 거의 전 시기를 통해서 농업은 산업의 근간이었고 농사짓는 일이 생활의 전부였다. 그렇기 때문에 한국사에서도 농업사는 상당히 중요한 위치에 놓일 수 밖에 없는 것이다. 역사적으로 볼 때 신석기시대 농업혁명은 18세기 산업혁명 이상으로 인류 역사에 전반적이면서 심오한 영향을 끼쳤다. 농업 발달 이전 인류의 주된 경제는 수렵, 채집, 어로였다. 그러나 이 같은 수렵, 채집, 어로는 경제성이 영세했기 때문에 하루하루 식량 해결에 급급했을 뿐 문화를 창조할 수 있는 잉여의 부를 축적할 수 없었다. 그런데 농경의 시작은 이 같은 수렵, 채집, 어로의 경제가 갖는 영세성과 한계를 극복할 수 있게 했던 것이다. 그런 의미에서 볼 때 신석기시대 농경의 발달과 확대는 단순히 경제의 변화와 발전만을 촉진한 것이 아니라 정치, 사회, 문화 등 여러 방면에 다양하고 심오한 영향을 주었고 발전의 원동력을 제공했다(고대에는 토지가 유일한 생산수단이었다). 다시 말해 도시 생활, 사유재산 형성, 국가 성립, 문화 발달 등 현재 인류 문화의 기본 형태와 특징은 모두 신석기시대 농경의 발달 즉 농업 혁명에서 연유한 결과였던 것이다.

청동기시대와 벼농사

신석기시대까지 농경은 채집, 수렵, 어로에 비해 낮은 비중을 차지했다. 기원전

15~14세기에 청동기 문화가 시작되면서 농경이 차지하는 비중이 점차 높아지기 시작했다. 청동기시대라고 해서 모든 도구를 청동기로 만든 것은 아니었다. 청동은 귀한 것이어서 청동검, 청동거울, 청동방울 등 무기나 장식품, 종교 의식을 위한 의기 등에만 사용되었고 농기구 등 생활용구들은 여전히 돌이나 나무로 만들어졌다. 그런 청동기시대에 농업에 다시 변혁이 일어났다. 바로 벼농사를 지은 것이다. 날씨가 따뜻하고 물이 많은 곳에서 잘 자라는 벼는 곡물 중에서 맨 마지막에 한반도로 유입되었으나 다른 것들을 제치고 가장 중요한 곡물로 자리 잡았다. 벼의 재배는 농업사와 경제사에서 상당히 중요한 사건이었다. 작물 농사 중에서 벼농사가 가장 어렵다. 벼농사는 인공적으로 늪을 만들어줘야 하고 물도 대야하고 김도 매줘야 하는 등 고도의 기술이 들어간다. 그래서 신석기시대에 시작된 농경은 밭농사였다. 벼농사는 농사짓는 노하우가 상당히 축적되고 난 다음인 청동기시대부터 가능해졌다.

이후 농경의 역사는 '벼를 어떻게, 많이, 넓은 지역에서 재배할 수 있느냐' 하는 방향으로 진행되었다. 즉 초기에 재배한 조, 피, 기장, 수수가 아닌 벼 위주로 농업이 재편된 것이다.* 그리고 그것은 단순히 농업이라는 산업 차원이 아닌 지배층과 피지배층 모두를 포함해서 국가의 생존과 발전 차원에서 진행되었다. 왜 하필 벼였을까? 북한 김일성은 "1950년대에 모든 인민이 이밥(쌀밥)에 고깃국을 먹고 비단옷을 입을 수 있는 국가가 실현될 것"이라고 호언장담했다. 그만큼 가장 맛있고 영양도 좋은 곡물이 벼다. 또한 벼는 단위면적당 수확량이 다른 곡물에 비해 월등히 많다. 단위면적 당 논농사(벼)의 수확량은 밭농사(밀, 보리)의 수확량에 비해 약 1.8배 이상이다. 따라서 재배할 수 있다면 최고의 농작물이 바로 벼인 것이다(식량 작물의 인구 부양력은 쌀이 가장 크고 쌀보리, 보리, 밀, 귀리 등 순으로 작아지며 인구 부양력이 클수록 재배 조건은 까다로워진다).

철기시대와 중국의 영향

인류가 처음으로 사용한 금속은 구리였다. 구리는 성질이 물러서 실용적이지 못했으나 구리에 주석이나 아연, 납 등을 섞어 청동을 만들어냈다. 그런데 청동기 또한 무르고 희소해서 청동기시대에도 여전히 석기로 농사를 지었다. 철기는 청동기보다 쉽게 구할 수 있고 더 단단하고 날카로웠다. 이렇듯 청동기와 철기는 같은 금속이지만 차원이 달랐다. 청동기는 북방 유목 세력에 의해 들어왔지만 철기는 중국에서 들어왔다(청동기 사회였던 고조선을 건국한 환웅 집단이 바로 북방 세력이었다). 따라서 한반도는 신석기시대와 청동기시대까지는 북방 이민족들의 영향을 많이 받았고 철기시대부터 본격적으로 중국의 영향을 받기 시작했던 것이다. 한반도에 철기가 처음 전래된 것은 기원전 4세기경 중국으로부터였다. 당시 중국은 전국시대로 여러 나라들이 치열하게 전쟁을 했는데 일부 중국인들이 전란을 피해 고조선으로 넘어오면서 한반도에 철기가 전해졌다. 이후 중국으로부터 유이민들이 더욱 늘어나면서 중국 문화의 유입도 점차 확대되었다. 고조선이 멸망하고 한사군이 설치된 후에는 중국인과 철기문화의 유입은 더욱 대규모로 자연스럽게 진행되었다.

청동은 철에 비해 매장량이 적고 단단함도 떨어진다. 그러나 불에 녹는점이 낮아 쉽게 다룰 수 있다. 구리의 녹는점은 1,030℃인데 철의 녹는점은 1,560℃로 약 500℃ 이상 낮다. 과학이 발달한 현재는 이 온도를 올리기가 쉽지만 당시에는 어려웠다. 이렇게 만든 청동은 단단하지 못하고 물러서 무기나 농기구로 사용하지도 못했다(돌보다 약한 것이 청동이다). 그 때문에 당시 청동은 지배 계급의 장식용이나 제사용품으로 주로 사용되었다. 중국으로부터 전해진 철기는 고조선과 한반도

전역에 전파되면서 기존 사회에 큰 변화를 불러일으켰다. 한반도에서 철기를 사용하기 시작한 때는 북부 지역은 기원전 300년경, 남부 지역은 기원전 100년경 이후로 추정된다. 청동기는 무르고 희소해서 농기구로 사용되지 못했는데 철기는 단단하고 생산량이 많아 농업생산성을 크게 높였다. 철제 농기구는 크게 두 가지 효과를 가져왔다. 쇠로 만든 볏을 따비나 보습에 덧붙여서 훨씬 깊게, 더욱 효율적으로 땅을 갈아엎음으로써 지력은 좋아지고 노동력은 절감된 것이다. 이처럼 철제 농기구가 보급되면서 농업 생산량은 크게 늘어났고 이는 연맹왕국에서 중앙집권적인 고대국가로 발전하는 경제적 기반이 되었다. 철제 농기구를 이용하고 수리시설을 구축해서 벼농사가 이루어졌다고는 하지만 철기시대에도 벼농사는 일부 경지에서만 행해졌을 뿐이고 지배적인 농사는 여전히 밭농사였다.

삼국시대 이전의 농경

삼국시대 이전의 농경에 대한 기록은 많지 않다(물론 삼국시대 이전 역사 기록 자체가 많지 않다). 부여는 평야지대가 많아서 고구려에 비해 농사에 알맞았다. 그러나 기후가 상당히 추웠기 때문에 농사에만 의지할 수 없어서 목축을 중시했다. 부여는 반농반목이었던 것이다. 다른 나라에서는 추수를 기뻐하는 의미가 강해서 가을에 익은 곡식을 거두고 10월에 제사를 올렸는데 부여의 제천행사인 영고는 12월이었다. 다른 나라 제사에는 농경의 기질이 반영된 반면 한국사의 '북쪽' 나라답게 부여의 영고에는 수렵과 유목의 기질이 반영되었던 것이다. 삼한은 따뜻하고 토지가 비옥해서 주민들이 정착 생활을 하고 오곡과 벼를 재배했으며 누에와 뽕나무를 길러 생사와 비단을 생산했다. 벼농사가 잘되었던 삼한은 농사를 지으려면 마을 사람들이 힘을 합쳐야 해서 두레 문화가 발달했고 저수지도 많았다. 삼한에서는 씨를 뿌린 뒤 풍년을 기원하기 위해 5월의 수릿날(단오의 기원)과 추수 후

추수감사제인 10월의 계절제(상달의 기원)라는 제천행사가 있었다. 이 때에는 온 나라 사람들이 모여 음식과 술을 먹으며 가무를 즐겼다.*

* 우리나라가 예부터 음주가무가 발달했고 유독 노래방이 많은 이유가 이러한 역사적 배경 때문이라는 견해가 있다.

삼국시대의 농경

초기에 철기는 지배층이나 가질 수 있는 귀한 물건이었다. 그러다가 삼국시대에 들어서 민간에도 철기가 보급되었다. 아마도 삼국시대에 치열했던 정복 전쟁이 철기 보급을 확산시킨 것으로 보인다. 지증왕 때는 소를 이용한 농사인 우경을 장려했다는 기록이 나온다. 트랙터가 없던 시절에 소는 장정 50명의 일을 해냈으니 아주 귀한 '농기계'였던 셈이다. 철제 농기구와 소를 이용한 심경을 통해 농업 생산력은 비약적인 발전을 했다. 삼국시대에는 비료를 주는 기법인 시비법이 발달하지 않았다. 그러니 한 번 농사를 지으면 땅이 바싹 말라버려 2~3년간 휴경을 해야 했다. 삼국은 공히 자급자족경제였고 도시에서만 시장이 형성되었다. 백제와 신라의 평야지대에서는 벼를, 험준한 산악지대가 많은 고구려에서는 조를 주로 심었다. 농업은 가장 중요한 산업이었기 때문에 삼국은 적극적으로 농업장려정책을 폈다. 예를 들어 지증왕(재위 500~514년)은 순장을 금지했는데 이는 농사지을 인구를 확보하는 일이 중요했기 때문이었다. 유교나 불교가 본격적으로 자리 잡지 못한 고대 국가에는 왕권 강화를 위한 통치 이념이 없었다. 따라서 왕이 제사장 역할을 해서 백성들(일부 상류층과 지배층 포함)의 정신적인 면을 지배해야 했다. 그런 제정일치에 가까운 시대에 순장은 왕권 강화에 중요한 의식 중 하나였다. 왕이 죽으면 시종들을 함께 묻음으로써 왕의 권위를 보여줌과 동시와 왕은 영원하다는 것을 인식시키는 것이었다. 이렇게 정신적인 면을 지배해서 왕권 강화를 꾀할 수 있었다. 그런데 순장을 금지한 것은 갑자기 없던 인권에 대한 의식이 생겨서가 아니라 그만큼 농사지을 인구가 중요해졌기 때문이었다(앞서 본 고대 국가들이 전쟁을 많이 한 이유와 같은 맥락이다).*

* 불교나 유교가 통치 이념으로 자리 잡게 되면 굳이 순장 같은 것도, 왕이 제사장이 될 필요도 없게 된다. 불교의 왕이 곧 부처라는 '왕즉불'이나 유교의 '충효'를 통해 왕권을 강화시킬 수 있었기 때문이다.

고려시대의 농경

고려시대에는 아직도 수전(논)농사보다 한전(밭)농사의 비중이 컸다.* 여전히 시비법이 발달하지 못해 전답(밭과 논)에서 농사를 지은 후 몇 년씩 묵히는 휴한농법을 시행했다. 잡초 제거 방법이 확립되지 않아 거름주기가 불가능해서 지력 회복을 위해 경지를 한두 해씩 묵히는 것이 불가피했다. 고려시대에는 쌀보다는 보리와 조를 주로 재배해서 먹었다. 지증왕 때 장려한 우경이 보편화되었는데 수백 년이 흐른 고려시대에 들어서야 농민 대부분이 소를 가질 수 있게 되었기 때문이다. 따라서 우경에 의해 땅을 깊이 가는 심경법이 널리 행해졌다. 고려 말부터 다양한 비료를 사용해서 토지생산성을 향상시킨 결과 같은 토지를 해마다 경작하는 연작상경이 보편화 되어갔다. 고려 말에는 권문세족이 농장을 확대하고 농민을 사적으로 점유하면서 농민 저항이 일어났다. 농장(農莊)은 고려 후기 새로이 등장한 대토지 지배의 특수한 형태로 면세와 면역의 특권 등 사적(私的) 지배력이 강한 토지였다. 신진사대부 세력은 사회개혁에 적극적이었는데 권문세족과는 여러 면에서 차이를 보였다. 권문세족은 권력에 의지해서 토지를 집적하고 농민들을 지배했다. 그에 비해 신진사대부는 토지를 직접 개간하거나 농업 경영에 참여해서 고려 말 농업 발전과 사회 변화에 중요한 역할을 담당한 계층이었다. 남부 지방에는 신진사대부들의 노력으로 수전 중심의 강남 농법이 전래되어 관개시설이 확충되었다. 또한 아라비아 천문학과 기상학의 영향을 받은 원나라 수시력과 이암이 원나라로부터 들여온 『농상집요』라는 농서가 함께 보급되면서 농업생산력이 비약적으로 높아지게 되었다.

* 고려 전기의 정치 세력들 중에서 한반도 중부 이북의 세력이 우세했던 것도 아직 하삼도(경상도, 충청도, 전라도)의 수전 개발이 저조한 상태에서 생긴 형세였다.

철저한 농업 사회였던 조선

조선 왕조는 태조 이성계 이래로 유교를 국가 통치의 근본으로 삼고 농업을 중심으로 백성들 생활을 안정시키는 데 중점을 두었다. 조선은 개국 이후 농업 장려를 위한 다양한 정책을 시행했고 수리시설도 확충했다. 조선 전기 발명품 중 대표적인 것으로 측우기를 들 수 있다. 조선시대는 특히 벼농사가 주된 산업이었으므로 비가 온 뒤 강우량을 측정하는 것이 중요했다. 측우기 뿐 아니라 천체관측 도구인 혼천의와 간의 등 전기 발명품들은 농업과 관련된 것이 대부분일 정도로 조선은 농업에 심혈을 기울였다. 이와 같이 초기부터 조선은 농업 생산과 관련이 깊은 천문과 기상에 상당한 관심을 보였다. 그 결과 세종 때는 원나라 역법인 수시력과 명나라 역법인 대통력을 참고해서 『칠정산 내편』을 편찬했고 이슬람 역법인 회회력을 얻어 『칠정산 외편』을 만들었다. 한편으로는 중국의 선진 농법을 도입하기도 하고 조선의 농업 기술을 수록한 『농사직설』과 같은 농서를 간행하기도 했다. 개인이 편찬한 『금양잡록』 등 농서들도 나왔다. 조선시대에는 지방관의 근무 수칙이자 고과 기준으로 활용된 수령칠사(守令七事)라는 것이 있다.* 수령이 해야 할 일곱 가지는 "농상을 진흥시키고, 호구를 늘리고, 학교를 일으키고, 군정을 잘 다스리고, 부역을 고르게 하고, 송사를 간결하게 하고, 간활이 없어지게 하는 일"이었다. 여기서 "농상(農桑)"은 농업과 상업이 아닌 농업과 양잠을 가리킨다. 이처럼 조선은 수령이 해야 할 일 중에 첫 번째로 강조할 정도로 농업을 중시했던 것이다. 이러한 권농정책의 결과 남부 지역 일부에서는 2년3작 혹은 이모작이 가능하게 되었다. 조선시대에는 시비법이 발달해서 논밭을 1년 또는 2년간 놀려두는 휴경지가 소멸했다(0%까지는 아니더라도 거의 없어졌다).

* 수령은 임지로 떠나기 전 임금 앞에서 수령칠사를 외우는 의식을 치렀다. 칠사를 아뢰게 하면 사항을 바꿀 때마다 일어났다 엎드리면서 조심스레 칠사 각 항목을 외우고는 차례로 물러나 임지로 출발했다. 이 의식에서 차례를 틀리거나 잘못 외운 수령은 파면당하기도 했다.

이앙법과 견종법

고려 말부터 시작된 농업기술의 발달은 농경지가 미고지(야산)에서 저평지로 이동하는 변화를 수반했다. 저평지로의 농경지 이동은 농업 기술 발달과 인구 증가로 가능했다. 미고지 농사는 간단한 배수시설로 가능한 반면 저평지 농사는 침수 방지를 위한 수로 개설 작업이 많이 필요했다. 벼농사를 지을 때는 하천으로부터 관개수를 끌어올려야 하는 부담도 따랐다. 세종 때만 해도 저평지에 새로 확보된 많은 농토는 관개가 어려워 천수답 상태였다. 이 천수답에는 물이 부족한 상태에서도 재배가 가능한 직파법 기술이 활용되었다. 세종은 평지 관개를 위한 수차(水車) 보급을 여러 차례 시도했지만 실패했고 문종이 천방(川防)을 새로운 수리 수단으로 확정하고 보급을 장려함으로써 이앙법이 전국적으로 퍼지는 길이 열렸다.

조선 후기 농업의 가장 큰 변화는 이앙법과 견종법의 일반화라고 할 수 있다. 밭농사는 조선 전기에는 농종법이었다가 후기에 견종법으로 바뀌었다. 농종법은 씨앗을 밭두둑 위에 심는 것이고 견종법은 씨앗을 밭두둑 사이에 팬 고랑에 심는 것이다. 농종법에 비해 견종법은 바람으로부터 씨앗과 싹을 보호해 주고 보온 효과도 있으며 비가 올 때 작물이 물도 더 잘 마실 수 있다. 이러한 점 때문에 지금도 농사를 지을 때 견종법을 쓴다. 당시 기록에는 "농종하는 것이 견종하는 것에 비하여 노력은 배가 들고 수익은 반밖에 안 된다."라고 견종법의 효과를 설명했다.

농업 혁명이었던 이앙법

논농사 하면 모내기하는 모습부터 떠오를 정도로 이앙법은 보편적으로 쓰이는 농법이다(그래서 모내기법이라고도 한다). 이앙법은 볍씨를 논에 바로 직파(볍씨를 논에 직접 뿌림)하지 않고 다른 곳에서 키운 어린 벼(모)를 물댄 논에 가져와 일정한 간격으로 옮겨 심는 벼농사법을 말한다. 생산량이 우수하기 때문에 오늘날까지도 이앙법을 쓴다. 고려 후기부터 남부 지방에서 이앙법이 시행되었지만 조선 전기까지 대부분 지역에서는 씨앗을 땅에 직접 뿌리는 직파법을 썼다. 정부에서 이앙법을 불법으로 규정했기 때문이었다. 왜 불법이었을까? 모내기할 때 벼를 옮겨 심는 과정에서 뿌리가 좀 상하는데 벼가 다시 뿌리를 내리려면 논에 물이 충분히 공급되어야 한다. 그런데 가뭄이 들면 벼가 회복할 기력도 없이 노랗게 말라 누워버린다. 그에 비해 직파법을 통해 제자리에서 자라난 벼는 가뭄이 들어도 비교적 생명력이 강하다. 정부는 농민이 한 해 농사를 두고 도박을 벌이는 것을 좌시할 수 없었다. 만약 가뭄이 들어 농사가 망하면 세금을 제대로 걷을 수 없고 아사자와 유랑민이 생기는 등 사회가 파탄날 수도 있기 때문이었다. 그런데 조선 후기에 저수시설이 발달하면서 이앙법이 전국적으로 일반화되기 시작했다. 이앙법이 확대

될 수 있었던 데는 정부가 수리시설을 확충하려는 노력에 기인한 측면이 컸다(18세기 말 전국의 저수지 6,000여개였다).

　직파법과 이앙법은 농사의 효율이나 결과에서 상당한 차이가 있었다. 직파법을 써서 논에 직접 씨를 뿌리면 싹이 움트는 간격이 일정치 않기 때문에 싹이 났을 때 벼와 잡초가 이리저리 뒤섞이게 된다. 그러면 나중에 잡초를 가려내기가 상당히 어렵다. 특히 피는 벼와 구분하기가 쉽지 않을 뿐 아니라 벼에 돌아가야 할 양분마저 빨아먹어서 그야말로 농민들의 '피를 뽑아먹는' 잡초였다. 잡초를 제때 뽑아주지 않으면 볍씨가 잘 여물지 않는다. 하늘에서는 쇳덩이도 녹일 듯한 햇볕이 내리쪼이고 논에서는 온몸을 땀으로 적시는 열기가 솟아오르는 여름날, 허리를 구부려 벼 사이에 있는 잡초를 제거하는 일은 고통스러운 작업이다. 이렇듯 농사에서 여름에 잡초 뽑는 일은 인력도 많이 들고 가장 힘들다. 그런데 이앙법을 쓰면서 사정이 달라졌다. 모내기할 때 우선 줄을 논 양쪽에서 팽팽하게 잡아당긴다. 그리고 이 줄을 기준으로 일렬로 모를 심는다. 그러면 벼가 보기 좋게 한 줄로 자라게 되어 주변에 삐죽삐죽 잡초가 자랐을 때 바로 뽑아버리면 되는 것이다. 따라서 농사에 필요한 노동력이 많이 줄어들었다. 어느 정도 줄었느냐 하면 다섯 명이 할 일을 한 명이 할 수 있게 되었다(1/5이 준 것이 아니라 1/5로 준 것이다). 이앙법의 또 다른 장점은 이모작을 가능하게 한 것이다. 보리는 가을에 파종해서 5월에 추수를 하고 벼는 4월에 씨를 뿌려 가을에 수확한다. 보리의 추수기와 벼의 파종기가 4월부터 5월까지 한 달 가량 겹친다. 이 때문에 이모작이 불가능했다. 그런데 이앙법이 도입되면서 이 난제를 해결했다. 4월에서 5월까지 벼를 모판에서 재배하면 되었기 때문이다. 그리고 보리를 수확한 후 물을 대고 벼를 옮겨 심어서 보리와 벼를 연달아 기를 수 있게 된 것이다(보리를 수확하고 논을 갈아엎으면 잡초까지 제거되는 효과도 있었다).

이앙법으로 인한 사회 변동

이앙법은 생산량을 폭발적으로 늘렸는데 제초 작업 등을 용이하게 해서 단위면적당 생산량을 두 배로 증가시켰다. 이로 말미암아 조선 사회가 변동하기 시작했다. 우선 광작이 가능해졌다. 이앙법의 도입으로 노동력 수요가 다섯 명이 할 일을 한 명이 해도 되었기 때문이다. 대지주가 논 열 마지기를 짓는 데 원래는 소작농 다섯 명이 필요했는데 이제는 한 명만 가지고도 가능해졌다. 나머지 네 명은 어떻게 되었을까? 이로 인해 농민층이 분화되었다. 일부 소수는 기회를 잘 활용해서 넓은 땅을 혼자 운영하는 경영형 부농이 되기도 했지만 나머지는 토지에서 쫓겨나 임노동자로 전락한 것이다. 이것은 굉장히 중요한 의미를 담고 있었다. 조선은 철저한 농업 사회였다. 농민은 당연히 땅에 구속되어 있었다. 그런데 청천벽력처럼 땅을 떠나야 하는 상황이 생긴 것이다. 이들은 보따리를 싸들고 광산이나 도시로 갔다. 광산에서 곡괭이를 들거나 독립수공업자에게 고용되어 임금을 받았다. 즉 이앙법은 조선이 자본주의 사회로 나아갈 수 있는 실마리가 된 것이다. 그것이 끝이 아니었다. 모내기를 통해 이모작이 가능해졌는데 보리는 소작료 수취 대상 작물이 아니었다. 쌀 스무 가마를 거두면 그중 열 가마는 병작반수제에 따라 지대로 바쳐야 했다. 그런데 보리 스무 가마를 거두면 그 스무 가마는 소작농이 고스란히 먹을 수 있는 것이다. 이로써 농민은 숨통이 좀 트이게 되었다(산업화가 우리를 '절대적 가난 상태'에서 구제했다면 이앙법을 통한 이모작은 우리를 '절대적 기아 상태'에서 구제했다고 할 수 있다).

이앙법이 확산되면서 생산력이 향상되어 남는 쌀이 생겼다. 당시 쌀은 곧 화폐였다. 따라서 수많은 농민들이 밭을 논으로 갈아엎었는데 이를 쌀의 상품화라고 한다. 이 쌀을 필요로 하는 물건과 교환할 수 있게 된 것이다. 이러한 교환행위 덕분에 상업이 급성장했다. 조선 전기에 태종과 세종이 각각 저화라는 지폐와 조선

통보라는 동전을 만들었는데 이 화폐들은 제대로 통용되지 않았다. 백성들은 여전히 물물교환을 선호했다. 그때는 자급자족 단계였기 때문에 아직 화폐를 융통할 만큼 경제가 발달하지 않았던 것이다. 그런데 조선 후기로 오면서 확 달라졌다. 조선 후기에는 상행위가 빈번해져서 시장에 올 때마다 현물을 챙겨오기가 어려웠다. 매번 쌀을 몇 가마니씩 짊어지거나 포를 안고 낑낑거리며 시장에 올 수는 없는 노릇이었다. 그래서 조선 후기가 되면 상평통보가 활발하게 유통되었다. 심지어 지금으로 치면 신용카드나 수표, 증권이라 할 수 있는 신용화폐도 등장했다. 그만큼 조선 후기가 되면 화폐 유통이 활성화되고 자본주의의 한 측면인 신용 거래까지 나타났던 것이다.

조선 전기에는 상행위가 그다지 활발하지 않았다. 정부에서 어떤 물건이 필요하면 공장안에 등록된 수공업자에게 지시해서 만들라고 지시하면 끝이었다. 이때는 관영수공업이 중심이었던 것이다. 조선 후기에 들어 상업이 발달하면서 물품 수요가 증가했다. 따라서 조선 후기에는 민영수공업이 발달했다. 이제는 정부에서 필요로 하는 물건을 충당하려고 물건을 만드는 것이 아니라 돈을 벌려고 물건을 만드는 것이었다. 조선 전기에는 광산 일을 관영광업에서 관리했다. 조선 전기까지 정부는 광산을 개발하는 것을 금지했는데 17세기 중엽부터에는 민영광업을 허용하는 대신 세금을 받았다. 덕분에 민영광업이 발달했다. 이 많은 일들을 다 누가 했을까? 이앙법이 시행되면서 다섯 명 몫의 일을 혼자서 할 수 있게 되었다. 졸지에 네 명은 토지에서 내쫓겼는데 그들이 광산에 가서 광부가 되고, 도시에 가서 수공업자(또는 보조)가 된 것이다. 이렇게 조선 후기 들어서 노동자 계급이 등장했다.

자본주의 사회의 두 축은 자본과 노동이다. 농민층이 분화되면서 경영형 부농과 임노동자가 나타났고 쌀이 상품화되면서 자본이 생성되기 시작했다. 조선 전기까지는 자급자족 사회였다. 자기가 먹을 것은 스스로 재배하고 그 이상으로 욕심내지 않았으며 혼자서 구할 수 없는 물건은 물물교환으로 해결했다. 그런데 조선 후기에 이앙법이 퍼지고 농업이 발달하면서 전근대적인 질서가 흔들렸고 자본주의의 싹이 엿그는 모습이 나타났던 것이다. 일제강점기가 없었다면 조선은 자본주의 사회로 나아갔을지도 모른다. 만약 조선이 자본주의 사회가 되었다면 그것은 상업혁명 또는 산업혁명이 아니라 이앙법 때문이었을 것이다.* 단위면적당 생산량은 2배(이모작으로 보리까지 생산하니까 실질적으로는 4배), 노동력은 20%로 감소. 이런 이앙법은 농업과 경제 뿐 아니라 사회 전체를 변화시켰다. 이앙법은 우리 역사에서 산업화 이전에 경제와 산업 분야에서 가장 중요한 변화였던 것이다. 이처럼 이앙법을 통한 사회 변화를 보면 한국사에서 농업이 어느 정도의 위상을 차지했는가를 잘 알 수 있다.

* 물론 자본주의의 핵심은 금융이기 때문에 금융에 대한 개념조차 희박했던 조선이 본격적인 자본주의 사회로 나아가는 것은 쉽지 않았을 것이다. 이에 대해서는 이 책의 6장에서 후술한다.

한국사에서 농업이 차지하는 위상

한국사에서 농업이 차지하는 위상을 잘 알 수 있는 또 다른 예로 적전과 종묘, 사직 등을 들 수 있다. 조선시대에는 3대 국시(國是)가 있었다. 사상은 숭유억불, 외교는 사대교린, 산업은 농본정책이다. 조선왕조를 다스리는(經國) 기준을 종합적으로 서술한 『조선경국전』에서는 "농사와 양잠은 의식의 기본이니 왕도 정치에서 우선이 되는 것이다."라고 했다. 그리하여 임금이 몸소 농사의 모범을 보였다. 농사의 모범을 보이기 위해서는 임금이 직접 농사를 지어야 했으니 임금이 농사 짓는 땅을 적전(籍田)이라고 했다. 그런데 이것은 조선시대에만 행해진 것이 아니

없고 이미 고대 중국에서 시작된 제도였으며 한반도에는 고려 성종 2년(983년)부터 적전이 존재했다. 종묘와 사직은 유교 사회에서 조상의 은덕에 보답하며 농사가 잘되게 해달라고 제사를 올리기 위해 만든 것이었다. 따라서 왕이 수도를 정하면 궁전 왼편에 종묘, 오른편에 사직을 세우게 했다. 조선을 창건한 이성계는 개성에서 한양으로 천도한 뒤 현재의 종묘와 사직을 세웠다.

서운관(書雲觀)이라고 하는 고려시대부터 조선시대까지 이어진 관청이 있었다. 고려시대에는 태복감, 사천대 등으로 불리기도 하다가 1308년 서운관으로 개칭되었다. 서운관은 주로 기상 관측을 하던 곳이었는데 이곳 책임자는 재상이었다. 요즘으로 치면 기상청장을 장관도 아닌 총리가 맡은 격이다. 조선은 말할 것도 없고 고려시대에도 과학기술은 천대받았다. 고려 성종은 992년에 국자감을 설립했다. 국자감에는 유학부와 기술학부가 있었는데 유학부에는 7품 이상, 기술학부에는 8품 이하의 관리 자제들(또는 평민)이 입학했다. 과학기술은 하급 관리 자제(또는 평민)나 배우는 것으로 못 박고 천시한 것이다. 이처럼 과학기술을 천시한 고려와 조선에서 기상관측은 중시해서 그곳의 책임자를 재상으로 한 것이었다. 그 이유는 무엇일까? 다름 아닌 농업 때문이었다. 천문학은 농업이 산업의 거의 전부였던 당시로는 가장 중요한 과학이었던 것이다.

동양 사회에서 천문학은 '제왕의 학문'이었다. 제왕은 하늘의 명을 받아 인간 사회를 다스리는 존재였고 하늘은 천문 현상을 통해서 자신의 뜻을 알리니 하늘에서 일어나는 모든 일을 완벽하게 파악하고 있어야 하는 것은 제왕의 마땅한 의무이자 제왕만이 할 수 있는 권리였다. 따라서 천문학은 왕조의 권위를 드러내고 정통성을 내세우기 위해 반드시 필요했다. 훌륭한 제왕은 하늘을 공경하는 마음을 만천하에 공표하면서 천체 움직임과 천변 현상을 주의 깊게 관측하고 자세하게 기록해야 했던 것이다. 이것이 동양 사회가 천문학에 큰 관심을 가지고 많은 노력을 기울인 또 하나의 이유였다. 유교적인 제왕관(帝王觀)에서 왕은 백성들의 농사를 위해 시간을 측정하고 절기를 파악할 의무가 있었다. 이처럼 천문학은 농업 뿐 아니라 유교와도 밀접한 관련이 있었는데, 이를 통해 동양 사회에서 농업과 유교가 불가분의 관계였음을 알 수 있다. 다시 말해 동양에서 왕조를 지탱하는 두 기둥이 바로 농업과 유교였던 것이다.

2) 한국사가 걸어온 길 2 - 유교화

한국사에서 가장 중요한 사상가는 누구일까? 당나라 고승전에도 실린 원효? 원조인 중국보다 더 높은 차원의 성리학을 완성시킨 이황이나 이이? 모두 '뛰어난' 사상가들이라는 것은 누구나 인정하겠지만 나는 가장 '중요한' 사상가로 최승로를 꼽는다. "최승로? 최승로가 누구더라..." 할 수도 있을 텐데, 국사 시간에 배운 고려시대 시무 28조라는 상소문을 올렸던 그 사람이다. 최승로가 한국사에서 중요한 이유는 그가 성종에게 올린 시무 28조 중에서 "유교는 치국(治國)의 도(道), 불교는 수신(修身)의 도(道)"라는 항목 때문이라고 할 수 있다.*

* 시무 28조의 주요 내용으로는 "임금과 신하, 부모와 자식 간 도리는 중국의 것을 따른다.", "양인과 천인의 구별을 뚜렷이 해 아랫사람이 윗사람을 모욕하지 못하게 한다." 등이 있다.

불교와 유교

중국의 고대 국가들은 일찍부터 통치 이념으로 유교를 활용했다. 그런 유교가 본격적으로 전해지기 전까지 한국사의 국가들에게는 불교가 그 역할을 했다. 삼국은 왕실이 앞장서서 불교를 도입했다. 이때 들여온 불교는 속세보다 한 차원 높은 세계의 논리를 깨닫는 형이상학적 철학이 아니었다. 그보다는 통치 이념으로 활용하려는 의도가 강했다. 이를 시사하는 것이 삼국시대 초기 불교에서 강조되던 논리인 "왕이 곧 부처"라는 '왕즉불(王卽佛)'이었다. 고구려 소수림왕은 한국에서 처음 불교를 받아들이고 공인했는데 불교가 왕권 강화에 도움이 될 것을 간파했기 때문이었다. 그 이전까지 한반도의 종교는 지역마다, 부족마다 달라서 백성들을 하나로 묶는 데 도움이 안 되었다. 부족마다 다른 종교는 부족장 권력을 강화할 뿐이었다. 부족을 넘어서 백성을 하나로 묶어야 진정한 중앙집권적인 왕권 강화가 가능했다. 더구나 국왕이 '불법의 수호자'로 나서면 거의 부처님 수준의 신앙 대상이 되어 자연스럽게 왕권이 강화될 수 있었다. 그래서 불교 수용에 왕실이 앞장섰던 것이다. 이차돈이 순교해야 할 만큼 귀족들이 불교 도입을 반대했던 이유도 불교가 왕권 강화를 위한 수단으로 이용된다는 데 있었다. 이와 같이 불교는 종교로서가 아니라 국왕 중심의 통치 이데올로기로 이용하기 위해 들여온 것이었다. 당시 지식 계급이었던 승려들은 왕을 도와 고위 관료의 역할을 할 수 있었다. 일반 귀족과는 달리 승려는 가족을 갖지 않기 때문에 왕으로서는 더욱 믿고 맡길 만하기도 했다.

태조 왕건이 연등회와 팔관회를 중시하라는 유언(훈요십조)을 남긴 것처럼 불교는 고려의 지배 사상이었다. 그런데 최승로는 시무 28조에서 "불교를 믿는 것은 자신을 다스리는 근본이며, 유교를 행하는 것은 나라를 다스리는 근원을 구하는 것입니다. 자신을 다스리는 것은 내세에 복을 구하는 일이며 나라를 다스리는 것은 오늘의 급한 일입니다. 오늘은 아주 가까운 것이요 내세는 지극히 먼 것입니다. 가까운 것을 버리고 먼 것을 구하는 것은 또한 그릇된 것이 아니겠습니까?"라고 주장했다. 즉 불교는 종교를 담당하고 유교는 정치를 담당해야 한다고 역설한 것이다. 물론 그가 중시한 것은 유교였다. 최승로는 유교를 중시해서 유교적 정치질서를 확립해야 한다고 주장했다. 그의 주장이 성종에 의해 채택됨으로써 고려에서 유교가 통치 이념이 되었고 한반도가 본격적인 유교 국가가 되는 전기가 마련된 것이다. 물론 최승로의 시무 28조가 단숨에 고려의 패러다임을 뒤바꾼 것은 아니었다. 불교는 여전히 고려의 중심 이념이었고 호족 세력도 쉽게 수그러들지 않았다. 그러나 적어도 유교가 실무 부문에서는 불교보다 앞선다는 점, 중앙집권이 고려의 나아갈 길이라는 점 등은 시무 28조에 따라 확립되었다. 그의 사상적 후계자는 다음 세대의 김부식 그리고 고려 말기의 정도전, 조준 등이라고 할 수 있다. "유교=조선", "조선=유교'라고 떠올릴 만큼 유교는 조선시대 이념이라는 인상이 강하다. 그러나 조선시대 지배 이념은 성리학이라는 신유학이었고 유학에는 성리학 이외에도 여러 갈래가 있다.* 그렇다면 유학은 언제 한반도에 들어왔을까?

* 그중 고려 중기까지 이어진 유학은 한나라에서 기원한 훈고학이다. 훈고학은 옛 경전을 바르게 해석하고자 한 학문이다. 진나라 때 진시황이 유학자를 생매장하고 경전을 불태우는 분서갱유를 벌였는데 그 후 한나라에서 유학을 장려하기 위해 성현들 말씀을 복원하려고 훈고학을 일으켰던 것이다.

불교처럼 공인된 것이 아니었기 때문에 정확한 연도는 알 수 없으나 유교는 불교보다 먼저 한반도에 들어왔다. 유교는 중국 학문인 한학(漢學)을 도입하는 과정에서 들어온 것으로 보인다. 중국 대륙과 접했던 고조선에 한문화가 전래되었고 한자도 이때부터 사용되었다. 한자가 유입된 것이 철기시대였으니 유교는 불교보다 훨씬 먼저 들어온 셈이다. 한자가 한반도로 전입되면서 한나라 유학자들이 쓴 저서와 유교 사상이 함께 들어왔던 것이다. 한자 유입 이후 한반도는 중국과의 외교 문서에서 한자를 사용했다. 근대 이전의 외교는 지금처럼 외교관을 파견하는 것이 아니라 문서를 주고받는 문서외교였다. 그리고 이 문서외교에 사용된 문자는 당연히 한자였다. 중국과의 외교 문서에는 유교 경전이 인용되거나 유교식 표현이 많았기 때문에 왕과 신료들은 유교를 배울 수 밖에 없었다. 또한 한자를 사용하면서 한자 학습용 등으로 유교 경전이 자연스럽게 유입되어 퍼져 나갔다. 고조선 멸망 후 관리와 상인 등 많은 중국인들이 중국에서 한사군으로 건너왔다. 그렇게 한사군을 통해 본격적으로 한자와 유교가 한반도에 수입되었다. 한자는 한나라 군현이 설치된 지 반 세기 정도 지나서 한반도 남부까지 퍼졌다. 한나라 군현 설치로 교역이 활발해지면서 한자가 빠르게 전파되었던 것이다. 한사군 중 낙랑군은 약 400년간 존속했는데 낙랑군이 멸망한 뒤 그곳에 살던 중국인들이 고구려, 백제, 신라로 많이 이주해서 한자와 유교 등 중국 문화를 크게 확산시켰다.

삼국시대의 유교

빈번한 정복 전쟁으로 영토를 확장하고 국왕을 중심으로 통치 체제를 갖추어 가던 삼국시대에는 충성과 신의가 사회윤리로 강조되었다. 따라서 삼국은 유교를 받아들이고 교육기관을 설치해서 인재를 기르는 정책을 폈다. 중국과 가까운 고구려는 중국 문화를 수용하고 발전시키기에 유리했다. 육로로 중국과 연결된 고구려는 일찍부터 한자를 받아들인 것으로 보인다. 5세기 초에 작성된 광개토대왕비를 보면 당시 고구려의 한문 수준이 높았음을 알 수 있다. 고구려는 소수림왕 2년(372년)에 태학을 설립했는데 기록상 우리나라 최초의 대학인 태학은 귀족 자제들에게 유교를 가르쳤다. 유교에서는 왕에게 충성하는 것이 미덕이었으므로 이 역시 왕권 강화를 위한 기관이었던 셈이다. 태학은 중앙에 있던 학교였고 지방에는 경당이 있었다. 경당에서는 상무적 기풍을 지닌 고구려답게 유학뿐 아니라 활쏘기 등 무술도 가르쳤다. 백제에서도 고구려와 같은 교육기관이 있었을 것으로 추정되지만 남아 있는 자료는 없다. 대신 유교 경전에 통달한 사람에게 오경박사라는 관직을 내렸다는 기록이 있다. 이들 박사들 중에서 아직기와 왕인은 일본에 『논어』 등 유교 경전을 전해주고 일본 태자의 스승이 되기도 했다. 이러한 점들을 고려할 때 백제의 한학 수준 또한 높았을 것으로 보인다.

거의 모든 면에서 그렇지만 고구려와 백제에 비해 신라에는 유교 또한 늦게 들어왔다. 백제와 마찬가지로 교육기관의 이름이 기록에 남아 있지 않지만 신라도 유교 교육을 했던 것으로 보이고 여러 곳에서 그 흔적을 찾을 수 있다. 삼국 통일 이전에 세워진 임신서기석은 임신년(552년 또는 612년으로 추정)에 두 청년이 결의하고 그것을 비석에 새겨놓은 것이다. 여기에는 "3년 내로 유교 경전들을 차례차례 습득하겠다."와 "국가에 충성할 것" 등의 내용이 나온다. 또한 원광법사가 만든 세속오계를 보면 충, 효, 신 등 유교적 관념이 보이며 진흥왕순수비를 통해 충성을 강조하고 유교적 이상 정치를 추구했음을 알 수 있다. 삼국시대에는 유교 경전을 학문적으로 깊이 연구한다거나 유교의 문치주의를 정치 체제와 밀접하게 접목시키는 단계는 아니었다. 그보다는 유교 경전을 통해 중국 한학을 이해하고 역사서와 외교 문서를 작성하며 유교의 충효를 전통적인 공동체 윤리와 조화시키면서 받아들이는 수준이었다. 그러다가 삼국시대 말기로 갈수록 유교에 대한 이해가 깊어졌다.

유교화의 박차를 가한 통일신라

통일을 전후로 해서 신라에서는 유교화, 중국화가 급속하게 진행되었고 삼국시대에는 아직 그렇지 못했던 유교가 정치이념으로 활용되기 시작했다. 신라는 이전에 사용한 선덕여왕과 같은 불교식 왕명 대신 태종 무열왕과 같은 유교식 왕명을 사용했고 유교의 정치이념을 내세웠다. 훗날 태종 무열왕이 되는 김춘추는 아들 세 명을 모두 당나라에 보냈다. 그 결과 김춘추를 위시해서 그의 아들들인 김법민, 김인문, 김문왕은 당나라 내부 정보와 선진 문화에 대해 당대 최고의 식견을 자랑하게 되었다. 그런 태종 무열왕(재위 654~661년)과 그의 맏아들인 문무왕 김법민(재위 661~681년)이 신라의 삼국통일을 주도했던 것이다. 나아가 신라의 유교화 또한 태종 무열왕과 문무왕이 주도했다. 김춘추는 당 태종 이세민을 만나 동맹을 제안하면서 관복과 관제 등 당나라 문물을 받아들이겠다고 했다. 김춘추가 당나라 문물을 받아들이면서 신라는 빠르게 중국화되었다. 통일 이후 문무왕, 신문왕 등은 진골귀족들을 억제하고 전제 왕권을 강화하기 위해 육두품 유학자들을 등용했다. 이때 등용된 학자에는 설총, 강수 등이 있었다. 설총은 신문왕에게 유교정치(도덕정치)를 요구하는 화왕계를 바쳤고 강수는 외교문서 작성에 능했으며 불교의 정치 밀착을 비판했다.

682년에는 국립대학인 국학이 설치되었고 717년에는 공자를 비롯한 그 제자들의 화상이 국학에 모셔졌다. 국학의 교육은 3과로 나누어 실시했는데 『논어』와 『효경』이 공통필수과목이었다. 788년에는 유교 경전의 이해도에 따라 관리를 등용하는 독서삼품과를 실시했다. 독서삼품과는 국학에서 배운 것들을 시험 쳐서 성적에 따라 관직 품계를 셋으로 나누어 관리를 채용하는 방식으로 일종의 졸업고시였다. 그런데 과거제의 원조였던 독서삼품과는 얼마 안 있어 폐지되었다. "그냥 혈통에 맞춰 관직을 주면 될 것을 왜 굳이 시험을 쳐서 경쟁하게 만드느냐"는 진골귀족들의 '원성'을 못 이긴 원성왕(재위 785~798년)이 포기한 것이다(이를 통해 유교가 통일신라에서는 지배이념화 되지는 못했다는 것을 알 수 있다). 9세기 이후 신라는 격심한 왕위쟁탈전으로 혼란한 상황에 빠졌다. 당나라 역시 안사의 난과 황소의 난으로 인한 혼란기여서 양국 간에 활발한 사신 교류가 이루어지기 어려웠다. 양국 간의 공식적인 교류는 격감한 반면 이를 대신해서 구법승이나 유학생 그리고 민간 상인들에 의한 비공식적인 교류가 활발해졌다. 당시 많은 수의 신라인들이 유교를 공부하기 위해 당나라로 유학을 갔다. 그리하여 신라 하대에는 도당 유학생 출신들이 급증했으나 이들은 골품제로 인해 정치 진출은 제한되었다. 이들은 골품제 혁파, 과거제 시행 등 정치·사회 개혁을 주장했지만 받아들여지지 않자 호족세력과 결합했다. 최치원 문하의 최언위는 왕건과, 최승우는 견훤과 연결해서 그 뜻을 펼쳤고 이들의 정치이념이 고려시대에 가서 실행되었던 것이다.

'불교의 나라'에서 '유교의 나라'가 된 고려

"조선=유교"처럼 "고려=불교"를 많이 떠올리지만 사실 고려는 불교, 유교, 도교, 풍수지리사상 등을 복합적으로 숭상한 나라였다(풍수지리는 호족이 고려를 건국한 기본 사상 중 하나였다). 그 중에서 유교가 과거제와 시무 28조 등에 의해 확고하게 통치이념화 되는 과정이 고려의 역사이기도 했다. 그것은 신라 하대의 당나라 유학생 출신들이 이룬 성과였다. 이미 태조 왕건 때 신라 육두품 출신의 최언위, 최응, 최지몽 등이 유교주의에 입각한 국가 경영을 건의했다. 고려 초기인 태조 왕건에서 성종까지는 후삼국간의 전쟁에 참여했던 호족 출신 개국공신들이 핵심적인 정치 주체였다. 이에 따라 광종은 무신적 호족세력을 도태시키기 위해 과거제를 실시해서 유교적인 문신 정치의 기초를 마련했다. 과거제 실시로 무신적인 공신호족 대신 학문능력을 겸비한 문신들이 정치권에 속속 진입했고 문신이 중앙 정치의 주역이 되었다. 그러한 과거제는 유학이 발달하는 중요한 계기였다. 이때 유학은 훈고학이었다. 고려에서도 유교를 정치 이념으로 삼아 과거시험에서 문반을 중시했고 과학이나 기술은 잡과라고 해서 그 아랫자리에 두었다. 따라서 잡과에 지망하는 기술관들은 대접을 받지 못했다. 그런 고려의 과거제에는 문과만 있고 무과는 없었다. 조선에도 있던 무과가 왜 고려에는 없었을까?* 우선 광종이 과거제를 실시한 목적이 무신적 성향의 호족을 누르려는 의도가 컸기 때문이었다. 또한 고려시대 내내 전쟁이 끊이지 않았기 때문이기도 했다. 고려시대는 '전쟁의 시대', '외침의 시대'라고 불릴 만 했다. 10세기와 11세기에는 거란, 12세기에는 여진, 13세기에는 몽골이 국경을 넘어왔다(홍건적과 왜구도 있었으나 그들과는 국가 간 전쟁이 아닌 전투였다). 전투와 전쟁이 자주 있다 보니 굳이 무과를 치를 필요 없이 전과를 세운 자를 승진시키고 경험이 많은 자를 지휘자로 세우면 되었던 것이다.

* 이순신은 32세의 나이로 무과에 12등으로 합격했다.

"완성한" 왕 성종

광종의 정치 개혁은 중앙집권적 지배체제 수립의 기초를 마련한 것이었으나 그의 과감한 개혁도 완결된 것은 아니었다. 그 완결은 성종(成宗, 재위 981~997년)이 이루었다. 성종의 묘호는 무언가를 "완성했다"는 것이다. 무엇을 완성했다는 것일까? 성종은 고려시대의 국가체제와 유교 중심체제를 '완성'했다(조선에도 성종이 있는데 그도 같은 업적을 '완성'한 왕이었다). 성종은 불교 중심 사회에서 유교 중심 사회로의 전환을 꾀했다. 성종은 국가 제도 전반에 걸쳐 '화제(華制)'를 도입하고 고려 정치제도의 기초를 굳힌 인물이었다. 고려 왕조 지배체제의 기본 골격은 성종 때 대략 짜였는데 그것은 관료체제의 정비에서 단적으로 나타난다. 성종 때 새로운 지배 체제와 사회질서 수립에 주도적 역할을 담당한 인물은 신라 육두품 계열의 유학자들이었다. 성종은 최승로 등 유학자들의 건의를 받아들여 왕권을 안정된 위치로 올려놓는 동시에 지배체제를 정비해 갔다. 지배체제의 근간인 관료제 정비를 통해 이루어진 개혁으로 과다한 불교행사를 제한하고 그 대신 유교적인 국가의례를 마련했다. 성종은 심지어 태조 왕건이 장려한 연등회, 팔관회 등 불교 행사를 금지하기까지 했다. 나아가 당·송의 관제를 모방한 중앙집권체제를 확립해 유교정치이념이 성립할 기반을 마련했다. 중앙에는 국립교육기관인 국자감을 세웠다. 유학부와 기술학부로 나뉜 국자감에서 핵심은 당연히 유학부였다. 국자감은 많은 유학자와 국가 인재를 양성하는 역할을 했다. 지방에는 향교를 세웠다. 향교는 지방관리와 서민 자제들이 입학해서 공부하는 일종의 지방 학교로 역시 많은 유학자들을 양성했다. 특히 국자감 설치는 유교 교육을 본격화하는 계기였다.* 이로써 고려의 정치는 신라와는 크게 달라져 유교이념을 기준으로 내세우는 성격을 갖게 되었던 것이다.

* 국자감은 고려 말에 성균관으로 개칭해서 조선까지 이어졌고 향교 또한 조선시대까지 존속했다.

성균관과 신진사대부

그런데 국자감은 무신란 이후 폐지되었다. 유교는 무신란에 의해 문벌귀족사회가 붕괴되면서 급격히 쇠퇴하여 무신정권을 보조하는 수단(행정 실무 등)으로 전락했다(한국사에서 유교화가 중단된 적은 이때가 거의 유일했다고 할 수 있다).[7] 자기 이름 하나 쓰지 못하던 무신들이 반란을 일으켰으니 충효를 강조하는 유교는 당연히 '찬밥 신세'가 될 수 밖에 없었다. 국자감은 충렬왕 때 부활했다. 공민왕은 국자감

---

7) 원조인 중국에서도 유교화가 중단된 적이 있었다. 대표적인 예를 들자면 5세기에서 9세기에 걸친 시기에 중국의 불교는 전성기였고 유교는 전반적으로 침체되었다. 이때 불교의 전성기를 이끈 것이 바로 선비족의 북위였다. 북위는 중국 3대 석굴 사원 중 2개(운강 석굴과 용문 석굴)를 수도 부근에 만들기도 했다. 즉 우리나라의 유교화 중지는 무신정권 때문이었던 것에 비해 중국은 이민족 때문이었던 것이다. 한족이 유교를 선호하다보니 이민족들은 화이 관념이 반영되어있는 유교는 멀리하고 대신 불교에 많은 관심을 기울였다.

을 중건해서 성균관으로 바꾸고 신진사대부들이 진출할 공간을 열어주었다.[*] 이로 인해 이색, 정몽주, 정도전, 권근 등 새로운 인물들이 대거 관직에 진출했다. 원간섭기의 주도적 정치 주체는 권문세족이었다. 권문세족은 전기 문벌귀족 출신가문도 있고 무신정권기에 부상한 가문, 원나라와의 관계에서 대두한 가문도 있었다. 후기 권문세족은 친불교적이었다. 성균관에서 배출한 신진사대부들은 이러한 권문세족에 맞서면서 새로운 정치세력으로 등장했다. 공민왕의 개혁은 다음 시대를 이끌어갈 새로운 지도이념이자 관학화된 신유학인 성리학을 발전시키고 신진사대부들이 성장할 수 있는 환경을 만들어 주었다는 점에서 큰 의의가 있었다('신진 사대부' 글자 그대로 '새롭게 진출한 사대부'를 가리킨다). **당시 공민왕이 개혁 정치를 단행할 수 있었던 것은 무엇보다도 대륙을 호령하던 몽골 세력이 약해지고 있었기 때문이었다.** 몽골의 원나라는 14세기에 이르러 한족의 강한 저항을 받으면서 쇠잔해지고 있었다. 이에 따라 고려에 대한 원의 간섭이 약화되었고 그에 의존하던 일부 권문세족의 힘도 위축되어갔다.

[*] 국자감과 성균관에는 결정적인 차이가 있었는데 바로 성균관에는 기술학부가 없다는 점이다. "우주의 원리를 논하는 곳에 천박한 기술이 들어올 자리는 없다."가 당시 신진사대부들의 생각이었다.

조선의 지배이념에서 교조화까지 되는 성리학

여말선초의 정치 주체인 신진사대부들은 대부분 지방에 거주하는 향리층에서 나왔다. 이들은 재향 중소지주층으로서 경제적 능력을 기반으로 과거를 통해 실력으로 관리로 진출하여 청렴성과 도덕성을 갖추고 있었다. 이를 바탕으로 신진사대부들은 농민을 착취하는 등 부패한 권문세족을 비판했으며 타락한 불교 주도의 고려 사회를 개혁해야 한다는 데 공감했다. 그리고 성리학을 수용하고 민본적 왕도정치를 추구해서 결국 고려의 문을 닫고 조선을 개국했다.* 신진사대부 세력은 성리학을 지배이념으로 삼고 자신들의 사회·경제적 입장과 정치세력 내부의 역학관계에 따라 조선의 정치, 경제, 사회 제도를 갖추어 나갔다. 성리학은 신유학, 정주학, 이학, 주자학 등으로 불리며 조선시대 지배사상의 위치를 점했다. 이제 사회를 이끄는 주도 사상이 불교에서 성리학으로 바뀌었다. 남송의 주희가 완성한 성리학은 종래 자구 해석에 주력하던 한·당의 훈고학풍에서 벗어나 경학을 탐구하고 우주 자연의 이치와 인간 본성의 문제 그리고 인간 사회의 도덕률 등을 포괄적으로 설명하는 사상체계였다. 조선의 역사는 성리학이 지배층의 확고한 이념이 되고 그것이 피지배층에게 확대된 후 교조화까지 되는 과정이었다.

* 조선은 사대부가 권문세족에게서 정권을 빼앗아 세운 왕조라고 할 수 있다. 무리한 요동 정벌 때문에 자식과 친지를 전쟁터로 보낸 백성들의 마음은 고려 왕조를 떠나 있었다. 덕분에 이성계 등은 쉽게 최영 등을 제거하고 정권을 장악할 수 있었다.

'유교 계획도시' 한양과 성리학자 이방원

정도전은 1394년 찬찬한 『조선경국전』에서 국정의 기본 방향을 제시했다. 이 책에서 새 왕조는 유교 성현의 정치를 구현하는 것을 목표로 한다는 것을 밝혔다. 조선 건국의 각본과 연출을 맡은 총감독 정도전은 한양을 설계하는 데 거의 모든 것을 혼자서 다했다. 정도전은 유교 정신을 담아 경복궁, 종묘, 사직단, 사대문 등의 위치와 이름을 정했다(유교의 생활윤리를 담아 사대문의 이름을 지었다. 예를 들어 예를 숭상한다는 뜻의 숭례문이 남대문이다). 즉 한양은 '유교 계획도시'였던 것이다. 유교적인 국가와 사회를 이룩하기 위해서는 모든 문물과 제도를 유교 규식에 따라 바꾸어야 했다. 고대 이래 토속적인 것들이 불교나 도교와 결합했고 고려시대에는 불교나 도교 의례가 많이 행해졌다. 새 왕조에서는 모든 것을 유교식으로 전환하는 것을 목표로 하면서 유교가 이상으로 삼는 삼대(하·상·주)의 정신을 계승하고 있는 제도, 즉 고제에 대한 연구가 이루어졌다(이 작업은 세종 때 집현전에서 본격적으로 시행되었다).

태종 이방원은 이념 주도권 쟁탈전에서 유일한 경쟁 세력인 불교계의 특권을 박탈하기 위한 조치를 취했다. 태종은 여러 사찰을 폐쇄하고 불교 사찰 소유의 노비와 전답을 압수했다. 이는 태종이 왕이기 이전에 성리학자였기 때문에 가능한 일이었다. 고려 후기에 성리학을 깊게 공부한 이방원은 실력으로 과거시험에도 합격했다.* 1420년(세종 2년)에 태종의 부인이자 세종의 어머니 원경왕후가 죽었다. 효자였던 세종은 어머니 묘가 허전하다며 묘 옆에 사찰을 지으려 했다. '아들바보'이자 '세종 바라기'였던 태종은 세종이 하는 일은 대부분 적극적으로 지지했지만 그것만은 극구 반대해서 무산시켰다(태종은 세종에게 양위하고 상왕이 되었다가 4년 후 죽었다). 다른 성리학자들이 불교를 싫어했듯이 태종 이방원도 불교를 극도로 싫어했기 때문이었다. 유교가 불교를 산속으로 몰아낸 조선과는 달리 고려에서는 유교와 불교 그리고 도교와 민간신앙이 공존했다. 그러나 이러한 다원 사회는 조선으로 넘어가면서 점차 성리학 중심의 일원화된 사회로 바뀌게 되었다. 조선시대로 넘어오면서 유교는 정치뿐 아니라 생활까지 지배하게 된다. 정치, 경제, 사회, 문화 전반이 유교적 질서에 의해 재편된 것이다. 성리학적 이념을 가장 철저히 구현한 것은 지배층의 정점에 있던 국왕의 생활이었다. 조선의 왕들은 유교적 덕치를 이루기 위해 새벽부터 자정까지 공부와 업무의 빡빡한 스케줄을 소화해야 했다.

* 이방원은 병과(丙科) 7등으로 합격했는데 등수가 높지는 않았지만 해당 기수에서 최연소 합격자였다. '촌뜨기 무인 집안'이라는 열등감을 씻어준 이방원의 합격 통지문을 받고 이성계는 여러 번 읽으며 눈물까지 흘렸다고 한다.

『삼강행실도』와 『오륜행실도』

조선의 유교적 정치 이념(왕도 정치 구현)은 세종 대에 이르러 획기적으로 발전했다. 1420년에 설치된 집현전은 이를 뒷받침하는 대표적인 기구였다. 집현전의 주 업무는 경연과 서연이었다. 세종 때 시작되어 성종 때 완성된 『국조오례의』는 제사, 관혼, 빈객, 군사의례, 상장의례 다섯 부분 곧 오례에 관한 규범을 제정해서 편찬한 것이다. 『국조오례의』는 『주자가례』를 기초로 해서 만들어 조선시대 조정과 양반사회 예식의 기본이 되었다. 또한 세종은 일반 백성들에게 유교적 윤리관을 심어주고 권장하기 위해 『삼강행실도』를 편찬해서 집집마다 보급했다. 지금으로 치면 도덕 교과서 정도 된다고 할 수 있는 『삼강행실도』는 백성들이 유교 질서를 수호하는 데 모범이 되어줄 일화를 읽고 이를 따르게 하려고 만들었다. 『삼강행실도』는 충신, 효자, 열녀의 행실을 적어두고 모범으로 삼았다. 그런데 한문을 모르는 일반 백성들이 어떻게 이 책을 읽고 이해할 수 있었을까? 이를 위해 페이지마다 그림을 덧붙였다. 그래서 이름이 삼강행실도(三綱行實圖)인 것이다. 나중에는 훈민정음 번역본도 내놓았는데 임진왜란 뒤에는 왜군에 저항해서 정조를 지킨 열녀의 사적을 수집하여 보태어 간행했다.

『삼강행실도』는 정조에 이르러 업그레이드 되었다. 정조는 1434년(세종 16년)에 나온 『삼강행실도』와 1518년(중종 13년)에 나온 『이륜행실도』를 합하고 수정해서 1797년(정조 21년)에 『오륜행실도』를 간행했다. 『삼강행실도』는 중국이나 한국의 서적에서 군신, 부자, 부부의 삼강윤리에 모범이 될 만한 충신, 효자, 열녀 이야기를 골라 편찬했다. 『이륜행실도』는 장유와 붕우의 윤리에 관계되는 덕행을 실천한 형제, 가족, 붕우, 스승과 제자들의 미담을 그림으로 소개했다. 『삼강행실도』는 양반사족과 일반평민 모두에게 해당했고 『이륜행실도』는 16세기 사림사회가 형성되면서 사족들 상호 간의 윤리의식 조장을 목적으로 한 것이었다.* 정조는 이 두 가지를 '오륜'이라는 새 이름으로 통합해서 유교윤리의 실천에서는 사족과 평민의 구분을 철폐했다.

* 사림(士林)이란 세력화된 선비들을 말한다. 조선시대에는 성리학이 보급되면서 지방에서도 선비들이 무더기로 배출되어 세력화가 이루어졌는데 이들을 사림이라고 불렀다.

조선시대 이전에는 조상 묘가 없는 이유

아무리 명문가, 세도가라도 해도 조상 묘가 조선시대 이전으로 올라가는 집안은 거의 없다. 왜 그럴까? 고려시대 귀족들은 주로 불교 양식으로 장례를 치렀고 그 방식은 대부분 화장이었기 때문이다(민간에서는 불교나 도교, 토속신앙 등을 따랐다). 고려는 과거제가 시행되는 등 꾸준히 유교화 되어 갔지만 유교가 유일하고 확고한 지배 이념은 아니었다. 예를 들어 대각국사 의천은 고려 제11대 왕인 문종의 넷째 아들이었고 권문세족 등 지배층 중에는 친불교적인 세력이 많았다. 조선 전기 또한 아직 유교가 뿌리 깊게 정착되지 않아서 고려시대와 크게 다르지 않았다. 유교적 생활규범이 정착되지 않아 상장례를 사찰에서 치르기도 하고 제사를 형제들이 돌아가며 모시는 윤회봉사가 이루어졌다. 재산 상속에 있어서도 남녀를 차별하지 않는 균분상속이 일반적이었다. 결혼 풍습 역시 신랑이 신부집에 찾아가 신부를 데려오는 유교적 친영제가 정착되지 않았다. 오히려 결혼 후 신부집 근처에 정착하는 경우가 많았다. 부계 친족 못지않게 모계 친족이 중시되었고 족보에도 부계와 모계를 구분하지 않고 기재하는 방식이 유행했다. 왕과 신료들은 통치 이념부터 생활규범까지 모든 면이 유교화 되기를 원했다. 그러나 당시 유교는 정치이념에 불과했고 일상생활 속까지 침투하지는 못했다. 그러다가 15세기에 추진했던 정책들로 인해 16세기 이래 조선은 빠르게 유교화 되었다. 새로 중앙 정계에 진출한 사림은 유교 이념에 따른 이상 정치를 내세우며 정치 혁신을 꾀했다. 유교 경전 연구는 물론 유교 이념을 생활화할 의례 연구도 깊어졌다. 그리하여 국왕에 대한 충성과 부모에 대한 효도, 남성에 대한 여성의 봉사와 헌신을 강조한 유교 윤리가 생활 윤리로 자리 잡았다. 17세기 이후 유교적 생활 풍속은 양반 신분에서부터 안착되었다.

유교화의 남은 숙제

이제 조선 지배층에게는 성리학이 유일하고 확고한 지배 이념으로 자리 잡았다. 지배층이 유교화 되는 데는 별 문제가 없었다. 과거 준비를 하거나 그렇지 않더라도 서원 등에서 성리학을 배우면서 자연스럽게 되었기 때문이다. 지방 사대부들은 선현들을 봉사하고 자제들에게 성리학을 교육시키기 위해 사설기관인 서원을 설립했다. 서원은 중등교육과 고등교육을 통괄했는데 사대부들은 대부분 서원 운영에 참여했다.* 스스로 특권 계급이라고 생각했던 사대부들은 자기 신분의 상징으로 유교적인 가족제도를 받아들이고 유교 윤리의 실천을 강조했다. 새롭게 양반사대부 신분에 편입되기를 원했던 이들도 새로운 관행을 자발적으로 받아들였다. 남은 과제는 피지배층에게 성리학을 유일하고 확고한 지배 이념으로 만드는 것이었다. 그렇다면 과거도 안 보고 서원에도 안 다니며 심지어 글도 모르는 농민·천민 같은 피지배층을 어떻게 유교화할 수 있을까? 대표적인 방법이 향약이라는 유교적 규범을 퍼트린 것이었다. 향약은 지방 사림들이 만든 향촌자치규약이었다('향'은 행정 구역상 군·현 단위이며 '촌'은 촌락이나 마을을 의미하는데 중앙과는 대칭되는 개념이다. 향촌 사회는 양반들이 사회·경제적으로 지배했다). 향약의 4대 강목은 '덕업상권'(좋은 일을 서로 권한다), '과실상규'(잘못한 일을 서로 충고한다), '예속상교'(미풍양속을 서로 교환한다), '환란상휼'(어려운 일을 당한 사람을 서로 돕는다)이다. 농촌공동체의 자치적인 도덕이나 자율적인 계모임처럼 보이는 향약이 어떻게 피지배층을 유교화시킬 수 있었을까?

* 서원은 선비들이 모여서 공부하거나 학식과 충절이 높은 선비의 제사를 지내던 곳이었다. 한편 지방 선비들의 거점으로 세력을 모으는 곳이기도 했다.

그 내용을 구체적으로 보면 알 수 있다. 예를 들어 '덕업상권'은 "덕이란 부모에게 효도하고 국가에 충성하며 형제간에 우애하고 어른에게 공경하며(…)"라는 내용이다. 이렇듯 향약은 삼강오륜을 중심으로 한 유교 윤리, 즉 성리학 규범을 바탕으로 향촌 백성들을 교화하고 질서를 유지하기 위해 사대부들이 만든 향촌자치규약이었던 것이다. 향약은 자치규약이었지만 향촌구성원들을 유교적으로 교화하는 데 그 목적이 있었다. 때문에 양반에서 상민, 노비에 이르기까지 모든 향촌구성원을 자동으로 포함시키는, 실은 권장 사항이 아니라 강제 규율이었다. 따라서 잘지킨 자는 상을 내렸지만 어긴 자는 벌을 주었고 심한 경우에는 마을에서 쫓아내기도 했다. 중종 때 조광조가 처음 실시한 향약은 이후 이황과 이이에 의해 대대적으로 퍼져나갔다. 사대부들이 향촌을 유교적으로 교화하고 자신들의 향촌 지배력을 강화하기 위해 향약보급운동을 활발히 전개했던 것이다. 향약 보급으로 인해 성리학 문화가 향촌의 서민생활에까지 스며들게 되었고 피지배층들의 일상을 지배했던 불교 의식은 유교 의식으로 바뀌게 되었다.* 이렇듯 향약은 성리학 이념을 향촌 사회에까지 침투시키기 위한 주요한 수단이었다.

* 중국에서는 송나라 시대 완성된 성리학적 도덕 윤리가 일반 민중에까지 뿌리 깊게 박힌 것은 명·청 시대였다.

교조화되는 성리학

서원과 향약 등을 통해 보급된 성리학의 영향으로 조선 중기로 들어서면서 사회제도 전반에 걸쳐 변화가 생겼다. 반상제도, 부계 중심 친족제도, 동성불혼, 친영례, 자녀차등 상속제, 장자봉사제 등이 나타난 것이다. 후기로 갈수록 조선 사회는 성리학적 관습을 더욱 철저하게 지키게 되었다. 질서를 강조하고 구심점에 모든 힘을 몰아주어 장남 중심, 남성 중심을 따라가게 되면서 가부장적 가족제도를 만들어내게 된 것이다.* 호적에도 남자가 먼저 기재되고 아들이 없으면 양자를 들이는 풍조가 만연했는데 제사를 지낼 자격이 있는 자가 장남으로 한정되었기 때문이다. 이러한 상황에서 여성들의 지위는 격하되었다. 성리학은 조선 후기에 들어 교조화 되기까지 했다. 신진사대부가 조선을 건국할 때만 해도 성리학은 불교를 대체할 개혁적인 사상이었다. 신진사대부는 성리학을 건국 이념으로 삼아 이상적인 나라와 군주의 길을 제시했고 신하 간의 토론을 통해 국정을 바르게 이끌어나가려 노력했다. 이처럼 조선 초기 성리학은 정치를 올바르게 해나가는 데 필요한 도구로 활용되었다. 그러나 양란(임진왜란과 병자호란)으로 인해 지배층에 대한 신뢰가 무너지고 사회 질서가 흔들리자 유교적 잣대를 더 엄격하게 들이밀 필요가 생겼다. 이후 성리학은 오로지 주희의 이론만이 진리이고 나머지는 틀렸다고 하는(사문난적) 등 교조화되기까지 했던 것이다.

유교화와 농업화 그리고 중국화

이와 같이 한반도의 역사는 유교화의 역사였다. 삼국시대에는 유교 보급을 위해 학교를 세우고 관직을 마련했다. 고려시대에는 '유교의 꽃'이라 할 수 있는 과거제를 실시했다. 조선시대에는 서원과 향약이 만들어졌다. 그런데 과거제와 서원, 향약 등은 모두 중국에서 만들어진 것이었고 중국에서 먼저 시행하고 안착이 되면 한반도에 수입되었다. 과거제는 중국에서는 수나라 때인 587년 처음 실시되어 한반도에는 고려 때인 958년에 들어왔다. 향약은 중국에서는 11세기 초 북송 때 여대충과 여대방 등이 만든 여씨향약(呂氏鄕約)이 최초였고 이 여씨향약이 한반도에는 조선시대인 1475년에 최초로 시행되었다. 이처럼 유교화는 곧 중국화였던 것이다. 고려시대에 불교에서 유교로 지배이념이 바뀌는 것 자체가 획기적인 중국화였다. 한반도에 불교를 전래해준 것은 중국이었지만 불교는 중국의 것이 아니었다. 외래 종교인 불교는 중국에서도 5호16국시대처럼 이민족 왕조 시절이 전성기였고 한족 왕조인 송과 명에서는 '찬밥 신세'였다. 특히 송나라 때에는 불교에 대항하기 위해 성리학이 나오기까지 했다.*

* 유학자들은 불교를 가리켜 무부(無父), 무군(無君)의 사상이라고 규탄했다. 맹자가 최대의 불효는 조상들 앞에 상속자를 두지 못하는 것이라고 했듯이 한족 지식인들에게 승려의 독신 생활은 받아들이기 어려웠고 삭발 또한 신체발부수지부모에 어긋나기 때문에 마찬가지였다.

대체로 중국 남북조시대(420~589년)까지 양자강 이남의 벼농사는 파종 전에 잡초를 모두 태워 버린 후 볍씨를 직접 뿌리고 1년 휴한을 수반하는 농법으로 시행되고 있었다. 그러다가 송나라가 여진의 금에 밀려 양자강 유역으로 내려오면서 획기적으로 변화했다. 남송은 강남 지역의 비옥한 토지를 일구면서부터 경제 개발에 박차를 가해야만 했다. 이때 강남 지역의 토지를 일구고 농법 개발에 노력했던 사대부층이 새로운 지주층·지식인층으로 성장하게 되었다. 이들은 농업 생산을 늘리기 위해 농업 기술을 발달시켜 이른바 강남농법을 개발했다. 강남농법이 형성된 중국 강남은 강우량이 풍부하고 하천도 많아서 벼농사에 유리한 조건을 갖춘 지역이다. 강남농법은 벼농사와 관련해서 물을 이용하는 수리 시설이나 논밭에 거름을 주는 시비 기술을 크게 개선시켰다. 이를 바탕으로 몇 년에 한 번씩 토지를 쉬게 하는 휴한법의 제약을 극복했으며 이앙법을 성립시켰고 벼와 보리의 1년 2모작이 널리 시행되었다.

진신(縉紳)·신사(紳士)라고도 불린 이들 사대부층은 옛 귀족세력과 밀착되어 있는 불교와 도교를 타파했다. 그리고 그들의 새로운 이론 무기로 성리학을 주창했다. 송나라 사대부들은 여진의 금에게 중국 북부 지방을 빼앗긴 상황에서 비록 힘으로는 밀렸지만 중화의 정통은 건재하다는 명분론을 강조했다. 이들이 정치나 사회 생활에서 정통과 명분을 중요시한 것도 이 때문이었다. 이것은 성리학적 민족주의의 표방이었다고도 할 수 있다. 그리고 자신들의 계층 지배를 뒷받침하기 위해 모든 법제나 의식을 사대부 중심으로 바꾸어 갔다. 이러한 중국 사대부층의 성리학이 원 간섭기인 13세기에 한반도에 들어왔다. 그 결과 고려 말에는 신진사대부층을 중심으로 지배사상이 불교에서 성리학으로 바뀌기 시작했다. 신진사대부들은 지방의 중소지주적 기반을 가지고 있었으므로 농장을 확대해가는 권문세족들과는 이해관계가 대립했다. 또한 권문세족들이 부재지주였던 데 비해 신진사대부들은 자신의 토지를 직접 경영했기 때문에 생산력 향상에 많은 관심을 기울였다.

고려시대까지도 농업은 휴한 농법 수준을 벗어나지 못했고 기술적으로는 중국 화북 지방의 농법에 상당한 영향을 받았다. 신진사대부들은 생산력 증대를 도모해 수차(水車)·천방(川防) 등 관개 기술에 적극적인 관심을 보이면서 당시로서는 가장 선진적인 중국 강남농법을 수용하여 그 장점을 적극적으로 받아들이려 노력했다. 강남농법은 벼농사에 일대 진전을 이루었다고 평가될 정도로 벼농사 기술을 진전시킨 농법이었다. 이를 바탕으로 휴한법의 제약을 극복해서 연작법과 이모작이 가능해졌고 이앙법이 도입되었다. 즉 이앙법을 포함하는 중국의 선진적인 강남농법은 고려 후기 성리학과 함께 신진사대부들에 의해 들어왔던 것이다. 신진사대부들이 적극 수용한 강남농법에 의해 농업생산력은 크게 향상되었다. 그리하여 자영농민의 생산 기반이 확대되어 다소나마 삶이 풍요로워졌고 국가 재정도 튼튼해졌다.* 이를 통해 지방 향리에 불과했던 사대부들의 사회적, 경제적 지위가 향상되어 조선 중기 이후의 정치를 이끄는 사림의 토대가 마련되었던 것이다. 이앙법을 포함한 중국 강남농법은 남송 시대 완성되어 한반도에는 고려 후기에 들어오기까지 몇 백년이 걸렸다. 이는 성리학도 똑같았다. 남송 시대 완성된 성리학이 한반도에 들어온 시기는 고려 후기였다. 같은 농경-유교 문화권인 중국과 한반도는 역사 내내 이랬다. 종주국 중국이 유교나 농업 분야에서 무엇인가를 만들어내면 그것이 한반도에는 빠르면 몇 십년, 보통 몇 백년 후에 들어왔던 것이다. 그리고 그것은 우리가 산업화를 한창 진행할 때 당시 앞섰던 미국과 일본의 기술과 문화가 몇 년 혹은 몇 십년 간격으로 우리나라에 들어온 것과 마찬가지 현상이었다(당시 중국과 한반도의 농경-유교를 중심으로 하는 문명적 차이는 200~300년쯤 되었다고 볼 수 있다).

＊ 물론 이 시기 농업생산력의 큰 발전은 무엇보다도 농민들의 땀과 정성이 있었기에 가능했다. 또 국가에서도 권농정책을 추진하며 황무지 개간을 적극 장려해서 그 결과 고려 말 50만 결이던 경지 면적이 15세기 중엽에는 160여만 결로 증가되었다.

3
만리장성의 '한반도 버전' 천리장성

중국에 만리장성이 있다면 한국에는 천리장성이 있다. 만리장성과 천리장성은 사실상 같은 것

이라고 볼 수 있다. 만리장성은 세계적으로 유명하지만 천리장성은 남한에서조차 그렇지 못한 것

만 빼고(그 이유에는 천리장성이 북한에 있다는 것도 한 몫 할 것이다). 길이는 만리장성의 1/10인

데 명성은 그것에 훨씬 미치지 못하는 천리장성. 그러나 그러한 천리장성을 잘 살펴보면 한국사의

특징을 보다 명확하게 파악할 수 있을 것이다.

1) 천리장성과 만리장성

거란은 고려를 993년부터 1019년까지 세 차례 침입했다. 1차는 서희의 담판으로 거란군이 물러났다. 2차는 양규의 여러 번 승리로 거란군을 격퇴했다. 3차는 강감찬의 귀주대첩으로 고려가 승리했다. 물론 고려가 거란보다 강해서 거란이 고려를 정복하지 못한 것은 아니었다. 거란의 목표는 여타의 유목 국가들처럼 중국 대륙(송)이어서 고려의 항복만 받으면 되었기 때문이었다.* 고려는 거란과 세 차례 전쟁을 겪고 난 후 이민족 세력에 대비하기 위해 1033년부터 1044년까지 장성을 쌓았다. 서쪽 압록강 하구에서부터 동쪽으로 정주, 영원, 삭주, 요덕 등 여러 성을 경유해 동해안 도련포까지 천리에 걸쳐 구축되어 있어 통상 천리장성이라고 불렀다(길이는 약 393㎞이며 높이는 4~8m이다). 천리장성의 서북 방면에는 거란족이, 동북 방면에는 여진족이 살고 있었다. 즉 고려의 천리장성은 거란과 여진을 대비하기 위한 것이었다. 앞서 본 것처럼 한국사의 '북쪽' 나라들에게 거란과 여진 등은 무조건 막아야 하는 적이 아니었다. 거란과 여진 등 이민족들은 한국사의 '북쪽' 나라들의 주민이기도 했고 협력과 연대의 대상이기도 했다(물론 그들과 한국사의 '북쪽' 나라들이 갈등을 겪고 전쟁을 하는 경우도 많았다). 그러나 한국사의 '남쪽' 나라인 고려는 이제 완전히 이민족(유목 세력)을 적으로 돌리고 그들을 막기 위해 장성을 쌓았던 것이다. 이것은 진시황이 중국을 통일하고 이제 적은 오로지 이민족(유목 세력)이라고 판단해서 만리장성을 쌓은 것과 똑같은 역사적 현상이었다.

* 여진은 송을 강남으로 몰아내 남송으로 만들었고 몽골은 남송을 멸망시켰다. 그에 비해 거란은 여진이나 몽골만큼은 아니어서 북경을 중심으로 한 중원 북부 지역만 지배했다. 즉 군사력을 위주로 한 전체 국력으로 보자면 '송 < 거란 << 여진 <<<<< 몽골'이라고 할 수 있다.

진시황은 만리장성을 유목민을 대비하기 위해서 뿐만 아니라 중국과 유목 세력과의 경계선 의미로도 쌓았다. 고려의 천리장성 또한 마찬가지였다. 천리장성에 대한 고려의 인식은 국경선 의미 외에 거란과 여진에 대해 고려는 문화적·혈통적으로 다를 뿐 아니라 이들과 혼효되어서는 안 된다는 문화적 구분선의 의미도 내포하고 있었다. 다시 말해 고려의 천리장성 또한 중국의 만리장성처럼 국경선의 기능 뿐 아니라 문화권의 경계선과 같은 의미를 지니고 있었던 것이다. 진시황이 만리장성을 처음부터 새롭게 만든 것은 아니었다. 춘추전국시대 기존 제후국들은 당시 중국 북방 지역과 중앙유라시아를 아우르는 영역을 지배했던 이민족(특히 흉노)의 침략을 막기 위해 성을 쌓았는데 진시황은 이 성들을 본격적으로 증개축해서 연결했다. 고려의 천리장성 또한 마찬가지였다. 국초 이래로 고려는 거란, 여진 등 북방 유목민족의 침략을 방어하기 위해 일찍부터 여러 곳에 방어성을 구축해 왔다. 그러다가 이 성들을 모두 연결하는 형태로 서해부터 동해에 이르는 천리장성을 만들어 이전 보다 좀 더 체계적인 방어태세를 갖추었던 것이다.

특히 현종(재위 1009~1031년) 때인 1014년에서 1030년 사이에 동과 서의 북쪽으로 양면 요새지에 부분적으로 성책을 쌓았다. 천리장성의 축조는 이미 현종 때 쌓은 북변의 성과 요새를 1033년부터 증개축하고 연결하는 작업이었던 것이다. 그렇다면 진나라의 만리장성과 고려의 천리장성은 왜 천년이라는 긴 시간 차이가 났을까? 진나라는 춘추전국시대를 통일한 후에 만리장성을 쌓았는데 중국 내부를 통일하기 전에는 그럴 여유가 없었기 때문이었다. 마찬가지로 한국사에서도 삼국시대까지는 내부의 통일 이전이라 그럴 여유가 없었다.* 또한 고구려는 앞서 봤듯이 수렵과 목축의 기질이 강했으며 돌궐 등과 연대하는 등 친유목적이었다. 그에 비해 고려는 「훈요십조」에서 보듯이 친중국 반유목적이었다. 그렇기 때문에 고려시대에 와서야 천리장성을 쌓았던 것이다.

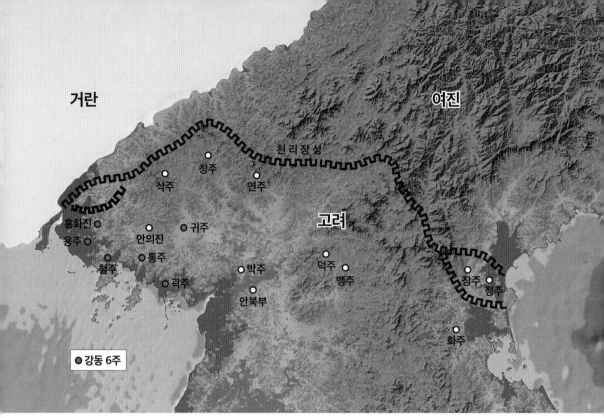

거란

여진

고려

천리장성

창주
삭주
연주

홍화진
웅주
안의진
귀주
철주
통주
박주
곽주
안북부
덕주
맹주
장주
정주
화주

● 강동 6주

서해에서 동해까지 이어진 고려의 천리장성. 왼쪽은 거란, 오른쪽은 여진을 방비했다.

＊ 통일신라 때에는 당나라가 강력해서 만주의 (반)유목 세력은 미약했고 또 발해가 말갈족을 수용했다. 따라서 통일신라는 한반도 북부와 만주에 거주하는 이민족 세력과 긴장이나 다툼은 거의 없었기 때문에 굳이 장성을 쌓을 필요를 못 느꼈던 것이다.

두 개의 천리장성

우리나라에는 '천리장성'이라는 이름의 장성이 두 개 있다. 하나는 방금 본 고려의 천리장성이고 또 하나는 고구려의 천리장성이다. 그런데 이 두 개의 천리장성은 이름만 같을 뿐 성격은 판이하게 다르다. 고구려는 당나라가 수나라의 고구려 원정을 기념하는 대형 조형물을 만들고 있다는 사실을 확인하고 멀지 않은 장래

고구려는 한국사의 '북쪽' 나라답게 천리장성으로 중국으로부터 만주와 한반도 북부를 방비했다. 고려는 한국사의 '남쪽' 나라답게 천리장성으로 만주와 한반도 북부로부터 그 아래를 방비했다.

에 당의 침략이 있을 것이라 판단했다. 그리하여 부여성에서부터 남쪽 발해만에 이르는 서북 국경지대에 631년부터 646년까지 총 16년 동안 대규모 장성을 쌓았다(그때 천리장성의 축조 책임자가 연개소문이었다). 즉 고려의 천리장성은 거란과 여진 등 이민족 세력을, 고구려의 천리장성은 중국을 대비했던 것이었다(앞서 봤듯이 당나라는 처음에는 선비족 출신들이 황제를 포함하는 지배 집단이었으나 측천무후 이후에는 한족들이 지배 집단이 되어 한족 왕조가 되었다). 이처럼 한국사의 '북쪽' 나라인 고구려와 '남쪽' 나라인 고려는 '주적'이 달랐고, 따라서 천리장성을 쌓은 목적과 위치 또한 달랐다.

2) 고려는 왜 발해사를 편찬하지 않았나

이제 이 책의 <개장백>에서 언급한 발해에 대한 추리를 할 때가 된 것 같다. 유득공은 『발해고(渤海考)』 서문에서

> (…) 무릇 김씨(신라)가 망하고 대씨(발해)가 망하자 왕씨가 이를 통합하여 고려라 했다. 남쪽 김씨의 땅은 온전히 차지했지만 북쪽 대씨의 땅은 온전히 소유하지 못하여 여진에 들어가기도 하고 거란에 들어가기도 했다. 이때에 고려를 위한 계책은 마땅히 발해사를 급히 편찬하는 것이었다. 이를 가지고 여진에게 "어찌 우리에게 발해 땅을 돌려주지 않는가? 발해 땅은 바로 고구려 땅이다."라고 꾸짖으며 장군 한 사람을 보내어 거두었다면 토문강(두만강) 북쪽 땅을 차지할 수 있었을 것이다. 또 이를 가지고 거란에게 "어찌 우리에게 발해 땅을 돌려주지 않는가? 발해 땅은 바로 고구려 땅이다."라고 꾸짖으며 장군 한 사람을 보내어 거두었다면 압록강 서쪽 땅을 차지할 수 있었을 것이다. 그러나 끝내 **발해사를 편찬하지 않아 토문강 북쪽과 압록강 서쪽이 누구의 땅인지 알지 못하게 되었으니, 여진을 꾸짖으려 해도 할 말이 없고 거란을 꾸짖으려 해도 할 말이 없었다. 고려가 마침내 약소국이 되고만 것은 발해 땅을 얻지 못하였기 때문이니 탄식을 금할 수 없구나!**

라고 했다(굵은 부분은 나의 강조).

쉽지 않은 발해사

대부분의 한국인이라면 발해 역사를 당연히 한국사라고 생각하겠지만, 실제로는 꽤 복잡하다. 발해의 영역은 현재 중국 동북 지방과 러시아 연해주 그리고 북

한에 걸쳐 있고 발해 관련 사료 또한 마찬가지여서 역사 해석에 있어 많은 이견이 도출되고 있다. 중국에서는 중국 영토 안에서 일어난 역사는 모두 중국사라며 발해를 말갈족이 세운 당나라 지방 정권으로 규정한다. 러시아에서는 말갈족이라 불린 이 지역 민족들이 건국한 최초의 국가이므로 발해사를 시베리아 소수 민족사로 접근한다("발해는 러시아 땅인 연해주 쪽에 걸쳐 있었으니 발해는 러시아 역사다."라는 주장도 있다). 『발해고』는 1784년에 유득공이 한국, 중국, 일본의 사서 24종을 참고해서 발해 역사를 기록한 책이다. 당시까지는 발해사를 독립적으로 다룬 유일한 책이었다. 유득공의 지적대로 왜 고려는 발해사를 서술하지 않았을까? 이에 대해 고려대 사학과 교수와 국사편찬위원장을 지낸 김정배는 『한국과 중국의 북방사 인식』에서

> (…) 사실 유득공이 『발해고』 서문에서 말하는 "마땅히 남북사가 있어야 했음에도 고려가 이를 편찬하지 않은 것은 잘못"이라고 언급한 것을 보면 그가 의도한 말이 무엇인지 짐작이 간다. 만약에 유득공이 그처럼 고려를 향해서 발해사를 편찬하지 않은 것을 비판하려면 오히려 자신이 봉직하던 조선조의 초기나 중기에도 발해 역사책이 없음을 힐난했어야 하는 것이 아닌가 하는 생각이 든다. 어쩌면 자신이 살았던 시기에는 발해사를 이야기할 수 있는 인사들이 있어 조선조의 편찬 문제는 거론하지 않았는지, 이것은 현재 알 길이 없다.

라고 했다(굵은 부분은 나의 강조).

김정배는 굳이 고려까지 갈 필요 없이 유득공 자신이 살던 조선이 발해사를 편찬하지 않은 것에 대해 유득공이 비판했어야 한다고 지적한 것이다.* 실제로 그랬다. 1484년에 서거정 등이 왕명을 받아 단군조선부터 고려까지 역사를 엮은 『동

국통감』을 편찬했다. 이 책은 시간 순서대로 기술하는 편년체로 쓰여 있으며 단군부터 고려 말까지 역사를 정리한 통사로서 의미가 크다. 그런데 이 책에서도 발해는 생략되어 있다. 예를 들어 편년체이다 보니 "신라 태종왕 7년, 고구려 보장왕 19년, 백제 의자왕 20년, 경신년(660년)", "신라 경명왕 2년, 후백제 견훤 27년, 후고구려 궁예 18년, 고려 태조 원년, 무인년(918년)" 이런 식으로 되어 있다. 그런데 후삼국은 있어도 발해는 없다(고려는 918년에 건국되었고 발해는 926년 멸망했으니 약 8년은 고려와 발해가 역사를 함께 했다). 이렇듯 고려와 조선의 관찬 사서들은 역사 서술에서 발해를 배제해 왔다. E. H. 카는 『역사란 무엇인가』에서 "한 사회가 서술하거나 서술하지 못하는 역사는 어떤 종류의 역사인가 하는 문제보다 그 사회의 성격을 더 의미심장하게 지시해주는 것은 없다."라고 했다. 그러므로 어쩌면 고려와 조선이 발해사를 서술하지 않은 것을 통해 고려와 조선의 성격을 가장 유의미하게 파악할 수도 있는 것이다. 그렇다면 고려와 조선은 왜 발해사를 편찬하지 않았을까?

* 그러나 김정배 또한 왜 고려와 조선이 발해사를 편찬하지 않았는지에 대해서는 어떠한 설명도 없다. 어쩌면 이런 것들이 역사학 교수들의 어쩔 수 없는 한계라고 할 수 있다.

발해의 건국 과정과 민족 구성

우선 발해의 건국 과정을 살펴보면 이렇다. 만주는 큰 강인 요하를 중심으로 요동과 요서로 나뉜다. 고구려가 망하자 당나라는 고구려 유민 2만 8천여 호를 요서 지역으로 강제 이주시켰다. 반란을 우려했기 때문이었다. 이때 걸걸상중(대상중)과 대조영 부자도 고구려 유력층으로 분류되어 영주로 끌려갔다. 당나라의 우려는 현실이 되었다. 당나라가 정치적으로 불안정해지자 요서 지역에서 696년에 거란족 이진충이 반란을 일으킨 것이다. 이에 고구려 유민과 말갈족이 규합해 고구려 부흥운동을 전개했다. 그들은 한동안 요동 일부 지역을 점령하는 등 기세를 올렸으나 당나라가 거란을 진압한 뒤 총공격을 퍼붓자 동쪽으로 물러났다. 이때 대조영의 아버지와 걸사비우가 말갈인들과 함께 탈출했다. 그러던 중 걸사비우의 말갈인들은 당군의 추격으로 격파당했고 이어 대조영의 아버지도 죽자 대조영이 그 무리를 이어받은 것이다. 그들은 당나라 군대가 추격해오자 결국 요동을 벗어나 만주 동부 끝에 진국(震國, 동쪽 나라라는 뜻)을 건국했다. 대조영이 그곳을 택한 것은 당시 만주 중부와 동부 그리고 한반도 북부 지역에는 어느 나라의 힘도 미치지 못했기 때문이었다. 이렇듯 발해는 고구려 유민과 말갈족이 함께 세운 나라였고 대체로 지배층은 고구려인, 피지배층은 말갈족이었다. 여기서 발해를 어떤 민족의 나라로 보느냐 하는 문제가 생긴다. 이 문제는 크게 두 가지로 볼 수 있다. 첫째는 피지배층이 당시 주민의 대다수를 차지했기 때문에 그들을 중심으로 봐야한다는 것이다.

 그렇다면 발해의 주민 구성은 어땠을까? 발해에 대한 사료가 적기 때문에 이에 대한 정확한 통계는 없다. 그런데 당시 발해와 친선 관계를 맺었던 일본의 『유취국사(類聚國史)』에 "발해국은 고구려의 옛 땅이다. (…) 그 나라는 사방 2천리이며 주현과 관역이 없고 곳곳에 촌리가 있는데 모두 말갈 부락이다. 그 백성은 말갈인이 많으며 토인(土人)은 적다. 모두 토인으로 촌장을 삼으며 (…) 땅이 너무 차고 추워서 논농사에 적합하지 않으며(…)"라고 나와 있다. '토인(土人)'을 '사인(土人)'이라고 보기도 한다. '토인'이 말갈인 가운데 나온 지도자라는 견해도 있지만 대체로는 고구려인으로 본다. 『유취국사』에서는 마을마다 말갈인이 많고 토인이 적다고 발해 마을의 구성단위를 설명하고 있다(『유취국사』는 발해와 사신왕래나 교역이 잦았던 일본의 사료라는 점에서 그 내용이 정확하다는 평가를 받는다). 발해 사회의 구성원으로는 고구려인과 말갈인이 있었는데 이들 말갈인들은 고구려의 전성기 때부터 고구려에 편입된 부족이었다. 예를 들어 말갈 중에서 속말과 백산은 원래 고구려에 복속되어 있다가 고구려 멸망 후 당나라에 의해 요서로 강제 이주되었다. 이들이 발해 건국 후에는 피지배층이 되었고 일부는 지배층에 흡수되거나 지방 우두머리가 되어 국가 행정을 보조했다. 고구려 영토뿐 아니라 말갈계가 있던 지역까지 발해의 영역이 되었기 때문에 발해 주민은 결국 고구려 유민과 말갈인으로 구성되었다고 보면 틀리지 않는다(발해는 고구려보다 더 넓은 영토를 차지했는데 고구려의 1.5~2배 정도였다). 주민은 말갈계가 80~90% 정도였을 것으로 추정된다.

『구당서』와 『신당서』

구성원 대다수가 말갈족인 것보다 어쩌면 더 중요한 것은 건국 시조인 대조영이 어느 출신인가 하는 문제라고 할 수 있다. 피지배층이 많아도 결국 그 나라를 이끄는 것은 지배층이기 때문이다. 대조영은 고구려 장수 출신이라고 하는데 과연 어느 민족 사람이었을까? 여기에 대한 중국 사서가 존재한다. 『구당서』의 「발해말갈전」을 보면 "발해말갈의 대조영은 본래 고구려의 별종(別種)이다. 고구려가 멸망하자 조영은 가속을 이끌고 영주로 옮겨 와 살았다."라고 되어 있다. "별종"은 무슨 뜻일까? 어려운 문제는 아니고 전후 문맥과 고구려를 상기하면 쉽게 "같은 계열" 내지는 "출신"임을 알 수 있다(광개토대왕 비문에서도 고구려를 부여의 "별종"이라고 썼는데 부여와 고구려의 주민은 동일 계열 민족이었다). 그런데 이름을 보면 알겠지만 『구당서』가 있으니 『신당서』도 있다. 『신당서』의 「발해전」에는 "발해는 고구려에 부(附)하였던 속말말갈의 대씨(大氏) 조영이 세웠다."라고 되어 있다. 정리하면 대조영을 『구당서』에서는 고구려인으로, 『신당서』에서는 말갈인으로 보고 있는 것이다.

『구당서』는 5대10국시대인 945년에 편찬된 당나라의 정사(正史)이다. 그런『구당서』는 중국 역대 왕조의 정사로 인정되는 소위 이십사사(二十四史) 중 하나이다. 그런데 편찬 시기가 5대10국이라는 혼란 시대이다 보니 빠지거나 잘못된 부분이 있다는 생각이 은연 중 있었다. 그래서 송나라 황제 인종이 구양수 등에게 고쳐서 편찬하도록 하여 17년이 걸려 1060년에『신당서』가 완성된 것이다. 청나라 때 고증사학자 조익은『이십이사차기』에서『신당서』「예문지」에 등재된 당나라 사서 백 수십 종은『구당서』에서는 볼 수 없었던 것으로『신당서』가 더욱 세세할 수 밖에 없다고 했다.* 실제로『신당서』는 전체적으로 통일된 체제에 입각해서 기술되었고 북송 초기에 발굴된 많은 자료들을 이용해서 지(志)가 많이 확대되고 표(表)가 첨가되는 등『구당서』에 비해 그 내용이 풍부해졌다.

＊『이십이사차기(二十二史箚記)』는 중국의 24개 정사(正史) 가운데에서 여러 가지 문제를 항목별로 추려 논평한 책으로 각 정사의 성립 경위와 주의해야 할 사실(史實) 등에 고증을 가한 것이다. 이 책은 조익의 또 다른 저서인『해여총고』와 더불어 중국사 연구자들에게 필독 사료로 꼽힌다 (책 제목의 “22”는 24사 가운데 신·구 5대사와 신·구 당서를 각각 하나로 헤아렸기 때문이다).

그런데『구당서』와『신당서』의 내용이 서로 달라서 대조영의 출신을 둘러싸고 고구려인설과 말갈인설로 양분되어 있고 따라서 건국 주체는 고구려 유민설과 말갈인설로 대립하고 있다. 그렇다면『구당서』와『신당서』중 어느 것이 더 설득력 있게 받아들여질까? 당연히『신당서』일 수밖에 없다. 여기서 눈여겨 볼 것이 또 하나 있다.『구당서』의「북적 열전」속에는「말갈전」이 있고「발해말갈전」이 따로 존재한다. “발해말갈”을 발해와 말갈이라는 이름을 합친 명칭으로 본다면 두 집단이 하나가 되었다는 뜻을 내포한다(발해가 발전하면서 차츰 말갈을 통합해 가는 과정을 적기했기 때문에 발해말갈이라고 했을 수도 있다). 『신당서』에는 대조영이 발해군왕이 되면서 말갈이라는 이름을 버리고 오직 발해로만 불렀다는 기록이 있다. 당나라는 한동안 발해를 인정하지 않다가 어쩔 수 없이 인정했는데 당은 말갈을 회유하는 임무를 지닌 선로말갈사(宣勞靺鞨使)를 보내 대조영을 발해국왕에 책봉했다.

대조영에 찍힌 '낙인'

이 모든 것을 종합하면 대조영은 고구려에 귀화한 말갈족 후예인 것으로 보인다. 당시에는 송화강 중류인 속말수(粟末水) 유역에 살던 말갈족이 고구려 통치가 이 지역에 미치자 귀순해서 고구려 내지로 많이 옮겨왔다. 대조영의 조상은 아마 이들이었을 것이다(물론 실제로 그랬는지는 알 수 없는 일이다). 그런데 정사인 『신당서』에서 대조영을 말갈인이라고 했다. 말갈족이 누구인가? 그들은 여진족과 만주족의 선조였다. 10세기 이후 중국 대륙은 송, 요, 금, 원, 명, 청 이렇게 6개 왕조가 있었는데 그 중 2개가 여진족과 만주족이 세운 왕조였다. 요나라는 한족을 멸망시키거나 지배한 적은 없었다. 그런데 금나라는 중국사의 3대 치욕 중 하나인 '정강의 변'을 일으켰고 북송을 멸망시켰으며 청나라는 오랜만에 들어선 한족 왕조 명나라를 대신해서 중국 대륙을 차지했다. 단기간 임팩트는 몽골족이지만 두 번이나 한족 왕조를 몰아내고 중원을 지배한 것은 그들(여진족과 만주족)이 유일했다. 따라서 그들은 10세기 이후 한족에게는 최대의 적이자 공포인 '오랑캐'였던 것이다. 누르하치는 국호를 자신들의 선조가 세운 금나라를 계승한다는 의미에서 '대금(大金)'이라고 했다(송나라 때 금나라와 구분하기 위해 '후금'이라고 불리는 것뿐이다). 그런데 누르하치의 아들 홍타이지는 '대금'을 '대청'으로 바꾸었다. 왜 갑자기 국호를 바꾸었을까? 여러 가지 이유가 있었지만 가장 큰 것은 한족들이 과거 금나라가 송나라를 침략했던 치욕의 역사를 떠올리지 않게 하기 위해서였다. 즉 한족들의 정서를 살펴 자신들에게 반감과 복수심이 생기지 않기 위한 일종의 묘수였던 것이다. 그만큼 한족들에게 여진족은 원수였다.

앞서 본 것처럼 한국사는 '북쪽' 나라들이 사라지고 난 이후부터는 본격적으로 '친중국 반유목' 노선을 걸었다. 대조영이 실제로는 고구려인이라 하더라도 한족의 송나라가 정사인 『신당서』에서 그를 말갈인이라고 규정했기 때문에 그것은 일종의 '낙인'으로 작용했을 것이다. 따라서 고려와 조선에게 대조영은 말갈인일 수밖에 없었다. 그런데 고려와 조선이 중국 한족의 '최대의 적'인 말갈이 세운 발해를 '우리 역사'로 간주해서 발해사를 편찬을 할 수 있었을까? 발해사를 편찬하기는커녕 발해를 자신들과는 상관없는 '오랑캐' 취급할 수밖에 없었다(발해는 한국사의 '북쪽' 나라답게 농업보다는 수렵과 목축이 중심이었는데 특히 수렵이 큰 비중을 차지했고 주요 수출품은 말이었다). 실제로도 그랬다. 신라는 발해를 숙신(말갈족의 선조)의 후예로 다른 종족으로 간주했다. 삼한을 통일했던 신라인들은 발해가 실제로는 '고구려의 남은 무리'를 포함하고 있다고 해도 기본적으로는 속말말갈이 건립한 다른 종류의 나라로 인식했던 것이다. 그리고 당연히 발해를 삼한 사람들의 '동포'로 인식하지 않았다. 예를 들어 최치원은 발해를 "추한 오랑캐", "저 오랑캐"라고 부르기도 했다.

이처럼 발해를 다른 종류로 본 인식은 신라뿐 아니라 고려와 조선 시대 사람들에게도 그대로 이어졌다. 예컨대 고려시대 최해는 원나라 제과에 급제했는데 귀국해서 성균관대사성이 되었고 이제현과 함께 당대의 문호로 이름을 떨쳤다. 최해는 1287년에 쓴 『졸고천백』에서 "대체로 중국의 빈공과에 급제한 자는 58인이다. (…) 대체로 발해의 수십 인을 제외하고 나머지는 모두 동토(東土)이다. (…) 동방(東方)이 대대로 인재가 결핍되지 않았음을 볼 수 있다." 라며 발해를 '동토' 혹은 '동방'으로부터 제외시키고 있다(동토, 동방, 동국, 삼한 등은 좁게 보면 한반도, 넓게 보면 한국사의 '북쪽' 나라들과 '남쪽' 나라들을 포함해서 가리킨다). 조선시대 양성지는 정조가 정신적 스승으로 삼았던 인물이다. 양성지는 규장각을 설치해 조정에서 간행한 서책들을 비롯하여 선비들이 저술한 서책들도 모두 수집, 간행, 보관케 할 것을 건의했다. 그의 건의는 300여 년이 흐른 후 정조에 의해 실현되었다. 정조는 양성지를 존중해서 그의 문집인 『눌재집』을 왕명으로 출간하고 그의 자손들도 우대해 주었다. 『조선왕조실록』 「세조편」에 보면 양성지가 "신(양성지)이 당나라 역사를 보니 발해의 대조영은 고구려의 옛 장수로 폭동을 일으켰다 망하여 칭할 만한 것이 없습니다. 그런데도 동국 예악의 문물이 성함은 단지 발해를 일컬을 뿐 삼한은 이에 참여시키지 않았습니다. 신은 삼가 그것을 부끄러워합니다."라고 한 대목이 있다. 여기서도 발해는 삼한과는 다르게 취급하고 있다. 이처럼 통일신라와 고려 그리고 조선 시대에 편찬된 역사서 등에 발해가 없거나 발해를 다른 민족으로 취급한 이유는 모두 이와 같은 맥락 때문이었던 것이다.*

* 발해가 가장 흥성했을 때 설치된 5경(五京)이 모두 속말말갈의 근거지에 설치되었다는 사실에 근거해서 발해의 지배층을 속말말갈로 보는 견해도 있다. 『요동사』를 쓴 서강대 사학과 교수 김한규는 "발해는 말갈을 중심으로 고구려 유민의 도움을 받아 건국된 국가"라고 주장한다.

고려가 발해사는 편찬하지 않고 발해인들만 받아들인 이유

태조 왕건(재위 918~943년) 때 '만부교 사건'이 있었다. 907년에 요나라를 세운 거란은 동쪽으로 세력을 확장해서 926년에 발해를 멸망시켰다. 960년에 송나라가 일어나 5대10국의 혼란을 수습하고 통일하자 요와 송은 중원의 패권을 놓고 대립하게 되었다. 거란은 발해를 멸망시킨 후 고려와 국경을 접하게 되자 화친을 맺기 위해 낙타 50필과 30여 명의 사신을 고려에 보냈다(942년). 그러나 태조 왕건은 거란을 "발해와 동맹을 저버리고 하루아침에 발해를 쳐서 멸망시킨 무도한 나라"로 간주해서 화친을 거부했다(낙타는 만부교 밑에 붙들어 매어 굶어죽게 하고 사신은 섬으로 내쫓았다).* 여기서 한 가지 의문이 생긴다. 고려는 만부교 사건을 일으키고 발해를 형제국이라며 발해가 멸망한 뒤 발해 유민을 적극적으로 받아들였다. 그런데 고려는 발해사는 편찬하지 않았다. 이것을 어떻게 이해해야 할까? 그것은 앞서 본 고대 국가들이 전쟁을 벌인 이유를 통해 이해할 수 있다. 왕건의 고려는 발해가 멸망한 뒤 발해인들을 적극적으로 받아들이는 정책을 추진했다. 이 과정에서 고구려계 발해 유민의 고려 합류는 여러 차례에 걸쳐 이루어졌다. 926년에 거란에게 나라를 빼앗긴 발해인들이 다수 고려에 합류했다. 934년에도 발해의 후신인 후발해가 정안국으로 바뀌면서 대규모의 발해 유민이 고려로 들어왔다. 이때 후발해의 세자 대광현이 수만 호를 이끌고 고려로 왔다. 발해 유민들은 925년부터 30여 차례에 걸쳐 고려로 들어왔고 979년에는 그 수가 수만 명에 이르렀다.

* 이에 대해 박지원은 『열하일기』에서 "거란이 비록 무도한 나라 하더라고 낙타에게 무슨 죄가 있는가? 이놈은 하루에도 소금 몇 말을 먹고 여물 열 단을 먹어치우니 우리나라의 마구간이 빈약하고 목동 역시 보잘것없었으므로 실로 키우기도 어려웠을 것이다." 라고 했다.

즉, 고려는 발해인들을 받아들이기는 했지만 발해의 역사와 문화까지는 수용하지 않았다고 할 수 있다. 그리고 그 이유는 통일신라와 고려 그리고 조선 시대에 편찬된 역사서에 발해가 없거나 발해를 다른 민족으로 취급한 것과 같았다. 앞서 본 것처럼 고대 국가들은 땅이 아닌 사람을 얻기 위해 전쟁을 벌였다. 당시에는 인구가 곧 국력이었다. 고려는 통일신라보다 영토가 북쪽으로 더 확장되었다. 안 그래도 인구가 많아야 국력이 강해지는데 영토가 넓어졌으니 사람이 더 필요했던 것이다. 고려는 발해인들을 발해가 멸망하기 전부터 받아들였다. 발해는 926년에 멸망했는데 신라는 935년까지, 후백제는 936년까지 존속했다. 만약 발해인들이 고려가 아닌 신라나 후백제로 간다면 고려로서는 후삼국 통일은커녕 생존을 걱정 해야 할 수도 있었다(물론 중간에 고려가 있었기 때문에 발해인들이 신라나 후백제로 가기 는 쉽지 않았을 것이다).

그리고 원래 태조 왕건의 가장 중요한 정책이 바로 포용 정책이었다. 왕건의 고 려는 곡창지대에 기반한 후백제보다 군사력과 경제력에서 뒤졌다. 그러나 왕건은 포용 정책으로 호족들을 자기 편으로 만들었고 신라를 병합해서 후삼국을 통일할 수 있었다. 견훤의 아버지이기 이전에 주요 호족 중 하나였던 아자개는 아들 견훤 이 아닌 왕건에게 투항했다. 이는 왕건의 포용력이 뛰어났음을 보여주는 단적인 사례라고 할 수 있다. 왕건이 28명의 부인을 두어 이 부분에서 한국사 타이틀(?)을 차지한 것도 호족을 포용하는 정책 때문이었다.[8] 또한 만부교 사건은 고려의 '친 중국 반유목'을 명백히 보여주는 것이었다. 그런 태조 왕건은 죽으면서 유언으로 「훈요십조」를 통해 '친중국 반유목'을 천명하기까지 했다. 태조 왕건이 유언으로 남긴 「훈요십조」 중 넷째는 "우리 동방은 옛날부터 중국 풍속을 흠모하여 문물과 예악이 다 그 제도를 따랐으나 지역이 다르고 인성도 각기 다르므로 꼭 같게 할 필요는 없다. 거란은 짐승과 같은 나라로 풍속이 같지 않고 말도 다르니 의관제도 를 삼가 본받지 말라."이다. 거란을 오랑캐로 간주하고 중국을 따르겠다는 '친중 국 반유목' 노선을 분명히 선언한 것이다. 따라서 고려는 인력은 필요했기 때문에

---

8) 지방 호족세력은 분립 성향이 강했기 때문에 후삼국 사이에 벌어진 쟁패전은 고대 삼국 간의 그것과는 성격이 달 랐다. 삼국시대에는 정복의 주체가 하나로 고정되어 강한 일관성을 가진 반면 후삼국시대에는 호족들의 분립성 때문 에 한 강자가 다른 호족들을 얼마나 자기 편으로 끌어들이느냐가 중요했다. 따라서 후삼국시대에는 궁예나 견훤이 보인 전제군주적 지도력은 성공하기 힘들었다. 반면에 송악 지방의 호족 출신인 왕건은 뛰어난 포용력으로 호족 규 합정책을 취해서 최후의 승자가 될 수 있었던 것이다.

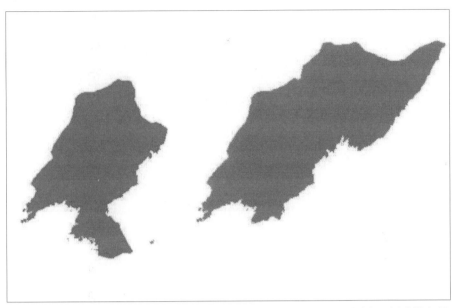

고구려(왼쪽)와 발해(오른쪽)의 각각 전성기 시절 영토. 발해는 고구려보다 한반도에서 차지하는 영역이 훨씬 적은 '만주형 국가'였다. 그러니 주민 대부분이 말갈족인 것은 어쩌면 당연했다.

발해의 고구려계 유민은 적극적으로 받아들이되 '친중국 반유목' 노선에 따라 거란과의 통교를 거부하는 만부교 사건을 일으켰고 발해사는 편찬하지 않았던 것이다.

4
인조를 위한 변명

　지금까지 살펴본 것처럼 한국사는 삶의 기반과 문화가 다른 '북쪽' 나라와 '남쪽' 나라가 하나가 되는 역사였다. '북쪽'은 만주와 한반도 북부 지역이었고 이 지역은 지리적 특성상 농경보다는 수렵과 유목(목축과 반농반목 포함)이 중심이었다. 그에 비해 '남쪽'은 농경이 중심이었다. '남쪽' 나라인 신라의 통일로 인해 '북쪽'이 한국사에서 탈락했다. 이제 농경만 남음으로써 한국인들은 수렵과 유목(목축과 반농반목 포함)이 중심인 이민족들과는 멀어지고 그들을 적대시하기 시작했다. 그럼으로써 한국사는 철저하게 '친중국 반유목' 노선을 따르게 되었다. 중국화, 즉 한족과 동질화의 길(농업화와 유교화)을 걸으면서 이민족은 '오랑캐' 취급하게 된 것이다. 그리고 그것은 '생존과 발전'이라는 측면에서 어쩔 수 없는, 할 수 있는 최선의 선택이었다.

1) 동양사의 공식

1985년, 남과 북은 교류를 추진했다. 그해 9월 남북고향방문단 및 예술방문단 방북에 동행한 MBC는 평양에서 한 젊은 여성과 인터뷰를 했다. 기자가 그녀에게 "올해 바캉스 다녀오셨습니까?"라고 물었다. 여성은 당황하며 머뭇거렸다. 여성이 머뭇거리는 이유를 눈치 챘는지 기자가 다시 "피서 다녀오셨습니까?"라고 물었고 그제야 그녀는 "네, 묘향산으로 다녀왔습네다."라고 밝은 표정으로 답했다. 이 '묘향산 바캉스' 사건은 한 동안 남한에서 큰 화제였다. "바캉스를 산으로 다녀왔대."라며 비아냥거리는 사람들도 있었는데 그들은 그녀가 바캉스가 뭔지도 모르면서 남한 방송이기 때문에 다녀온 척 했다고 생각했다.[9] 그러나 대부분의 사람들은 그 인터뷰를 보고 굉장한 이질감과 괴리감 그리고 공포를 느꼈다.

사람이 살고 있었네

준전시 상태인 냉전이 한창이던 시절 가끔 공산주의 국가가 TV에 나오면 거기에 나오는 사람들은 우리와는 너무나도 다르게 느껴졌다. 냉전시대 남한 사람들은 공산국가 사람들을 우리와 같은 사람으로 생각하지 않았다. 그들은 인조인간이나 로봇 같기도 한, 어쩌면 외계인보다 더 이질적인 존재였다(얼마나 그랬으면 황석영이 방북하고 와서 쓴 책 제목이 『사람이 살고 있었네』였을까). 당시 남한 사람들은 북

---

9) 아이스크림을 '얼음보숭이', 브래지어를 '부끄럼 가리개'라고 부르는 북한의 언어 정책을 볼 때 그녀는 '바캉스'라는 단어를 몰랐을 가능성이 높다. 사실 '바캉스'의 사전적 의미가 "피서나 휴양을 위한 휴가"이기 때문에 묘향산으로 바캉스를 갔다 왔다는 그녀의 대답은 알고 보면 질문에 맞는 것이었다. 그러나 당시 남한 사람들 대부분은 바캉스를 "여름에 바다로 가는 해수욕"이라고 알고 있었다. 그러니 묘향산으로 바캉스를 갔다 왔다는 말은 당시 남한 사람들에게는 마치 "해운대로 등산 갔다 왔다."처럼 들렸던 것이다. 북한에서는 이 '묘향산 바캉스' 사건을 남한의 대표적인 왜곡 보도 사례로 꼽고 있다. 그래서 북한은 2008년 당시 통일부 장관 이종석의 개성공단 방문 취재에 MBC에 초청장을 내주지 않았다. 『조선일보』와 『동아일보』에도 처음에는 안 주다가 나중에는 내주었는데 MBC는 끝까지 안 주었다.

한 등 공산국가 사람들을 보면서 단순히 "우리와는 다르다."라고 느낀 것이 아니었다. "우리는 저들과 못 산다.", "우리는 저렇게 못 산다."라는 이질감, 거부감, 공포심 등을 훨씬 더 크게 느꼈다. 그리고 그것은 바로 천년 이상 우리 조상들이 이민족(유목민)들에게 갖고 있던 것과 똑같은 것이었다. 유목민들은 말을 타고 사냥을 하며 가축을 데리고 이동을 한다. 농경민들은 말도 잘 못타고 사냥도 잘 못하며 고향을 버리고 가축을 몰고 떠돌아다닐 자신도, 이유도 없다. 잘 씻지도 않고 흉측한 몰골에 말을 타고 와서 자신들의 소나 돼지를 사냥하고 심지어 '인간 사냥'도 서슴지 않는 유목민들에게 농경민들은 "우리는 저렇게 못 산다.", "우리는 저들과 못 산다."라는 이질감, 거부감, 공포심을 느낄 뿐이었다. 냉전시대 우리는 공산국가들(북한, 소련, 중공 등)이 언제든 침략할 수 있다는 공포에 시달렸다. 그들에게 침략을 당해 폐허가 된 경험도 있었으니 그것은 막연한 공포가 아니었다. 그러면 어떻게 해야 할까? 같은 진영끼리 한편이 되고 똘똘 뭉치는 수 밖에 없었다. 마찬가지로 농경국가인 한국과 중국은 유목을 하며 살 수는 없었는데 유목민들에게 침략을 당한 경험은 많았다. 따라서 같은 진영인 한국과 중국은 생존을 위해 한편이 되고 똘똘 뭉치는 수 밖에 없었던 것이다.

'친중국 반유목'의 대표 사례인 병자호란

그렇다면 병자호란은 어떨까? 중국과 같은 편이 된 이유가 생존을 위해서였다면 조선은 명나라가 아닌 당장의 생존을 위협하는 청나라 편에 서야 하지 않았을까?(아니면 적어도 중립이라도). 병자호란은 '친중국 반유목'의 가장 대표적인 역사적 사례라고 할 수 있다. 동시에 대부분 사람들에게 병자호란은 "현실적이지 못하고 모화사상과 사대주의에 빠져 피할 수 있었는데 당한 전쟁"의 표본처럼 느껴질 것이다. 그러니 인조와 당시 집권층을 이해하지 못하고 비난하는 것은 어쩌면 당연하다. 1635년 홍타이지는 동생 도르곤(또는 다이곤)에게 칭기즈 칸 후손인 동몽골 알탄 칸이 도읍했던 후허하오터까지 원정케 했다. 후금은 몽골 대칸 자리를 차지하고 있던 차하르부는 물론 투메트부와 오르도스부도 복속시켰다. 그렇게 동몽골을 평정한 홍타이지는 다음 해(병자년) 국호를 청으로 고쳤다. 권력을 강화한 홍타이지는 조선에 사신을 보내 자신을 황제로 섬길 것을 요구했는데 조선은 이를 거부했다. 그해 11월 홍타이지가 직접 지휘하는 청나라 군대 12만 명이 얼어붙은 압록강을 건너 조선을 침략했다.

청나라 군대가 파죽지세로 남하해서 도성이 함락당할 위기에 처하자 당황한 조선 조정은 왕자 2명과 왕실을 강화도로 피난시키고 청과 강화를 추진했다. 화평 교섭은 실패했고 인조는 소현세자 및 대신들과 함께 남한산성으로 들어가 항전을 시작했다. 남한산성에서는 최명길 주도 주화파와 김상헌 주도 척화파가 소모전을 벌였다. 47일을 버티던 인조는 삼전도에 나가 홍타이지 앞에 무릎을 꿇었고 소현세자와 봉림대군을 포함한 30~40만 명이 포로로 청나라에 끌려갔다. 800만 명의 조선이 120만 명의 만주족에 속절없이 당하고 만 것이었다. 만주족의 핵심을 이룬 건주위 오도리부는 15세기까지만 해도 김종서, 이징옥, 남이 등에게 굴복하던 여진 1개 부락에 불과했다. 보통 광해군의 중립외교 덕분에 전쟁을 피할 수 있었는데 인조반정으로 집권한 인조와 서인 세력 때문에 중립외교가 폐기되고 존명사대주의로 인해 정묘·병자호란이 일어났다고 생각한다.* 정말 광해군은 당시의 국제 정세를 정확히 파악한 현실적인 지도자였고 인조는 아니었을까?

* 광해군의 외교 정책을 중립외교, 등거리외교, 균형외교 등으로 부른다. 광해군이 추진했던 외교는 스위스처럼 영세 중립국을 추구하는 것이 아니었고 그럴 수도 없었다. 광해군의 중립외교는 그때그때 상황에 따라 명과 후금 사이에서의 향배를 결정했기 때문에 양면외교라는 용어가 가장

정확할 것이다.

병자호란의 데자뷰

병자호란의 결과로 조선과 청은 11개 조항의 조약에 합의했는데 주요 내용은 다음과 같다.

1조, 조선은 청에 대해 신하의 예를 행할 것.

2조, 명에서 받은 고명책인을 바치고 명과 교호를 끊으며 조선이 사용하는 명의 연호를 버릴 것.

3조, 조선 왕의 장자와 차자 그리고 대신의 아들을 볼모로 청에 보낼 것.

4조, 청이 명을 정벌할 때 조선은 기일을 어기지 말고 원군을 파견할 것.

(…)

11조, 조선은 기묘년(1639)부터 세폐를 보낼 것.

1조는 전쟁 전부터 원했던 내용이었으므로 청나라로서는 전쟁의 승자로 당연한 요구사항이었다. 정묘호란을 통해 조선과 청은 형제관계가 되었는데 병자호란을 통해 그것이 군신관계로 변한 것이다. 정묘호란 당시 조선은 후금과 형제관계를 맺고 세폐 요구는 들어주었지만 명과의 단절에는 반대했다. 후금은 더 이상 강요하지 않고 조선과 강화를 맺었다. 정묘호란 이후 조선으로부터 들어온 물자는 후금이 몽골을 회유하고 명을 공략할 때 활용하는 재원이 되었다. 그리하여 후금에서 업그레이드 된 청은 조선에 군신관계를 요구했고 조선이 이를 거부한 것이 병자호란의 직접적인 원인이었다. 병자호란의 결과 맺어진 조약에서 핵심은 2조라고 볼 수 있는데, 청의 요구는 조선은 명과의 관계를 끊으라는 것이었다. 이것은 그만큼 조선과 명나라는 같은 편이자 불가분의 관계라는 것을 증명한다고 할 수 있다.

병자호란과 거의 똑같아서 데자뷰라고 해도 믿을 만한 전쟁이 이전에도 있었다. 그것은 정묘호란이 아니라 고려와 거란 간 3차례에 걸친 여요전쟁(993~1019년)이었다.* 고려는 태조 왕건(재위 918~943년)이 「훈요십조」에서 "우리 동방은 옛날부터 중국 풍속을 흠모하여 문물과 예악이 다 그 제도를 따랐으나 지역이 다르고 인성도 각기 다르므로 꼭 같게 할 필요는 없다. 거란은 짐승과 같은 나라로 풍속이 같지 않고 말도 다르니 의관제도를 삼가 본받지 말라."라고 했듯이 출발부터 '친중국 반유목'이었다(굵은 부분은 나의 강조). 그리고 태조 왕건은 '만부교 사건(942년)'을 통해 '친중국 반유목'을 몸소 실천했다. 광종(재위 949~975년)은 고려의 네 번째 군주였지만 아버지 왕건의 사망과 그의 즉위는 불과 6년 밖에 차이나지 않는다. 광종은 아버지 왕건의 유지를 받들어 '친중국 반유목'이었는데 5대10국의 상황에서 송나라가 들어서자 곧바로 친송사대의 자세를 취했다.

* 이 전쟁의 명칭을 국사편찬위원회에서 펴낸 한국사와 학술논문 등에서는 '여요전쟁'이라고 지칭하는데 국사 교과서에서는 '거란의 침입'이라고 쓰고 있다.

약속을 안 지킨 고려

916년에 요나라를 세운 거란은 고려를 세 차례 침략했다. 송나라가 5대10국시대를 정리해서 중국을 통일하고 거란과 맞서고 있을 때 고려는 송과 손잡고 거란을 견제했다. 압록강 중류에는 발해 유민들이 세운 정안국이 있었는데 정안국도 송과 손잡고 거란에 대항했다. 거란의 최종 목표는 모든 이민족 국가들이 그렇듯이 중국(송)이었다. 그런데 고려와 정안국이 송과 연합해서 거란에 맞서자 거란은 먼저 정안국을 멸망시켰다. 그 뒤 세 차례에 걸쳐 고려를 침략한 것이었다. 거란은 1차로 소손녕이 군대 80만 명을 이끌고 고려를 침략했다(993년). 거란의 주요 요구 사항은 고려가 차지한 고구려 옛 땅을 내놓으라는 것과 송과 외교 관계를 끊고 요와 통교하라는 것이었다. 이 때 서희는 소손녕에게 "우리나라는 고구려 뒤를 이었으므로 국호를 고려라 하였소. 압록강 유역도 우리 땅인데 여진이 그곳에 살고 있어 길이 막혀 있으니 당신네 거란과 수교를 할 수 없소. 만일 여진을 내쫓고 우리 옛 땅을 돌려주면 수교하겠소."라고 말했다. 당시 거란은 송과 대치 상태였기 때문에 고려와의 전쟁에 전념할 수 없었다. 어차피 최종 목표는 송나라였기 때문에 거란은 여진 땅을 차지해서 통로가 열리면 자신들과 통교하겠다는 고려의 약속에 만족했다.[10] 고려는 송과의 관계를 끊고 대신 거란은 고려가 거란으로 가는 길목인 압록강 하류 동쪽 지역 280리를 고려에 떼어주기로 했다. 이때 강동 6주의 관할권을 고려가 얻었다. 고려는 거란과의 약속을 지켰을까? 안 지켰다. 고려는 송과의 외교 관계를 끊지 않았고 거란과의 외교 수립도 미루었다.

이러한 고려의 태도에 거란은 당연히 불만을 품었다. 그러던 중 1009년에 고려

---

10) 서희의 담판은 우리 역사상 대표적인 외교 성과로 칭송받지만 실상은 꼭 그렇다고 할 수 없다. 거란이 고려에 땅을 떼어준 것은 고려가 압록강 유역까지 차지한다 해도 거란을 공격하지 않으리라는 확신을 가지고 있었기 때문이었다. 당시 군사력은 "거란 ≫ 송 > 고려"이었기 때문에 고려가 거란을 공격할 상황이 못 되었던 것이다. 더구나 거란으로서는 어차피 최종 목표는 중원인데 별로 중요하지 않은 땅을 떼어주고 대신 고려가 말썽 많은 여진을 정복해준다는 조건은 상당히 만족스러웠다. 그리고 적국 외교관의 말 한 마디에 일개 장군이 군주의 허락도 없이 땅을 떼어준다는 것 자체가 어불성설이다. 만약 소손녕이 서희의 말만 듣고 정말 그랬다면 그는 멸문지화를 당했을 것이다. 소손녕은 더 이상 서희에게 영토 할양이나 항복을 강요하지 않고 회담내용을 그대로 거란의 성종에게 보고하고 결과를 기다렸다. 소손녕의 보고를 받은 거란의 성종은 고려가 이미 송과 외교를 단절하겠다고 약속했고 향후 압록강 유역의 여진족 문제가 해결되면 조공도 하겠다고 하자 차라리 압록강 이남 지역을 고려에 넘겨주어 고려로 하여금 여진을 축출토록 하는 것이 좋겠다고 판단하고 강화를 체결하라고 지시했다. 즉 거란 입장에서는 별로 안 중요한 땅을 떼어주는 대신 고려가 송과의 관계를 끊고 자신들과 통교하고 여진까지 처리해주는 것은 차선의 결과였던 것이다. 물론 최선은 땅도 안 주는 것이었겠지만 앞에서 봤듯이 과거 국가들에게 땅은 그렇게 중요한 것이 아니었다. 더구나 유목 민족은 농경 민족과는 달리 이동을 하기 때문에 땅에 대한 집착도 거의 없었고 어차피 거란에게는 자신들이 노리는 중원에 비해 고려에게 떼어주는 땅은 빙산의 일각일 뿐이었다.

에서 강조의 정변이 일어났다. 이는 당시 서북면(지금의 황해도, 평안도, 함경도 지방)을 지키던 강조가 목종을 몰아내고 현종을 즉위시킨 사건이었다. 그러자 이듬 해 거란은 신하로서 임금을 친 강조를 벌하겠다는 구실로 2차 침략을 했다(1010년). 물론 거란의 진짜 의도는 강동 6주를 되찾고 고려가 친송 정책을 포기하도록 압박하려는 것이었다. 거란군에 맞서 싸우던 강조는 포로가 되어 죽었다. 강조가 죽고 개경이 함락되어 전라도 나주까지 피난을 간 현종은 거란에 직접 찾아가 신하의 예를 갖추겠다고 약속했고 거란군은 물러갔다. 이번에는 고려가 약속을 지켰을까? 이번에도 지키지 않았다. 현종은 거란에 입조하지 않았고 고려는 거란을 등지고 여전히 송나라와 친하게 지냈던 것이다. 그러자 거란은 고려에 약속을 지킬 것을 요구하며 소배압이 군사 10만 명을 이끌고 3차로 침략했다(1018년). 이때 고려에서는 강감찬이 맹활약했고 거란도 최종 목표인 송나라에 집중하기 위해 물러갔다. 3차 전쟁까지 치른 고려와 거란은 조금씩 양보해서 협상을 맺었다. 거란은 강동 6주를, 고려는 친송 정책을 포기하기로 했던 것이다(이후에 만든 것이 고려의 천리장성이었다). 한 마디로 여요전쟁은 '병자호란의 고려 버전'이었다. 고려가 송과의 관계를 끊고 자신들과 통교를 원했던 거란족의 요. 조선이 명과의 관계를 끊고 자신들과 통교를 원했던 만주족의 청. 600여 년 전에 벌어진 고려와 거란의 전쟁을 잘 알고 있었던 조선의 지배층들은 학습효과가 전혀 없었던 것일까?* 강자의 편에 서든가 아니면 중립이라도 지킬 것이지 왜 '친중국 반유목'을 고집해서 계속 침략을 당했던 것일까? 정말로 우리 선조들은 중국을 부모로 섬겼던 것일까? 과연 '친중국 반유목'은 한국인의 뼈 속까지 박힌 DNA인 것일까?

＊ 유교 국가인 중국과 한국은 새 왕조가 들어서면 전 왕조의 역사를 정리하는 전통이 있었으며 정사는 역사학자가 아닌 김부식과 같은 정치인들이 집필했다. 조선은 1451년에 관찬 사서인 『고려

사』를, 이듬 해 『고려사』를 축약한 『고려사절요』를 편찬했다.

소현세자와 광해군 그리고 '우주 전쟁'

냉전이 한창이던 시절 미국과 소련은 '우주 전쟁'을 펼쳤다. 당시 '우주 전쟁'에서는 소련이 미국을 월등히 앞섰다. 1957년 10월 4일 소련은 최초의 인공위성인 스푸트니크 발사를 성공시켰다. 소련은 스푸트니크를 발사하면서 우주 시대를 열었고 동시에 최초의 인공위성 발사 성공 국가라는 타이틀도 얻었다. 반면 미국이 같은 해 12월 6일 발사한 뱅가드 로켓은 발사대도 못 떠나고 폭발해버렸다(이 장면은 TV를 통해 전 세계로 생중계되었다). 또한 소련은 스푸트니크 1호 발사 한 달여 만에 최초로 생명체(개)를 태운 스푸트니크 2호 발사를 성공시켜 연거푸 미국에 승리를 거두었다. 미국은 패배를 만회하고 반격을 위해 우주 개발 및 발사체에 관련된 업무를 모아 나사(NASA)를 설립했다. 우주로 개를 보냈으니 이번에는 사람 차례였다. 피 말리는 경쟁 끝에 25일 차이로 소련이 미국보다 먼저 유인 비행을 성공함으로써 세계 최초 유인 비행 타이틀도 소련이 차지했다. 이렇게 '우주 전쟁'에서 소련은 미국에 3연승을 거두었고 이러한 소련의 우위는 1960년대 중반까지 이어졌다.

미국과 소련의 '우주 전쟁'은 단순히 누가 더 과학기술이 앞서 있는가 하는 경쟁이 아니었다. 당시 미국과 소련은 냉전이라 불리던 준전시 상태였기 때문에 미국 국민들은 스푸트니크 발사 이후 패닉에 빠졌다(냉전시대, 특히 1950년대와 1960년대에는 언제든 미국-소련 간에 핵전쟁이 일어나도 이상하지 않은 시대였다). 당시 소련 서기장 흐루쇼프는 "우리는 수소폭탄을 실은 대륙간 탄도 미사일을 갖고 있다."라고 선전했다. 그러나 실제로 스푸트니크 1호가 발사되기 전까지 서방 세계에서는 아무도 그 말을 믿지 않았다. 그런데 소련이 스푸트니크 1호를 발사해서 자신들이 인공위성 대신 핵무기를 실어 미국이나 서유럽으로 배달하는 것이 가능하다는 것을 인증한 셈이었다(대기권 밖에서 떨어져 내리는 미사일은 당시는 물론이고 지금도 막기 어렵다). 그러자 미국인들은 "소련이 핵무기를 우주로 보내 우리 머리 위에 떨어트릴 수도 있다."라는 공포에 사로잡혔다. 9·11테러 역시 미국인들에게 큰 충격을 주었지만 소련과의 '우주 전쟁'은 충격의 강도가 달랐다. 9·11테러가 터진 후 미국이 지구상에서 사라질지도 모른다고 생각한 미국인은 거의 없었다. 그러나 스푸트니크 쇼크 때는 대다수 미국인들이 소련의 선제 핵미사일 공격으로 미국이 지구상에서 사라질지도 모른다는 공포를 느꼈던 것이다(스푸트니크 쇼크는 미국이 역사상 가장 큰 충격과 공포를 느낀 사건으로 평가된다). '우주 전쟁'에서 미국이 소련을 압도하기 전까지 미국과 서유럽 등 자유민주주의 진영의 공포는 계속되었다.

가상의 사례를 한번 만들어보자. '우주 전쟁'이 한창이던 시절 미국과 소련에 가서 미국은 실패하고 소련은 성공하는 것을 보고 온 한국의 유력 정치인이 있다고 해보자. 그가 자신이 직접 눈으로 보고 온 것을 바탕으로 미소 중립외교를 하자고 주장한다면 냉전시대의 남한에서 어땠을까? 아무리 유력한 대선 후보라 하더라도 '우주 전쟁'에서 소련이 앞서나간다고 해서 미소 중립외교를 주장한다면 그가 남한에서 대통령이 될 수 있었을까? 아마 불가능했을 것이다. 불가능했을 뿐 아니라 그는 남한에서 '위험 인물'로 낙인찍혀 더 이상 정치를 하기도 힘들었을 것이다. 위의 가상의 사례에 해당하는 역사적 인물이 바로 광해군(1575~1641년)과 소현세자(1612~1645년)라고 할 수 있다. 청나라에 볼모로 있었던 소현세자는 청과 만주족이 발전하는 모습을 직접 지켜봤다. 그리고 청군이 북경에 입성하는 데 동행해서 청이 명에 이어 대륙의 주인이 되는 광경을 현장에서 목도했다. 그런 소현세자가 9년 만에 귀국했는데 그를 대하는 아버지 인조와 신료들의 태도는 싸늘했다.

사실 귀국 전부터 소현세자에 대해 인조와 신료들은 부정적이었다. 그가 심양에서 청나라 왕족 등과 친하게 지내는 등 친청파가 된 것을 알고 있었기 때문이었다. 그런데 소현세자가 귀국 두 달 만에 죽었다. 한 나라의 세자이자 아들이 죽었는데 인조는 냉담했다. 심지어 당시에는 왕이나 세자가 죽으면 어의를 처벌하는 것이 관례였는데 인조는 그러지 않았다. 인조뿐만이 아니었다. 당시 신료들 중에서도 소현세자 편은 거의 없었다. 소현세자는 한국사의 기본이자 가장 중요한 '친중국 반유목'에서 이탈해서 반대 노선을 택했기 때문에 일종의 파문을 당한 것이었다.* 소현세자와 같은 운명이 바로 인조반정으로 쫓겨난 광해군이었다. 광해군은 당시 집권세력이었던 대북의 반발까지 무릅쓰면서 명-후금 간 중립외교를 추진했다. 광해군의 폐위를 명한 인목대비는 교서에서 "우리가 명나라를 섬긴 지 200여 년이 지났으니 의리로는 군신 사이요, 은혜로는 부자 사이다. 임진년의 재조지은(再造之恩)은 영원히 잊을 수 없다. 선조께서는 42년간 보위에 계시면서 지성으로 명나라를 섬겨 한 번도 서쪽을 등지고 앉지 않았다. 그런데 광해는 명나라의 은덕을 저버리고 오랑캐와 화친했다."라고 했다. 광해군 역시 소현세자와 마찬가지로 한국사의 기본이자 가장 중요한 '친중국 반유목'에서 이탈했기 때문에 왕위에서 쫓겨나는 일종의 파문을 당한 것이었다.

* 그래서 야사에서는 소현세자가 인조가 던진 벼루에 맞아서 죽었다고 나온다. 시중에 음모론처럼 떠도는 소현세자 독살설 또한 그런 맥락이라고 할 수 있다.

'동양사의 공식'

요즘은 광해군과 소현세자에 대해 "나라와 백성을 위했던 현실주의자"라는 평가가 대세인 것 같다. 그러다보니 그들이 역사의 무대에서 퇴장한 것에 대해 많이 안타까워하는 분위기이다. 그러면서 그들과 반대 입장이었던 인조와 서인 세력 등에 대해서는 "나라와 백성은 안중에 없고 현실을 무시한 사대주의자"라고 비난하기 일쑤다. 내가 보기에 그러한 것들은 '동양사의 공식'을 잘 모르기 때문에 발생하는 현상이다. 즉 농경과 비농경(수렵과 유목 등)이라는 양대 세력으로 구성된 동양사가 어떻게 전개되었는지 잘 알지 못하기 때문에 나오는, 거시적 안목의 결여 현상이라는 것이다. 흩어져서 부락 생활을 하는 유목민들은 칭기즈 칸이나 누르하치와 같이 카리스마 있는 지도자가 나오면 금세 강력한 군사 국가가 되었다. 그들의 최종 목표는 언제나 풍요롭고 문화가 발달한 중국이었다. 한반도 침략은 사전 정지 작업으로 오로지 항복을 받아내기 위한 것이었다. 거란의 요, 여진의 금, 만주의 청 모두 그랬으며 몽골의 원 또한 마찬가지였다. 몽골은 다른 이민족 국가와는 달리 세계 제국을 추구했으나 한반도를 침략한 이유는 같았다. 몽골은 금나라를 1234년에, 남송을 1279년에 멸망시켰는데 그 사이인 1231년부터 1258년까지는 고려를 침략했다. 몽골은 북중국은 장악했지만 여진히 남송이 건재했기 때문에 몽골-고려-남송이라는 삼각관계 속에서 고려가 송나라와 연합 작전을 펴지 못하게 막기 위해 가끔씩 고려를 침략해서 겁을 주고 항복을 받아내려 했던 것이었다.

그렇다면 왜 항상 한반도는 사전 정지 작업일 뿐이었고 중국이 최종 목표였을까? 중국을 정복하고 지배할 수 있을 정도였으면 한반도는 쉬웠을 텐데 그들은 왜 항복만 받고 돌아갔을까? 첫 번째로는 중국이 동양의 '메인'이기 때문이었다. 그런데 그에 못지않게 중요한 이유는 바로 이민족 세력의 인구 문제였다. 그들이 세운 유목 국가의 인구는 일반적으로 중국의 1~3%, 한반도의 5~10% 정도에 지나지 않았다. 그랬기 때문에 그들이 아무리 군사적으로 강했다 하더라도 중국과 한반도를 동시에 점령하고 지배하는 것은 물리적으로 불가능했다. 따라서 한반도는 항복만 받고 곧바로 '메인'인 중국으로 향했던 것이다. 중국을 정복한 후에도 그들의 관심사는 대부분 중국이었고 한반도에는 크게 관심이 없었다. 관심을 가지고 싶어도 가질 수 없었던 것이 그럴 만한 인력이 절대적으로 부족했기 때문이었다. 그랬기에 만주족의 청나라는 한족에게는 변발을 철저하게 강요했으면서도 조선에는 그러지 않았던 것이다. 청나라는 "목을 두려면 머리카락을 둘 수 없고, 머리카락을 두려면 목을 둘 수 없다(留頭不留髮 留髮不留頭)."라는 치발령을 내려 한족들에게 변발을 강요했다. 체발에 불응하는 자가 잡혀오면 아침, 저녁을 가리지 않고 곧바로 처형했다. 마을에 변발을 하지 않은 자가 있으면 그 마을의 관리도 함께 처형하기도 했다. 당시에 변발은 단순히 '헤어스타일' 차원의 문제가 아니었다. 유교를 숭상하는 중국과 한반도에서는 '신체발부수지부모'였다. 따라서 머리를 밀어서 '오랑캐'처럼 변발을 한다는 것은 그들에게 복종한다는 의미였다. 만주족은 중국은 지배하기 위해 변발을 강요하여 복종을 얻어냈지만 조선은 지배할 의지나 여유가 없었기 때문에 복종(변발)이 아닌 항복만 받고 끝낸 것이었다.*

* 이것은 다른 나라, 다른 시대도 마찬가지다. 지배가 아닌 약탈 또는 항복이 목적이면 굳이 어렵고 복잡하게 다른 나라의 문화와 생활 방식 등에 개입하거나 강요할 필요가 없는 것이다. 그렇기 때문에 일제는 우리에게 단발령과 창씨 개명, 일본어 사용 등을 철저히 강요했다.

이민족들이 세운 국가들은 군사력은 강했지만 치명적인 약점이 두 가지 있었다. 첫째는 한족에 비해 턱없이 부족한 인구였다. 둘째는 중국을 정복하고 통치하다보면 어쩔 수 없이 진행되는 한화(漢化)였다. 이민족 국가들은 시간이 지나면서 중국의 풍요로운 경제와 발달된 문화를 맛보면서 자연스럽게 한화가 진행되었다. 그러다보니 유목민 특유의 절박함에서 나오는 군사력이 약해질 수밖에 없었다. 경제나 문화 등 거의 모든 면에서 뒤떨어지고 앞세울 수 있는 유일한 무기가 군사력인데 군사력이 약해지다 보니 한족의 1~3% 밖에 안 되는 인력으로 땅이 넓고 인구가 많은 중국을 지배하는 것은 불가능해졌다. 그것은 세계 최대의 제국을 건설한 몽골 제국이 무너진 것처럼 어떤 이민족 국가라도 마찬가지였다. 이것이 바로 '동양사의 공식'이라고 할 수 있다. 즉 유목 세력(이민족)은 막강한 군사력으로 농경 세력(한족)인 중국을 한때 지배할 수는 있지만 그들의 본질과 한계 때문에 어느 정도 시간이 지나면 돌아가거나 사라질 수밖에 없는 '운명'이었던 것이다. 이 '동양사의 공식'에는 어떠한 이민족 국가도 예외가 없었다.*

* 돌아가는 것은 그들의 고향인 초원으로 가는 것이고 사라지는 것은 한화를 의미한다. 돌아가면 다시 올 수 있지만 한화가 되면 영영 사라진다. 예를 들어 몽골족은 돌아간 것이었지만 선비족은 사라졌다고 할 수 있다. 그래서 "호국(胡國)의 운명은 백 년을 못 간다."라는 유가의 격언이 있었던 것이다.

'동양사의 공식'을 꿰뚫어 본 주희

이러한 '동양사의 공식'을 가장 잘 꿰뚫어 본 사람 중 한 명이 바로 성리학의 완성자 주희(朱熹, 1130~1200년)였다. 우주 본체를 태극으로 보고 음양설과 오행설을 세운 주돈이를 비롯해 소옹, 장재, 정호, 정이는 후대에 북송 5자(北宋五子)로 불렸는데 이들이 정초한 유학의 이론은 주희에 와서 완성되었다. 당시 유학은 탄생한 지 1,500년, 국가 통치 이념으로 채택된 지는 1,000년이 넘었다. 그런데 그 기간 동안에 달라진 내용보다 주희가 손 본 내용이 훨씬 많았다. 오늘날까지 유학의 기본 교과서로 알려진 사서(四書)도 주희가 만들었다. 결국 유학은 생겨나서 체계화될 때까지 1,500년이나 걸렸던 셈인데 그 결과는 눈부셨다. 허약한 제국인 송나라를 유지하는 정신적 기틀이 된 것은 물론 곧 이어 고려에 도입되면서 오늘날까지도 한반도 남부를 세계 최대의 성리학 본산으로 만들었던 것이다. 주희는 기존의 유학 이론을 종합해서 태극을 '이'(理, 불변의 원리)로, 음양과 오행을 '기'(氣, 가변적인 요소)로 보는 이기론(理氣論)과 일종의 수양론인 성리론(性理論)으로 집대성했다 (이것이 성리학 또는 주자학이라 불리는 송학의 완성판이다). 여기까지는 철학으로서 유학이었다. 송나라 때에는 거란, 여진, 몽골 등의 이민족들에게 워낙 많이 시달리고 굴복해서 중국의 민족적 우월성을 강조하는 중화 의식이 높아졌다. 주희는 수도를 빼앗기고 두 황제가 포로가 된 정강의 변(1127년)을 당해 남쪽으로 쫓겨 간 후에도 여진과 몽골에게 시달리던 남송 시절에 태어났다.

그런 주희는 자신의 사상 체계에 당시의 정치적·시대적 상황을 반영하는 화이 사상을 철저하게 집어넣었다. 자신이 완성한 철학으로서 성리학을 하나의 이데올로기로 변형시켰던 것이다. 그는 불변의 '이'를 한족, 가변의 '기'를 이민족으로 대입시켰다. 주희는 불변의 원리인 이(理)를 중화에, 가변적 변화 요인인 기(氣)를 이민족에 대비해서 불변의 원리인 이는 엄존하되 가변적 변화 요인인 기의 작용에 따라 일시적으로 변화한다는 이기론(理氣論)을 주장했다. 이것은 일시적이며 가변적인 기(氣)의 작용으로 이민족의 침략을 받고 있지만 불변의 원리로서 이(理)인 중화는 결코 꺾이지 않는다는 의미였다. 즉, 지금은 비록 '오랑캐' 힘에 눌려 있지만 결국 그들은 돌아가거나 사라지게 되어 있고 한족이 다시 중국의 주인이 되는 것이 이치라는 것이다. 그리고 그것은 '정신 승리'나 중화주의가 아닌, 철저하게 동양의 역사와 이민족의 본질을 통찰한 이론이었다.*

* 이러한 반(反)유목 정서를 사상으로까지 만든 것은 주희만이 아니었다. 조로아스터는 오아시스 농업 지역에서 태어나서 끊임없이 침략해오는 유목민에게 태생적으로 반감을 가지고 있었다. 그래서 그는 '선'(善, 원주민인 농민)을 지키고 '악'(惡, 외래 유목민)에 대항해야 한다는 의식을 가

졌는데 깊은 사색을 거친 후 선악 이원론을 바탕으로 하는 조로아스터교를 창시했다.

돌아가거나 동화되거나

　유목 세력들은 결국 몰락했는데 그것은 그들이 자신들의 본질을 잊고 정착문명에 동화되는 데 있었다. 이것은 이중의 불이익을 낳았다. 유목 세력은 약화되고 주변 정착 세력은 강화되는 이른바 '시소 효과'를 가져오는 것이다. 이 점을 중앙유라시아사의 고전 중 하나로 평가되는 『유라시아 유목제국사』를 쓴 프랑스 역사학자 르네 그루세(René Grousset, 1885~1952년)는 "3세기에 걸친 투르크-몽골인들의 침입 기간 동안 중국인들은 승리한 유목민들을 동화시켰는데 이렇게 새로운 피를 수혈 받아 강력해진 그들은 거기에다 오랜 뿌리를 지닌 문명의 엄청난 우월성까지 가미하여 이제 그들에게 힘을 불어 넣어준 초원민에게로 향한 것이다."라고 했다. 즉 이민족들이 중국을 힘으로 지배해도 그것은 일시적일 뿐 결국 그들은 한화되고 오히려 그들의 영향을 받은 한족은 더 강해진다는 것이다. 그리고 이민족들 또한 언젠가는 자신들이 한족에 동화되거나 고향으로 돌아가야 한다는 것을 잘 알고 있었다. 만주와 중국과의 경계는 나무 말뚝으로 만든 목책(유조변 또는 유조변장)이었는데 만리장성과 연결되어 있었다. 이 목책은 명나라 중기와 말기에 만주의 비한족으로부터 한족을 보호하는 장벽이었지만 청나라 때에는 오히려 한족이 만주로 진입하는 것을 막는 역할을 했다. 청나라는 이 목책을 이전과 약간 다른 위치에 다시 설치하고 한족들이 그것을 넘어 만주로 이주하는 것을 금지하는 정책을 취했다. 이는 두 가지 의도였다. 우선 만주족의 청은 한족이 만주로 진출해서 만주가 한화되는 것을 막고자 했다. 또한 나중에 청나라가 몰락했을 경우 만주족들이 후퇴해 안주할 자신들의 고향 땅을 확보하려는 것이었다(고향 땅이 있었기 때문에 몽골족들은 북경에서 쫓겨난 뒤에서도 북원과 동서 몽골 등으로 이어질 수 있었다).[11] 그러한 청나라의 봉금정책으로 만들어진 유조변은 산해관부터 압록강 하류까지 975㎞에 달했다.

만주족 이전에 몽골족도 마찬가지였다. 명나라에게 북경을 빼앗기자 몽골은 중국에 대한 일체의 미련을 버리고 한족이 도저히 상상할 수 없을 정도로 담백하게 몽골초원으로 돌아갔다. 당시 한족들은 몽골이 아무런 미련 없이 초원으로 돌아가는 모습에 기가 질렸다고 한다. 그래서 그것을 '원의 북귀(北歸)'라고 했다. 북귀란 동물의 습성을 표현한 말인데 가을에 날아온 기러기가 봄이 되면 북으로 돌아가듯이 몽골이 북으로 돌아갔다는 것이다. 이것은 『한서』에 기록된 흉노의 속성과 그대로 일치한다. 즉 이민족들은 중국을 침략해서 살거나 지배하다가 몰락했을 경우 한화되지 않았다면 자신들의 고향으로 미련 없이 돌아갔던 것이었다. 수렵과 유목을 하며 땅 위의 들풀과 하늘을 나는 새들에 의지해 살아가던 원시부락이 농업과 공업을 하는 문명 종족과 충돌을 일으킬 때 날쌔고 사나운 신체와 기동력 있는 전법을 갖춘 이들이 일시를 풍미할 수는 있다. 그러나 궁극적으로는 궤멸과 융합의 운명에서 벗어날 수 없다는 것을 역사가 증명하고 있는 것이다. 그리고 그것은 역사의 공식이었고 한족 뿐 아니라 이민족 스스로도 잘 알고 있었다. 경제와 문화가 낙후된 왕조가 얼마 안 되는 기병에만 의지해서 장기적으로 정권을 유

---

11) 이에 대해 박지원은 『열하일기』에서 다음과 같이 썼다. "저들이 중국 땅에 들어와 빌붙어서 살아온 지 백년이 넘었으나 지금까지 중국 땅을 뜨내기의 객지로 보지 않은 적이 없으며 미상불 우리나라를 인접한 나라로 보지 않은 적이 없었다. 지금 사해가 태평한 날이 되었건만 은근히 우리에게 친절을 보이려는 사람이 많다. 이는 우리를 두텁게 대우해서 덕을 팔려는 것이고 우리와 견고한 관계를 맺어 우리의 대비를 느슨하게 풀게 하려는 속셈이다. 뒷날 혹시 청나라가 자기들의 본고장인 만주로 되돌아가 국경을 깔고 앉아서 우리에게 예전의 군신 관계의 예를 내세워서 흉년이 들었을 때는 구제를 청하고 전쟁이 났을 때는 원조를 바란다면 지금 저들이 자질구레한 종이쪼가리나 돗자리를 감면해 주는 혜택이 뒷날에는 도리어 가축과 말, 구슬과 옥을 요구하는 구실이 되지 않으리라고 어찌 장담할 수 있겠는가?" 즉 지금 당장은 청나라가 우리에게 잘 해주지만 훗날 그들이 만주로 돌아가면 그것이 족쇄가 될 수 있으니 조심해야 한다는 것이다.

지하는 일은 가능하지 않은 것이었다.

불교와 성리학의 존왕양이

원래 중국인들은 외래문화를 잘 받아들이지 않는다. 그런데 특이하게도 불교는 중국이 수용해서 동아시아의 종교가 되었는데 그 이유가 있었다. 중국의 5호16국 시대에 북방 이민족들이 대거 중원으로 몰려왔다. 나라를 세운 북방 이민족들은 다민족 국가를 건설할 사상적 기반을 찾기 시작했다. "유가, 도가는 너무 중국적이고 특히 유가는 유행도 지났는데 뭐 참신한 게 없을까?" 그러던 차에 보편 종교인 불교가 이들에게 채택되었던 것이다. 마침 중국 내부에서도 과거에 대한 반성이 진행 중이었다. 불교의 내세관, 윤회론, 우주론 등은 중국인들에게 큰 충격이었다. 그때까지 중국에는 내세관이 없었는데 불교가 이런 빈자리를 메운 것이다. 지식인들은 불교의 심도 있는 수양론과 우주론에 감명을 받았고 백성들은 고통 받는 현실에 위안을 얻었다. 이렇게 해서 불교는 중국에 뿌리를 내려 유불선 3도의 한 자리를 차지하게 되었다.

삼국시대 이후 길었던 분열시대를 끝낸 것은 북조의 선비족 왕조인 수나라였다. 당나라도 수나라 내부에서 교체된 왕조였다. 그래서 수·당 시대는 북조의 개방적인 다민족 국가 분위기, 불교 중심 체제, 문벌귀족 문화의 특징을 그대로 이어갔다. 그리고 뒤이은 송나라에서는 여기에 맞서는 문화가 펼쳐졌다('수·당 : 북방 정권, 개방적, 불교, 문벌귀족, 지방분권' '송 : 한족 정권, 폐쇄적, 유학, 지식인관료, 중앙집권'). 송나라 시대에는 거란, 여진, 몽골 등 이민족들에게 굴욕을 많이 당한 탓에 민족적 자각의 일환으로 존왕양이를 앞세우는 유학이 자연스럽게 힘을 얻었다. 그리고 한족 문화를 지키겠다는 취지에서 외래 종교인 불교를 배척하고 유교 사상을 강화했는데 그것이 바로 성리학이었다. 송나라 때는 특히 유학이 크게 발달해서 오늘날까지도 그 시대 유학을 송학(宋學)이라는 용어로 부르며 유학 사상의 핵심으로 삼고 있다. 그렇게 만들어진 성리학은 한족 내셔널리즘이 반영되었고 또한 "비록 힘으로는 밀리지만 우리는 중화이고 너희는 오랑캐다."라는 관념이 투영되다보니 필연적으로 배타적이고 공격적인 성격을 지니게 되었던 것이다.

광해군과 소현세자의 한계

송나라 때 성리학이 탄생하고 완성된 데에는 이러한 시대적 배경이 존재했다. 그러한 성리학은 반(反)유목과 중화주의가 반영되었기 때문에 고려 말에 한반도에 들어와 순식간에 주류 이념이 될 수 있었던 것이다. 고려는 몽골에 30년 동안 항전을 했으나 결국 굴복하고 '원 간섭기(1259~1356년)'를 겪었다. 앞서 본 것처럼 '조선-명'만큼은 아니었지만 '고려-송'은 같은 편이자 불가분의 관계였다. 그렇게 고려는 조선과 마찬가지로 '친중국 반유목'이었고 중화의 일원이라는 자부심도 있었다. 당과 송은 한국사의 '남쪽' 나라들인 신라와 고려가 적극적으로 유교를 받아들이자 신라와 고려를 '소중화'라고 불렀으며 신라와 고려도 이에 만족했다. 그런 고려는 '오랑캐'에게 굴복하고 지배를 당하자(간접적으로나마) 반유목과 중화주의가 반영된 성리학에 빠져들 수 밖에 없었던 것이다. 따라서 고려 말의 성리학은 우주론적 이기론이나 사변적인 측면보다는 '반몽골', '반불교'를 위한 실천적 측면이 강조되었다. 성리학의 우주론적 이기론이나 사변적 측면은 조선시대에 이르러 이황과 이이에 의해 크게 발전했다.

일제가 본격적으로 한반도를 침탈하기 시작한 구한 말 이전까지 한국사에 가장 막강한 영향력을 미치는 나라는 단연 중국이었다. 근대 이전까지 한국사에서 중국이 차지하는 위상은 지금으로 치면 '미국+중국' 그 이상이라고 해도 과언이 아니었다. 좋든 싫든 중국의 영향력은 한반도의 정치·경제·사회·문화 등 모든 분야에서 절대적이었다(심지어 나라 이름까지 정해주기도 했다). 그런 한반도가 이민족 세력이 강해졌다고 해서 중국이 아닌 이민족 편에 서게 되면 어떻게 될까? 주희가 주장하듯, 역사가 증명하듯, 이민족 세력의 강성은 일시적인 것이었다. 그런데 청이 강해지고 명이 쇠락했다고 청나라 편을 들었다가 청이 물러나거나 사라지고 다시 한족 왕조가 들어섰을 때 뭐라고 변명할 수 있을까? 그리고 그들이 그것을 이해해 줄까? 만주족의 청나라보다도 더 강력했던 몽골족의 원나라도 결국 돌아갔으며 그것은 예외 없는 '동양사의 공식'이었다. 사실 광해군과 소현세자는 앞에서 들었던 가상의 사례와 비교하기 좀 그렇다. 냉전이 한창이던 시절에는 자유민주주의 진영과 공산주의 진영을 각각 대표하던 미국과 소련 중 누가 최종 승자가 될지 알 수 없었다. '우주 전쟁'에서는 소련이 앞서기도 했었기 때문이다.* 그러나 농경 진영(한족)과 유목 진영(이민족)의 최종 승자는 정해져 있었다. 그러니 '동양사의 공식'을 무시하고 한국사의 기본이자 가장 중요한 '친중국 반유목' 노선에서 이탈해서 중립외교를 한 광해군과 친청파가 된 소현세자는 역사의 무대에서 퇴장할 수밖에 없었던 것이다.[12]

---

12) 일반적으로 조선시대 왕과 세자 중에서 가장 많은 '동정표'를 받고 아쉬워하는 인물이 광해군과 소현세자 일 것이다. 실제로 KBS 방송문화연구소가 전국 역사교사들을 대상으로 "타임머신을 타고 조선시대로 돌아가 딱 한 가지를 바꿀 수 있다면 무엇을 하겠습니까?"(유효응답자 130명)라는 물음에 1위가 "소현세자의 죽음을 막고 왕위에 오르게 한다.", 2위가 "인조반정을 막고 광해군의 개혁을 성공시킨다."였다. 그러나 광해군과 소현세자는 철저하게 개인적 경험에 매몰된, 역사적·정치적 안목은 부족한 인물들이었다. 볼모가 된 소현세자 일행은 심양에 도착한 1637년 이후부터 1641년까지 5년간 청나라에서 주는 급료로 생활했다. 그런데 그해 12월 청 조정은 토지를 주면서 앞으로는 이를 경작해서 살라고 통보했다. 소현세자는 포로로 잡혀온 현지의 조선 농민들을 고용해서 농사를 지어 생활했다. 그러던 1642년 7월, 심양에서의 생활이 넉넉치 않음에도 소현세자는 두 달에 걸쳐 자신이 거주하는 관소를 대폭 개축하려는 계획을 세웠고 건물의 증축과 보수 작업을 위해 많은 재목과 돌을 구입했다. 영원히 살 곳도 아니고 게다가 포로 신분인데 과연 그럴 필요가 있었을까? 당연히 신하들은 반대했다. 세자의 스승인 이사(貳師)가 되어 청나라에 가서 소현세자를 보필하던 이경석은 이미 그 전 해인 1641년 소현세자에게 올린 서신에서 "완호를 끊을 것", "백성의 원망을 그치게 할 것" 등을 촉구했다(완호는 진귀한 장난감이나 비싼 취미생활을 뜻한다). 소현세자의 완호와 관련해서 이경석은 심양으로 공장(工匠)들을 불러들이거나 빙고(氷庫)를 만드는 것을 중지하라고 요청했다. 당시 소현세자는 조선에서 기술자들을 불러들여 이런저런 건물을 짓고 얼음창고 등을 만들었다. 이경석은 이 과정에서 평안도 백성들

의 민원이 생기고 사람들 사이에서 좋지 않은 말들이 나오는 것을 우려해 자제를 촉구했던 것이다.

1644년 1월에 소현세자는 청나라의 승인을 받아 4년여 만에 2차로 귀국했다가 2월에 심양으로 돌아갔다. 그런데 소현세자는 이 와중에 결정적 실수를 저질렀다. 귀로에 들른 평양에서 그는 환송 나온 많은 군중들을 보자 꽤나 감격했던 모양이다. 기분이 좋아진 그는 자의로 유생들에게 과거 시험을 보게 해서 합격자까지 발표했다. 이때 합격한 사람들이 훗날 조정에 급제를 인정해줄 것을 요구해 소란이 벌어지기도 했다(아마 백성들은 소현세자에 대한 신뢰 같은 것 보다는 세자로서 인질이 된 그가 안쓰러워 환송을 했을 것이다). 과거 시험의 유무와 날짜, 합격자 배출은 국왕만이 할 수 있는 일이다. 세자는 공식적인 왕의 후계자이기는 하지만 왕이 되기 전까지는 아무런 정치적 실권이 없다. 이는 요즘 식으로 말하면 대통령 부인이라 공식 석상 등에 대통령과 함께 참석은 하지만 정치적 실권은 없는 영부인이 장차관을 자기 마음대로 임명한 것이나 다름없었다. 다시 심양으로 돌아온 소현세자는 청나라가 군량미 1만 석을 요구하자 별다른 이의 없이 받아들였다. 본국의 부담을 감안하면 어떻게 해서든 거절하거나 액수를 줄여야 했지만 그는 그렇게 하지 않았다. 이런 소현세자에 대해 「인조실록」은 "세자는 자질이 영민하고 총명했으나 기국과 도량은 넓지 못했다."라고 기록했다. 소현세자는 청과 서양 문물 등에 관심이 많은, 요즘 식으로 말하면 "머리 좋은 얼리어답터"였을 뿐 역사적 안목과 정치적 식견, 판단 능력 등은 많이 부족했던 것으로 보인다. 그런 소현세자가 과연 제대로 된 왕이 되었을지 의문일 뿐만 아니라 그가 왕이 되지 않은 것이 오히려 다행이라는 생각까지 든다(아마 소현세자는 귀국 후 두 달 만에 죽지 않았다면 양녕대군처럼 폐위 당했을지도 모른다).

소현세자는 귀국 도중에 이미 큰 병을 앓고 있었다. 시중에 떠도는 독살설은 음모론일 뿐이며 소현세자의 죽음을 독살로 몰아가는 듯이 쓴 책들은 '역사상업주의'의 결과물이라고 할 수 있다. 궁궐 안에서 온실 속 화초로 자란 세자에게 차디찬 만주 땅에서의 인질 생활은 신체적, 정신적으로 힘들 수밖에 없었다. 또한 소현세자는 심양의 집에서 편안히 지낸 것이 아니라 청나라 왕족이나 군인들과 여기저기 돌아 다녀야했다. 예를 들어 소현세자는 귀국하기 전 4월에서 6월까지 도르곤과 함께 군대를 따라냈다. 이동이 생활인 유목민들에게 그런 것은 전혀 문제가 안 되었지만 막사에서 찬바람을 맞으며 하는 노숙은 온실 속 화초였던 소현세자의 몸을 상하게 만들었다. 그래서 소현세자는 인질생활 동안 감기와 두통, 눈의 통증, 산증 등을 자주 앓았다. 즉 소현세자의 몸은 귀국 전부터 이미 상당히 망가져 있었던 것이다. 실제로 소현세자는 귀국길에 오르기 전부터 아프기 시작해서 1645년(인조 23년) 2월 17일 벽제에 도착해서는 숨이 가빠왔고 기침을 계속 했으며 가슴이 답답하고 정신을 못 차릴 정도로 피곤해했다. 3월 23일경에는 천식과 숨찬 증상이 더 심해지면서 옆구리가 당기고 가슴이 응어리지고 답답한 증상이 지속되었다. 소현세자 독살설에 대해 2017년에 한의사 8명이 공저한 『조선왕조 건강실록』에서는 다음과 같이 쓰고 있다.

> 소현세자는 만성화된 간 기능 저하로 인해 지속적인 어지럼증, 만성피로 등의 전신 증상을 호소해왔던 것으로 보인다. 만성 간 기능 저하는 혈액순환 장애로 인한 혈관염을 가져올 수 있다. 소현세자의 우측 하지의 피부 병변 역시 혈관염이 원인이 아닌가 추측된다. 까맣게 타버린 시신의 얼굴과 사망 당시의 출혈 역시, 간 기능 저하와의 연관성을 배제할 수 없다. 이러한 소현세자의 전신적인 기력 저하는, 죽기 직전 기침 및 호흡곤란 증상을 보이는 폐렴을 유발하였다. 폐렴으로 고통 받던 소현세자는 결국 사망하게 되었다. 간 기능 저하와 함께 온 폐렴 증상의 악화가 소현세자의 직접적인 죽음의 원인이 되었다. 인조는 소현세자에게 왕위를 빼앗길지도 모른다는 의심과 미움을 숨기지 않고 드러냈지만, 그렇다고 해서 인조가 아들을 죽일 만큼 비정한 아버지는 아니었다. 타국에서의 고된 인질생활에서 얻게 된 심적 고통과 질병으로 인해, 소현세자는 짧고 한 많은 생을 마감하게 되었다.

* 새뮤얼 헌팅턴은 『문명의 충돌』에서 "냉전 기간 중 군사력에서 미국과 소련은 호각지세를 이루었다. (…) 1950년대와 1960년대 공산주의 이데올로기가 세계적인 호소력을 가진 것은 이 시기에 소련이 경제적으로 눈부시게 발전하고 막강한 군사력을 보유했기 때문이었다."라고 했다. 소련이 전성기를 구가할 때 러시아어는 프라하에서 하노이까지 두루 통용되는 국제어였다.

광해군의 중립외교는 다른 시각으로 볼 필요가 있다. 흔히 광해군은 임진왜란을 겪었기 때문에 전쟁의 참상을 누구보다 잘 알아서 전쟁을 피하기 위해 명과 후금 사이에서 중립외교를 펼쳤다고 한다. 그런데 광해군의 중립외교는 집권 세력인 북인들에게조차 지지를 받지 못했다. 당시 정권을 잡고 있던 대북파도 서인들처럼 '친명배금'이었고 심지어 왕비인 유씨도 광해군에게 언문 상소로 명나라를 배신하지 말 것을 부탁할 정도였다. 임진왜란 때 의병활동에 나선 사대부들은 대부분 북인이었다. 그들은 일국의 세자인 광해군과는 비교도 안 될 정도로 열악하고 위험한 상황에서 의병활동을 했고 전쟁의 참상도 잘 알았다. 그런 북인들이 왜 중립외교를 반대했을까?(대북파 이이첨을 포함한 대다수가 화이론과 명에 대한 '보은'을 내세워 원병을 파견하라고 채근했다). 역으로 왜 광해군만 중립외교를 밀어붙였을까? 선조는 어차피 적자가 없는 상황이니 장자인 임해군이 아닌 둘째 아들 광해군을 세자로 세우려 했다(광해군이 세자로 책봉된 후에 태어난 적자 영창대군은 광해군이 왕위에 오른 뒤 역모죄로 몰려 8살의 나이로 살해되었다). 그러나 명나라는 "적자가 아니면 장자를 세워야 한다."라고 하면서 광해군의 세자 즉위를 승인해주지 않았다. 그리고 그것은 한 번으로 끝나지 않았다. 명나라는 16년 동안 4번이나 광해군의 세자 승인을 거부했다. 심지어 명나라는 광해군이 왕위에 오른 후에도 왜 형 임해군이 아닌 동생 광해군이 왕위를 계승했는지 진상을 파악한다면서 조사단을 조선에 파견했다(조사단이 돌아간 다음 해 임해군 또한 역모죄로 몰려 살해되었다).

그에 비해 청나라는 조선이 인조부터 고종 때까지 국왕과 세자 책봉 같은 통상적인 요구에 별 이의 없이 승인해 주었고 후사가 세제든 후실 소생이든 나이 어린 왕자든 다소 관례에 어긋나더라도 조선의 요청에 응해주었다. 청은 명에 비해 유교적 가치 기준과 질서에 덜 엄격했던 것이다(내치에 더 집중해야했기 때문이기도 했다).* 따라서 광해군은 차라리 명에서 청으로 넘어가기를 바랐을 수도 있다. 광해군은 임해군과 영창대군 뿐 아니라 재위 내내 자신의 왕권 안정과 강화를 위해 많은 사람을 죽였다. 그의 관심사는 오로지 자신의 왕위였다. 그랬기에 광해군은 자신에게 비우호적인 명나라보다는 유교 관념에 덜 사로잡혀 있어서 적자나 장자를 따지지 않는 청나라가 차라리 중국의 주인이 되고 자신은 친청파가 되기를 원했을 수도 있다. 광해군으로서는 다행스럽게도 명나라의 진상 조사단은 거액의 뇌물을 받고 돌아갔다. 그런 명나라가 다음에 또 다시 진상 조사단을 파견한다든가 광해군의 정통성에 시비를 걸지 않는다는 보장은 없었다.

* 농경 국가에서는 경험을 중시하고 유교의 영향 등으로 큰아들을 우대하지만 유목 세계는 그렇지 않았다. 말타기와 활쏘기 등은 체력과 시력이 중요하기 때문에 한 살이라도 더 어린 것이 유리했다. 따라서 후계는 농경 국가에서는 평상시는 적장자, 비상시는 능력 있는 아들이 잇는 것이 원칙이었지만 유목 세계에서는 말자(末子) 상속이나 추대 등 비교적 다양했던 것이다

광해군이 얼마나 명나라를 싫어했는지를 대표적으로 알 수 있는 사례가 망궐례이다. 명에 대한 후금의 군사력이 우세한 기미를 보이자 광해군은 재위 13년 정초에 매년 해오던 망궐례를 정지시켰다. 그것은 아직 명나라가 망한 것도 아닌데 명에 대한 예의를 지키지 않은, 아주 위험하고 경솔하며 무의미한 조치였다. 조선이 명나라가 망하고도 200년 넘게 대보단과 만동묘로 명에 대한 예의를 차린 것을

고려해 볼 때 광해군이 명을 얼마나 싫어했는지 잘 알 수 있는 것이다. 그런데 또 광해군 입장에서는 충분히 그럴 만 했다고도 볼 수 있다. 임진왜란이 터지자 선조는 광해군을 세자로 세웠고 광해군은 분조(分朝)를 이끌었다. 광해군은 맹활약했고 명나라는 그런 광해군을 신임해서 선조 대신 관료 임면권과 군 통수권을 준 적이 있었다. 그런데 전쟁이 끝나자 자신의 세자 지위를 인정하지 않는 명나라에 대해 광해군은 불만과 불신의 차원을 넘어 배신감까지 들었을 것이다. 또한 중종반정 후 중종은 연산군이 병 때문에 스스로 자신에게 왕위를 넘겨주었다고 허위 보고를 했음에도 명나라는 중종의 즉위를 그대로 인정했었다. 그런데 자신은 반정으로 왕위에 오른 것도 아님에도 명나라가 진상 조사단을 파견하자 광해군은 심한 모멸감까지 느꼈을 것이다. 그러니 광해군은 스스로의 힘으로는 어떻게 할 수 없는 적자나 장자를 따지며 정통성에 시비를 거는 명나라가 아마 '오랑캐'보다 더 싫었을 수도 있다.*

* 중국학자들은 광해군의 중립외교를 광해군의 사적인 감정 탓, 즉 명나라에 대한 개인적 원한과 불만 때문으로 보고 있다. 광해군이 분조를 이끌 때 나이가 17세였다. 그랬으니 광해군 입장에서는 그럴 만도 했다고 볼 수 있다.

광해군에 대한 평가는 조선시대 내내 부정적이었다. 이것은 조선 후기 정약용 등 실학자들도 마찬가지였다. 그런 광해군을 재평하는 데 초석을 놓은 사람은 일본인 이나바 이와키치였다. 그는 1933년에 쓴 『광해군 시대의 만선관계』에서 광해군을 명청교체 와중에서 조선을 구해낸 택민주의자(澤民主義者)로, 서인들을 명분론자로 평가했다. 그의 평가는 이병도를 비롯한 한국인 학자들에게도 영향을 주었고 이후 역사 교과서나 개설서 등에 반영되어 광해군은 '중립 외교의 선구자'

로 평가되기 시작했다. 그러나 대표적인 만선사관론자(滿鮮史觀論者)였던 이바나의 광해군 평가에는 문제가 있다. 만선사관은 조선사의 자주성을 부인하고 일제의 만주 침략을 옹호한 것이다. 이나바는 자신의 연구를 통해 '오랑캐'가 한족을 굴복시키고 중원을 지배했던 사례들에 주목했다. 그 가운데서도 그는 특히 청조와 강희제를 찬양했다. '오랑캐'로서 중원을 정복한 청조에 대한 찬양은 일본의 만주와 중국 침략을 합리화하는 것으로 연결되었다. 동시에 그 '훌륭한' 청의 전신인 후금과 유연한 관계를 유지하려 했고 명의 요구에 고분고분하지 않았던 광해군이야말로 뛰어난 군주로 재평가 되었던 것이다(이에 대해서는 명지대 사학과 교수 한명기가 쓴 『한국사 시민강좌』 제31집 「광해군-외교의 '빛'과 내정의 '그림자'」 참고).*

* 사실 광해군에 대한 관심과 인기는 2012년에 개봉한 영화 「광해, 왕이 된 남자」의 힘이 컸다고 할 수 있다. 1,232만 명의 관객을 동원한 이 영화는 당시 한국에서 역대 누적 관객 수 3위를 기록했다. 이 영화 이후 광해군에 대해 긍정적이고 호의적인 콘텐츠들이 특히 많이 나오기 시작했던 것이다.

한반도의 존망과 직결된 중국

앞서 본 것처럼 한반도를 절대적인 기아에서 벗어나게 하고 자본주의로 나아갈 기미를 보여준, 한국사에서 1960년대 산업화 이전에 경제적·산업적으로 가장 중요했던 이앙법도 중국에서 들어온 것이었다. 고려 말에 신진사대부들은 남송의 강남농법에서 나온 이앙법을 성리학과 함께 수입했다. 강남농법은 농경 국가인 남송이 만들었으며 유목 국가는 만들 수 없는 것이었다. 백성의 90% 이상이 농민이고 농업이 모든 것의 기반인 농업 국가에서 이렇듯 선진 기술을 받아들이는 것은 곧 국가의 존립과 직결된 문제였다. 유목 국가가 아닌 농경 국가인 중국에서 이앙법을 배워온 것처럼, 같은 농경 문명인 중국은 한반도에게는 모든 면에서 국가의 존망과 직결되는 나라였던 것이다. 농사를 제대로 짓기 위해서는 풍부한 물, 알맞은 기후, 양질의 토양과 함께 일정 수준 이상의 농업 기술이 필요하다. 개인의 능력에는 한계가 있기 때문에 기술은 구성원의 수가 많고 정보의 교류가 활발한 사회에서 빨리 발전한다.

이기백은 한국사학계 제1세대 학자로서 1960~1970년대에 일제의 식민사관을 극복하는 데 앞장섰으며 민족사학의 개척자로 평가받는다.* 그가 쓴 『한국사를 보는 눈』에는 다음과 같은 내용이 나온다.

> 구석기시대 문화의 계통이 어느 정도 밝혀져 있는지는 잘 모르겠지만, 적어도 신석기시대 이후의 문화는 동북아시아 여러 민족의 문화와 연결되고 있다. 그리고 그 시기에 있어서의 한국 민족의 성장·발전은, 일률적으로 말하기 어려운 점들이 있기는 하나, 대체적으로 말한다면 중국 민족과의 투쟁 과정이기도 하였다. **그러나 한국이 도작(稻作)을 중심으로 하는 농경사회로 발전해가면서, 한국의 문화는 점점 중국의 문화와 동질적인 것으로 되어갔다. 철제의 농구나 무기를 비롯해서, 정치·경제·문화 등이 모두 중국의 강한 영향 속에서 성장하여갔던 것이다.** 흔히들 한국 문화를 중국 문화권 속에 포함시켜서 이해하는 것은 그 때문이다(굵은 부분은 나의 강조).

민족사학자였지만 이기백은 한국사의 핵심을 제대로 꿰뚫고 있었다. (도작)농업 때문에 한국은 중국과 문화적으로 동질화되었으며 유교는 그 중 하나였던 것이다. 다시 말해 한국사는 농업이 정착되고 발전하는 역사였으며 그에 따라 유교화는 자연스럽게 진행되고 심화되었다.

＊ 이기백이 쓴 「민족문화의 전통과 계승」은 오랫동안 국어교과서에 실려 있어서 그의 이름을 국어 시간에 들어본 사람이 많을 것이다. 그는 대표적인 역사 잡지라고 할 수 있는 『한국사 시민강좌』의 발간을 주도하기도 했다.

전혀 다른 차원인 임진왜란과 병자호란

조선이 '친명반청', 즉 '친중국 반유목' 노선을 고수해야 했던 이유는 임진왜란을 보면 더 명확해진다. 병자호란의 결과 조선-청은 군신관계가 되었고 조선이 명과 관계를 끊고 청에 세폐를 바치는 것으로 조약이 체결되었다. 앞서 본 것처럼 청나라는 다른 이민족 국가와 마찬가지로 조선에게 항복만 받고 떠났을 뿐 조선을 지배할 의지와 인력이 없었던 것이다. 그러나 임진왜란은 병자호란과는 전혀 달랐다. 임진왜란에 참전한 명나라는 조기 종전을 위해 조선의 반대를 무시하고 일본과 단독 협상에 들어갔다. 명나라는 적당한 선에서 일본과 강화교섭을 벌였다. 강화회담의 교섭 과정에서 도요토미 히데요시는 4도(四道) 분할론을 내세웠다. 즉 경상·전라·충청도와 경기도 일부를 일본이 차지하면 서울을 포함한 한강 이북 경기도와 강원·평안·함경도를 조선에 돌려주고 철수하겠다고 제의한 것이다. 명나라와 일본은 이 협상안에 상당히 진지했다. 그들은 이 안을 놓고 3년간이나 협상을 진행했다(임진왜란은 1592년부터 1598년까지 6년간 벌어진 전쟁이지만 강도 높은 휴전 협상으로 인한 3년간의 소강상태를 제외하면 실제로는 3년간 벌어진 전쟁이었다).[13]

---

13) 임진왜란 초기에 조선군은 일본군에 속절없이 무너졌는데 그렇게 된 데에는 이민족도 중요한 원인 중 하나였다. 임진왜란 초기에 조선은 연전연패를 당했다. 조선군은 계속해서 북으로 밀려났다. 이렇게 조선군이 계속 밀린 이유는 크게 두 가지로 볼 수 있다. 우선 가장 큰 이유는 일본은 오랜 내전을 통해 전쟁에 익숙한 데 비해 조선은 그렇지 못했기 때문이었다. 즉 일본은 전쟁을 철저히 준비했고 조선은 아니었던 것이다. 두 번째로는 이민족, 특히 여진족 때문이다. 전통적으로 중국과 조선은 유목 민족과 자주 충돌했기 때문에 장병(長兵) 전술에 익숙했다. 유목 민족들의 기병 전법에 대응해서 기병 비중을 높이고 원거리에서 활과 화포를 쏘아 적을 제압하는 전술을 많이 사용했던 것이다. 중국과 조선에서는 적을 먼저 장거리 무기로 제압한 다음 기병을 투입해서 교란하거나 근접전을 펴는 전술인 장

같은 '오랑캐'이지만 일본과 이민족 국가는 전쟁을 일으킨 목적이 전혀 달랐다. 앞서 본 것처럼 유목 국가는 한반도를 지배할 의지와 인력이 없었다. 그러나 일본은 아니었다. 일본의 크기는 한반도의 약 1.7배다. 4개의 큰 섬으로 이루어진 일본은 혼슈(本州) 섬만 해도 한반도 전체보다 크다. 그러한 일본의 인구는 역사적으로 한반도보다 최소 1.5배에서 최대 3배 가량 많았다. 지금도 일본의 인구는 1억 2,600만 명으로 남북한을 합친 것보다 1.6배 많다. 일본의 인구가 1,000만 명을 돌파한 1,200년 무렵에 고려의 인구는 350만 명이었다. 조선과 명나라가 연합해서 싸운 임진왜란을 무승부로 이끌 수 있었던 근본적인 힘 중 하나도 바로 일본의 인구였다(당시 인구는 조선이 8~900만 명, 일본이 2,000만 명 정도였을 것으로 추정된다). 그런데 평야는 일본이 약 12만㎢로, 한반도의 약 10만㎢와 비슷한 수준이다. 일본은 인구는 많은데 평야는 적다보니 식량 등 물산 부족에 시달려서 왜구가 창궐하거나 한반도와 중국을 침략했던 것이다. 따라서 다른 이민족 국가들과는 달리 일본은 같은 농경 국가이고 인력이 많았기 때문에 충분히 조선을 점령하고 지배할 수 있었다.*

* 결국 일본은 유교-농경 문명 중에서 농경만 해당된다고 할 수 있다. 일단 칼을 든 사무라이들이 정치를 하고 집권층이 되는 것 자체가 유교와는 거리가 멀었으며 일본에는 '유교의 꽃'이라고

병 전술이 발달했다. 명나라가 몽골족을 밀어내거나 조선이 여진족을 방어하는 데에 모두 이 장병 전술이 많이 사용되었다. 반면 일본은 전통적으로 칼과 창을 주로 사용하는 단병(短兵) 전술을 구사했다. 조선과 명의 장병 전술과 일본의 단병 전술이 부딪칠 때는 전자가 유리한 점이 많았다. 그런데 원거리 공격 무기가 부족한 일본의 약점이 포르투갈 상인들로부터 조총을 구입하면서 보완되었다. 조총은 활이나 총통(휴대용 화포)을 능가할 수 있는 장거리 무기였다. 장병 전술로는 조선군이든 명군이든 이미 조총을 소지한 일본군을 이기기 힘들었던 것이다. 조선이 자랑하던 명장 신립이 충주 탄금대에서 일본군에 패한 것 역시 그의 전략이 기본적으로 기병을 상대하는 것이기 때문이었다. 말을 타고 달리는 여진족 군대를 상대하는 데 익숙하다 보니 조총을 든 일본의 보병 부대를 제대로 대처할 수 없었던 것이다.

할 수 있는 과거제도 없었다(과거제와 비슷하게 시험으로 관리를 뽑은 적은 있었다).

그렇기 때문에 선조와 조정 대신들은 강화를 철저히 반대했다. 실제로 일본은 전쟁 기간 동안 한반도 남동부를 지배하다시피 하기도 했다. 일본은 임진왜란 동안 웅천왜성, 서생포왜성, 순천왜성 등 경상도에서 전라도에 이르는 남부 지방에 총 18개의 왜성을 쌓았다. 왜성은 본국에서 물자와 인력을 조달받는 등 임진왜란과 정유재란 동안 일본의 본거지 역할을 했을 뿐 아니라 만약 4도가 분할되었다면 일본 지배의 중심지 역할을 할 수 있었다. 일본의 손케이가쿠 문고에는 「조선국 국세첩朝鮮國租稅牒」이 소장되어 있다. 이 사료는 임진왜란 때 일본군이 점령한 함경도에서 작성된 것이다. 그 내용은 함경도 다섯 군데 부(府), 군(郡), 현(縣)이 정부에 바치는 조세 내역을 기록한 것으로 각지의 향리에 의해 작성되었다. 구체적으로는 정부에 바치는 곡물의 종류와 수량, 진상으로 바치는 어물이나 인삼의 수량 그리고 관내의 남녀 숫자가 기록되어 있다. 전쟁이 한창인데 조선도 아닌 일본이 왜 이런 것을 작성했을까? 일본은 이 지역을 점령하고 그 지배를 위해 조세 징수 상황을 파악하려고 향리들의 자진 신고 형식으로 이 문서를 제출케 한 것이었다(내용에 잘못이 있다면 참수당할 것이라고 서약하게 했다). 이 사료는 일본이 조선을 점령하고 지배하려고 했다는 것을 명확하게 보여준다.

이렇듯 일본이 한반도를 지배까지 염두에 두고 몇 년에 걸쳐 성을 쌓고 세금과 인구를 조사한 것에 비해 같은 '오랑캐'이지만 유목 국가들은 그럴 의지와 인력이 전혀 없었다. 이처럼 임진왜란과 병자호란은 통상 양란이라고 해서 같이 묶이지만 차원이 전혀 다른 전쟁이었다. 임진왜란은 조선보다 2배 가량 인구가 많고 전국시대의 통일로 나눠줄 땅이 부족해진 일본이 한반도를 지배하려는 목적에서 벌인 것이었다. 그에 비해 병자호란은 한족 인구의 1~3%밖에 안 되는 유목민이 건설한 이민족 국가의 전형적인 중국 침략 전 '후방다지기'였다.* 따라서 조선은 병자호란 당시 전쟁에서 지더라도 그들이 언젠가는 돌아가거나 사라질 것이기 때문에 '친중국 반유목' 노선을 버릴 수 없었던 것이다. 이민족들은 한반도를 지배할 인구와 여력이 없고 몽골처럼 아무리 강해도 결국은 망해서 돌아가거나 사라진다. 그렇기 때문에 조선은 한반도와 일종의 운명공동체이자 정치·경제·군사·문화 등 모든 면에서 선진국인 명나라를 '배신'할 수 없었던 것이다.

* 청나라의 병자호란 뿐 아니라 유목 세력들은 언제나 항복을 받아내는 것을 목표로 한반도를 침략했다. 그들은 일본과는 달리 땅을 원하지 않았으며 거란의 사례에서 보듯이 오히려 땅을 내어주기도 했다.

이민족 국가와 한족 국가의 차이

이민족 국가는 아무리 강력해도 한국사의 국가들을 멸망시키지 않았다. 못했다고 하는 것이 더 정확할 것이다. 적은 인구로 인해 중국을 지배하기에도 벅차서 한국사의 국가들을 멸망시킨 후 지배할 수 없었기 때문이었다.[14] 그러나 한족의 중국은 달랐다. 그들은 수 십배 많은 인구에 같은 농경-유교 문화였기 때문에 얼마든지 한국사의 국가들을 멸망시키거나 지배할 수 있었다. 역사적으로도 그런 사례가 여러 번 있었다. 한과 당은 한국사의 나라들을 멸망시키고 지배했다(앞서 봤듯이 당나라 황실은 선비족 출신이었지만 한화되었고 측천무후 이후 당은 한족 국가가 되었

---

14) 유목 민족 뿐 아니라 이동 생활을 하는 수렵 또는 채집 민족 등은 모두 인구가 적다. 그 이유는 여러 가지인데 가장 결정적인 것은 그들의 생활 방식 때문이라고 할 수 있다. 그들은 야영지를 이동할 때 살림살이 몇 가지와 함께 단 한 명의 아이만 옮길 수 있다. 그러므로 먼저 태어난 아이가 걷거나 말을 타거나 해서 혼자서 부족을 따라다닐 수 있을 때까지는 다음 아이를 낳지 않았다(그들은 금욕, 낙태, 영아 살해 등으로 4년 정도의 터울을 유지했다). 그래서 몽골족 아이들은 5살이면 혼자서도 말을 잘 탔던 것이다.

다). 한나라는 고조선을 멸망시키고 한사군을 설치해서 400년 넘게 한국사의 '북쪽'을 지배했다. 당나라도 고구려를 멸망시키고 신라까지 지배하려 했으나 사정이 생겨 고구려 영토만 점령했다(그 사정에 대해서는 후술한다). 지배와 점령까지는 아니지만 명나라도 비슷한 경우가 있었다.

1597년 전쟁이 재발되었을 때(정유재란) 명나라는 개성과 평양 등지에 둔전(屯田)을 개척해서 지구전에 들어갈 준비를 했다. 사람이 거의 살지 않거나 하는 경우에는 여건상 병사들이 장기 주둔할 수가 없다. 그래서 병사들과 함께 농민들을 그곳으로 이주시켜 국방 경비와 군량을 자체 조달하도록 했는데 이것이 둔전이다(경우에 따라서는 농민들 없이 병사들로만 국방과 농사를 해결하는 둔전도 있었다). 그런데 조선은 이를 극구 반대했다. 명나라가 자신들의 군대를 이용해서 농사를 지어 식량을 자체적으로 해결하면 조선은 군량미 조달 부담도 덜고 좋을 텐데 왜 반대했을까? 조선은 '명나라가 조선을 합병하려는 것이 아닌가' 우려해서 반대했다. 즉 한족 국가들은 한반도를 직접 지배할 수 있다는 것을, 실제로 그런 적이 있다는 것을 잘 알고 있었기 때문에 조선 조정은 그토록 반대했던 것이다. 이에 대해 『조선왕조실록』에는 명나라가 둔전으로 염두에 둔 개성과 평양 두 곳에 대해 조선 조정이 "이미 황폐해졌으며 (…) 토지가 불타버렸다."라는 이유로 거절했다고 나온다. 그에 비해 한반도를 침략한 이민족 국가들인 요, 금, 원, 청은 둔전은 아예 생각조차 하지 않았고 몽골을 제외하면 최대한 빨리 전쟁을 끝내고 돌아갔다(몽골의 침략은 30여 년 동안 계속되었지만 그것은 간헐적이었다). 그들은 농경 민족이 아니라서 명나라처럼 전쟁 기간 동안 한반도에서 농사지을 생각 자체가 없었을 뿐 아니라 그럴 인구도 없었던 것이다(농사를 잘 짓지도 못 했지만).

이렇듯 중국은 한국사에 있어 '생존과 발전'에 직접적이었다. 이런 맥락에서 보면 청나라와의 전쟁 위험이 높아지면서 척화와 주화 사이 대립이 날카로워지자

격렬한 척화론을 편 정온(1569~1641년)이 화의론을 펴는 공신들을 모두 "나라를 망치는 자들"이라고 한 진의를 이해할 수 있을 것이다. 조선은 '지는 해'인 명나라와 '뜨는 해'인 청나라 가운데 명을 택했다. 뿐만 아니라 명나라가 멸망한 후에는 만동묘와 대보단까지 세웠다. 이것은 언젠가는 다시 중원의 주인이 될 한족에게 보내는 일종의 '징표'였던 것이다. 그리고 그것은 '생존과 발전'을 위한, 미래를 대비하기 위한 적절한 행위였다. 실제로 숙종이 "명나라에 대한 의리를 유독 우리 동방(조선)이 대대로 100년 지켰으니, 뒷날 중국이 다시 맑아지면 길이 천하 후세에 말할 수 있는 것이 여기에 있지 않겠는가?"라고 말했다고 「숙종실록」은 전하고 있다.* 청나라도 조선의 만동묘에 대해 알고 있었고 이에 대해 조선 사신에게 불쾌감을 드러낸 적이 있었다. 이에 조선 사신이 "재가한 과부가 죽은 전 남편에게 제사를 지내는 것처럼, 우리 조선도 명나라를 그리 대할 뿐입니다. 청나라라고 해서 다르지 않을 것입니다."라고 했다. 이 말에 청나라 측도 불쾌감을 풀었다고 한다.

* 숙종은 임진왜란 때 조선을 도와 준 신종의 제사를 지내는 대보단을 만들었는데 영조 때에는 대보단에 태조 주원장과 호란 때 원병을 보내려고 노력한 의종의 위패를 추가했다.

'생존과 발전'을 위한 선택

한국사의 '남쪽' 나라들의 중국에 대한 사대는 중국을 진짜 부모처럼 생각해서 무조건적으로 한 것이 아니라 '생존과 발전'을 위한 선택일 뿐이었다. 그리고 그러한 역사적 증거는 많다. 예를 들어 구한 말 집권층은 친러파, 친일파, 친미파 등으로 나뉘었지만 친중파(친한족파)는 없었다. 그때 그들이 한족을 만동묘와 대보단 모시듯 하지 않은 분명한 이유가 있었다. 이제는 더 이상 농경-유교의 시대가 아니라는 것을 집권층도 알았기 때문이었다. 이제 세상은 서구화-산업화의 시대이고 한반도도 그 길을 걸어야 한다는 것을 피부로 느낀 집권층은 먼저 그 길을 간 미국, 일본과 친하게 지내야 한다고 판단한 것이었다(친러파는 좀 예외라고 할 수 있다). 그래서 중국이 아닌 다른 나라를 롤모델로 삼으려는 김옥균과 같은 개화파들이 급작스레 많이 생겨났다. 이전의 지배층들은 한반도를 '작은 중국(소중화)'으로 만들고 싶어 했는데 그것은 농경-유교의 선진국을 의미했다.[15] 김옥균은 "일본이 동양의 영국이니 조선은 동양의 프랑스로 만들겠다."라고 말했다. 이는 그들이 조선이 나아갈 방향을 잘 알고 있었다는 것을 보여준다. 충효를 강조하는 유교의 나라인 조선에서 집권층이 중국을 정말로 부모처럼 여겼다면 부모가 힘이 좀 없어졌다고 해서 과연 그렇게 쉽게 외면해 버릴 수 있었을까?

우리 선조들이 한 사대는 '생존과 발전' 때문이었지 모화 사상이라는 '집단 최면'(혹은 '집단 정신병')에 걸려서 그런 것이 아님은 북학파를 통해서도 잘 알 수 있다. 18세기 조선은 노론이 중심이었다. 이때 노론 신료들 사이에 큰 철학적 논쟁이 전개되었는데 바로 인물성동이(人物性同異) 논쟁이다. 인물성동이 논쟁이란 인성과 물성이 같은 지 다른 지를 두고 벌어진 것이다. 인물성동론은 인간과 동물의 본성이 같다는 이론으로 주로 서울·경기 지역 학자들이 주장했다(낙론이라고도 한다). 인물성이론은 인간과 동물의 본성이 다르다는 이론으로 주로 충청도 지역 학자들이 주장했다(호론이라고도 한다). 인간과 동물의 본성이 같은 지 다른 지에 대해

---

15) '소중화'는 명나라가 멸망하고 청나라가 들어선 조선 후기에 생겨난 것이 아니었다. 당과 송은 신라와 고려가 유교 문화를 수용하자 신라와 고려를 '소중화'라고 일컬었다. 고려 후기 이규보, 이승휴 등은 중화인이 우리를 '소중화'라고 하는 것은 받아들일 만한 것이라고 했다. 『열하일기』에는 다음과 같은 내용이 나온다. "자리에 있던 또 한 사람은 이름이 왕민호이며 거인(향시에 합격하고 중앙의 과거 시험을 준비하는 사람)이다. 그가 내게 묻기를 "조선은 땅의 크기가 사방 얼마나 됩니까?"라고 하기에 나(박지원)는 "전하는 기록에는 5천 리라고 합니다. (…) 고려시대 이래로 우리나라는 오로지 유교를 숭상하고 예악문물이 모두 중국의 제도를 본받았기에 예로부터 작은 중국이라는 뜻의 소중화라는 호칭이 있었습니다."

왜 하필 18세기 조선에서 논쟁이 벌어졌을까? 원래 성리학적 세계관에서 오랑캐는 '물(物)' 즉 동물과 같다. '인(人)'으로 대접받을 수 있는 것은 명나라와 조선뿐이다. 물론 이러한 시각은 오래전부터 있었다. 한 무제 시절 어전회의에서 강경책과 화친책 중 화친책을 주장한 한안국은 그 이유로 "예로부터 흉노는 사람에 속하지 않았다."를 들었다. 즉 금수와 같은 마음을 가지고 있는 무리들을 굳이 어렵게 상대할 필요가 없다는 것이다.

그런데 조선이 청나라와 교류하다보니 '오랑캐'가 너무 잘나가는 것이다. 이에 자연스럽게 청나라의 선진 문물을 배워야 한다고 주장하는 부류들이 생겨났다. 그리하여 청나라를 명나라나 조선과 같은 '인(人)'으로 봐야하는 지에 대한 논쟁이 일어났던 것이다(호락논쟁). 이 호락논쟁의 승패를 굳이 따지자면 대세가 대세인 만큼 인물성동론의 우세승이었다고 할 수 있다. 사회 저변에서는 이미 변화의 물결이 흐르고 있었던 것이다. 인성과 물성이 같다고 한 낙론에서 북학파가 나왔다. 북학파는 청나라의 발달한 문물을 수용하자고 주장한 실학자들이었다(이들은 개항기 때 개화파로 연결된다). 북학(北學)의 철학적 기초는 사람과 만물의 본성이 같다고 보는 인물성동론이며 만물을 적극적으로 이용후생에 끌어들인다는 발상이었다. 청나라는 전통적으로 조선의 북방에 근거지를 가지고 있던 민족이었던 탓에 조선에서는 그것을 북학이라 불렀다.* 북학을 계승한 대외통상론은 그 후 일본의 영향력이 커지면서 김옥균 등 서울 북촌양반 청년들에 의해 메이지유신을 모델로 하는 입헌군주제 혹은 서양식 공화정으로 나아가려는 급진성을 보이기도 했다.[16]

---

16) 당연한 말이지만 김옥균 시대의 조선인들은 일제 강점기를 겪은 적이 없었다. 따라서 김옥균이 살았을 당시 조선인들은 지금 우리가 일본에 대해 느끼는 감정을 갖고 있지 않았으며 또 당시 한일관계 역시 지금의 그것과는 달랐다. 그러므로 김옥균이 일본을 롤모델로 했거나 일본의 원조를 바란 것을 무조건 잘못이라고 할 수는 없다. 일본과 조금이라도 관계가 있는 사람이면 무조건 친일을 기준으로 단죄하려는 경향이 있는데 김옥균이 바로 그러한 경향의 피해자라고 할 수 있다.

* 실학은 세 방향으로 발전했다. 첫 번째는 농업을 중시하는 중농학파, 두 번째는 상공업을 중시하는 중상학파, 세 번째는 국학의 연구다. 국학은 역사, 지리, 국어 등 우리나라와 관련된 연구를 의미한다.

같은 듯 다른 원과 청

그렇다면 몽골족의 원나라도 만주족의 청나라처럼 중국 전체를 장기간 지배했는데 왜 그때는 호락논쟁이 없었고 북학파가 안 나왔을까? 몽골족의 원과 만주족의 청은 같은 이민족 정복왕조였지만 근본적으로 달랐다. 몽골족의 원은 티베트불교(라마교)를 신봉하고 한족을 차별하는 등 중국 문명과 한화를 거부했다. 원나라에서는 이전에 국교의 위치를 차지했던 유교의 지위가 격하되었고 한화파가 권력을 잡았을 때만 몇 번 과거가 실시되었다.* 원나라는 직업에 따라 군중을 10등급으로 나누어 정치적·법률적으로 불평등한 대우를 했다. 1등급이 관료, 2등급이 서리, 3등급이 승려, 4등급이 도사(道士)였으며 8등급이 농민, 9등급이 유자(儒者), 10등급이 걸인이었다. 유생들은 관료나 서리가 되지 못하면 사회 최하층이 될 수밖에 없었다. 쿠빌라이와 그의 후계자들은 유교의 우월적 지위를 인정하지 않으려 했다. 그들 관점에서는 유교의 지위가 향상되는 것은 한족의 지위가 향상되는 것과 같았기 때문이었다. 또한 원나라는 농업이 아닌 상업 중심 국가여서 농민의 지위도 낮았다. 한족 국가에서는 '사농공상'으로 지배층 다음의 위치였던 농민이 원나라에서는 8등급 신분이었다(몽골이 그렇게 영토 욕심을 낸 것도 동서교통로를 장악하여 자유로운 상업 활동을 하기 위해서였다).

* 원나라에서 얼마나 과거가 시행 안 되었는지 알 수 있는 사례가 『고려사』에 나온다. 1271년 과거 시험의 결과를 발표할 때 원나라 사신 조양필은 그 광경을 보고는 감탄을 금치 못하며 "정말 대

단한 일이다. 우리는 이런 일을 듣지도 못했는데 이제 이를 구경하게 되었다. 난세에서 문풍이 아직 죽지 않은 것은 가히 칭송할 만하다."라고 말했다. 1644년 만주족은 북경을 점령한 뒤 이듬해 바로 과거를 실시했다.

　　그에 비해 만주족의 청나라는 이민족 왕조였지만 철저하게 한족의 명나라를 이은 농업-유교 국가였다. 명과 청은 건국 주체는 다르지만 크게 보면 두 왕조를 나란히 묶어 '명·청 시대'라는 하나의 시대로 부를 정도로 그 성격이 유사하며 청의 통치 시스템은 기본적으로 명의 그것을 답습했다. 말하자면 청은 명의 '업그레이드 버전'인 셈이었다(박지원은 이에 대해 『열하일기』에서 "되놈이라 불리는 오늘의 청조는 무엇이든지 중국의 이익이 되고 오래 누릴 만한 것임을 알기만 하면 억지로 빼앗아 움켜쥐고는 마치 본래부터 자기들이 가지고 있었던 것처럼 한다."라고 썼다). 17~18세기에 만주족은 중국 전통을 크게 바꾸어놓을 뜻이 없었다. 실제로 한족도 자신들의 문화와 전통이 위협받고 있다고 느끼지 않았다. 전체적으로 볼 때 청은 명의 제도를 거의 바꾸지 않고 받아들였으며 명대에서 청대로 이어지는 변화는 비교적 완만한 것이었다. 그랬기에 청나라가 중국을 차지한 뒤에 출생한 한족들은 청 조정에서 벼슬하는 것을 더 이상 이민족에게 봉사하는 수치스러운 일로 인식하지 않았다. 청나라는 이미 그들의 제국이었으며 자신들에게는 마땅히 벼슬길에 나아갈 의무가 있다고 생각했다. 그런 청은 원과 달리 농업을 중시했다. 예를 들어 강희제는 경직도(耕織圖)와 『농정전서(農政全書)』 등을 만들었고 농업을 보호하는 강력한 법을 제정했는데 그 내용에는 다음과 같은 것들이 들어 있었다.* "소와 말이 남의 곡식을 밟으면 값을 두 배로 징수하고 고의로 남의 밭에 방목한 자는 곤장 60대를 친다.", "양과 돼지가 남의 밭에 들어가면 밭 주인이 그것을 잡아서 가져도 양과 돼지의 소유주는 따질 수 없다."

『경직도』는 본래 송나라 때 정치인이자 화가인 누숙이 농사짓고 길쌈하는 그림을 그려서 고종에게 바친 그림첩이다.

 ✻ 경직도는 정치적인 풍속도의 한 장르이다. 정치적인 풍속도란 궁궐에서 자란 왕자와 왕손들에게 백성들의 어려운 생활을 그림으로 보여주어 통치자로서의 각오와 의무감을 심어주기 위해 왕이 그리게 한 경직도와 윤리와 풍습을 바로잡기 위해 백성들에게 판화로 보급한 삼강행실도 등의 그림을 일컫는다.

 청나라 때 『강희자전(康熙字典)』이나 『고금도서집성(古今圖書集成)』, 『사고전서(四

庫全書)』등의 편찬은 중국 역대 왕조 중 가장 뛰어난 문화 사업의 성과로 평가받는다. 유교적인 덕치는『사고전서』의 편찬을 통해 실현되었다.『사고전서』는 경사자집(經史子集) 4부의 서적 3458종 3만 6383책으로 구성되었다. 강희제는 유학 지식인들을 존중하고 학문을 장려했다. 한자를 총정리 한『강희자전』과 중국식 백과사전인 1만 권의『고금도서집성』등은 모두 강희제의 명으로 편찬된 책들이었다. 주희를 공자묘인 대성전 안에 모시는 10철(十哲) 중 한 명으로 배향하는 일도 강희제 치세부터 시작되었다. 주자학을 집대성한『주자전서』와『성리대전』의 출간 역시 강희제 지시에 따른 것이었다. 건륭제는 강희제의『고금도서집성』과 더불어 청대 가장 위대한 편찬 사업으로 꼽히는『사고전서』를 11년에 걸쳐 완성했다.『사고전서』는 당대의 문헌들을 유학, 역사, 사상, 문학 네 가지로 분류해서 총정리 한 대규모 출판 사업이었다. 학문과 예술에 대한 황제의 후원은 유교 국가와 유교 문화의 장(長)으로서 황제의 지위를 유지하게 하는 중요한 수단이었다. 과거제도 시행하지 않았던 원은 그러한 일들을 별로 하지 않았던 것에 비해 같은 이민족 왕조였지만 청은 한족 왕조인 명보다도 오히려 더 잘했던 것이다.* 앞서 봤듯이 일제 강점기 이전까지 우리 역사가 걸어온 두 가지 길은 유교화와 농업화였다. 그랬기 때문에 고려는 유교가 아닌 티베트 불교를 신봉하고 농업이 아닌 상업 중심인 원나라에게 배울 것이 별로 없었다. 그러나 조선은 농업과 유교를 명나라보다 더 발전시킨 청나라에게 배울 것이 많았다. 따라서 청나라를 더 이상 '오랑캐'라고 멸시할 것이 아니라 오히려 중화 문명을 주도하는 그들에게 배우자는 운동이 나왔던 것이다. 다시 말해 고려에게 원나라는 '상국'일 뿐 '선진국'은 아니었던 것에 비해 조선에게 청나라는 명나라와 마찬가지로 '상국'이자 '선진국'이었다(이는 비유하자면 냉전시대 우리에게 소련은 강대국일 뿐 배우고 따라야 하는 선진국이 아니었던 것처럼 고려에게 원은 그런 나라였다고 할 수 있다).

* 이에 대해 박지원은 『열하일기』에 "지금 청나라의 과거 제도는 모두 명나라의 옛 제도를 그대로 따라 진사의 이름을 쓴 비석이 아주 촘촘하게 들어서서 마치 총총하게 파를 심은 밭과 같아 다 기록할 수도 없다."라고 썼다.

그런 청나라에게 조선은 직간접적인 도움을 많이 받았다. 『조선왕조실록』에 "팔도에 대기근이 들었으며 경기와 호남 일대는 더욱 심각했다. 성 안에는 시체가 산더미처럼 쌓여 있었다."라고 기록되어 있을 정도로 1697년(숙종 24년) 조선의 대기근은 심각했다. 그 때 대사간 박태순이 요녕성에 각서를 보내 중강에서 시장을 개척하여 종이나 가죽 같은 것으로 곡물을 무역해서 기황을 해결하고자 한다는 뜻을 전했다. 이에 강희제는 시장을 열 것을 허락하고 하남 쌀 3만 섬을 운반해왔다. 2만석은 무역을, 1만석은 증여를 했다(쌀 3만 석은 조선 백성들이 생명을 유지하는 데 큰 의미가 있었다). 임진왜란이 끝난 어느 시점부터인가 일본의 동태가 수상했다. 조선은 1637년부터 1881년까지 수 차례에 걸쳐 일본에 사절단을 파견했다. 그 때마다 사전에 청나라에 사절단 파견 인원의 관직과 출발 시간 등을 통보했다. 사절단은 귀국 후 예부에 귀환 일자와 일본에서 듣고 본 바를 통보했다. 청나라는 만약 일본이 조선을 침략한다면 반드시 출병할 것이라는 의사를 두 번이나 조선에 통보했다. 1649년 인조가 한양에서 청나라 칙사에게 "왜구의 상황이 날로 의심이 더해 가는데 금년은 왕년보다 더욱 더 수상하다. 만일 헤아릴 수 없는 일이 일어난다면 소국(조선)은 이를 감당할 수 없게 된다. 그렇기 때문에 상국(청)에서 원조하여 주기를 주야로 희망한다."라고 말했다. 이에 칙사가 대답하기를 "황제는 영기가 있기 때문에 섭정왕으로서 이미 천하를 평정했습니다. 만일 왜구가 침략한다면 그 어찌 원조를 늦출 것입니까!"라고 답했다. 그러자 인조가 "이제 이 말을 들으니 속이 다 풀리는군."이라고 했다고 한다(「인조실록」, 27년 정월 기묘).

인조는 청나라에게 삼전도 굴욕을 당했다. 이후 인조에게 청나라는 불구대천의 원수였으며 조선에서는 반청(反淸)이 일종의 국시였다. 그런 인조는 일본이 조선을 쳐들어오면 청나라가 도와주기를 바랐다. 또한 청나라에 볼모로 끌려갔던 효종의 손자로 효종의 북벌론을 계승했던 숙종은 1697년 대기근이 들자 청나라에 도움을 요청했다. 모순적으로 느껴지는 이러한 것들을 어떻게 봐야 할까? 한국전쟁 이후 남한의 국시는 반공(反共)이었다. 그런 남한은 공산주의 국가로는 넘버 1인 소련과 1990년에, 넘버 2인 중국(중공)과는 1992년 각각 수교를 맺었다. 특히 중국과는 같은 자유민주주의 진영인 대만과 단교까지 하면서 맺은 수교였다. 그리고 소련·중국과의 수교를 맺은 대통령은 월남전에 참전했고 반공이 제1당론이라고 할 수 있는 정당의 대표였던 노태우였다. 반청이나 반공이 처음에는 국시였을지라도 시간이 흐름에 따라 변할 수 있는 것이고 '생존과 발전'을 위해서는 또한 얼마든지 그래야만 하는 것이다.*

* 옛날에 학교 다녔던 사람들은 우리나라 주요 수출국 "1위는 미국, 2위는 일본"이라고 배웠겠지만 이미 십 수 년 전에 1위가 중국으로 바뀌었다. 현재 우리나라 주요 수출국을 보면 중국이 전체의 1/4(24.8%)을 차지해서 미국(약 12%)의 2배, 일본(약 4.7%)의 5배를 넘는다.

'오랑캐'를 멀리하고 멸시했던 진짜 이유

흔히 실학은 집권층에서 멀어진 비주류들의 전유물이라고 생각하기 쉽다. 중농학파(경세치용학파)는 숙종 때 정권에서 밀려난 이들로 경기 지역 남인들이 주축이었다. 그러나 중상학파(이용후생학파)는 중농학파와 달랐다. 그들은 정권을 쥔 노론 집안의 자제들이어서 청나라에 유학 갈 기회가 많았던 부류이거나 사신으로 다녀온 관료들이었다. 이들이 청나라에 가보니 생각했던 것과는 완전 딴판이었다. 너무나 발전해 있던 것이다(청나라를 다녀온 후 박지원은 『열하일기』에 "중국이 이처럼 번성했을 줄은 생각지도 못했다."라고 썼다). 이에 이덕무, 박제가 등이 청나라 문물이라도 발달한 것은 적극적으로 수용해서 국부를 늘리는 데 활용해야 한다고 주장했고 후대에 북학파라는 이름을 얻게 되었다(박제가의 『북학의』에서 따온 이름이다). 북학파들은 18세기 정통 주자학의 핵심부에서 성장했다. 이들은 중농학파와는 달리 여러 대에 걸쳐 서울에서 벼슬살이를 하고 있던 집권층이었다.

예를 들어 북학파의 대표 인물인 박지원은 노론 명문가 출신이었다(박지원의 집안은 당대의 명문 양반인 반남 박씨 가문에 속했다). 박지원의 5대 조부는 선조의 딸과 결혼해서 금양위가 되었고 할아버지는 경기도 관찰사를 지냈으며 팔촌 형인 박명원은 영조의 딸과 결혼해서 금성위가 되었다(요즘에는 팔촌의 얼굴이나 이름을 아는 사람이 거의 없겠지만 당시는 아니었다. 그때는 자기 가문의 족보를 연구하고 외우기까지 하던 그런 시대였기 때문에 당시의 팔촌은 지금의 사촌 못지않은 가까운 관계였다). 그러다가 박명원이 건륭제의 만수절(70세 생일) 사절 책임자인 정사가 되자 당시 아무 관직도 없던 박지원이 거기에 동행할 수 있었고 그래서 『열하일기』가 탄생했던 것이다. 박지원은 여러 가지 이유로 과거에 뜻이 없었다.* 그랬기에 조상 덕에 50세 때 음직으로 벼슬을 시작했던 박지원은 『열하일기』를 관직이 없던 44세 때 청나라에 다녀와서 썼다(형식적으로는 당시 정사였던 박명원의 개인 수행원이었다. 이에 대해 『열하일기』에는 다음과 같은 내용이 나온다. "나(박지원)는 한가하게 놀려고 따라온 사람이니 무릇 사신들의 일이 잘 되고 못 되고 간에 털끝만큼도 간섭할 수 없고 또 나한테는 한 번도 의견을 묻거나 혹 내가 의견을 낸 적도 없었다)."

* 박지원이 과거에 뜻이 없었던 것은 개인적·사회적·심리적 이유 등 때문이었다. 이에 대해 아들 박종채는 회고록에 "당시 아버지의 문장에 대한 명성은 이미 세상을 떠들썩하게 했다. 그래서

과거시험을 치를 때마다 시험을 주관하는 자는 아버지를 꼭 합격시키려 했다. 아버지는 그것을 눈치채고 어떤 때는 응시하지 않았고 어떤 때는 응시는 하되 답안지를 제출하지 않으셨다. 하루는 과거시험장에서 고송(孤松)과 괴석(怪石)을 붓 가는 대로 그리셨는데, 당시 사람들은 아버지를 어리석다고 비웃었다."라고 썼다.

　이것은 유목민들이 농경민들과 달라서 우리에게 도움은 안 되고 해가 되기 때문에 그들을 '오랑캐'라고 멸시하고 멀리했지만 그렇지 않을 경우 얼마든지 그들과 가깝게 지내고 배우려한다는 것을 잘 보여주는 사례라고 할 수 있다. 즉 '오랑캐'라도 유목이 아니라 우리와 같은 농경-유교 문화이고 배울 것이 있으면 얼마든지 다르게 보았다는 것이다. 박제가가 쓴 『북학의』에 박지원은 "(…) 장차 학문을 하려고 한다면 중국을 배우지 않고서 어떻게 할 것인가? 그러나 우리나라 선비들은 "지금 중국을 지배하는 자들은 오랑캐다. 그 학문을 배우기가 부끄럽다."라고 말한다. (…) 법이 좋고 제도가 아름다우면 아무리 오랑캐라 할지라도 스승으로 삼아야 한다. (…) 우리가 그들에 비해 나은 점은 정말 하나도 없다. 그런데 홀로 한 줌의 상투머리로 스스로 세상에서 가장 현자인 체하며 (…) 그렇다면 장차 어느 나라를 본받아서 실천해 나갈 것인가? (…)"라고 서문을 썼다. 만주족은 유목민이기 때문에 배울 것이 없다고 생각했지만 실제로는 그들이 한화되어 농경-유교 문화를 이끌고 있기 때문에 배워야 한다는 것이다. 그런 박지원의 『열하일기』에서는 조선의 낙후된 문화와 만성적 빈곤을 타개하고자 하는 이용후생의 관점으로 청나라는 북학의 대상이었다.[17]

---

17) 옛날 책이 흔히 그렇듯 『열하일기』도 다양한 판본이 존재한다. 나는 『열하일기』를 여러 판본으로 읽었는데 『열하일기』를 읽고자 하는 독자들에게는 김혈조가 번역하고 돌베개에서 출간한 3권짜리를 권한다. 아무래도 시공간이 다른 기행문이라 어렵거나 지루할 수 있는데 김혈조의 번역본은 사진과 그림이 많아서 마치 박지원과 같이 여행하는 기분을 느낄 수 있기 때문이다(물론 섬세한 번역과 자세한 설명 또한 좋다). 내가 『열하일기』에서 가장 인상 깊게 읽

그런 북학파의 대표 인물인 박지원은 "우리는 명나라의 유민이다."라는 내용의 시를 짓기도 했다. 청나라를 배우자는 북학파의 대표가 "우리는 명나라의 유민"이라니, 무언가 모순된 것 아닐까? 전혀 그렇지 않다. 이민족 왕조인 청나라는 언젠가 돌아가거나 사라질 것이지만 지금 당장은 배울 것이 많기 때문에 그들에게서 배워야 한다. 그러다가 한족 왕조가 다시 들어서면 한반도는 한족 정권에게 '생존과 발전'을 기대할 수 있으니 그들을 기다렸다는 제스처를 미리 보여줄 필요가 있다. 따라서 북학파 대표인 박지원의 "우리는 명나라의 유민이다."라는 내용의 시와 친명사대주의자들의 만동묘·대보단은 결국 같은 것이라고 할 수 있는 것이다. 또한 박지원은 『열하일기』에서 "아하! 명나라의 은택은 이미 다 말라 버렸다. 중국에 사는 선비들이 오랑캐의 제도를 좇아서 변발을 한 지도 백 년이나 되었건만 그래도 오매불망 가슴을 치며 명나라 황실을 생각하는 까닭은 무슨 이유인가? 중국을 잊지 않으려는 까닭이다."라고 썼다.[18] 「훈요십조」에서 태조 왕건이

었던 내용은 다음과 같다.

우리나라 인사들은 북경에 다녀온 사람들을 처음 만나면 반드시 이번에 본 것 중에서 제일 장관이 무엇이냐고 묻고는 차례대로 꼽아서 말해 보라 한다. 그러면 사람들은 제각기 자신이 본 것 중에서 가장 장관이었던 것을 주워섬긴다. (…) 나는 삼류 선비이다. 나는 중국의 장관을 이렇게 말하리라. "정말 장관은 깨진 기와 조각에 있었고, 정말 장관은 냄새 나는 똥거름에 있었다. 대저 깨진 기와 조각은 천하 사람들이 버리는 물건이다. 그러나 민간에서 담을 쌓을 때 어깨 높이 이상은 쪼개진 기왓장을 두 장씩 마주 놓아 물결무늬를 만들고 네 쪽을 안으로 합하여 동그라미를 만들며 네 쪽을 밖으로 등을 대어 붙여 옛날 동전의 구멍 모양을 만든다. 기와 조각이 서로 맞물려 만들어진 구멍들의 영롱한 빛이 안팎으로 마주 비친다. 깨진 기와 조각을 버리지 않아 천하의 문채가 여기에 있게 되었다. (…) 똥오줌이란 세상에서 가장 더러운 물건이다. 그러나 이것이 밭에 거름으로 쓰일 때는 금싸라기처럼 아끼게 된다. 길에는 버린 재가 없고 말똥을 줍는 자는 오쟁이를 둘러메고 말꼬리를 따라다닌다. 이렇게 모은 똥을 거름창고에다 쌓아두는데 혹은 네모반듯하게 혹은 여덟 혹은 여섯 모가 나게 혹은 누각 모양으로 만든다. 똥거름을 쌓아 올린 맵시를 보아 천하의 문물 제도는 벌써 여기에 있음을 볼 수 있다. 그래서 나는 말한다. '기와 조각, 조약돌이 장관이라고. 똥거름이 장관이라고.' 하필이면 성곽과 연못, 궁실과 누각, 점포와 사찰, 목축과 광막한 벌판, 수림의 기묘하고 환상적인 풍광만을 장관이라고 말할 것이랴!"

18) 박지원은 『열하일기』에 이러한 자신의 생각과 태도를 계속해서 드러냈다. 예를 들면 다음과 같다. "임진년 왜적의 난리에 신종 황제는 천하의 군사를 내어 우리를 구원했으니 실로 조선 사람들의 발꿈치에서 머리털까지 새로 태어나

거란을 '오랑캐'라 멸시하고 멀리하라고 했듯이 고려와 조선은 거란, 몽골, 여진 등 이민족들을 그렇게 대했다. 그것은 그들이 유목민이라서 농경민인 우리에게는 '생존과 발전'에 득은 안 되고 침략 등으로 해가 되기 때문이었다. 그러다가 북학파나 인물성동론에서 보듯이 '생존과 발전'에 득이 되면 얼마든지 그들에게 배우려 했다. 한민족이 그들을 멸시하고 멀리한 것은 "우리는 그들처럼 살 수 없고, 그들과 살 수 없다."라는 생각 때문이었다. 즉 그것은 현대의 인종 차별 같이 근거 없는 것이 아니라 나름 분명한 이유가 있었고, 그 이유는 바로 '생존과 발전'이었다. 한민족이 명을 받들고 청을 멸시한 것, 즉 중국에 사대하고 이민족을 '오랑캐' 취급한 것은 '생존과 발전'을 위한 합리적 선택이었지 모화사상에 빠져 있었다거나 집단 최면(혹은 집단 정신병)에 걸렸다거나 했던 것은 결코 아니었던 것이다.*

* 청이 명을 이어 중국 대륙의 주인이 된 것으로 광해군의 중립외교를 칭송하는 것은 결과론적 시각일 뿐이다. 당시에는 청이 명을 이길 거라고 생각한 사람은 거의 없었다. 실제로 청은 명이 지키는 산해관을 스스로의 힘으로 넘지 못했다. 산해관을 열어준 오삼계와 명을 멸망시킨 이자성은 모두 한족이었다. 누르하치와 홍타이지가 넘지 못한 산해관을 한족이 열어주어 만주족의 청이 북경에 입성했던 것이다.

게 만든 은혜가 아닌 것이 없다. (…) 조선 땅 한 모퉁이가 비록 이 수치를 면했다고는 하지만 중국을 위해 복수를 하고 치욕을 씻고 싶은 생각이야 하루인들 잊을 수 있으랴!", "슬프다! 이곳은 바로 숭정 경진년(1640년)과 신사년(1641년) 사이에 명나라와 청나라가 전쟁을 하여 명나라 군사가 떼죽음을 당한 곳이다.", "아, 슬프다. 이것이 바로 이른바 송산과 행산의 전쟁이었다. 청 태종이 산해관 밖의 이자성이었다면 이자성은 산해관 안의 청 태종이었으니, 명나라가 비록 망하려고 하지 않은들 가능했겠는가?", "아아! 슬프다. 명나라는 지난날 우리나라가 조공을 바치던 상국이었다. (…) 명나라의 속국인 우리나라에서 부인이나 아이들이 상국을 이야기할 때 늘 하늘 천(天)을 일컬으며 높이지 않은 적이 없는데 400년을 오히려 하루같이 해 왔던 까닭은 명나라 황실에서 받았던 은혜를 잊을 수 없기 때문일 것이다."

2) 한국사의 국가들이 조공을 했던 진짜 이유

'조공-책봉'이라는 사대(事大)는 근대 이전에 중국을 중심으로 한 동아시아 외교의 기본이었다. 중국이 한반도 국가의 왕에게 책봉을 안 해주는 경우는 없었고 중국이 책봉을 안 해준다고 해서 한반도 국가의 왕이 '왕 노릇'을 못하지도 않았다 (광해군도 결국 명나라의 책봉을 받았다). 원래 '중국적 세계 질서'를 형성하는 조공-책봉 관계란 기존 상황을 승인하는 과정을 통해 성립된다. 책봉은 권력을 새로 창출하는 과정이 아니라 기존 권력을 승인하는 과정이라는 뜻이다. 그렇다면 조공은 어떨까? 한반도는 바치는 입장이었고 중국은 받는 입장이었으니 조공을 한반도는 싫어했고 중국은 좋아했을까? 명나라 행정법전인 『대명회전(大明會典)』에는 국가별 조공 횟수를 정해놓았다. 유구(오키나와)는 2년에 1회, 섬라(태국) 및 안남(베트남)은 3년에 1회, 일본은 10년에 1회였다. 유구, 섬라, 안남은 비교적 조공을 많이 하는 나라에 속했다. 2~3년에 한 번만 해도 자주 하는 편이었다. 그렇다면 한반도의 경우는 어땠을까? 한반도는 고려 때부터 명나라에 1년에 3회 조공을 했다. 이를 통해 중국과 지리적·정치적·문화적으로 가까운 나라일수록 조공 횟수가 많다는 것을 알 수 있다.

'표전문 사건'과 조공

조선 건국 초기에 '표전문 사건'이 발생했다(중국 황제에게 올리는 글을 표문, 황태후·황후 또는 황태자에게 올리는 글을 전문이라고 한다). 1397년에 조선이 명나라에 보낸 표전문 글귀가 예의에 어긋난다고 명 태조 주원장이 트집을 잡은 것이다. 주원장은 정도전을 명으로 압송하라고 조선에 요구했다. 표전문 사건은 주원장의 신생 국가인 '조선 길들이기'였다. 표전문 사건의 목표가 정도전이었던 것도 그러한 이유에서였다. 주원장은 '조선의 브레인'인 정도전을 명나라로 잡아가면 명이 조선을 마음대로 조종할 수 있을 거라고 생각했던 것이다. 이성계는 정도전의 신병 인도를 거부했다.[19] 이성계와 정도전은 한국사에서 문과 무에 있어 최고의 파트너

---

19) 표전문 사건 뿐 아니라 정도전의 요동 정벌 계획까지 명나라와 조선은 건국 초기에 갈등을 겪었다. 같은 농경-유교 문화인 명과 조선은 왜 갈등을 겪었던 것일까? 우선 명 태조 주원장의 출신과 관련이 있었다. 주원장은 한족 출신이었지만 한 고조 유방이나 송 태조 조광윤과는 달랐다. 유방이나 조광윤이 관리 출신으로 정통 한족 지배층이었다면 주원장은 걸식승에 홍건적 두목 출신이었다. 주원장의 출신 성분이 너무 보잘 것 없는 것도 문제였지만 그의 사상이 더 문제였다. 주원장은 천년왕국을 신봉하는 불교의 일파인 백련교 출신이었고 그가 지은 국호인 '명(明)'도 백련교와 관련이 있었다.* 물론 명나라 건국 전후로 주원장이 백련교에서 유교로 돌아섰다고는 하지만 숭유억불이 국시인 조선에서는 그를 완전히 믿기는 어려웠을 것이다. 이에 대해 박지원은 『열하일기』에서 "원나라 세조는 사막 땅에서 일어난 사람이니 그런 행실을 했다는 것에 대해 괴하게 생각할 것도 없지만 명나라 초기에 황제가 이상한 승려들을 먼저 방문하여 왕자들의 스승으로 삼고 널리 서번의 법왕을 초빙하여 높이고 예우하면서도 그것이 중국을 비천하게 하고 지존의 체모를 깎으며 선대의 성인을 추하게 만들고 참스승인 공자를 억누른다는 사실조차 스스로 깨닫지 못했다."라며 주원장의 불교 우대를 비판했다.

> * '明'은 백련교에서 자주 사용하던 글자였는데 백련교를 명교라는 별칭으로 부르는 경우도 있었다. 백련교에서는 흑암(黑暗)이 물러가고 광명(光明)이 올 것이라고 주장했는데 흑암인 원나라를 몰아내고 세운 나라라고 해서 명이라는 국호를 쓴 것이라는 견해도 있다.

또한 조선에서는 그의 능력도 미지수였다. 앞서 본 것처럼 비록 원나라는 중원에서 쫓겨났지만 몽골 세력은 여전히 중국에 위협적이었다. 그런 상황에서 거렁뱅이에 홍건적이라는 반란군 수괴 출신인 비천한 성분 때문에 한족 지배층과 피지배층이 얼마나 주원장을 믿고 따를지, 역으로 말하면 그런 주원장이 중국을 얼마나 확실하게 장악하고 지배할 수 있을 지 조선에서는 예측하기 어려웠다(실제로 적잖은 강남 신사들이 주원장의 즉위를 냉소적으로 바라보았다). 주원장과 명나라의 출신 지역도 문제였다. 명나라 이전까지 역대 중국의 통일 왕조는 예외 없이 화북에서 일어나 강남까지 진출해서 대륙을 통일했다. 그런데 명나라는 강남에서 일어났다. 근대 이전까지 중국의 중심지는 북쪽 중원이었다(지금도 정치의 중심은 북쪽 북경이고 경제의 중심은 남쪽 상해다). 그랬으니 중심이 아니라 변두리인 강남에 근거지를 둔 주원장과 명나라가 과연 중국 대륙을 진정으로 통일하고 그것을 유지할 수 있을지 의문이었던 것이다. 이러한 이유들로 인해 조선은 명나라를 무조건 믿고 따르기가 어려웠다.

주원장 입장에서도 마찬가지였다. 한족 왕조인 명나라가 들어섰을 때 고려의 조정은 여전히 친원파가 장악하고 있었다. 1377년(우왕 3년) 북원이 우왕의 즉위를 인정하는 조서를 보내자 고려에서도 북원에 사신을 보내 답례를 했다. 1368년에 명이 원을 북경에서 쫓아냈으니 그때는 한족이 다시 대륙의 주인이 된 지 10년 가까이 된 때였다. 고려 최고의 무장 최영은 친원파의 거두였다. 친원파인 최영을 제거하고 고려도 무너뜨린 이성계가 조선을 세웠으니 이제 조선은 친명일까? 말처럼 쉬운 문제가 아니었다. 우선 앞서 봤듯이 북쪽으로 쫓겨나긴 했지만 몽골은 상당한 세력을 유지하고 있었다. 그리고 이성계의 출신도 간단하지 않았다. 이성계 가문은 고조부 이안사부터 아버지 이자춘 때까지 원으로부터 천호(千戶)라는 지방관 자리를 얻어 원나라 영토였던 쌍성총관부 지역의 세력가로 군림했다. 즉 이성

였다. 그런데 조선 건국 전까지는 무가 중요했지만 그 이후부터는 문이 더 중요했기 때문에 이성계 입장에서는 정도전을 도저히 내줄 수가 없었던 것이다. 그러자 주원장은 조선의 조공 횟수를 1년에 3회에서 3년에 1회로 축소해 버렸다. 이에 조선은 크게 반발하며 종전대로 1년에 3회를 요구했다. 조선은 명나라를 부모처럼 섬겼기 때문에 더 자주 조공하기를 원했던 것일까? 이때의 조공은 사실상 공무역이었다(조공은 좁게는 사절이 황제에 대해 행하는 의례를, 넓게는 조공 사절이 동반하고 온 상인들이 행하는 무역까지 의미했다).

그런데 이 공무역이 좀 특이했다. 조공을 할 때마다 중국은 그보다 더 많은 회사(回賜)인 답례를 했던 것이다. 즉 조공과 회사가 물물교환 형식의 무역처럼 진행되었는데 이런 무역이 있을 때마다 조공국은 조공품보다 훨씬 더 많은 회사품을 받아갔다(보통 회사품을 내려줄 때는 조공품 시가의 몇 배를 내려주었다). 이렇듯 조공은 '남는 장사'였기 때문에 조선은 원래대로 1년에 3회 조공을 요구했던 것이다. 조공을 마치 조직폭력배 두목에게 부하가 상납하는 것으로 오해하기 때문에 하기 싫은 것을 힘에 굴복해서 억지로 한 것처럼 생각하기 쉬우나 전혀 그렇지 않았다. 예를 들어 조선 국왕이 약재가 부족하다고 하면서 명나라에 포목과 교환하자고 한 적

계는 고조부부터 원나라 녹을 먹는 친원파였고 공민왕 때 원의 세력이 약해지자 아버지와 함께 고려에 귀화했던 것이다. 그러니 주원장 입장에서는 이성계와 조선을 100% 믿기는 어려웠을 것이다. 또한 주원장은 원나라의 쇠망을 초래하는 데 결정적인 역할을 한 홍건적 출신이었고 그에 반해 이성계는 고려 수도 개성을 장악한 홍건적을 격퇴하는 데 수훈을 세운 신흥 군벌이었다. 사대부들은 불교를 싫어했지만 정도전은 특히 더 싫어했다(정도전은 『불씨잡변』을 써서 조선에서 불교의 '사형 선고'를 내렸다). 그런 정도전은 탁발승에 백련교 출신인 주원장이 못 미더웠을 것이다.＊ 이러한 이유들로 인해 주원장과 이성계·정도전은 잘 맞지 않았던 것이다. 그랬기에 주원장은 조선을 확실히 길들여야 한다고 판단했다. 조선의 브레인이자 넘버 2인 정도전을 압송해 가서 "그 누구도 명나라에 끌려갈 수 있다는 공포 때문에라도 친원(親元)과 반명(反明)을 못하게 만들겠다."라는 것이 주원장의 의도였고 그로인해 발생한 것이 표전문 사건이었다.

＊ 『열하일기』에서 박지원은 "명나라에는 건국에서 멸망에 이르기까지 세 가지 이상한 일이 있었다. 그 첫 번째가 명 태조 고황제는 중 노릇을 하다가 황제가 된 인물이라는 것이다."라고 썼다. 이렇듯 주원장이 탁발승 출신이었다는 점은 조선시대 내내 받아들이기 힘든 것이었다.

416　　새로 쓴 동양사

이 있었다. 이에 영락제는 대의원에 그가 올린 명세에 따라 효과 있는 것으로 골라 잘 포장해서 사람을 파견해 보내줄 것을 명했다. 그리고 "포목은 그들이 알아서 팔게 하라."라고 했다. 조선 국왕이 죽으면 조선 사신들은 명나라에 가서 왕의 죽음과 세자의 등극을 알렸고 황제는 이를 승인하며 조선 왕의 장례 치를 돈과 조선 왕자의 등극을 축하한다는 명목의 돈을 하사했다. 명나라 황제가 죽었을 때는 조선에서 조문 사절을 보내 위로 명목으로 조공품을 바치면 황태자는 그에 따른 회사 이외에 별도의 은상(恩賞)까지 지급했다. 그렇기 때문에 조선은 무슨 일이 생기면 그것을 조공의 빌미로 삼아 명나라에 뻔질나게 드나들었다. 중국이 원하는 형식(조공)만 갖추면 훨씬 이득인 관계를 굳이 유지하지 않을 이유가 있을까? 중국과의 교역은 대단히 큰 가치가 있었고 조공이라는 형식은 그것에 대해 지불해야 할 대가였을 뿐이었다.*

* 오늘날 미국 성조기도 모자라 이스라엘 국기까지 흔드는 태극기 부대가 존재하는 것처럼, 과거에도 중국을 부모처럼 여기거나 무조건 따르려는 사람들도 분명 존재했다. 그리고 그것은 어쩌면 자연스러운 역사적 현상이었다. 미국이 우리나라에 영향력을 발휘한 것은 불과 70년 남짓이다. 그런데 중국은 지금의 '미국+중국' 이상의 영향력을 우리나라에 발휘했는데, 그 기간은 천년 이상이었다.

전근대 동아시아에는 많은 국가들이 성립하고 발전하는 과정에 있었다. 그리고 그 국가들에게는 발전 모델이 필요했는데, 그 모델은 당연히 중국일 수밖에 없었다. 구한 말 신사 유람단부터 산업화 시기까지 우리나라는 유학생이나 시찰단을 어디로 보냈을까? 아프리카나 남미가 아닌 미국과 유럽, 일본으로 보냈다. 마찬가지로 당시 동양, 아니 서양까지 통틀어 세계에서 가장 선진국은 중국이었다. 신사

유람단처럼 조공단은 몇 개월씩 중국에 머무르며 많은 것을 보고 배워왔다. 사절단은 대략 200명에서 300명에 이르렀는데 공적인 사무를 처리하는 외에 그들은 개인 신분으로 중국 관원 및 학자들과 접촉할 수 있었다. 그리고 도서수장실과 명승고적 등을 자유롭게 관람했다. 사절단은 주로 서적을 구입해왔는데 그 양은 방대했다. 1720년에는 북경에서 한 번에 52종 1천 415권을 구입했다는 기록이 있을 정도다. 그렇게 사절단 일행으로 중국에 다녀온 지식인 대표로 박지원을 들 수 있다. 박지원은 중국의 도시건설, 교통수단, 상업, 농목업을 상세하게 소개하고 중국의 수차와 수송 차량을 모방할 것과 중국 농민들의 퇴비 기술·시비 기술을 배울 것을 건의했다. 당시 조선은 중국으로부터 많은 것을 얻었다. 무엇보다도 동아시아의 선진 문물과 국제 정보는 거의 다 중국으로부터 얻었던 것이다. 우리는 중국이 못산다고 무시하는 경향이 있다. 그러나 중국이 우리나라보다 못 산 기간은 불과 몇 십 년뿐이다. 중국은 2천년 넘게 거의 모든 것이 앞서서 우리가 배워오는 선진국이었다.[20] 역사학계에서는 1,800~2,000년까지 두 세기가 중국이 역사상 패권을 놓쳤던 아주 예외적인 시대에 불과하다는 식으로 정리를 한다. 즉 그 두 세기를 제외하고 중국은 역사상 세계에서 가장 강하고 가장 잘 사는, 세계 최고의 강대국이자 선진국이었던 것이다(1978년 실권을 쥐게 된 '부도옹' 등소평은 중국의 개혁개방을 선언했다. 만약 중국이 개혁개방을 15년 정도만 빨리 진행했다면 지금의 우리는 없을지

---

20) 박지원이 1780년에 중국을 여행하고 쓴 『열하일기』에는 다음과 같은 내용이 나온다. "중국의 풍부한 재화와 물건이 어느 한곳에 막혀 있지 않고 사방에 흩어져 옮겨 다닐 수 있는 까닭은 모두 수레를 사용하는 이점 때문이다. (…) 밭에 물을 주는 수레를 용미차, 용골차, 항승차, 옥형차라고 하고 불을 끄는 수레는 굽은 관으로 물을 빨아 당겨 멀리 쏘아대는 홍흡과 학음의 제도가 있으며 전쟁에 사용하는 수레로는 포차, 충차, 화차 등이 있는데 서양인이 지은 『기기도』와 강희제가 만든 경직도에 모두 실려 있다. 그 설명은 『천공개물』과 『농정전서』에 실려 있으니 관심이 있는 사람이 취하여 세밀하게 고찰한다면 가난하여 죽고 싶다고 하는 우리나라 백성들을 구제할 수 있을 것이다. (…) 중국에서는 만사를 간편하게 하지 않은 것이 없고 하나도 쓸데없는 비용을 들이지 않는데 이 초상 제도만큼은 도대체 이해할 수가 없다. 본받을 것이 못 된다."(굵은 부분은 나의 강조)

도 모른다).

조선은 중국과 교류함으로써 국제적 연대와 경제적 이익 그리고 선진화를 추구할 수 있었다. 따라서 가능한 한 모든 방법을 통해 중국과 자주 접촉하려고 했다. 그리고 그 방법이 조공이었던 것 뿐이다. 이것은 같은 농업-유교 국가인 고려-송도 마찬가지였다. 정식 외교관 외에도 송나라는 고려의 요청에 응해 자주 의사와 악사 등 기술인들을 파견했다. 또한 고려와 송의 외교 관계가 단절된 시기에도 상인들이 여전히 서적 무역을 진행했다. 1192년 송나라 상인이 고려 왕에게 『태평어람』을 바치자 국왕은 그에게 백금 60근을 주었고 이 판본에 근거해서 고려가 소유하고 있던 판본의 교감이 진행되었다. 권적 등 고려 거인(擧人)들이 송나라 태학에 진학하자 송에서는 따로 박사를 설치해서 그들을 가르쳤다. 1115년 송 휘종이 친히 집영전에서 고려 빈공 거인 시험을 치렀으며 권적 등 4명이 상사로 급제했다. 권적에게는 특별히 중국 화관을 수여했다. 권적은 후에 고려 국자감 제주 및 한림학사에 발탁되어 고려 최고학부를 관장했다. 2년간 송나라에서 유학했던 경험은 그가 재직하는 동안 많은 영향을 주었다. 당시 송나라 기록을 보면 고려 사신들이 지나가는 지방에는 이들 사절단의 방문 횟수가 많고 그 숫자도 많아서 이들을 맞이하는 일이 아주 피곤했다고 하는 기록과 또 이 때문에 늘어나는 지방 관청의 경제적 부담을 걱정하는 기록이 자주 나타난다. 이를 통해 당시 고려의 조공도 조선과 같았음을 알 수 있는 것이다.

강남농업과 성리학 그리고 역법

저지 수전 지대를 중심으로 시비기술과 수리시설 개발을 주요 내용으로 하는 강남농법은 이전에 비해 3~4배 소출을 올리게 하는 등 농업 생산력을 크게 향상시켰다. 강남 지역의 경제력 상승은 학문과 사상의 판도에도 변화를 가져왔다. 농경 지대에서는 모든 백성이 농경에 투입되는 것이 원칙이었다. 농사가 요구하는 노동의 양은 기술이 개발될수록 더 많아졌다. 이런 상황에서는 군사에 필요한 인력도 같은 농민으로 채워야했다. 그래서 농경 국가의 군사제도는 기본적으로 병농일치였다. 이 원칙으로 짜인 군사제도는 백성이 굶주리면 국방은 약해질 수밖에 없는 약점을 안고 있었다. 이를 보완하기 위해 민본(民本)의 정치철학이 강조되었다. 남송의 성리학은 고대 사상 가운데 민본을 처음 언급한 유교를 높이 평가하면서 이를 새롭게 해석하고 정리했다. 유교에 대한 이러한 재평가는 북송 때 시작되었지만 남송의 주희 때 이민족에 의한 시련 속에서 강도 높게 진행되었다. 강남 농법을 포함한 강남의 경제와 성리학은 이제 동아시아의 선진 문명 그 자체였다. 주변국들로서는 정치적으로 사대의 예를 표해서라도 그것을 받아들이지 않으면 후진을 면치 못하게 된 것이다. 강남 지역의 농법과 성리학은 고려 말기에 고려의 지식인들에게 알려지기 시작했다. 고려의 지식인들에게 "강남"은 이제 풍요의 상징이요, 선망의 대상이었다.*

* 한반도의 벼농사는 양자강 유역과 밀접한 연관이 있다. 일단 벼를 최초로 작물화한 것이 기원전 7,500년 이전의 중국이었는데 그 무대가 양자강 일대였다. 아무래도 중국의 제1중심은 화북이므로 대부분의 중국 문물은 북방에서 만들거나 발전시켜서 남방으로 전해졌는데 벼농사는 그 방향이 반대였다.

천체 운행을 관측해 시간과 절기를 계산하고 기록한 것이 역법이다. 군주는 천문 관리를 통해 역법을 만들고 이를 천하에 반포했다. 전통사회에서 가장 중요한 일인 농사를 제대로 지으려면 시간과 절기의 흐름을 정확하게 알아야 했으므로 역법을 통해 이를 백성들에게 알려주는 것은 군주의 중요한 덕목이었다. 중국 제후국이었던 고려와 조선은 이처럼 중요한 천문 관측을 할 수 없었다. 황제는 곧 천자였고 천자는 하늘의 아들이라는 뜻이었는데 천자가 하늘에 지내는 제사를 독점했으므로 제후인 왕은 하늘에 제사 지낼 수 없었던 것이다. 이는 곧 천문을 관측할 수 없음을 의미했다. 천문을 관측해야 시간과 절기를 가늠하고 역법을 만들 수 있는데도 말이다. 그러니까 역법은 황제가 제후를 통제하는 데 사용한 첨단 기술이기도 했던 것이다. 따라서 제후인 고려와 조선의 국왕은 중국 황제가 내려준 역법을 받아 백성들에게 절기와 시간을 알려줘야만 했다.* 예를 들어 조선 초에 동지사를 명나라에 보내서 달력 100부를 황제에게 하사받아 왔다. 이를 바탕으로 달력 8,000부를 만들어 전국에 배포했다. 역법을 만드는 데는 고도의 천문 지식과 기술이 필요하고 그러한 과학기술을 발전시킬 수 없던 제후국은 점점 더 황제 국가에 의존할 수밖에 없었던 것이다.

* 절기는 달의 움직임, 음력에 따라 엄격하게 정해져 있는데 그냥 정하지는 않았다. 5월 5일 단오를 예로 들면 이렇다. 음력 5월이면 초여름이다. 무더운 여름이 오기 전 이때쯤이면 모내기가 끝나 있어야 한다. 즉 단오는 '모내기 마감일'이었던 셈이다. 이처럼 절기는 '농사 진도표' 구실을 했던 것이다.

사대와 자소 그리고 순망치한

'순망치한'. 임진왜란 당시 중국 본토를 다치지 않게 하려고 명나라가 조선에 파병했다는 논리이다. 방어전은 자기 자리를 지키는 것이 안전하고 비용도 적게 드는데 이것은 병법의 기본 상식이다. 그렇다면 과연 명나라가 순망치한의 논리로 임진왜란에 참전했을까? 임진왜란 초기 명나라 참전에 관한 특이한 기록이 『조선왕조실록』에 전한다. 명은 조선에 설번이라는 관리를 칙사로 보냈다. 설번이 선조에게 "명나라 군사 10만 명 정도가 도착할 것입니다. 그러나 천리 먼 길로 군량을 운반할 수 없으니 은을 갖고 와 조선에서 쌀과 교환하면 어떻겠습니까?"라고 말했다. 그러자 선조는 "조선은 가난한 나라여서 은을 갖고 와도 쌀과 교환할 수 없다."라고 답하고는 명나라에 지원군으로 5만 명을 요청했다. 즉 명나라는 지원군으로 10만 명을 보낼 생각이었는데 조선은 그 절반인 5만 명만 원한 것이다. 또한 투입된 각 국 병사를 보면 임진왜란 때 "조선 60,000명, 명나라 74,000명, 일본 117,000명", 정유재란 때 "조선 37,600명, 명나라 117,000명 일본 14,1400명"이었다. 즉 정유재란 때 병사의 숫자가 조선은 줄어든 반면 명나라는 늘었던 것이다. 그렇다면 임진왜란과 정유재란 때 한반도에서 일본을 몰아낸 결정적인 힘은 무엇이었을까?

　보통 세 가지를 든다. 이순신의 해상 장악과 의병장들의 활약 그리고 명의 원군. 우리는 심정적으로 이순신의 해상 장악이 가장 결정적이었다고 여기겠지만, 굳이 따진다면 명의 참전이라고 할 수 있다. 1592년 12월에 파병된 명군 4만 3천 명은 평양성 탈환 작전에서 고니시 유키나가의 부대에게 결정적인 타격을 가해 평양성을 탈환했다. 그때부터 사기가 급전직하된 일본군은 평양은 물론 한양도 버리고 남으로 도주했다. 실제로 조명연합군의 공격 이전에 조선군이 단독으로 몇 번이나 평양성을 공략했지만 까딱도 하지 않았다. 조선 조정이 의주까지 도망쳐서 나라의 흥망이 조석에 달렸던 형편에서 결정적인 전쟁의 터닝포인트는 평양성 탈환이었다. 명군은 평양성 탈환 이 외에는 별로 큰 공을 세우지는 못했지만 전쟁이 끝날 때까지 조선군과 합동 작전을 펼침으로써 육해군 전력 증강에 결정적으로 기여한 것은 사실이다. 물론 이순신의 활약을 폄하하는 것은 아니지만 전쟁에서 일본을 돌려보낸 데 결정적 역할은 명나라의 참전이었고 할 수 있다.* 세계 최강인 미국도 전쟁을 포기하게 만든 것이 중국이었다. 한국전쟁 당시 중국은 미국과 비교할 수 없는 전력이었으나 '인해전술'로 미국의 사기를 꺾었다. 그런데 임진왜란과 정유재란 당시 명나라는 '인해전술'을 써야하는 후진국이 아니라 지금의 미국에 준하는 강대국이었다. 그러니 임진왜란보다 정유재란 때 파병 규모를 늘린 명나라를 보면서 일본은 승산이 없다고 판단할 수 밖에 없었던 것이다. 이에 대해 전통시대 동아시아의 군사전문가인 피터 로지는 명 황제 신종의 명령에 따라 큰 군선들과 대형 화포로 무장한 명나라 해군이 증원군과 보급품을 신고 조선에 당도하자 도요토미 히데요시는 장수들과 논의 끝에 철수하기로 이미 결정을 내리고 있었다고 주장했다. 즉 흔히 알려진 것처럼 도요토미 히데요시의 죽음으로 일본군이 철군해서 전쟁이 끝난 것이 아니라는 것이다(Peter Lorge, 『War, Politics and Society in Early Modern China, 900~1795』, London, 2005).

* 이순신은 분명 구국의 영웅이었다. 그러나 임진왜란에 관해 기억해야 할 역사의 거의 모든 것이 이순신의 영웅화로 대체되다시피 하는 것은 분명 문제가 있다. 당시 전국 최대의 군량 집결지였던 평양을 점령한 일본군은 일 년치 식량에 해당하는 군량미 10여 만석을 확보했다. 따라서 일본군은 평양에 주둔하고 있는 동안 서해로의 보급로가 막혀 있어도 군량미 조달에 아무런 문제가 없었다.

『명사』 「조선전」에는 "상실한 (명나라) 군대가 수십만 명이며 군량이 수백만 석에 달한다."라고 기록되어 있다. 이처럼 임진왜란은 군사력의 손실을 초래했을 뿐만 아니라 명나라의 전체 국력에도 큰 타격으로 작용했다. 그런데도 명나라 출병의 논리가 '순망치한'일까? 출병 결정의 궁극적 이유는 조공 관계의 의리였다. 조공이 책봉과 상응하듯 '사대(事大)'도 '자소(字小)'와 관념적으로 서로 호응한다. '사대' 외교의 정치적 의미를 현대적으로 풀이한 것이 약소국의 '강대국 존중 외교'

라고 한다면 '자소'는 종주국이 약소국인 번속국을 보살펴주는 정신이다. 종주국과 번속국은 각각 '사대'와 '자소'를 원칙으로 상호관계를 유지하므로 관념적으로는 서로 쌍무적인 관계에 있다고 볼 수 있다. 근대 이전 한반도 역대 왕조에게는 중화사상에 순응하며 사대를 통해 중국과 평화적인 관계를 유지하는 것이 국가안보를 보장받을 수 있는 가장 확실한 방법이었다.* 현대의 국제 관계는 의례적으로 볼 때 모든 국가가 마치 평등 관계에 있는 것처럼 비치기도 한다. 그러나 국가 간의 엄연한 국력 차이(특히 경제력과 군사력 차이)로 말미암아 약소국은 물론 선진국들 사이에서도 실질적으로 '강대국 존중 외교'는 얼마든지 펼쳐진다(대표적인 예가 유엔 안전보장이사회 상임이사국 5개국이다). 하물며 근대 이전 '평등한 주권국가'라는 개념조차 존재하지 않던 시대에는 주변국이 평화적인 관계를 희구하면서 중국을 상대로 '강대국 존중 외교'를 펴지 않을 수는 없었던 것이다.

* 새뮤얼 헌팅턴은 『문명의 충돌』에서 "핵심국이 질서 부여 기능을 행사할 수 있는 것은 소속국들이 핵심국과의 문화적 유대감을 느끼기 때문이다. 문명은 가족의 확대판이며 핵심국은 가족 안의 웃어른처럼 친척들을 돕고 지켜야 할 원칙을 제시한다. 이러한 유대감이 없을 때는 강한 힘을 가진 국가라도 자신의 지역에서 발생한 분쟁을 해결하고 질서를 부여하는 데는 일정한 한계가 있을 수밖에 없다."라고 했다. 명나라는 핵심국으로서 지위를 유지하기 위해 조선을 도와야 했던 것이다.

한국사를 포함하는 동양사를 볼 때 많은 혼선을 빚는 것이 국가 사이의 관계이다. 그것은 현대의 국제 관계와는 근본적으로 달랐다. 근본적인 차이가 나게 된 배경은 역시 평등이라는 개념과 관련이 있다. 개인 사이의 평등을 인정하지 않았던 사고 체계에서는 국가 사이의 평등 역시 성립하기 어려웠다. 현대 사회에서는 평등이 개인 뿐 아니라 국가 사이의 관계에서도 적용된다. 그러나 전근대에서는 최소한 관념상으로라도 개인이나 국가나 평등을 인정받지 못했다. 따라서 조공-책봉이라는 사대를 나쁜 것, 이상한 것으로 생각할 필요는 전혀 없다고 할 수 있는 것이다. 예를 들어 한국인들이 그리워하며 자랑스러워하는, 만주 벌판을 누비던 고구려 또한 중국에 사대를 한 적이 있었다. 예를 들어 624년 고구려 영류왕은 당나라에 조공하고 당 고조로부터 상주국(上柱國) 요동군공(遼東郡公) 고구려왕에 봉해졌다. 영류왕은 당에 봉역도(고구려 영역을 표시한 지도)를 바치고 제후국임을 인정했다. 영류왕은 640년에 세자를 보내 당나라 국자감에 입학시켰다. 세자를 적국에 보내는 것은 전쟁을 할 뜻이 전혀 없음을 나타낸 것이다.

　중국과의 조공-책봉 관계는 정치·군사·경제·문화적 실리를 추구할 수 있을 뿐 아니라 과학기술 등 새로운 지식을 받아들이고 동아시아의 최신 국제정보를 획득하는 데도 필수적이었다. 한중관계의 역사 속에서 한국 측이 중국 측과 외교관계를 맺어 국가안보를 보장받고 경제·문화적 이익을 얻기 위해서는 조공 이외에는 다른 선택지가 없었다는 점을 인식할 필요가 있는 것이다. 그리고 정경분리가 불가능한 조공은 중국에 의해 규정되었고 한반도 역대 왕조들은 이를 소극적으로 수용하는 데만 그치지 않고 오히려 이를 적극적으로 활용했다고 볼 수 있다. 근대까지 국제 관계는 강대국이 약소국을 식민지로 삼아 지배하는 약육강식의 야만적 상황이었다. 오로지 폭력으로 결정하는 근대의 제국주의 질서보다 사대-자소 관계는 훨씬 자발적이고 평화로운 국제 관계였다고도 할 수 있는 것이다. 이런 질서에 적응하는 것을 '사대주의'라는 딱지를 붙여 나쁘게만 말하면 오해가 생길 수 있다. 주체성 없이 오로지 큰 나라에 빌붙어 살려는 뜻의 말인 '사대주의'와는 구별할 필요가 있는 것이다.*

　* 다만 16세기 이후 성리학이 대국 숭배 또는 모화 사상을 밑거름으로 해서 전략적인 정책으로

서의 '사대'가 주체성을 상실한 관념으로서의 '사대주의'로 변질된 부분도 있었다.

　미국의 대선 시즌이 다가오면 전 세계 이목이 집중되지만 특히 우리나라는 촉각을 곤두세운다. 우리가 미국 대통령 선거에 영향을 줄 수 없고 우리에게 도움되는 후보를 뽑을 수도 없다. 그러나 굳이 미국을 좋아하지 않더라도 보통은 미국 대통령으로 친한파가 당선되기를 바란다. 현재 우리는 미국과의 관계에 얼마나 많은 힘을 쏟고 있는가? 아마 미국을 제외하고 미국 뉴스를 가장 많이 접하고 미국 대통령 이름을 가장 많이 아는 나라가 바로 한국일 것이다. 그런데 근대 이전 중국에게 잘 보이고 중국과 친하게 지내려하는 것이 과연 잘못이었을까? 다시 한 번 강조하지만 근대 이전의 중국은 한반도에게는 지금의 '미국+중국' 그 이상이었다. 옛사람들에게 세계 즉 천하란 중국을 뜻했다. "중국이 천하의 중심이거늘 무엇 때문에 다른 오랑캐들과 교역을 한단 말이냐?" 이러한 조선 지배층의 인식은 나중에 보면 잘못된 것일 수 있지만 당시에는 그렇지 않았다. 오히려 당시의 국제 정세를 정확하게 반영하고 있는 것이었다고 할 수 있다. 싸이나 BTS 같은 연예인 또는 삼성이나 현대 같은 기업이 "세계 시장에 진출했다."라고 할 때 "세계 시장"은 어디를 말할까? 유엔에 등록된 193개 국가 모두를 말하는 것도, 남미나 아프리카 심지어 유럽도 아닌 바로 미국이다. "미국 시장=세계 시장"인 것이다. 마찬가지로 근대 이전에 현재 미국의 위상을 차지하고 있던 나라는 중국이었다. 미국은 최전성기 시절 전 세계 GDP의 약 60%를 차지했고 중국은 최전성기 시절 전 세계 GDP의 약 70%를 차지했다. 더구나 그런 시절이 미국은 몇 십 년이었던 것에 비해 중국은 최소 몇 백년에서 최대 천년 이상이었다. 실제로 지금 세계 모든 국가들이 미국에 진출하려는 것처럼 동양뿐만 아니라 머나먼 유럽에서도 중국에 진출하기 위해 수 백, 수천 년 동안 안달했다. 19세기 영국은 중국에 진출했지만 중국의 비단·차·도자기는 영국에서 잘 팔리는데 영국의 물건들은 중국에서 인기가 없었다. 그렇게 쌓여가던 무역 적자를 타개하기 위해 영국은 인도에서 재배한 아편을 중국에 팔았다. 그 유명한 아편전쟁은 학수고대하던, 당시 세계 최대 시장인 중국 진출에 실패한 '신사의 나라' 영국이 저지른 무역 전쟁이었던 것이다.＊

＊ 몇 년에 1공(貢)인가에 따라 예속성의 정도를 알 수 있다는 일부 학자의 주장도 있지만 조선의 잦은 조공은 사실 조선 측의 요구에 따른 것이 많았기 때문에 그 의미를 달리한다. 즉 잦은 조공관계가 중국 측의 강요에 의한 것이었다면 예속성이 강했다고 할 수 있겠지만 그 반대라면 조공이라는 틀을 활용했다는 의미가 되는 것이다.

다시 봐야 할 재조지은과 병자호란

여기서 다시 봐야 할 것이 재조지은과 병자호란이다. 병자호란은 조선의 의지나 잘못과는 무관하게 청나라의 의지와 사정으로 벌어진 전쟁이었다. 『병자록(丙子錄)』에 따르면 병자호란이 끝난 후 청나라에 포로로 잡혀간 조선인은 30만 명에 달한다고 한다(50~60만 명으로 보기도 한다). 청군이 이렇게까지 많은 조선인을 포로로 끌고 간 것은 부족한 인구에 따른 빈약한 생산력을 증대시키기 위해서였다. 청을 세운 여진족은 그 수가 100만 명이 되지 않아서 농업 생산성에서 명이나 조선보다 훨씬 뒤떨어졌다. 수렵과 유목 위주의 경제 체제였을 때는 그럭저럭 유지해나갈 수 있었지만 국가를 세우고 농업 경제의 단계로 들어설 즈음에는 적은 인구는 큰 문제가 되었다(제국이 되려면 안정적인 식량 자급을 위해 유목 국가도 농업 위주의 경제 체제를 갖추어야 했다). 그런 이유로 청은 명이나 조선과 전쟁을 하면 많은 사람들을 포로를 끌고 갔던 것이다. 예를 들어 병자호란이 일어난 바로 다음 해인 1638년 9월 청군은 만리장성을 돌아 명나라를 침략해 산동성 성도인 제남을 함락하고

46만 여 명의 포로를 노획했다. 이들은 모두 농사를 짓거나 각종 공사의 인부로 활용되었다(물론 청이 잡아온 포로들을 모두 농부나 인부로 쓴 것은 아니었다. 청은 속환의 대가로 돈을 받기 위해 명이나 조선에서 사람들을 잡아가기도 했다).*

* 이는 현대에도 마찬가지이다. 인구가 부족한 국가들은 이를 해결하기 위해 이민을 받아들인다. 미국은 땅은 넓은데 인구가 적어서 여러 번 적극적으로 이민을 받아들였고 이를 바탕으로 세계 최강국이 되었다고 할 수 있다. 과거에는 이민이라는 개념이 없어서 대신 '인간 사냥'을 했던 것이다.

여진의 금에게 정강의 변을 당하고 송나라의 두 황제(휘종과 흠종)는 포로로 끌려가서 비참하게 죽었다.* 그런데 인조는 두렵지 않아서 숭명배금(崇明排金)으로 정묘호란과 병자호란을 당했을까? 1627년(인조 5년) 후금이 정묘호란을 일으켰던 것은 종래의 일반적인 설명처럼 인조반정 이후 조선의 새 정권이 취했던 이른바 숭명배금 정책 때문이 아니었다. 조선의 새 정권은 인조반정 이후 '배금'의 기치를 내걸기는 했지만 후금에 대해 실질적으로는 적대 정책을 취하지 않았고 명과 후금 사이의 대결 속으로 말려드는 상황도 애써 피하려 노력했다. 더욱이 반정 이듬해인 1624년에 이괄의 난이 일어나 서울이 함락되는 등 우여곡절을 겪은 이후에는 내정을 추스르기에도 급급한 상황이었다. 당시 조선에서는 이괄의 난 이래 이인거의 모반 기도, 유효립의 역모 사건, 이충경의 역모 사건 등 끊임없이 정권을 위협하는 일들이 벌어졌다. 그런 상황에서 후금(청)과 전쟁이 벌어지면 반정으로 겨우 잡은 정권을 잃을 수 있었기 때문에 인조와 서인 세력들은 굳이 숭명배금으로 후금(청)을 자극하는 일은 하지 않았다(반정 후 후금에 대한 외교정책은 실상 광해군 시대와 다를 바 없었다는 사실이 이미 조목조목 밝혀졌다. 이에 대해서는 명지대 사학과 교수

한명기의 『임진왜란과 한중관계』 참고).

  * 휘종과 흠종 두 황제는 감옥에 갇혔다. 포로가 된 지 8년 만에 휘종은 54세의 나이로 누추한 집 온돌 위에서 병들어 죽었다. 다시 13년이 지났다. 금나라 황제가 마구(馬球) 시합을 시켰는데 문약해 견디지 못한 흠종은 말에서 떨어졌고 달리는 말발굽에 밟혀 57세의 나이로 죽었다.

  그렇다면 정묘호란을 당하고 이기지 못 한다는 것을 알았을 텐데 인조와 서인 세력은 왜 청나라와 또 다시 전쟁(병자호란)을 했을까? "전쟁은 고도의 정치 행위다." 클라우제비츠는 『전쟁론』에서 전쟁을 이렇게 간단히 정의했다. 살인이 너무나 좋은 사이코패스나 전쟁광이 아니고서야 전쟁을 하고 싶어 하는 사람이 얼마나 있을까. 전쟁에서 지게 되면 최고지도자는 퇴진하거나 포로가 될 수 있고 심지어 죽기까지 한다(다른 집권자들 역시 마찬가지다). 전쟁은 때로는 질 것을 알지만 해야 하는 경우도 있는 것이다. 일제강점기에 1930년대 들어서 한반도에서는 더 이상 무장독립투쟁이 불가능한 상황이 되었다. 따라서 이후 무장독립투쟁은 국외에서 펼쳐졌다. 그러나 무장독립투쟁은 그야말로 '계란으로 바위 치기'였다. 미국을 도발할 정도였던 일제와 전쟁을 벌여서 승산이 없음은 너무나 뻔했다. 2차대전이 끝나고 해방 후 미국은 한반도를 일제와 마찬가지로 전범 취급했다. 그들은 한반도에 대해 아는 것이 거의 없었는데 학도병 등 조선인들이 일본군으로 전쟁에 참가했으니 미국으로서는 당연했던 것이다. 그러다가 미국은 조선이 무장독립투쟁을 계속해서 벌여왔던 사실을 알게 되자 그러한 오해를 풀었다. 만약 그 당시에 무장독립투쟁을 하는 조선인들이 없었다면 우리는 일제와 마찬가지로 전범 국가가 되었을지도 모른다. 또한 만약 한국전쟁 당시 남한이 북한에 밀린다고 해서 전쟁 자체를 포기했다면 어땠을까? 미국이 남한을 도왔을까? 전쟁이 끝나고 남한이 미국이나 국제 사회에 최소한의 발언권을 가질 수 있었을까? 병자호란 역시 그러한 역사적 문맥에서 바라봐야 하는 것이다.

병자호란이 끝나고 당시 청이 조선에 요구한 주요 사항은 "명에 대한 사대를 끊고, 장자 및 재일자를 인질로 삼고, 청의 명 정벌에 조선의 물적·인적자원을 지원하라."였다. 이 세 가지 모두 명과 조선의 관계를 단절시키고 조선의 도움으로 청이 명을 치기 위한 것이었다. 즉 병자호란은 중국 정복을 위한 전형적인 사전 정지작업이었다.* 만주의 이민족들은 거란족의 요, 여진족의 금, 만주족의 청(후금)을 보면 알 수 있듯이 주기적으로 일어났다. 한반도 국가와 중국에게 최선은 협력해서 그들이 나라를 세우지 못하게 하는 것이었고 차선은 그들이 일어났을 때 협공해서 물리치는 것이었다. 그러기 위해서는 한반도와 중국의 신뢰가 절실히 필요했다. 그런데 한반도가 이민족이 힘이 세졌다고 그들 편에 서면 어떻게 될까? 인간 사이에서도 그렇지만 국가 사이에서도 신뢰는 한 번 깨지면 회복하기 힘들다. 더구나 당시는 지금처럼 실리나 경제가 아닌 의리와 명분이 무엇보다 중요한 유교의 시대였다. 물론 한반도와 중국이 서로 협력하지 않아서 이민족에게 정복되면 둘 다 손해이다. 그런데 이민족이 물러나거나 사라지면 누가 더 손해일까? 중국에게 정치·경제·문화 등에서 무수한 혜택을 보는 한반도일까 아니면 유교와 농업의 원조인 중국일까? 한반도를 절대적인 기아 상태에서 구한 이앙법을 생각해보면 금방 답이 나올 것이다.

* 소현세자와 봉림대군은 조선이 명과 청의 전쟁에서 명나라 편이 되지 못하도록 잡아둔 전형적인 인질이었다. 그랬기에 청은 북경에 입성하자마자 그들을 바로 돌려보냈던 것이다.

1992년에 우리나라는 대만(자유중국)과 외교관계를 단절하고 중국(중화인민공화국)과 수교했다(그래서 수교 전까지 우리나라에서 '중국 유학 = 대만 유학' 이었다). 대만과 중국은 국력 면에서 비교가 되지 않는다. 중국은 대만에 비해 인구는 약 60배 많고 영토는 약 250배 넓다. 그렇지만 냉전이 한창이던 시절 남한에서 우리가 대만과 단교하고 중국과 수교해야 한다고 생각한 사람이 누가 있었나? 우리와 중국과의 수교는 베를린 장벽 붕괴(1989년)와 소련 해체(1991년)가 있었기 때문에 가능했지 국익이나 실리가 아닌 이념이 중시되던 냉전 시대에는 상상조차 하기 어려웠다. 명청교체기 또한 마찬가지였다고 할 수 있다. 그때는 국익과 실리가 아닌 명분과 의리를 중시하는 유교의 시대였다. 또한 대만과 중국의 국력은 너무나도 명백하게 차이가 나지만 명과 청은 그렇지 않았다. 당시에는 '도전자' 청이 '챔피언' 명을 이길 거라고 생각한 사람은 명나라와 조선 뿐 아니라 청나라에도 거의 없었다. 늙고 힘이 많이 빠지기는 했지만 챔피언은 챔피언이었던 것이다. 실제로 '여진족의 칭기즈 칸'인 누르하치 뿐 아니라 청 태종 홍타이지도 중원으로 진출하려고 했지만 만리장성 동쪽 끝인 산해관에 막혀 모두 실패했다. 청나라는 누르하치와 홍타이지가 죽고 제3대 황제인 순치제 때 이자성 무리를 처단하기 위해 명나라 장수 오삼계가 문을 열어주어 산해관을 넘을 수 있었다.* 그러니 명이 망하고 대륙에 청이 들어선 것을 가지고 명청교체기에 조선이 모화사상에 빠져 잘못된 정치·외교적 판단으로 인해 병자호란을 당했다는 식의 논리를 펴는 것은 일종의 결과론일 뿐이다.

---

* 사실 청나라에게 이자성은 일종의 '귀인'이었다. 청나라는 수도 북경을 명나라에게 직접 빼앗은 것이 아니라 '역적' 이자성에게서 얻었으며 명의 마지막 황제와 황후에게는 예법에 맞는 장례를 치러주었다. 그래서 한족들의 청나라에 대한 반감과 저항이 예상보다는 크지 않았던 것이다.

대중역사가들이 병자호란을 바라보는 시각 또한 문제가 크다고 할 수 있다. 대표적인 대중역사가라고 할 수 있는 이이화는 『한국사 이야기 12』에서 병자호란을 다루었다. 그는 모든 책임을 인조와 서인 정권 탓으로 돌리면서 병자호란을 '자초한 전쟁'으로 평가했다. 그러면서 이이화는 당시 집권 세력에 대한 부정적인 평가뿐 아니라 청나라에 대해 미화까지 했다. 예를 들어 후금에서 청(淸)으로 국호 변경에 대해 "청은 '세계를 맑게 한다'는 뜻이니 여러 민족을 끌어안는 제국의 이름으로 나무랄 데가 없다. '덕을 숭상한다'는 뜻의 '숭덕'이라는 연호도 여러 민족을 포용하겠다는 의지의 표현이었다. 그(홍타이지)는 예전 금나라 태조보다 뛰어난 리더쉽과 자질을 갖추었으며, 훨씬 정치적인 인물이었다."라고 쓰고 있다. 또한 "태종(홍타이지)은 당당하게 압록강을 넘어가겠다는 자신의 전략을 숨김없이 밝혔다."라며 전쟁에 임하는 홍타이지를 높였다. 침략 전쟁이 그렇게 당당한 것인가? 조선의 인조와 집권 세력들은 못났고 청나라의 홍타이지는 전략을 숨기지도 않을 만큼 잘났다는 것인가? 나아가 청나라 군대가 조선을 향해 출정하는 상황을 "12월 2일, 청군은 마침내 심양을 출발했다. 차가운 겨울 햇살 아래 색색가지 깃발이 펄럭이고 군사의 사기는 하늘을 찌를 듯 했다."라고 굳이 묘사까지 했다. 모든 것은 당시 조선의 잘못이니 청나라는 당연히 저렇게 위풍당당했어야 한다는 것일까?*

* 이렇게 병자호란은 모두 조선의 잘못 때문이라는 식의 서술은 또 다른 대표적 대중역사가인 이덕일이 쓴 『살아있는 한국사 3』도 마찬가지이다(이덕일은 『조선 왕 독살사건』이란 책에서 전형적인 음모론이라고 할 수 있는 소현세자 독살설을 주장하기도 했다). 그리고 이는 병자호란에 대한 견해 차이가 아니라 당시의 외교 상황 나아가 역사에 대한 오해나 무지 또는 의식적·무의식적 왜곡 차원의 문제인 것이다. 이에 대해서는 서울대 국사학과 교수 오수창이 쓴 『한국사 시민강좌 36』「청과의 외교 실상과 병자호란」참고.

중립외교는 말이 좋아 중립이지 기회주의라고 할 수 있다. 언제까지 명과 청(후금) 사이에서 줄타기를 할 수는 없다. 언젠가는 둘 중 하나를 택해야 하는 것이다. 명은 지는 해였고 청은 뜨는 해였다. 그런 식으로 청나라 편에 선다면 그 또한 강한 것을 따르는 사대주의 아닌가? 후금(청)에 대해서 "대륙에 떠오르는 후금" 등 그 위세를 치켜 올리며 "뜨는 해" 쪽에 서라는 것은 이완용 등이 주장한 매국의 논리인 "대세상 어쩔 수 없었다.", "강자를 따라야 한다."라는 것과 무엇이 다른가? 그리고 대세라고 무조건 따라한다면 냉전 시대 남한의 위쪽은 빨간색(북한, 소련, 중공)이 대세였으니 따라야 했을까? 냉전이 한창이던 시절 대만과 국교를 단절하고 중국과 수교하는 것이 가능했을까? 청(후금)은 조선에게 명과의 관계를 끊으라고 요구했는데 전쟁을 피하기 위해서 조선은 그러한 요구를 바로 수용하는 것이 맞았을까? 근대 이전은 유교를 신봉하는, 명분과 의리가 중요한 시대였다. 그런데 임진왜란 때 조선을 도와준 명나라에 대한 의리를 쉽게 저버리면 다음에 과연 명이 조선을 도와줄까? 앞서 본 것처럼 일본군을 몰아낼 독자적인 능력이 없는 상황에서 명군의 존재는 거의 절대적인 것이었다.

임진왜란이 끝나고 훗날을 경계할 목적으로 지었다고 밝힌 『징비록』 서문에서 류성룡은 결론처럼 "백성의 조국을 생각하는 마음은 그치지 않았고 또 임금의 사대하는 마음이 명나라 황제를 감동시켰다. 이래서 중국은 몇 번이나 구원의 군사를 내보냈던 것이니, 만일 그렇지 않았다면 필경 나라가 위태로웠을 것이다."라고 썼다.* 『열하일기』에는 "『초사』 한 권은 어떤 사람이 지었는지 알 수 없는 책인데 명나라 황실이 어지럽고 패망했던 이유를 기록하여 비분강개한 뜻을 담아서 드러내었다. (…) 또 만력 연간에 신종 황제가 임진왜란을 당한 조선을 자발적으로 구원하는 바람에 나라의 재정이 바닥나고 인민들이 유리걸식하게 되었으나 조정의 신하들은 손을 쓸 줄도 모른다고 그 잘못을 지적하였다. 웬 미친놈이 그런 판에 광산을 채굴해야 한다고 당시 재상에게 건의하자 이를 선뜻 받아들여 시행하는 바람에 인민들이 더더욱 곤궁해져 모두가 도적으로 변했으며 결국은 나라가 망하기에 이르렀다고 하였다. 내용에 비분강개하고 간절한 것이 많았다. 나(박지원)는 정사(박지원의 팔촌 형 박명원)와 함께 이 책을 읽다가 나도 모르게 눈물을 떨어뜨렸다."라는 내용이 나온다. 이처럼 임진왜란 당시 명나라의 자발적인 대규모 원조는 명과 조선에서 널리 공감되고 있었다고 할 수 있다.

  * 이순신을 선조에게 추천한 인물이 바로 류성룡이었다. 변방의 무명 장수였기 때문에 이순신을 아는 사람이 조정에 없어서 선조는 류성룡에게 "그(이순신)는 글을 좀 아는가?"라고 물었다고 한다.

　냉정히 말해서 임진왜란 당시 명나라의 원군이 없었다면 조선이 혼자 힘으로 일본군을 물리치는 것은 불가능에 가까웠다. 당시 조선은 평화 시절을 200년 넘게 보냈고 일본은 전쟁으로 얼룩진 전국시대를 100년 넘게 보냈다. 만약 명나라의 원군이 없었다면 조선은 적어도 일본이 원하는 4도를 분할해주었어야 했을 것이다(일본이 원한 것은 땅이었다). 때문에 임진왜란 직후에도 안보 차원에서 명에 대한 의존 심리는 여전할 수밖에 없었다. 조선은 실제로 임진왜란 이후 대일 교섭 과정에서 명나라의 위세를 차용하려고 했다. 꼭 임진왜란과 같은 전쟁의 원군이 아니더라도 과연 조선이 그렇게 쉽게 의리를 저버리면 중국이 한반도에 선진 문물을 전해줄까? 국제 관계에서도 의리와 신의는 중요하다. 더구나 당시는 의리와 명분이 제1인 시대였다. 또한 앞서 본 것처럼 이민족 국가는 한 때는 강해도 언젠가는 사라질 수밖에 없었다. 그렇기 때문에 후금(청)이 강해졌다고 명나라에 대한 의리를 저버리고 쉽게 그들 편에 서는 것은 거시적으로 보면 그야말로 '잠깐 살려

다가 영원히 죽는 길'을 택하는 것이나 진배가 없다.[21]

　그랬기 때문에 병자호란 당시 주화파의 대표였던 최명길은 청군 진영에 보낸 답서에서 "명이 조선과 부자 관계임에도 전후에 걸쳐 청이 명을 공격할 때 조선은 청에 대해 일찍이 화살 하나도 겨눈 적이 없다."라는 사실을 강조했다. 그리고 다만 조선이 과거 임진왜란으로 망할 뻔했을 때 명나라 신종이 천하의 병력을 동원해서 구해 주었던 은혜를 골수에 새기고 있다고 했다. 그런 최명길 또한 일시적인 권도(權道) 차원에서 청에 항복한 것이지 명을 저버린 것은 아니었다. 최명길은 병자호란 이후 청의 엄중한 감시 속에서도 명과의 관계를 이어가고자 했다. 그는 병자호란 이후 임경업 등과 함께 승려 독보를 통해 명과의 교통을 시도해서 명나라 황제에게 인조 명의의 국서를 보냈다. 국서에서 최명길은 인조가 항복함으로써 살신해서 명에 보답하는 의리를 실천하지 못했다고 사죄하고 "오직 만절필동(萬折必東)과 공수(拱手)의 정성으로 처벌을 기다린다."라는 내용으로 끝을 맺었다. 최명길은 이 사건이 발각되어 실각하고 청나라로 끌려갔다. 훗날 송시열 또한 최명길이 독보를 명나라에 보내 병자년의 부득이한 사정과 조선 군신들의 본심을 명 황제에게 설명해서 황제가 답서를 보내 조선을 찬양, 위로했던 전말을 높이 평가했다. 송시열은 나아가 최명길이 비록 청과 화친을 주도했지만 "금을 위해 송을 꾀어 화친을 주도했던 진회의 그것과는 근본적으로 달랐다."면서 최명길의 행적

---

21) 중화제국주의 질서는 과거의 제국주의체제와 다르며 그렇다고 전후 미국의 패권질서와도 다르다. 과거의 제국주의 질서는 직접적인 군사·정치적 지배와 함께 경제적 수탈이 수반되었다. 반면에 중화질서는 군사·정치적 지배가 곧 직접 지배를 뜻하는 것이 아니었다. 조공과 책봉이라는 제도화된 외교적 규범을 통해 공식적인 위계질서를 갖는 것이었지만 직접적인 지배뿐 아니라 경제적 수탈도 강요하지 않았고 대신 상하 위계질서를 제도화한 외교적 규범을 중요한 특징으로 했다. 그런 점에서 중화질서는 패권질서와도 다르다. 서양 제국주의는 자본주의와 산업문명에 근거한 근대적인 현상이었고 본성적으로 대외 팽창적인 성격을 띠었다. 시장 확보와 값싼 노동력 착취를 통한 경제적 착취체제 그리고 그것을 확립하고 유지하기 위한 치열한 군사적 지배를 동반했다. 반면에 중화질서는 농업문명에 기반을 둔 전근대적 현상이었다. 그 결과 중화주의에 따른 중국의 지배는 일종의 도덕적·문화적 지배로 주변 국가에 대한 정치적 지배나 경제적 착취를 필연적으로 수반하지는 않았던 것이다.

을 이해해 주는 자세를 보였다.*

* 송시열은 송자라고 불리기까지 했다. 그는 주희를 열렬하게 추종해서 매사에 무조건적으로 주희를 따랐을 정도였다.

소동파가 고려에 분노한 까닭

고려와 조선이 한족 왕조에게 무조건적인 사대를 한 것이 아니었다. 앞서 본 것처럼 한반도의 왕조들은 한족 왕조에게 조공을 하면서 실익은 제대로 챙겼다. 그랬기에 송나라의 문장가 소식은 "고려는 명분상으로는 모화(慕華)하여 내조(來朝)한다고 하지만 사실은 이익을 위해 내조한다."(『소동파전집』 32)라고 고려를 그토록 비난했던 것이다.* 또한 조선은 명의 쇄국 정책을 이용하여 명과 일본의 중간에서 비단, 서적, 은 등 물품에 대한 중계무역으로 많은 이익을 챙겼다. 이러한 경제 기반을 토대로 조선은 초기에 안정을 구할 수 있었다. 그리고 한반도의 왕조들은 한족 왕조들의 실상을 대부분 정확하게 파악하고 있었다. 1119년 봄, 고려 국왕의 병치료를 위해 왔던 두 명의 송나라 의사들이 중국으로 돌아갔다. 그들은 고려 국왕이 송나라 황제에게 했던 다음과 같은 충고를 전했다. "들리는 바에 의하면 조정(송)에서는 군사를 풀어 요나라를 토벌하려 한다는데 요나라는 송나라와 형제국입니다. 수족의 정을 어찌 버릴 수 있습니까. 여진은 호랑이나 이리와 다름이 없습니다. 여진과 우호관계를 맺어서는 안 됩니다. 서둘러 여진에 대비하는 것이 좋을 것입니다."

* 소식(蘇軾)은 고려를 비난했지만 그것과 상관없이 동생 소철(蘇轍)과 함께 당송팔대가로 고려에서 최고의 '스타'였다. 김부식의 부친은 그런 두 형제를 사모해서 형 김부식(金富軾)과 동생 김

부철(金富轍)의 이름 끝을 소식과 소철에서 따올 정도였다.

고려 국왕의 충고를 전해 받은 송나라 황제 휘종은 기분이 몹시 상했고 금나라와 연합하려는 책략을 바꾸지 않았다(박지원은 『열하일기』에서 "송나라 휘종 때 고려가 중국에 의원을 보내 달라고 청해서 중국이 의원 둘을 보냈는데 사실 이것은 의원을 통해서 거란보다도 여진을 더 경계해야 한다는 뜻을 중국에 몰래 전달하기 위한 조치였다."라고 했다). 실제로 1004년 송나라와 요나라가 전연의 맹을 체결한 이래 양국은 100년간이나 군사적 충돌이 없었다. 말하자면 요나라는 송나라의 우호 인접국이었던 것이다. 고려 국왕의 충고를 무시한 송은 금과 연합해서 요를 멸망시켰지만 결국 금나라에게 정강의 변을 당했다. 그리하여 송나라는 요나라 때보다 더욱 남진한 상태(남송)가 되었을 뿐만 아니라 금나라와 군신 관계가 되어 요나라와 형제 관계였던 시절보다 상황이 더 악화되었다. 그리고 휘종은 아들 흠종과 함께 금나라에 포로로 끌려가서 비참한 죽음을 맞았다(요나라와 평화 관계를 유지하던 시기 송나라 수도 개봉의 인구는 약 130만 명에 이를 정도로 번영기였다. 당시 런던의 인구는 10만 명 남짓이었다).

한족 왕조의 실상을 정확히 파악하고 있던 것은 고려 뿐 아니라 조선도 마찬가지였다. 조선의 군신들은 비록 명나라를 공경하고 조심하며 '예의지국'을 자처했지만 명의 폐단을 공론화하기도 했다. 예를 들어 『조선왕조실록』에는 "중국의 법은 가히 집행할만한 것이 있거니와 집행할 수 없는 것도 있다.", "상국의 법을 너무 많이 따라 배워서는 안 된다.", "명 성조가 말 한 마디를 잘못했다고 대신을 살육했다는데 이것은 가히 따라 배울 바가 아니다." 나아가 "명 선종은 절제 없이 사치를 추구했는데 이를 아름다운 일이라 할 수 있겠는가?", "명 세종은 너무나 독단적이어서 천하의 일을 홀로 다 처리하려고 하는데 혹 간하는 사람이 있으면 중형을 내렸기에 그 누구도 감히 간하지 못했다."라고 평하기까지 했다. 또한 조선은 명나라 황제들이 환관을 중용하는 것에 대해서도 비판했다. 그래서 사신들이 귀국 후 보고한 것 중에 "황제가 실덕하여"란 말과 "중국 조정의 대신들이 악해서"라는 내용이 많았다. 조선이 모화사상에 빠져 명나라를 정말 부모처럼 여겼다면 과연 이러한 내용들을 언급하고 『조선왕조실록』에 기록으로까지 남길 수 있었을까?

조선은 청나라에 대해서도 실익을 챙기는 관계를 유지했다. 청이 명보다 더 발전된 농업-유교 국가의 면모를 보이자 조선과 청의 관계는 순탄했으며 그 성과는 명나라 시기 조중(朝中) 관계를 초월했다. "종속국에서는 성실하게 폐하를 모시고 있고 폐하 또한 예에 따라 소국을 상대해주어 군신 간에 각자 도를 지킨다." 이것은 인조의 이상적인 조중 관계의 준칙이었다. 인조는 비록 삼전도 굴욕을 당했지만 청이 농업-유교 국가로서 발전된 면모를 보이자 청나라에 대한 자세를 바꾼 것이다. 조선의 외교 정책 중에서 '의리'와 '실리'는 물과 불의 관계였다. 그러나 실제로 보면 이는 동전의 앞뒷면처럼 서로 표리가 되어 있음에도 상호 의존하는 그런 관계였다. 조선의 군신들은 청나라를 대할 때 정신적인 자존을 고수했으며 또한 교묘하게 국가의 이익도 수호했다. '의리'와 '실리'를 모두 취하는 외교적 기교의 극치에 도달해 있었다고 할 수 있는 것이다. 순치제(재위 1643~1661년) 때부터 청나라는 조선에 대한 정책을 각박하게 간섭하던 것에서 벗어나 너그럽게 대하는 것으로 바꾸었다. 200여 년의 평화롭고 화목한 우호 관계는 그렇게 확립되었다.

1726년 영조는 옹정제에게 올리는 상주문에서 "소국이 대대손손 종속되어 오면서 조심스레 섬기었으며 상국도 내부의 신하를 대하듯 잘 대해주었습니다. 그 중에서도 성조 황제부터 점점 우대해 주는 바가 컸고 부탁하는 일이 있으면 반드시 그 청원을 들어 주었고 소원을 다 풀어주었습니다. 신왕(臣王)은 황은을 잊을 수 없어 각골난망하옵니다."라고 썼다. 이와 같은 말은 반복적으로 사용되었고 진심에서 우러나온 것이었다. 『열하일기』에서 박지원은 "이번 사행에서 우리가 가지고 가는 조공의 특산품은 종이와 돗자리에 불과하다. 그런데 중국(청)이 우리에게 하사하는 선물과 지원하는 체류 비용은 항상 10여만 냥이 든다고 한다. 청나라 초기에 비한다면 가히 우리가 청에게 폐를 끼친다고 할 만하다."라고 썼다. 새뮤얼 헌팅턴은 『문명의 충돌』에서 "무릇 국가는 비슷한 문화를 가진 나라들과 뭉치려는 경향이 있으며 문화적 동질성이 결여된 나라들을 견제하는 경향이 있다."라고 했다. 그렇게 조선은 처음에는 청(후금 포함)이 문화적 동질성이 결여된 나라였기 때문에 견제했다가 농업-유교 문화의 선진국이 되자 청과 뭉치려는 경향을 보였던 것이다.

캐나다의 수도는 어디일까

캐나다는 역사는 짧지만 나름 복잡하고 재미있는 나라다. 캐나다는 영토는 998만㎢로 세계 2위인데 인구는 3,700만 명으로 세계 39위에 불과하다. 캐나다 국토의 40%는 춥고 고립된 북극 지방으로 원주민인 이누이트족 외에는 사람이 거의 살지 않고 전체 인구의 80% 이상이 남동부 도시에 거주한다. 즉 영토만 넓을 뿐 캐나다의 지리적 조건은 좋지 못하다고 할 수 있다. 이런 캐나다의 역대 노벨상 수상 횟수는 총 22회에 달한다. "노벨상 수상자=국력"은 아니지만 노벨상 수상 횟수와 선진국 순위가 양의 상관 관계에 있는 것 또한 부정할 수 없다. 캐나다는 1497년에 영국인이 최초로 발견했는데 1553년에 프랑스인이 캐나다에 상륙하자 영국·프랑스 간 분쟁이 끊임없이 이어졌다. 1756년부터 벌어진 7년 전쟁에서 영국이 승리하여 캐나다는 결국 영국 식민지가 되었다. 1867년에 영국령 북아메리카 조례가 발효되었고 인구 약 370만 명(이 가운데 프랑스인은 약 100만 명)의 영국 자치령 캐나다가 탄생했다. 완전히 영국 지배를 받게 되었지만 많은 프랑스인들이

200년 넘게 건너와 살다보니 문제는 남았다(현재 전체 캐나다 인구 중에서 프랑스계는 약 23%이다). 예를 들어 수도를 선정할 때 최대 도시인 토론토와 몬트리올 두 개가 후보에 올랐다. 그런데 영국계 인구 비율이 높은 토론토와 프랑스계 인구 비율이 높은 몬트리올이 다투어서 어쩔 수 없이 인구 2만 명이 채 될까 말까 한 마을로 정했다.

캐나다와 미국은 국경을 맞대고 있고 어느 캐나다 주재 미국 대사의 말처럼 "외교가 아닌 가족 관계"에 가까울 정도로 상당히 친밀하다(현재 캐나다는 수출의 80%, 수입의 3분의 2를 미국에 의존하고 있다). 일반인들은 비자나 입국심사 없이 양국을 왕래하는 데 불편함이 없다. 출퇴근을 미국에서 캐나다로, 캐나다에서 미국으로 하는 사람도 있다. 그렇기 때문에 미국의 많은 우수한 인재들이 캐나다 대학의 교수가 되어 캐나다에는 좋은 대학이 많다. 예를 들어 '캐나다의 하버드'라 불리는 맥길대학은 12명의 노벨상 수상자를 배출했다. 또한 미국 대학 입학이 자국 대학에 입학하는 것만큼 거의 제약이 없어서 캐나다 학생들은 미국 대학으로 많이 진학을 한다. 나는 캐나다가 22개의 노벨상을 받은 비결이 바로 거기에 있다고 본다. 즉 캐나다의 국력은 미국과 붙어 있는 것에서 나온다고 할 수 있는 것이다. 캐나다와 여러 모로 비슷한 나라로 호주가 있다. 호주는 영토는 769만㎢이고 인구는 2,500만 명이다. 캐나다와 호주는 영국 식민지에서 출발했고 영토는 넓고 인구는 적으며 영어가 공용어인, 최근에 생긴 국가라는 공통점이 있다. 그런 호주는 동부, 남부, 남서부가 연중 따뜻하고 맑은 날이 많은 기후로 비옥한 곡창 지대이기 때문에 지리적으로는 캐나다보다 월등히 유리하다고 할 수 있다. 그러나 호주의 노벨상 수상 횟수는 12회로 캐나다의 약 절반이다.

우리는 "캐나다"하면 영어 어학연수를 많이 떠올리지만 사실 캐나다는 영어와 불어를 양대 공용어로 사용하는 나라다.* 공식 행사에서도 국가(國歌)를 영어와 불어로 각각 한 번씩 부른다. 10개 주 및 3개의 준주(準州)로 구성된 캐나다는 영어를 쓰는 곳과 불어를 쓰는 곳 그리고 둘 다 쓰는 곳 이렇게 세 지역으로 나뉜다. 공립 학교는 영어학교와 불어학교로 나뉘어 있어서 모국어에 따라 들어가는 학교가 정해져 있다. 만약 당신이 캐나다로 이민을 가게 되었다고 가정해 보자. 당신 자녀는 순수 한국인이라 영어와 불어 둘 다 못하는데 이제 학교에 입학할 나이가 되었다. 영어와 불어 둘 다 쓰는 곳이 아니라 하나만 쓰는 곳을 택해야 한다면 당신은 아이를 영어학교와 불어학교 중 어디로 보내겠는가? 특별한 사정이 없는 한, 열이면 열 모두 영어학교에 보낼 것이다(나는 무조건이다). 캐나다에서 불어만 배우면 아무래도 미국이나 국제 사회에서 기회가 적어진다. 그렇기 때문에 캐나다에는 부모나 조상이 프랑스 출신인 사람들도 자녀를 영어학교에 보내는 경우가 많다.[22] 그런 경우 그들을 사대적이라거나 자주적이지 못하다거나 자존심이 없다거나 하면서 비난할 수 있을까? 과거 한반도와 중국과의 관계는 캐나다에서 영어와 불어를 선택하는 것과는 차원이 달랐다. 한반도는 중국에 조공을 바치는 등 사대를 했다. 물론 정말로 중국(한족)을 부모처럼 생각하는 사대주의자도 있었겠지만 대부분은 살아남기 위해 취하는 전략 내지 의례적인 행위라는 측면이 강했다(그런 점에서 사

---

22) 영화 「타이타닉」의 주제가(My Heart Will Go On)로 유명한 셀린 디온(Celine Dion)은 휘트니 휴스턴, 머라이어 캐리와 함께 세계 3대 디바로 불린다. 그녀는 프랑스계 캐나다인이라서 셀린 디옹이라고 표기되기도 한다. 만약 셀린 디온이 불어만 하고 영어는 못 했다면 미국 여가수들과 함께 세계 3대 디바가 될 수 있었을까? 'My Heart Will Go On'을 부를 수 있었을까? 이것은 단지 상상에 의한 가정이 아니다. 셀린 디온은 미국이 아닌 유럽에서 먼저 데뷔를 했다. 그녀는 1980년대 프랑스어권에서 꾸준한 인기를 얻으면서 'Ne partez pas sans moi'라는 곡으로 유로비전 송 콘테스트에서 그랑프리를 차지하기도 했다. 하지만 이는 유럽 전역에만 국한되었고 그녀는 세계적인 인기를 얻지는 못했다. 그러던 중 셀린 디온이 마이클 잭슨의 공연을 보고 "나도 저 사람처럼 슈퍼스타가 되고 싶다."라고 말하자 르네 그러려면 영어로 앨범을 녹음해야 가능할 것이라고 충고했다. ＊ 이후 셀린 디온은 본격적으로 영어 공부를 시작해서 1990년에 영어로 된 앨범을 발표했고 세계 3대 디바가 되었다.

＊ 르네 앙젤릴은 셀린 디온의 가능성을 알아보고 자기 집을 저당 잡히면서 셀린 디온의 앨범을 제작한 매니저였다. 이때 시작된 인연으로 둘은 부부가 되었다.

대 그 자체를 주의로 삼으며 목적시하는 '사대주의'와는 구분되어야 할 것이다). 조선의 사대는 국가 안보를 유지하면서 동시에 선진 문물을 수용하려는 현실적인 생존의 방도였다. 그런데 자기 자식은 영어학교와 불어학교 중 영어학교로 보낼 거면서 선조들은 조공을 바치고 사대했다고 비난하는 것이 과연 맞을까?

* 나는 인도로 배낭 여행을 갔다가 여러 가지 놀라운 경험을 했는데 그 중에서 가장 인상적인 것이 TV였다. 첫 날 숙소에 도착해서 TV를 틀었더니 공용어가 무려 10개가 넘었고 그 중에 하나로 언어를 설정해야 했던 것이다(물론 외국인을 위한 채널이 아니라 인도 국내 방송이었다). 실제로 인도는 힌디어와 영어 외에 정부가 지정한 14개의 공용어가 있다. 인도가 좀 극단적이기는 하지만 공용어가 2개 이상인 나라도 꽤 있다는 얘기다.

북풍과 사대

흔히 현대인들은 자신들은 옳고 똑똑하며 과거에 살았던 사람들은 무지하고 편협하며 근시안적이었다고 생각하는 경향이 강하다. 그러나 그것은 그야말로 '오만과 편견'이다.* 각 시대 사람들은 그 시대에 맞게 '생존과 발전'을 추구했다. 가끔 잘못된 길을 선택하기도 했지만 대부분은 최선을 선택하기 마련이었다. 영화 「1987」이 나왔듯이 1987년은 우리에게 중요한 해였다. 1979년 12·12 사태로 정권을 잡은 전두환은 대통령 직선제 헌법 개정을 포함한 민주체제를 요구하는 민주화 운동에 대해 강경 탄압으로 일관했다. 그러다가 1987년 1월 당시 서울대 학생이던 박종철이 치안본부 대공수사단에 연행돼 조사받던 중 사망하는 사건이 일어나자 이에 대한 거리시위가 전개되었다. 그러나 전두환 정권은 1987년 4월 13일 국민들의 민주화 열망을 무시한 채 개헌 논의를 유보하는 '4·13 호헌조치'를 발표했다. 이후 5월 18일 천주교 정의구현사제단에 의해 박종철 고문치사 사건이 조작된 것으로 밝혀졌고, 6월 9일 당시 연세대 학생이던 이한열이 시위 과정에서 머리에 박힌 최루탄 파편으로 사경을 헤매게 되었다. 이에 산발적으로 전개되던 민주화 투쟁은 야당과 재야 민주세력이 총결집된 '민주헌법쟁취국민운동본부' 결성으로 이어졌다. 이는 전국민적 민주화 투쟁의 구심체가 되었다. 6월 10일 민주정의당 대표위원인 노태우가 집권당 대통령 후보로 선출되자 전두환 정권의 간선제 호헌 방침에 대한 국민들의 저항은 급격히 확산, 분출되었다. 이에 6월 15일까지 전국에서 연 인원 5백여만 명이 참여하여 '직선제 개헌 민주화 촉구'를 위한 거리 집회·시위·농성 등이 이어졌다. 이처럼 국민저항운동이 대규모로 확산되자 전두환 정권은 시국 수습을 위한 조치를 강구하지 않을 수 없게 되었다. 그리고 마침내 6월 29일 노태우는 이른바 '6·29 선언'이라는 직선제 개헌 시국수습특별선언을 발표했다.

* 굳이 과거 사람들이 현대인들에 비해 월등하게 부족했던 점을 꼽으라면 과학 지식 정도일 것이다.

6월 항쟁으로 얻어낸 직선제로 실시된 제13대 대통령 선거에서 육사 생도 시절 전두환과 같은 방을 쓰던 친구이자 12·12 사태 주역 중 한 명인 여당(민정당) 후보 노태우가 당선되었다. 불과 몇 달 전에 민주화 요구를 하다 많은 사람들이 죽거나 다치고 500여만 명이 거리로 뛰쳐나왔는데 왜 국민들은 노태우를 대통령으로 뽑았을까? 1987년 11월 29일에 대한항공(KAL) 858기가 북한공작원 김현희 등에 의해 미얀마 해역 상공에서 폭파되어 탑승자 115명 전원이 사망하는 사건이 일어났다. 이른바 '칼기 폭파사건'은 북한이 서울올림픽의 안전 문제를 세계 여론화해서 참가 예상국을 위축시키는 한편 궁극적으로는 서울올림픽 자체를 개최하지 못하

제13대 대통령 선거일의 「조선일보」 1면. 그날 거의 모든 언론들이 김현희의 서울 압송을 대대적으로 보도해서 의도했든 아니든 '북풍'으로 노태우 당선에 일조했다(물론 「조선일보」는 100%였겠지만). 당시 김현희는 마유미라는 일본인으로 신분을 위장했다고 한다.

도록 방해하려고 벌인 테러였다. 그런 칼기 폭파범 김현희가 대선 하루 전인 12월 15일 서울로 압송되어 대통령 선거일 아침 각 신문들의 1면을 대문짝만 하게 장식했다. 북한 테러에 남한 사람들은 올림픽도 올림픽이지만 또 다시 6·25와 같은 전쟁이 나지는 않을까하는 극심한 공포를 느꼈다. 당시 남한 사람들에게는 민주화나 정의보다 더 중요한 것은 생존과 안전이었다. 그 사람들에게 "어떻게 노태우를 찍었느냐"라고 욕할 수 있을까? "어떻게 그런 뻔한 북풍 공작에 당했느냐"라고 비난할 수 있을까? 지금이야 잘 안 통하지만 당시는 냉전 시대라 '북풍' 공작이 아주 잘 통했다. 그런 공포심을, 생존과 안전에 대한 욕구를 악용하는 세력들이 잘못된 것이지 노태우를 찍은 사람들에게 잘못이 있다고 할 수는 없을 것이다.

산업화·민주화에 박차를 가해야하는 시기, 어쩌면 우리 역사에서 가장 중요한

30년 동안 정치와 경제에 무지한 군인 출신들이 연속으로 3명이나 대통령이 되었다(전두환은 아니지만 박정희와 노태우는 직접 선거로 당선되었다). 100년 후 후세 사람들이 "그 중요한 시기에 어떻게 정치와 경제를 모르는 군인 출신들을 대통령으로 뽑았을까? 그 당시 사람들 참 무지했네." 혹은 "반공에 사로잡혀 집단 최면에 걸렸었네."라고 한다면 어떨까? 인조반정으로 광해군 대신 인조가 왕이 된 것도 같은 맥락이라고 할 수 있다. 다시 말해 광해군은 당시의 분위기와 시대 정신에 맞지 않는 지도자였던 것이다(물론 인조와 서인 세력들이 반정 후 정치를 잘했는지는 전혀 다른 차원의 문제이다). 자신의 이해 관계나 학연·혈연·지연 등이 아니라 생존과 안전을 위해 노태우를 찍은 사람들을 비난할 수는 없을 것이다. 그렇다면 생존과 발전을 위해 중국에 사대한 우리 선조들 또한 비난하면 안 되는 것 아닐까? 나아가 함부로 평가하고 판단할 것이 아니라 그들과 그들이 살았던 시대를 제대로 이해하려는 자세가 필요하지 않을까?

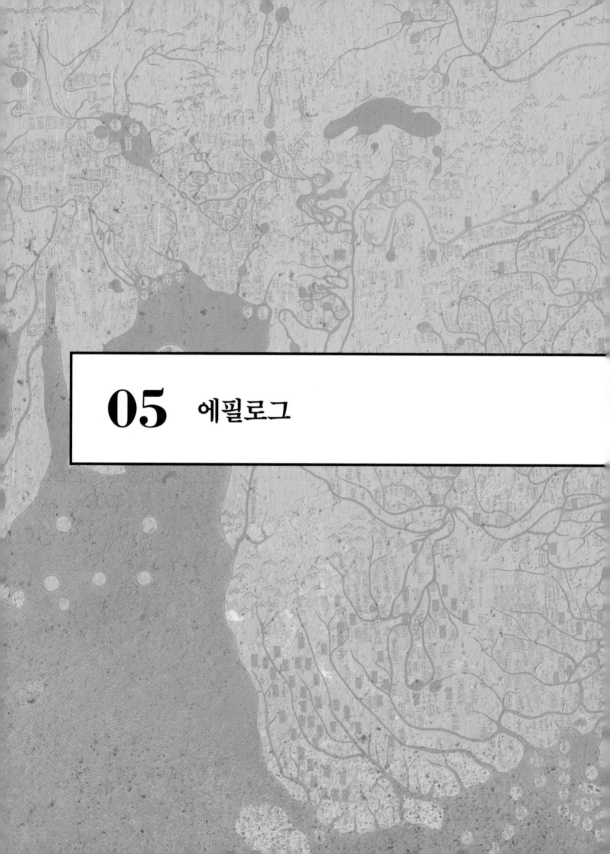

05 에필로그

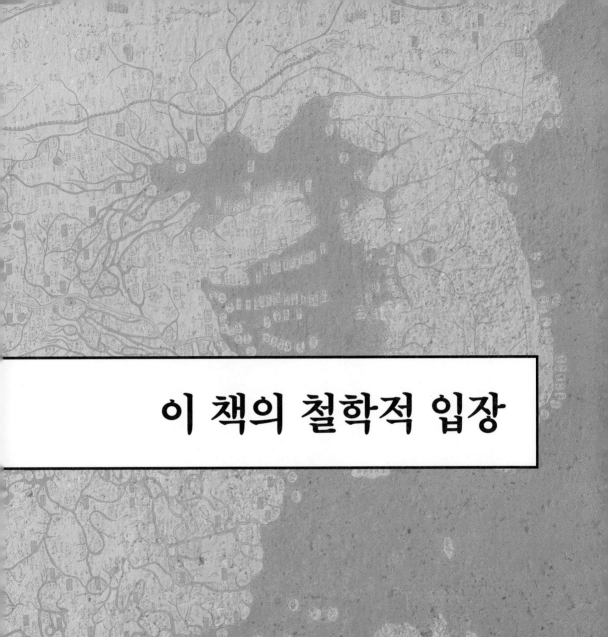

이 책의 철학적 입장

1

만주산 콩의 비밀

역사적으로 중국 사방에는 무시무시한 이민족들이 많았다. 한나라를 사실상 속국으로 만든 흉노족, 수와 당이 칭신해야했던 돌궐족, 세계 최대 영토를 이룬 몽골족 등등. 그런데 그 중에서도 중국을 두 번 정복한 이민족은 말갈족(여진족과 만주족) 뿐이었다. 몽골에 비해 강하다고 할 수 없었던 그들이 어떻게 두 번이나 중국을 정복할 수 있었을까? 거기에는 역사적 원인도 있었지만 보다 근본적이라고 할 수 있는 지리적 원인이 결정적이었다.

몽골과 말갈의 차이, 기후 변화와 자연 재해

유라시아 전역을 공포에 떨게 한 몽골 제국은 천 년이라도 그 위세가 지속될 것처럼 보였다. 그러나 몽골의 세계 패권은 의외로 빨리 끝났다. 길게 잡아 봤자 백년 정도밖에 안 된다. 몽골 왕국들과 원나라는 순식간에 몰락했다. 역사상 가장 넓은 영토를 가졌던 그들은 왜 그렇게 빨리 무너졌을까? 보통 원나라 내부의 분란과 여러 정책의 실정 등을 꼽는다. 그런데 그것들보다 더 '근본적 원인'은 따로 있었다. 몽골의 몰락을 부추긴 중요한 요인으로는 기후 변화와 자연 재해가 있었던 것이다. 기온 하락으로 인해 14세기에 몽골은 몰락의 길을 걷게 되었다. 몽골의 전성기이던 14세기 초반부터 기온 하락을 상징적으로 보여주는 현상이 있다. 이 시기에는 한여름에도 폭설이나 서리가 내리는 일이 많았다. 1335년 중국 남부에서 10일간 폭설로 눈이 240㎝나 쌓이는 재해가 발생했다. 이로 인해 양과 말 등 가축 대부분이 목숨을 잃었다. 이 같은 기온 변화는 중국 지역의 농경을 어렵게 만들었다. 이것은 이 지역을 지배한 대제국의 경제에 악영향을 주었다. 기후 변화가 농업 생산의 감소를 초래했고 그로 인해 민간 경제가 파탄 나고 말았던 것이다. 민간 경제의 파탄은 재정 수입 감소로 이어졌고 결국 몽골의 국력에까지 악영향을 끼쳤다. 1340년대에 발생한 황하 대범람은 대운하가 통과하는 하남과 강소 지방에 치명적인 타격을 주었다. 또한 대대적인 제방 공사에 동원된 사람들은 가혹한 처우에 불만이 극에 달했다. 연이은 자연 재해로 농민 반란이 빈번히 일어나고 각지에서 무장 세력이 할거했다. 그 중 대표 주자가 한족 민족주의를 이용한 명 태조 주원장이었다. 천하의 몽골 제국도 기후와 자연은 이길 수 없었던 것이다.

중국 사방에는 무시무시한 이민족들이 많았다. 한나라를 사실상 속국으로 만든 흉노족, 수와 당이 칭신해야했던 돌궐족, 세계 최대 영토를 이룬 몽골족 등등. 그런데 그 중에서도 중국을 두 번 정복한 이민족은 말갈족(여진족과 만주족) 뿐이었다. 몽골에 비해 강하지 못했던 그들이 어떻게 두 번이나 중국을 정복할 수 있었을까? 발해가 성장해 가던 8~9세기에는 지구의 기온이 따뜻해져 냉대기후 지역에 속한 발해의 자연환경이 상당히 좋아졌다. 따라서 발해가 지배하던 시기에 만주에서는 의미 있는 변화가 나타났다. 수렵과 유목(목축과 반농반목 포함) 위주의 경제였던 만주 지방에서 농경 활동이 활발하게 이루어진 것이다. 본래 만주는 농업보다는 수렵과 유목이 성행한 지역이었다. 그런데 기온이 따뜻해져 만주가 농사에 알맞은 곳이 되자 발해인들이 유목뿐 아니라 농업도 함께 발전시킨 것이다. 농업 발달로 인해 나타난 연쇄적 변화 중 하나는 만주가 콩 생산지로 부각되었다는 점이다. 만주는 주변 나라에 콩을 공급하는 지역이 되었다. 만주산 콩은 그 후로 만주 지방 사람들의 생계에 크게 기여했다. 한반도 북부 주민들은 구한말까지도 만주산 콩에 의존하며 살았다. 만주산 콩의 힘을 보여 주는 대표적인 사례가 하나 있다. 윤동주는 1917년 중국 길림성에서 출생했는데 서울과 일본에서 유학을 했다.* 대학생은 구경조차 힘들었던 그 시절에 윤동주의 유학을 가능하게 해준 것은 만주에서 콩을 재배해서 부유했던 윤동주 집안의 경제력이었다. 만주 콩은 1차 세계대전 때 전쟁이 한창이던 유럽에까지 수출되었다. 이렇게 만주에서 농업이 발달할 수 있었던 것은 따뜻해진 만주 지역을 발해인들이 부지런히 경작했기 때문이었다.

＊ 1938년 연세대학 전신인 연희전문학교에 진학한 윤동주는 1942년 도쿄에 있는 릿쿄대학 영문과에 입학했다. 이후 윤동주는 흉흉해진 도쿄의 분위기 때문에 교토에 있는 도시샤대학 영문과로 편입했다. '재교토 조선인학생 민족주의그룹 사건'으로 1943년 체포된 윤동주는 2년형을 선고받고 수감 중 사망했다.

이것은 발해가 멸망한 10세기 이후로 중앙아시아를 제치고 만주가 중국의 최대 위협 지역으로 등장한 이유를 설명해 준다. 10세기 이전까지는 중국의 북쪽과 서쪽이 중국을 가장 크게 위협했다. 여기서 북쪽은 몽골초원, 서쪽은 중앙아시아 및 티베트를 지칭한다. 10세기 이전까지는 중국 북쪽·서쪽 이민족과 중국 한족 사이에서 패권이 오고갔다. 흉노족, 돌궐족, 위구르족, 토번족 등이 북쪽과 서쪽에서 중국을 위협했던 것이다. 그런데 10세기부터는 상황이 달라졌다. 중국 북쪽과 동쪽이 최대 위협 세력으로 떠오른 것이다. 여기서 북쪽은 몽골초원, 동쪽은 만주를 가리킨다. 이후로 중국을 가장 크게 위협한 이민족은 모두 이 지역에서 나왔는데 몽골족, 거란족, 여진족, 만주족이 그들이다. 이러한 10세기 이후 변화의 '역사적 원인'은 당나라가 멸망 전까지(907년) 서쪽과 북쪽 이민족들을 공략하는 데 집중했기 때문이었다. 당나라의 집중 공략으로 서쪽과 북쪽 이민족들은 큰 타격을 입었다. 그런데 10세기 이후 변화의 '지리적 원인'은 위에서 설명한 기후 변화였다. 그로 인해 만주 지역은 농업이 발전했고 이를 바탕으로 중국의 동쪽이 강해지고 북쪽도 다시 강해졌던 것이다. 칭기즈 칸의 몽골족은 본래 몽골초원 동쪽의 삼림지대에 있던 민족이었다. 그러다가 몽골초원 동쪽의 만주 지방이 경제적으로 발전하면서 몽골족이 강자로 부상하는 일이 발생할 수 있었던 것이다. 이렇게 8세기부터 9세기까지 발해는 만주 지방의 경제를 이전보다 풍요롭게 만들었다. 한마디로 기후 변화에 따른 발해인들의 노력이 만주의 경제력을 대폭 향상시켰던 것이다.*

* 앞에서 고려와 조선이 발해사를 편찬하지 않은 이유를 밝혔는데, 이를 통해 그 이유를 더 명확히 알 수 있을 것이다. 즉 발해는 몽골족과 여진족 그리고 만주족이 강성해지는 데 어느 정도 '책임'이 있었던 것이다(물론 의도하지는 않았지만).

초원길과 비단길 그리고 기후 변화

개국 초 흉노에게 굴복한 한나라는 '이류 국가'였다. 그런 한나라는 무제 때에 이르러 비단길을 개척해서 유목민에게 대항할 수 있게 되었다. 비단길은 중동에서 중앙아시아를 거쳐 중국을 연결하는 사막 루트다. 모래로 덮였다고 해서 사막길이라고도 하고 중간 중간에 오아시스가 있다고 해서 오아시스길이라고도 한다. 한나라가 흉노족과 단독으로 싸우는 것은 한 무제 때까지도 여전히 시기상조였다. 그래서 무제는 단독 공격이 아닌 협공을 염두에 두었다. 그가 생각한 것은 몽골초원 서남쪽의 중앙아시아 민족들과 연대였다. 지금의 신장·위구르 지역에 사는 유목민들과 연대해서 흉노족을 제압하고자 했던 것이다. 신장·위구르와 손을 잡겠다는 전략을 수립한 무제는 장건을 그곳에 파견했다. 그런데 장건은 새로운 길로 여행했다. 사막길을 따라 여행한 것이다. 그가 이동한 길은 그때까지 개척되지 않은 루트였다. 예전 같으면 몽골초원을 거쳐 초원길로 신장·위구르로 가려고 했을 것이다. 하지만 그 길로는 갈 수 없었다. 흉노족이 그 길을 장악하고 있었기 때문이었다. 장건은 부득이하게 사막에 발을 들여 놓을 수밖에 없었다(중간에 흉노에 붙잡힌 장건은 10년 이상 억류되기도 했다). 장건의 방문은 성과를 거두지 못했다. 신장·위구르 사람들이 볼 때 한나라와 손잡고 흉노족 같은 강자를 상대하는 것은 무모하고 위험한 짓이었다. 그래서 그들은 한나라의 동맹 제의를 거절했다.

장건의 여행은 중국인들에게 초원길을 대체할 제2의 길을 알려주었다. 그 여행을 계기로 중국인들은 새로운 길을 통해 중앙아시아나 중동과 교류하는 방법을 모색하게 되었다. 그런 노력의 결과로 비단길은 세계적인 무역로가 되었다. 로마인 학자 플리니우스가 쓴 『박물지』에 따르면 로마 제국은 해마다 이 길을 통해 1억 세르테르티우스가 되는 돈을 들여 중국산 비단을 구입했다고 한다(1억 세르테르티우스는 황금 10톤에 해당하는 금액으로 추정된다. 이렇게 엄청난 양의 비단이 이동했다고 해서 비단길이란 명칭이 생겼다). 비단길의 활성화는 한나라를 동아시아의 강대국으로 만들었다.* 낙타를 타고 걷는 이 사막길은 말을 타고 달리는 초원길보다 느릴 수밖에 없다. 그런 사막길이 초원길을 역전한 데는 기후 변화라는 요인이 크게 작용했다. 대만 기상학자 유소민이 쓴 『기후의 반역』에 따르면 기원전 29년을 기점으로 동아시아는 온난기에서 한랭기로 바뀌었다. 그렇게 날씨가 추워지자 가장 큰 영향을 받은 것은 북쪽 초원지대의 유목민들이었다. 기온 하강으로 목초지가 줄어들어 목축 경영에 타격을 입게 된 것이었다. 이것으로 초원지대의 경제력은 안 좋아졌고 자연스레 유목민 세력의 약화로 이어졌다. 그리고 그것은 농경지대의 경제적 우위로 연결되었다. 이러한 변화에 힘입어 사막길이 초원길을 누르고 세계 최대의 무역 루트로 성장할 수 있었던 것이다.

＊한 무제 당시 한나라 사람들이 사막에서 비단길을 개척한 것은 그때까지만 해도 중국이 '이류 국가'였기 때문에 가능한 일이었다. 유목민들이 장악한 초원길을 빼앗을 수 없는 상황에서 그들과의 경쟁에서 이기려면 그런 '미친 짓'이라도 시도하지 않으면 안 되었던 것이다.

유교와 자연지리
중국뿐 아니라 그리스 등에서 발생한 지적 혁신의 최대 특징은 합리주의다. 이것은 기존에 세계를 지배하던 유목민들의 샤머니즘에 대항하는 것이었다.* 당시까지는 샤머니즘이 인간 지성을 지배했다. 왕, 제사장, 장군, 학자 등은 원칙적으로 무속적 능력을 가진 무속인들이었다. 이들은 국가적으로 중요한 일을 결정할 때 반드시 무속 행위를 이용했다. 단군왕검이 제정일치의 군주였던 사실에서 드러나듯이 고조선은 신정주의 사회였다. 삼국은 북방에서 흘러들어온 샤머니즘을 공유했고 인류가 보편적으로 지녔던 토테미즘과 애니미즘 형태의 신앙을 가졌다. 그에 반대되는 합리주의는 고조선이 아닌 중국에서 먼저 등장했다. 유가와 공자가 불합리한 구습을 대표하기도 하지만 그것은 현대의 시각에서 봤을 때 그렇다는 것이다. 공자는 2,500년 전 사람이었다. 그때는 온갖 미신과 비상식적인 악습이 판을 치던 시대였다. 그런 그 당시 분위기와 유교로 무장한 합리적인 관료의 활약상을 보여주는 사례가 하나 있다.

＊ 유목 세계에서는 샤머니즘이 오랜 기간 큰 영향력을 발휘했다. 샤먼인 쿠쿠추는 칭기즈 칸을 도와 그의 권력에 종교적 기초를 확립했다. 그런 쿠쿠추는 칭기즈 칸과 권력 투쟁을 벌이다가 살해당했다.

전국시대 위나라의 위 문후(기원전 446~396년) 때 서문표라는 사람이 낙양 바로 위 지방인 업의 현령이 되었다. 중국은 예로부터 강물의 범람이 큰 문제였다. 업에는 무당과 마을 지도자격인 삼로와 아전들이 있었는데 그들이 해마다 돈을 걸어 무당이 제를 올렸다. 그리고 하백을 진정시키기 위해 해마다 마을 처녀를 하백에게 바쳤다. 백성들은 제사 비용을 대느라 허리가 휠 지경이었고 딸 가진 부모는 도망가는 일이 허다해서 마을은 극도로 피폐해져갔다. 서문표가 부임 후 이 사실을 알고는 제식 현장에 나갔다. 그 자리에 가서 그는 하백의 신붓감이 되는 처녀를 보자고 했다. 서문표는 "이 여자는 격이 안 맞아서 하백의 신부로 바칠 수 없다. 다른 여자를 구할 테니 무당이 하백께 가서 이 사정을 아뢰어라."라고 하고는 무당을 강물에 빠뜨렸다. 한참을 기다린 후 서문표는 "할멈이 왜 이리 소식이 없느냐? 제자가 가서 사정을 알아보거라."라며 제자 세 명도 모두 강물에 빠뜨렸다. 또 한참 시간이 흘렀다. 서문표는 "왜 이리 소식이 없는 게냐? 하백은 여자를 싫어하나 보구나. 이번엔 남자인 삼로가 직접 가서 말씀드리고 오라. 아전이 하백께 가보겠느냐?"라고 했다. 그러고는 "사회지도층 인사들이 무지한 백성들을 현혹해 고혈을 짜내서야 되겠느냐?"라며 꾸짖었다. 이후 하백의 제사는 사라졌고 서문표는 관개수리 공사를 실시해서 백성들이 안심하고 농사지을 수 있게 했다고 한다. 이것이 2,500년 전 유가의 합리주의였던 것이다.

합리주의가 중국에서 먼저 등장한 데에는 자연 환경적 요인이 컸다. 중국은 한국보다 농경을 먼저 발전시켰는데 농업은 유목(목축과 수렵 포함)에 비해 고도의 과학성을 요구한다. 농사를 짓는 데에는 토지, 식물, 날씨, 수리 뿐 아니라 별자리에 대한 지식도 필요하다. 물론 유목에도 어느 정도 과학 지식은 있어야 하지만 농업만큼의 과학성은 요구되지 않는다. 유목 생활은 농경 생활과는 달리 유동적이어서 전혀 생각하지 못한 새로운 환경과 부딪히게 되며 그에 대한 정확한 예상이나 지식은 거의 불가능하다. 때문에 인간 자신들의 지능에 대한 믿음이 농경 생활을 하는 사람들의 자연에 대한 그것처럼 확립될 수 없었다. 그래서 자연 외적인 어떤 초월적 존재나 신력(神力) 같은 것을 믿어야 했고 부득이 복서(卜筮)에 의존해서 미지의 문제를 풀어야 했다. 그러나 농업은 달랐다. 고도의 과학 지식 없이는 농업에서 성공을 기대할 수 없다. 이런 이유로 농업이 발달한 지역에서 합리주의가 발달했던 것이다.

중국은 한반도보다 먼저 농업에 눈을 떴다. 그래서 합리주의에도 먼저 눈을 뜰 수 있었다. 이런 곳에서 지적·사상적 혁신이 일어났다는 것은 경제적·사회적 발전이 상당히 축적되었음을 의미한다. 먹고 살기도 힘든 나라에서는 사상적·문화적 발전이 일어나기 힘든 법이다. 인간의 모든 학문과 예술 활동은 기후와 같은 자연환경과 깊은 관련이 있다. 철학은 그리스·로마 신화와 함께 시작되었다고 해도 지나치지 않는다. 신과 인간의 이야기 속에서 인간은 자신의 정체성, 존재 이유 등에 대해 탐구하기 시작했다. 또한 유럽은 남부 쪽을 제외하고는 추운 날이 더 많고 눈과 바람이 거센 곳이라 가만히 책상에 앉아 사색하기 좋은 환경이다. 그래서 철학은 유럽에서 아주 넓고, 깊고, 다양하게 발전했다. 매서운 바람 소리, 쉬지 않고 내리는 눈, 비 오는 날이 해 뜨는 날보다 더 많은 하늘. 이런 음산한 기후 속에서 유럽의 많은 지식인들은 철학의 탑을 점점 더 높게 쌓아갔던 것이다.[1]

중국에 있어 철학은 유럽에서와는 달리 형이상학적이기보다는 윤리적이고 사회적인 의미를 갖는다. 중국 철학과 서양 철학은 철학적 과제를 설정하는 출발점부터 달랐다. 유럽인들은 경이와 회의 그리고 호기심을 풀어 보고자 철학을 했다. 그리스인들은 직접적인 삶보다는 추상적인 세계를 더 동경해서 '우주는 어디에서 왔는가', '우주는 무엇으로 되어 있는가' 하는 형이상학적 본체론을 주제로 하여 사변적이고 논리적인 인식론을 발전시켰다. 그러나 이민족과의 끊임없는 투쟁 속에서 생존을 도모해야 했던 고대 중국인들은 그들 삶에 절대적 영향을 행사하는 자연의 질서를 터득하는 데 관심을 기울였다. 그들은 '이 세상 속에서 우리는 어떻게 살아갈 것인가' 하는 구체적인 문제를 철학적 과제로 삼았다. 때문에 중국 철학자들은 일반적으로 자연 밖의 초자연계를 설정하지 않았고 신이나 주재자와 같은 경험의 영역을 넘어서는 절대적 존재도 인정하지 않았다(중국 철학에서 인식론이 빈약한 것은 이런 데에서 비롯된다).

탄생한 시기부터 오늘날에 이르기까지 유학의 핵심은 충효 사상에 있다고 할 수 있다. 유학은 인간 세계가 수직적인 질서로 짜여 있다고 보고 하위 질서는 상

---

1) '성진국'은 흔히 일본이 성적으로 진보한(개방된) 국가라는 뜻으로 쓰이는 말이다. 실제로 일본은 지상파에서 야간에 포르노가 나오고 아이들이 보는 만화나 애니메이션에도 성적 표현이 난무한다(최근에는 많이 자제되고 있는 편이다). 이렇게 일본이 성적으로 개방된 원인에는 여러 가지가 있는데 가장 큰 것은 기후라고 할 수 있다. 일본은 더운 나라인데 옛날에는 에어컨은커녕 선풍기도 없었으니 더위를 이길 방법은 씻거나 벗거나 둘 중 하나였다. 그렇게 노출이 많고 자주 씻다보니 성적인 유혹과 접촉이 많아질 수 밖에 없었던 것이다. 이러한 현상은 일본과 비슷한 기후대인 대만, 태국, 필리핀 등도 마찬가지이다(도쿄의 위도는 35° 41'로 동남아 국가인 필리핀 마닐라의 35° 56'와 거의 같다). 그런 이유로 우리와 같은 유교 문화권이라고 할 수 있는 대만은 포르노 판매가 합법이다(물론 성인에게만).

위 질서에 복종하고 충성해야 한다고 가르친다. 국가 이데올로기로서 유학이 체계화된 것은 한나라 때 일이지만 충효의 기본 이념은 그보다 훨씬 전부터 중국 사회에 존재했다(그랬기에 분열기인 춘추전국시대에도 각 제후들은 내내 명목상으로나마 주나라 왕실에 대한 충성심을 보존했으며 결국에는 대륙의 정치적 통일을 이룰 수 있었던 것이다). 왜 그랬을까? 중국이 전형적인 농경 문명 사회였기 때문이었다. 그것도 중국은 고대 그리스의 올리브나 포도 농사와는 달리 사람 손이 많이 가고 생산기술이 중시되는 쌀농사 문명이었다. 앞서 봤듯이 미작 농경에서는 무엇보다 중요한 것이 조상으로부터 물려받은 농토와 농사 기술이다. 따라서 조상을 신격화하고 종교화하는 사상이 생겨나는 것은 자연스러운 현상이었던 것이다.

역사와 자연지리

역사에 결정적 영향을 끼치는 지리에는 기후 뿐 아니라 지형과 입지 등도 포함된다. 앞서 본 '지리상 발견'에 중국이 유럽처럼 적극적으로 나서지 않은 또 하나의 중요한 이유가 있었다. 당시 중국은 유럽처럼 분열되어 있지 않아서 스페인과 포르투갈이 하듯이 경쟁적으로 '지리상 발견'에 나설 필요가 없었던 것이다.* 중국은 강력한 중앙집권의 역사가 있어서 분열이 되어도 다시 통일이 이루어졌다. 유럽은 중세까지 봉건 체제였던 것에 비해 중국은 기원전인 진나라 때부터 강력한 중앙집권이었다. 그 넓고 많은 인구를 고려해 보면 분열되거나 지방분권이 자연스러운데 중국은 왜 그렇게 통일된 중앙집권이 일찍부터 이루어진 것일까? 중국에는 오제(五帝) 시대가 있었다. 다섯 명의 임금을 통칭해서 오제라고 부르는데 황제(黃帝)의 뒤를 이어 전욱, 제곡, 요, 순 네 임금이 순서대로 중국을 다스렸다(여기서 황제는 '대왕'이 아니라 중국 고대 전설상 임금이다). 요·순 시대 통치 특징 중 하나는 선양이었다. 요 임금은 백성들 사이에 신망이 높은 순을 발탁해서 여러 시험을 치른 뒤에 왕위를 넘겼다고 하는데 이것이 선양이다. 또 순 임금도 한동안 나라를 다스린 다음 우 임금에게 왕위를 넘겼다. 그 이유는 우가 황하의 홍수를 잘 다스렸기 때문이었다. 황하는 워낙 큰 강인데다가 토사 때문에 비가 많이 오면 대형 사고가 자주 터졌다. 이러한 황하의 범람이 중국에서는 가장 큰 국가적 과제 중 하나였고 황하를 다스리는 문제는 통치자의 역량을 평가하는 중요한 지표였다. 황하는 일단 제방이 터지면 큰 홍수가 발생해서 많은 토지를 삼켜버리고 생명까지 앗아갔다. 그래서 황하의 주기적인 홍수는 '중국의 슬픔(China sorrow)'이라고까지 불린다.

 * 재레드 다이아몬드는 『총, 균, 쇠』에서 "이 같은 지리적 요인들로 인해 중국은 일찌감치 문화적, 정치적으로 통일될 수 있었다. 서유럽의 경우에는 비슷한 모양의 땅이면서도 지형이 험난하고 각 지역을 이어주는 강이 없어서 오늘날까지도 문화적, 정치적 통일이 이루어지지 못했다."라고 했다.

사실 홍수 피해가 그리 크지 않은 편인 우리는 '중국의 슬픔'이 잘 와 닿지 않는다.* 그러나 '중국의 슬픔'은 중국 역사 내내 상당히 심각했다. 번탑(繁塔)은 장안, 낙양과 함께 중국 3대 고도(古都) 중 하나인 개봉에서 가장 오래된 건축물로 977년에 세워졌다. 건립 당시에는 9층(높이 72m)이었는데 오늘날 남아있는 것은 3층뿐이다. 나머지 6층은 화재 등으로 파손된 것이 아니라 여행자들이 딛고 서 있는 땅속에 묻혀 있다. 연이은 황하의 범람으로 점점 토사(흙모래)에 매몰된 것이다. 보통 홍수는 아무리 심각해도 시간이 지나면 물이 빠지거나 마르는데 토사는 그대로 쌓인다. 그래서 번탑 뿐 아니라 중국의 수많은 문화유산이 토사에 매장되었다. 그렇게 홍수로 인해 황폐화된 땅은 다시 경작할 수 있으려면 여러 해가 지나야했고 복구가 불가능해서 버려지기도 했다. 홍수가 나도 그다지 큰 피해를 입지 않고 더구나 토사 피해는 거의 없는 우리에게는 생소한 이야기이지만 중국은 황하의 홍수를 수 천년 동안 겪었다(황하는 유사 이래 1,575 차례의 범람이 있었는데 대체로 3년에 한 번씩은 작은 수재가, 5년에 한 번씩은 큰 수재가 있었다). 강에 토사(흙모래)가 5%만 섞여 있어도 많은 양이다. 그런데 황하는 46%까지 올라간 기록이 있다. 그 토사가 중국 동쪽인 우리나라 서해로 가서 바다를 누렇기 만들기 때문에 서해를 황해라고 부른다. 바다를 누렇게 만들 정도로 중국의 홍수와 토사는 엄청난 것이다.

* 『열하일기』에는 다음과 같은 내용이 나온다. "곡정이 "귀국의 아름다운 점 몇 가지를 일러 주시기 바랍니다."라고 하기에 나(박지원)는 "우리나라가 비록 바다 한구석에 치우쳐 있으나 네 가지 아름다운 점이 있답니다. 유교를 숭상하는 풍속이 그 첫 번째 아름다운 점이고, 황하같이 홍수 날 염려가 없는 지리가 두 번째 아름다운 점입니다. (…)"

그래서 황하의 치수(治水) 과정에서 중국의 중앙집권이 이루어졌다고 본다. 변변한 농기계 하나 없던 옛날에는 둑 하나를 쌓아도 모든 것을 사람들이 모여서 일일이 손으로 해야 했다. 그러니 지도자를 중심으로 뭉칠 수밖에 없었고 그 지도자에게 강력한 권력이 주어진 것이다. 우는 황하의 치수를 잘 해냈고 덕분에 순의 후계자가 된 것은 물론이고 치수 과정에서 강력한 권력을 얻었다. 중앙집권화된 강력한 권력을 갖게 된 우는 덕분에 중국 역사상 최초로 세습왕조를 열었다(이 왕조가 바로 '하'인데, 중국인들은 하나라를 자신들의 최초 왕조로 여긴다). 중국은 유럽 국가들처럼 새로운 시장을 위해 대항해 및 지리상 발견에 적극적으로 나설 필요가 없었다. 그 이유는 중국은 유럽처럼 분열된 지방분권화된 봉건 사회가 아니라 통일된 강력한 중앙집권국가여서 넓은 영토와 많은 인구가 꾸준히 하나로 유지되었기 때문이다. 그리고 그러한 중국의 강력한 중앙집권을 가능케 한 것은 자연 지리인 황하와 농경이었던 것이다.[2]

『맹자』에는 치수에 관해 언급한 대목이 열한 군데나 된다. 이는 옛 사람들이 치수를 대단히 중시했음을 단적으로 보여준다고 할 수 있다. 그 가운데 당시 어느 제후가 범람한 강물을 이용해서 이웃나라를 쓸어버리려 했던 작태를 직접적으로 비난하는 대목이 있다. 맹자는 또 다른 대목에서 천하 통일을 주장했는데 이는 맹자가 통일만이 천하의 안전과 안정을 보장할 수 있다는 사실을 잘 알고 있었다는 것을 보여준다. 이로써 지리적인 조건과 역사 발전은 서로 밀접한 관계가 있음을 알 수 있다. 맹자의 생존 시기는 진시황의 통일과 불과 50년도 안 떨어졌다. 그런 맹자는 이미 법가와 마찬가지로 중국에 중앙권력이 필요하다는 주장에 찬동했다. 다만 방법적인 면에서 법가에 의한 무자비한 힘이 아닌 도덕적인 권유로 풍속을 바꿔나감으로써 그 목적을 달성하자고 역설한 점이 달랐을 뿐이다(역사적으로 보면 맹자와 진시황은 동일한 문제에 관심을 가졌다고 할 수 있다). **흙이 곱고 부드러워 경작하기 쉬운 황토, 비를 넉넉히 몰아다주는 계절풍, 때에 따라서는 대지를 살찌우지만 이따금 흘러넘쳐 큰 재앙을 가져다주는 황하. 이 세 가지는 중국의 운명에 막대한 영향을 끼친 요소로 꼽힌다.** 이런 요소들은 직접적으로든 간접적으로든 중국이

---

2) 거기에 한 가지 더 하자면 북방 이민족들이라고 할 수 있다. 지방분권보다는 강력한 중앙집권이 이민족들에게 대항하기에 더 적합했기 때문이었다. 중국은 이민족의 침략을 받기 쉬운 3,000㎞가 넘는 국경선이 있어서 생존을 위해서는 하나의 통일체를 유지하지 않으면 안 되었다. 만리장성이 웅변하는 바와 같이 중국인들은 인접한 이민족들에 대한 단결된 방어의 필요성을 끊임없이 느껴왔다. 그리고 그것이 전제적이며 중앙집권적인 국가 발달을 촉진했다고 할 수 있다. 그것은 한반도 역시 마찬가지였다. 만주와 몽골 등 이민족 세력들로부터 계속해서 가해진 압력이 한국으로 하여금 지방분권적인 봉건 체제로 쪼개지는 대신 중앙집권적인 군사력을 유지하도록 작용했던 것이다. 한반도는 신라가 676년 삼국을 통일한 이후 잠깐의 분열기(후삼국 시대, 901~936년)를 빼고는 통일된 중앙집권체제를 유지했다. 그에 비해 일본은 1590년에서야 통일을 달성했다. 일본이 한반도보다 900년 넘게 지방분권적인 봉건 체제를 유지한 가장 큰 이유 역시 지리라고 할 수 있다. 섬나라이기 때문에 만주와 몽골 등 이민족 세력들로부터 가해진 압력이 없었던 일본은 강력한 중앙집권체제의 필요성을 중국과 한국에 비해 덜 느꼈던 것이다(의식적이든 무의식적이든).

농업 중심의 중앙집권적 관료체제를 채택하도록 만들었던 것이다. 그런 면에서 중국의 국가통합은 자연의 힘에 의해 유도되고 유지되었다고 할 수 있다.

지리적 입지와 역사

유럽은 중동의 아랍 세력과 전쟁도 많이 하고 그들에게 정복당하기도 했지만 전반적으로는 혜택을 받았다고 할 수 있다(유럽 대륙 서쪽 끝에 있는 포르투갈과 스페인은 15세기 중반에서야 800년간의 이슬람 지배에서 벗어났다). 아랍 문화권은 지리적 특성상 다른 지역의 문화를 수입하기도 쉬웠지만 다른 곳으로 전파하기도 쉬웠다. 아랍 세계는 동양과 서양 중간에 위치한다. 그들은 자신들의 발전된 문화와 동양(인도를 포함하는)의 선진 문화를 유럽에 전수하는 역할을 했다. 아라비아 상인들은 비단길을 통해 또 다른 세계 문명 발상지인 중국의 선진문물을 받아서 지중해를 통해 부지런히 유럽으로 실어 날랐으며 그밖에 부산물로 인도의 과학 등을 유럽에 전해주었다. 그러한 아랍 세계는 르네상스에 큰 역할을 했다. 예를 들어 아리스토텔레스는 르네상스 이전까지 유럽에서는 철저히 잊혀진 존재였다. 그런 아리스토텔레스를 유럽에 되돌려준 것도 다름 아닌 아랍 세계였다. 아랍에서는 아리스토텔레스 학교가 여러 군데 있었을 정도로 아리스토텔레스에 대한 연구가 활발했다. 오늘날 우리에게 알려진 그리스 고전 중에는 아랍어로만 남아 있는 것들도 많다.[3] 근대 이전까지 아랍 세계는 철학·수학·과학·의학 등을 포함하는 문화 전반

3) 역사 교과서에서는 유럽이 중세를 거치면서 고대 그리스 고전들을 잃어버렸다가 르네상스 때 그것을 되찾았다고 한다. 많은 고전들이 아랍권에 잘 보존되어 있었기 때문이라는 식으로 설명하는 것이다. 그러나 이는 역사를 피상적으로 단순하게 바라본 것이며 서양 중심의 시각일 뿐이다. 마치 아랍권에서 고대 그리스 고전들을 떠맡아서 냉동고에 넣어두듯 잘 보존해 가지고 있다가 몇 백 년 후에 유럽이 그것을 도로 달라고 하니까 그대로 내놓은 것처럼 들리기 때문이다. 실상은 전혀 그렇지 않았다. 르네상스 시기에 유럽에서 되찾은 고대 그리스 고전은 원래 그대로의 것이 아니었다. 그것은 인도 문명과 아랍 문명이 자신들의 철학·과학과 모든 지적 노력을 풍부하게 더해 재해석한, 한층 업그레이드된 결과물이었던 것이다. 아랍 세계에 대한 오늘날의 인식(대부분 부정적인)을 떠나서 이런 식으로 그들

에서 유럽보다 훨씬 더 발전한 상태였다. 유럽이 신학에 빠져 있을 무렵 아랍에서는 과학이 만개했고 '아라비아 숫자'라고 부르듯 아랍 세계는 수학 또한 굉장히 발전했다('아라비아 숫자'를 발명한 것은 인도였지만 그 체계의 가치와 쓸모를 꿰뚫어보고 다듬어서 유럽까지 퍼뜨린 것은 아랍이었다). 'al'은 아랍어의 정관사이다. 대수학(algebra)과 알고리즘(algorism) 등 수학 용어뿐만 아니라 알코올(alcohol), 알칼리(alkali) 등 화학 용어에도 아랍어 정관사 'al'이 붙어있다. 그만큼 과거에 발전했던 아랍 수학·과학이 서구 수학·과학의 기초를 제공했던 것이다. 그런 아랍 세계가 없었다면 지금의 유럽과 미국은 존재하지 않았을지도 모른다. 미국의 모체인 서유럽은 15세기 전까지만 해도 아랍이라는 큰 문명권의 변두리에 지나지 않았다.*

* 재레드 다이아몬드는 『총, 균, 쇠』에서 "중세에는 기술의 흐름이 오늘날처럼 유럽에서 이슬람으로보다는 이슬람에서 유럽으로 전해지는 경우가 압도적이었다. 그러다가 1,500년경 이후에 비로소 이 흐름의 방향이 뒤바뀌기 시작했다."라고 했다.

그에 비해 중국은 세계사적 시각에서 그리고 유라시아대륙 입장에서 보면 인류의 다른 문명권과는 고립되어 있었고 지리적 입지가 안 좋은 편이었다. 중국은 광대한 대륙 국가이지만 지중해 같은 바다를 통한 무역과 교류나 대평원을 통한 신속한 이동과 교류 등 지리적 혜택은 없었다. 또한 서방 문명의 모체라고 할 수 있는 메소포타미아, 이집트, 그리스 등은 지리적으로 비교적 근접 지역에 위치하고 있었기 때문에 상호간에 긴밀히 연결되고 교류가 계속되었지만 중국은 다른 문명 지역과의 접촉과 교류가 거의 없었다. 그리고 그 이유는 지리적 환경에 있었다. 중

이 인류의 물질문명과 정신문명에 지대한 공헌을 했다는 점을 알아야 역사에 대한 제대로 된 이해가 가능하다.

국은 북쪽으로는 몽골의 초원과 사막, 시베리아와 북극 극한지대와 인접해 있고 서쪽으로는 히말라야 산맥과 세계의 지붕으로 불리는 파미르고원과 같은 거대한 산맥으로 막혀 있다. 서남쪽으로도 역시 험준한 산맥과 거대한 밀림지대가 가공할 장벽을 형성하고 있다. 동쪽으로는 험준한 준령과 삼림이 장벽을 형성하고 있고 동남쪽으로는 남중국해와 동중국해가 끝없이 펼쳐져있다. 이런 점에서 볼 때 중국은 광대한 대륙 국가이지만 지리적으로는 외부 다른 문명권과는 거의 고립·절연되어 있다고 할 수 있다. 한 마디로 중국은 주변의 혜택을 받지 못하는 지리적 환경이었던 것이다. 유럽이 아랍 세계에서 철학·수학·과학·의학 등 문화 전반의 혜택을 받을 때, 중국은 이민족 세력에게 세폐를 바치거나 비싼 돈을 주고 그들의 말을 사거나 그들을 막기 위해 만리장성을 쌓아야 했다.* 이민족들은 대부분 경제, 과학, 학문 등 문화가 전반적으로 발전하지 않아서 중국이 그들에게 배울 것은 별로 없었다.[4]

 * 아라비아반도에서 유목 생활을 하던 셈족의 한 갈래였던 아랍인은 오래 전부터 존재했지만 '아랍 세계'는 마호메트가 이슬람을 창시함으로써 만들어졌다. 그렇게 7세기에 탄생한 '아랍 세계'의 주도권은 12세기 이후 아랍인에서 투르크인으로 넘어갔다.

 중국 바로 옆에는 인류 4대 문명 중 하나인 인도가 있기는 했다. 그러나 히말라

---

4) 물론 이민족들이 중국에 해만 끼친 것은 아니었다. 이민족들 덕분에 중국은 다양한 문화를 접할 수 있었고 그에 따라 당과 원은 세계적인 대제국이 될 수 있었다. 또한 현재에도 중국 경제의 중심인 강남은 이민족 때문에 본격적으로 개발되었다. 그리고 무엇보다 중국이 이민족 덕을 본 것은 영토라고 할 수 있다. 만주족이 세운 청나라는 자신들의 원 거주지인 만주뿐 아니라 내몽골, 신강, 청해, 티베트까지 정복해서 중국 한족에게 갖다 바쳤다. 지금의 중국은 청나라가 만들어준 영토 가운데 연해주 일대와 사할린, 외몽골, 카자흐스탄 일리강 유역 등 변경의 극히 일부 외연을 제외한 핵심부를 그대로 영유하고 있다. 영토만 놓고 보자면 현재의 중국은 명나라보다 넓어졌지만 청나라보다는 줄어들었다. 청나라가 개척한 890만㎢는 명나라 영토 350만 ㎢의 세 배가 넘었다.

명과 청 그리고 오늘날의 중국 영토. 현재 중국의 영토는 청나라 때보다 많이 줄었다.

야 산맥이라는 지구에서 가장 높은 자연 장벽 때문에 교류가 힘들어서 중국과 인도는 서로 독립적으로 발전했다.* 근대에 들어서는 서양과 대등한 세력으로 등장하는 일본이 있었다. 그러나 일본의 경우 전통적인 동양의 세계질서 시대에는 대한해협이라는 천연 '해자(垓字)'로 인해 중국과 서로 영향을 주고받기 어려웠다. 실제로 일본은 명나라와 제도적 국교를 갖지 못했을 정도로 오래 동안 '중국적 세계질서' 밖에 소외되어 있었다. 그런데 일본이 동아시아에서 유일하게 근대화에 성공한 가장 큰 이유 또한 그것이라고 할 수 있다. 즉 일본은 그만큼 전통적 중국 문명의 혜택에서 먼 위치에 있었기 때문에 새로운 서구 문명에 접근하는 데 비교적 내부 저항이 적었던 것이다(조선에서는 문맹인 농부들에게까지 성리학의 가르침이 침투되었던 것에 비해 일본은 일부 인텔리 계급에게만 유학이 퍼져있었다). 일본 문명이 질과 양의 면에서 중국 문명의 경쟁자가 될 수 있게 된 것은 에도 시대 이후였다. 일본은 근대에 부상하기 이전에는 중국에 비해 미미한 존재로 '신스틸러' 정도였기 때문에 중국이 일본에게 배울 것은 별로 없었다. 이렇듯 중국은 유럽에 비해 주변에 '경쟁적 협력자'가 없었던, 어쩌면 불우한 환경이었던 것이다.[5]

* 648년에 어느 중국인 특사가 티베트 군대를 이끌고 인도 북부 일부를 평정한 다음 그곳에서 인도의 한 소군주를 포로로 잡아 장안으로 돌아왔다. 이 사건이 근대 이전에 중국과 인도 사이에 있었던 유일한 접전이었을 정도로 이들 두 개의 거대한 인류 집단을 갈라놓는 자연 장벽의 힘은 대단한 것이다.

지리의 결과물인 동양사

서양은 개인주의가 발달한 반면 동양은 공동체 의식이 발달한 것도 지리의 차이에서 연유했다고 할 수 있다. 서양 문화의 진원지인 이집트나 서아시아 그리고 그리스·로마는 본래 농업 조건이 좋지 않아서 상업을 주 생업으로 삼았다. 지중해 연안이나 오리엔트 세계는 비가 조금 내리고 농토가 적으며 나무도 많지 않

---

5) 사막길과 초원길 등 다양한 통로로 이어진 유라시아 대륙 동서에 위치한 동아시아와 서유럽은 고도의 문명을 누려왔다. 반면에 인디언들이 지배하던 아메리카 대륙이 정체했던 것이나 사하라 사막·열대우림으로 가로막혀 외부세계와 차단된 중남부 아프리카와 바다로 둘러싸인 오스트레일리아가 제대로 된 문명권을 형성하지 못했던 것은 외부세계와의 교류가 문명 발전에 얼마나 중요한 요소인지를 보여주는 대표적인 사례들이라고 할 수 있다. 재레드 다이아몬드는 『총, 균, 쇠』에서 "그 결과 이 기본적인 지리적 특성은 지난 500년 동안 아메리카 원주민, 아프리카인, 유라시아인 등이 각각 전혀 다른 경험을 하게 되었던 크나큰 요인으로 작용했다. (…) 유럽이 아프리카를 식민지로 삼을 수 있었던 까닭은 백인 인종 차별주의자들이 생각하는 것처럼 유럽인과 아프리카인의 차이 때문이 아니었다. 그것은 지리적, 생물지리학적 우연(특히 두 대륙의 면적, 축의 방향, 야생 동식물 등) 때문이었다. 다시 말해서 아프리카와 유럽의 역사적 궤적이 달라진 것은 궁극적으로 부동산의 차이에서 비롯되었던 것이다."라고 했다(굵은 부분은 나의 강조).

다.* 그래서 오리엔트는 낙타를 이용해서 육로 상업에, 그리스·로마는 배를 이용해서 해상 상업에 종사했다. 지중해 지역의 잔잔한 바다와 수많은 섬들은 선박이 발달하지 않았던 당시 사람들이 해상활동을 하는 데 더없는 편이를 제공해서 해상활동이 활발히 전개되고 교역과 무역이 발전했다(결국 기동력이 빠른 배를 이용한 그리스·로마가 오리엔트를 누리고 패자가 되었다). 육로 상업이든 해상 상업이든 상업문화는 본질적으로 개인주의적이다. 교역을 하는 데에는 공동체 협력이 반드시 필요한 것은 아니며 오히려 영업 비밀이나 영업 이익 등을 혼자서만 알고 있어야 하기 때문이다. 이렇듯 서양인들이 개인과 자유를 중시하는 것도 상업 활동의 필요에서 생겨난 것이었다. 이와 같이 상업문화의 성격은 외부지향적이고 진취적이며 활동적이었고 자연에 대해 도전적이었다.

* 서양인들이 나무보다 훨씬 무겁고 다루기 힘든 돌로 교회나 신전을 지은 것도 목재가 부족했기 때문이었다. 중국은 그 역사에 비해 아테네 파르테논 신전이나 로마 원형경기장처럼 수천 년이 지나서도 관광객들에게 자랑거리로 내놓을 만한 건축물이 별로 없다. 중국 고대의 건축물들은 대부분 목조라서 이미 오래 전에 불에 타거나 부서져서 없어졌기 때문이다.

이런 점에서 유목 문화의 성격과 상업 문화의 성격은 일면 유사한 점이 있다(유목민들은 수렵·채집민들에게 강한 경의를 표한다. 그 이유는 자신들보다 긴 거리를 이동하는 수렵·채집민들을 그만큼 많은 정보를 가지고 있는 지식인이라고 생각하기 때문이다. 반면 전혀 이동하지 않는 농업민은 보수적인 존재라고 생각하고 무시한다). 농경 문화는 이들 유목 문화와 상업 문화의 성격과는 근본적으로 다르다. 농경 생활은 경작지와 연결되어 있기 때문에 정착 생활을 강요당하고 사계절의 순환에 따른 반복적인 생활이 계속될 수밖에 없다. 그러므로 농경 민족은 유목 민족이나 상업 문명 사회에서와 같이 다른 사회 또는 다른 문명권으로 대거 진출하거나 대규모의 교류 또는 이동은 거의 불가능했고 조상 분묘가 있는 일정 지역에서 대대손손 살아갔다. 이에 따라 농경 사회는 자급자족적이었으며 평화롭고 낙천적이었으나 자연에 대한 도전을 피하고 변화를 거부하며 내부지향적인 성격을 갖게 되었다. 여기에서 농경 사회의 보수성 등 정체성이 형성되었는데 중국과 한국의 문화와 역사는 바로 이와 같은 농경 문명의 소산이었던 것이다.

명나라 제8대 황제인 성화제(재위 1464~1487년) 시절 환관들을 중심으로 대원정이 다시 추진되었다. 명나라 제3대 황제 영락제(재위1402~1424년)의 명을 받고 대원정을 주도했던 정화는 환관이었다(그는 환관의 장관 격인 태감이었다). 정화는 중동 계통의 피를 받은 이슬람교도로 그의 아버지는 메카 순례를 다녀온 적도 있었다. 정화의 성(鄭)은 영락제가 하사한 것이었다. 동양에서는 믿을 만한 신하에게 성을 하사하는 관습이 있었다. 정화의 원래 성은 마씨(원래 이름은 마삼보)로 이는 아라비아 이름인 무하마드를 음차한 성이었고 그의 집안은 대대로 이슬람교도였다. 이 시기 환관은 황제의 시중을 드는 내시 같은 사람이 아니라 황제의 명령을 바로 수행하는 측근으로서 강력한 권한을 가지고 있었다. 당시 명나라는 통상적 업무는 정통 유교 관료들이 맡아서 했지만 중요한 특별 프로젝트는 황제 바로 곁에서 보좌하는 환관들을 통해 수행했다. 이렇듯 환관들은 좀더 자유롭고 진취적인 면이 있었으나 유학자들은 철저히 보수적인 농본주의자들이었다. 그러한 농본주의적 민족 국가를 지향하는 보수적 관료들은 대원정 함대의 목재를 뜯어내고 정화가 남긴 보고서를 파기해서 대형 선박을 건조하는 기술이나 항해술을 사장시켰다(상인과 상업을 천시한 중국인들은 원래부터 문헌 자료에 상인과 상업에 대한 내용 자체를 많이 남기지 않았다).

그렇기 때문에 정화의 대원정은 정치적 목적의 일회성 사건으로 끝날 수밖에 없었다. 그리고 그것은 중국 역사인 농업-유교의 산물이었던 것이다. 정화는 이민족 출신에 이슬람을 믿는 환관으로 중국의 전통 지배계급인 유학자들에게 그는 '이방인'이자 '위험인물'이었으며 멸시의 대상일 뿐이었다. 만약 그가 주도하는 대원정이 성공을 거두어 상업이 발달하고 외국과 교류가 활발해져서 새로운 사상이 유행한다면 전통 지배계급인 유학자들의 위상은 약화될 수밖에 없다. 따라서 대원정 함대의 목재를 뜯어내고 정화가 남긴 보고서를 파기하며 대형 선박을 건조하는 기술이나 항해술을 사장시킨 것은 자신들의 기득권을 빼앗고 세상을 어지럽게 만드는 것이라는 생각에 조바심이 난 기득권층, 다시 말해 농업 생산을 바탕으로 유교 이념과 전통 문화를 내세우던 계층이 일제히 가한 '반격'이라고 할 수 있다. 즉 상업을 중심으로 하는 새로운 세력(상인, 환관 등)에 대해 농업을 중심으로 하는 기득권 세력(관료, 유학자 등)이 '반격'을 가했고 결국 후자가 승리했던 것이다. 환관 지도자들에게 대원정은 모험과 명성 그리고 경제적 이익을 가져다주었다. 대외 교역은 강력한 환관들의 손에 맡겨져 있었기 때문에 관료와 유학자들이 더욱 혐오할 수밖에 없었다. 결국 반(反)상업주의가 승리를 거두었고 중국은 세계 무대에서 퇴장한 셈이었다. 해양으로 확장에서 보여준 명나라의 뛰어난 능력과 그 목을 죄는 농업을 중시하는 보수적 관료·유학자들 사이의 모순은 중국이 근대적 기술과 경제의 발전이라는 배를 포기한 것이 거의 의도적인 것이었음을 암시하고 있다고 할 수 있다(대원정이 중단된 또 다른 이유는 명나라 초기에 몽골과의 전쟁과 북경성 건설 등 재정 문제 때문이었다). 오늘날 중국인들이 가장 아쉬워하는 역사가 바로 정화의 대원정이다. 중국인들은 이것이 꾸준히 진행되어 중국이 아메리카 대륙을 차지했다면 중국은 세계 유일의 초강대국이 되었을 거라며 아쉬워하는 것이다. 러시아와 캐나다는 중국보다 국토 면적이 넓기는 하지만 극단적으로 추운 북극 지방에 인접해 있다. 오직 미국만이 중국과 같이 양호한 자연 환경 조건을 갖추고 있으면서도 중국과 비슷한 크기의 국토 면적을 가지고 있기 때문에 그러한 상상은 충분히 가능성이 있다. 그렇다고 당시 정화의 대원정이 끝난 후 이를 계속해서 추진하기는커녕 대원정 함대의 목재를 뜯어내고 정화가 남긴 보고서를 파기하며 대형 선박을 건조하는 기술이나 항해술을 사장시킨 관료와 유학자들만 탓할 필요는 없다. 그것이 꼭 그들의 기득권을 지키기 위한 결정이라고만 볼 수는 없기 때문이다. 그렇다면 왜 중국에서는 중동이나 지중해에 비견될 만한 활발한 해상 무역이 발달하지 못했을까? 그 차이는 우연한 지리적인 요인에 있었다. 중국에서는 연안 항해나 해상 무역을 통해 도달할 수 있는 곳이 거의 없었다. 중국의 수상 수송은 양자강 연안, 산동과 남만주 사이 및 해안을 따라 이루어졌다. 그러나 주변에 갈 만한 외국이 없었기 때문에 대양(大洋)무역이 발달하지 못했던 것이다.

중국은 국토 대부분이 중위도에 위치해서 온대성 또는 열대성 기후에 속한다. 세계에서 가장 큰 대륙인 유라시아와 가장 큰 해양인 태평양 사이에 놓여 있는 까닭에 중국은 여름과 겨울에 몬순이 잘 발달되어 있다. 특히 여름에는 계절풍의 영향을 받아 비교적 강수량이 풍부하고 온도가 높아서 농업 생산에 유리하다. 오늘날에도 중국은 어디를 가나 농경지가 있고 비교적 살기 적합한 자연 환경을 갖춘 곳에는 유난히 농업이 발달하고 인구가 많이 몰려 있다. 이러한 중국의 농업 전통은 7,000~8,000여 년 동안 변함없이 이어져 내려왔다. 일찍이 황하 중·하류의 평원을 중심으로 원시 농업이 발생해서 이를 토대로 하, 상, 주가 탄생하고 성장할 수 있었다. 지금이야 자연 환경도 개발하고 산업 구조를 변경하는 것이 어느 정도 가능하지만 옛날에는 불가능한 일이었다. 그러므로 농업에 최적화된 자연 환경에 따라 수천 년 동안 유지해온 농업 중심의 산업 구조를 상업이나 무역 등으로 바꾸려는 시도를 기득권의 '반격'으로만 매도할 수는 없는 것이다. 오히려 그러한 시도가 당시에 받아들여지지 않은 것이 더 자연스럽고 타당하다고 할 수 있다. 지리,

그 영향력은 모든 역사적 인물과 왕조가 보여준 일체의 행위를 전부 합친 것보다도 훨씬 더 강하다. 만약 베트남의 밀림이 아니었다면 과연 월남전에서 베트콩이 미군을 몰아낼 수 있었겠는가?

물리적인 법칙과도 같았던 유목민의 남하와 역사적 시차

초원 내부의 역사는 최상의 목초지를 확보하기 위해 경쟁을 벌이던 여러 투르크—몽골 집단들의 역사이자 가축을 방목하기 위해 한 목초지에서 다른 목초지로 끊임없이 옮겨 다닌 이동의 역사이기도 했다. 만약 투르크—몽골계 집단들의 역사가 새로운 목초지를 찾기 위한 어지러운 싸움이나 원정과 같은 것으로만 국한된다면 그것은 적어도 현재 우리의 관심과 관련해서 별다른 의미를 가지지 못할 것이다. 인류 역사에 보편적으로 나타난 사실은 이들 유목민들이 남쪽 문명 제국에 대해 압력을 가했다는 것이다. 그리고 그 압력은 꾸준히 반복되어 정복을 이룩하기도 했다. 유목민의 남하는 그들이 살고 있는 초원을 지배하는 조건들 때문에 어쩔 수 없이 발생하는, 거의 물리적인 법칙과도 같은 것이었다. 지금도 그렇지만 과거의 유목 생활은 대단히 불안정했다. 농경민이 곡물을 저장하는 것처럼 생산물을 비축하기 어려웠을 뿐 아니라 유목 생활 자체가 극단적인 잉여생산물이 생기지 않았다. 최대 재산인 가축 역시 혹독한 자연환경 속에서 많은 수를 잃는 일도 종종 있었다. 여름의 큰 가뭄이나 들불로 목초지가 괴멸되는 경우도 있었고 심한 경우에는 겨울의 한파와 설해로 집단 자체가 사라지기도 했다. 또한 일상 생필품부터 농업 생산물, 각종 전쟁 도구까지 완전히 자급자족하는 것은 불가능했다. 그래서 그들은 반드시 정주 지역과 관계를 유지해야 했으며 경우에 따라서는 군사력을 통한 약탈이나 지배도 서슴지 않았다.

켈트족은 오랫동안 로마인들에게 야만인이었고 게르만족은 갈리아인들에게,

슬라브 세계는 게르만인들에게 그러했다. 마찬가지로 후일 남중국으로 알려진 지역도 황하 유역에 있던 원래 중국인들에게는 오랫동안 야만 지역으로 남아 있었다. 그러나 이 모든 지역의 지리적 조건은 그들에게 농경이라는 생활방식을 요구했고 그들은 후진성에서 벗어나 점차로 그러한 생활방식을 영위하는 주민들과 자신들을 동일시하게 되었다. 중세 후반기에 이르면 유럽과 서아시아, 이란과 인도와 중국의 거의 대부분이 같은 단계의 물질문명에 이르게 되었다. 그런데 중요한 한 지역이 이 과정에서 빠졌으니 그것은 만주에서 부다페스트에 이르기까지 중앙유라시아 북방을 가로지르는 넓은 지역이었다. 이곳은 초원지대였고 그 북방 끝은 시베리아 삼림과 맞닿아 있다. 여기에서는 지리적 조건으로 인해 문명은 극히 부분적으로만 가능할 뿐이었고 그 주민들은 다른 인류가 수천 년 전(신석기시대 말기)에 알고 있던 유목-목축적인 생활을 할 수밖에 없었다. 동양의 다른 지역이 발달된 농경 단계에 도달한 시기까지 이런 유목민이 잔존했다는 사실은 역사라는 드라마에서 매우 중요한 변수가 되었다. 그것은 이웃하는 민족들 간에 일종의 '시차'와 같은 현상을 낳았던 것이다. 기원전 2천년 사람들이 기원후 12세기 사람들과 공존했는데 그 단절은 돌발적이고 위험으로 가득 차 있었다. 중국과 유럽의 정착민들에게 훈, 투르크멘, 몽골은 무력으로 몰아내거나 유리구슬과 거창한 칭호를 주고 달램으로써 농경지에서 상당한 거리를 두게 할 수 밖에 없는 '야만인'이었다. 이러한 배경에 따라 유목민과 정착민의 갈등이 중앙유라시아 역사의 대부분을 차지했던 것이다.

2

'동양사의 공식'으로 본 병자호란

전쟁은 '침략하는 자'와 '침략 당하는 자'가 있어서 둘의 입장을 고려하지 않으면 그 동기와 전개 과정을 모두 이해했다고 할 수 없을 것이다. 그리고 일반적으로는 침략국의 입장을 좀 더 자세히 살피기 마련이다. 그런데 유독 병자호란만은 침략국인 청나라가 아닌 조선의 입장에서 많이 이야 기를 한다. 정작 침략하는 쪽은 청나라였고 침략을 당한 쪽은 조선이었는데 오히려 전쟁의 원인에 있어 주체적인 입장은 조선이고 청나라는 조선이 내린 결정에 끌려 다니는 듯 한 이상한 모습이 연출되는 것이다.

서쪽에서 동쪽으로 이동한 중국의 수도

장기적으로 볼 때 중국의 수도는 서쪽에서 동쪽으로 그 위치가 이동되었다. 장안과 낙양 그리고 개봉과 북경, 이렇게 중국의 서쪽에서 동쪽으로 수도가 이동한 것이다. 물론 여기에는 너무 짧은 기간 유지된 왕조나 망명 또는 할거 왕조는 제외된다. 예를 들어 남쪽의 남경과 항주는 여러 왕조가 수도로 삼았지만 통일 정권보다는 망명 또는 할거 정권이었던 경우가 더 많았다. 중원을 떠나 다른 지역으로 피난한 정권들은 남경 또는 항주를 수도로 하고 양자강을 전방 경계로 삼아 남하하는 이민족들을 막아냈다. 양자강이라는 천연 해자는 남방으로 피난한 정권들이 북방에서 내려오는 이민족들의 위협에 대비하는 데 큰 도움이 되었다. 강남에 정도(定都)한 대표적 왕조로는 남경의 동진, 항주의 남송이 있는데 둘 다 망명 또는 할거 왕조였다. 남경과 항주는 강남 지방에 위치해서 수동적인 방어에는 유리했지만 적극적인 공격과 전국 통치에는 불리한 약점이 있었다. 그리하여 명나라 영락제는 정권을 탈취한 다음 남경에서 북경으로 천도를 결정했던 것이다.

물론 이러한 천도 배경에는 북경이 영락제의 세력 근거지라는 사실이 작용하기도 했다. 그러나 북경의 지리적 조건이 북방 방어에 적합하다는 점이 고려되지 않았다면 천도는 실현되지 못했을 것이다. 남경은 수도로서 지리적 조건이 항주보다는 양호했지만 통일 정권의 수도가 되기에는 너무 남쪽에 치우쳐 있었다. 북경이 수도였던 기간은 금, 원, 명, 청 네 왕조의 것을 합해 총 700여 년에 달했다. 이는 전국시대에 연나라가 정도한 기간을 계산에 넣지 않은 것이다(북경은 연나라 수도여서 오랜 기간 연경이라고 불렸다). 북경이 통일 정권에 의해 수도로 건설된 시기는 비교적 늦었다. 그러나 북경은 일찍부터 지역의 중심지로 발달할 수 있는 지리적 위치를 점유하고 있었다. 예부터 북경은 남쪽으로는 양자강과 회하를 통제하고 북쪽으로는 삭막(朔漠, 북쪽의 사막)을 관할할 수 있는 지점에 위치한다고 해서 그 중요성이 강조되었다. 북경은 동·서·북쪽 삼면이 산으로 첩첩이 둘러싸여 있고 오직 정남방 한쪽만이 끝없이 펼쳐진 화북 대평원으로 열려 있다. 이러한 북경 지세는 북방의 적에 대한 방어에서 유리한 조건을 갖추고 있었다.

한, 당과 같은 통일 정권이 장안에 수도를 건설한 이유는 관중 평원이 농경지가 넓어 풍요롭고 산천의 형세가 방어에 유리했기 때문이었다. 주나라부터 당나라까지 "관중을 차지한 자가 중국 대륙을 지배한다."라는 말이 통용되기도 했다. 장안은 남북 150㎞, 동서 300㎞ 분지인 관중 평원의 중심이다. 한나라 때 관중 인구는 전 중국의 3/10이었지만 생산한 부(富)는 6/10에 달했다. 장안은 한 고조 유방이 정도한 이래 수, 당 등 11개 왕조 수도였으며 주의 수도 호경과 진의 수도 함양도 이 근처였다. 진·한·수·당대에 관중 평원은 중원 지역에서 서북 지역으로 통하는 대로가 지나는 지점인 동시에 서북 지역에서 중원 지역으로 들어가는 문호였다. 서북 지역에는 흉노와 돌궐이 발흥해서 진·한·수·당을 심각하게 위협했다. 이 때에는 흉노·돌궐과의 투쟁을 유리하게 전개하기 위해 관중 평원을 통제하는 것이 전략상 중대한 문제였다. 이 정권들이 관중 평원에 정도한 이유는 통치에 필요한 경제적 기반 확보와 아울러 서북 지역을 점거한 이민족 국가에 대해 유리한 위치를 점하기 위한 것이었다. 정치·군사의 중심을 관중 평원에 두고 있을 때 흉노·돌궐과의 전쟁을 가까운 지점에서 지휘할 수 있었던 것이다. 낙양은 수·당 시대 수도인 장안을 보조하는 '배도(陪都)' 혹은 '동도(東都)'였다. 그런데 수나라 말기와 당나라 중기에 이르면 낙양이 실질적인 수도가 된다. 왜 배도였던 낙양이 장안을 대신해서 실질적인 수도가 되었던 것일까?*

* 장안, 낙양과 함께 중국 3대 고도 중 하나인 개봉은 전국시대의 위(魏) 이후에도 양(梁), 진(晋), 북송 등의 수도였는데 이 정권들이 개봉에 정도한 기간을 전부 합치면 360년 정도였다.

지리로 본 병자호란

10세기 무렵에 이르러 동아시아에서는 획기적인 변화가 일어났다. 그 이전까지 동아시아 세계는 만리장성을 기점으로 남방의 농경 권역과 북방의 유목 권역으로 크게 양분되어 있었다. 그리고 이 시기에 북방 유목 권역에서 주도적 역할을 한 세력은 주로 중국의 서북방에서 발흥, 활동했다. 이로 인해 이 시기에 중국을 중심으로 하는 남방 농경 세력과 서북방 유목 세력의 대립·힐항은 주로 오르도스 지방을 중심으로 약탈·방어의 양상으로 진행되었다. 그런데 10세기 무렵에 이르러 이러한 대립·힐항의 축이 동북방으로 이동했다. 이 때부터 중국 동북방에서 발흥, 성장한 세력들이 이민족 세력을 대표해 만리장성 이남의 한족과 힐항했던 것이다. 때문에 양자의 대립·힐항은 주로 북경을 포함하는 연운 16주라고 불린 중국 동북 지역을 중심으로 정복과 피정복의 양상으로 전개되기 시작했다. **흉노와 돌궐, 토번 등은 일시적 약탈을 주된 활동으로 삼았는데 그들의 근거지는 건조한 서북 지역이었다. 그에 비해 동북 지역을 근거지로 삼은 거란과 여진 등은 서북 지역과는 비교가 안 될 정도로 지리적 조건이 좋아 수렵과 유목뿐 아니라 농경 생활까지 경험했다.** 따라서 거란과 여진 등 동북 세력은 일시적 약탈이 아닌 중국을 정복하고 장기적으로 지배할 수 있었던 것이다. 그리하여 중국의 무게 중심이 서쪽에서 동쪽으로 옮겨갔고 장안은 906년 이후로는 수도가 될 수 없었다.

5대10국시대(907~979년) 북중국에서 후당(後唐) 절도사 석경당이 반란을 일으키고 거란에 지원을 요청했다. 그러자 거란은 5만 명의 군대를 거느리고 내려가 석경당이 후진(後晉)의 제위에 오르는 것을 도와주었다. 이렇게 거란의 도움으로 황제가 된 석경당은 그 대가로 연운 16주를 거란(요)에게 할양했다(936년). 이 협정은 현재의 북경을 포함하는 만리장성 이남 연운 16주를 거란(요)에게 할양하는 것으로 북방의 문을 활짝 열어 이후 중국사에 크나큰 영향을 끼쳤다. 중국인들은 그제

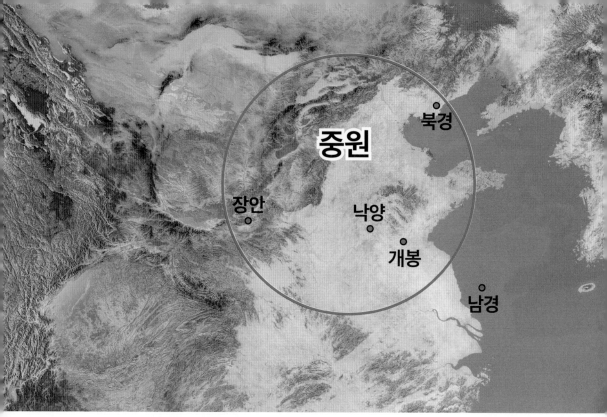

중국의 역대 주요 수도. 서쪽에서 동쪽으로 장안, 낙양, 개봉, 북경 그리고 남경이다.

서야 유목 민족들이 이미 상당한 농업 경험을 쌓아 예전과는 다르다는 사실을 깨달았다. 그 후 이들 유목 민족들은 할양받은 땅을 훈련장으로 삼음으로써 북방이나 동북방에서 온 세력들이 다수의 농경 민족을 통제할 수 있도록 하는 단초를 마련했다(이들은 이미 농업 기반을 확보한 채 성까지 쌓음으로써 방어전을 치를 수 있었다).

흉노와 돌궐 등 서북 세력에서 거란과 여진 등 동북 세력으로 그 중심축이 이동될 수 있었던 근본적인 원인은 10세기 이후 기온 상승으로 인해 만주 지방이 농경에 적합하도록 변했기 때문이었다. 예를 들어 야율아보기 이래 요나라는 화북을 반복해서 침략했는데 그 목적은 단순히 물자의 약탈이 아니라 농민과 수공업자의 획득에 있었다. 이미 거란은 10세기경 전쟁에서 포로로 잡아온 한족과 망명해온 발해인 10만여 명으로 하여금 농토를 개간하고 경작하게 했다. 강제적인 방식을 통해 유목 지역을 녹주(綠洲)로 만들어 남방 농민들을 그곳으로 이주시키는 이원 경제제도를 시행했던 것이다. 이들 동북 세력들은 중국을 정복하기에 앞서 먼저 만주를 장악해서 국가를 건립한 다음 한반도를 침략하고 항복을 받아냈다. 그러고 난 뒤 그들의 최종 목표인 중국을 침략해서 지배(또는 점령)했던 것이다. 앞서 중국의 수도가 서쪽에서 동쪽으로 이동한 이유도 중국이 대비해야 할 이민족들이 흉노와 돌궐 등 서북 세력에서 거란과 여진 등 동북 세력으로 그 중심축이 이동했기 때문이었다.*

* 중국에서는 14세기 후반 북경이 수도가 되면서 장안이나 개봉이 중심지였던 시기보다 동쪽의 비중이 더 커졌다. 따라서 자연스레 명-조선의 관계도 더 긴밀하고 중요해졌다. 그러므로 신라와 고려에 비해 조선이 사대 성향이 더 강했던 것은 중국의 중심축이 동쪽으로 이동해서 명과 조선이 이전의 중국-한반도 국가들에 비해 물리적으로나 심리적으로 더 가까워졌기 때문이다.

당나라 중기에 낙양이 실질적인 수도가 된 것은 수도의 위치를 서서히 동쪽으로 이동시키는 계기였다. 장안과 낙양은 험준한 지세로 인해 서북 지역 또는 관동(함곡관 동쪽) 지방과 격리되어 있어서 대외적인 방어에 유리하기 때문에 수도를 건설하기에 적합했다. 그런데 이민족과 정치·군사적 투쟁의 중심이 서북 지역에서 동북 지역으로 옮겨감에 따라 동북 지역에 가까운 개봉이나 북경이 수도로 더 적합하게 되었던 것이다. 이민족 대비를 위해 중국이 어떻게까지 했는지 단적인 사례가 있다. 남경에서 북경으로 수도를 옮긴 명나라는 북경 서북쪽에 있는 창평 일대에 황릉(皇陵) 터를 잡았다. 그런데 그곳은 만리장성에 가까운 곳에 위치해 있었다. 북경보다 더 서북쪽에 있고 만리장성에 가까운 곳이면 이민족의 침략에 바로 노출될 수 있는데 왜 명나라는 군이 그곳에 황릉 터를 잡았을까? 그 이유는 변방 방위를 강화하려는 의도였다. 즉 명나라는 조릉(祖陵)을 보호하기 위해서라도 수도를 사수해야 한다는 믿음을 백성들에게 기대했고 황실 스스로는 일종의 배수진을 치는 심정이었던 것이다(자고로 수도는 예민한 지역에 가까워야 기민하게 대처할 수 있는 법이다).

앞서 본 것처럼 중국의 사방에는 무시무시한 이민족들이 많았다. 대표적으로 흉노와 돌궐, 위구르 등을 들 수 있다. 그런데 이들은 중국을 침략했을 뿐 지배(또는 점령)하지는 않았다. 그 이유는 여러 가지인데 가장 중요한 것으로는 이들이 전형적인 유목 세력이라 농업에는 무지해서 농경 국가인 중국을 지배할 경험과 자신이 없었기 때문이었다. 그런데 중국 북쪽과 서쪽에 있던 이들 세력과 동북방에 있던 세력은 달랐다. 10세기 이후 기온 상승으로 중국 동북방(만주)에서 농경이 활발해지자 여기에 있던 비농경(유목과 수렵) 세력들인 거란과 여진 등은 농경을 경험하게 되었다. 그렇게 농경을 직간접적으로 경험한 이들 비농경 세력들은 농경 국가인 중국을 침략 뿐 아니라 지배까지 할 의지와 자신감이 생겼던 것이다. 그런데 중국을 지배하기 위해서는 반드시 한반도를 먼저 공격해서 항복을 받아내야 했는데 그 이유는 크게 세 가지였다. 첫째, 중국과 한반도는 같은 농경-유교 문화를 공유하는, 큰집-작은집 이상의 동맹 관계였기 때문에 한반도의 항복을 받음으로써 유목 국가는 중국과 한반도의 협공 위험에서 벗어날 수 있었다. 둘째, 한반도의 항복으로 인해 한반도에서 물자와 인력 등을 공급받거나 징발할 수 있었다. 예를 들어 여진족(만주족)은 정묘·병자호란 때 조선에서 얻은 물자로 몽골을 회유하고 명나라를 침략했다. 셋째, 중국의 사기를 꺾고 자신들의 사기는 올리는 수단이 되기도 했다. 한반도의 항복이 중국에게는 자신들을 도와줄 제1의 동맹국(혈맹국)이 사라지는 악재가 되었으며 유목 국가에게는 농경 국가와의 전쟁을 통해 실전 경험을 쌓고 사기를 충전시키는 계기가 되었다.*

* 유목 국가들은 일반적으로 전쟁을 하면서 얻게 되는 것은 물건이든 사람이든 병사 개개인의
소유로 인정했다. 그랬기 때문에 유목 국가의 병사들은 농경 국가의 병사들보다 훨씬 더 적극적으
로 전투에 임했다.

이러한 이유들로 인해 10세기 이후 이민족 국가들인 거란의 요, 여진의 금, 몽
골의 원, 만주의 청은 예외 없이 중국을 정복하기 전에 한반도를 침략해서 항복을
받아냈던 것이다. 그리고 그것은 일종의 '공식'이었으며 병자호란 또한 그러한 역
사적 맥락에서 벌어진 전쟁이었다.[6] 그에 비해 흉노와 돌궐, 위구르가 한반도를
침략하지 않았던 것도 역시 지리 때문이었다. 그들은 거란과 여진처럼 중국과 한
반도 사이에 끼여 있지 않았고 농경을 경험하지 않았기 때문에 중국을 지배할 의
지나 노하우가 없었다. 즉 어차피 약탈만 할 목적이었기 때문에 굳이 멀리 있는
한반도가 아닌 더 가깝고 더 풍요로운 중국만 침략했던 것이다. 9세기까지만 해
도 중국을 축으로 9~12시 방향 국가들이 중국과 더불어 동아시아의 패권을 다투
었다. 그러나 10세기에 들어서면서 이 구도는 0~3시 방향 국가들이 중국과 더불

6) 구체적으로 보면 이렇다. 거란의 요와 고려는 993년부터 1019년까지 총 3차례 전쟁을 했는데 그 결과 고려는 친
송 노선을 포기하고 요나라와 사대 관계를 맺었다. 만주의 청(후금)과 조선은 1627년부터 1636년까지 두 차례 전쟁
을 했는데 그 결과 역시나 조선은 친명 노선을 포기하고 청나라와 사대 관계를 맺었다. 여진의 금과 고려는 전쟁을
하지는 않았는데, 금나라의 사대 요구를 고려가 거부하지 않고 바로 수용했기 때문이었다. 고려가 그랬던 데에는 크
게 두 가지 이유가 있었다. 당시 고려의 국왕은 '왕(王)'씨가 아니라 '이(李)'씨라는 말이 돌 정도로 고려는 이자겸의 나
라였다. 국왕 생일이 아닌 자기 생일을 국경일로 정하려 했을 정도로 이자겸의 세도는 대단했다. 그런 이자겸은 고려
와 금나라가 전쟁을 하게 되면 자신의 세도가 무너질 것을 잘 알고 있었다. 당시 고려는 여진의 금에게 질 것이 뻔했
다. 고려는 거란의 요에게도 졌는데 여진의 금은 그런 요나라를 1125년 쉽게 무너뜨렸기 때문이었다. 1126년 인종은
관료들을 소집해서 금나라를 상국으로 대할 것인지에 대해 토론했다. 당시 모든 신하가 반대했으나 이자겸이 금나라
에 대한 사대를 결정했다. 또한 고려가 금나라에 칭신한 바로 다음해인 1127년 송나라(북송)가 멸망할 정도로 송나라
의 국력이 약했기 때문에 고려로서는 전쟁을 할 엄두가 안 났던 것도 또 하나의 이유였다.

어 패권을 다투는 양상으로 바뀌었다. 0~3시 방향이 패권 대결의 한 축이 됨에 따라 한반도의 전략적 위상 또한 바뀌게 되었다. 0~3시 방향 국가들은 한반도를 사전에 제압하지 않고서는 중원으로 마음 놓고 진출할 수 없게 된 것이다. 그들은 한반도를 굴복시키지 못한 상태에서 중원으로 내려갈 경우 배후에서 한반도의 공격을 받을 위험성을 안고 있었다. 이런 점들을 종합해 보면 한반도는 10세기 이후 0~3시 방향의 유목 국가들에게 중국 정복을 위한 사전 필수코스였음을 알 수 있는 것이다.

『동아시아의 전쟁과 평화』에서 한림대 정치외교학과 교수 이삼성은 '전쟁과 평화'라는 시각으로 동양사를 서술했다. 그는 중국 대륙과 한반도 사이의 전쟁은 중국과 이민족 사이에 한반도가 끼어 있는 '마(魔)의 삼각구조' 속에서 발생했다고 분석했다. 북방과 중원 사이 전략적 중간 지점에 위치했다고 볼 수 있는 만주를 두고 한반도가 중국과 직접 패권경쟁을 하던 시기가 있었다(위만조선, 고구려). 그러나 신라의 삼국통일 이후 만주가 한국사에서 탈락하고 중국과 한반도는 만주의 제3세력을 견제하기 위한 공동의 지정학적 필요에 자주 직면하게 되었다. 즉 중국과 한반도는 전략적 동반자가 되었던 것이다. 그러면서 중국 대륙과 한반도 사이의 전쟁은 중국과 이민족 사이에 한반도 국가가 끼어 있는 삼각관계 구조 속에서 발생했다. 고려시대에 만리장성 이북 또는 북중국의 지배자가 거란에서 여진으로 그리고 다시 몽골로 바뀌면서 중원-북방(만주)-한반도 사이의 '마의 삼각구조'는 세 차례 걸쳐 반복되었다. 조선시대에 그러한 '마의 삼각구조'에 빠진 것은 명·청 교체기인 17세기 전반이었다(정묘호란과 병자호란). 다시 말해 병자호란은 조선의 의지와는 별 관계없는, '마의 삼각구조' 속에서 '동양사의 공식'에 맞게 일어난 전쟁이었던 것이다.*

지리 결정론과 반도 사관

지금까지 살펴본 것처럼 과거 우리가 중국과는 친했고 이민족들과는 안 친했던 이유는 중국은 우리와 같은 농경 문명이었고 이민족들은 우리와 다른 비농경 문명(유목, 목축, 수렵, 반농반목)이었기 때문이다. 그리고 중국이 농경 문명이었던 이유는 중국 땅이 농사짓기에 알맞았고 이민족들이 비농경 문명이었던 이유는 이민족들 땅이 농사짓기에 알맞지 않았기 때문이다. 이렇게 지리가 역사에 큰, 어쩌면 결정적인 영향을 미친다는 생각은 이미 오래전부터 존재했다. 그러나 오늘날의 역사학자들은 그러한 관점을 별로 존중하지 않는다. 그들은 그러한 관점이 너무 단순하다거나 인간을 과소평가한다고 여긴다. 이에 대해 재레드 다이아몬드는 『총, 균, 쇠』에서 "그러나 역사학자들 틈에서 이 같은 환경의 차이들을 언급하기만 하면 당장 '지리 결정론'이라는 딱지가 붙고 화를 내는 사람들이 생긴다. 이 명칭 속에는 어떤 불쾌감이 내포되어 있는 듯하다. 가령 인간의 창의성은 아무 소용도 없다는 뜻이냐, 우리들 인간이 기후, 동물군, 식물군 따위를 통해서 정해진 대로 움직이는 수동적인 로봇에 불과하다는 것이냐, 하는 식으로 말이다. 물론 이런 걱정들은 기우에 지나지 않는다. 인간의 창의성이 없었다면 우리 모두는 오늘날까지도 수백만 년 전의 선조들처럼 고기를 썰어 먹어야 했을 것이다."라고 했다. 나 또한 재레드 다이아몬드의 의견에 전적으로 동의한다.*

그리고 특히나 우리나라의 역사학자들은 역사에 있어 지리가 미치는 영향에 대해 과민반응을 보이는 경향이 있다. 소위 '반도 사관' 때문이다. 일제가 내세운 식민지 역사관에 따르면 우리 민족의 중요한 민족성 중 하나는 타율성이다. 이른바 반도 사관이라는 것인데, 우리나라는 반도이기 때문에 반도의 특성을 가지고 있다는 주장이다. 한국은 중국처럼 대륙 국가도 아니고 일본처럼 해양 국가도 아니다. 따라서 대륙 국가나 해양 국가처럼 주체적이고 능동적으로 행동할 수 없고 대륙이나 해양 어느 한쪽에 의해 민족의 운명이 결정될 수밖에 없다. 한반도는 과거에는 중국의 속국이었고 이제는 일본의 식민지가 되었지 않은가. 대충 이런 논리라고 할 수 있다. 그러나 우리가 부정해야 할 것은 '반도 사관'이지 한국이 반도라는 지리적 사실(또는 현실)이 아니다. 그런 반응이 지나치면 한국의 지리적 특성에 관한 연구와 견해 등은 모조리 식민지 역사관의 껍질을 뒤집어쓰게 될 수도 있다.* 그것은 민족주의도, 민족적 자존심도 아닌 열등감의 표현이라고 할 수 있는데 바로 그 열등감이 일제가 식민지 역사관을 만들 때 노렸던 목표인 것이다. 그러한 열등감은 크게 두 가지 형태로 나타난다고 할 수 있다. 하나는 일종의 패배주의인데 한국사는 세계사에 별 영향을 미치지 못했고 그래서 한국은 보잘 것 없는 나라라는 식이다. 또 하나는 우월의식인데 우리는 한때 대륙을 지배했고 세계의 중심이었으며 이제 곧 '백두산족'의 시대가 온다는 식이다. 이러한 것들은 모두 일제가 심어놓은 식민지 역사관의 열등감에서 벗어나지 못한 결과라고 할 수 있다. 자신의 과거를 제대로 인식하고 실수나 잘못도 깨끗이 인정하는 사람이 정신이 건강하고 자아가 올바른 인간일 것이다. 마찬가지로 우리 선조들이 어떻게 살았고 왜 그랬는지 제대로 이해하고 공감하는 것이 패배주의나 우월의식에서 벗어나 건강하고 올바른 역사관을 확립하는 길이라고 할 수 있다.

＊친한파라고 할 수 있는 재레드 다이아몬드는 『총, 균. 쇠』의 한국어판 「친애하는 한국 독자들에게 드리는 편지」에서 "우선 한국은 중국과 가까이 이웃하고 있습니다. 중국은 농업화와 가축화가 용이한 야생작물과 동물을 가진 까닭에 본격적인 농업을 발전시켰을 뿐만 아니라 동물을 경작활동에 이용해 세계 최초의 문명 중심지 중 하나인 황허 문명을 일으켰고 그 성과의 대부분이 한국으로 흘러 들어갔습니다."라고 했다.

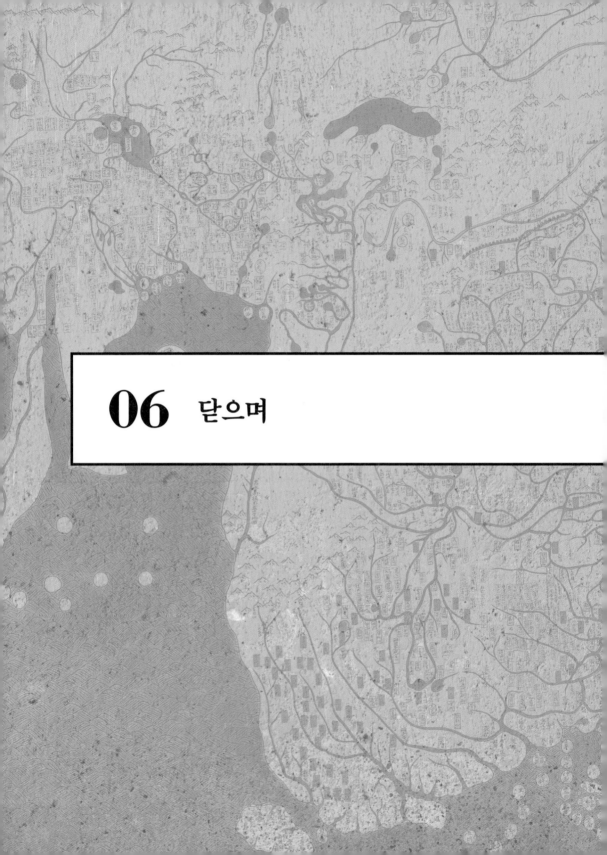

06 닫으며

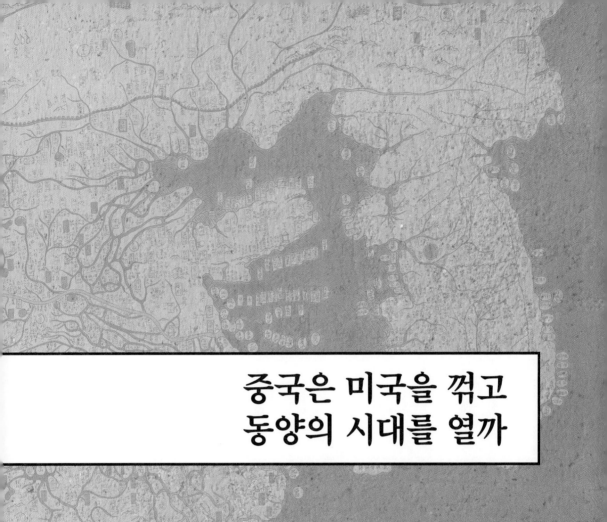

중국은 미국을 꺾고
동양의 시대를 열까

병마용갱의 병용과 마용

2014년에 나는 중국으로 배낭여행을 떠났다. 전에도 중국에 간 적이 있었지만 이번에는 오롯이 중국을 느끼고 싶어서 돌아오는 날짜를 정하지 않는 오픈티켓을 끊고 휴대폰도 정지시킨 채 중국행 비행기에 올랐다. 그렇게 혼자서 떠도는 중국 여행은 두 달이 걸렸다. 나의 마지막 행선지는 병마용들이 발견된 갱과 박물관이 있는 병마용박물관(兵馬俑博物館)이었다. 인해전술을 실감할 만큼 끊임없이 들어오는 관람객들 사이에서 나는 박물관이 개장할 때부터 폐장할 때까지 병용과 마용을 들여다보았다. 병용과 마용은 말 그대로 '병사 토용(土俑)'과 '말 토용(土俑)'인데, 수 천개의 병마용을 보면서 나는 두 가지를 깨달았다. 첫 번째 깨달음은 '중국인들은 왜 그렇게 스스로를 중화라 부르며 자부심을 갖는가'였다. 중국은 지금도 만들기 어렵다는, 얼굴과 크기 등이 모두 제각각으로 개성 넘치는 7천개가 넘는 병마용을 2,200년 전에 만들던 나라다. 이것도 지금까지 발굴된 숫자만 그 정도이고 훨씬 더 많이 묻혀있을 것으로 추정된다. 무게가 200㎏이 넘는 7천 개 이상의 실물 크기 토용은 어느 것 하나 같은 얼굴이 없다. 토용 얼굴은 제작자의 상상이 아니라 전국에서 선발된 실제 군인들을 모델로 제작되었다. 토용 하나하나가 같은 것이 없이 각자 개성을 가질 수 있는 이유가 바로 그것이다. 나는 병마용을 보면서 중국 역사의 힘을 실감했으나 다른 한편으로는 '이래서 중국이 이민족들에게 그렇게 역사 내내 당했구나' 하는 두 번째 깨달음을 얻었다.*

* 여담이지만 그렇게 중국 여행을 마치고 돌아온 나는 이 책을 쓰기 시작했고, 꼬박 7년이 걸렸다.

병용은 마치 살아있는 인간처럼 정교하게 만들어졌다. 병용의 병사들은 한 사람 한 사람이 개성 있고 표정도 풍부하며 그 중 일부는 신발이 미끄러지고 멈추는 것까지 세밀하게 표현되어 있다. 그에 비해 마용은 지극히 인형처럼 만들어졌다. 병사 한 사람 한 사람을 직접 보고 병용을 만든 것처럼 개성적으로 만들 요량이었다면 말도 머리나 체형이 한 필 한 필 다를 테니 마용도 그렇게 만들었어야 했을 것이다. 바꾸어 말하면, 병용은 대단히 가치가 높지만 마용은 별로 가치가 없다. 영구차로 보이는 동마차를 끄는 말을 봐도 네 필의 머리 위치와 방향이 완전히 똑같다. 병사는 7천 개가 넘고 얼굴이 제각각 다른데 그에 비해 말은 그 숫자가 1/10도 안 되고 생김새는 똑같다(마용은 수레를 끄는 말이 500필, 기병의 말이 116필이다). 왜 그랬을까? 그 이유는 그만큼 중국이 말에 대해 무지했고 관심이 없었을 뿐 아니라 말 자체가 별로 없었기 때문이었다. 이것은 보병(步兵) 위주인 중국은 기병(騎兵) 위주인 이민족들에게 침략과 정복을 당할 수밖에 없음을 암시하고 있다고 할 수 있다(앞서 봤듯이 만리장성은 원래 말의 돌파를 저지하기 위한 것이었다. 중국 땅에 쳐들어오는 북방 이민족들은 반드시 말을 타고 왔기 때문에 말을 멈춰 세울 목적으로 만리장성을 만들었던 것이다). 결국 만리장성과 함께 중국이 자랑하는 양대 문화유산인 병마용은 중국의 위대함을 보여주는 동시에 이민족들에게 침략과 정복을 당할 수밖에 없던 중국 운명의 예고편이었던 것이다.*

병마용갱에서 발견된 병사와 말의 토용. 병사들은 얼굴과 표정, 머리 모양 등이 모두 제각각 개성 있게 제작되었다. 그에 비해 말들은 마치 같은 가마에서 구워낸 듯 천편일률적이다.

＊ 재레드 다이아몬드는 『총, 균, 쇠』에서 "동식물의 가축화·작물화가 정복 전쟁에 가장 직접적으로 기여한 것은 유라시아의 말이었다. 고대 전쟁에서 말의 군사적 역할은 지프나 탱크에 필적하는 것이었다. (…) 가축화된 말을 가진 민족이나 그것을 이용하는 더 나은 방법을 개발한 민족들은 그렇지 못한 민족들에 비하여 막강한 군사적 이점을 누렸다."라고 했다.

유목 민족은 어린 시절부터 말을 타고 사냥을 배웠다. 어릴 때는 말 위에서 초원의 다람쥐나 토끼 등 작은 동물을 향해 활시위를 겨누다가 성장하면서 노리는 사냥감도 커져 간다. 그 일상적인 말타기와 활쏘기가 그대로 군사훈련이 되어 성인이 된 남자는 모두 전사로 싸울 수 있게 되는 것이다. 그래서 유목민 기마병은 한 사람 한 사람이 상당히 우수한 전투력을 지녔다. 그에 비해 중국과 한국의 농경 민족은 대대로 쟁기와 괭이를 들고 생활을 했다. 군대라고 해도 보병이 중심이었고 그것도 평상시에는 농사일에 종사하는 농민병이 대부분이었다. 도저히 유목 민족의 습격을 막을 수 없는 형편이었던 것이다. 말은 최대의 무기였고 상대편만이 그것을 사용할 수 있었으니 농경민 입장에서 보면 흉기를 가진 상대와 맨손으로 맞서는 것과 다를 바 없었다. 이민족 부대가 말의 기동력을 앞세워 민첩하게 유격전과 기동전을 전개하면 농경 부대는 대항할 방법이 없었다. 여기서 수천 년에 이르는 유목 민족과 농경 민족 간의 싸움에 일정한 구도가 생겨났다. 그것은 농경 민족에 대한 유목 민족의 습격이다. 농경 민족이 농사지어서 수확한 것을 식량이 부족한 유목 민족은 약탈했는데 거기서 그치지 않고 생명마저 위협했다. 그리하여 중국은 유사 이래 대부분의 세월을 북방에서 오는 이민족의 침략에 시달려야 했다. 기원전 770년에 주나라가 견융의 공격으로 호경에서 낙읍으로 수도를 옮긴 것만 봐도 침략이 얼마나 일찍 시작되었는지를 알 수 있다.

유격전과 기동전을 병행하는 데 기마는 엄청난 위력을 발휘했다. 기마병끼리 격돌하는 싸움에서도 말 다루는 천부적 기술과 말 위에서 자유자재로 활을 쏘는 그들은 농경 민족을 상대로 압도적인 위력을 발휘했다(심지어 이민족들은 말을 타고 달리면서 명중률도 좋아서 그야말로 '탑건'이었다). **이러한 우열 관계는 종족이 바뀌고 시대가 바뀌어도 기본적으로 변하지 않는 구도였다.** 말이 그렇게 중요했다면 농경민들도 말을 많이 키워서 잘 타면 되지 않았을까? 본시 농업은 정밀하고 집약적인 경작법에 의거하기 때문에 농업지구 또한 인구가 조밀하고 마을의 집들도 서로 이어지도록 지어야 했다. 이러한 환경 속에서는 물과 풀이 모자랐기 때문에 말을 많이 기르기가 힘들었다. 농경민으로 구성된 군대에서 말은 몇몇 장교들이 타거나 무기와 식량을 나르는 짐수레 역할 정도였다. 또한 농경 국가는 말 자체가 많지 않았지만 유교로 인한 사회 분위기 때문에 말을 잘 키우기도 힘들었다. 이에 대해 박지원은 "말을 관리하는 것이 나라를 다스리는 큰 정책이라고 생각하지 않고 도리어 수치스러운 일로 여겨서 모든 것을 아래 비복들의 손에 맡긴다. 직책은 목장을 감독하는 일이고 정식 벼슬을 하는 사람이건마는 도대체 말을 기르는 방법에 대해서는 전혀 알지 못한다. 할 수 없는 것이 아니고 배우려고 하지 않는다."라고 했다. 따라서 농경 민족이 기마군을 창설해서 유목 민족의 기마군에 대항할 수 있는 수준까지 끌어올리기는 현실적으로 어려웠던 것이다.

이러한 이유들로 인해 앞서 봤듯이 금나라 기병 17명과 북송의 보병 2,000명의 2000:17 싸움이었는데 북송 보병은 궤멸당했고 금나라 기병은 무사했던 것이다. 말을 탄 기마 전사 17명에게 중국 보병 2,000명이 상대조차 못 되는 것이 현실이었다. 기마병들을 보면서 보병들은 일단 사기가 크게 떨어졌다. 말을 타고 달리는 그들에 비해 자신들은 너무나도 힘들게 직접 발로 뛰어다니다보니 초라함과 위압감을 느꼈기 때문이었다. 그러다보니 이미 싸움을 지고 시작하는 꼴이었다. 오랫동안 지상의 전투는 활과 말의 대결이었다. 일정한 거리를 두고 마주볼 수밖에 없는 양 진영 구도에서는 기병의 속도와 활의 정확성이 중요했다. 화약으로 인해 대포와 총이 본격적으로 쓰이기 이전까지 전쟁의 승패는 활과 말이 갈랐던 것이다. 따라서 대포와 총이 전쟁에 본격적으로 사용되기 이전까지 농경민은 유목민에게 당하고 살 수 밖에 없는 '운명'이었던 셈이다.

'찬밥 신세'인 이민족과 중앙유라시아사

진시황의 통일 그리고 이어진 진나라의 붕괴와 함께 항우와 유방, 묵특이 중원과 초원을 넘어 부상했다. 그런데 적어도 사마천의 시대에는 묵특이 계속 승자 위치에 있었다. 항우를 이기고 한나라를 세운 중국식 영웅의 원조 유방(능력보다는 덕을 중시하는 중국식 영웅에는 유방과 유비 등이 있다). 그런 유방을 다시는 덤빌 생각조차 못하게 만든 묵특. 그런 '영웅 중의 영웅' 묵특이 항우와 유방처럼 『초한지』에서와 같은 주인공이 못 된 것은 그가 한족이 아닌 '오랑캐' 이민족이었기 때문이다. 11세기 동아시아는 요나라의 시대였다. 그런데 송(북송)을 중심으로 서술되는 지금까지의 역사 이미지는 근본적으로 송나라가 요나라의 종속 아래에서 생존했다는 사태의 핵심을 무시하는 것이다. 북송이 5대 각 왕조처럼 단명으로 끝나지 않은 것은 거란의 요와 1004년에 맺은 평화조약 덕분이었다. 북송이 다스리는 화북 본토의 경제와 문화의 번영은 요나라가 북송을 보호하는 형태를 취했기 때문에 가능했다는 점을 무시해서는 안 된다.

지금까지 살펴본 것처럼 중앙유라시아에서 활동하던 이민족 역사에 대한 이해는 중국사 뿐 아니라 한국사를 제대로 알기 위해서라도 반드시 필요하다. 그러나 그들의 역사는 그 중요성에도 불구하고 우리 학계에서 동양사 영역 중 가장 소외된 분야라고 할 수 있다. 예를 들어 서울대에는 역사 관련 학과가 국사학과, 서양사학과 그리고 동양사학과 이렇게 3개가 있다. 2021년 현재 서울대 동양사학과 교수 총 9명의 전공을 보면 중국사 4명, 일본사 2명, 서남아시아사 1명, 동남아시아사 1명 그리고 중앙유라시아사 1명이다.* 이 배분도 테크니컬하게 맞춘 것으로 보이는데 그나마 서울대라서 중앙유라시아 전공 자리가 있는 것이라고 할 수 있다. 2021년 현재 연세대와 고려대의 사학과에는 중앙유라시아사 전공 교수가 한 명도 없다(물론 중앙유라시아사가 다른 분야에 비해 전공자가 적은 것도 한 원인일 수 있다). 이렇듯 이민족 역사의 대부분을 차지하고 있는 중앙유라시아사는 '찬밥' 신세를 면치 못하고 있다. 이민족 역사는 양적으로도 소외되었지만 시선 또한 왜곡되어 있다고 할 수 있다. 교토대학 명예교수인 마노 에이지는 "일본 내 중앙아시아학의 물꼬를 바꾼 학자"라는 평을 듣는다. 그는 1977년에 『중앙아시아의 역사 : 초원과 오아시스의 세계』라는 책에서 "중앙아시아사는 한문 사료 같은 외국의 사료가 아니라 중앙아시아에서 중앙아시아 사람들이 써서 남긴 중앙아시아 현지어 사료를 중심으로 하여 구축되어야 한다."라고 주장했다. 그런데 그의 주장은 당시 학계의 통설과는 맞지 않는 것이어서 중진 학자들로부터 많은 비판을 받았다. 당연하게도 그의 주장은 오늘날 학계의 상식으로 정착되어가고 있다(물론 그러한 현상이 있었던 이유는 현지어보다는 한문으로 된 중국 측 사료가 더 많고 더 쉽기 때문이기도 했다. 그러나 그렇게 연구하다보면 결국 중국의 시선으로 이민족을 바라보게 되는 치명적인 문제가 생길 수밖에 없다).

* 1969년 발족한 서울대 동양사학과에 중앙유라시아사 전공 교수가 처음 부임한 것은 1986년 도였다. 이에 대해 서울대 동양사학과는 "이로써 본과 뿐 아니라 한국 동양사학계에 처음으로 중앙아시아사 전공자를 가지게 되었다."라고 소개하고 있다.

존 킹 페어뱅크(John K. Fairbank, 1907~1991년)는 하버드대학 최초의 중국사 교수였다. 그는 2차 세계대전 이후 발흥하기 시작한 미국의 중국사 연구를 주도하면서 수많은 제자들을 키워냈다. 그 결과 페어뱅크와 그 제자들의 전반적인 학문 경향은 "페어뱅크 모델" 또는 "페어뱅크 패러다임"이라고 불릴 정도로 커다란 흐름을 형성하면서 중국사 연구에 큰 영향력을 발휘했다. 페어뱅크는 1966년부터 그 유명한 『캠브리지 중국사(The Cambridge History of China)』를 썼다. 영국 역사학자 데니스 트위쳇과 공동으로 쓴 이 책은 처음에는 중국사를 6권으로 요약하려 했는데 결국 15권의 방대한 분량이 되었다. 중국 국공 내전에서 일반적인 예상과는 달리 모택동의 승리를 예견했던 페어뱅크는 미국 대통령 닉슨의 중국 방문에 결정적인 영향을 끼치기도 했다. 중국학 대부로서 전 세계에 큰 영향을 미친 페어뱅크를 기리기 위해 미국 역사학회는 '존 킹 페어뱅크상'을 제정했고 하버드대학은 하버드 동아시아연구 센터를 '페어뱅크 센터'로 이름을 바꾸었다. 그런 페어뱅크는 『신중국사(China : A New History)』의 '서론 : 중국사 이해의 시각'에서

> **중국의 북부, 서부에 거주하는 유목민, 반유목민은 최근까지 중국인의 군사, 정치생활에 지속적인 영향을 미치는 요소로서 작용했다. 여기에 중국 "문화주의(culturalism)"의 한 원천이 있다.** 이것은 근대 유럽의 정치적 민족주의만큼이나 강하며 모든 면에 걸친 감정이다. 유럽 민족주의가 다른 국민국가와의 접촉 또는 다른 국가를 본보기로 삼아서 성장했다면 중국 문화주의는 중국과 내륙 아시아 "오랑캐〔夷狄〕" 사이의 문화적 차이에서 비롯되었다. 내륙 아시아의 침입자들은 군사적으로 훨씬 강한 전사들이었다. 그래서 한족은 자신의 사회제도와 문화적, 미학적 우월감 — 비한족 정복자도 없앨 수 없는 — 에서 위안처를 찾았던 것이다. 따라서 우리는 중국의 역사는 한족의 역사 외에도 내륙 아시아 비한족의 역사를 포함하고 있음을 깨달아야 한다. 이들은 한족의 국가와 사회에 누차 침입했고 그리하여 그 빠뜨릴 수 없는 구성요소의 하나가 되었다. **간단히 말해서 우리는 내륙 아시아인들이 중국 역사에 결정적인 부분이었다고 하는 그런 넓은 시야를 가져야 한다.**

라고 했다(굵은 부분은 나의 강조). 1992년에 발간된 이 책은 페어뱅크의 유작으로 중국사 개설서에서 표준적인 위치를 점하고 있다. 그런데 이 책은 서문은 저렇게 썼지만 본문은 철저히 한족 위주로 서술되어 있다. 600페이지가 넘는 이 책에서도 이민족들은 실제 역사적 위상과는 거리가 멀게 '신스틸러' 수준으로 다루어지

고 있으며, 그것은 이 책뿐 아니라 거의 모든 중국사 책이 그렇다고 해도 과언이 아니다. 따라서 나는 그냥 말뿐이 아닌, 과거 이민족들의 위상을 제대로 반영한 동양사를 쓰고 싶었다. 물론 이는 이민족들의 위상을 되찾아주겠다는 무슨 사명감 같은 것과는 무관하며 오로지 동양사의 실체적 진실에 다가가기 위함일 뿐이다.*

 * E. H. 카는 『역사란 무엇인가』에서 "역사가의 역할은 과거를 사랑하는 것도 아니고 과거에서 그를 해방시키는 것도 아니다. 현재를 이해하는 열쇠로서 과거를 이해하고 다루는 것이다."라고 했다. 나 또한 그 말에 전적으로 동감하며 그러한 자세로 이 책을 썼다.

　이민족 역사에 대한 지식과 이해 부족으로 인해 제대로 파악하지 못하는 한국사의 대표적인 사례로 나당전쟁과 신라의 삼국통일을 들 수 있다. 과거 역사에서 가장 아쉬워하는 부분이 중국인들에게는 정화의 대원정이라면 한국인들에게는 신라의 삼국통일이라고 할 수 있다. 신라가 삼국을 통일해서 고구려 땅을 잃은 것이 '천추의 한'이라는 것이다. 나당연합군은 백제와 고구려를 차례로 멸망시켰으나 신라와 당은 나당전쟁(670~676년)에 돌입했다. 그런데 놀랍게도 신라는 당군을 몰아냈다. 백제조차 혼자서 처치하지 못하던 신라가 당시 동아시아 대제국으로 전성기를 구가하던 당을 어떻게 물리칠 수 있었을까?(역으로 고구려도 무너뜨린 당이 어째서 신라는 못 이겼을까?) 그렇다면 당을 물리칠 정도였던 신라가 고구려 땅은 왜 회복하지 않았을까? 지금은 중국 영토로 편입되었고 달라이 라마가 인도에서 망명 정부를 이끌고 있는 티베트. 티베트인들은 춥고 건조한 초원에서 가축을 기르며 그 산물로 옷을 지어 입고 음식을 만들었으며 집을 짓고 살았다(목축 지역과 농경 지역에서 거주하는 티베트인들의 생활 습속에는 약간 차이가 있었다). 유목과 고원은 밀접한 관계가 있는데 티베트고원과 몽골고원 등은 유목민들의 고향이다.* 우리가 고구려를 그리워하듯 티베트인들에게도 그들 '마음 속의 고구려'가 있는데 토파(土波)라고도 불리는 토번(吐蕃)이 바로 그것이다(티베트를 한자로 음역한 것이 토파와 토번인데 둘은 같은 발음이다).

    * 유목 민족 중에는 여름에는 고지대로, 겨울에는 저지대로 가축들과 함께 이동하는 사람들이 있다. 그들은 주로 산이나 고원 지대에 거주하는데 다른 유목민들이 수평 이동을 하는데 비해 수직 이동을 하는 셈이다.

    토번 왕조가 언제 시작되었고 그 원류는 어디에서 왔는가에 대한 확실한 정보는 없다. 다만 기원후 4세기경에는 이미 토번의 선조라고 할 만 한 정치 집단이 등장해서 천천히 중앙 티베트에서 영향력을 확대했던 것으로 보인다. 그런 티베트에 불세출의 영웅 송첸 감포(?~650년)가 불과 13세의 나이로 위대한 역사의 서막을 열었다. 633년 송첸 감포는 스키타이 계열의 유목민을 평정하고 티베트 일대를 통일한 후 토번 왕국을 건설했다. 당나라는 토번의 상승세가 심상치 않음을 느끼고 641년에 문성공주를 토번으로 시집보냈다(원래 문성공주는 송첸의 아들과 결혼했으나 그가 낙마사고로 사망하자 시아버지인 송첸과 재혼했다). 송첸이 살아있는 동안 당과 토번 사이는 우호적인 편이었다. 그러나 송첸 사후 양국 관계는 파탄이 났다. 당시 토번의 국력은 절정에 달했는데 669년 토번이 안서4진을 공격해 함락시키면서 양국은 마침내 완전히 적대적으로 변하게 된 것이다.* 669년 당 고종은 설인귀를 총사령관으로 임명하고 토번을 공격하게 했다. 토번의 장군 가르친릉은 토번군을 이끌고 설인귀가 지휘한 10만 명의 당나라-토욕혼 연합군을 청해호 남쪽 대비천에서 대파했다(가르친릉은 84전 84승을 거둔 토번의 전설적인 명장이다). 가르친릉은 설인귀를 비롯한 장수들을 포로로 잡은 뒤 훈계하고 당나라로 돌려보냈다. 지난날 위풍당당했던 설인귀는 족쇄가 채워진 채 장안으로 압송되어 서인(庶人, 관직과 작위가 없는 자)으로 강등되었다.

* 안서4진(安西四鎮)은 타림 분지에 있던 땅(카라샤르, 쿠차, 호탄, 카쉬가르)으로, '안서'란 "서쪽을 평정하여 안정시켰다."라는 뜻이다.

   당과 토번이 싸운 대비천 전투는 한과 흉노가 싸운 평성 전투와 함께 동양사의 흐름을 결정적으로 바꾸어놓은 역사적 계기 중 하나로 평가된다. 대비천 전투의 패배로 당나라 위상은 크게 실추되었다. 가르친링은 여세를 몰아 670년에 당나라가 장악하고 있던 서역을 공격했다. 그 결과 당나라 안서도호부의 주요 도시들이 토번 영토가 되어 서역은 토번의 지배하에 들어갔다. 정복 활동은 계속되었고 왕국의 힘은 더욱 확대되어 토번은 실크로드를 장악한 거대 국가로 발돋움 했다. 그런 토번에게 당나라는 매년 비단 5만 필을 조공으로 보내고 있었다. 그런데 당이 안녹산의 난 때문에 조공을 보내지 않자 763년에 토번은 군대 20만 명을 몰고 당나라로 쳐들어갔다. 토번군은 당군과 수차례에 걸쳐 정면 대결을 시도해서 승리를 거두어 수도 장안을 점령했고 당나라 황제는 섬주로 피신했다(토번군은 장안을 보름간 점령했다가 후퇴했는데 이때 장안을 수복시켜준 것이 당의 구원자인 위구르였다). 당시 토번은 지금의 티베트처럼 유약한 나라가 아니었다. 토번은 너무나 공격적이고 포악하기로 유명했다. 그런 토번은 당나라로부터 불교를 받아들인 후 군사력이 약해졌고 지금에 와서는 정신적으로 충만한 티베트가 되었다.*

* 훗날 청나라는 토번을 세 부분으로 나누었고 이 지역에서 생활하는 토번 사람들을 '장족(藏族, 짱족)'이라 칭했다.

나당전쟁은 당나라의 야욕 때문에 벌어진 것이었다. 원래 신라와 당은 백제 땅은 신라가, 고구려 땅은 당이 차지하기로 약속했다. 그러나 당시 동아시아의 대제국을 건설하며 '잘나가던' 당이 신라까지 지배하에 두려는 과욕을 부려서 나당전쟁이 발발했던 것이다. 그런데 나당전쟁이 한창일 때 서쪽에서 토번이 일어났고 그 수준은 신라의 저항이 '애교'일 정도였다. 토번의 부상은 서쪽 교역로에 대한 우위를 차지해야 하는 당나라에게 무엇보다 중요했다. 그래서 결국 당나라는 신라와의 전쟁은 포기하고 토번에 집중하기로 한 것이었다. 동쪽에서 당나라의 본래 목표는 고구려 멸망이었다. 그런 당은 동쪽에서의 본래 목표는 달성했으니 이제 서쪽으로 향했던 것이다. 659년 토번은 당나라의 지원을 받고 있던 토욕혼을 공격했고 당군도 치명타를 입었다. 그때 토번과의 전쟁을 지휘한 당나라 장군이 소정방이었다. 소정방은 그 패배의 책임을 지고 동부전선인 한반도로 전격 전보되어 나당 연합군을 이끌고 백제를 멸망시켰다(소정방은 고구려가 멸망할 때까지 살지는 못했지만 평양성을 포위하기도 했다). 당나라는 패배를 만회하기 위해 670년 설인귀가 이끄는 군대 10만 명을 보냈고, 678년에도 18만 명을 투입했다. 그러나 당은 토번에 연이어 참패했다. 이로써 당나라의 서역 지배는 무너졌다. 설인귀는 대비천 전투(670년)에서 당한 대패의 책임을 추궁당해 관직이 박탈되고 서인으로 강등되었다. 이후 설인귀가 간신히 용서를 받고 참전한 것이 나당전쟁(670~676년)이었다. 즉 당나라는 소정방과 설인귀에게 패배의 책임을 물었는데 그 방식은 더 중요한 서부전선에서 덜 중요한 동부전선으로의 좌천이었던 것이다.

토번은 수도 장안에서 더 가까웠기 때문에 당나라로서는 신라와의 전쟁보다 토번과의 전쟁이 훨씬 위중했다. 실제로 당나라는 676년 토번의 공격으로 당의 내지(內地)가 직접적인 위협에 노출되었다. 신라는 자신의 안전을 위한 수동적인 전쟁이었고 토번처럼 당나라 패권에 도전할 의사나 능력이 없었다. 이에 당나라는 교착상태에 빠진 신라 전선을 포기하고 토번 전선에 주력하게 되었다. 나당전쟁이 당의 영토 확장을 위한 공세였다면 토번과의 전쟁은 당나라가 대대적으로 토번에 의해 공격당하는 위급상황이었다. 게다가 교역로 문제도 겹쳐있었기 때문에 당나라 입장에서는 경제적, 군사적으로 신라와 대립하는 한반도는 토번이 준동한 서역에 비해 전략적인 중요도가 크게 떨어졌다. 신라는 당나라 패권에 도전할 의사나 능력이 없는 수동적인 방어자세일 수밖에 없었다. 그것을 일찌감치 꿰뚫어본 당은 이후 신라와의 대립관계를 청산해서 이중 전선을 바로 하나로 축소시켜 토번과의 전쟁에 집중했던 것이다. 실제로 신라가 나당전쟁 이후 당나라 변방을 어지럽히는 일은 없었다. 이렇듯 당나라가 한반도에서 물러난 것은 전적으로 신라의 힘이 아닌 중앙유라시아의 사정 때문이었던 것이다. 만약 그때 토번이 일어나지 않았다면 한반도 전체가 당나라의 식민지가 되었을 가능성이 높다. 당시 신라의 국력으로 당나라를 이기는 것은 불가능에 가까웠기 때문이다.

한반도 '남쪽 나라'인 신라는 백제조차 혼자 처치하지 못하던 실정이었고 백제와 고구려 멸망 후 농경지대인 백제 땅에만 관심을 가졌다. 신라는 거란과 말갈 등 수렵과 (반)유목을 하는, 사나운 이민족들이 많은 고구려 땅은 욕심 낼 엄두조차 못 냈다. 당나라는 그런 신라가 백제 땅에 만족하고 고구려 땅은 탐내지 못할 것을 잘 알았기 때문에 신라와의 동부전선은 대충 마무리 짓고 토번과의 서부전선에 집중했던 것이다. 대비천 전투는 동양사의 '서브주연'이었던 이민족이 '조연'이었던 한반도에 결정적 영향을 미친, 그러나 잘 알려지지 않은 역사적 사건이라고 할 수 있다. 당나라와 토번은 669년부터 699년까지 30년간 전쟁을 벌였다. 그 동안 큰 전투는 5번 있었는데 그 중 4번은 토번의 대승이었다. 그렇게 당나라는 30년 동안 서쪽에서 토번과 전쟁을 하느라 동쪽에 집중할 수 없었다. 그랬기에 신라가 백제 땅을 차지할 수 있었고 698년에 대조영이 발해를 건국할 수 있었던 것이다. 고구려 정복 전쟁을 추진하다가 수나라는 멸망했고 당나라는 신라와 손잡고 겨우 성공시켰다. 그런 당나라에게 '제2의 고구려'를 꿈꾸며 옛 고구려 땅에 등장한 발해는 '악몽'일 수 있었다. 발해 건국은 당나라로서는 서쪽 토번과의 전쟁 때문에 동쪽에 집중하지 못해서 발생한, 어쩔 수 없는 사건이었다. 그런 발해와 당나라 사이에는 몇 차례 충돌은 있었지만 고구려 정복 전쟁과 같은 큰 사건은 없었다. 토번과의 전쟁, 안록산의 난 등으로 인해 쇠약해진 당나라는 발해를 고구려처럼 할 수 없었던 것이다. 그렇게 당의 쇠락으로 '해동성국'이라고까지 불리며 200년 넘게 존속한 발해는 926년에 떠오르는 이민족 국가인 거란의 요에게 멸망했다. 티베트는 우리와는 별 관계없는, 마치 남미나 북유럽처럼 먼 나라로 느껴진다. 그러나 우리와 별 관계없어 보이는 이민족 티베트가 어쩌면 한반도 역사에 결정적인 영향을 미쳐서 현재의 한국을 만들었는지도 모른다.* 그만큼 이민족들은 '서브주연'으로서 동양사에 알게 모르게, 크고 작은 영향을 미쳤던 것이다.[1]

* 660년에 신라와 연합해서 백제를 멸망시킨 당나라는 백제 땅을 지배하기 위해 곧바로 5도독부를 만들었다. 이 다섯 개의 도독부는 웅진도독부로 통합되어 나당전쟁이 끝나는 676년까지 존속했다. 당시 토번이 아니었다면 신라는 당나라에 복속되었을 것이다. 그러면 한반도 전체가 중국 영토가 되어 현재 우리는 55개에 달하는 중국의 소수 민족 중 하나로 존재하고 있을지도 모른다.

1) 과거 학계에서 나당전쟁을 바라보는 시각은 한반도에 국한되었으며 자주적인 승리를 강조하는 민족주의 성향이 짙었다. 그리고 그것은 세계사의 흐름을 통해 이해하는 근래 역사관으로 볼 때 한계가 명백하다는 비판에 직면하게 되었다. 그러한 한계에서 벗어나고자 하는 움직임이 바로 세계사의 흐름을 통해 배경 이해를 강조하는 시각이다. 과거 나당전쟁 관련 교육은 당나라 행보에 결정적 영향을 미친 토번에 대한 접근과 이해가 전무하다시피 했다. 그러나 당나라가 토번과 긴 세월을 두고 대립하면서 군사적 전략과 역량을 서쪽 토번을 향해 집중한 것은 명백한 역사적 사실이다. 외국 학계는 대체로 고구려 멸망 후 신라가 백제 고지를 점령하자 당이 신라를 정벌하면서 나당전쟁이 시작되었고 토번의 발호로 인해 당이 신라를 방기해서 전쟁이 종결되었다는 소위 '한반도 방기론'의 입장이다.

당나라의 강력한 라이벌이었으며, 어쩌면 한반도의 운명을 바꾸어놓은 토번(700년경).

침투왕조와 정복왕조 그리고 호한체제론

컬럼비아대학 중국연구소장을 지낸 비트포겔(혹은 위트포겔, Karl A. Wittfogel, 1896~1988년)은 미국에서 활동한 독일 출신 학자였다. 그는 동양사에서 10세기 이후 크게 달라진 이민족 국가의 성격을 나타내기 위해 '정복 왕조'라는 용어를 만들었다. 그에 의하면 정복 왕조는 중화제국 역사상 전형적인 중국 왕조 외에 이들과 항쟁하면서 군사적 우위를 바탕으로 중국을 정복하고 지배한 이민족 왕조들(요, 금, 원, 청)을 가리킨다. 한족의 송나라를 남중국으로 밀어내고 북중국을 지배한 거란의 요나 여진의 금은 이전의 이민족 국가들과는 달랐다. 이전의 이민족 국가들은 힘이 강성해지면 중국을 침략하고 약탈하는 데 그쳤다. 그런데 요와 금은 아예 황하 이북을 지배하면서 중국 대륙을 '공동 명의'로 하자고 나섰고 나아가 원과 청은 '단독 명의'로 했던 것이다. 비트포겔은 이들을 정복 왕조라고 명명했다. 916년 야율아보기가 거란 부족을 통일하고 북중국에 요나라를 건설함으로써 소위 정복 왕조시대가 개막되었다. 정복 왕조의 성립은 중앙유라시아사에 있어 유목 국가로 대표되는 고대에서 정복 국가로 대표되는 중세로 이행했다는 데 큰 의미를 갖는다. 이와 아울러 비트포겔은 한족이 아니면서 중국 일부를 정복하고 지배했던 5호16국시대의 5호 국가들과 남북조시대의 북위를 정복 왕조와 구별했다. 비트포겔은 5호와 북위는 일시적인 정복이 아니라 오랜 기간에 걸쳐 서서히 북중국으로 내려와 살다가 그곳에서 국가를 건설했기 때문에 요, 금, 원, 청과 같은 '정복 왕조'와 구별해서 '침투 왕조'(혹은 '잠입 왕조')라고 명명했다. 그래서 흔히 이전의 이민족 국가들을 침투 왕조라고 부르고 요나라 이후의 이민족 국가들을 정복 왕조라고 부른다.

정복 왕조와 침투 왕조라는 용어에도 문제는 있다. 한족 국가들을 기준으로 중국 역사를 본다는 점, 남북조시대 북중국에 자리 잡았던 북방 민족 계열의 국가들을 침투 왕조로 격하했다는 점 등이 그것이다. 이러한 비트포겔의 이론은 호한체제론이라는 이론에 도전을 받고 해체 국면에 들어갔다. 한국 사학계가 주장한 이론 중 드물게 세계적으로 인정받는 것이 바로 '호한체제론'(胡漢體制論, Sino-Barbarian Synthesis)이다. 호한체제론은 서울대 동양사학과 명예교수인 박한제가 주장했는데 그가 1988년에 발간한 『중국 중세 호한체제 연구』는 중국 중세사의 바이블로 취급된다.* 현대 이전의 중화사상에 기반한 중국사 정통론은 간단히 말해 "한족이 중국사의 정통이고 중국 역사는 정통성을 가진 통일 제국들의 연속으로 이루어져 있다."라는 것을 전제로 하고 있다. 따라서 중국의 혼란기를 틈타 성립된 이민족 왕조, 대표적으로 5호16국 시대의 침투왕조들은 "한화되어 그 정체성을 상실함으로써 중국사에 흡수되었다."라는 것이 중국사 정통론의 관점이다

(이러한 시각은 한족을 중심으로 하기 때문에 북방 민족의 지배를 이민족의 '침략'으로 보고 한족이 북중국에서 남중국으로 이주하는 것을 한족의 '발전'으로 본다). 반면 호한체제론은 중국의 역사와 정체성은 수많은 이민족들과의 융합을 통해 탄생했지 어느 한쪽이 정통이라서 나머지를 흡수한 것은 아니라는 관점이다. "하나의 통일 왕조가 무너지면 그 정통성을 이어받은 새로운 통일 왕조가 뒤를 잇는다."라는 유교적 정통론은 당대인들의 관념일 뿐 역사적 사실에 정확히 부합하는 설명이라고 보기 어렵다는 것이다. 즉 호한체제론은 한족이 이민족들을 흡수하며 발전했다는 이른바 한화론(漢化論)과는 배치되는 이론이다.

＊다만 이 학설이 주도설의 위치는 점하지 못하고 있다. 호한체제론에 대해서는 국내에 10여 명의 박사-교수급 학자들이 연구에 매진하고 있다.

구체적으로 호한체제론은 후한 말 이후 북방 이민족들〔胡族〕이 중원 지역으로 이동하면서 오랜 기간에 걸쳐 중국인들〔漢族〕과 충돌·융합했고 정치·경제·사회·문화 등 모든 방면에서 북방의 유목적 요소와 중국의 농경적 요소가 서로 통합되어 새로운 체제가 형성되었다는 이론이다. 그리고 수와 당은 그 통합의 결과라는 것이다. 따라서 호한체제론은 후한 말부터 수·당 제국 시기까지 즉, 중국 중세 시대에 한족과 이민족과의 관계를 설명하는 데에는 적합하다. 그런데 지금까지 본 것처럼 이민족들은 중국 중세 시대에만 활약한 것이 아니었다. 주나라를 멸망시키고 춘추전국을 연 견융부터 시작해서 한나라를 사실상 속국으로 만든 흉노, 수와 당이 칭신했던 돌궐, 당나라를 구원한 위구르 등은 중세 이전에 활약한 이민족들이다. 또한 중세 이후에는 중국 대륙을 '공동 명의'로 한 거란족과 여진족 그리고 '단독 명의'로 한 몽골족과 만주족이 있었다. 아쉽게도 호한체제론은 이들을 모두 포괄하지는 못하는 이론인 것이다.

대중국과 소중국 그리고 「조커」

현재의 중국은 영토가 약 1,000만㎢에 이르는 초대형 제국이다. '지대물박(地大物博)'이라는 표현이 있듯이 중국은 옛날부터 큰 나라였다. 그러나 역사를 돌이켜 보면 중국이 항상 그렇게 큰 나라였던 것은 아니었다. 예를 들어 최초로 중국을 통일한 진나라나 그 뒤를 이은 한나라의 영토는 현재 중국의 절반 정도였다. 현재의 중국이 이처럼 넓은 땅을 갖게 된 것은 청나라 영토를 거의 대부분 물려받았기 때문이다. 중화인민공화국은 청이 지배했던 영토 가운데 외몽골, 즉 현재의 몽골 국을 제외한 나머지를 거의 모두 차지하고 있다(1924년에 외몽골에 성립된 몽골인민공화국은 1991년에 국명에서 '인민공화국'을 삭제했다). 청나라가 들어서기 전에 중국을 통치했던 명나라는 어땠을까? 명나라는 내외몽골은 물론 티베트, 신강, 만주 등 외곽지역이 아닌 오로지 '원래의 중국(Proper China)'만을 지배했다(신강 지역은 영국, 프랑스, 독일뿐 아니라 오스트리아, 스위스, 네덜란드, 벨기에까지 몽땅 집어넣고도 남는다). 과거 한나라와 비교할 때 명나라는 남쪽 광동이나 운남 방면이 더 추가되었을 뿐 큰 차이는 없는 것이다. 그렇다면 명나라 이전에는 어땠을까? 명나라 이전에 중국을 지배했던 원나라 영토는 현재 신강 일부 지역을 제외하고는 청나라와 비슷했다. 이런 식으로 중국 역사를 소급하면서 왕조들의 규모를 비교해 보면 흥미로운 점을 발견할 수 있다. 그것은 중국을 통치했던 왕조들이 규모가 커지고 작아지고를 반복했다는 사실이다. 최근 일부 학자들이 이런 현상에 주목해서 그러한 역사적 국면의 차이를 '대중국'과 '소중국'이라는 이름으로 부르고 있다.

'대·소' 중국의 변화는 중국의 북방과 서방에서 영역이 어떻게 변동되느냐에 따라 결정지어졌다. 한나라는 그 영역 한계선으로 북쪽은 만리장성 주변, 서쪽은 하서회랑이었을 뿐 오늘날 신강 지역에 대한 항구적 지배는 못했다. 이에 비해 당나라 영토는 북방과 서방으로 크게 확장되었다. 즉 '소중국'에서 '대중국'으로 바뀐 것이다.* '소중국'(한족 왕조)→분열시대→'대중국'(이민족 또는 혼혈 왕조)이라는 패턴은 당나라 붕괴 이후에 다시 되풀이 되었다. 송나라는 조광윤이 세운 한족 왕조였고 한나라와 마찬가지로 '소중국'이었다. '서하—요(나중에는 금)—송'의 삼국 정립 시대는 13세기 몽골에 의해 마감되었다. 이로써 중국사는 다시 한 번 '소중국'→분열시대→'대중국'이라는 패턴을 이어갔다. 몽골의 원나라가 붕괴된 뒤 한족이 세운 명나라는 '소중국'으로 회귀했고 명에 이어 중국을 차지한 만주족의 청은 다시 '대중국'을 복원했다. 이처럼 중국사의 전개 과정을 '대중국'과 '소중국'의 교체적 반복·순환 과정으로 파악하는 것은 흥미로울 뿐 아니라 "중국은 대국"이라는 막연한 인상을 바로잡는 효과도 있다. 그러나 '대중국', '소중국'은 철저하게 이민족을 중국사의 일부로 취급하는, 중국 위주의 용어라고 할 수 있다. 다시 말해 정복 왕조·침투왕조, 호한체제론, 대중국·소중국 등은 모두 중국을 중심으로 한, 이민족들을 중국사에 '욱여넣는' 이론들이라고 할 수 있는 것이다. 앞서 봤듯이 이민족들은 몽골족의 원과 만주족의 청처럼 중국 본토에서 중국사의 일부가 된 적도 있었지만 중국 안팎에서 자신들의 공동체와 역사를 만들고 동양사에 중대한 영향을 미쳤다(원과 청을 중국 왕조로 이해하는 것이 과연 타당한가에 대한 논의도 활발하다).

* 당나라의 이러한 거대함은 왕조 초기, 즉 태종과 고종 때에만 국한된 것이기 때문에 우리가 막연하게 가지고 있는 거대한 당 제국의 이미지는 과장된 것이라는 견해도 있다.

중국 역사를 따라가다 보면 중앙유라시아에 이르는 곳까지 교역하고 국제적인 문화가 꽃을 피웠던 시기가 있었다. 예를 들어 중앙아시아까지 진출하고 교류도 활발했던 당, 세계 최대의 제국으로 여겨지는 몽골 제국(원), 중국 최후의 전성기 청 등 번영의 시기는 마땅히 동양 아니 세계 대제국으로 불릴 만하다. 그러나 이들은 모두 한족이 아닌 이민족들이 세운 왕조였다. 한족 중심주의가 아니라 이민족에 의한 국제주의로 통치된 시대야말로 중국이 가장 번성한 시기였던 것이다. 견융과 흉노 등은 '신스틸러'였고 이후 돌궐, 위구르 등은 '조연'이었다. 중국 대륙을 '공동 명의'로 한 거란과 여진은 '공동 주연'이었고 나아가 중국 대륙을 '단독 명의'로 한 몽골족과 만주족은 '메인 주연'이었다. 그리고 거시적 차원으로 보자면 이민족은 동양사에서 '서브 주연'이었다고 할 수 있다. 서브 주연은 주연의 유형 중 하나로 주인공 다음으로 비중이 높은 주연을 말한다. 주인공과 비등비등한 비중을 자랑할 경우 서브 주연은 실질적으로 또 하나의 주인공으로도 간주되며 악당 역할을 맡는 경우가 많다.

그런 면에서 보자면 이민족은 그야말로 동양사의 완벽한 '서브주연'이라고 할 수 있다. 나는 이 비유가 한족과 이민족이 함께 만든 중국사 나아가 동양사를 가장 잘 설명한다고 생각한다. 물론 새 용어와 이론을 만들어 내면, 잘 하면 학계에 이름을 남길 수도 있을 것이다. 그럼에도 그렇게 하지 않은 것은 이 책이 일반인을 대상으로 한 것이기 때문이다.* 이민족들은 동양사에서 '오랑캐'라 불리며 주로 '악당' 역할을 했다. 그런 면에서 그들은 '서브주연'의 실제 버전인 셈이다. 배트맨이 메인주연인 영화 「배트맨」 시리즈에서 서브주연인 조커는 악당이다. 그런데 2019년에 개봉한 영화 「조커」는 이전 작품들에서는 언제나 완성된 악당이자 배트맨 최대의 숙적으로만 그려지던 조커가 어떻게 탄생하게 되었는가에 집중했다. 서브주연인 조커가 메인주연이 되어 어떻게 악당이 되었는가를 잘 보여준 영화 「조커」는 미국 아카데미와 골든 글로브, 영국 영화텔레비전예술아카데미에서 '남우주연상'을 수상하는 기염을 토했다. 그런 면에서 이 책은 영화 「조커」와 같은 의미가 있다고도 할 수 있다.

*여담이지만 좋은 책에 대한 정의는 사람마다 다를 수 있겠으나 나는 내용은 깊이가 있거나 신선한데 문장이 좋아서 술술 읽히는 책이 좋은 책이라고 생각한다(전공자가 아닌 일반인을 대상으로 한 책을 전제로). 따라서 이 책은 시종일관 문어체와 구어체를 넘나드는 문체를 견지했다.

역사의 쓸모

이로써 기나긴 동양사의 여정이 끝났다. 그렇다면 역사 전공자가 아닌 사람들에게 지적 만족 외에 이 긴 여정이 무슨 쓸모가 있을까? 역사를 단순히 전공자들의 영역이나 화석화된 지식 탐구가 아닌, 과거와 현재 그리고 미래를 연결하는 도구로서 거시적으로 보고자 하는 나의 견해를 밝히자면 이렇다. 21세기 들어 글로벌 이슈 중 단연 최고는 중국의 부상과 '미국 vs 중국'이라고 할 수 있다. 현재 G2라 불리는 미국과 중국. 과연 중국이 미국을 제치고 세계 유일의 초강대국이 될 수 있을까?* 그리고 그것은 어느 분야를 통해 알 수 있을까? 국제정치학이나 경제학? 아니면 미래학? 바로 역사학이라고 할 수 있다. 이를 위해서는 먼저 자본주의에 대한 이해가 필요하다. 자본주의란 무엇일까? 복잡하게 이론적으로 논할 수도 있겠지만 우리가 일상적으로 수행하는 자본주의적 활동을 연상하면 쉽다. 물건을 싸게 만들어서 비싸게 파는 것, 물건을 싼 곳에서 사서 비싼 곳에 가져다 파는 것이 먼저 떠오를 것이다. 전자는 산업 자본주의이고 후자는 상업 자본주의인데 직종으로 말하면 전자는 제조업이고 후자는 유통업이다. 그리고 그러한 시스템이 전 사회적으로 작동하는 것이 곧 자본주의 사회이다. 그런데 틀린 것은 아니지만 이것만으로는 무언가 부족하고 완전히 납득되지는 않을 것이다. 산업 자본주의와 상업 자본주의가 자본주의의 알파와 오메가라면 역사적인 자본주의를 정의할 수 없기 때문이다. 물건을 싸게 만들어 비싸게 파는 것, 물건을 싼 곳에서 사서 비싼 곳에 가져다 파는 것은 자본주의 시대에만 있었던 경제 행위가 아니다. 그것은 인류 문명의 역사만큼이나 오래된 관행이다. 근대 이전에도 대장장이가 도끼를 만들어 팔 때 이윤이 있었고 소금 장수가 염전에서 소금을 가져다 도시에 팔 때 마진이 있었다. 그러나 그런 시대를 자본주의라고 부르지는 않는다. 그렇다면 자본주의만의 특성을 다시 따져볼 필요가 있다. 상품 제조와 유통은 자본주의의 현상일 뿐 자본주의의 본질은 아니기 때문이다.

＊중국 이전에는 소련이 미국과 양강 구도를 형성했다. 소련 해체 이후 러시아가 소련을 계승했지만 이제 러시아는 미국의 골칫거리가 될지언정 위협은 되지 않는다. 특히 경제에서 그런데 국내 총생산(GDP) 순위에서 러시아는 우리나라보다 뒤에 있다(2020년 현재 미국과 중국이 1, 2위이고 한국과 러시아가 10, 11위).

그렇다면 자본주의의 핵심은 무엇일까? 바로 금융이다. 금융이 싹튼 것은 자본주의가 본격적으로 도래하기 수백 년 전인 15세기였다. 이 시기에 이베리아는 역사적 전환점을 맞고 있었다. 이베리아 반도는 스페인과 포르투갈이 있는 지역으로 8세기부터 이슬람의 지배를 받았다. 지금의 프랑스 서부에서 프랑크족이 차단한 덕분에 서유럽은 방어를 했지만 이베리아 반도는 15세기까지 이슬람 문명권이었다. 800년 동안이나 레콘키스타를 벌인 끝에 이베리아 반도는 1492년 봄 아랍 세력을 아프리카로 완전히 몰아내는 데 성공했다. 수백 년 동안 이교도의 지배를 받다가 그리스도교의 막내로 간신히 편입한 이베리아 반도는 서유럽 국가들에 비해 한참 뒤졌다고 판단해서 역전을 위한 승부수를 띄웠다. 포르투갈이 먼저 치고 나갔다. 레콘키스타가 아직 완료되지 않은 15세기 초에 포르투갈 왕자 엔리케는 사재를 털어 아프리카 서해안을 남하하는 항로 개발에 주력했다. 동방 무역을 겨냥한 포석이었던 것이다. 그런데 고대부터 유럽과 아프리카 문명의 고속도로나 다름없던 지중해라는 좋은 뱃길을 두고 굳이 왜 그랬을까? 당시 지중해를 통한 동방 무역은 북이탈리아 도시들이 장악하고 있었다. 아랍 대상(隊商)들이 인도와 인도네시아의 향료, 중국의 비단과 도자기를 시리아 연안까지 육로로 실어오면 북이탈리아 도시들이 선박으로 서유럽에 전하는 방식이었다(여기서 얻은 부를 기반으로 북이탈리아의 자치 도시들은 르네상스를 꽃피웠다). 이 알짜배기 지중해 비즈니스에 포르투갈과 스페인은 명함을 내밀 수 없었던 것이다. 엔리케는 아프리카 서단 베르데 곶과 대서양 항해 기점인 아조레스 제도를 개척해 신항로 개발의 토대를 닦았다. 포르투갈은 1488년 아프리카 남단 희망봉을 발견했고 10년 뒤 드디어 아프리카를 돌아 인도로 가는 데 성공했다. 비록 지중해 무역에 비해 시간이 더 걸리기는 했지만 이제 이탈리아의 무역 독점은 포르투갈이라는 신예에 의해 무너졌다.

벤처의 원조인 대항해

동방 문물 가운데 가장 막대한 이득을 가져다주는 것은 향료였다. 오늘날에는 향료라고 하면 양념을 생각하겠지만 당시 향료는 고가의 필수품이었다. 지금도 그렇지만 당시 유럽인들은 고기를 주로 먹었는데 고기는 쉽게 상하고 노린내가 나기 마련이다. 향료는 고기 비린내를 없애고 입맛을 돋아 주었으며 살균 작용도 해서 고기를 오래 보관할 수 있게 해주었다. 또한 와인을 비롯한 각종 술을 빚는 데에도 향료가 반드시 필요했다. 그래서 향료 무역은 배 여섯 척을 보내 다섯 척이 난파하고 한 척만 돌아와도 떼돈을 벌었다. 기원전 2,000년경 아라비아 상인들이 향료로 돈을 벌었다는 기록이 있을 정도로 향료 무역은 오래 되고 수익성이 좋았다. 당시 향료가 얼마나 귀중했는지 잘 보여주는 사례가 있다. 그때는 향료를 약국에서 팔았다. 그런데 향료를 파는 약국은 한 여름에도 창문을 열지 않았다. 향료의 무게를 재다가 갑자기 바람이라도 불어서 가루가 날아가 버리는 큰일이었기 때문이다.* 그렇게 수익성이 좋았지만 신항로를 통한 향료 무역은 말 그대로 목숨을 거는 모험을 해야 하는 '벤처 사업'이었다. 그 무렵 해도를 보면 바다 곳곳에 괴물들이 그려진 모습을 볼 수 있는데 소용돌이나 암초가 있는 해역을 그렇게 묘사한 것이다. 그야말로 괴물이 나올 것 같은 미지의 바다였으니 항해를 출발하는 심정이 어땠을까? 오늘날 벤처는 목숨까지 걸지는 않지만 초창기 벤처는 실제로 목숨을 걸어야 했던 것이다. 그리고 바로 그 과정에서 자본주의의 맹아가 탄생했다. 향료 선단을 보내려면 최소한 배 세 척에 한 척당 선원 스무 명이 필요했다. 이들이 짧으면 6개월 길면 1년 이상을 바다에서 보내야 해서 들어가는 인건비와 보급품, 부대 비용 등이 만만치 않았다. 그러니 아무리 고수익이 예상되는 사업이라 해도 밑천이 많이 들기 때문에 함부로 꿈꿀 수 없었다. 엔리케 왕자나 왕족 같은 부호들은 자비를 들여 개인적으로 선단을 꾸렸다. 그런데 돈은 없고 도전 정신과 지식 등만 있는 사람들은 어떻게 향료 무역에 참여할 수 있었을까?

* 당시 향료는 금보다 비쌌다. 그렇게 비쌌기 때문에 유럽에서는 후추를 많이 뿌리는 것이 부의 상징으로 통하기도 했다.

그럴 경우 중소 상인들이나 지위가 낮은 귀족 등이 모여 돈을 모아 공동으로 투자를 했다. 이것이 오늘날 창업투자의 원조인 것이다. 그들은 서로 투자액을 모으고 투자한 몫만큼 증서를 발행했다. 노련한 선장을 고용하면 성공률이 높았지만 배당금은 적었고 신출내기 선장을 고용하면 성공률이 낮았지만 배당금은 많았다. 그러나 장거리 무역인 만큼 금세 수익이 발생하는 것이 아니었다. 이른바 자본의 회임 기간이 길기 때문에 여러 가지 변수가 생길 수 있었던 것이다. 예를 들어 원래는 왕복 1년이 걸리는데 표류하거나 엉뚱한 곳에 갔다 오는 바람에 3~4년이 걸린다든지 하는 경우가 있었다. 투자자는 투자한 선단이 돌아오기 전에 다른 일로 급전이 필요해질 수도 있었고 도중에 사망할 수도 있었다. 그럴 경우를 대비해서 투자 증서를 매매하거나 자식에게 상속시킬 수 있어야 했다. 여기서 증권이라는 제도가 생겨났다. 또한 워낙 위험성이 큰 사업이라는 점에서 다른 제도도 만들어졌다. 자칫 모르는 해역으로 빠져들거나 심한 풍랑이나 암초를 만나거나 하는 경우 선단이 몽땅 침몰해버릴 수 있었다. 처음에는 그런 사태가 발생하면 투자자들은 돈을 다 날릴 수밖에 없었다. 그러다가 그런 일이 되풀이되자 아이디어가 나왔다. 무역 선단이 출발하기 전에 일정한 금액을 내면 난파할 경우 투자금을 돌려주겠다는 사업, 즉 보험이 등장한 것이다.* 증권과 보험 같은 자본주의적 장치의 기원은 모두 거기에 있었다(은행도 마찬가지이다).

* 보험의 원조가 해상보험인 이유는 이렇게 대항해시대에 뿌리를 두고 있기 때문이다. 예전에는 15세기부터 유럽인들이 포교와 무역을 목적으로 전 세계에 진출하던 시대를 '지리상 발견'이라고 불렀는데 '발견'이란 유럽 중심적 시각이므로 지금은 '대항해시대'라고 부르는 경우가 많다.

모험이라는 뜻에서 나왔듯이 벤처기업이란 고도의 전문 능력과 창조적 재능, 기업가 정신을 살려 대기업에서는 착수하기 힘든 특수한 분야에 도전하는 연구개발형 신규기업을 말한다. 하지만 '벤처'라는 말의 의미에 더 충실을 기한다면 벤처기업은 투자에 대한 이익이 불확실한 상황에서 모험심과 결단력, 기동력을 바탕으로 새로운 분야에 뛰어드는 모든 기업을 지칭하는 것으로 볼 수 있다. 그런데 벤처기업이라고 해서 반드시 현대의 기업만 있는 것은 아니다. 역사 속에서도 그런 모델을 찾아볼 수 있다. 모험이 필요한 시대, 미지의 세계가 남아 있는 시대에는 언제나 벤처 정신이 있었다. 모험을 두려워하지 않는 정신이 아니었다면 대항해시대의 문을 여는 일은 불가능했을 것이다. 아무도 가보지 못한 곳, 아무도 하지 못한 일이었기에 그것은 완벽한 벤처였다. 단지 두려움을 극복하는 차원이 아니었다. 그 시대에 미지의 세계를 찾아 뱃길을 떠날 때는 목숨을 건다는 말이 오늘날처럼 각오를 다지는 수식어가 아니라 말 그대로 의미였던 것이다. 실제로 무수히 많은 선원과 모험가들이 돌아오지 못하고 목숨을 잃었다. 15세기의 장비와 항해술로 유럽에서 아프리카 남단을 돌아 인도로 간다는 것은 정말로 목숨을 건 모험이었다. 항로를 개척하는 과정에서 수많은 선박들이 침몰하고 무수한 선원들이 목숨을 잃었으니 그야말로 명실상부한 '벤처'였다. 또 한 가지 중요한 것은 국가의 명령에 의해서가 아니라 사람들이 자발적으로 모험을 택했다는 진취성이다(그에 비해 장건부터 정화까지 중국에서는 모두 국가, 즉 황제의 명령에 의해 모험을 떠났다). 끝을 알지 못하는 바다를 항해하는 심정이 어떠했을까? 항로 개척을 통해 서양 문명이 얻은 최대의 성과는 향료 무역이나 신대륙 발견이 아니라 참된 벤처정신일 것이다.

궁정 환관이자 고위급 인사였던 정화는 훗날 유럽의 상인 모험가들을 자극했던 것과 같은 그런 동기들을 갖고 있지 못했다. 그의 권한과 지위는 그가 인도양을 순항하고 있을 때조차도 여전히 황제 손에 맡겨져 있었다. 정화는 유능한 지휘관이자 외교관이었으나 무역업자는 아니었다. 그의 원정대에서는 동인도 회사와 같이 식민지를 개척하거나 해외 정부를 수립할 수 있는 권한이 주어지지 않았다. 중국의 대원정은 중화사상과 정치적 목적의 합작품이었다. 반면 유럽의 대항해시대를 연 포르투갈과 스페인은 비록 국책으로 장려되기는 했지만 주로 민간 상인들이 일선에서 뛰었고 무역 활동이라는 경제적 목적이 강했다. 유럽에서는 경제적 이유로 출발했기 때문에 지속적으로 도전했고 1492년에는 아메리카 대륙까지 발견하게 된 것이다. 콜럼버스의 1차 항해는 함선 3척에 승무원 120명, 가장 큰 함선인 산타마리아호는 200~250톤으로 추정된다. 바스코 다 가마는 함선 4척에 승무원 170명이었으며 기함 산가브리엘호는 120톤 정도였다. 마젤란의 함대는 함선 5척과 승무원 265명이었다. 그런데 7차에 걸친 정화의 대원정 규모는 평균적으로 적재 중량이 2,100톤 이상 거대 함선 60척 이상과 승무원이 2,700명 이상이었을 것으로 추정된다. 정화의 함대가 이렇게 대규모로 구성된 이유는 대원정이 명나라의 위용을 바다 세계에 과시하고 조공을 요구하기 위한 의례적 목적이 강했기 때문이었다. 그러한 이유로 규모와 투자 면에서 중국과 유럽은 비교조차 안 되었지만 중국은 대항해시대도, 아메리카 대륙 발견도 이루지 못했던 것이다.

명나라와 비슷한 시기에 생겨났지만 유럽의 절대왕정 체제는 중국과 전혀 달랐다. 황제를 중심으로 한 절대 권력의 외양은 같았지만 그 전까지 중국에서는 강력한 중앙집권의 전통이 있었고 유럽에서는 중세 봉건주의의 역사가 있었다. 봉건주의를 거치면서 유럽에서는 민간 영역에서 이루어지는 상업이나 산업 등에 대해 정치권력이 관여하지 않는 전통이 자리 잡았다. 예를 들어 1694년에 잉글랜드 은행이 설립되었는데 국왕과 여왕이었던 윌리엄과 메리 부부는 자진해서 이 새로운 기업의 최초 주주가 되었다. 그러나 중국에서는 모든 것이 관의 지배하에 있었으며 민간 영역이란 애초에 없는 것과 마찬가지였다. 그에 비해 유럽 통치자들은 단지 자국 상인들과 그 거래처에 관심을 기울였을 뿐이었다. 그러한 경제적 관심이 마침내 유럽 국가들에 활기를 불어넣어 그들이 연안 무역 시스템을 장악하게 된 것이다. 마치 유목민들과 그들 기마대가 중앙유라시아 육지를 뒤덮었던 것처럼 유럽 해군과 상인들이 열린 바다를 뒤덮었다. 정화의 대원정이 전형적인 정부 주도의 전시적 행사였다면 유럽의 대항해는 민간 주도의 실속 있는 탐험이었다.*

중국은 자신을 세상에 알리기 위해 원정을 보냈지만 유럽은 세상을 알기 위해 원정을 떠났다. 그리고 그러한 진취성의 차이는 이후 동서양의 역사에서 중요한 결과를 낳았다. 서구의 경험에서 본다면 상업은 공업화가 시작될 수 있는 조건을 제공했다. 공업화는 과학, 기술, 교통, 통신, 사회적 변화 등 우리가 흔히 넓은 의미로 통틀어 부르는 발전이라는 것을 가져왔다. 중국에서는 적어도 서구의 그것과 같은 규모로는 이러한 발전이 나타나지 않았다.

＊ 남경의 용강 조선소는 크고 작은 선박을 수천 척이나 건조했다. 그러나 그에 따른 인력과 물자는 모두 민간에서 징발한 것이어서 백성들의 원성이 높았다. 이렇게 민간이 아닌 관 주도에다 경제적 목적이 아닌 정치적 목적에 의한 강제적인 사업이었기 때문에 중국의 대원정은 지속될 수 없었던 것이다.

우리나라에만 있는 중소벤처기업부

현대 자본주의 사회에서도 적절한 투자 아이템이 생기면 자본금을 조성하기 위해 투자자들을 모집한다. 기술과 아이디어는 있지만 자본이 부족할 경우 사업계획을 자원으로 삼아 투자하려는 금융기업이 나선다. 바로 창업투자회사이다. 대항해시대의 포르투갈과 스페인의 상인들은 자연스럽게 창업투자회사를 결성한 셈이었다. 동방 무역에서 누가 떼돈을 벌었다는 소문이 퍼지자 너도나도 벤처에 투자하려 들었다. 사업계획이 믿을 만하면 전주나 투자자들만이 아니라 항해에 직접 참가할 선장과 선원들도 자기가 받을 급료 일부를 미리 투자했다. 이것은 현대의 종업원 지주제 또는 스톡옵션에 해당한다. 콜럼버스도 자신의 탐험으로 발견되는 지역에서 거두게 될 수익의 10%를 취득하고 향후 무역에 1/8의 자본을 투자하는 권리를 보장받는 조건으로 항해를 떠났다. 모든 배경과 조건이 오늘날

벤처기업과 다를 바 없었던 것이다. 정부 보조금 같은 것은 없었다. 국가가 중대사를 독점하는 동양과는 달리 민간 부문이 발달한 서양에서는 정부도 투자자가 될지언정 사업의 독점적 주체는 되지 못했다.* 그야말로 정부를 포함해 누구도 보증할 수 없는 순전한 벤처였다. 만약 항해에 참여한 모든 선박이 침몰해 돌아오지 못할 경우 당연히 그 사업은 실패할 것이고 투자액은 모두 날아간다. 이렇듯 자본주의의 바탕에는 처음부터 벤처정신이 흘렀다. 시기적으로도 벤처기업은 현실의 자본주의에 앞서며 벤처정신은 자본주의를 낳는 원동력이었다. 거꾸로 말하면 벤처정신의 역사가 부재한 곳에 자본주의의 제도와 절차만 이식한다고 해서 자본주의가 제대로 구현되지는 않는다는 것이다. 그것은 신분 해방이나 반독재 투쟁 등의 역사가 없는 나라에 민주주의의 제도와 절차만 이식한다고 해서 민주주의가 제대로 작동하지 않는 것과 마찬가지라고 할 수 있다.

* 1577년 영국 여왕 엘리자베스는 심복처럼 거느렸던 프랜시스 드레이크가 세계 일주를 떠나겠다는 계획을 밝히자 허가하면서 배 한 척을 투자했다. 드레이크는 그 배를 기함으로 삼고 세계 일주를 떠나 3년 뒤 많은 노획물을 싣고 돌아왔다. 엘리자베스 여왕과 드레이크는 투자 관계로 묶였다. 투자라면 물론 계약을 뜻한다. 동양에서는 군주와 신하가 계약을 맺는다는 것은 상상도 할 수 없는 일이었다.

한국이 그랬듯 중국도 제조업 분야는 미국 등 서양을 따라잡았거나 심지어 앞서고 있다. 미국은 전통적인 제조업에서는 다른 나라들에게 열세를 면치 못하고 있다. 미국이 제조업 분야에서 다른 나라보다 뒤처진 것은 하루 이틀이 아니다. 미국인들조차 미국 자동차를 안 산 지 수 십년이 되었다.* 그런데 정작 중요한 것, 한국과 중국이 부족한 것은 제조업 기술이 아니라 벤처와 창업투자, 금융 등이라는 사실은 양식 있는 사람이라면 누구나 인정할 것이다. 앞서 봤듯이 벤처, 창업투자, 증권, 보험 등 자본주의의 기본적인 시스템은 서양에서 수백 년의 역사를 가지고 있다. 오랜 역사 못지않게 중요한 것은 지극히 자연스러운 과정을 거쳐서 발달했다는 점이다. 모든 제도가 정부의 명령이나 어느 개인의 치밀한 계획으로 고안된 것이 아니라 그때그때 필요에 따라 탄생하고 숙성되었던 것이다. 바로 그것이 오랜 왕조시대를 거치면서 늘 지배층의 의식적인 계획으로 국가 중대사가 결정되어온 동양 사회와 결정적으로 다른 점이다. 현재 우리나라에는 총 18개 정부 부처가 존재하는데 그 중에 중소벤처기업부라는 것이 있다. 중소벤처기업부 책임자는 법무부나 교육부 등 다른 18개 부처와 같이 장관이다(2017년 7월 시행된 「정부조직법 개정안」에 따라 중소기업청이 중소벤처기업부로 승격되었다). 정부조직법 제44조(중소벤처기업부)에는 "중소벤처기업부장관은 중소기업 정책의 기획·종합, 중소기업의 보호·육성, 창업·벤처기업의 지원, 대·중소기업 간 협력 및 소상공인에 대한 보호·지원에 관한 사무를 관장한다."라고 되어있다.[2) 중소벤처기업부는 18개 정부 부처 중에서 유일하게 명칭에 외래어(벤처)가 포함되어 있다. '벤처'를 그대로 정부 부처의 이름에 사용해야 할 정도로 우리에게는 '벤처'가 간절히 필요하다는 방증

---

2) 벤처기업은 보통 첨단기술과 아이디어로 무장해서 신(新)사업에 뛰어드는 기업들을 일컫는다. 대한민국 벤처기업협회에서는 벤처기업을 "개인 또는 소수의 창업인이 위험성은 크지만 성공할 경우 높은 기대수익이 예상되는 신기술과 아이디어를 독자적인 기반 위에서 사업화하려는 신생 중소기업"으로 정의하고 있다. '벤처기업'이라는 단어는 일본에서 만든 일본식 영어라서 치명적인 오류가 있다. 현지에서는 영어로 'Venture'라고 말하면 벤처캐피탈(Venture Capital Financing, VC)이라는 "신생기업에 전문적으로 투자를 하는 회사나 투자자"를 뜻한다. 예를 들어 "This is a venture company."는 성장할 회사를 찾아 투자하는 기업이라는 의미이며 한국에서 말하는 벤처와는 전혀 다른 뜻이다. 오해를 없애려면 신생 소기업은 '스타트업(star-up)'이라고 부르는 것이 좋다. 미국에서 통용되는 스타트업 기업의 의미는 소규모로 남들이 도전하지 않은 신생 분야에 도전해서 로켓처럼 수직상승하는 듯이 성장하는 것을 목표로 하는 회사이다. 마이크로소프트, 애플, 구글, 아마존닷컴, 페이스북, 우버같은 업체들이 바로 스타트업으로 시작한 기업들이다. 보통 부모님 집에 있는 창고나 차고에서 사업을 시작해서 실리콘 밸리 투자자를 만나 승승장구하는 것이 글로벌하게 성장하는 스타트업 기업들의 흔한 사례이다. 그러나 대체로 이렇게 성공하는 경우는 극히 드물며 여러 차례 실패하면서, 때로는 사업 아이템을 바꿔 가면서 계속 도전하는 경우가 많다.

일 것이다. 실패를 두려워하지 않는 실리콘 밸리를 부러워해서 정부에서는 그 비슷한 것들을 만들고 "도전 정신, 벤처 마인드를 가져라."라고 역설한다. 그러나 도전 정신, 벤처 마인드는 닦달해서 생기는 것이 아니다. 서양에서는 그러한 문화가 만들어지기까지 짧게는 수백 년, 길게는 수천 년이 걸렸다. 벤처의 원조인 향료 무역은 수백 년 전이고, 그러한 향료 무역이 가능하게 만든 상업 문화는 수천 전부터 생겨난 것이다.

* 디트로이트는 GM, 포드, 크라이슬러가 몰려 있어 오랫동안 세계 자동차공업의 중심도시였다. 그런 디트로이트는 1980년대 들어 일본과 한국의 자동차 공세에 밀린 미국자동차 산업의 쇠퇴로 쇠락하기 시작했다. 이 시기 미국의 불안감이 반영된 영화가 「로보캅」이다. 1987년에 개봉한 「로보캅」은 멀지 않은 미래와 자동차 도시인 디트로이트를 배경으로 했다.

고대 법대 VS 카이스트

2009년에 우리나라도 로스쿨(법학전문대학원) 제도를 도입해서 2017년을 마지막으로 소위 '사시'라고 부르던 사법고시(정확히는 사법시험)는 폐지되었다. 법학전문대학원을 설치한 대학들은 학부에서 법대(법학과)를 없애야 해서 이제 소위 명문대 법대는 사라지고 없다. 로스쿨을 도입하기 전 법대가 존재했던 때, 가상의 사례를 한 번 만들어보자. 친척 중에 고3이 둘 있는데 한 명은 문과이고 다른 한 명은 이과이다. 문과와 이과이기 때문에 비교는 힘들지만 둘 다 같은 고등학교에 다니며 자기 반에서 1등이라고 해 보자. 입시 결과 문과인 애는 고려대 법대에, 이과인 애는 카이스트(Korea Advanced Institute of Science and Technology, 한국과학기술원)에 진학했다. 이제 설날에 친척들이 모였다. 누구한테 관심이 집중될까? 아마도 대부분 고대 법대일 것이다. 보통 친척들은 고대 법대생에게 고시를 통해 가문의 영광을 기대하는데 비해 카이스트생을 보고는 '대기업이나 무슨 연구소 들어가겠네. 잘하면 교수 될테고.'라고 할 것이다(아마 속으로). 법률, 의학, 상업, 교회, 군대 등에서의 경력을 통해 높은 사회적 신분을 획득할 수 있었던 유럽과는 달리 중국과 한국에서는 관직만이 유일하게 중요한 직업이었고 모든 것이 관의 지배하에 있었다. 민간 부문이 발달하지 못했던 동양의 왕조 사회에서 출세의 지름길은 단연 과거 합격이었다. 과거에 합격하면 개인 뿐 아니라 가문이 권력과 명예를 누릴 수 있었던 것이다. 동양 사회는 정치적 지배가 곧 경제적 소유와 직결되었다. 이렇게 정치적 지향성이 강력했기 때문에 동양 사회에서 성공이란 공장을 세우거나 장사를 크게 하는 것이 아니라 과거를 통해 고관이 되어 정치권력을 장악하는 것이었다.[3]

따라서 현대판 과거시험인 사시나 행시를 통해 판검사나 고위 관료가 되는 것은 단순히 개인의 성공과 명예에 그치지 않고 집안을 지배층으로 편입시키는 중대사인 것이다. 그렇기 때문에 친척들이 고대 법대생에게 기대를 거는 것은 지극히 자연스러운 '역사적 현상'이라고 할 수 있다. 고려 성종 11년(992년)에 설립된 국자감은 일종의 국립대학으로 당대 최고 교육기관이었다(사실 대학보다는 대학원에 더 가까웠다). 그런 국자감에는 유학부와 기술학부가 있었는데 유학부는 7품 이상

---

3) '사농공상(士農工商)'에서 '사'는 지배층이었고 '농공상'은 피지배층이었다. 그런데 '농공상'에서도 분명한 위계가 존재했다. 바로 '농>공>상'이었던 것이다(정확히는 '사>>>>상>농>>공>상'이라고 할 수 있다). 주나라 시대 말기 만들어진 '사농공상'은 그 뒤 2천년 동안 동양의 이념적 지표로 존속했다. 중국에서 상업을 천시하는 역사는 상당히 오래되었다. 상업은 '말업(末業)'이라고도 불렸는데 사농공상 중에서 맨 밑의 일이었기 때문이다. 유교에서는 이윤이라는 동기를 멸시했고 상인을 탐욕에 빠진 해로운 존재로 간주했다. 그에 비해 농업은 '농자천하지대본(農者天下之大本)'이라 해서 천하의 가장 큰 근본이 되는 중요한 일이라고 강조했다. 건국 초기 한 고조 유방은 상인에게는 농민보다 무거운 세금을 매겼으며 비단 착용을 금지했다. 한나라 시대 반고는 교역을 '음업(淫業)'이라고까지 했고 당나라 시대 상인의 자제에게는 과거시험에 응시할 자격조차 주어지지 않았다. 상업을 천시한 것은 중국뿐만 아니라 같은 농업-유교 문화권인 한반도 역시 마찬가지였다. 조선시대 과거의 응시자격에 수공업자, 무당, 승려, 노비, 서얼은 제외되었는데 상인도 마찬가지였다. 「정조실록」에는 "전(傳)에 이르기를 "한 사람이 농사짓지 않으면 천하 사람들이 굶주린다."라고 하였습니다. 우리나라 백성들은 아전이나 하인들 무리 속으로 함부로 의탁하고 저잣거리의 거간꾼 무리를 쫓아다니며 이보다 못한 무리들은 편한 길을 따라 장사를 배우거나 기회를 틈타 도적질을 하면서 모두들 놀고 먹으려고만 합니다."라며 상업을 마치 도둑질처럼 부정적으로 묘사했다.

고급 관리 자제가, 기술학부에는 8품 이하 하급 관리나 서민 자제가 입학했다. 국자감은 1389년에 "우주의 원리를 논하는 자리에 잡과가 끼어서는 안 된다."라는 당시 사대부들의 의견으로 기술학부를 없앴다(국자감은 1362년에 성균관으로 이름을 바꾸었고 조선시대까지 이어졌다). 이렇듯 우리나라에서 과학·기술을 천시한 역사는 오래되었고 그것은 같은 유교-농경 문화권인 중국이 원조였다. 명나라는 전형적인 한족 왕조였다고 할 수 있다. 그런 명나라는 농업 중심, 중화주의, 경제 논리보다 정치 논리 위주, 과학·기술 천시 등이 그 특징이었다. 그리고 그러한 특징들은 명나라의 '업그레이드 버전'이었던 청나라에도 그대로 이어졌다. 청나라 시대에는 과학·기술을 깔보고 멸시하는 분위기가 어느 한족 왕조 못지않게 강했다. 청나라는 과학·기술을 '형이하학'적인 것으로 여겼고 발명을 '기이한 기술과 음한 기교'라고 불렀다. 청나라 초기에 대재(1649~1726년)가 스물여덟 발의 총알을 채워 연속으로 발사할 수 있는 연주총을 발명했는데 청 조정은 그를 관외로 보내버렸다. 중국은 다른 나라의 과학·기술에도 무관심했다. 1792년 영국 특사인 조지 매카트니가 건륭제의 80세 생일을 축하하는 선물을 가져왔다. 여기에는 영국의 과학·기술 수준을 대표하는 서과대포, 자래화포, 방직기, 지구의, 망원경 등이 포함되어 있었다. 그러나 청나라 조정은 그것들을 '장난감'으로 여겨 수장고에 보관만 했다.*

* 영국은 왜 그러한 선진 물품들을 중국에 선물했을까? 중국을 발전시키기 위해서? 당연히 아니었다. 당시 서구 과학이 낳은 가장 인상적인 물건들로 건륭제를 놀라게 하고 중국인들에게 영국의 경이로운 기술이 필요하다고 납득시켜 자신들과 교역을 하게 만들려는 속셈이었다.

갈릴레오의 망원경, 레벤후크의 현미경, 에디슨의 전구, 와트의 증기기관 등 서양 발명품들은 인류의 역사를 바꾸어왔다. 그에 비해 동양은 그러한 발명품이 적다. 발명품이 적을 뿐 아니라 서양과 달리 개인의 힘으로 이룩한 발명, 창조보다는 국가 정책으로 추진된 결과물이 대부분이었다. 우리나라처럼 장자상속제도가 확고했던 영국도 차남 이하의 상류층 자제들은 토지를 상속받지 못했다. 그들은 스스로 생계를 해결해야 했기 때문에 법률가나 성직자, 사업가가 됨으로써 계층 간 이동이 원활했다. 또 그들 대부분이 잘 교육받고 상류사회 문화를 공유했기 때문에 사회 발전의 견인차가 되었다. 우리나라는 '사농공상' 때문에 상속을 받지 못한 차남 이하의 자녀도 모두 양반에게 열려진 유일한 생업수단인 관직 진출에 몰려서 산업이나 상업에 우수한 인재와 교육받은 인력이 공급되지 못했다. 고려시대 250회의 과거시험을 통해 약 7,000명(잡과 제외)의 인원이 뽑혔다. 조선시대 과거는 문과 기준으로 총 804회 치러졌고 15,217명이 급제했다. 그러나 과거는 재능 있는 젊은이들을 '시험지옥'에 빠뜨림으로써 발명, 발견, 과학기술 연구 등에 쓰일 수 있었을 능력을 허비시켰다. 일본의 중국사학자 미야자키 이치사다는 "과거제야말로 인간의 사상을 단순화하며 인류와 사회의 발전에 아무런 유익한 성과를 내놓지 않은 제도였다. 참으로 중국인들은 수천 년 동안 쓸데없는 노력만 해온 것이다."라며 중국과 과거제를 싸잡아 비판했다.*

* 사실 과거는 최고집권자의 기득권 유지에 유리한 체제를 만들 능력이 있는 사람을 뽑는 제도라고 할 수 있다. 그러니까 학문이 아닌 시험 공부를 한 사람에게 권력에 봉사하게 만들고 대가를 주는 시스템인 셈이다.

세계 1위 부자인 빌 게이츠가 가장 두려워하는 상대

세계 부자 순위를 매길 때 거의 매년 1위를 차지하는 빌 게이츠. 그가 하버드 대학을 중퇴하고 맨손으로 마이크로소프트를 창업한 일화는 유명하다. 1990년대 처음으로 세계 부자 순위에서 1위가 된 빌 게이츠는 한 인터뷰에서 "당신이 가장 두려워하는 상대는 누구인가?"라는 질문을 받았다. 그의 입에서 당시 세계에서 가장 큰 기업 중 하나였던 인텔이나 라이벌 관계였던 스티브 잡스가 나올 것이라는 기대와는 달리 빌 게이츠는 "지금 누군가의 차고에서 창업을 준비하고 있는 사람들"이라고 답했다. 실제로 현재 세계에서 가장 큰 인터넷 기업인 구글은 1998년 스탠퍼드 대학원생이었던 세르게이 브린과 래리 페이지가 친구 기숙사에서 연구를 진행하다가 한 명의 도우미를 고용해 당시 인텔 직원이었던 수잔 보이치키의 차고에서 본격적으로 회사 업무를 시작했다(수잔 보이치키는 2014년 유튜브의 CEO가 되었다). 우리나라 중소벤처기업부는 기획조정실, 중소기업정책실, 창업벤처혁신실, 소상공인정책실로 구성되어 있다. 그에 비해 미국, 영국, 독일, 프랑스에는 정부기관 중에 중소기업을 담당하는 부서는 있어도 '벤처'를 담당하는 부서는 없는데, 굳이 따로 만들 필요가 없기 때문이다.

미국이 세계 유일의 초강대국이자 세계를 선도하는 나라인 이유에는 여러 가지가 있을 것이다. 그 중에서 가장 핵심이자 독보적인 것으로 다음 두 가지를 들 수 있다. 바로 실패를 두려워하지 않는 도전 정신으로 새로운 것을 만들어내는 실리콘 밸리로 상징되는 벤처(정신)와 압도적으로 우수한 과학. 물론 군사력도 중요하다. 그러나 현재 독일이 군사력이 월등해서 유럽연합(EU)을 주도하는 것은 아니고 군사력은 러시아에 한참 뒤지지만 선진국 대우를 받는 캐나다와 호주를 보면 군사력은 앞의 두 가지보다 덜 중요한 요소라고 할 수 있다. 그리고 그것은 군사력에서는 미국과 대등했던 소련이 어떻게 되었는지를 생각해 보면 잘 알 수 있다. 앞서 봤듯이 서양에서는 벤처의 원조인 향료 무역은 수백 년 전, 그러한 향료 무역을 가능하게 만든 상업 문화는 수천 년 전에 생겨났다. 과학 또한 마찬가지이다. 앞에서 고대 법대와 카이스트라는 예를 들었는데 비록 가상이지만 얼마든지 현실에서 일어날 수 있는 일이며 그것은 우리가 그토록 원하는 과학 분야의 노벨상이 없는 것과 무관하지 않을 것이다. 역사적으로 중국과 한국에서는 과학·기술의 설계를 담당한 사람들은 일반적인 장인의 일을 수행할 뿐 학식 있는 전문가가 아니었다. 도전 정신(벤처기업)과 우수한 과학은 짧게는 수백에서 길게는 수천 년 동안 이어온 서양 문화의 집약인 것이다. 그런데 그러한 것들에 대해 수백에서 수천 년 동안 무관심했거나 무시했던 중국과 한국이 과연 그것들을 단기간에 따라잡을 수 있을까? 불가능한 일이다.

'역사의 두께', '역사의 무게'라는 말이 있는 것처럼 역사(정확히는 시간)는 그리 만만하지 않다. 역사에 지름길은 있어도 생략이나 비약은 없다. 중소벤처기업부를 만드는 이유는 그러한 역사와 문화가 없기 때문이다.* 그렇기 때문에 중국이 미국을 제치고 G1이 되는 일은 적어도 우리 세대, 이번 세기에서는 일어나지 않을 것이다. 이와 관련해서 유발 하라리는 『사피엔스』에서 "중국인과 페르시아인에게 부족했던 것은 증기기관 같은 기술적 발명이 아니었다(그거라면 공짜로 베끼거나 사들일 수도 있었다). 이들에게 부족한 것은 서구에서 여러 세기에 걸쳐 형성되고 성숙한 가치, 신화, 사법기구, 사회정치적 구조였다. 이런 것들은 빠르게 복사하거나 내면화 할 수 없었다. 프랑스와 미국이 재빨리 영국의 발자국을 뒤따랐던 것은 가장 중요한 신화와 사회구조를 이미 영국과 공유하고 있었기 때문이었다. 중국인과 페르시아인은 사회에 대한 생각과 사회의 조직 방식이 달랐던 탓에 그렇게 빨리 따라잡을 수 없었다. (…) 근대 초기에 유럽은 어떤 잠재력을 개발했기에 근대 후반 세계를 지배할 수 있었을까? 이 질문에는 서로 보완적인 두 가지 답이 존재하는데, 바로 현대 과학과 자본주의다. 유럽인은 기술적인 우위를 누리기 전부터도 과학적이고 자본주의적인 방식으로 생각하고 행동하는 습관이 있었다. 그러다가 기술의 노다지가 쏟아지기 시작하자, 유럽인들은 다른 누구보다 그것을 잘 부릴 수 있었다. 따라서 과학과 자본주의야말로 유럽 제국주의가 21세기 유럽 이후 세상에 남긴 가장 중대한 유산이라는 사실은 결코 우연이 아니다. 유럽과 유럽인은 더 이상 세상을 지배하지 않지만, 과학과 자본의 힘은 나날이 강력해지고 있다."라고 했다.[4]

 * 나는 이름에 "율"자가 들어가는 '남자'를 만나면 무슨 뜻인지 묻곤 한다. 돌림자가 아닌 "법 율(律)"자를 쓰는 '남자'는 율사(律士) 즉 법조인(구체적으로는 판검사)이 되라는 의미로 집안 어른이 지어준 경우가 많다. 과학자나 사업가가 되라는 뜻으로 지어준 이름을 나는 아직까지는 보지 못했다. 물론 "어떤 사람이 되어라."도 아닌 "어떤 직업을 가져라."라며 이름을 지어주는 것은 바람직하지 않은데 동양 특히 한국에서 두드러진 현상이라고 할 수 있다.

역사란 무엇인가

　정치인들과 정치학자들 중에서 누가 더 정치를 잘 알까? 굳이 '정치 9단'이 아

---

4) 중국 경제학자 린이푸는 1995년 「왜 산업혁명은 중국에서 일어나지 않았는가」라는 논문에서 그 이유를 중국이 '경험에 기초한 기술 발명'으로부터 '과학과 결부된 실험에 기초한 기술혁신'으로 나아가지 못했기 때문이라고 했다. 경험에 기초한 기술 발명에서는 인구 규모가 발명의 속도를 좌우하는 까닭에 과거에는 중국이 앞설 수 있었지만 유럽에서 17세기 과학혁명이 일어난 뒤에는 중국이 뒤처지게 되었다는 것이다. 과학사가이자 역사학자였던 조지프 니덤(1900~1995년)은 중국의 과학기술사를 연구해서 고대와 중세 중국에서 일어난 발명과 발견이 유럽을 능가하고 있었음을 보여주었다(니덤은 조선의 천문의기와 시계에 관한 책인 『조선의 서운관』라는 책을 쓰기도 했다). 니덤은 『중국의 과학과 문명』이라는 방대한 저술을 남겼는데, 이런 연구 결과를 바탕으로 중요한 질문을 던진 바 있다. "중국의 과학 기술은 오래 전에 이미 높은 수준에 올랐는데 왜 유럽에 뒤처지고 말았는가?" 이른바 '니덤의 질문'이다. 니덤의 질문에 대한 답은 "중국에는 잡다하고 자잘한 과학은 있었으나 진정한 과학은 없었다."라고 한 중국학자 나탄 시빈의 말로 대신한다. 또한 유발 하라리는 『사피엔스』에서 "훌륭한 역사학자는 거의 모든 것에 대해 선례를 찾아낼 수 있다. 하지만 이보다 더 훌륭한 역사학자는 그런 선례가 큰 그림을 파악하지 못하게 방해하는 진기한 사례에 지나지 않는다는 것을 안다. (…) 중국 역사에서 가장 중요한 군사적 발명은 화약이었다. 하지만 우리가 아는 한 화약은 생명의 영약을 찾는 도교 연금술사에 의해 우연히 발명된 것이었다. 화약의 이후 경력은 더 시사하는 바가 크다. 그 도교 연금술사 덕분에 중국이 세계의 주인이 되었을 것이라고 짐작하는 사람이 있을지 모르겠지만, 사실 중국인들은 새로 만들어진 화합물을 주로 폭죽에 썼다."라고 했다(굵은 부분은 나의 강조).

니더라도 정치인들이 정치학자들보다 더 잘 알기 마련이다. "정치는 살아 움직이는 생물과 같다."라는 누군가의 말처럼 책에 나오는 이론이 아닌 현실의 반영이 곧 정치이기 때문이다. 역사 또한 마찬가지인 것이다. 현재의 이슈들은 시간이 지나면 과거의 역사가 된다. 따라서 역사를 역사학자들이 또는 역사학자들만이 잘 알 거라는 것은 그야말로 순진한 생각이다. 역사의 70%는 정치사이다. 예를 들어 보통 왕조 별로 역사를 서술하는데 그 자체가 정치사인 것이다. 특히 동양에서는 소위 정사라 불리는 역사서를 정치인들이 썼다(정확히 말하면 왕명을 받은 또는 집권 여당의 정치인). 이것은 오늘날 역시 크게 다르지 않다. 우리가 매일 접하는 TV 저녁 뉴스의 첫 번째 또는 메인은 대개 정치 뉴스다. 또한 일간지 편집국장은 경제 신문이나 스포츠 신문이 아닌 이상 보통은 정치부 기자 출신이 맡는다. 그러니까 현실을, 세상 돌아가는 것을 잘 아는 사람이 역사도 잘 안다고 할 수 있는 것이다.

냉전 시대에 우리나라가 대만(자유중국)과 단교하고 중국(중공)과 수교해야 한다고 생각한 사람은 없다시피 했는데 당시를 돌아보면 시대 상황상 그것은 당연했다. 병자호란을 포함한 명청교체기 또한 같은 맥락인 것이다. 당시 조선에서 명과 거리를 두고 청과 친해지거나 중립외교를 해야 한다고 생각한 사람은 없다시피 했다. 우리는 냉전 시대에 국력으로는 비교가 안 되는 대만과 중국 중에서 중국이 아닌 대만을 택했다. 그런데 우리 선조들은 전근대 유교의 시대, 명분의 시대에 자신들을 구해준 명나라와 그런 명과 조선을 위협하는 청나라 중에서 청을 택하거나 중립이어야 했었다는 사고방식이 과연 맞을까?(더구나 스스로 무너지기 전까지는 명이 청보다 더 강했다). 그러므로 병자호란을 포함한 명청교체기 때 인조에게 "왜 명과 거리를 두고 청과 친해지거나 중립외교를 하지 않았나"라고 비판하는 것은 냉전 시대 때 대통령(들)에게 "왜 대만과 단교하고 중국과 수교하지 않았나"라고 따져 묻는 것만큼이나 역사적 안목이 결여된, 어쩌면 어리석기까지 한 일인 것이다. 물론 그런 사람들은 병자호란으로 당한 피해와 치욕을 안타까워하고 앞으로 다시는 그런 일이 되풀이되지 않기를 바라서 그러는 거라는, 그들의 '순수하고 착한 마음'은 충분히 안다. 그러나 세상을, 인간을 어찌 '순수하고 착한 마음'만으로 이해할 수 있고 예측할 수 있겠는가.

새뮤얼 헌팅턴은 『문명의 충돌』에서 "국민과 정치인은 종교, 가치관, 제도, 언어를 공유하고 있어 신뢰하고 이해할 수 있다고 믿는 집단으로부터는 별다른 위협을 느끼지 않는다. 그러나 문화가 달라서 잘 이해할 수도, 신뢰할 수도 없다고 믿는 국가로부터는 쉽게 위협을 느낀다. (…) 사람들은 비슷한 종교·조상·언어·가치관·제도를 가진 사람들과는 뭉치고 그렇지 않은 사람들과는 거리를 둔다."라고 했다. 또한 유발 하라리는 『사피엔스』에서 "사피엔스는 인간을 본능적으로 '우리'와 '그들'의 두 부류로 나눈다. 우리란 너와 나, 언어와 종교와 관습이 같은 사람들을 말한다. 우리는 서로에 대해 책임을 지지만 그들에 대해서는 그렇지 않다. 우리는 언제나 그들과 전혀 다르며, 그들에게 빚진 것은 전혀 없다. 우리는 그들 중 한 명이라도 우리 영토에 들어오는 것을 원치 않으며, 그들의 영토 내에서 무슨 일이 일어나든 눈썹 하나 까딱하지 않는다. 그들은 심지어 사람이라고 하기도 어렵다."라고 했다. 이렇듯 냉전 시대 때 우리가 공산국가인 중국과는 거리를 두고 같은 자유민주주의국가인 대만과 친했듯이 명청교체기 때 조선이 유목국가인 청나라와는 거리를 두고 같은 농경국가인 명나라와 친했던 것은 지극히 자연스럽고 당연한 역사적 현상이었던 것이다.

나는 역사학자를 비롯한 역사가들이 역사가 현재의 우리에게는 지나간 과거이지만 당대에는 현실이었다는, 너무나도 당연한 사실을 잊거나 무시하고 이론적·미시적으로 매달리는 경향이 강하다고 생각한다. 또한 역사가들, 특히 역사학 교수들이 전반적으로 통찰력과 상상력이 너무 부족하다는 느낌도 많이 받는다(여기서 말하는 상상력은 문학적 판타지가 아닌 감정 이입이나 추론 능력, 사회적 감수성 등을 말한다). 코넬대학 역사학 교수 칼 베커는 "역사적 사실이란 과거의 사건이 아니라 우리가 상상력을 발휘하여 과거의 사건을 재창조할 수 있게 해주는 상징"이라고 말해서 미국역사학회를 들끓게 만들었다. 유발 하라리는 『사피엔스』에서 "학자들은 합리적인 답을 얻을 수 있을 거라고 예상 가능한 질문만 하는 경향이 있다. (⋯) 이런 질문을 제기하는 역사학자는 드물다. 역사학자들은 우루크와 바빌론의 시민이 자신들의 수렵채집인 선조보다 행복했을까, 이슬람교가 등장해서 이집트인들의 삶이 더욱 만족스러웠을까, 아프리카에서 유럽 제국이 붕괴한 것이 수없이 많은 사람들의 행복에 어떤 영향을 미쳤을까를 묻지 않는다. 그러나 이것은 사람이 역사를 향해 물을 수 있는 가장 중요한 질문들이다."라고 했다. 이는 역사학자들의 통찰력과 상상력 부족에 대한 유발 하라리의 문제제기라고 할 수 있다.

예를 들어 인조와 서인 세력이 병자호란을 포함한 명청교체기 당시 왜 그랬는지 제대로 이해하지 못하고 현재의 기준으로 재단하려고만 드는 현상이 발생하는 이유가 나는 역사학 교수들을 위시한 역사가들의 통찰력과 상상력 부족 때문이라고 생각한다. 아놀드 토인비는 『역사의 연구』에서 "인간 생활의 여러 현상을 드러내 보이는 방법은 세 가지다. 첫째, 사실을 확인하고 기록하는 역사의 기법이다. 둘째, 사실을 비교 연구해 일반 법칙을 설명하는 과학의 기법이다. 셋째, 사실을 예술적으로 재생산하는 창작의 기법이다. 이 세 가지는 질서 정연하게 구분되어 있지 않다. 역사는 창작적 요소를 완전히 배제할 수 없다. 사실의 선택, 배열, 표현 그 자체가 창작의 영역에 속하는 기술이다. 그러므로 위대한 예술가가 아니고서는 위대한 역사가라고 할 수 없다는 견해는 옳다."라고 했다(굵은 부분은 나의 강조). 토인비와 비슷하게 유시민도 『역사의 역사』에서 "성실한 역사가는 사실을 수집해 검증하고 평가하며 중요한 역사의 사실을 정확하게 기록한다. 뛰어난 역사가는 사실들 사이의 관계를 탐색해 역사적 사건의 인과관계를 밝혀내며 사회 변화를 일으키는 동력과 역사 변화의 패턴 또는 역사법칙을 찾아낸다. 위대한 역사가는 의미 있는 역사적 사실로 엮은 이야기를 들려줌으로써 독자의 내면에 인간과 사회와 자신의 삶에 대한 생각과 감정의 물결을 일으킨다. (…) 역사의 매력은 사실의 기록과 전승 그 자체가 아니라 시간과 공간을 뛰어넘어 생각과 감정을 나누는 데 있음을 거듭 절감했다."라고 했다(굵은 부분은 나의 강조). 내가 이 책에 비유와 예시 등을 많이 넣은 이유는 단순히 재미와 가독성, 차별화를 위해서가 아니었던 것이다.

E. H. 카는 『역사란 무엇인가』에서 "위대한 역사는 현재의 문제에 대한 통찰이 과거에 대한 역사가의 시야를 밝혀주는 바로 그때 쓰여 진다."라고 했다. 21세기 최대 화두인 G2, 과연 중국은 미국을 꺾고 동양의 시대를 열 것인가? 결국 이 문제에 대한 답을 하려고 나는 이 '벽돌'같은 책을 썼다고 할 수 있다. 역사에 대한 제대로 된 이해는 현재와 미래를 아는 데 가장 쉽고 빠르며 정확한 길인 것이다. 동양사의 '메인주연' 중국사에 대한 책은 셀 수 없이 많고 '조연' 한국사에 대한 책 또한 많지만 '서브주연' 이민족에 대한 책은 그렇지 못하다. 이 책은 두 권 혹은 세 권으로 나누어야 할 분량이지만 그렇게 하지 않았다. 중국사와 한국사 그리고 이민족사를 이렇게 많은 분량에도 불구하고 굳이 한 권으로 엮은 것은 그래야만 동양사에 대한 제대로 된 이해가 가능하다고 믿기 때문이다. 여기까지 읽은 당신에게 감사를 표하며, 이만 줄인다.

'사마천(司馬)에 미치려면 아직 멀었다(遼)'로 필명을 지은
시바 료타로(司馬遼太郎)의 심정을 통감하며
2021년 어느 여름날 김경환 쓰다

07   적바림*

추천 도서 10권

* 적바림 : 참고하기 위해 간단히 글로 적어두는 것 또는 그렇게 적어둔 글을 뜻하는 순우리말

거칠게 말하면 나는 이 책으로 '농경과 비농경(유목, 목축, 수렵, 반농반목 등)'을 중심으로 하는, 넓은 의미의 지리를 프레임으로 하여 동양이 '생존과 발전'을 위해 어떻게 역사를 전개해 왔는가를 거시적 차원에서 '정리'했다고 할 수 있다(그렇기 때문에 특정 인물이나 사건, 제도 등을 세세하게 서술하지는 않았다). 이러한 아이디어나 문제의식은 다른 책과 논문 등에서 얼마든지 비슷하게 나올 수 있지만 특별히 어떤 문헌을 '참고'한 것이 아닌, 순전히 나 스스로 떠올린 것이다. 그래도 책을 쓰기 위해 또는 쓰면서 참고한 문헌들을 모두 적자면 몇 페이지가 될 텐데 전공자를 위한 책이 아니기 때문에 그것은 별 의미가 없다는 생각이 들었다. 이러한 이유들로 인해 참고 문헌이 아닌 국내에 번역되어 있거나 한국인이 써서 비교적 쉽게 구해 읽을 수 있는 책들로 독자들을 위한 추천 도서 10권을 추렸다. 추천 도서는 가급적 유명하지 않은 것으로 골랐다. 아무래도 유명한 책들은 여러 경로를 통해 접할 기회가 많기 때문이다. 물론 그리 유명하지 않을 뿐이지 주제가 독특하거나 역사에 대한 통찰력을 키워주는 등 모두 나름의 의미가 있는 책들이다.

1. 『몽골제국과 세계사의 탄생』, 김호동, 돌베개

: 솔직히 우리나라 인문학 분야 학자 중에서 세계적 석학 수준의 연구자는 없다고 봐야 한다. 그래도 내가 보기에 그에 근접한 연구자가 두 명 있다. 그 중 한 명은 서울대 고고미술사학과 교수 이주형이다. 그의 제자들 중에서 미국을 비롯한 외국 대학의 교수가 된 이들이 꽤 있는데 예일대 아시아미술사 조교수 최종 면접에 올라간 세 사람이 모두 이주형의 서울대 제자여서 화제가 된 적이 있었다. 또 한 명은 서울대 동양사학과 교수 김호동이다(2020년 2월 정년 퇴임). 케임브리지 중앙아시아사의 편집을 맡을 정도로 실력을 인정받고 있는 김호동은 10여 권의 책을 쓰고 번역했다. 그 중에서 『몽골제국과 세계사의 탄생』은 한국연구재단이 주최한 '석학과 함께하는 인문강좌'에서 강연한 원고를 수정·보완한 것이다. 따라서 다른 책들보다 쉽게 읽힌다. 이 책은 <책머리에>에서 "유목민과 농경민은 인류의 역사를 움직여 온 두 개의 수레바퀴였고, 그 어느 하나를 빼놓고는 세계사에 대한 총체적이고 균형 있는 이해는 불가능하다."라고 시작하고 있다. 그리고 <결론>에서 "중국의 제국들은 몽골리아에 있던 유목민들과 사생결단의 대결을 계속해야 했고, 결국 18세기 중반 만주인들이 건설한 청 제국이 최후의 유목국가를 정복하는 데 성공함으로써 막을 내리게 된다. 이렇게 해서 유라시아 역사를 움직여 온 두 개의 축 가운데 하나인 초원의 유목국가는 영원히 사라져 버렸지만, 바다를 장악하고 '거대한 변이'를 완료한 유럽은 몽골제국의 계승자들을 압도할 준비를 이미 마친 뒤였다. 따라서 유럽의 성공은, 몽골제국이 남긴 정치적·군사적 부담인 '내륙 콤플렉스'를 느끼지 않으면서도, 몽골의 시대가 남긴 '세계사의 탄생'이라는 축복은 누릴 수 있었기 때문에 가능했다고도 말할 수 있을 것이다."라고 끝맺고 있다.* 그 중간의 본론이 궁금한 이들에게 일독을 권한다.

* '내륙 콤플렉스'와 관련하여 재레드 다이아몬드는 『총, 균, 쇠』에서 "중앙아시아의 기마 유목민족들은 유라시아 일대에 끊임없는 위협을 가했는데 비옥한 초승달 지대, 중국, 유럽 등 지역에 따라 그 위협의 강도가 각기 달랐다. 그중의 한 유목민 집단(몽골족)은 결국 이란과 이라크의 옛 관개 시설들을 파괴하고 말았지만 아시아의 이들 유목 민족 중에서 헝가리 평원 너머의 서유럽 삼림지대까지 차지한 민족은 없었다."라고 했다.

2. 『유목민의 눈으로 본 세계사』, 스기야마 마사아키, 시루

: 프랑스 역사가이자 동양학자인 르네 그루세(1885~1952년)는 동양 문명과 동양 미술 분야에서 많은 업적을 남겼다. 그가 쓴 『유라시아 유목제국사』는 이 분야에서 고전의 위치를 점하고 있으나 전공자가 아니면 읽기가 쉽지 않다. 또한 이 책은 칭기즈 칸과 몽골 제국에 너무 많은 분량을 할애하고 있다. 색인을 제외한 750페이지 중 300페이지, 그러니까 전체의 약 40%가 몽골이다. 그에 비해 거란의 요는 9페이지, 여진의 금 8페이지 밖에 안 된다. 따라서 전공자가 아닌 사람들에게는 그 책 대신 『유목민의 눈으로 본 세계사』를 추천한다. 이 책을 읽다보면 유목민이 말이나 잘 타고 활이나 잘 쏘는 '야만인'이라는 편견에서 어느 정도 벗어날 것이다. 예를 들어 쿠빌라이가 구상한 국가는 몽골 전통의 '초원의 군사력'에 유라시아 세계 최대의 '중화의 경제력'을 합체시키고, 여기에 종래부터 몽골과 공생에 가까운 관계에 있던 '무슬림의 상업력'을 전면적으로 활용한 경제 지배라는 새로운 방식의 역사공동체였다. 현대식으로 말하면 쿠빌라이가 구상한 새로운 국가는 군사 강대국이자 경제 강대국이며 초대형 통상 국가였다(오늘날의 미국과 비슷한 부분이 많다). 쿠빌라이는 군사력을 배경으로 하면서도 현실적으로는 그것을 전면에 내세우지 않고 경제와 유통의 조절을 통해 유라시아 규모로 통상을 유도해서 세계를 연결하려 했던 것이다. 이것은 그 이전이나 이후나 어떤 한족 왕조, 어떤 위

대한 황제도 상상하지 못한 시나리오였다(뉴욕대학교 역사학 교수이자 『세계사 속의 제국들』의 저자인 제인 버뱅크는 "현대 세계를 형성하는 데 가장 흥미로운 영향을 준 제국은 몽골이었다."라고 말하기도 했다).

3. 『절반의 중국사』, 가오훙레이, 메디치미디어
: 중국인인 이 책의 저자는 처음을

지금까지 우리가 '중국사'라고 불러온 것은 반쪽자리 중국사이다. 역사학자 대부분은 중원 왕조의 흥망성쇠만 기록하고 여러 소수민족에 대해서는 아주 가끔씩만 언급해왔다. 즉 중원 왕조와 얽힌 관계 때문에 어쩔 수 없이 살짝 짚고 넘어가는 정도에 불과했던 것이다. 그들에 관한 사료가 부족한 상황에서 중국의 변경에 위치했던 소수민족의 역사를 전문적으로 다룬다는 것은 '정통' 역사학자들과 힘을 겨룬다는 것을 의미하고, 그것은 초등학생이 책상에 앉아 심오한 진리가 들어 있는 『주역』을 읽는 것 만큼이나 어려운 일이다. 그러나 나는 절대 후회하지 않는다.

라고 시작한다. 그만큼 중국인도 중국 내 소수민족의 역사를 다루는 것은 쉽지 않다. 저자는 각각의 소수민족들을 그 기원부터 시간의 흐름에 따라 이야기 식으로 서술했다(18개 챕터로 되어 있는데 나오는 소수민족 숫자는 더 많다). 이 책은 872페이지 본문에 162페이지에 달하는 번역자의 꼼꼼한 주석이 첨가되어 있다. 이 책의 진가는 어쩌면 번역자인 김선자에게서 나온다고 할 수 있다. 약간은 한족 중심주의, 중화주의에 빠져 있는 저자의 견해에 김선자가 객관성과 학술성을 더해주기 때문이다(번역과 주석이 책을 쓰는 것보다 더 많은 노고가 들어간 대표적인 사례가 바로 이 책일 것이다). 내 개인적인 생각으로는 중국에서 꽤 많이 팔린다는 이 책은 김선자의 번역이 추가되어 중국에 역수출되어야 한다.

4. 『반(反)중국역사』 양하이잉, 살림

: 『반중국역사』는 중국 내몽골 자치구 출신으로 일본에 귀화한 중국인(몽골족)이 철저히 '친유목 반중국'의 시각으로 쓴 책이다. (어쩌면 중화사상에 물들어 있을) 기존 한족 중심의 중국사를 배운 사람들은 한번 쯤 읽어볼 만한 하다. 나는 중국사 책들을 읽을 때 가장 주의할 점이 중화사상이라고 생각한다. 중국인(한족)이나 한국인 심지어 서양인이 쓴 중국사 책들도 중화사상에 알게 모르게 물들어 있는 경우가 많다. 수천 년 동안 자신들이 세상의 중심이라고 믿었던 중국인들이 쓴 과거의 책들에 기반 했기 때문이다. 이것은 걸프전을 CNN으로 보는 경우와 같다고 할 수 있다. 굳이 미국인이 아니더라도 CNN으로 걸프전을 보면 어떻겠는가? 이 책에는 저자의 개인적인 견해나 경험들이 꽤 많이 나오는데 그것이 장점이자 단점이라고 할 수 있다.

5. 『패의 중국인, 양의 중국인』 가토 도루, 수희재

: 중국과 중국인, 중국사와 중국 문화에 대해 날카롭고 독특하게 분석한 책이다. 중국 역사와 문화에 대해 관심이 있는 사람들은 읽어볼 만한 하다(특히 『삼국지』 등 중국사에 나오는 영웅들에 대해 관심 많은 독자들). 아무래도 저자가 일본인이다 보니 일본과의 비교가 많이 나오고 일본 중심 시각도 엿보인다. 그러다보니 책의 전부가 이해되거나 공감되지 않을 수 있다. 그렇지만 번역자의 적절한 해설이 첨부되어 있어 부담 없이 읽을 수 있는 편이다.

6. 『장성, 중국사를 말하다』 줄리아 로벨, 웅진지식하우스

: 만리장성에 대한 서양인들의 관심은 큰 편이다(카프카는 「만리장성의 축조 때」라는 단편소설을 쓰기도 했다). 아마도 유럽에는 없는, 그렇게 긴 인위적인 장벽이 수천

년 동안 존재했다는 사실이 그들에게는 불가사의로 느껴지는 모양이다. 이 책은 만리장성을 프레임으로 중국사를 시대 순으로 서술했다. 아무래도 저자가 영국인이다 보니 서양 이야기가 많은 편이고 이해나 공감이 어려운 부분도 있다. 시대별, 왕조별로 만리장성과 직간접적으로 연관된 역사를 서술했지만 좀 동떨어진 내용도 있다. 그런 내용들을 빼서 분량을 줄였으면 더 좋지 않았을까 하는 생각도 든다. 그리고 만리장성과 직간접적으로 연관된 역사의 내용이 잘 어우러지지 않는 듯 한 느낌도 있다. 그러나 콘셉트도 좋고 만리장성을 통해 중국사를 통찰하려는 저자의 노력은 가상하다. 2천년 동안의 중국사와 국제 관계를 만리장성을 통해 정리하고 만리장성 건설에 반영된 중국인들의 모순적이고 복합적인 세계관을 분석하는 부분은 상당히 날카롭다. 저자의 중국과 만리장성에 대한 전반적인 시각은 부정적이고 냉소적이다.

7. 『말과 황하와 장성의 중국사』 니시노 히로요시, 북북서

: 동물 중에서 인간과 가장 친한 것은 개이겠지만 인류 역사에 가장 큰 영향을 미친 것은 말이다. 새뮤얼 헌팅턴은 『문명의 충돌』에서 "지중해와 인도양에서는 해상 무역이 이루어지고 있었지만 1,500년 이전까지만 하더라도 분리되어 있던 세계의 여러 문명들을 미미한 수준으로나마 연결시켜 주던 주요한 교통 수단은 바다를 가로지르는 배가 아니라 초원을 가로지르는 말이었다."라고 했다. 인류 역사에서 말은 그냥 동물이 아니라 여러 문명을 연결시켜 주는 중요한 '교통 수단'이자 전쟁의 승패를 가르는 결정적 '무기'였던 것이다. 이 책은 제목 그대로 말과 황하와 장성을 프레임으로 중국사를 서술했다. 중국은 워낙 역사가 길다보니 영웅호걸도 많다. 보통은 그런 영웅호걸들이 중국사를 이끌었다고 생각하기 쉽다. 그러나 이 책을 읽다보면 말, 황하, 만리장성이 중국의 수많은 영웅호걸들보다 어

쩌면 중국 역사에 더 많은 영향을 미쳤을지 모른다는 생각이 들 것이다(영웅호걸이 그렇게 많은데 황하나 말 따위에 관심을 가질 사람이 얼마나 될까). 역사서들은 왕조사나 시대 순 또는 인물 위주의 서술이 대부분이다. 그런데 이런 『말과 황하와 장성의 중국사』 같은 책을 읽다보면 중국사, 나아가 역사를 보는 시각 자체가 달라질 수 있다. 구성은 '서장 : 말과 장성의 공방사', '제1장 : 작은 말', '제2장 : 얼어붙은 황하를 말이 건너다', '제3장 : 그래서 장성이 필요했다', 이렇게 네 챕터로 되어 있다. 아무래도 말, 황하, 장성만을 주제로 하다 보니 조금 깊게 들어가는 내용도 있는데 그런 부분은 조금 설렁설렁 읽어도 괜찮다. 다 읽기가 부담스럽다면 서장만이라도 읽어보기를 권한다.

8. 『동아시아의 전쟁과 평화』, 이삼성, 한길사

: 정치외교학자인 저자가 '전쟁과 평화'라는 관점에서 동아시아의 역사를 정리한 책이다. 저자는 서문에서 "중국 대륙의 전쟁과 평화를 결정한 것의 요체가 '중국'이라는 하나로 뭉뚱그려진 실체의 팽창과 수축의 결과가 아니라, 북방민족들과 중국 중원 사이의 역동적인 상호작용의 표출이라는 사실을 부각시키고자 하였다."라고 집필 의도를 밝히고 있다. 이 책은 추천 도서 10권 중 가장 학술서에 가깝고 1,500페이지에 두 권이다. 따라서 분량이 부담스러운 사람, 내 책과 관련된 부분만 읽고 싶은 사람은 2권부터는 19세기 이후이기 때문에 1권만 읽어도 괜찮을 것이다. 학술서에 가깝지만 소설이 많이 나오고 김훈의 『칼의 노래』를 직접 인용하는 등 특이한 면도 좀 있는 책이다.

9. 『동양을 만든 13권의 고전』, 쑤치시 외, 글항아리

: 이 책의 본문에는 다음과 같은 내용이 나온다.

중국은 예로부터 농업을 나라를 세우는 근본으로 삼았다. 가정마다 작은 땅을 경영했는데, 이로부터 전체 사회와 국가라는 큰 건축물을 지탱해왔다. 사회의 정치, 경제, 문화 구조나 심리 구조는 모두 이러한 기초 위에 세워졌다. 중국의 역사와 문화를 연구하려면 아마도 이러한 특징에 주목하지 않으면 안 될 것이다. 공자의 사상과 유학을 연구하려 해도 여기로부터 출발하지 않으면 안 될 것이다. (…) 토지가 중국 민족의 발전사에서 얼마나 중요한 작용을 했는지는 역사학자들이 아직도 진정으로 깊이 탐구하지 않은 중대한 문제이다.

상당히 날카로운 지적이다. 역사학자들은 역사(특히 동양사)를 정치사 위주로 서술한다. 그것은 동양에서 일종의 전통이었다. 동양에서 소위 정사(正史)는 역사가가 아닌 정치인들이 서술했는데 이는 중국이 원조였고 한국 역시 마찬가지였다. 우리나라 최초의 정사인『삼국사기』는 정치인인 김부식이 썼고 왕이 죽으면 집권 여당 정치인이라고 할 수 있는 인물들이『조선왕조실록』을 만들었다. 왕조나 시대 순으로, 혹은 인물 위주로 역사를 서술해도 결국 정치가 중심인 것이다. 그러나 문화 또는 문명의 기저에는 지리가 자리 잡고 있기 때문에 그에 대한 정확한 이해가 부족(또는 부재)한 역사 서술은 그야말로 사상누각일 뿐이다. 이 책은 저자들이 동양사에서 가장 중요하다고 생각하는 13권의 고전에 대한 일종의 비평집이다(저자들은 모두 중국인이다). 13권의 고전 중에서 첫 번째로 나오는 책은『논어』인데, 이 책의 가장 큰 특징은『논어』에 대해 비판적이라는 점이라고 할 수 있다. 이 책에서는 다양한 분야의 전공자들인 여러 명의 중국인 공저이다 보니 우리에게 익숙하지 않은 책도 나온다. 따라서『논어』와『사기』,『손자병법』등 익숙한 책들 편만 읽어도 충분할 것이다. 특별히 관심 있는 책이 없다면『논어』편만 읽어보기를 권한다.『논어』라는 서물에 대한 호불호와 관계없이 생각할 거리, 다른 시각을 제공해줄 것이다.

10. 『심리학으로 보는 조선왕조실록』, 강현식, 살림

: 인간 박근혜의 개인사와 그에 따른 심리를 모르고 대통령 박근혜와 그녀의 정치를 제대로 이해할 수 있을까? 이 책처럼 역사적 인물(또는 사건)을 심리학적으로 분석한 책은 꽤 있다. 나는 그러한 책들을 많이 읽어봤는데, 거의 다 실망스러웠다. 심리학자나 정신과 의사인 저자들이 역사를 잘 모르고(고등학교 때 배운 수준) 쓴 책들이 대부분이라서 공감하기 어려웠기 때문이다. 예를 들어 어떤 심리학자는 조선시대 인물들의 심리 분석을 한 책 서문에서 "출판사에서 조선의 인물들을 분석해보자는 제안을 받았을 때, 나는 처음에는 철없이 매우 기뻐하기만 했다. 그것이 아주 흥미진진한 작업이 될 것이라 생각했기 때문이다. 그러나 각 인물들을 분석하기 위해 역사를 다시 공부하면서부터는 부끄러움에 얼굴을 들지 못하게 되었다. 한국인이면서 우리 역사에 이렇게도 무지했다니!"라고 썼다. 이러한 자기 고백(?)에 꽤 기대를 가지고 그 책을 읽은 나는 다 읽고 나서 저자가 계속 얼굴을 들지 말기 바랄 뿐이었다. 이 책의 저자는 심리학과 역사를 접목시키는 책을 여러 권 집필했는데, 역사에 관심이 많고 공부도 많이 한 것이 느껴진다. 제목에는 '조선왕조실록'이라고 되어 있지만 조선시대 전반에 대해 다루는 것은 아니고 왕과 왕족에 초점이 맞추어져 있다. 전반적으로 내용이 좋은 편인데 특히 선조와 광해군에 대한 심리 분석은 상당히 탁월하다. 역사는 다른 분야와는 달리 학자들만의 전유물이 되어서는 안 된다. 현재가 미래에는 지나간 과거로 역사가 되듯이 현실을 살아가는 모두가 역사의 주인공이자 일종의 역사가인 것이다.

새로 쓴
동양사

지은이 | 김경환

펴낸이 | 최병식

펴낸날 | 2021년 8월 9일

펴낸곳 | 주류성출판사

주소 | 서울특별시 서초구 강남대로 435 주류성빌딩 15층

전화 | 02-3481-1024(대표전화) 팩스 | 02-3482-0656

홈페이지 | www.juluesung.co.kr

값 23,000원

잘못된 책은 교환해 드립니다.

ISBN 978-89-6246-444-3 03910